UNA HISTORIA DEVELADA

JUAN MASÓ PARRA Y LAS LUCHAS POR LA INDEPENDENCIA DE CUBA

COLECCIÓN CUBA Y SUS JUECES

EDICIONES UNIVERSAL, Miami, Florida, 2020

JOSÉ RAMÓN FERNÁNDEZ ÁLVAREZ

UNA HISTORIA DEVELADA

JUAN MASÓ PARRA Y LAS LUCHAS POR LA INDEPENDENCIA DE CUBA

Copyright © 2020 by José Ramón Fernández Álvarez

———

Primera edición, 2020

EDICIONES UNIVERSAL
P.O. Box 450353 (Shenandoah Station)
Miami, FL 33245-0353. USA
(Desde 1965)

e-mail: ediciones@ediciones.com
http://www.ediciones.com

Library of Congress Catalog No.: 2019956343
ISBN-10: 1-59388-310-2
ISBN-13: 978-1-59388-310-2

Composición de textos: María Cristina Zarraluqui

Corrección de textos: Miguel Castillo Domínguez

Diseño de la cubierta: Luis García Fresquet

En la cubierta: detalle de una foto de Juan Masó Parra (c.1885) tomado del original. Cortesía de su nieta Jacqueline McKinnon.

Todos los derechos
son reservados. Ninguna parte de
este libro puede ser reproducida o transmitida
en ninguna forma o por ningún medio electrónico o mecánico,
incluyendo fotocopiadoras, grabadoras o sistemas computarizados,
sin el permiso por escrito del autor, excepto en el caso de
breves citas incorporadas en artículos críticos o en
revistas. Para obtener información diríjase a
Ediciones Universal.

Contenido

Agradecimientos 7
Prefacio 9
Introducción 11
I - Orígenes 15
II - La Guerra Chiquita 33
III - Con Maceo en Costa Rica 55
IV - El Plan Gómez-Maceo 67
V - Quisqueya y Haití 89
VI - Otra vez Yara 103
VII - Dos Ríos 129
VIII - Peralejo 147
IX - La crisis Masó-Maceo 161
X - La Invasión a Occidente 183
XI - Brigadier en comisión 203
XII - Oriental en La Habana 219
XIII - Encausado en Oriente 239
XIV - La Habana como condena 257
XV - Trinidad como purgatorio 285
XVI - Un paraíso en El Infierno 297
XVII - Esplendor y ocaso 321
XVIII - ¿Qué, quién y por qué? 333
XIX - El "Maine" 357
XX - La Brigada Cuba Española 379
XXI - Triscornia 399

XXII - Cuba reocupada 413
XXIII - ¿Complot o paripé? 439
XXIV - Precursor de Sandino 463
Apéndices 487
    Apéndice A 487
    Apéndice B 488
    Apéndice C 490
    Apéndice D 493
    Apéndice E 495
    Apéndice F 497
    Apéndice G 503
    Apéndice H 504
    Apéndice I 506
    Apéndice J 507
    Apéndice K 509
    Apéndice L 513
    Apéndice M 517
    Apéndice N 519
Bibliografía 521
Lista y fuentes de las ilustraciones 551
Índice Onomástico 559

Agradecimientos

Cuando comenzamos a explorar los misterios que rodeaban a la figura de Juan Masó Parra surgió la idea de contar su historia y al enterarse nuestro amigo, el profesor Antonio Rafael de la Cova González-Abreu, me pidió aquellos primeros borradores para revisarlos y ofrecerme sus críticas y alentadores comentarios. En una ocasión, en el verano de 2005, Tony y su esposa Carlina me acompañaron en un viaje a Suramérica siguiendo el rastro de Juan Masó Parra, y a través de los años Tony mantuvo este proyecto presente mientras llevaba a cabo sus propias investigaciones en Estados Unidos, donde residía, y en el extranjero. Es lamentable que Tony no pueda ver el producto de esos esfuerzos.

De Cuba, por medios directos e indirectos, hemos obtenido importantes datos y documentos facilitados por el historiador Mons. Ramón Suárez Polcari, por los investigadores José Antonio Waugh Castellanos y Antonio López Martí, entre otros. Gracias a las gestiones de un buen amigo, el profesor José M. *Manolín* Hernández, pudimos contar en la Republica Dominicana con los buenos oficios del Padre Manuel Maza Miquel, S. J. y del Padre José Luis Sáez, S. J. En Ecuador recibimos la experta y gentil ayuda del Dr. Edison Macías Núñez del Centro Histórico del Ejército, de la directora del Archivo Nacional, Grecia Vasco de Escudero y del historiador del Ministerio de Relaciones Exteriores, el Sr. Pablo Núñez Endara. El amigo Emilio Pacheco asistió en nuestras búsquedas en Lima. Eladio Ramos Fernández respiró el polvo de varios archivos españoles en busca de informaciones oficiales y Angela García —descendiente de la rama Le Mercier Duquesnay de la última esposa de Masó Parra—, aportó detalles sobre su etapa jamaiquina. El personal de las instituciones citadas en la bibliografía y en el texto se caracterizó por su amabilidad y profesionalismo y a todos les brindamos nuestro agradecimiento.

Especial reconocimiento merecen los descendientes de Juan Masó Parra que a través de largos años han apoyado este proyecto y, entre ellos, una mención especial va dedicada a sus nietos Jacqueline McKinnon y Juan Masó de Moya cuyas contribuciones resultaron esenciales para el conocimiento de los últimos tres lustros de la vida de su abuelo. Cual mensaje lanzado al mar en una botella, Juan Masó de Moya había colocado un aviso en busca de información sobre su pariente en un sitio electrónico de genealogía; Tony de la Cova me dio esa pista y así se inició el contacto que permitió fundir en un mismo relato dos etapas tan disímiles en la accidentada vida de Juan Masó Parra con documentos y fotografías familiares. Jacqueline McKinnon también nos facilitó el árbol genealógico de su abuela además de detalles íntimos que forman parte de la tradición oral de la familia. Ambos han apoyado esta investigación histórica de la vida de Juan Masó Parra, con sus luces y sus sombras.

Jacqueline McKinnon   Juan Masó de Moya

El autor tiene una gran deuda de gratitud con los partícipes de las tertulias que celebramos cada sábado para compartir y discutir temas históricos y quienes, cual émulos de Job, han sufrido durante años los informes periódicos sobre el estado de esta investigación ofreciendo siempre comentarios y consejos útiles. Los contertulios más fieles son Frank Fernández, Miguel Castillo, Antonio Bechily; entre los casuales se distinguen Manolo Salvat, Eladio Ramos, Luis Morlote, Fernando Godo. Entre los ya ausentes, también alentaron este proyecto René Landa, José Lacret, *Manolín* Hernández, Efrén Córdova y José Sánchez-Boudy.

Mi esposa Eloísa y mis hijas Martha, Nilsa y Sofía han servido de inspiración y apoyo para todos mis empeños investigativos, y este en particular no se hubiera logrado sin sus inagotables aportes de comprensión y paciencia.

Prefacio

Juan Masó Parra es quizás la figura más controversial que produjo el proceso independentista cubano del siglo XIX y, al mismo tiempo, la menos conocida. Este trabajo explora su trayecto vital, pero además de ser un ensayo biográfico revela también informaciones novedosas acerca de los hechos en que Juan Masó Parra participó y que conforman una parte importante del relato fundacional de Cuba como país independiente.

Combatiente de las tres guerras que ensangrentaron la Isla entre 1868 y 1898, Juan Masó Parra entró en las filas independentistas a muy temprana edad y las abandonó cinco días antes de la llegada a La Habana del acorazado *Maine* cuya voladura poco después determinó la entrada de los Estados Unidos en la guerra contra España. Cuando creó dentro de la estructura del ejército español una brigada de excombatientes cubanos para luchar «contra los invasores de la América del Norte», Masó Parra dejó vacante el puesto con que la Historia le hubiese premiado por sus largos años de lucha y sacrificios por la independencia de Cuba; ignorado por cronistas e historiadores, su nombre, convertido en anatema, desapareció del discurso nacional. Los censores de todos los tiempos saben que no se puede borrar a alguien de la Historia sin borrar la Historia misma, pero siempre encuentran justificación para hacerlo. Por el afán de hacer a Masó Parra invisible se han ocultado sucesos y detalles de sus relaciones con José Martí, Antonio Maceo, Bartolomé Masó, Flor Crombet, *Mayía* Rodríguez, Quintín Bandera, Serafín Sánchez, entre otros; las complejidades de esas relaciones a menudo revelan facetas poco conocidas —o enteramente desconocidas— de las vidas de esos patriotas, especialmente la de Máximo Gómez. Los hechos posteriores de la trayectoria de Masó Parra después de la Guerra del 95 han sido asimismo disimulados o distorsionados dejando lagunas historiográficas que aquí pretendemos contribuir a llenar.

Este libro es producto de una investigación que, con mayor o menor intensidad, duró más de veinticinco años y se extendió a una docena de países. Considerábamos de particular importancia desentrañar los motivos que llevaron a Masó Parra a tomar aquella trascendental decisión de abandonar las filas del Ejército Libertador, y creemos haberlo logrado. Seguimos sus pasos antes, durante y después de su desempeño como alto oficial del Ejército Libertador, y la curiosidad que dio inicio al proyecto resultó ampliamente premiada a todo lo largo del camino con el descubrimiento de hechos que estaban ausentes de la historiografía y que esperamos contribuyan a enriquecerla y a abrir nuevos senderos para la investigación.

El estudio no tiene intención apologética ni condenatoria de la figura de Juan Masó Parra lo cual permite tomar en cuenta gran diversidad de versiones, analizarlas con objetividad y exponerlas para que el lector pueda arribar a sus propias conclusiones, e incluso diferir de las opiniones del autor.

Introducción

Los vecinos del pueblo de Fomento sabían que algo raro estaba sucediendo. Esto lo delataba la presencia de las máximas autoridades provinciales y el gran número de soldados que los acompañaba. Pero los residentes no podían sospechar que la trascendencia de lo que se tramaba llevaría el nombre de su pequeño pueblo a los principales diarios de las grandes capitales de América y Europa. En la propia Isla de Cuba, el suceso sería motivo de júbilo para los españoles y sus adeptos y de profunda consternación en las filas independentistas.

La población de menos de 2,000 habitantes pertenecía en aquel entonces al término de Trinidad, en la provincia de Las Villas. Localizado muy cerca del centro geográfico de la Isla de Cuba,[1] el pueblo se encontraba también en el mismo medio del principal teatro de la guerra desde que —en enero del año anterior— el General en Jefe del Ejército Libertador cubano, Máximo Gómez, escogiera esta provincia como su base de operaciones.

La guerra, que ya cumplía casi tres años de duración, siempre estaba cerca; a veces tocaba a sus puertas. En las primeras horas del 3 de agosto de 1897, una partida de mambises al mando del teniente coronel Gerardo Machado había atacado y saqueado a Fomento antes de ser rechazada y perseguida por un batallón español.[2] Pero a pesar de estar inmerso en la insurrección —o quizás precisamente por esa razón—, Fomento había adquirido fama de ser un bastión de lealtad al gobierno colonial español.[3]

---

[1] El centro geográfico de la isla se cree ubicado en el poblado de Guaracabuya, término municipal de Placetas, unos 15 kilómetros al norte de Fomento (Mario Villar, "Las Villas", *La enciclopedia de Cuba*, Playor, S. A., Madrid, 1974, t. 8, p. 105.

[2] Enrique Collazo Tejada, *La guerra en Cuba*, Casa Editora Librería Cervantes, La Habana, 1926, p. 278; Valeriano Weyler Nicolau, *Mi mando en Cuba*, V Vols., Felipe González Rojas, Madrid, 1910-1911, t. V, p. 71.

[3] Emeterio S. Santovenia Echaide, *Un día como hoy*, Editorial Trópico, La Habana, 1946, p. 43.

En la mañana del 20 de enero de 1898, un peculiar grupo de jinetes en correcta formación marchaba en dirección a Fomento seguidos a pie por mujeres y niños cargados de bultos.[4] Los uniformes de rayadillo azul y blanco del ejército español contrastaban con el improvisado e irregular atuendo de los soldados cubanos que los acompañaban. Antes de llegar al pueblo la incongruente columna hizo alto frente al pequeño comité de recepción que presidían el comandante general de la División de Santa Clara, el general español Ernesto Aguirre y Bengoa y el gobernador civil de Las Villas, el ahora españolizado coronel cubano de la pasada Guerra de los Diez Años, Marcos García Castro.

Por señal del jefe español que dirigía la columna, el coronel Julio Álvarez Chacón, los cubanos formaron una larga fila ante la comitiva. Uno a uno, los 122 hombres[5] desfilaron para entregar las armas con que hasta unos días antes habían desafiado el control de España sobre Cuba. Después del acto de sumisión, en respuesta a las arengas del general Aguirre, los *presentados* dieron vivas a España, al Rey, a la Reina Regente, a Cuba Española y a la autonomía.

El grupo incluía a los teniente coroneles Agustín [sic] Feria y José Carmen Hernández; los comandantes Feliciano Quesada, Sa-

---

[4] Emilio Bacardí Moreau (*Crónicas de Santiago de Cuba*, Gráficas Breogán, Madrid, 1973, t. IX, p. 266) dice que sucedió en Cuchillas de Placetas, pero ese es el nombre del lugar donde estuvo el último campamento de Masó Parra. En apoyo de Fomento ver *The New York Times*, 21 de enero de 1898, 1:3; Hortensia Pichardo Viñals, *Máximo Gómez. Cartas a Francisco Carrillo*, Instituto Cubano del Libro, La Habana, 1971, p. 309; Santovenia, *op. cit.*, p. 44; Gerardo Castellanos García, *Panorama Histórico. Ensayo de cronología cubana. Desde 1492 hasta 1933*, 2 tomos, Úcar, García y Cía., La Habana, 1935, t. II, p. 1188.

[5] Sobre esta cifra existen diferentes versiones. Rogelio Castillo y Zúñiga, dijo que el día 23 de enero se enteró que se habían presentado "unos 50 hombres, unos armados y los demás sin armas y varias familias, entre ellas la [de Masó Parra]" (*Autobiografía del general José Rogelio Castillo*, Editorial de Ciencias Sociales, La Habana, 1973, p. 242). Quizás la presencia de las familias de los presentados explique los números más abultados. Orestes Ferrara Marino, citando al brigadier Alfredo Rego, reportó "más de trescientos hombres" (*Mis relaciones con Máximo Gómez*, Ediciones Universal, Miami, 1987 [2ª ed. 1942], p. 91); el propio Ferrara diría después que fueron "casi cuatrocientos hombres" (*Una mirada sobre tres siglos. Memorias*, Playor, S. A., Madrid, 1973, p. 96). Aquí optamos por la cifra que ofreció el parte oficial del gobierno español. (Texto en el Apéndice A).

turnino León y Victoriano Gómez;[6] el capitán Santiago Cabrera; cinco tenientes y 110 de tropa. Pero la verdadera importancia del hecho consistía en que, por primera, y única vez, un jefe de brigada del Ejército Libertador se había presentado. Su nombre era Juan Masó Parra.

La presentación de Juan Masó Parra y su tropa en Fomento.
(Dibujo publicado en *La Caricatura*, La Habana, 23 de enero de 1898)

La sencilla ceremonia representaba el mayor triunfo hasta entonces obtenido por la nueva política española y su régimen autonómico. El Capitán General Ramón Blanco expresaba en su parte al ministro de Guerra en España su creencia de que la presentación pudiera ser la "base de una próxima pacificación".[7] Sus esperanzas eran infundadas. Tampoco se materializaron los temores de una amplia desmoralización en las fuerzas insurrectas. La voladura del acorazado *Maine* en la bahía de La Habana sólo 26 días después, determinó la entrada de los Estados Unidos en el conflicto y la situación se agravó irremediablemente para España. Por otra parte, gracias a la resolución patriótica de los revolucionarios y a la enérgica reacción de su dirección civil y militar, los cubanos en armas lograron mitigar el impacto de la defección del brigadier.

---

[6] Gerardo Castellanos reporta el nombre de este comandante como Victoriano *Cabrera*. (*Panorama...*, t. II, p. 1188).

[7] Miguel Varona Guerrero, *La Guerra de Independencia de Cuba*, t. II, p. 1461.

Para Juan Masó Parra, sin embargo, el hecho sí representaba un punto pivotal en su vida. Con este paso él no había simplemente abandonado la lucha por la independencia de Cuba, sino que llegaría a tomar las armas en defensa de la soberanía española. Para la historia, su vida quedaría ahora dividida en dos etapas distintas y diametralmente opuestas representadas por el mambí y el *guerrillero*;[8] el libertador y el mercenario; el patriota y el traidor. Pero tales postulados maniqueístas tienden a simplificar demasiado los hechos a expensas de la realidad.

---

[8] Este término estaba entonces despectivamente reservado para los cubanos que servían a España con las armas.

I - Orígenes

Cuando Juan Masó Parra nació en el oriente de Cuba a principios de la segunda mitad del siglo XIX, el país entraba en una etapa coyuntural en su desarrollo. A Masó Parra y su generación les aguardaban tiempos terribles.

Al comenzar aquella centuria, la corona española había disfrutado en Cuba de unos trescientos años de relativa tranquilidad. El único peligro desde el exterior lo representaban los ocasionales ataques de piratas a las poblaciones costeras.[9] Las otras amenazas foráneas habían sido producto de los conflictos de la propia España con sus vecinos europeos.[10] En el orden interno la violencia colectiva se había limitado a la cacería de indios y negros cimarrones empecinados en preferir la vida del recóndito palenque a la convivencia con sus amos;[11] alguna que otra rebelión de esclavos; y ciertas protestas organizadas con limitados objetivos económicos unas,[12] y otras motivadas por arbitrariedades de autoridades locales.[13]

---

[9] Las actividades de los bucaneros, filibusteros, piratas y sus parientes, los oficializados corsarios, tuvieron su mayor auge durante los siglos XVI y XVII. Para información ampliada véanse: Saturnino Ulivarri, *Piratas y corsarios en Cuba*, Maza, Caso y Ca., La Habana, 1931; Francisco Mota, *Piratas en el Caribe*, Casa de las Américas, La Habana, 1984.

[10] A consecuencia de una de esas disputas, la llamada Guerra de los Siete Años, tropas inglesas tomaron y ocuparon La Habana en agosto de 1762 después de una larga batalla. En febrero de 1763 se firmó la Paz de París que devolvió La Habana a España a cambio de la Florida (Pedro Guiteras y Font, *Historia de la conquista de La Habana por los ingleses*, Colección de libros cubanos, Vol. XXXI, Cultural, S.A., La Habana, 1932, [1ª ed., Filadelfia, 1856], pp. 116-7 y 139-40.)

[11] Cirilo Villaverde rescató para la historia el interesante y revelador diario de un cazador de cimarrones. Véase *Diario del rancheador,* Editorial Letras Cubanas, La Habana, 1982.

[12] José Rivero Muñiz, *Las tres sediciones de los vegueros en el siglo XVIII*, Academia de la Historia de Cuba, El Siglo XX, La Habana, 1951; Juan Jiménez Pastrana, *La rebelión de los vegueros*, Editorial Gente Nueva, La Habana, 1979.

[13] Esta parece haber sido la motivación para la presunta conmoción planeada en Bayamo por Nicolás Morales en 1795 (Joaquín Llaverías Martínez, "Discurso en contestación" en *Discursos leídos en la recepción pública del Sr. Carlos M. Trelles y Govín"*, Academia de la Historia de Cuba, El Siglo XX, La Habana, 1926).

La agresión napoleónica de 1808 decapitó la monarquía española y esto motivó que se iniciaran procesos —en México, Bogotá, Buenos Aires, Caracas— que derivaron en importantes movimientos separatistas. También por esa época en La Habana fueron frustradas por las autoridades las dos primeras conspiraciones cubanas de franco corte independentista lideradas por Román de la Luz Sánchez de Silveira.[14] A pesar de esos tempranos fracasos, cuando a sus playas llegaron como débiles brisas las primeras ráfagas del torbellino libertador que expulsó de tierra firme al imperio español, comenzaron a cobrar aliento de nuevo las ideas sediciosas en Cuba.

Sin embargo, en la Isla existía un importante obstáculo a una revolución separatista. La sociedad cubana de la época era heterogénea en razas y posiciones sociales y económicas. El grupo dominante lo componía la capa superior de los peninsulares, arrogantes y renuentes a compartir el poder político, aunque los terratenientes criollos blancos habían comenzado a adquirir influencia producto de su fuerza económica, educación y participación en los organismos militares. Pero el segmento más determinante por muchos años lo representó la enorme población entonces llamada "de color". Prácticamente exterminados los aborígenes por los abusos y los gérmenes de los colonizadores, grandes contingentes de esclavos africanos se importaron para suplir las necesidades de mano de obra en el cultivo y manufactura de azúcar y café, y en los empleos domésticos.[15] Después de la revuelta que en el Saint Domingue francés produjo el Reino negro de Haití y luego una república, los peninsulares y los criollos blancos vivían temerosos de que «cualquiera revolución» en la Isla provocaría una sublevación de los siervos que para la minoría blanca sería «su sentencia de muerte».[16]

---

[14] José Ramón Fernández Álvarez, *Inicios del independentismo en Cuba. Las conspiraciones de 1809 y 1810*, Ediciones Universal, Miami, 2018.

[15] Cálculos cautelosos sugieren que hasta 1790 ya habían llegado cerca de 100,000 esclavos africanos; en los próximos treinta años se trajeron unos 300,000 más, y de entonces hasta 1873 se introdujeron otros 400,000 (Juan Pérez de la Riva, *¿Cuántos africanos fueron traídos a Cuba?*, Editorial de Ciencias Sociales, La Habana, 1977; Jorge e Isabel Castellanos, *Cultura afrocubana*, 4 tomos, Ediciones Universal, Miami, 1988-1994, t. I, pp. 25, 135-7).

[16] Francisco de Arango y Parreño, "Reflecciones de un habanero sobre la independencia de esta Isla" (1823), *Obras de Don Francisco de Arango y Parreño*, Ministerio de Educación, La Habana, 1952, t. II, pp. 357, 365-6.

Por esos motivos, la clase rica y culta prefería mantener el vínculo con la metrópoli y se limitaba a abogar con marcada timidez por reformas que pudieran reportar algún grado de autonomía. Los elementos dispuestos a confrontar al régimen colonial no lograban aún vencer los temores de los terratenientes. Por otro lado, a la guarnición permanente de la Isla, España había añadido los restos del diezmado ejército de las perdidas provincias continentales; luego se acantonaron allí otras unidades destinadas a frustrados planes de reconquista de los territorios emancipados y esta combinación produjo una desproporcionada concentración de fuerzas militares que duró varias décadas.[17]

Debido a estos factores —y por el condicionamiento a la dependencia producto de siglos de coloniaje—, las frustradas conspiraciones separatistas de la década del 1820-1830 implicaban, en mayor o menor grado, ciertos compromisos internacionales. Privados del importante concurso de las altas esferas económicas domésticas, muchos revolucionarios cubanos optaron inicialmente por crear alianzas políticas con las recién creadas repúblicas hispanoamericanas. Después de varios fracasos, algunos tornaron sus miradas hacia la creciente y vigorosa unión de Norteamérica.

Poderosos sectores políticos y económicos de los estados del sur de los Estados Unidos, buscando fortalecer el bloque esclavista que representaban, se aliaron a los separatistas cubanos. Los conspiradores aspiraban a lograr una rápida victoria militar sin involucrar a los negros para así mantener la esclavitud y, al estilo de la República de Texas, declarar la independencia como paso previo e imprescindible para que «la estrella de Cuba» pudiera ser «admitida con gloria en la espléndida constelación norteamericana a donde la encamina su destino».[18] Esta propuesta parecía también diseñada para vencer las aprehensiones de los hacendados esclavistas criollos, pero nunca logró suficiente apoyo.

El movimiento anexionista alcanzó su cenit a mediados de siglo con las infortunadas expediciones organizadas por el general espa-

---

[17] Manuel Escalona Jiménez, *Cuba: el gran cuartel (1810-1840)*, Ministerio de Defensa, Madrid, 2002, pp. 11-4.
[18] De una proclama de Narciso López a los *Habitantes de Cuba* publicada por Manuel Sanguily el 31 de mayo de 1894 (*Hojas Literarias*, Imprenta de "La Discusión", La Habana, 1919, t. IV, p. 23).

ñol de origen venezolano Narciso López Uriola.[19] Estos, y otros intentos colaterales, fueron aplastados con sanguinaria crueldad, pero legaron a Cuba una bandera que, a pesar de su cuestionable cuna, creció al cuidado de nobles patriotas hasta simbolizar los ideales de libertad, independencia y soberanía.

Simultáneamente, pero con pasos más firmes, se venía desarrollando otra corriente ideológica más criolla en sus métodos y objetivos. Si a la cubanía se le tuviera que asignar un solo padre, el improbable pero indiscutible candidato sería un cura que vivía desterrado en los Estados Unidos. Por sus escritos políticos, el sacerdote Félix Varela Morales —menudo, feo, miope y de aspecto inofensivo— llegó a convertirse en uno de los más peligrosos enemigos de España. En 1825 Varela conceptuó la independencia cubana al declararse «contra la unión de la Isla a ningún gobierno» y deseoso de «verla tan isla en política como lo es en la naturaleza.» Para no dejar lugar a dudas, el preclaro presbítero abogaba por «la revolución hecha exclusivamente por los de casa» que debía «preferirse a la que pueda practicarse por el auxilio extranjero.»[20]

Las tres principales corrientes de ideas para efectuar cambios en Cuba —la anexionista, la reformista/autonomista y la independentista— ya definidas, fluían por distintos cauces. Sus aguas se mezclarían por tramos, pero sólo la independentista alcanzaría el mar siguiendo el difícil y accidentado pero inexorable curso que trazó Varela.

Fundada en 1515 por Diego Velásquez como capital de la Isla, Santiago de Cuba vio pasar ese privilegio a La Habana en 1553 y desde entonces los contactos de Santiago con la nueva capital se hicieron tan tenues como los de la Metrópoli. Ante ese relativo aislamiento del quehacer administrativo y comercial de la colonia, y

---

[19] Antonio Rafael de la Cova González-Abreu, *Cuban Confederate Colonel. The Life of Ambrosio José Gonzales*, University of South Carolina Press, Columbia, 2003; Sergio Aguirre, *Quince objeciones a Narciso López*, Dirección Nacional de Escuelas de Instrucción Revolucionaria, La Habana, 1961; para una opinión divergente véase Herminio Portell-Vilá, *Narciso López y su época*, La Habana, 1930 (Vol. I), 1952 (Vol. II) y 1958 (Vol. III).

[20] Félix Varela Morales, "Paralelo entre la revolución que puede formarse en la Isla de Cuba por sus propios habitantes, y la que se formará por la invasión de tropas extranjeras" artículo de 1825, (*El Habanero. Papel político, científico y literario*, Editorial de la Universidad de La Habana, 1945, pp. 103-5).

con la implícita anuencia de las autoridades locales, los santiagueros desarrollaron fuertes —e ilegales— vínculos comerciales con la Jamaica inglesa, el Saint Domingue francés y las otras islas cercanas. La explotación de unas minas de cobre en las afueras de la ciudad y su excelente bahía despertaron la codicia de otras potencias coloniales y España comenzó a prestarle más atención.

Por la época que nos ocupa, Santiago de Cuba había sufrido tres grandes calamidades: en agosto de 1852 un fuerte terremoto fue seguido de una epidemia de cólera que cobró las vidas de una décima parte de sus pobladores y en noviembre otro sismo destruyó buena parte de las edificaciones que aún quedaban en pie.[21] La recuperación fue lenta y penosa, pero ya en 1858 Santiago de Cuba contaba más de treinta mil habitantes de los cuales casi dos terceras partes eran negros y mulatos incluyendo más de siete mil esclavos. La minoría blanca incluía a los peninsulares, pero predominaban los criollos descendientes de españoles y de refugiados políticos franceses procedentes de Haití que llegaron por diferentes vías desde los inicios del siglo. Algunas calles ya estaban empedradas y durante el día se mezclaba el sonido constante de los cascos de los caballos y animales de carga distribuyendo las mercancías recién llegadas con los pregones de los vendedores ambulantes y los gritos de los arrieros. Unos veinte años antes se había construido un acueducto que alimentaba veinte vertederos públicos y trece fuentes que adornaban las principales plazas, pero la recogida de basura era aún deficiente y la fetidez producida por los desperdicios y las deyecciones de las bestias viciaba el aire.[22]

Los antecedentes familiares de Juan Masó Parra llegan a nosotros oscurecidos por el tiempo y por las presiones de una sociedad que no perdonaba un desliz en la conducta personal. Por esa época en Santiago de Cuba, el buen nacimiento, entre otras cualidades,

---

[21] Miguel Estorch, *Segunda parte de los apuntes para la historia sobre los sucesos que tuvieron lugar en Santiago de Cuba desde mediados de Setiembre de 1852, hasta el 31 de Diciembre del mismo año*, Imprenta de la viuda é hijos de Espinal, [Santiago de] Cuba, 1853.

[22] Jacobo de la Pezuela. *Diccionario geográfico, estadístico, histórico, de la Isla de Cuba*, 4 Vols., Imprenta del Establecimiento de Mellado, Madrid, 1863 (I, II y III), Imprenta del Banco Industrial y Mercantil, Madrid, 1866 (IV), t. II, pp. 170-217; Caroline L. Wallace, *Santiago de Cuba Before the War*, F, Tennyson Nelly, Nueva York, 1898, pp. 49-55.

era un requisito para asegurarse un sitio respetable entre los vecinos, pues en «ese pequeño mundo, creado por el aislamiento, tomaría fuerza la vanidad del linaje, alentada por el cotilleo y las circunstancias del nacimiento se convertirían en un instrumento de hostigamiento social...» que a menudo acarreaba también adversas consecuencias económicas.[23] Esta situación casi siempre condenaba a los nacidos de relaciones extramatrimoniales —ya fuesen adúlteras o entre solteros— a convertirse en expósitos, es decir, sin padres conocidos y abandonados al asilo público o, en el mejor de los casos, entregados al cuidado de alguna familia bondadosa; a veces la del padre natural, quien así podía criar a su vástago sin sufrir la censura de sus vecinos. Si la familia disponía de recursos para hacerlo, la encinta era trasladada a otro pueblo para retornar después del alumbramiento con el honor de la familia a salvo.

La competencia por los escaños sociales —y por el acceso a los empleos— dio lugar a denuncias entre vecinos «por ocultar antecedentes familiares» que tanto agobiaron a las autoridades que el rey Carlos IV decidió, por Real Cédula en 1794, ordenar que los expósitos fuesen tratados como si fuesen hijos «de legítimo y verdadero matrimonio» con derecho a los mejores empleos.[24] A pesar de tan justa medida, tomaría muchas generaciones para que los hijos de padres desconocidos dejaran de sufrir discriminación.

La futura madre de Juan Masó Parra nació el 22 de diciembre de 1828 en San Anselmo de los Tiguabos. Cuando fue bautizada ocho días más tarde con el nombre de María Rosenda, la identidad de sus padres no fue revelada y el registro oficial indica que la párvula había sido entregada al cuidado de José Agustín de Parra. Fueron padrinos de la expósita Salvador y Manuela de Parra.[25] Los Tiguabos era un remoto caserío a más de 50 kilómetros al noreste de Santiago siguiendo el camino hacia Baracoa. La pequeña iglesia era la única estructura con techo de tejas. Era un pueblo en decadencia pues en 1827 tenía 164 habitantes, entre estos 31 blancos,

---

[23] Leví Marrero, *Cuba: economía y sociedad*, 15 tomos, Editorial Playor, Madrid, 1987, t. XIII, p. 59.
[24] *Ibidem*, t. XIII, pp. 63-4
[25] Partida de Bautismo de María Rosenda Parra, acto oficiado el 30 de diciembre de 1828 por el presbítero Juan Luís Monfeugá. (Parroquia "La Milagrosa", Guantánamo, libro 3 de blancos, folio 17, número 62).

11 esclavos y el resto negros y mulatos libres, y veinte años después vivían allí sólo152 almas y ya era un pueblo tan pobre que no tenía esclavos. Los gastos de la pequeña iglesia se cubrían con ayuda de la Real Hacienda de Santiago.[26] Si cuando nació la niña Rosenda había 31 blancos en el pueblo, incluyendo al cura, se deduce que el número de mujeres blancas, de todas las edades, sería alrededor de quince repartidas en unas diez familias. En un ámbito social tan reducido, un nacimiento ilícito hubiese sido casi imposible de ocultar para una tiguabense por lo que resulta probable que la madre de Rosenda haya sido una soltera de otro lugar que haya venido a dar a luz a Los Tiguabos, alojada allí en una casa de parientes o amistades confiables.

Rosenda Parra pasó a residir en la ciudad de Santiago de Cuba y allí conoció al joven Francisco Masó. En esa época en Santiago de Cuba, diría un cronista, «los catalanes son comerciantes, bodegueros, industriales…», y el apellido Masó, o Massó, aparecía relacionado con varios de ellos.[27] Francisco Masó tenía algo en común con Rosenda: él también era expósito, y aunque esta condición compartida bien pudo contribuir a estrechar los lazos entre ellos, también presentaba dificultades peculiares ante las autoridades eclesiásticas para consagrar la relación en matrimonio. El "impedimento por consanguinidad" de la ley canónica prohíbe el matrimonio si existe «alguna duda sobre si las partes son consanguíneas en algún grado de línea recta o en segundo grado de línea colateral.»[28] En el caso de dos expósitos, ¿cómo cerciorarse de que no existía esa relación de sangre entre ellos?

---

[26] Francisco Dionisio Vives, *Cuadro estadístico de la Siempre Fiel Isla de Cuba, correspondiente al año de 1827*, Oficina de las viudas de Arazoza y Soler, La Habana, 1829, p. 87 (aquí aparece como San *Antonio* de los Tiguabos, en lugar de San Anselmo); Pezuela, *Diccionario…*, t. IV, p. 399.

[27] Carlos Martí, *Los catalanes en América (Cuba)*, Editorial Minerva, S.A., Barcelona, 1918, p.151; Birgit Sonesson, *Catalanes en las Antillas. Un estudio de casos*, Archivo de Indianos, Gijón, 1995, pp. 59-61; un estudio reciente reporta que, en 1833 en Santiago de Cuba, de un total de 322 comerciantes, 230 eran catalanes, es decir, el 71% (Joan M. Ferran Oliva, *La saga de los catalanes en Cuba/La saga dels catalans a Cuba*, Casa Amèrica Catalunya, Barcelona, 2009, pp. 24-5).

[28] Lorenzo Miguélez Domínguez, et al. *Código de derecho canónigo y legislación complementaria*, Biblioteca de Autores Cristianos, Madrid, 1944, Libro IV, Parte I, Capítulo 7 – "Del Sacramento del Matrimonio", Canon #1091.4.

Obstaculizado así el matrimonio oficial, Rosenda Parra y Francisco Masó se unieron por su cuenta mientras trataban de formalizar su enlace. En abril de 1848 Rosenda obtuvo de la iglesia de Los Tiguabos la certificación de su partida de bautismo, pero las gestiones no prosperaron hasta años después, con Rosenda ya encinta. Deseando evitarle a su hijo las injusticias sociales que él y su esposa habían sufrido, Francisco Masó solicitó ante el arzobispado la concesión de "habilidad canónica" para casarse. Esto dio lugar a un proceso investigativo, o diligencias, donde Francisco presentó, entre otros, un testigo que dijo conocerlo como «natural de la Ciudad de Santo Domingo, en cuyo país» había sido bautizado como expósito por un cura nombrado Nicolás Correa en 1822.[29]

Esto ponía distancia geográfica entre los nacimientos de Rosenda y Francisco y casi eliminaba la posibilidad de un parentesco entre ellos. Todo parece indicar que lo del supuesto nacimiento en Santo Domingo no fue más que un efugio de la ansiosa pareja para salir de aquel engorroso *impasse*.[30] Este oportuno testimonio —quizás por su importancia, el único detallado en las Diligencias— permitió al Arzobispado de Santiago decretar el 23 de abril de 1850 la autorización del matrimonio.[31] Obligados a esperar a que se corrieran las tres proclamas requeridas por el Concilio de Trento por si alguien objetaba la unión, Rosenda Parra y Francisco Masó fueron canónicamente casados en la Iglesia de la Santísima Trinidad

---

[29] Testimonio de Pedro Rodríguez, de 28 años, en "Francisco Masó y Rosenda Parra: Diligencias para solicitar habilidad canónica para contraer matrimonio", Arzobispado de Santiago de Cuba, legajo 18[20] expediente #91, Año 1850. Los otros testigos fueron José García y Antonio Galves.

[30] En abril de 2008, gracias a la gestión del Padre Manuel Maza Miquel, S.J., el Padre José Luis Sáez. S.J. amablemente revisó el archivo del Arzobispado de Santo Domingo a petición del autor. Sólo un expósito apadrinado por un Juan Masó fue bautizado en Santo Domingo en 1821, no 1822, y este fue nombrado Juan Romualdo, no Francisco, y «esto es todo lo que hay» afirmó el P. Sáez quien también pudo comprobar que por aquella época «no existió nunca» allí un cura de nombre Nicolás Correa.

[31] Antes que terminara el año, asumió el Arzobispado de Santiago Antonio María Claret quien suavizaría la actitud tradicional de la iglesia iniciando una enérgica campaña para reducir el concubinato. Diría luego Claret: «Facilité los matrimonios a los pobres y a los que no hallaban partida de bautismo, a fin de quitar amancebamientos.» (*Autobiografía*, Editorial Claret, Barcelona, 3ª ed, 1985, p. 286).

el 4 de mayo.³² Antes de transcurrir dos meses, el 1º de julio del mismo año de 1850, nació su primer hijo a quien nombraron Herminio Secundino.

A pesar de su condición de expósitos, los recién casados parecen haber estado bien relacionados pues entre los testigos de su boda estaban don Antonio Correoso y doña María Manuela de las Cuevas, portadores de apellidos de nobleza, según el Cabildo, y personas distinguidas en la ciudad.³³ Pronto se revelarían vínculos aún más estrechos con la mejor sociedad santiaguera.

El 15 de octubre de 1850, el matrimonio Masó Parra celebró el bautismo del recién nacido Herminio en la Iglesia Santa Lucía. Ese día, además de los abuelos de Herminio, los ya conocidos presuntos padres putativos de Francisco y Rosenda —Juan Masó y Luis Parra, respectivamente— se revelan también los nombres de las abuelas. Doña María de los Dolores de Moya era la abuela paterna del bebé; Doña Alejandra Ramos era la abuela materna.³⁴ Ambos eran apellidos linajudos en el Santiago de Cuba de aquella época, especialmente de Moya.

General Juan de Moya y Morejón

---

³² Certificación de Matrimonio, Arzobispado de Santiago de Cuba, Parroquia de la Santísima Trinidad, libro 1 de matrimonios de blancos, folio 183, número 7.

³³ Leví Marrero, *Cuba...*, t. XIII, p. 60; Emilio Bacardí reportaría en abril de 1883 el fallecimiento «en Niza (Francia) del Sr. D. Antonio Correoso y Mozo, miembro de antigua familia de esta ciudad.» y el 16 de junio de 1887, el de «la Excma. Sra. D.ª Manuela de las Cuevas de Norma, dama excelente y caritativa.» (*Crónicas...*, t. VII, pp. 53 y 212).

³⁴ Partida de Bautismo de Herminio Secundino Masó Parra, Parroquia de Nuestra Señora de los Dolores, Iglesia Sta. Lucía, libro 3, folio 103, número 83. Los padrinos fueron Vicente Gonzaga y Alejandrina Ramos. El nombre del padre putativo de Rosenda aparece en su partida de bautismo como «Luis Agustín de Parra», y mientras en casi todas las partidas bautismales de sus hijos el abuelo es simplemente «Luis Parra», curiosamente, en una ocasión se registró como «Luis *Beltrán* Parra»

Iglesia de Santa Lucía en la esquina de las calles Carnicería y Santa Lucía en Santiago de Cuba

Este apellido aparece en la historiografía santiaguera desde principios del siglo XVII y alcanza su mayor preeminencia en la persona del brigadier Juan de Moya y Morejón, nacido en La Habana y veterano de todas las guerras de España desde 1793 hasta 1805; durante el sitio de Zaragoza perdió un ojo y se le empezó a conocer como "El tuerto de Moya". Juan de Moya regresó a Santiago de Cuba en 1812 con el importante cargo de teniente de Rey de la plaza y sirvió de gobernador interinamente en seis ocasiones desde 1821 hasta 1837.[35] Cuando el 5 de marzo de 1851 les nació la primera de sus dos hijas, Rosenda y Francisco la bautizaron María de los Dolores Eusebia en honor a su distinguida abuela paterna.[36]

Juan Masó Parra vio la luz el 3 de agosto de 1859. Sus padres habían logrado crear para sus hijos un ambiente de normalidad y estabilidad que es casi siempre producto de esfuerzos y buena conducta. Sus buenas relaciones les ofrecerían también un nivel de res-

---

[35] Emilio Bacardí, *Crónicas...*, t. I, p. 103; Ramón Martínez Martínez, "Don Juan de Moya Morejón", *Biografías de personajes de Cuba injustamente olvidados*, Tipografía Arroyo, Santiago de Cuba, 1937.

[36] Partida de Bautismo de María de los Dolores Masó Parra de 12 de junio de 1851, Parroquia de la Santísima Trinidad, libro 5, folio 47, número 39. Había nacido el 5 de marzo y los padrinos fueron Don Antonio Correoso y D.ª Manuela de las Cuevas; la segunda hija nació el 24 de febrero de 1854 (Partida de Bautismo de María de la Caridad Luisa Modesta Masó Parra de 29 de junio de 1854, Parroquia de la Santísima Trinidad, libro 5, folio 93-vuelto, número 37. Padrinos: Juan Bautista Martínez y Ercilla González).

petabilidad en el orden social. Reunida la familia en la Iglesia de Santa Lucía el 6 de septiembre, el Padre Luis Francisco Pérez bautizó al niño con el nombre de Juan Esteban de Jesús asistido por los padrinos Juan de León y Rita Parra. En ese mismo templo el matrimonio Masó Parra bautizaría a su quinto hijo en 1861 antes que la desgracia interrumpiera su felicidad.[37]

Una epidemia de viruelas que se extendió por la ciudad cobró la vida de María de la Caridad Masó Parra el 28 de abril de 1862, cuando sólo había vivido ocho años. Apenas un mes después de perder a su hija, el 30 de mayo, Francisco Masó murió de tuberculosis. El pequeño Juan quedó huérfano de padre antes de cumplir los tres años.[38] Rosenda Parra contaba 33 años cuando quedó viuda con cuatro hijos. En estos casos, era costumbre que abuelos y tíos compartieran con la viuda las responsabilidades de crianza de los huérfanos y los hijos de Francisco gozarían de esas bondades. En el caso de Juan Masó Parra, las influencias que recibiera de sus parientes serían variadas y probablemente contradictorias. Otro criollo de esa época que, como Masó Parra, tenía ascendentes catalanes, escribiría:

«Desde muy niño, apenas balbuceó la primera palabra (el cubano oriental), apenas hízose su oído apto para distinguir los primeros sonidos, la generalidad, ya de sus padres, ya de los amigos de éstos, no

---

[37] Partida de Bautismo de Juan Esteban de Jesús Masó Parra, Parroquia de Nuestra Señora de los Dolores, Iglesia Sta. Lucía, libro 3, folio 164, número 71p; Partida de Bautismo de Calimerio León Masó Parra de 7 de abril de 1861, libro 3, folio 207, número 29. Nació el 21 de febrero y los padrinos fueron Calimerio Ignacio Serrano y Rita Catalina Parra. [Es probable que por esta época haya nacido otro hijo varón nombrado Vicente quien compartiría algunas aventuras con Juan Esteban en su madurez (Jorge Quintana, "Los que traicionaron al Ejército Libertador", Revista *Bohemia*, Año 42, Núm. 9, 26 de febrero de 1950, p. 171). También Juan Esteban pudo haber tenido otra hermana, pero no hemos podido establecer ese vínculo (Pasaporte expedido «á Doña Concepción Massó y su hija Doña Amalia Tejeda de veinticinco años» el 26 de noviembre de 1898 (*Documentos relativos a Don Juan Masó Parra*, Archivo General Militar de Segovia (en lo adelante, AGMS), Sección 1ª, Legajo M-2186, f. 48).]

[38] Partidas de Defunción de María Caridad Masó y de Francisco Masó, Iglesia Sta. Lucía, Libro 3, folio 76, número 42, y folio 78, número 55, respectivamente. La partida de Francisco le atribuye 38 años, aunque de haber nacido en 1822, como había dicho al casarse, habría muerto de 39 ó 40 años de edad.

escuchó jamás decir "soy español" y sí dijo hasta la saciedad "soy catalán" y escucho al catalán renegar de la Nación…»[39]

Por otro lado, el vínculo familiar con los de Moya bien pudo ejercer presiones hacia el orden establecido pues el adolescente Juan Esteban fue enviado a recibir estudios superiores en una escuela militar.[40]

Mientras tanto, la situación política en la Isla seguía agravándose. Después de los fracasos de los anexionistas, el miedo a los negros, que en 1844 se había exacerbado por las campañas abolicionistas inglesas que dieron pie a la brutal represión de la llamada Conspiración de la Escalera, mantuvo a la colonia bajo una tensa calma. Esta duró hasta el 10 de octubre de 1868, cuando Carlos Manuel de Céspedes, el audaz hacendado oriental y sus compañeros, desplegaron una nueva bandera, proclamaron la independencia y se lanzaron a la lucha armada contra el dominio de España.

Peculiares condiciones prevalecían en las cinco jurisdicciones orientales donde se inició la guerra que duraría una década. En Bayamo, Manzanillo, Holguín, Tunas y Santiago de Cuba, los negros y mestizos libres eran más numerosos que la población esclava que representaba solamente el 7% del total. Como existían muy pocas empresas agrícolas de dueños ausentes —los cuales predominaban en el departamento Occidental— las razas convivían en cercanía y los blancos habían perdido el temor a la justificable sed de venganza que se atribuía a los negros. Por otro lado, la economía de esta zona se hallaba más adversamente afectada que la del resto de la Isla por los impuestos y por la desventaja competitiva de sus predominantemente pequeñas empresas cañeras que no podían invertir en la costosa nueva tecnología de la industria del azúcar. También contribuía

---

[39] Emilio Bacardí Moreau bajo el seudónimo "Bonifacio Rojas", *La Habana Elegante*, junio de 1895 (citado por Tomás Jústiz y del Valle, "Emilio Bacardí y Moreau", *La vida de la Academia de la Historia (1925-1926)*, El Siglo XX, La Habana, 1926, p. 97)

[40] La tradición familiar refleja que estudió en una academia militar en España (entrevistas con Juan Masó de Moya y Jacqueline McKinnon, nietos de Juan Masó Parra en abril y mayo de 2004, respectivamente) pero aún no hemos encontrado documentación al respecto. El propio Masó Parra diría en España, en 1899, que había sido en Guatemala donde había recibido su instrucción militar formal. Sin embargo, por gentileza de la capitana Lucila Sierra, del Servicio de Historia Militar de Guatemala, en junio de 2013 tuvimos acceso a los listados de ingreso de la Escuela Politécnica correspondientes a los años pertinentes —desde el año de apertura de 1873 hasta el 1877— y comprobamos que en ellos no aparece el nombre de Juan Masó Parra.

el hecho de que la presencia de los peninsulares era menor, en proporción, en esta zona que en el resto de la Isla.[41]

En su ingenio *La Demajagua*, Carlos Manuel de Céspedes y sus seguidores presentaron su bandera y emitieron un *Manifiesto de la Junta Revolucionaria de la Isla de Cuba dirigido á sus compatriotas y á todas las naciones*[42] donde se enumeraban los desmanes de la Corona, los excesos de sus funcionarios y los agobiantes impuestos con que se gravaba la economía colonial. Postulaban la tolerancia, el respeto a la vida y la propiedad, y el sufragio universal. A pesar de que los hombres de Yara —poblado en la demarcación donde se encontraba *La Demajagua*— habían ese día liberado a sus propios esclavos, el documento, en reconocimiento de las preocupaciones de los terratenientes del resto de la Isla, planteaba la emancipación de los esclavos de forma gradual y bajo compensación a sus dueños. Proclamaban la decisión de constituirse en «nación independiente» para «ser libres e iguales, como hizo el Creador á todos los hombres» y justificaban la acción violenta explicando que…

> «…Cuando un pueblo llega al extremo de degradación y miseria en que nosotros nos vemos, nadie puede reprobarle que eche mano á las armas para salir de un estado tan lleno de oprobio. El ejemplo de las naciones más grandes autoriza ese último recurso. La isla de Cuba no puede estar privada de los derechos que gozan otros pueblos, y no puede consentir que se diga que no sabe más que sufrir…»[43]

El ideario de la revolución de Céspedes impresionó profundamente al joven Juan Masó Parra. A casi cuatro décadas después de aquel llamado *Grito de Yara*, Masó Parra manifestaba añoranza por aquella campaña y sostenía que la de Céspedes era la bandera que representaba «la verdadera revolución».[44]

---

[41] Manuel Moreno Fraginals, *Cuba/España, España/Cuba: historia común*, Crítica, Barcelona, 1995, pp. 214-6, 233; Ramiro Guerra y Sánchez, *Guerra de los Diez Años, 1868-1878*, 2 tomos, Cultural, S.A., La Habana, 1950, 1952, t. I, pp. 13-28.

[42] Aquí, como en todas las citas textuales, se respetan la ortografía, puntuación, y hasta los errores originales.

[43] Justo Zaragoza, *Las insurrecciones en Cuba*, Imprenta de Manuel G. Hernández, Madrid, 1872, t. II, p. 729.

[44] "Los generales arrestados lo niegan todo", *Diario de la Marina*, 28 de septiembre de 1907, p. 12.

A su regreso a Cuba el joven Juan Masó Parra se unió al Ejército Libertador. Además de la educación académica adquirida en España parece que Masó Parra había también recibido alguna instrucción militar y que tuvo ocasión de ponerla en práctica antes de retornar a la Isla.[45] Estas cualidades eran muy bien cotizadas en el campo insurrecto.

En abril de 1869 se había celebrado en el caserío de Guáimaro una asamblea que —quizás prematuramente— dio a la insurrección una constitución que limitaba el poder del ejecutivo, lo separaba de la jefatura militar y de un plumazo proclamaba la total abolición de la esclavitud. El departamento Occidental, que consistía de las futuras provincias de Pinar del Río, La Habana y Matanzas, nunca se llegó a incorporar a la lucha.

Ruinas del ingenio "La Demajagua" donde se inició
la Guerra de los Diez Años

Los vicios del regionalismo y las pugnas internas —entre los civiles y los militares, los camagüeyanos y los orientales, los villareños y todos los demás— hicieron más daño a los insurrectos que el propio ejército español. La larga lucha también había desgastado

---

[45] El propio Juan Masó Parra afirmó: «Nunca traté de hacer gala de mis conocimientos militares, pero la mayor parte de los cubanos saben que no vine á hacer mi debut de militar en Cuba.» (Juan Masó Parra, *Primera parte de un libro para la Historia. Cuba*, Imprenta de A. Bethencourt é Hijos, Curaçao, 1904, p. 38).

a los emigrados que proveían apoyo material, político y moral. En 1878 el terreno estaba listo para la nueva política apaciguadora que introdujo el recién estrenado Capitán General Arsenio Martínez Campos y el 10 de febrero se firmó el Convenio del Zanjón —habitualmente conocido como Pacto del Zanjón— que establecía concesiones mutuas para el restablecimiento de la paz.

Es muy poco lo que se conoce sobre el paso de Juan Masó Parra por esta guerra de los Diez Años. La corta edad y el relativamente largo período de instrucción de Juan Masó Parra dictan que su incorporación a las filas de la insurrección tendría lugar poco tiempo antes del final de aquella larga guerra.[46] En una crónica suya escrita muchos años después, encontramos algunas pistas que sitúan a Masó Parra en la zona del conflicto precisamente a finales de 1877.

La versión más temprana que conocemos de aquella crónica fue reproducida de *El Yara*, el diario que José Dolores Poyo publicaba en Cayo Hueso; tenía por título "Para la Historia. Episodio del Coronel Pancho Guevara" y fue fechada el 1º de noviembre de 1892.[47] La figura central del relato es el coronel Francisco Guevara, un pintoresco combatiente vecino de Santa Rita que operó durante toda aquella guerra por las comarcas de Jiguaní, Manzanillo y Bayamo alcanzando notoriedad por su arrojo y jovialidad.[48] Para avalar la veracidad de las hazañas de Guevara, Masó Parra afirmaba: «En cuanto a nosotros, demasiado sabemos lo que tienen estas de cierto» —lo cual sugiere que escribía con conocimiento de primera mano y que se encontraba en la zona de Bayamo donde se

---

[46] Para las academias militares de la época era común el ingreso alrededor de los quince años a un programa de tres años; en ese caso, Masó Parra terminaría sus estudios aproximadamente en 1877.

[47] Fue reproducida en 1893 por Luis Lagomasino Álvarez (*Bocetos, apuntes y episodios*, cuaderno n. 4, v. I, Imprenta Nueva de J. Andreu y Cp., Cienfuegos, pp. 59-64) y años después por Domingo Figarola-Caneda en dos entregas bajo el título "Páginas de la Guerra. El coronel Guevara" (*La República Cubana*, año I, números 16 y 17, de fechas 7 y 14 de mayo de 1896, París).

[48] En 1871 guerrilleros al servicio de España habían matado a un hijo de Francisco Guevara. El coronel se acogió al Convenio del Zanjón en 1878 con su jefe, el general Modesto Díaz, y se trasladó con él a la República Dominicana donde falleció antes del inicio de la guerra de 1895 (Luis García Pascual, *Destinatario José Martí*, Casa Editora Abril, La Habana, 1999, p. 160; Amels Escalante Colás, et al., *Diccionario enciclopédico de historia militar de Cuba. Primera parte (1510-1898)*, 3 tomos, Ediciones Verde Olivo, La Habana, 2001, 2003, 2005, t. I, p. 183).

desarrollaron los episodios que describe. El tiempo en que ocurrieron los hechos se puede deducir de la mención que Masó Parra hizo del manzanillero Manuel Morey[49] de quien comenta que «había acabado de llegar en una de aquellas *canoas* que con mucho heroísmo conducía de vez en cuando con armas y pertrechos el valiente Juan L. Pacheco».[50] El entonces capitán Manuel Morey Duany había estado ocupado en la planificación, captura y quema del buque correo español *Moctezuma* desde el verano de 1876 hasta la siguiente primavera.[51] Después de esa fecha, el coronel Pacheco condujo sólo dos viajes a Cuba en bote, uno en julio y otro en septiembre de 1877,[52] de modo que Morey tuvo que venir en uno de ellos y, por tanto, Masó Parra sólo pudo describirlo como «acabado de llegar» durante los meses de julio y octubre de 1877. Este análisis indica que el joven Juan Masó Parra operaba por las zonas de Bayamo, Manzanillo o Jiguaní durante la segunda mitad de 1877.

La mayoría de las fuerzas de Bayamo capitularon cuando el general Modesto Díaz, jefe del 1er Cuerpo, se acogió al Convenio del Zanjón a principios de marzo de 1878 pero siguieron operando mambises intransigentes a través de toda la provincia oriental. El general Antonio Maceo Grajales rechazó el Convenio durante un careo con Martínez Campos en la finca Baraguá y continuó la lucha hasta el 9 de mayo, cuando el gobierno en armas lo envió a Jamaica, ostensiblemente en busca de ayuda, pero en realidad para

---

[49] Manuel Morey Duany alcanzó fama internacional como segundo jefe del grupo que, dirigido por el coronel Leoncio Prado Gutiérrez, hijo del presidente del Perú, había capturado el buque correo español *Moctezuma*; después del Zanjón Morey pasó a Honduras y allí fue jefe de la Guardia de Honor del presidente Soto; herido en combate contra tropas del general Bográn en 1886, murió de su propia mano para no caer prisionero (Ernesto Alvarado García, *La odisea de Leoncio Prado en Honduras*, Ediciones de la Librería "España y América", Tegucigalpa, 1943, p. 55).

[50] Juan Luis Pacheco Céspedes, sobrino de Carlos Manuel de Céspedes, se alzó en 1968 con sólo 17 años y estuvo en «más de cien combates»; en 1872 pasó al departamento de expediciones y entre 1876 y 1877 condujo pequeños cargamentos en botes de remo. Luego del Zanjón fue a vivir al Perú y allí murió en 1895. Participó en la guerra contra Chile donde —según se dice— le apodaron con admiración «El Guerrillero cubano» (Escalante Colás, *op. cit.*, t. I, p. 277; Masó Parra, "Para la historia...", p. 59; Milagros Gálvez Aguilera, *Expediciones navales en la guerra de los Diez Años 1868-1878*, Ediciones Verde Olivo, La Habana, 2000, pp. 148-52).

[51] García del Pino, *op. cit.*, pp. 26-47.

[52] Gálvez Aguilera, *op. cit.*, pp. 65-6.

salvarle la vida. La llamada Protesta de Baraguá devino en símbolo de la intransigencia patriótica cubana.[53] Muchos de los otros jefes continuaron en armas hasta entrado el mes de junio.[54]

Durante los primeros años de la campaña, en ciertos momentos difíciles en que la suerte de la revolución parecía estar en juego, tanto Céspedes como sus rivales ideológicos, los civilistas seguidores del joven y brillante general camagüeyano Ignacio Agramonte, habían emitido declaraciones de contenido anexionista con el fin de atraerse el apoyo de los Estados Unidos. Pero, en contraste con los pronunciamientos de Narciso López unos años antes que parecían tener la anexión como objetivo final, esta ahora era considerada con tristeza como la segunda opción y

> «…como quien juega a la última carta, se solicitó —primero que sucumbir, primero que caer de nuevo bajo la odiosa dominación española,— el amparo, el auxilio, la protección de los Estados Unidos; lo que implicaba la aceptación del ideal inferior, la substitución del ideal superior por el ideal inferior, que, ante la razón y el derecho, era siempre, al cabo, inmensamente superior en todos conceptos a la dominación española.»[55]

Hacía pocos años, los esclavistas Estados Confederados sureños habían sido derrotados por el Norte abolicionista en la Guerra Civil norteamericana y, aunque la facción anexionista de los propios Estados Unidos seguía fuerte y activa, el gobierno de Washington, que aspiraba a negociar con España la posesión de Cuba, trató con indiferencia aquel llamado de los cubanos. Desde entonces, el ane-

---

[53] Se ha afirmado que Juan Masó Parra «fue uno de los protestantes de Baraguá». Ese dato se ofreció en un trabajo sin especificar la fuente y no ha podido ser corroborado por el autor; además, la obra contiene demasiadas inexactitudes para considerarla enteramente fiable (Escalante Colás, *op. cit.*, t. I, p. 247).

[54] El entonces teniente coronel Ramón Leocadio Bonachea Hernández, con unos 100 hombres de caballería, continuaría alzado por catorce meses después del Convenio del Zanjón operando en la región de Las Villas. (Juan J. E. Casasús, *Ramón Leocadio Bonachea: el Jefe de la Vanguardia*, Imprenta Librería Martí, La Habana, 1955, pp. 89-112; Néstor Carbonell y Rivero, *El general Ramón Leocadio Bonachea*, Academia de la Historia de Cuba, La Habana, 1947, pp. 42-4.)

[55] Manuel Sanguily, del artículo "Una biografía de Miguel Jerónimo Gutiérrez", aparecido en febrero de 1913 en la revista Cuba Contemporánea. (*Obras de Manuel Sanguily, Tomo VI, Páginas de la Historia, Libro primero*, A. Dorrbecker, Impresor, La Habana, 1929, p. 146).

xionismo cubano quedó relegado al mismo lugar oscuro que aún ocupa en el debate ideológico cubano, asomando la cabeza —de manera oportunista y casi siempre solapada— sólo en momentos de crisis nacional.

A pesar de los devaneos iniciales, la campaña del 68 fue un esfuerzo esencialmente independentista y el enorme sacrificio colectivo que hicieron los criollos durante la Guerra de los Diez Años les inclinó decisivamente por la emancipación absoluta de Cuba. Este ideal contaba ahora con un glorioso historial de lucha, un extenso panteón de mártires y un nutrido grupo de experimentados guerreros. Se habían reunido todos los ingredientes necesarios para desarrollar una mística independentista que serviría de inspiración a nuevos esfuerzos libertadores.

Con pocas excepciones, los principales jefes militares marcharon al exilio con el beneplácito y la ayuda del gobierno español contento de alejarlos de la Isla. La mayoría de los hombres del Ejército Libertador, sin embargo, permanecieron en Cuba y se reintegraron a la vida civil, pero muchos seguían atentos y listos a responder al próximo llamado a las armas. Entre los que se quedaron estaba un joven oficial de apenas diecinueve años nombrado Juan Masó Parra.

II - La Guerra Chiquita

Con la Paz del Zanjón, la lucha por la independencia entraba en una nueva etapa conspirativa. Juan Masó Parra, como muchos otros veteranos, aunque desalentado por el triste final de la larga jornada iniciada en Yara, prefería ver el cese de las hostilidades como una tregua para reabastecerse y continuar la guerra. Al mismo tiempo, algunos criollos con aspiraciones políticas que habían observado con preocupación el poder que durante la guerra alcanzaron los negros y los blancos de medianos y bajos niveles socioeconómicos, recibieron con alivio lo que percibían como la extinción del ideal separatista.

Aquellos que querían ver en las "concesiones" del Convenio del Zanjón un gesto generoso de la metrópoli pronto sufrirían una nueva decepción. En el primero de los ocho artículos del Convenio, España se comprometía a conceder a Cuba «las mismas condiciones políticas, orgánicas y administrativas de que disfruta la Isla de Puerto Rico.» En 1872, había entrado en vigor en Puerto Rico una ley que permitía el sufragio universal masculino y facultaba a una Diputación Provincial para aprobar los presupuestos de sus municipios, nombrar y separar de sus cargos a funcionarios, hacer propuestas en materia de instrucción, obras públicas, banca y empréstitos. Tales decisiones estaban sujetas a la aprobación de las Cortes madrileñas, pero, aun así, se ejercía cierto grado de lo que ya entonces llamaban *self government*. Lo que no sabían los cubanos era que la ley en cuestión había sido suspendida en Puerto Rico desde 1874 y que, al firmarse el Convenio, las verdaderas condiciones que imperaban en Puerto Rico eran el estado de sitio y el gobierno arbitrario de un Capitán General español.[56]

Los cubanos se creyeron víctimas de un fraude, aunque para paliar sus frustraciones España permitió la elección de diputados a las Cortes, diputados provinciales y concejales. También pudo disfrutar Cuba a ratos de algunos derechos civiles fundamentales y liber-

---

[56] Luis Estévez y Romero, *Desde el Zanjón a Baire*, La Propaganda Literaria, La Habana, 1899, pp. 1, 8-12.

tades de imprenta, asociación, credo e ideas políticas, según la constitución que entonces regía en España, aunque la vigencia de estas medidas seguía dependiendo de la bondad del omnímodo gobernador militar de turno.

Bajo el entusiasmo inicial creado por las prometidas reformas, en agosto de 1878,[57] se constituyó en La Habana el Partido Liberal por gestión directa de un buen número de cubanos de importancia en el orden económico y cultural que, temerosos de las responsabilidades de la independencia, creían que los problemas de Cuba se podrían dirimir con España dentro de esquemas legales que evolutivamente devinieran en un gobierno autónomo para la colonia aunque siempre bajo la soberanía española.[58] Este partido, que pronto se conocería como el autonomista, persistiría por dos décadas en ignorar la evidente ausencia de una verdadera voluntad reformista en el gobierno español.

Para contrarrestar al Partido Liberal, los llamados *integristas* del bando español fundaron otro partido que nombraron Unión Constitucional. Pronto se haría patente que los españoles no tenían la menor intención de compartir el poder político en Cuba. Torcidas leyes electorales aseguraban a la minoría *integrista* una sólida mayoría de los puestos electivos. Aún años después, el entonces autonomista Raimundo Cabrera reportaba que, en La Habana, de veintiocho concejales sólo uno era cubano y en Güines, su pueblo natal, donde solamente el 4% de la población total eran peninsulares, estos representaban el 93% de los electores y, por supuesto, no había ningún concejal cubano en el Ayuntamiento.[59] Las elecciones de Diputados a Cortes eran similarmente manipuladas y los pocos cubanos que resultaban electos eran soberanamente ignorados en España.

---

[57] *Ibidem*, p. 25.

[58] El programa adoptado por el partido incluía la emancipación previa indemnización a los dueños de esclavos; limitación de la inmigración a la raza blanca; reforma de los aranceles para el comercio con la Península; estímulo al comercio con los Estados Unidos; libertades civiles y acceso a los empleos públicos; y «la mayor descentralización posible dentro de la unidad nacional» (Marta Bizcarrondo y Antonio Elorza, *Cuba/España. El dilema autonomista, 1878-1898*, Editorial Colibrí, Madrid, 2001, p. 69).

[59] Raimundo Cabrera, *Cuba y sus jueces*, Editorial Cubana, Miami, 1994 (1ª ed. 1887), pp. 169-70.

Mediante el Partido Liberal, Madrid explotó hábilmente las esperanzas cubanas manteniendo por años la apariencia de un diálogo productivo que frenara las gestiones separatistas. Evidenciando su control sobre el proceso electoral y la estudiada manipulación de las aspiraciones de los liberales, un ministro de Ultramar instaba al Capitán General antes de unas elecciones: «...procure que salgan algunos autonomistas o naturales del país...»[60] Los españoles, reconocían la utilidad de un Partido que, sin desafiar su soberanía sobre la colonia,

> «...alentase la confianza de los separatistas haciéndoles confiar en que lograrían por la evolución lo que no habían podido conseguir por la revolución; y hay que reconocer que hubiera sido espuesto é impolítico matar de una vez las esperanzas de los que durante largos años habían luchado por la independencia...»[61]

Los cuatro lustros de gestión política autonomista mostrarían un triste saldo de concesiones nominales cuya vigencia, en la práctica, dependía de los caprichos del gobernador militar español. Otros logros de aquellos tiempos, como la total abolición de la esclavitud y la supresión de su derivado sistema, el *patronato*, «sólo fueron consecuencia inevitable y lógica del Pacto del Zanjón, esto es, una victoria revolucionaria cubana.»[62] En efecto, para muchos, como el separatista Antonio Maceo, la existencia misma del Partido Liberal Autonomista (PLA) dependía en buena medida de la amenaza latente de la violencia revolucionaria; preguntaba retóricamente el General: «¿Qué sería del partido autonomista si no existiera el nuestro?»[63]

---

[60] Telegrama de Fabié a Polavieja de 10 de enero de 1891, Archivo General Militar de Madrid, Ultramar, leg. 4897 (*apud* Alfredo López Serrano, *El general Polavieja y su actividad política y militar*, 2 tomos, Ministerio de Defensa, Madrid, 2001, t. I, p. 167).
[61] *Memoria al Ministro de Ultramar* del general Camilo Polavieja, 22 de diciembre de 1892. (*apud* Estévez, *op. cit.* p. 32).
[62] Mario Guiral y Moreno, "Autonomismo", artículo de la serie "Los grandes movimientos políticos cubanos en la colonia", *Cuadernos de Historia Habanera*, N.º 23, Oficina del Historiador de la Ciudad, La Habana, 1943, p. 86.
[63] Carta de 1º de noviembre de 1886 de Maceo a José A. Rodríguez, su compañero de la Guerra Grande quien ahora dirige el periódico *El Imparcial* en Nueva York (*Antonio Maceo Ideología Política, cartas y otros documentos*, Sociedad Cubana de Estudios Históricos e Internacionales, La Habana 1950, t. I, pp. 356-62). Rafael Marquina

Acaso inconscientemente contaminados por las prácticas políticas del gobierno colonial, los autonomistas no fueron un buen modelo de agrupación democrática. La Junta Central del partido estuvo siempre dominada por el elemento más conservador compuesto por una alianza incestuosa de hacendados y profesionales criollos; ellos mismos nombraban sustitutos para las vacantes sin molestar a la membresía con elecciones y así evitaban que las posiciones políticas más radicales de sus afiliados pudieran prevalecer;[64] uno de ellos comentaría después sobre los procedimientos restrictivos de la directiva: «la Junta Central vivió tranquila con la puerta cerrada y la llave en el bolsillo.»[65] Por otro lado, la demostrada capacidad intelectual de aquellos dirigentes no permite achacar a la ingenuidad su apego a la tutela imperial a pesar del sinnúmero de humillaciones y atropellos de que eran objeto. Al tratar de nadar entre dos aguas los autonomistas se granjearon el desdén de ambos polos políticos. Por su timidez y sumisión, ya en 1880 el conspirador José Martí los fustigaba citando al ministro de Ultramar quien había descartado los reclamos del Partido Liberal declarando que ya España no tenía «nada que conceder ni nada que cumplir» a los cubanos; palabras que Martí calificaba de bofetada en las mejillas de aquellos «mendigos», tan rechazados y aterrados que «no han osado alzar en Cortes» la palabra autonomía.[66]

Las autoridades coloniales también desconfiaban de ellos. Un general español que los trató por muchos años aseguraba que para los simpatizantes del partido «autonomía equivale a separatismo» y que la directiva autonomista se aferraba a España motivada principalmente «por el odio de raza» y el miedo a que «el elemento de

---

cita de esta carta, pero quizás por error de imprenta, le atribuye fecha y destinatario equivocados (*Maceo, héroe epónimo*, Editorial LEX, La Habana, 1943, p. 237).

[64] Bizcarrondo y Elorza, *op. cit.*, pp. 87-8.

[65] Nicolás Heredia, *El dualismo autonomista*, Imprenta América, New York, 1897, p.15.

[66] Discurso leído por José Martí en Steck Hall, Nueva York, el 24 de enero de 1880, ante una reunión de exiliados (*José Martí. Obras Completas*, 27 tomos, Editorial de Ciencias Sociales, La Habana, 1975, t. 4, p. 208). En efecto, aunque el Partido Liberal declaró en Cuba la autonomía como posible fórmula en abril de 1879 (Bizcarrondo y Elorza, *op. cit.*, pp. 79-81), hasta 1886 no se atrevieron a presentar en Madrid sus Proposiciones de Ley que describían un régimen autonómico (Estévez y Romero: *op. cit.*, pp. 205-9).

color» ganara preponderancia en la Isla.⁶⁷ Por supuesto, estos sentimientos no eran propiedad exclusiva de los autonomistas —un velado racismo convivía también con los ideales igualitarios en el separatismo—, pero mientras el separatismo era un movimiento revolucionario de blancos y negros, el Liberal Autonomista era en esencia un partido de blancos que aspiraba a que esa raza mantuviese el dominio en el país. Un activista de color, el mulato publicista Martín Morúa Delgado, militó por algún tiempo en el PLA (enero 1894 – julio 1896) pero aún dentro de las filas del propio autonomismo se decía que Morúa había sido traído para que «hiciese contra-oposición para la raza de color, á Juan Gualberto Gómez, quien muy influyente entre estos, en vez de autonomía, sólo les predicaba la guerra». Morúa se reintegró al campo separatista en 1896 y luego se distinguió en la República.⁶⁸

José María Gálvez y Alfonso, presidente del Partido Liberal Autonomista

Entre los políticos autonomistas figuraban algunos jefes de la guerra anterior como el ex presidente de la República en armas, Juan Bautista Spotorno Georovich, el Dr. Emilio Lorenzo-Luáces Iraola y el coronel villareño Marcos García Castro; hasta el jefe del partido, José María Gálvez Alfonso, había sido uno de los *laborantes* que desde las poblaciones ayudaban a los alzados. Algunos eran intelectuales abolicionistas, como los doctores Juan Antonio Cortina Sotolongo y Miguel Figueroa García, que creían sinceramente que con esa política se podría eventualmente alcanzar la ansiada independencia. Ingresaron también algunos jóvenes ilustrados que alcanzarían posiciones rele-

---

⁶⁷ Camilo García Polavieja, *Relación documentada de mi política en Cuba*, Imprenta de Emilio Minuesa, Madrid, 1898, p. 180; Bizcarrondo y Elorza, *op. cit.*, p. 296.
⁶⁸ Roberto Garcias, *Cómo se salva a Cuba*, Imp. Charles Blasco y Comp., La Habana, 1912, p. 2; Leopoldo Horrego Estuch, *Martín Morúa Delgado. Vida y mensaje*, Editorial Sánchez, S.A., La Habana, 1957, pp. 126-40.

vantes, entre ellos, los habaneros Rafael Montoro Valdés y Rafael Fernández de Castro y Castro, y el matancero Eliseo Giberga Galí.

El Partido Liberal Autonomista competiría en las urnas contra los peninsulares del Unión Constitucional, pero su mayor reto era la lucha contra los independentistas por las mentes y los corazones de los criollos. Ante el fracaso de diez años de guerra e inspirados por la fogosa oratoria autonomista, un gran segmento de la población nativa canalizó sus ansias de redención a través del recién creado PLA. De tiempo en tiempo este apoyo flaqueó según aumentaba la frustración por la falta de progreso y se disipaba la fe en la premisa evolucionista que sustentaba el Partido Liberal.[69]

Para complicar aún más el escenario político de la época, muchos de los separatistas que permanecieron en la Isla vieron en el PLA un santuario transitorio y se afiliaron a él. Por ejemplo, oficiales mambises como Serafín Sánchez Valdivia,[70] José María (*Mayía*) Rodríguez y Rodríguez[71] y el propio Juan Masó Parra, utilizaron al Partido Liberal —como pronto dejarían probado—, para encubrir sus actividades conspirativas mientras esperaban el nuevo llamado a las armas.

Esta curiosa amalgama ideológica fue hábilmente manejada por los dirigentes autonomistas para atraer a muchos cubanos que, ansiosos de mejorar la situación del país, aplaudían sus denuncias a España. Estos seguidores, a su vez, aumentaban los valores del partido ante el gobierno español. Correctamente se ha señalado que «el poder del autonomismo no estribaba sólo en la representatividad de sus dirigentes sino en las corrientes radicales que desviaba» y que, concediéndole el beneficio de la duda, el Partido Liberal,

---

[69] A pesar de la asistencia masiva a sus mítines, para Raimundo Menocal Cueto el PLA no fue nunca en realidad un partido popular ni tuvo gran influencia en la opinión pública cubana» porque sus conceptos eran «de un carácter tan elevado [...] que no podían ser comprendidos por el pueblo en general salvo cuando se desbordaban en acusaciones contra el régimen colonial.» (*Rafael Montoro: una interpretación histórica*, Editorial Aquiles, La Habana, 1952, p. 22).

[70] Serafín Sánchez fue, en 1879, vocal del Partido Liberal en Sancti Spíritus, pero secretamente conspiraba y a fines del mismo año se alzó en armas (Francisco Pérez Guzmán y Rodolfo Sarracino, *La Guerra Chiquita: una experiencia necesaria*, Editorial Letras Cubanas, La Habana, 1982, p. 157).

[71] *Mayía* Rodríguez participó activamente en la reunión constituyente de la Junta del Partido Liberal en Santiago de Cuba en septiembre de 1878 mientras conspiraba junto a Flor Crombet, José Maceo y otros (Bacardí, *Crónicas...*, t. VI, p. 245).

«de manera consciente o no, estaba también al servicio de los intereses coloniales.»[72] En el verano de 1879, quedaría demostrado hasta qué extremos llegaría la dirigencia del PLA para socavar la lucha independentista y probar su lealtad a España.

Juan Masó Parra se afilió en el Partido Liberal «desde su fundación en Santiago de Cuba» en 1878.[73] Pero aquella sucursal santiaguera del Partido Liberal presentó características especiales desde su inicio: durante la Junta constitutiva se aprobó el Programa publicado por el Partido en La Habana un mes antes, pero se eligió una Junta permanente que no satisfizo a algunos de los presentes. Ante la protesta del joven publicista Enrique Trujillo y Cárdenas, se decidió proceder a una nueva selección que añadió siete nombres de los elementos más radicales de la ciudad al grupo antes elegido. De este modo la Junta rectora del Partido Liberal de Santiago incluyó tanto a negros y mulatos como también a connotados conspiradores independentistas.[74] A pesar del éxito electoral de este Partido Liberal oriental en las elecciones provinciales de febrero de 1879, pocos meses después quedó disuelto tras el arresto de dos de sus directores y la participación de varios de sus miembros en la rebelión que estalló en septiembre. Quizás por su efímera y controvertida vida, la Junta Central habanera trató de borrar de la memoria política este experimento autonomista de Santiago. Así, un cronista de la gestión autonomista afirmó que cuando se formó el Partido en La Habana, llegaron adhesiones de «toda la Isla, con excepción de Oriente»; reitera que luego el Partido se organizó «en toda la Isla, excepción hecha de Oriente», y no reconoce otro Comité Provincial Autonomista oriental que el que se fundó ocho años después, en 1886.[75]

---

[72] Moreno Fraginals, *Cuba/España...*, p. 258.
[73] Masó Parra, *Primera...*, p. 51.
[74] Bacardí, *Crónicas...*, t. VI, pp. 242-7.
[75] Estévez, *op. cit.*, pp. 32, 51 y 214. Quizás Estévez se refería a que los orientales no hubiesen cumplido algún formalismo partidista, o quizás la dirigencia habanera no reconoció la filial creada en Santiago en 1878 por ser un poco velado centro de conspiración independentista. El Comité fundado en 1886 corrió una suerte similar en 1890 cuando muchos de sus miembros conspiraron con Antonio Maceo durante su visita a Cuba. Descubierto el complot, Maceo fue expulsado del país y el autonomismo oriental quedó nuevamente «desbandado y bajo sospecha» (Bizcarrondo y Elorza, *op. cit.*, pp. 294-6).

Su membresía en el Partido Liberal disimulaba las actividades subversivas de Juan Masó Parra quien conspiraba con otros jóvenes en el comité revolucionario que presidía el licenciado Pedro Celestino Salcedo de las Cuevas y lo integraban Pedro Grave de Peralta, Rafael y Buenaventura Ortiz, Joaquín Tamayo Aguilera, Benigno Corona y Enrique Thomas y Thomas, entre otros.[76] El complot se extendió por toda la provincia oriental y surgieron focos de conspiración en Las Villas, Matanzas y La Habana pero todavía faltaba la coordinación con los cubanos en el extranjero.

La emigración sufría aún el traumatismo del Zanjón. El general Máximo Gómez, a quien se trató de responsabilizar por la capitulación, se sintió obligado a publicar un folleto defendiéndose de las acusaciones[77] y se marginó de los quehaceres conspirativos. Los mambises tendían a dividirse entre *zanjoneros* o *convenidos* y *protestantes* y los primeros no perdonaban a los segundos aquel gesto de intransigencia revolucionaria que, a su juicio, eclipsaba sus propios méritos. Antonio Maceo, quien después de la Protesta de Baraguá había aceptado salir de Cuba para buscar recursos y revitalizar la revolución, había marchado a Nueva York después de una decepcionante experiencia en Jamaica.[78] En los Estados Unidos, aunque gravemente divididos, había cubanos aún animosos y dispuestos a continuar la lucha pero ya por esos días, enterados del fracaso de Maceo en Kingston,[79] el resto de los orientales había depuesto las armas y la revolución tendría que arrancar ahora partiendo prácticamente de cero.

---

[76] Ramón Infante Thomas, *Breve biografía de un héroe de la independencia de Cuba, el coronel Enrique Thomas y Thomas*, Cía. Editora de Libros y Folletos, La Habana, 1943, p. 5.

[77] Máximo Gómez, *Convenio del Zanjón. Relato de los últimos sucesos de Cuba*, Imprenta de Pedro A. Poumier, Kingston, 1878.

[78] Acompañado por los brigadieres Arcadio Leyte Vidal y Juan Rius Rivera, y tenientes coroneles Miguel Santa Cruz Pacheco y José Lacret Morlot, Maceo llegó el 10 de mayo a Kingston y a pesar de la hostilidad de los emigrados, recabó su apoyo en una asamblea celebrada el día 13 donde sólo se recogieron cinco *chelines* y se inscribieron para ir a Cuba siete hombres (José Luciano Franco Ferrán, *Antonio Maceo. Apuntes para una historia de su vida*, 3 tomos, Editorial de Ciencias Sociales, La Habana, 1975 [1ª ed. 1951], t. I, p. 161).

[79] Maceo, antes de partir hacia Nueva York, había enviado a Lacret Morlot a Cuba a informar al gobierno en armas sobre el pobre resultado de su gestión en Jamaica y recomendándoles "evitar más sacrificios inútiles de vida y sangre" (*ibidem*, p. 162).

El coronel Pedro Martínez Freire era el coordinador general del alzamiento

Maceo regresó a Jamaica a principios de julio con pocos recursos, pero la llegada a New York, en septiembre de 1878, del recién liberado mayor general Calixto García —exento del estigma del Zanjón—, dio renovado impulso a las actividades conspirativas en el exilio primero y en la Isla poco después.[80] Superando los obstáculos que presentaban los celos regionalistas que habían sobrevivido a la Guerra de los Diez Años, las divisiones creadas por el Zanjón, y los temores racistas a los Maceo y otros oficiales orientales, se logró organizar lo que debió ser una sublevación concertada en distintos puntos de la Isla donde operaban más de treinta clubes secretos coordinados por el Comité Revolucionario Cubano de Nueva York. A uno de estos en La Habana, se había incorporado el joven conspirador José Julián Martí Pérez quien pronto daría muestras de la vitalidad que caracterizaría el resto de su corta vida.

La conspiración contemplaba alzamientos simultáneos en Oriente contando con los jefes Flor Crombet Tejera, Guillermo Moncada, José Maceo Grajales, Quintín Bandera Betancourt, Silverio del Prado Pacheco, *Mayía* Rodríguez y otros; en Las Villas se alzarían Serafín Sánchez, Francisco Carrillo Morales, Ángel

---

[80] García se había alzado en octubre del 1868 distinguiéndose por su valor y capacidad militar. El 6 de septiembre de 1874, ante una captura inminente, intentó suicidarse de un balazo debajo del mentón que le salió por la frente. García sobrevivió milagrosamente y fue remitido a prisión en España donde estuvo hasta ser liberado el 8 de junio de 1878 y entonces, vía París y Londres, se dirigió a Nueva York (Juan J. E. Casasús, *Calixto García (el Estratega)*, La Moderna Poesía, Miami, 1981, [1ª ed. 1942]).

Maestre Corrales, Francisco Jiménez Cortés, Emilio Núñez Rodríguez y Cecilio González Blanco; mientras desde La Habana, José Antonio Aguilera, José Martí y Juan Gualberto Gómez ayudaban a organizar alzamientos en Güines y en Matanzas. La conspicua ausencia de Puerto Príncipe (después Camagüey) representaba la falta de un eslabón que resultaría fatal a la rebelión. Esta provincia había sido la más comprometida con la pacificación el año anterior y el gobierno la creía ahora una «gran trocha moral en esta segunda insurrección».[81]

Las autoridades españolas contaban con una amplia red de informantes tanto dentro de la Isla como en los principales centros de la emigración cubana. Enterado de la inminencia del alzamiento, el Gobernador provisional, el general Cayetano Figueroa,[82] decidió actuar. En marzo de 1879 fue arrestado el coordinador general del movimiento, el coronel Pedro Martínez Freire, a quien le ocuparon papeles que pudieron implicar al brigadier Flor Crombet y los coroneles *Mayía* Rodríguez y Pablo Beola Almarall quienes fueron arrestados poco después y todos deportados a España.[83] José Maceo era el único jefe aún en libertad que conocía los detalles del plan de acción en Oriente, pero se hallaba bajo estrecha vigilancia. Desde prisión, Crombet y Martínez Freire lograron enviar mensajes a la Isla por medio del doctor Eusebio Hernández Pérez quien llegó a Santiago de Cuba en agosto. Pudo constatar el Dr. Hernández las dudas de los deportados sobre la firmeza del vicepresidente del comité autonomista santiaguero, Urbano Sánchez Hechavarría, quien, comprometido con la sublevación —y designado como su jefe civil

---

[81] Leopoldo Barrios y Carrión, *Sobre la historia de la guerra en Cuba*, Revista Científico Militar y Biblioteca Militar, Barcelona, 1888, 1889, 1890, pp. 68, 73.

[82] Martínez Campos había sido llamado a España a asumir el mando del gobierno español y Figueroa quedó ejerciendo interinamente la Capitanía General desde el 5 de febrero hasta el 17 de abril de 1879, cuando asumió el cargo el general Ramón Blanco Erenas. (Castellanos García, *Panorama...*, t. II, pp. 846, 848.)

[83] Curiosamente, el agente de la policía que apresó a Martínez Freire dio la fecha como el 23 de mayo de 1879 aunque la correspondencia de los conspiradores sitúa el arresto dos meses antes, en marzo (José Trujillo y Monagas, *Los criminales de Cuba y D. José Trujillo. Relación de los servicios prestados en el cuerpo de Policía de La Habana*, Establecimiento Tipográfico de Fidel Giró, Barcelona, 1882, pp. 264-5; Cuba, Archivo Nacional, *Documentos para servir a la historia de la Guerra Chiquita (Archivo Leandro Rodríguez)*, Publicaciones del Archivo Nacional de Cuba XXI, La Habana, 1949, t. I, pp. 220, 250, 254, 261).

hasta la llegada de García y Maceo—, se mostraba ahora temeroso y desanimado. Esta defección, y el retraimiento de Santos Pérez, un cubano que había capitaneado en la pasada guerra una de las fuerzas irregulares de criollos adscritas al ejército español llamadas *guerrillas*, pero que se había comprometido en la conspiración actual, constituían un peligro a la seguridad de los complotados. Influenciado por el indeciso Urbano Sánchez, hasta Guillermo Moncada mostraba dudas y aconsejaba esperar la llegada de los jefes exiliados.[84]

General Guillermo Moncada

El joven Juan Masó Parra estaba pendiente de los jefes orientales quienes debatían si proceder con el levantamiento aún con las autoridades prevenidas, o esperar la llegada de Antonio Maceo y Calixto García para entonces actuar. Las autoridades españolas de Oriente se encontraban ahora limitadas por la timidez inicial del nuevo Capitán General de la Isla, el general Ramón Blanco, quien temía que el arresto de los líderes de la conspiración precipitara la rebelión. El jefe civil y militar de Oriente, el mariscal de campo Camilo García Polavieja y del Castillo, había emprendido una gira por la provincia con el propósito de apaciguar los caldeados ánimos de la población dejando al mando en Santiago de Cuba a su segundo, el cubano de nacimiento brigadier Andrés González Muñoz.

El 24 de agosto, el general Belisario Grave de Peralta decidió no esperar más, y con cientos de hombres, dio el grito de independencia o muerte en las cercanías de Holguín. Las autoridades no parecieron sorprendidas por esto, pero González Muñoz procedió a presionar a los conspiradores santiagueros. Citó a José Maceo y a

---

[84] Eusebio Hernández cita a José Maceo: «A Guillermón lo sacaremos a la fuerza en su día.» (*Maceo: dos conferencias históricas*, Editorial de Ciencias Sociales, La Habana, 1990, p. 127); Pérez Guzmán y Sarracino, *op. cit.*, pp. 73,122,124.

otros jefes cubanos a sus oficinas en el Palacio de Gobernación en la mañana del día 25 para tratar de impresionarlos con los conocimientos que poseía de sus planes. *Guillermón* Moncada estaba citado por González Muñoz para la mañana siguiente y previendo alguna acción por parte de los españoles, emitió orden de alerta a los complotados y dejó su caballo ensillado en una casa cercana. La reunión se extendió hasta las cuatro de la tarde cuando al fin se le permitió a Moncada retirarse con la advertencia de regresar el día siguiente acompañado de José Maceo.

José Maceo citó a Quintín Bandera y, por medio de este, a Emiliano Crombet, primo del brigadier Flor, a reunirse con su gente en la Plaza de la Yerba prestos para el alzamiento.[85] Sin su conocimiento, la movilización ya estaba demasiado avanzada cuando Moncada salió de la entrevista y, por medio de un subordinado, emitió la contraorden para cancelar el estado de alerta que había ordenado. Mientras Moncada se reunía en su casa con los otros jefes entrevistados por González Muñoz para evaluar la situación y decidir si debían esperar la llegada de Antonio Maceo y Calixto García, cientos de hombres se congregaban en una plaza de la ciudad.

Alrededor de las siete y media, ya oscureciendo, en aquella tarde del 26 de agosto de 1879, los movilizados, arengados por Quintín Bandera, reclamaron la presencia del general Moncada para que los dirigiera. A su llegada, este confrontó a Bandera y se desató una acalorada discusión entre los dos jefes.[86]

Juan Masó Parra estaba en un extremo de la plazoleta con otro veterano, el comandante Patricio Corona y el soldado recluta Antonio Andreu. Los tres portaban armas largas. Cuando más acalorada estaba la discusión entre Moncada y Bandera, Masó Parra y sus compañeros vieron venir a un sargento y ocho hombres del Batallón de Orden Público que al aproximarse a ellos les intimaron a rendirse.

«… Los tres, que estábamos allí nada nos dijimos, pero nos habíamos entendido. Llevamos el fusil al rostro, apuntamos y disparamos a un tiempo, cayendo al suelo heridos de muerte el sargento pri-

---

[85] "Memorias de Quintín Bandera" en Abelardo Padrón Valdés, *General de tres guerras*, Editorial Letras Cubanas, La Habana, 1991, p. 185.
[86] Quintín Bandera, *Memorias*, p. 186.

mero y un soldado. La suerte estaba echada. El ruido de nuestros fusiles acabó con el altercado de Moncada…»[87]

Corriendo en distintas direcciones, a encerrarse en sus casas algunos, y hacia las afueras de la ciudad la mayoría, se deshizo la multitud y quedaron abandonados los planes de ocupar la ciudad para pertrecharse de armas y municiones. Con las detenciones en marzo de Flor Crombet y de Martínez Freire —quien era la verdadera fuerza organizadora de la rebelión—, el retraimiento de Urbano Sánchez y Santos Pérez,[88] la demora de García y la indecisión de los jefes santiagueros, el movimiento armado hasta entonces mejor organizado comenzó arrastrado por las circunstancias y mal equipado.

Por esos días, a José Maceo le llegaron las órdenes detalladas de su hermano Antonio para el levantamiento nacional y despachó a Eusebio Hernández hacia La Habana con los mensajes de Flor

---

[87] Juan Masó Parra, artículo publicado en el periódico *El Yara* de Cayo Hueso, el 30 de mayo de 1890, pág. 2 (cita tomada de Pérez Guzmán y Sarracino: *op. cit.*, pp. 186-7). Entre otros, Franco, en su biografía de Maceo —sin revelar su fuente, pero obviamente tomándola de Emilio Bacardí, quien no presenció los hechos— nos da otra versión según la cual, «... para precipitar los acontecimientos, Quintín Banderas disparó su revolver sobre la primera pareja de soldados españoles con que tropezaron, hiriendo a los dos…» (Franco, *Antonio Maceo. Apuntes...* t. I, pp. 186-7; Bacardí: *Crónicas...*, t. VI, pp. 286-7). Silverio Sánchez Figueras ofreció una versión en la cual un joven «lechero» abatió a los dos agentes ("Apuntes para la Historia de Cuba. Datos Biográficos del Mayor General Pedro A. Pérez", *La Lucha*, 25 de abril de 1914, 3:1-2). Al citar este pasaje Abelardo Padrón Valdés da la fecha de publicación como el 17 de abril en lugar del 25 (*Guillermón Moncada. Vida y hazañas de un general*, Editorial Letras Cubanas, La Habana, 1980, p. 79). El propio Quintín Bandera en sus *Memorias*, contradice tanto a Bacardí como a Sánchez —aunque no a Masó Parra— cuando afirma que no fue él, ni un tirador solitario, sino otros, quienes «...hecharon manos á sus rifles y mataron a estos dos Orden Publico...» (en Padrón, *General de tres guerras*, p. 187). Masó Parra publicó su relato cuando aún vivían los protagonistas y, si bien fue firmemente amonestado por Antonio Maceo por otros juicios suyos sobre la Guerra Chiquita, como veremos en otro capítulo, esa crítica no ponía en entredicho su recuento de los hechos del 26 de agosto. (*Antonio Maceo. Ideología...*, t. I, pp. 387-8).

[88] Comprometido con Silverio del Prado a entregar el cuartel de Guantánamo cuando comenzara la acción, Santos Pérez delató a del Prado y sus planes. El día 25 de agosto en Guantánamo fueron detenidos Silverio y su hijo Javier. (Fernando Portuondo, "Silverio del Prado", Tema presentado en el 12º Congreso Nacional de Historia de 1956, *Estudios de Historia de Cuba*, Editorial de Ciencias Sociales, La Habana, 1973, pp. 260-8). Según José Maceo, después, el coronel Pérez combatió contra los cubanos durante el resto de la Guerra Chiquita. (Abelardo Padrón Valdés, *El general José. Apuntes biográficos*, Editorial de Ciencias Sociales, La Habana, 1975, p. 38).

Crombet y de Antonio Maceo.[89] A medida que se conocieron en el resto de la Isla las noticias de Santiago, se sucedieron los alzamientos de Ángel Guerra Porro en Holguín; Esteban Varona en Tunas; Luis de Feria en Alcalá; Limbano Sánchez Rodríguez en Baracoa; Ángel Maestre y Francisco Carrillo en Remedios; Serafín Sánchez en Sancti Spíritus; Francisco Jiménez en Arroyo Blanco y Emilio Núñez en Sagua la Grande. En La Habana fueron arrestados José Antonio Aguilera y José Martí siendo este último deportado a España de donde pudo después pasar a Nueva York. El Dr. Hernández logró escapar a los Estados Unidos.

A pesar de las delaciones, los arrestos y la falta de coordinación en los levantamientos, la escasez de armas y de otros recursos, la insurrección cobró un sorprendente auge en los primeros meses. A las numerosas partidas de Oriente y Las Villas se sumaron hombres y se sostuvieron varios importantes choques favorables a las armas cubanas. Aún en La Habana y Matanzas, donde no se produjeron alzamientos, se llevaron a cabo actos de sabotaje que mantuvieron ocupadas a las autoridades. Los sublevados parecían dispuestos a resistir hasta que llegaran los jefes de la emigración.

Los integristas de Unión Constitucional aprovecharon estos sucesos para hacer propaganda contra el Partido Liberal acusándolo de haber auspiciado la insurrección. Los liberales autonomistas

---

[89] Según versión del propio Eusebio Hernández, quien llevó instrucciones de Crombet y las de Maceo hasta La Habana (Hernández: *op. cit.*, p. 129). José Luciano Franco, al describir la misión de Hernández a La Habana, no menciona que este era portador de instrucciones de Antonio Maceo (Franco: *op. cit.*, t. I, p. 185). El Comité Revolucionario de Nueva York estaba receloso de Maceo principalmente a instancias del coronel Pío Rosado Lorié. Según una versión, este se sentía agraviado desde que, en 1869, el joven capitán Maceo, encargado de la tropa de Pío Rosado mientras este iba a reportar que no podría sostener su posición ante el ataque de una columna española, obligó al enemigo a retirarse con grandes pérdidas. Rosado y algunos otros, explotaban el temor —alentado por los españoles—, a que los negros orientales, capitaneados por los hermanos Maceo, convirtieran la insurrección en una guerra de razas. Maceo llegó a conocer que estas intrigas habían causado que Flor Crombet (mulato claro) sirviera de espía del Comité cuando lo visitó en Kingston, pero continuó actuando por su cuenta, aunque se mantuvo en contacto con el Comité. En una reunión el 5 de agosto con Calixto García, este, que venía a limar asperezas, prometió a Maceo aceptar su mando de Oriente. Maceo procedió temerariamente a emitir instrucciones, no sólo a Oriente, sino también a Las Villas y Occidente, lo cual es dudoso que García hubiese aprobado. Es posible que Maceo, ansioso de impulsar con su prestigio y su brazo la nueva lucha armada, se haya extralimitado al pretender extender su influencia a toda la Isla.

estaban ansiosos de desviar tales sospechas. En realidad, los hacendados y comerciantes de ambos partidos compartían la preocupación por la amenaza que la rebelión representaba a la zafra que estaba a punto de comenzar, y que se esperaba produjera excelentes precios en el mercado y poco después se presentarían como un frente unido contra los separatistas en armas. El Capitán General Blanco, brindó a los liberales la oportunidad de probar su lealtad a España cuando, a los pocos días de iniciada la revuelta, pidió al autonomista holguinero, Herminio C. Leyva Aguilera, que lo ayudara en persuadir a los alzados a la rendición.

Leyva obtuvo el visto bueno de Antonio Govín, secretario de la Junta Central Liberal, y procedió a reclutar a otros para que lo acompañaran en su misión. Leyva, el *zanjonero* Jesús Rodríguez y Manuel Grave de Peralta, hermano del alzado Belisario, se reunieron con el general Blanco en La Habana y partieron el 13 de septiembre hacia Oriente.[90] Los comisionados llegaron a Gibara donde se les unió G. Guillermo Cardet y los cuatro pasaron a la bahía de Nipe. Allí coincidió su llegada con la muerte del brigadier cubano Arcadio Leyte Vidal, cuñado de Cardet, quien pocas horas antes había sido asesinado por soldados españoles en un bote en medio de la bahía después de conferenciar con el comandante de un cañonero. Leyva no menciona este crimen en su relato.[91]

---

[90] Simultáneamente, el propio Govín encabezó otra misión similar dirigida a frustrar el levantamiento en Las Villas (Herminio Leyva Aguilera, *El movimiento insurreccional de 1879 en la provincia de Santiago de Cuba*, La Universal, La Habana, 1893, p. 62, n. 2; Manuel García Garófalo Mesa, *Federico Jova González Abreu*, Academia de la Historia de Cuba, México, 1937, p. 29).

[91] Una versión del periodista Enrique Trujillo sobre la muerte de Arcadio Leyte Vidal atribuye a los comisionados autonomistas el rescate de Francisco, hermano de Arcadio que estaba encadenado en la bodega del cañonero "Alarma" (publicada en *El Álbum de "El Porvenir"*, New York, 1890-95 y reproducida, junto a un comunicado de igual tenor de Enrique Collazo, en: Antonio Pirala Criado, *Historia contemporánea. Segunda parte de la guerra civil. Anales desde 1843 hasta el fallecimiento de don Alfonso XII*, 6 tomos, Felipe González Rojas, Madrid, 1895, t. VI, pp. 295-9). Esta versión se repite en un manuscrito inédito titulado "Mis apuntes históricos", de Rafael Pérez Rosell (citado en: Dolores Bessy Ojeda, *Francisco Leyte Vidal*, Editorial Oriente, Santiago de Cuba, 1988, pp. 39-41). Sin embargo, aunque Leyva dijo haber pasado la noche «durmiendo sobre la cubierta del *Alarma*», no ofreció en su libro ningún indicio del supuesto "rescate" de Francisco ni del asesinato de Arcadio Leyte Vidal (Leyva, *op. cit.*, p. 39).

La comisión autonomista encabezada por Herminio Leyva logró reunirse el 24 de septiembre con el general Belisario Grave de Peralta en el campamento insurrecto de San Lorenzo. Peralta trató de ganar tiempo y días después rechazó la proposición de los comisionados.[92]

Aunque Leyva y sus amigos no lograron disuadir a ningún jefe, a su paso por las comarcas orientales, sembraban el divisionismo y las dudas, reportando presentaciones que no se habían verificado, e instando a los alzados blancos a desistir para evitar «que la raza de color se nos eche encima más pronto de lo que algunos se figuran.»[93] En justo reconocimiento a la colaboración prestada por los autonomistas del Partido Liberal, el general Blanco dijo que su actitud valía para España «mucho más que veinte batallones».[94] Este testimonio sería luego enarbolado con genuino orgullo por la Junta Central autonomista para demostrar su españolidad.[95]

En la desbandada del 26 de agosto en la Plaza de la Yerba, Juan Masó Parra, Patricio Corona y Emiliano Crombet corrieron a la manigua con el grupo que siguió a José Maceo y Quintín Bandera. Masó Parra y su compañero de la víspera y jefe superior inmediato, el comandante Corona, reportaban al coronel Emiliano Crombet, todos bajo el mando superior de José Maceo. El día 29 este grupo se reunió con el mayor general Moncada en el campamento de La Ceiba y Guillermón ordenó a Crombet atacar el ingenio *Borjita*, a pocos kilómetros del pueblo de Alto Songo. El grupo del coronel Crombet, acompañado del teniente coronel Bandera, llevaron a cabo el asalto a *Borjita* donde ocuparon algunas armas largas. Así

---

[92] Leyva, *op. cit.*, pp. 58-83.

[93] Carta de Leyva a Belisario Grave de Peralta de 23 de octubre de 1879 (Antonio Pirala Criado, *Anales de la Guerra de Cuba*, 3 tomos, Felipe González Rojas, Madrid, 1895-98, t. III, p. 797); Leyva dijo a Peralta que estaba sólo y que nadie más se había alzado. Trató de excusarse después diciendo que en aquel momento ignoraba que el «movimiento tuviera ramificaciones en otros lugares del país» (Leyva, *op. cit.*, p. 62, n. 2).

[94] Estévez: *op. cit.*, p. 56; Cuando en 1893 el general Polavieja atribuyó a su actuación militar el éxito español en la Guerra Chiquita, Herminio Leyva publicó su aquí citada obra alegando que la violencia de Polavieja había dilatado un conflicto que los autonomistas hubieran podido liquidar en menos tiempo con su trabajo de zapa. (Leyva, *op. cit.*, pp. 7-25)

[95] "Discurso del Señor Carlos Saladrigas", *La Junta Magna del Partido Liberal de Cuba celebrada el día 1º de abril de 1882*, Imprenta de El Triunfo, La Habana, 1882, p. 15.

Juan Masó Parra participó también en lo puede ser el primer hecho de armas de los sublevados en la Guerra Chiquita.[96]

El 1° de septiembre las fuerzas se dividieron: los generales Moncada y Maceo se fueron a operar al este y nordeste de la ciudad de Santiago de Cuba mientras Crombet estableció su área de operaciones en la zona de El Cobre, al oeste de la bahía de Santiago.[97] Emiliano Crombet Philipon había nacido en El Cobre; allí operó por largo tiempo durante la Guerra de los Diez Años hasta que depuso las armas el 3 de junio de 1878, meses después de la Protesta de Baraguá.[98]

Según Quintín Bandera, quien marchaba también con Crombet, el grupo acampó en el «Yngenio Hicotea», pasaron de allí al poblado de *Botija* donde estaba acampado el teniente coronel Agustín Cebreco.[99] En las filas rebeldes se sabía cuán dañina era la persistente caracterización del alzamiento como "un movimiento de negros". Emiliano Crombet traía órdenes de Moncada para incorporar a los esclavos de Cambute, localizada entre El Cobre y Palma Soriano, pero chocó con la firme oposición del teniente coronel Agustín Cebreco Sánchez, el jefe negro de aquella zona, quien se negó a fortalecer de esa manera el argumento de la "guerra de razas" que esgrimían las autoridades y coreaban los autonomistas.[100]

Juan Masó Parra, Patricio Corona y Quintín Bandera siguieron con Crombet y su incipiente brigada en busca de armas por varios puntos, entre ellos, las fincas *Manantuaba*,

Coronel Patricio Corona Leroux

---

[96] Quintín Bandera, *op. cit.*, p. 187.
[97] Silverio Sánchez Figueras, "Apuntes para la historia de Cuba. Datos biográficos del mayor general Pedro A. Pérez", *La Lucha*, La Habana, 17 de abril de 1914 (citado en Pérez Guzmán y Sarracino, *op. cit.*, p. 200); carta de Polavieja a Emilio March de 10 de octubre de 1879 (citada en Abelardo Padrón Valdés, *El general José. Apuntes biográficos*, Editorial de Ciencias Sociales, La Habana, 1975, p. 35).
[98] Escalante Colás, *op. cit.*, t. I, p. 102; Pirala, *Historia Contemporánea...*, t. VI, p. 105.
[99] Bandera, *op. cit.*, p. 188.
[100] Pérez Guzmán y Sarracino, *op. cit.*, p. 200.

Ceibabo, *San Joaquín* y *Boca de Caoba*.[101] A principios de octubre el grupo de Crombet, de alrededor de 200 hombres, tenía su campamento en la estancia de Miguel Guardia; después se mudaron al caserío de Brazo Escondido en las estribaciones de la Sierra Maestra cerca de donde nace el río Contramaestre. Allí, el 8 de octubre de 1879, Juan Masó Parra y Patricio Corona estaban ocupados en tomar declaraciones juradas a testigos en un proceso contra un alférez de la fuerza acusado de violar a una niña de 12 años. Corona actuó como Preboste mientras su "Ayudante", Juan Masó, fungió de secretario en los interrogatorios. Su informe, con carácter «urgente», fue aprobado por el coronel Crombet quien lo envió, junto a otros informes de sus operaciones, a su jefe el coronel José Maceo al cuartel general del Primer Cuerpo.[102]

General Camilo García Polavieja y del Castillo

El sumario redactado por Masó Parra nunca llegó a manos de José Maceo. Los pliegos fueron capturados por los españoles y prontamente remitidos al general Polavieja quien entonces supo la localización exacta de Crombet. Sólo dos días después de las diligencias de Corona y Masó Parra, Polavieja se lamentaba por escrito a un subalterno: «...Tan mal estoy de fuerzas que no tengo a quien mandar a "Brazo Escondido" contra Crombet...»[103]

La escasez de tropas del comandante general de Santiago y Baracoa se vería subsanada poco

---

[101] Bandera, *op. cit.*, p. 189.

[102] *Sumario del sub-teniente Francisco Javier Mena*, Archivo General de Indias, Sección de Diversos, Archivo del teniente general D. Camilo Polavieja, Correspondencia insurrecta. 1879-1880, Legajo 7, Ramo 2; Pirala reporta que por esa época «Crombet tenía 200» hombres (*Anales...*, t. III, p. 827).

[103] Carta de Polavieja al brigadier Emilio March de 10 de octubre de 1879, Biblioteca Nacional de Cuba José Martí, Colección Cubana, Correspondencia particular de Camilo Polavieja, 2da Campaña de Cuba (citada en Padrón Valdés, *El general José*, p. 35).

después con la llegada a la Isla de 14,000 soldados enviados por Martínez Campos desde la Península. También pudo el Capitán General Blanco mover tropas del tranquilo Camagüey y 1,000 hombres desde Puerto Rico. Los refuerzos permitieron a Polavieja activar las operaciones contra los mal armados y peor municionados rebeldes. El plan de campaña incluyó la destrucción de todo lo que pudiera servir de alimento a los alzados y la persecución constante; en Baracoa, Guantánamo y El Cobre —como preludio de la terrible práctica weyleriana— se forzó a los campesinos a abandonar sus predios para ser concentrados en áreas controladas por el gobierno, ostensiblemente, «para su seguridad».[104] Los métodos de Polavieja —a quien se achacan sobornos, engaños y se responsabiliza con varios asesinatos— le granjearon fama de cruel.[105]

Los insurrectos orientales continuaron luchando por algunos meses más hasta que la constante presión militar, la falta de armas y municiones, y la desconcertante ausencia de los jefes emigrados hicieron imposible la resistencia. En diciembre se presentaron primero los alzados de Tunas; luego en Holguín depusieron las armas Belisario Grave de Peralta y Luis de Feria; el 4 de enero de 1880, se rindió Emiliano Crombet «con 16 oficiales y 27 soldados».[106]

Aunque Juan Masó Parra estuvo destacado en la brigada de Emiliano Crombet, probablemente no se presentó con él. Como hemos comprobado, Juan Masó Parra servía de ayudante al comandante Patricio Corona —una relación que pudiera remontarse a la Guerra de los Diez Años—, y Corona no fue uno de los oficiales que se presentaron con Crombet.

Patricio Corona Leroux tenía más razones que la mayoría de los alzados para creer que Calixto García cumpliría su promesa de

---

[104] Pirala, *Anales...*, t. III, pp. 839, 860-1.
[105] Además del ya mencionado Arcadio Leyte Vidal, Emilio Bacardí atribuye a Polavieja el asesinato de los detenidos Néstor «Rengifo Sánchez y Pedro Castillo» el 23 de septiembre de 1879 en Santiago. (*Crónicas...*, t. VI, p. 302); Aunque no existe duda sobre la ejecución extraoficial de Rengifo, hay que señalar que Juan Masó Parra menciona a un *Pedro Castillo* entre los presos de «Santiago de Cuba y el Cobre» remitidos a África con Moncada y Maceo en junio de 1880. (artículo de *El Yara*, 30 de mayo de 1890, en Padrón, *Guillermón...*, p. 111).
[106] Pirala, *Anales...*, pp. 816-7; Bacardí, *op. cit.*, t. VI, p. 322.

desembarcar en Cuba.[107] Comisionado por Flor Crombet, Corona había viajado a New York en noviembre de 1878, para entrevistarse con el Presidente del Comité Revolucionario de Cuba. Flor Crombet lo recomendó a García como «persona digna y por sus méritos acreedora a la confianza nuestra» que le pondría «al corriente de muchos asuntos de trascendencia y de interés vital» para los conspiradores orientales. Un mes había estado Corona compartiendo con García en la preparación para el levantamiento antes de regresar a Santiago de Cuba vía Jamaica y durante ese tiempo pudo aquilatar la férrea voluntad del General.[108]

El 3 de abril de 1880, tres meses después de rendirse Crombet, el jefe inmediato superior de Juan Masó Parra, el comandante Patricio Corona, tomó posesión del archivo del Cuartel General de manos de Silverio Sánchez quien, descontento con la conducta de Guillermo Moncada, había renunciado a su cargo de jefe de despacho del jefe militar de la insurrección.[109]

En septiembre Calixto García se había reunido con Antonio Maceo en Jamaica para informarle que, para evitar la percepción de que esta era una rebelión de negros, el brigadier camagüeyano Gregorio (*Goyo*) Benítez Pérez lo remplazaría como jefe del Departamento Oriental y de la expedición planeada para esa zona. A pesar de este desaire, el 12 de septiembre Maceo partió hacia Haití para tratar de entrar por Oriente. Los españoles, con presiones diplomáticas, dinero y la ayuda de un espía infiltrado en el contingente cubano,[110] lograron neutralizar a Maceo, aunque fallaron en

---

[107] Según su expediente en el Archivo Nacional de Cuba, el nombre verdadero de Patricio Corona era Patricio Decoulier (planilla 18459, 1-10-35, Defunciones del Ejército Libertador, citado por Hugo Crombet Bravo, *La Expedición del Honor*, Editorial Oriente, 2003, p. 296).

[108] Carta de Odoniel Melena (seudónimo de Flor Crombet) a Calixto García de 4 de noviembre de 1878 (*Cuba, Documentos...*, t. I, pp. 59-60, 104).

[109] "*Inventario de los efectos pertenecientes al detalle de este Ctel Gral entregados al Comte Patricio Corona*" por «el Tente Silverio Sánchez» y firmado por Corona. Silverio Sánchez Figueras era en aquella fecha, no teniente como escribió Corona, sino teniente coronel (Correspondencia cogida al titulado general insurrecto Guillermo Moncada. 1879-1880, Archivo del teniente general D. Camilo Polavieja, AGI, Diversos, Legajo 7, Ramo 2); Sánchez Figueras, *op. cit.*, La Lucha, 2 de junio de 1914, 3:1-2.

[110] El espía se llamaba José Conradi y Toledo y llegó a ser secretario particular de Maceo. En julio de 1881, el cónsul de España en Nueva York informaba al Capitán General de Cuba, Ramón Blanco, que Conradi había aceptado el encargo de "informarnos

dos intentos de asesinato. Después de un año tratando sin éxito de burlar la vigilancia en Port-au-Prince, en la isla de Saint Thomas, en República Dominicana y finalmente en las Islas Turcas, Maceo tuvo que regresar a Kingston sin haber podido pisar tierra cubana. También fue anulado el general Ramón L. Bonachea cuando las autoridades jamaiquinas confiscaron sus armas y equipos. Mientras tanto, consciente de la palabra empeñada, Calixto García seguía tratando de embarcarse. *Goyo* Benítez llegó a Cuba a mediados de septiembre, pero no pudo hacer mucho en Oriente, y menos en Camagüey, aunque persistió en la lucha por más de un año hasta que una guerrilla lo mató a machetazos.

A principios de 1880, el movimiento sufrió un nuevo revés con la detención del empleado de correos quien desde La Habana distribuía la correspondencia insurrecta entre la manigua y el exilio. Esto no dejaría de influir adversamente sobre las operaciones y la moral de los combatientes.[111] En mayo, el coronel Cecilio González Blanco logró introducirse por La Habana, pero lo mataron poco después en Las Villas.[112]

La espera por los líderes exiliados se había prolongado demasiado. Calixto llegó tarde. Carlos Roloff, José María Aguirre y el Dr. Eusebio Hernández, quienes debían acompañarlo, no llegaron a tiempo al punto de partida porque se les fue el tren. García desembarcó en mayo de 1880 con una veintena de hombres y nunca logró hacer contacto con los otros jefes de Oriente.

Guillermo Moncada y José Maceo, desorientados, desalentados e ignorantes del desembarco de Calixto, se presentaron el 1º de junio; habían resistido por más de nueve meses sin recibir ni una bala del exterior. Poco después tuvo que presentarse Limbano Sánchez. El propio García se rindió en agosto. Lo mismo sucedía en Las Vi-

---

los propósitos y movimientos del titulado general Maceo, y desbaratar el plan del propio cabecilla de llevar una expedición al Departamento Oriental de esta Isla." (Franco, *Antonio Maceo...*, t. I, pp. 217-8); Pirala confirma la existencia del espía y detalla varios intentos de capturar o asesinar a Maceo (*Historia Contemporánea...*, t. VI, pp. 334-8); López Serrano, *op. cit.*, pp. 137-42.

[111] Francisco Ibern, "Relato de un patriota", *Boletín del Archivo Nacional, t. LIX, enero-diciembre de 1960*, La Habana, 1962, pp. 160-5.

[112] Juan J. E. Casasús, *Calixto García...*, pp. 174-5; Séntola Ribalta Suárez, "Esbozo biográfico del coronel Cecilio González Blanco", Revista *Islas*, Vol. XI, Nº 4, Santa Clara, 1968, p. 103.

llas, aunque allí Francisco Carrillo siguió alzado hasta septiembre y Emilio Núñez sólo depuso las armas en diciembre por orden de José Martí, quien fungía como presidente interino del Comité de Nueva York.

Así finalizó lo que se dio en llamar la Guerra Chiquita, nombre que se usó para distinguirla de la Guerra Grande, pero que no refleja realmente la magnitud de un conflicto en que, solamente en Oriente, participaron más de 6,000 cubanos y cobró muchas vidas, incluyendo las de valiosos veteranos como Goyo Benítez, Cecilio González, Arcadio Leyte Vidal, Pío Rosado, Miguel Basulto y José Medina.[113] Para aplastar la rebelión, el mariscal Camilo Polavieja aplicó medidas extremas en Oriente y cometió serios abusos contra la población y las familias de los alzados. El Capitán General Blanco recomendó y obtuvo el ascenso de Polavieja a teniente general; don Camilo fue también premiado con la Gran Cruz de la Orden de Isabel la Católica.[114]

Muchos de los jefes cubanos—que negociaron la deposición de las armas a cambio de su salida al exilio— fueron engañados por Polavieja y enviados a prisiones españolas en África.[115] Esa fue la suerte de Guillermo Moncada, José y Rafael Maceo, Quintín Bandera, Limbano Sánchez, Emiliano Crombet, Agustín Cebreco y muchos más, entre ellos el ya teniente coronel Patricio Corona.[116] Su joven ayudante, Juan Masó Parra, logró pasar a la isla de Jamaica a comenzar un largo destierro.[117]

---

[113] Pirala (*Historia Contemporánea...*, t. VI, p. 331), recoge cifras oficiales que suman 8,243 alzados, pero ese total incluye casi 2,000 mujeres y niños.

[114] López Serrano, *op. cit.* pp. 128-9.

[115] Polavieja había manifestado el deseo de mandar a los insurrectos cubanos con sus familias «a poblar las Marianas» pero el gobierno rechazó su idea (*Ibidem*, p. 163).

[116] Juan Masó Parra, artículo en *El Yara*, 30 de mayo de 1890 (citado por Abelardo Padrón Valdés en *Guillermón Moncada. Vida y hazañas de un general*, Editorial Letras Cubanas, La Habana, 1980, p. 111).

[117] Entre los pasajeros que arribaron el 24 de mayo de 1880 a Kingston procedentes de Port-au-Prince en el vapor *Alps,* de la línea de vapores Atlas, aparece un «Mr. Masso» (*The Daily Gleaner*, 25 de mayo de 1880, p. 2). Aunque parece probable, no se ha podido corroborar que este sea Juan Masó Parra.

III - Con Maceo en Costa Rica

Juan Masó Parra reaparece en Costa Rica en 1881 como agente del general Antonio Maceo. Como las circunstancias que nos revelan este hecho son ilustrativas de la intencional supresión de datos de que padece nuestra historiografía y, particularmente, en lo que concierne a Masó Parra, procede analizarlas.

Nos enteramos de ese hecho y de una visita de Antonio Maceo a Costa Rica para reunirse con Juan Masó Parra gracias a una disputa histórica provocada por un grupo de jóvenes habaneros en 1951, que no tenía nada que ver con ese episodio. Según uno de aquellos jóvenes, el dinámico José "Pepín" Guerra Alemán, los muchachos decidieron financiar el viaje a Cuba que ansiaba el coronel retirado del ejército hondureño, Gregorio Bustamante Maceo, quien decía ser hijo del Titán de Bronce. Trajeron a Don Gregorio a La Habana en mayo de aquel año y lo pasearon por la capital. El pueblo vitoreaba al hondureño, los periódicos lo entrevistaban y hasta Eduardo Chibás lo invitó a su popular programa dominical de radio. Los historiadores cubanos de la época, que al igual que el gobierno del presidente Carlos Prío Socarrás se habían opuesto a la visita, se sintieron ahora obligados a pronunciarse sobre el tema de «el hijo hondureño de Maceo».[118]

La Sociedad Cubana de Estudios Históricos e Internacionales, comisionó a su vicepresidente, José Luciano Franco, para que rindiera un informe sobre el caso. Franco era el candidato oportuno ya que había dedicado años al estudio de la vida del general Maceo y tenía en aquellos momentos en vías de publicación su biografía *Antonio Maceo. Apuntes para una historia de su vida*. El informe, que Franco tituló *La verdad histórica sobre la descendencia de Antonio Maceo*, no se hizo esperar, fue aprobado por la Sociedad el 13 de junio de 1951 y publicado por el Historiador de la Ciudad

---

[118] José Guerra Alemán, *¡Juro, pero no prometo! Biografía del general José Braulio Alemán y otros relatos de la guerra y la paz*, Costa-Amic Editores, México, 1989, pp. 24-8; información ampliada durante entrevista con el autor en agosto de 2001.

de La Habana, Emilio Roig de Leuchsenring, en el N.º 47 de sus Cuadernos de Historia Habanera.

El propósito del informe era el de desacreditar al Sr. Bustamante Maceo, y Franco dedica varias páginas atacando diversos comentarios del pobre hombre que admitía haber nacido en 1871, y creía haber sido procreado durante una supuesta visita de Maceo a Honduras en "comisión reservada" del Gobierno de la Primera República Cubana que presidió Carlos Manuel de Céspedes. El informe refutó convincentemente tal posibilidad en sus primeras páginas, pero como el hondureño había traído cartas y retratos dedicados por Maceo, Franco se vio precisado a justificar los vínculos afectivos que tales evidencias delataban y tuvo que admitir que había existido una relación romántica entre Maceo y la madre de Gregorio Bustamante, la bailarina española Pastora Bustamante, aparentemente esposa de uno de sus oficiales subalternos cuando el general cubano fungía de comandante militar de los puertos de Omoa y Puerto Cortés, en el norte de Honduras. De manera que, aunque no resulta probable la paternidad biológica de Maceo, sí es posible que por su relación con la madre y el trato que diera al pequeño, haya dejado en este la impresión de un padre. En efecto, Franco admite que se pudiera considerar a Don Gregorio como hijastro del general Maceo.[119]

Los muchachos que propiciaron la visita extraoficial del anciano Bustamante Maceo podían estar satisfechos de haber provocado la revelación y esclarecimiento de un dato que los historiadores del *establishment* académico cubano no habían querido compartir con el resto del mundo. Prueba de esto es que Franco, quien preparó su informe en sólo unos días, obviamente poseía esa información cuando envió a imprenta el primer volumen de sus *Apuntes* que vería la luz antes de finalizar el año, y no hizo allí mención alguna sobre la relación de Maceo con Pastora Bustamante. La omisión no sería corregida en futuras ediciones de los *Apuntes*. En 1956, Franco publicó un folleto titulado *Maceo en Honduras*, en el cual también llama la atención la ausencia de estos datos.

---

[119] José Luciano Franco, "La verdad histórica sobre la descendencia de Maceo", *Cuadernos de Historia Habanera*, N.º 47, Oficina del Historiador de la Ciudad, La Habana, 1951, pp. 11-20, 23-9.

En 1961, tuvo oportunidad de incluirlo en su *Ruta de Antonio Maceo en el Caribe,* pero tampoco lo hizo.

La reticencia de José Luciano Franco es, desafortunadamente, típica en muchos de nuestros historiadores tradicionales y todavía la comparten demasiados entre los actuales. Su actitud hagiográfica ante la historia nacional resulta curiosa porque normalmente no se ruborizan al contarnos las aventuras románticas de nuestros héroes con mujeres solteras, viudas o divorciadas, aun estando ellos casados. Mas cuando se trata de una mujer casada, la relación se convierte en tabú histórico. Esto puede ser producto de la distorsionada actitud *machista* de un grupo casi exclusivamente masculino. Los que discrepamos de tales omisiones, sin embargo, creemos que las humanas debilidades de nuestros próceres ante esas tentaciones terrenales, aumentan la grandeza de sus sacrificios.

Más inquietante que ese selectivo pudor ante cuestiones íntimas resulta la supresión de otros tipos de información cuando el historiador cree que perjudica la imagen de un personaje, o cuando el propósito es disminuir la actuación de otros. Como veremos a continuación, esto es lo que hizo José Luciano Franco con el viaje que Antonio Maceo hizo a Costa Rica para entrevistarse con Juan Masó Parra.

Cuando terminó la Guerra Chiquita, Antonio Maceo estuvo un tiempo en Jamaica y después se fue a trabajar en Honduras. Todos los historiadores, con más o menos detalles, coinciden en los siguientes datos.

En septiembre de 1880, de regreso Maceo en Kingston y en vista del descalabro de la Guerra Chiquita, se imponía la necesidad de ganarse la vida mientras se esperaban condiciones más favorables para reanudar la lucha por la independencia. En la misma situación se encontraban allí, entre otros, Carlos Roloff, José María Aguirre, Ramón L. Bonachea, José Francisco Pérez y el Dr. Eusebio Hernández, quien llegó a compenetrarse mucho con Maceo en quien veía al hombre clave para la nueva guerra libertadora. El 10 de diciembre de 1880, llegó Máximo Gómez a Jamaica para recoger a su familia y llevársela a Honduras, donde residía desde hacía casi dos años. Reunidos con Gómez, Maceo, Hernández y Roloff lo reconocieron como el único jefe aceptable para las diferentes facciones separatistas, pero Gómez recomendaba esperar tiempos más propicios y mantenerse en contacto mientras tanto. Durante su estadía en Kingston, Gómez habló con Maceo sobre la posibilidad de empleo en Honduras y embarcó de regreso a ese país el día 2 de enero de 1881 en el vapor inglés *Glendale*.[120] A Maceo se le enfermó su esposa María, y su amante, la jamaiquina Amelia Marryat —soltera, por cierto—, estaba a punto de dar a luz un hijo suyo. Antonio Maceo Marryat nació en mayo; a fines de junio embarcó Maceo con su hermano Marcos; pasó por Costa Rica, y el 17 de julio llegó a Honduras, donde residiría por un buen tiempo.[121]

Ya hemos comprobado que al escribir su biografía de Maceo —como continuó haciendo en sus futuras obras— José Luciano Franco había decidido suprimir la información que poseía sobre la relación de Maceo con la adúltera Pastora Bustamante, quizás para proteger a su biografiado de la crítica de los moralistas. Pero también ocultó la relación de Maceo con Juan Masó Parra, aparentemente creyendo que todo contacto con este, aún diecisiete años antes de su presentación, podría contaminar la imagen de Antonio Maceo. Veamos cómo lo hizo.

En sus *Apuntes*, Franco nos dijo que desde Jamaica Maceo había escrito

> «...a un amigo, Anselmo Valdés, consultándole la posibilidad de trasladarse a El Salvador o Guatemala, no sólo para procurarse con un negocio decoroso los medios económicos con los cuales mantener decentemente a la familia numerosa que debía atender, sino también para gestionar, cerca de los gobiernos de aquellos países hermanos, un

---

[120] El nombre del vapor se reprodujo en el *Diario de Campaña* publicado en 1941 como *Glerdale* y así ha sido copiado por los historiadores a pesar de que el propio Gómez escribió correctamente *S.S Glendale* seguido del nombre de su capitán, *J. Jame*, en una de las notas sueltas complementarias al *Diario*. No existe la palabra Glerdale en el idioma inglés, mientras que el nombre Glendale, de raíz escocesa y que describe una porción de un valle, ha sido aplicado por los anglohablantes a muchas localidades geográficas desde los Estados Unidos hasta Zimbabwe. (Véase *Diario de Campaña del Mayor General Máximo Gómez*, Talleres del Centro Superior Tecnológico, Ceiba del Agua, 1941, pp. 159, 468.)

[121] Franco, *Antonio Maceo. Apuntes...*, t. I, pp. 217-21; Horrego Estuch, *Maceo. Héroe y carácter*, Editorial Luz-Hilo, La Habana, 1946 (1ª ed. 1943), p. 115; Philip S. Foner, *Antonio Maceo. The "Bronze Titan" of Cuba's Struggle for Independence*, Monthly Review Press, New York, 1977, pp. 107-8; Octavio Costa, *Antonio Maceo. El Héroe*, La Moderna Poesía, Miami, 1984 (1ª ed. 1950), pp. 96-7; Hernández, *Maceo...*, pp. 132-3.

sólido y fuerte apoyo para la causa cubana. Esas gestiones no tenían por el momento más perspectiva que la de enviar a [su hermano] Marcos —muy entendido en la cosecha y elaboración del tabaco— con algunos familiares a Honduras, para hacerse cargo de las plantaciones de Santa Rosa de Copán, y montar nuevamente la fábrica de tabacos levantada allí por el gobierno hondureño, cerrada por falta de personal competente.»[122]

Entonces, para no tener que revelar su vínculo con Masó Parra, Franco trata de despachar a Maceo directamente para Honduras a reunirse con Máximo Gómez:

«A fines de junio embarca Maceo, en compañía de Marcos, para Costa Rica. Cometió el error —Gómez se lo señaló después en una carta— de tomar la ruta más larga. De San José fue a Puntarenas, en Costa Rica, y allí tomó un barco que lo condujo a Amapala, Honduras.»[123]

Franco, quien hasta aquí no había mencionado a Costa Rica para nada, con estudiada imprecisión nos induce a pensar que la visita del general a esa república —casi mil kilómetros distantes de San Pedro Sula, donde vivía Gómez— fue producto de un error de Maceo al planear su itinerario, o de una absurda escala técnica. La realidad es muy distinta.

Durante el debate en torno al hijastro hondureño de Maceo, se hizo imprescindible establecer que Maceo no había estado en la América Central antes de 1881 y que, por tanto, desconocía el área. Era también prudente demostrar que el general no sentía ninguna preferencia especial por Honduras para evitar que algún crítico suspicaz pudiera argumentar que deseaba establecerse allí para estar cerca del supuesto hijo. En su afán por desvirtuar la historia de Don Gregorio, en *La verdad histórica sobre la descendencia de Antonio Maceo*, José Luciano Franco nos revela que Maceo había también expresado interés en Costa Rica y ahora dice:

«…Maceo escribe, primero, desde Kingston y, después, en las diversas etapas de su viaje a Tegucigalpa, a Anselmo Valdés, establecido en *El Jaral*, Honduras, y, a Juan Masó Parra, en Costa Rica, sobre proyectos de plantaciones y fábricas de tabacos en El Salvador,

---

[122] Franco, *Apuntes…*, p. 220.
[123] *Ibidem*, p. 221.

Guatemala o Costa Rica. De esos proyectos le escribe al general Gómez, que está en San Pedro Sula, Honduras, desde San José de Costa Rica, en 2 de julio de 1881.»[124]

Para demostrar que «el general Maceo no conoce nada de Centroamérica», Franco reproduce extractos de las respuestas que Valdés y Masó Parra enviaron a Maceo. A continuación, reproducimos el texto completo de la carta de Juan Masó Parra a Antonio Maceo fechada el 10 de marzo de 1881 desde San José, Costa Rica. El fragmento utilizado por Franco lo señalamos en bastardillas:

> «Distinguido amigo: aprovecho la oportunidad que el Sor. Calá va á esa, y escribo la presente para enterarle de lo que he hecho acerca de su proyecto.
>
> Cuando llegué a este punto el presidente no se hallaba en él, como hasta la fecha no ha venido aún; pero como el Sor. Mariano Acosta me presentara, al Ministro de Agricultura é Industria, le traté del asunto y me dijo, que lo que debía hacer era presentarlo al Ministerio, acompañado de un memorial, para que llamados á consejo los ministros, estudiasen el proyecto, á fin de que cuando venga el presidente le hiciesen ver lo conveniente que sería al país una empresa de esa magnitud.
>
> *El Sr. Chávez, ministro de Agricultura é Industria, me prometió que haría todo lo que estuviese en sus manos para que aprovasen el proyecto, pero que veía el inconveniente de haberse el "Gral." Quesada adelantado y estar ya en los montes de Río Sucio,*[125] *haciendo las pruebas; yo esto lo supe desde Limón por Cirinaque, que es el encargado por Quesada para las siembras, el cual, de paso me enseñó las vegas, y aunque tengo poca inteligencia en ese ramo le diré que me han parecido muy buenas.*
>
> *Sin embargo, no hay que desmayar, pues nuestro adversario Quesada está muy mal parado con el Gobierno, por haberlo cogido en una pifia de diez y siete mil pesos en una visita que pasó el mismo Presidente, cuando el dicho Quesada era Superintendente del Ferrocarril de Puntarenas, y por cuya pifia lo expulsaron del destino.*[126]
>
> Nuestro compatriota Quesada, por este hecho y otros, que registrará en algún tiempo la historia de Cuba es digno de que se le levante una estatua…en el Infierno.

---

[124] Franco, *La verdad...*, p. 24.
[125] Río Sucio está en la provincia tica de Heredia y es hoy un popular destino del turismo ecológico.
[126] Franco, *La verdad...*, pp. 24-5.

El único inconveniente que yo le encuentro al asunto, es que la República está, algo atrasada en materia de dinero, pero no hay que perder las esperanzas.

Volviendo al "Gral." Quesada le diré, que cuando llegué y supo él, del proyecto, dijo que deseaba hablar conmigo para hacer algunos apuntes, de la última guerra de Cuba; le mandé á decir que me dispensara pues me hallaba indispuesto, y que tal vez, acerca de la guerra de Cuba, yo no podría satisfacer su curiosidad; sus propósitos eran otros que yo adiviné.

En caso que no haya resultado satisfactorio creo que Ud. debe venir á este punto, pues aquí hay, algunos negocios que explotándolos pueden dar resultado; sólo le aconsejo no ponga atención a "palabrerías" de esos que se van de aquí, con dirección a Cuba; esos no pueden vivir sin estar escuchando el chasquido del látigo blandido por los tiranos.

Dé mis recuerdos a Casimiro Breard, Solárzano y á aquel joven de Holguín que vino de Cayo Hueso.

Mis profundos respetos a su esposa y familia.

Usted cuente querido compatriota, con la verdadera amistad de su amigo y h.

Masó

P. D. Gral. Yo creo conveniente, que Ud. le escriba á Zambrana que tiene mucha influencia y puede servir de algo. Envíeme la carta si se determina á escribirle que aunque yo no tengo amistad con él, pero yo se la daré; mi dirección para recibirla con más exactitud pondrá: Sor. D. Santiago Chamberlan, Conductor del Ferrocarril de Costa Rica, para entregar á J. Masó y Parras. S. José. Vale.»[127]

Como se ve, la carta —especialmente por los saludos que envía en la despedida a varios cubanos en Kingston— sugiere que Juan Masó Parra estuvo en Jamaica con Antonio Maceo y que viajó de allí a Costa Rica con el propósito de conseguir permiso y ayuda del gobierno costarricense para fomentar una empresa tabacalera, y no deja dudas de que actuaba allí como agente de su amigo, el general Antonio Maceo. Masó Parra explica a Maceo las razones que dictan el viaje del general a Costa Rica. Aún los párrafos de la carta seleccionados por Franco son lo suficientemente reveladores como para permitir al lector menos aguzado concluir que Masó Parra y Maceo

---

[127] El texto completo fue tomado de *Papeles de Maceo*, 2 tomos, Academia de la Historia de Cuba, La Habana, 1948, t. I, pp. 303-4.

estaban en busca de algún negocio en Costa Rica. Tal proyecto, de por sí solo, justificaba la visita de Maceo. Pero Franco lo pasa por alto y, desafiando toda lógica, insiste enfáticamente en que Maceo fue a Costa Rica por equivocación. Dice Franco que Maceo,

> «Quiere ir a Honduras a reunirse con el general Gómez que está en San Pedro Sula, en el Norte, bastante cerca de Puerto Cortés. Pero Maceo no conocía nada en aquella época —1881— sobre las rutas marítimas y terrestres que pudieran llevarlo allá, y equivocadamente tomó pasaje para Costa Rica, atravesó este país para ir a tomar un vapor en el Pacífico que lo condujera a Honduras. Error que en carta de 23 de julio le señala Gómez:
>
> "…Me parece que V. no estudió bien el itinerario de su viaje para que le hubiese salido más derecho y económico, pues, contando conmigo aquí en el Norte. Me parece que debió entrar a Costa Rica por Puerto Limón y saliendo por allí mismo a Puerto Cortés, y de aquí por tierra a la Capital. Los viajes por el Pacífico cuestan mucho…"»[128]

En realidad, en aquellos tiempos, no era raro, estando apremiado, tener que hacer grandes desvíos para llegar al destino final. El propio Máximo Gómez, acompañado de José Joaquín Palma, realizó su primer viaje a Honduras atravesando el Istmo de Panamá a principios de 1879.[129] Sin embargo, barcos ingleses surcaban a menudo la ruta entre sus puertos coloniales de Kingston y Belice, este último a corta distancia de Honduras. Gómez había utilizado esta ruta más directa en su reciente viaje a Jamaica y el de regreso a Honduras. Maceo, que había esperado seis meses antes de abandonar Kingston, bien pudiera haber esperado el próximo vapor inglés con destino a Belice. A menos que quisiera ir a Costa Rica.

En efecto, el texto completo de la carta de Máximo Gómez a Maceo es mucho más informativo al respecto que el extracto que de ella nos presentó Franco. Una vez más, lo citado por Franco, ahora en su correcto contexto, aparece en bastardillas:

> «Estimado amigo: me ha favorecido su apreciable del 2 del actual desde San José de Costa Rica.
>
> Ya por cartas de Jamaica sabía q.ᵉ V. había salido hacia esa República pero ignoraba el objeto, ahora por la suya quedo enterado.

---

[128] Franco, *La verdad…*, p. 25.
[129] Máximo Gómez, *Diario…*, pp. 147-8.

Si V. se dirige á esta República con el mismo fin, pienso q.ᵉ el resultado será el mismo pues aquí no hay que contar con los particulares pᵃ empresas de la naturaleza de la q.ᵉ V. trae entre manos y contar con el Gobierno para ello no es posible, pues aunque el Presidente, es tan decidido por la causa de Cuba es preciso considerar que debe, pensando cuerdamente, ocuparse primero de la mucho q.ᵉ tiene que hacer en su casa para ocuparse de la ajena —pues, tomando en cuenta la pobreza de esta República.

Me parece q.ᵉ V. no estudió bien el itinerario de su viaje para q.ᵉ le hubiese salido más derecho y económico, pues contando conmigo aquí en el Norte.

Me parece q.ᵉ debió entrar a Costa Rica por Puerto Limón y saliendo por allí mismo á Puerto Cortés, y de aquí por tierra á la Capital.

Los viajes por el Pacífico cuestan mucho.

Cuando llegue avíseme y dígame algo de sus trabajos y sus esperanzas.

Consérvese bien y con recuerdos de Panchito, soy de V. como siempre su amigo,

M. Gómez»[130]

Afortunadamente, las cartas citadas por Franco fueron publicadas íntegramente por la Academia de la Historia de Cuba en 1948, y esto permite llevar a cabo un análisis independiente. A pesar de las conclusiones que nos ofrece José Luciano Franco, la lectura de estas cartas nos obliga a otra interpretación de los hechos. Así vemos que Gómez, por la carta que recibió de Maceo, quedó «enterado» de los fines que este perseguía en Costa Rica y que, por tanto, no había ido allí por error. También sabemos ahora que Antonio Maceo planeó su visita a Costa Rica, probablemente para conversar con Juan Masó Parra sobre las perspectivas del proyecto de siembra de tabaco que este, en representación de Maceo, había ido a proponer al gobierno costarricense, y para explorar las otras posibilidades de negocios que Masó Parra le había mencionado. Que por ese motivo no se quedó en Puerto Limón esperando vapor para Honduras, sino que se dirigió a San José, a más de cien kilómetros de distancia en el interior del país, a reunirse con Masó Parra. Que necesitó quedarse allí quince días y por eso le escribió a Máximo Gómez explicándole el motivo de su estancia en Costa Rica en lu-

---

[130] *Papeles de Maceo*, t. I, p. 310.

gar de seguir viaje a Honduras en el mismo vapor que llevó la carta fechada el 2 de julio.

Además de las razones de índole personal y económica que pudieran haber influido en el viaje de Maceo a Costa Rica, existían también motivaciones políticas. El cubano Masó Parra no estaba solo allí. Desde después del Zanjón hasta 1882, residió en Costa Rica el abogado habanero Antonio Zambrana Vázquez, quien había sido compañero de Agramonte en la Asamblea de Guáimaro.[131] Este es el influyente Zambrana a quien se refiere Masó Parra en la posdata de su carta a Maceo. El «"Gral." Quesada» a quien tan irreverentemente trata en su carta Masó Parra era el camagüeyano Manuel de Quesada y Loynaz quien había sido el primer General en Jefe de los cubanos en armas en la guerra del 68.[132] Había en Costa Rica una pequeña pero activa colonia cubana, y sólo unos meses antes de la visita de Maceo, mientras la Guerra Chiquita era sofocada en Cuba, los bien informados servicios de inteligencia españoles reportaban al Capitán General en La Habana que,

> «Desde Costa Rica irán a Jamaica algunos hombres con cuyo concurso cuentan los Jefes insurrectos.
> Estos han sacado o se les ha prometido fondos en las Repúblicas de Centro América: Costa Rica, Guatemala y otras.»[133]

Por ese tiempo, Maceo, alentado por los planes revolucionarios que fraguaban Eusebio Hernández y Carlos Roloff, no compartía todo el pesimismo de Máximo Gómez sobre un nuevo intento libertador. Desde Kingston se carteaba con los centros de emigrados en Cayo Hueso y New York. Anterior a Franco, otro biógrafo de Maceo, basándose en la misma carta de Gómez que ya hemos visto, concluyó que «Maceo fue a Costa Rica, en busca de recursos y

---

[131] Carlos Márquez Sterling, *Biografía de José Martí*, Talleres Gráficos de Manuel Pareja, Barcelona, 1987, p. 357.

[132] Quesada era cuñado de Carlos Manuel de Céspedes y llegó a ser general de división de los ejércitos mejicanos antes de incorporarse a la guerra de Cuba; depuesto a los pocos meses por la Cámara insurrecta pasó al exilio donde su gestión resultó ineficaz y controversial. Residió en Costa Rica desde 1878 hasta su muerte en 1884. Por la soltura con que Juan Masó Parra lo critica en su carta a Maceo se puede inferir que Masó Parra sabía que el general no era un admirador de Quesada.

[133] Carta de Francisco de Serra, cónsul de España en Santo Domingo, al gobernador de Cuba, 14 de octubre de 1880, tomada de Emilio Rodríguez Demorizi, *Maceo en Santo Domingo*, Gráficas M. Pareja, Barcelona, 1978 [1ª ed. 1945], p. 395.

cooperación a la causa revolucionaria, no encontrando el acogimiento que esperaba...»[134]

No es arriesgado deducir que en cualquier actividad «por la causa de Cuba» que Maceo llevara a cabo en San José, algún papel tendría que haber jugado su corresponsal allí, su agente en el proyecto tabaquero, y veterano de las dos guerras de Cuba: Juan Masó Parra. El deseo de ocultar este vínculo revolucionario y personal entre el general y Juan Masó Parra pudiera explicar las contorciones semánticas de José Luciano Franco.

Máximo Gómez dice en su carta que conoce las razones que llevaron a Maceo a Costa Rica y da su opinión sobre ellas. Ante el texto completo resulta evidente que el error de itinerario que señala el dominicano, muy a pesar de lo que Franco nos quiere hacer creer, no tiene nada que ver con la *llegada* a Costa Rica, sino con la *salida* de ese país para entrar a Honduras.[135] Maceo, solo unos meses antes, había visto a Gómez partir hacia Honduras tomando un barco de Kingston a Belice. Además, la versión de Franco nos exige creer que, no solamente Maceo, sino sus amigos en el destierro jamaiquino —incluyendo al muy cercano Dr. Eusebio Hernández, con su educación europea—, eran tan ignorantes de los más elementales conocimientos de geografía como para pensar que Costa Rica está en camino a Honduras saliendo de Jamaica. Pero Franco prefiere presentarnos a un Maceo ignorante, antes que admitir que había ido a Costa Rica a reunirse con su compatriota, amigo, compañero de armas, agente y socio potencial, Juan Masó Parra.

Gracias a la irreverencia de José Guerra Alemán y sus amigos, hoy sabemos a ciencia cierta que después de la Guerra Chiquita, Juan Masó Parra compartió con Maceo el exilio en Jamaica; Maceo, antes de ir a establecerse en Honduras en 1881, comisionó a Juan Masó Parra para que este fuera a tratar de conseguir una concesión del gobierno de Costa Rica para la siembra de tabaco. Juan Masó

---

[134] Horrego Estuch, *Maceo...*, p. 115.

[135] Tenía razón Gómez al señalar a Puerto Cortés, en la costa del Caribe, como el puerto de entrada más cercano a San Pedro Sula, donde él vivía. Sin embargo, Puerto Cortés está a más de 200 kilómetros de distancia de Tegucigalpa, y Amapala, en la costa del Pacífico, dista sólo unos 100 kilómetros de la capital hondureña. San José tenía servicio de trenes, tanto a Limón como a Puntarenas. Maceo, contrariando los deseos de Gómez, decidió por el camino más corto a la capital hondureña y transcurrió más de un año antes de volverse a reunir con Gómez.

Parra fue a Costa Rica como agente de Maceo y fue quien le sugirió a este que viajara a esa república; antes de decidir ir a Honduras, Maceo, con su hermano Marcos, fue a Costa Rica. Entrando por Puerto Limón, de ahí pasó a San José y permaneció en ese país por unos quince días hasta el mes de julio de 1881. Recién llegado a San José, Maceo informó a Gómez de las razones que lo llevaron a viajar a Costa Rica y que ya consideraba remotas las probabilidades de conseguir allí apoyo para sus proyectos de negocios y sus planes revolucionarios, y al comprobar que no se materializaría la ayuda a la revolución, ni prosperar sus proyectos de negocios con Masó Parra, Maceo siguió viaje a Honduras, a donde llegó a mediados de julio.

Como veremos, Juan Masó Parra lo seguiría poco después a fijar también su residencia en la República de Honduras.

El capitán Juan Masó Parra en El Salvador
c. 1885

IV - El Plan Gómez-Maceo

En 1862, el presidente de Honduras, José Santos Guardiola Bustillo, fue asesinado por miembros de su propia Guardia de Honor. En 1881, aquel peligroso precedente estaba aún fresco en la memoria del nuevo presidente hondureño Marco Aurelio Soto. Aprovechando la disponibilidad de prestigiosos veteranos de las guerras de Cuba —y poco después de su llegada a Tegucigalpa— Soto nombró a Juan Masó Parra jefe de su Guardia de Honor Presidencial.[136]

Marco Aurelio Soto Martínez se había formado bajo la tutela del caudillo Justo Rufino Barrios Auyón en el contexto de la lucha de los liberales contra el control que los conservadores y el clero ejercieron en el país por treinta y dos años y, por su lealtad al hombre fuerte de Guatemala, Barrios lo premió con la presidencia provisional de Honduras en 1876.[137] Soto logró pacificar el país y llevó a cabo reformas radicales;

Marco Aurelio Soto Martínez
Presidente de Honduras

---

[136] Rafael Cepeda, *Eusebio Hernández, Ciencia y Patria*, Editorial de Ciencias Sociales de Cuba, La Habana, 1991, pp. 136, 174; Franco, *La verdad...*, pp. 17, 26.

[137] El anticlerical Justo Rufino Barrios con la espada y el moderado Miguel García Granados con la pluma dirigieron la exitosa revolución liberal de 1871 en Guatemala. Cuando en 1872 el presidente García Granados dejó a Barrios ocupando interinamente su puesto por unos días, este aprovechó para decretar la extinción de todas las sociedades religiosas y nacionalizar sus bienes. Ningún ministro quiso apoyar esas medidas y sólo el subsecretario del Exterior las refrendó con su firma; este era Marco Aurelio Soto. En 1873, García Granados pasó a retiro y Barrios asumió la presidencia (Paul Burgess, *Justo Rufino Barrios: una biografía*, Editorial del Ejército, Guatemala, 1971, pp. 82-106). Don Miguel era el padre de María García Granados, *La niña de Guatemala* del poema de José Martí.

formalmente electo con el apoyo de Barrios bajo la nueva Constitución de 1880, Soto tomó posesión en febrero de 1881 para continuar su obra reformista. En Honduras también los liberales habían derrotado al régimen clerical y los cubanos exiliados representarían un importante papel en este crucial período de la historia catracha.[138]

El poeta cubano José Joaquín Palma y Lasso, quien residía en Centro América desde hacía años y ahora servía de secretario particular de Soto, había trabado estrecha amistad con el presidente hondureño y lo acercó a la causa cubana.[139] Marco Aurelio Soto había vivido muchos años fuera de Honduras y para llevar a vías de hecho su ambicioso programa liberal necesitaba fortalecer su posición ante la reacción del enraizado conservadurismo clerical. Por otro lado, Soto deseaba también reducir su dependencia del dictador Barrios de la vecina Guatemala cuyo carácter impulsivo y violento lo hacía un aliado incómodo. El hondureño pudo ver en los veteranos cubanos, en su mayoría masones y anticlericales, una fuente de colaboradores confiables con talento administrativo y militar.[140]

Por invitación de Soto había llegado a Honduras Máximo Gómez en enero de 1879; se le reconoció el grado de general de divi-

---

[138] Alvarado García, *op. cit.*, pp. 16-7; Franco, *Apuntes*..., pp. 222-24.

[139] Fanny Ascuy Alón, *José Joaquín Palma. Toda una vida*, Academia de la Historia de Cuba, La Habana, 1948, p. 70.

[140] Gracias a la investigadora Margarita García (*Antes de "Cuba Libre". El surgimiento del primer presidente, Tomás Estrada* Palma, Editorial Betania, Madrid, 2015, p. 89) nos enteramos de un artículo del historiador Raúl Rodríguez La O quien postula que la concentración de veteranos de las guerras cubanas en Honduras obedeció a una operación financiada por los españoles para atraer a los cubanos y tenerlos ocupados para que dejaran de conspirar. El autor describe un «plan tenebroso» de la inteligencia española que invirtió dinero para influir sobre el presidente Soto para comprar «"esa generosa ayuda"» y dice apoyarse en «los Legajos 4822 y 4829 de la Sección Gobierno del Fondo de Ultramar del Archivo Histórico Militar de Madrid» pero sólo ofrece un sugerente fragmento de un texto anónimo de 1884 y se excusa de no poder ofrecer las «numerosas pruebas» que comprobarían la veracidad de su aserto por limitaciones de espacio. Continuamos a la espera de un trabajo más completo y convincente. (Raúl Rodríguez La O, "Antonio Maceo en Honduras y Costa Rica", *Granma Internacional*, 12 de junio de 2005 [por cortesía del investigador José Antonio Waugh Castellanos]; también, y de más fácil acceso: "Reflexiones acerca de la estancia de Antonio Maceo en Honduras y Costa Rica", http://www.raulrodriguezlao.com/2013/03/reflexiones-acerca-de-la-estancia-de.html).

sión con sueldo y luego se le designó jefe del Puerto de Amapala. Palma trajo también a su pariente Tomás Estrada Palma, a quien aún recuerdan los hondureños como el organizador del correo nacional. En la Instrucción Pública se distinguían Manuel García Freyre, el propio Estrada Palma, y el negro matancero, Francisco de Paula Flores, fundador del sistema escolar nacional. Enterados de la acogida que el presidente Soto brindaba a los cubanos, estos gravitaron hacia allí desde distintos puntos de la emigración.[141]

Leoncio Prado Gutiérrez,, hijo del presidente del Perú y combatiente por Cuba

Juan Masó Parra había seguido a Antonio Maceo luego de su encuentro en Costa Rica. A su llegada a Tegucigalpa en julio de 1881, Maceo había sido también incorporado al ejército hondureño con el grado de general de división y en septiembre se le dio el mando supremo militar de la capital. En 1882 a Juan Masó Parra se le confió la jefatura de la Guardia Presidencial con el grado de capitán y el coronel Manuel Morey Duany ocupaba el mando del cuartel capitalino como Mayor de la plaza.[142] Morey había protagonizado, como segundo del revolucionario peruano Leoncio Prado Gutiérrez, uno de los episodios más atrevidos de la guerra cuando tomaron por asalto la goleta española *Moctezuma* en 1876.[143] Después de esa aventura marítima Morey regresó a Cuba donde coincidió a fines de 1877 con Masó Parra quien llegó a admirar en Morey su

---

[141] *Ibidem*, p. 71; Franco, *Apuntes...*, pp. 176, 222-3; Gómez, *Diario...*, pp. 145-9; Alvarado García, *op. cit.*, pp. 16-7.

[142] Cepeda, *Ciencia...*, p. 136; "Acuerdo en que se señala un sobresueldo al coronel Morey", *La Gaceta de Honduras*, Tegucigalpa, 8 de junio de 1882 (citado por Margarita García, *op. cit.*, p. 92).

[143] El manzanillero Morey (1854-1886) había conocido a Marco Aurelio Soto en 1877 cuando, después de quemar el *Moctezuma* en la costa nicaragüense, pasó por Honduras con Prado y sus compañeros en la acción y fueron agasajados por Soto y su Ministro de Estado, el Dr. Manuel Rosas. Morey murió por su propia mano para evitar captura cuando luchaba contra el sucesor de Soto, Luis Bográn Barahona (Alvarado García, *op. cit.*, pp. 47, 55).

«alma tan grande y noble».[144] El camagüeyano Rafael (*El Tuerto*) Rodríguez Agüero, que había sido jefe de la caballería de Ignacio Agramonte, era el jefe militar de la porteña ciudad de Amapala y Manuel Anastasio Aguilera, compañero de Carlos Manuel de Céspedes en la conspiración de 1868, era Administrador de Rentas y Correo en aquel puerto.[145] En diciembre llegaron el Dr. Eusebio Hernández Pérez y Carlos Roloff Mialofsky procedentes de Jamaica. El primero asumió la dirección del hospital de Tegucigalpa y Roloff iría a dirigir el Banco de Amapala. Anselmo Valdés y Magín Rizo, el cuñado de Maceo, se asentaron en Santa Rosa de Copán y el Jaral sembrando tabaco con otros cubanos. El ingeniero y veterano de la guerra de Cuba, Fernando López de Queralta fungió de Administrador del Ferrocarril Nacional de Honduras.[146]

Durante este período, el Dr. Hernández llegó a convertirse en el organizador político de lo que llamaba el «campamento mambí» en Honduras. Masó Parra y los otros cubanos que vivían en la capital —Maceo, Hernández, Morey— se reunían a menudo tratando de dar forma a un nuevo movimiento y con ese fin se mantenían en contacto con los del interior del país y con los exiliados en otros países. Máximo Gómez, desde San Pedro Sula, donde trataba de establecer una empresa agrícola, se mantenía al tanto de los trámites del grupo capitalino, aunque todavía creía que el momento no era adecuado para reactivar el esfuerzo libertador.

El 31 de julio de 1882, Maceo fue nombrado comandante de los puertos de Puerto Cortés y Omoa y en agosto se dirigió a caballo a esa zona del norte de Honduras. Antes de abandonar la capital, Maceo había tenido un disgusto con sus subordinados Juan Masó Parra y Manuel Morey. Sobre esto le escribió a Eusebio Hernández quien, tratando de subsanar el malentendido entre sus amigos, le contestó:

---

[144] Masó Parra, "Páginas…", *La República Cubana*, núm. 16, p. 3.
[145] Curiosamente el *Diccionario enciclopédico de historia militar de Cuba* aplica este apodo de "Tuerto" al teniente coronel de la Guerra del 95 Florentino Rodríguez Guerra y no a Rodríguez Agüero aunque la correspondencia de la época no deja duda de que a este le llamaban "El Tuerto" (e. g. carta de Crombet a Martí de 28 de septiembre de 1882 citada en las páginas siguientes); Alvarado García, *op. cit.*, p. 48.
[146] Alvarado García, *op. cit.*, p. 7; Franco, *Apuntes…*, t. I, pp. 223, 227; Cepeda, *Ciencia…*, p. 136.

«…Masó me pregunta por Ud. con interés, y siempre me encarga sus afectos. Nada le he dicho sobre su carta. Me ha parecido que sus últimas palabras eran algo fuertes y he preferido guardar silencio. Entra en juicio cada día, y no dudo que será un buen oficial. Morey me pregunta por Ud., igualmente interesado. También muy corregido, y bueno de corazón.»[147]

Este incidente podría representar una temprana manifestación del carácter conflictivo de Juan Masó Parra, pero sería arriesgada tal especulación. Las desavenencias entre los cubanos emigrados eran frecuentes. Gómez y Maceo no trataban a Roloff hasta que Hernández los forzó a hacer las paces en Jamaica; el propio Hernández tendría sus tropiezos con Tomás Estrada Palma en 1883; Maceo y Gómez estarían distanciados por buen tiempo años más tarde; el rompimiento de Martí con Gómez y Maceo es famoso. Lo cierto es que estos problemas casi siempre pasaban a un puesto secundario cuando de asuntos de la patria se trataba y en el caso de las fricciones de Maceo con Masó Parra y Morey, no tenemos suficiente información para poder precisar su importancia. Hernández, aunque alude a la posible falta de buen juicio por parte de Masó Parra y Morey, aparentemente, consideró exagerada la reacción de Maceo mientras que los subalternos, restando trascendencia al altercado, seguían afectuosamente interesándose por su general.

De cualquier manera, no hay indicio de que sus relaciones futuras hayan sido afectadas por este asunto. Cartas subsecuentes de Eusebio Hernández a Maceo trasmiten saludos de Masó Parra al general,[148] y ya de regreso Maceo a la capital hondureña, otros corresponsales trasmiten saludos a Masó Parra a través de Maceo, lo que sugiere que las relaciones entre los dos compañeros de armas continuaron siendo cercanas y cordiales.[149]

Durante su estancia en Tegucigalpa, Juan Masó Parra llevó relaciones con una joven cubana con quien luego contrajo matrimo-

---

[147] Carta de Hernández a Maceo, 3 de noviembre de 1882, *apud* Cepeda, *Ciencia…*, p. 70.
[148] Cartas de Eusebio Hernández a Antonio Maceo, 18 de marzo y 17 de abril de 1883 (*Papeles de Maceo*, t. I, pp. 338, 346).
[149] Carta de Manuel Suir a Antonio Maceo, 25 de enero de 1884; carta de M. L. Aguilera a Antonio Maceo, 24 de abril de 1884 (*Papeles de Maceo*, t. I, pp. 366, 378).

nio. El Dr. Hernández bromeaba con Antonio Maceo sobre esta decisión de Masó Parra:

> «Masó le envía recuerdos. Se casa con Mariíta. ¡No acabo de comprender esa locura!»[150]

En efecto, el 7 de mayo de 1883 Juan Masó Parra y María Benítez Palma se casaron ante el alcalde municipal de Tegucigalpa.[151] El novio contaba 23 años y *Mariíta* sólo 16. Entre los testigos del acto estuvo el general Flor Crombet y la joven Elena Connor de Soto a cuyo reciente matrimonio habían asistido el presidente Marco Aurelio Soto y su secretario José Joaquín Palma.[152]

El brigadier Francisco Adolfo "Flor" Crombet había llegado a Tegucigalpa en septiembre de 1882, pocos días después de la salida de Maceo de la capital. Con la ayuda del médico puertorriqueño exiliado en Francia, Ramón Emeterio Betances Alacán, Flor había logrado escapar de prisión en España y, pasando por París, había viajado a Nueva York. Allí se relacionó con los emigrados revolucionarios y conoció a José Martí quien le había entregado cartas para Maceo y Gómez. Crombet —quien sería nombrado comandante de la Provincia de La Paz— enseguida se reunió con los cubanos de la capital para informar a Martí.

> «A mi llegada a esta ciudad recibí la noticia de hallarse muy distante los Grals. Gómez y Maceo; he aquí porque aún no he tenido contestación de ellos. Aquí he encontrado a los Sres. Tomas Estrada, J. J. Palma, Manuel Morey, Eusebio Hernández y otros cubanos, que

---

[150] Carta de Eusebio Hernández a Antonio Maceo, 17 de abril de 1883 (*Papeles de Maceo*, t. I, p. 346).

[151] Libro de Registro civil de Matrimonios, Honduras, Registro Civil, 1841-1968, *FamilySearch.com,* Francisco Morazán > Tegucigalpa > Matrimonios 1881-1900 > imagen 176 de 687; consultado el 10 de septiembre de 2018.

[152] En la imagen digitalizada del registro civil los nombres de los contrayentes aparecen como Juan Masó de la Parra y María Benítez, pero fueron transcritos al fichero electrónico como «Juan Mario de la Parra» y «Maria Benites»; un autor se refiere a la novia como «María Benítez Palma» (Alvarado García, *op. cit.*, p. 17). Los otros testigos fueron «Juan Connor y María Key de Connor»; Libro de Registro civil de Matrimonios, Honduras, Registro Civil, 1841-1968, *FamilySearch.com*, Francisco Morazán > Tegucigalpa > Matrimonios 1881-1900 > imagen 144 de 687, consultado el 16 de septiembre de 2018.

como los Generales Gomez, Maceo, Roloff y el tuerto Rodriguez estan de lleno en la Revolución...»[153]

Sin embargo, a pesar de las patrióticas respuestas que Gómez, Maceo y Hernández enviaron a Martí, no llegaron a establecer compromiso alguno. Hasta mediados de 1884, Gómez y Maceo permanecerían en Honduras en medio de proyectos de negocios agrícolas y ferroviarios como siempre infructuosos, pero la situación política en el país se había tornado algo tensa. Con Rufino Barrios de viaje por los Estados Unidos, Marco Aurelio Soto entró en negociaciones por su cuenta con El Salvador con miras a la reunificación centroamericana —el sueño irrealizado de Barrios. Enterado de la jugada de Soto a su regreso a Guatemala, Barrios movió tropas hacia la frontera con Honduras; Soto comprendió el mensaje, renunció a la presidencia alegando estar enfermo y abandonó el país en 1883. La lucha por el poder en Honduras la ganó el general Luis Bográn con el apoyo de Maceo y otros militares cubanos. Poco después, ante la posibilidad de una guerra provocada por el caudillo Barrios, quien seguía presionando a sus vecinos, Juan Masó Parra y la mayoría de

General Flor Crombet Tejera

---

[153] Carta de Crombet a Martí, 25 de septiembre de 1882 (*apud* Abelardo Padrón Valdés, *El general Flor. Apuntes históricos de una vida*, Editorial Arte y Literatura, La Habana, 1976, p. 138). Parece que Crombet se equivocó acerca de la actitud de Tomás Estrada Palma porque, según Hernández, cuando Gómez le escribió para que participara en el Plan Gómez-Maceo «el señor Estrada Palma me contestó que no tomaba parte en ese movimiento porque él era anexionista.» (Hernández, *Maceo...*, p. 137); también Morey atribuyó a Don Tomás una confesión similar cuando, en función de presidente del gobierno cubano en armas, Estrada lo recibió en 1876 cuando Morey entró a Cuba enviado por Leoncio Prado (César García del Pino, *Leoncio Prado y la revolución cubana*, Editorial Orbe, La Habana, 1980, p. 26).

los militares cubanos se separaron de sus puestos por no involucrarse en un conflicto armado entre naciones hermanas.[154]

El coronel de la Guerra de los Diez Años, Miguel Luis Aguilera, quien había presidido el comité revolucionario de Kingston durante la Guerra Chiquita, visitó Honduras en la primavera de 1884, en calidad de empresario.[155] Allí trabajó con Masó Parra, Maceo y otros cubanos residentes en ese país, tratando de desarrollar algunos negocios que les permitieran ganarse el sustento.[156] Arrastrado por los acontecimientos, Aguilera se sumaría también al nuevo esfuerzo revolucionario que se gestaba.

Los cubanos del destierro habían continuado organizándose y clamaban por el concurso de los generales Gómez y Maceo para dar impulso a la reanudación de la lucha armada. Desde Cayo Hueso, el valiente brigadier Carlos Agüero Fundora había llevado una expedición a Varadero. Independientemente, Ramón Leocadio Bonachea Hernández —el bravo que con un puñado de hombres había extendido la Guerra de los Diez Años a once— preparaba otra expedición, y el brigadier Limbano Sánchez Rodríguez también se alistaba para desembarcar en Cuba. Desde los Estados Unidos, Félix Govín reiteraba su promesa de contribuir $200,000 para la revolución y Máximo Gómez, cuyo intento de fabricar añil resultó ser un «negocio en el que todos fueron pérdidas y disgustos»,[157] se sobrepuso a su pesimismo y al fin consideró apropiado el momento para dar a conocer el «Programa de organización para la Revolución» que desde hacía meses venía elaborando. Reunido con Maceo y Hernández el 10 de junio de 1884, Gómez decidió que él y Maceo debían viajar a los Estados Unidos mientras Hernández y Crombet visitaban otros países centroamericanos en busca de apoyo.

---

[154] Soto se estableció en San Francisco y en un gesto de sumisión a Rufino Barrios, le escribió: «para que yo deje el poder de Honduras no es necesario que se derrame una sola gota de sangre... basta que Ud. me hable con franqueza...». Esto no logró apaciguar a Barrios que lo instó a regresar a «dar cuenta al pueblo» por «las grandes sumas de que todos aseguran que abusivamente se apoderó» (Burgess, *op. cit.*, pp. 219-20).
[155] Franco, *Apuntes...*, t. I, p. 255.
[156] Carta de Miguel L. Aguilera a Antonio Maceo, 25 de abril de 1884 (*Papeles de Maceo*, t. I, p. 378).
[157] ANC, Donativos y remisiones. Caja 276, N. 4, Diario de Fermín Valdés Domínguez, libreta 69, desde el 31 de mayo al 27 de julio de 1898, f. 25.

General Máximo Gómez y Báez

Así comenzó lo que hoy se conoce como el Plan Gómez-Maceo que en realidad era eminentemente un proyecto diseñado y dirigido por Máximo Gómez. Serios reveses condenaron a este movimiento al fracaso desde los primeros meses de su desarrollo. El dinero que Govín había prometido, imprescindible para financiar la lucha, nunca se materializó. Máximo Gómez se encontró en la difícil situación de haber comprometido su palabra ante los desterrados y los jefes militares y hallarse ahora sin los recursos con que contaba para lograr el objetivo de desembarcar varias expediciones en Cuba. Acostumbrado a emitir órdenes sin ser cuestionado, su carácter inflexible y violento era el menos indicado para la creación y coordinación de un movimiento político. Gómez ignoró las sugerencias de Maceo de aunar fuerzas con Bonachea y Limbano Sánchez quienes al fin se lanzaron por su cuenta y, sin apoyo alguno, fueron apresados y fusilados como también lo sería Carlos Agüero.[158] Su característica irascibilidad alejó a José Martí desde octubre de 1884 y, antes de concluir este desafortunado proceso, Gómez llegaría a disgustarse con casi todos sus colaboradores, incluyendo a Antonio Maceo.

Sin embargo, Juan Masó Parra parece haber mantenido buenas relaciones con el General en Jefe durante estos turbulentos años. Comprometido desde un principio con el Plan Gómez-Maceo, desde el verano de 1884 Juan Masó Parra se había trasladado a Panamá a donde también se dirigió el antiguo secretario de Soto, José Joaquín Palma, quien gestionaba contratos de obreros para las obras del Canal.[159] Mientras los jefes del movimiento preparaban

---

[158] Franco, *Apuntes*..., t. I, p. 265; carta de Maceo a Gómez, 1° de septiembre de 1886 (*Antonio Maceo. Ideología*..., t. I, p. 347).

[159] Carta de Teófilo Barbosa a Antonio Maceo, 13 de agosto de 1884 (*Papeles de Maceo*, t. I, p. 383); Azcuy Alón, *op. cit.*, p. 77.

las expediciones, los conspiradores tenían que sufragar sus propios gastos y la experiencia militar de Masó Parra lo ayudó de nuevo.

El 28 febrero de 1885, el inquieto caudillo guatemalteco, el general Justo Rufino Barrios, decretó la Unión Centroamericana y se autonombró Supremo Jefe Militar de Centroamérica. El Salvador, Costa Rica y Nicaragua se opusieron y Barrios prometió someterlos a la fuerza. El general se propuso castigar personalmente al presidente Rafael Zaldívar de El Salvador quien antes le había manifestado simpatía por la Unión, cuando el 14 de marzo telegrafió su oposición. Desde ese momento, todos en la región sabían que la invasión guatemalteca a El Salvador era inevitable.[160]

En la ciudad de San Salvador, Juan Masó Parra visitó el estudio fotográfico de los hermanos Sladky; quizás la inminencia del conflicto militar y sus consabidos riesgos lo motivaran a hacerse un retrato. La foto muestra a un joven delgado de veinticinco años de edad enfundado en un flamante traje de oficial, lustrosas botas y un largo sable que llega al piso; las tres franjas que adornan las bocamangas y el quepis anuncian el grado de capitán; los brazos están resueltamente cruzados sobre el pecho; el mentón es ancho y pronunciado; el bigote es leve y el pelo quedó algo despeinado al quitarse la teresiana que descansa a su lado; los ojos claros no enfocan directamente a la cámara pero la mirada es intensa; la pose es marcial aunque luce relajado y el conjunto proyecta la imagen serena de quien está acostumbrado al uniforme y acepta el peligro.

Quince días después, Barrios invadió El Salvador. El *Supremo* ganó varios combates antes de caer abatido en la batalla de Chalchuapa el 2 de abril. Ante la muerte de Barrios Guatemala retiró sus tropas para poner fin al conflicto.[161]

A mediados de mayo de 1886 se habían intensificado los planes de los militares cubanos y Juan Masó Parra estaba ya con Máximo Gómez en las Islas Turcas cuando este trataba de equipar al grupo expedicionario que debía partir hacia Cuba desde allí con los brigadieres Francisco Carrillo, Francisco Borrero y Rafael Rodríguez. Las armas que debían llevar y que estuvieron bajo custodia del presidente Francisco Gregorio Bellini, primo de Gómez, habían

---

[160] Burguess, *op. cit.*, pp. 237-59.
[161] *Ibidem*, pp. 260, 275.

sido confiscadas en mayo de 1885 por el nuevo gobierno dominicano del general Alejandro Woss Gil, «fiel aliado y títere del caudillo militar y mandamás del país, general Ulises Heureaux (Lilís»,[162] quien temió fuesen utilizadas contra él. Gómez sufrió prisión allí por unos días y no pudo zarpar hacia Jamaica hasta mediados de marzo de 1886. Desesperado, decidió pasar a Cabo Haitiano en busca de recursos. El viaje no tuvo el éxito esperado y, según las siguientes anotaciones de Gómez en su diario, Masó Parra tuvo que responsabilizarse con los gastos ocasionados:

> «El mismo día 12, salgo con [Francisco] Carrillo para Cabo Haitiano a verme con Juan Isidro Jiménez, para ver si consigo con este paisano rico, alguna suma de dinero.
> Llegamos allí el 13, y tuve la fatalidad de no encontrar a Jiménez, no pudiendo permanecer allí, me fué forzoso retirarme y dejarle una carta.
>
> Recibido de Masó en Soles chilenos—chelines   6
> Pagó el solo trabajo de Aduana.   7
> Recibido oro americano más   10.4
> Debe Masó pasaje desde Turks Island a Monte Cristi.
> Embarco y desembarco en Cabo Haitiano y demás costos incluídos en el embarco y desembarco en Turks Island.
> Desembarco y conducción del equipaje a Monte Cristi.»[163]

Después de comprobar la inutilidad de continuar allí sin recursos, Gómez decidió «suspender el movimiento» y disolvió el grupo. El 16 de junio regresó a Kingston donde encontró a los generales Antonio y José Maceo,[164] cuya expedición desde Panamá también había fracasado al ser confiscadas las armas por el gobierno colombiano por presiones de España. Los cubanos habían logrado

---

[162] Emilio Cordero Michel, "La prisión de Máximo Gómez en Santo Domingo, 1886", *Revista de la Biblioteca Nacional José Martí*, Año 96, No. 1-2, enero junio, 2005, edición digital en www.bnjm.cu/sitios/revista, consultada el 26 de noviembre de 2010.

[163] Gómez, *Diario*..., pp. 209-10.

[164] José Maceo había sido enviado a prisión al finalizar la Guerra Chiquita. Logró escapar hacia el territorio británico de Gibraltar, pero fue devuelto a las autoridades españolas. Las protestas no se hicieron esperar en el Parlamento inglés. El gobernador de Gibraltar fue destituido, pero Inglaterra no llegó a exigir la devolución del cubano. Finalmente, José escapó de nuevo y llegó a Nueva York en noviembre de 1884, a tiempo para participar en el renovado esfuerzo revolucionario. Algunos creyeron que España lo había dejado escapar para evitarse más conflictos con Inglaterra. Véase Padrón Valdés, *El general José*..., pp. 45-51.

que Colombia permitiera enviar las armas a New York y hacia allá había ido Crombet para traerlas en una nueva expedición, recoger a Maceo y su gente, y desembarcar en Cuba. Pero el barco en que venía Flor con las armas no logró establecer contacto con quienes lo esperaban en la costa jamaiquina y siguió viaje hacia Puerto Plata.

Los expedicionarios que esperaban en Jamaica estaban pasando hambre y no conseguían allí ayuda de nadie. Gómez trató sin éxito de disuadir a los otros jefes y, en vista de que persistían en querer desembarcar en Cuba, aunque fuera en botes de remos, se dispuso a salir en busca de ayuda. Pensó que en la provincia colombiana de Panamá, donde ya estaba de regreso Juan Masó Parra, podría encontrar asistencia y empeñó sus lentes, el reloj y hasta el revólver para costear su pasaje y el de su secretario, Alejandro González. El 30 de julio llegaron a Colón y tomaron el ferrocarril rumbo a la ciudad de Panamá. El tren paró en Bojío y allí se reunieron con el cubano Pablo Mayor quien les prometió conseguir 1,000 soles entre cinco amigos suyos. En Ciudad Panamá, Juan Masó Parra otra vez tuvo que endeudarse para ayudar económicamente los esfuerzos del general Gómez, quien en esta ocasión escribió en su diario:

> «Día 4 [de agosto], salgo para Panamá y allí me avisto—con el Doctor Manuel Coroalles, hago lo mismo que con Mayor, y el Doctor una vez impuesto de todo y a pesar de estar disgustadísimo—se manifiesta dispuesto a ayudarnos a salir del apuro.—Después hablé con Juan Massó,[165] y dos cubanos más, y conseguí al fin que tomando el Doctor 1000 soles fuesen entre cinco responsables por mí, ante el acreedor de la suma indicada, que recibo en préstamo por el plazo de 2 meses...»[166]

Eso fue todo lo que pudo conseguir Gómez. El movimiento se desintegraba. Los enormes sacrificios de los jefes militares, de los expedicionarios, de los conspiradores en la Isla, y de los desterrados con sus extenuados bolsillos serían en vano. La suerte no favoreció tampoco la generosa, pero ineficaz gestión del General en

---

[165] En América y España el apellido Masó se escribía —y aún se escribe— a menudo como Massó.
[166] Gómez, *Diario...*, pp. 218-9.

Jefe; un devastador incendio en Cayo Hueso —centro vital para la economía de la revolución— había dejado aquella comunidad en la ruina. El capitán del barco que había traído las armas de Nueva York regresó a ese puerto después de arrojar al mar el valioso cargamento. En Jamaica, sin expedición ni dinero para comer, seguían varados Maceo y su gente. Finalmente, en agosto, volvió Gómez a Kingston donde se encontraban también Flor Crombet, Agustín Cebreco, Carrillo y el Dr. Hernández. Ya en octubre de 1886, al hacerse evidente la imposibilidad de revivir el proyecto, se declaró fracasado el Plan Gómez-Maceo. Este nuevo descalabro dejó a las huestes revolucionarias depauperadas, divididas y desanimadas.

El 1º de febrero de 1881, un ingeniero francés había anunciado por telégrafo a la casa matriz de la Compagnie Universelle du Canal Interocéanique en París, que las excavaciones de lo que los franceses llamarían *La Grande Tranchée* habían comenzado. Ferdinand de Lesseps, constructor del Canal de Suez, presidía la compañía que dedicó casi una década a la titánica tarea de zanjar el Istmo en la provincia colombiana de Panamá. En barcos atestados llegaban al puerto de Colón los obreros importados de Haití y Jamaica en busca de empleo; miles encontrarían allí la muerte.[167] Muchos de los cubanos exiliados que se hallaron pobres y desarraigados después del fracaso del Plan Gómez-Maceo, se unieron a los contingentes de trabajadores en el Canal de Panamá.

Perseguidos políticos de otros países gravitaron también hacia las oportunidades de trabajo en el Canal. Por los días en que Juan Masó Parra llegó al Istmo arribó también un revolucionario ecuatoriano, colaborador del líder liberal Eloy Alfaro, nombrado Leónidas Plaza Gutiérrez quien trabajó allí como peón jornalero hasta agosto de 1885 cuando se trasladó a El Salvador —como ya había hecho también Juan Masó Parra.[168] Con el curso de los años, este desterrado que compartió el exilio panameño —y probablemente el salvadoreño— con Juan Masó Parra, llegaría a convertirse en Presidente de Ecuador en dos ocasiones y sus pasos se cruzarían nuevamente en muy diferentes circunstancias.

---

[167] David McCullough, *The Path Between the Seas*, Simon & Schuster, New York, 1977, pp. 124, 131, 147.
[168] Wilfrido Loor, *Eloy Alfaro*, Editorial Moderna, Quito, 1947, t. III, p. 696.

A la colonia cubana ya existente en Panamá —a la que pertenecía Juan Masó Parra— se sumarían antes de terminar el año de 1886 Máximo Gómez, Flor Crombet, Antonio Maceo, José Rogelio Castillo, José Maceo, Agustín Cebreco y decenas de otros revolucionarios.[169] Antonio Maceo logró conseguir una contrata para construir viviendas para los trabajadores en Bas Obispo, cerca del famoso Corte de Culebra en la ruta del canal; le fue bien y al poco tiempo estableció un pequeño comercio. A poca distancia al norte de Bas Obispo, en Matachín, estaba Máximo Gómez, pero los generales no se hablaron en todo el tiempo que estuvieron en Panamá, aunque, independientemente, se mantenían en cercano contacto con los revolucionarios de allí y de otras áreas.

A fines de 1887, los cubanos de Nueva York, encabezados por José Martí enviaron una circular a los generales Maceo, Gómez, Rafael Rodríguez y Francisco Carrillo; aspiraban a unir voluntades para dar comienzo a la organización de un nuevo movimiento político que pudiera después armar a los cubanos para reanudar la lucha. La respuesta de Máximo Gómez, omitiendo el nombre de Martí, revelaba que los recelos generacionales no se habían superado todavía. Aun así, este nuevo esfuerzo animó un tanto a Maceo y sus seguidores en momentos en que su estancia en Panamá tocaba a su fin.

Desde principios de 1888, se empezaron a notar los enormes problemas que confrontaba la compañía francesa constructora del canal. Sus recursos estaban agotados debido a graves errores en sus cálculos iniciales e inesperadas dificultades producto de equipos inadecuados, inclemencia del tiempo y la insalubridad del Istmo. La quiebra de la compañía y el resultante escándalo financiero estremeció a Francia. Cuando se paralizó la obra, comenzó un éxodo a la inversa del anterior y los trabajadores que habían sobrevivido los accidentes, la malaria y la fiebre amarilla —se calcula que más de 20,000 murieron— se agrupaban en los puer-

---

[169] El 15 de febrero de 1885, el Gobernador General de Cuba, el teniente general Ramón Fajardo e Izquierdo, informó al ministro de Ultramar que ya pasaba «de 500 el número de emigrados cubanos ocupados en las obras del canal» (Archivo Histórico Nacional de Madrid, Fondo de Ultramar, Sección de Gobierno, Legajo 4886, citado en Raúl Rodríguez La O, *Limbano Sánchez y la independencia de Cuba*, Imágenes Editorial, La Habana, 2008, p. 76).

tos para escapar de lo que los contemporáneos llamaban el «hoyo pestilente».[170]

Juan Masó Parra viajó de Colón a Kingston en el vapor inglés *Para* que arribara el 28 de marzo de 1887.[171] Antes de terminar el año de 1888, la mayoría de los cubanos habían abandonado Panamá. Algunos, como Flor Crombet, se fueron a Nueva York. Máximo Gómez, seguido después por los Maceo, Agustín Cebreco, y otros, regresaron a Jamaica. Al enterarse de que los jefes insurrectos habían salido de Panamá, el preocupado Gobernador General de Cuba, el teniente general Sabas Marín, pidió informes sobre las actividades de los revolucionarios cubanos a los funcionarios consulares españoles de todo el continente. En su reporte de 29 de septiembre de 1888, el cónsul de España en Kingston —con peculiar ortografía y notable imprecisión respecto a los apellidos— identificaba a Masó Parra como uno de los «principales gefes» insurrectos:

> «En contestación al Despacho de V. E. de 14 de agosto último, referente á los individuos sobre los que egerce Vigilancia este Consulado, tanto en lo politico, como en lo criminal, tengo el honor de man... q... criminal, no conoce este consulado sobre quien egercer vigilancia; y en cuanto á lo politico, la egerce sobre los principales gefes de la insurrección cubana que tienen aquí su residencia habitual y fija, tanto con caracter militar, como civil, y son los cuatro hermanos Maceo, Maximo Gomez, Flor Crombet, Juan Massó de la Palma, Antonio Armas, Manuel Moreira; el tuerto Echavarría, Bonastra, Padró, Pit Piere; estos últimos residentes en los campamentos cubanos de esta Isla, llamados de Temple Hall y Old Harbour...»[172]

Con Gómez, el principal jefe militar de los cubanos, aún retraído y amargado, la gestión de Martí y el grupo de Nueva York no prosperó y se impuso de nuevo a los revolucionarios la necesidad de buscar medios de subsistencia. Con ese propósito, el general

---

[170] Luis A. Diez Castillo, *Los cimarrones y los negros antillanos en Panamá*, Imp. Julio Mercado Rudas, Panamá, 1981, pp. 71-4; J. F. Echeverría, *José Antonio Maceo, reminiscencias*, impreso en Lima en 1897 y reproducido por el Archivo Nacional de Cuba en *Antonio Maceo. Documentos para su vida*, La Habana, 1945, pp. 114-22.

[171] *The Daily Gleaner*, Kingston, 30 de marzo de 1887, p. 2.

[172] Despacho del cónsul de España en Kingston, Sebastián de Mobellan, al Gobernador General de la Isla de Cuba, fecha 29 de septiembre de 1888. (Archivo Nacional de Cuba, *Antonio Maceo. Documentos...*, pp. 64-5).

Gómez se fue a establecer en la República Dominicana donde tendría su residencia permanente hasta el comienzo de la guerra de Martí en 1895.

Por otros datos que han sobrevivido a la sistemática supresión de información sobre Juan Masó Parra, se sabe que este también residió en República Dominicana por algún tiempo. Sin embargo, lo que no se ha dicho es que Masó Parra llegó a esa república en septiembre de 1889, como compañero de viaje de su amigo, el general Máximo Gómez, quien parece que en esta ocasión pudo reciprocar los favores que antes le hiciera Masó, pagando los gastos de la travesía.

En el capítulo anterior se describen los esfuerzos de José Luciano Franco por mantener a Juan Masó Parra alejado de Antonio Maceo. A continuación, veremos cómo quienes prepararon el texto publicado bajo el título *Diario de Campaña del mayor general Máximo Gómez*, contribuyeron a mantener en secreto —por más de medio siglo—, un dato que, al revelar una relación ajena a la política, pudiese ser interpretado como evidencia de amistad, o al menos de familiaridad entre Gómez y Masó Parra.

La Comisión para la publicación del Archivo del Generalísimo Máximo Gómez y Báez se había creado desde 1925 pero su única publicación lo fue el *Diario de Campaña* que completaron a fines de 1940, y se terminó de imprimir en enero de 1941. La composición de la Comisión sufrió algunos cambios desde su creación, pero desde 1937, incluía cuatro figuras académicas: Carlos Manuel de Céspedes y Quesada, Carlos de la Torre, Evelio Rodríguez Lendián y Benigno Souza, quien había demostrado su admiración por el general Gómez con la publicación, el año anterior, de una colección de fragmentos biográficos con el título de *Máximo Gómez, el Generalísimo*. Los otros cuatro miembros de la Comisión eran los hijos del general, Máximo, Urbano, Bernardo y Margarita Gómez Toro. La Comisión estaba diseñada de manera que cualquier decisión dependiera del consentimiento de los herederos de Máximo Gómez. Desde la muerte de los comisionados Céspedes y Rodríguez Lendián en 1939, los hijos de Gómez dominaron por completo las decisiones de la Comisión.

Según explicaron los comisionados, de las dieciséis libretas que componen el diario, sólo diez seguían un orden cronológico y forman el cuerpo principal del diario; las otras contenían notas sueltas que podían o no tener relación con el diario. Sobre el texto de esas otras seis "Libretas Adicionales", la Comisión ofreció la siguiente aclaración:

> «...Para intercalar estas notas se adoptó, como norma, utilizar exclusivamente las que llevan fechas determinadas, o las que por menciones de los hechos, pueden encajarse sin temor a equivocaciones, en lugar correspondiente. Utilízase para aquellas en esta obra, la simple intercalación. Las demás notas, han sido vaciadas en los Apéndices, que se incluyen al final de esta edición...»[173]

Los hechos específicos que ahora analizamos giran alrededor de un viaje que realizó Gómez, en el verano de 1889, para reclutar vegueros cubanos en Jamaica. En República Dominicana el general se había asociado con la casa de Jimenes y Cía., empresa de su «paisano rico», el empresario y activista político, Juan Isidro Jimenes, quien le prestó dinero para adquirir unas tierras y desarrollar allí siembras de tabaco. Como parte de ese plan, en enero de 1889, Gómez compró la finca que nombraría *La Reforma* —en recordación a los potreros de Las Villas donde había nacido su hijo *Panchito*— y entusiasmado con el proyecto, viajó a Jamaica en busca de cubanos conocedores del cultivo de la hoja. El 25 de julio llegó Gómez a Jamaica con su hijo *Maxito*, y el 27 de agosto emprendió el viaje de regreso a Montecristi. Todas las versiones hasta ahora publicadas se han limitado a copiar del *Diario de Campaña* la siguiente relación de sus acompañantes:

> «Agosto.—Después de avistarme con varios vegueros cubanos, se resolvieron a venir conmigo, cuatro familias: Magín Rizo con su esposa y siete hijos; Sixto Toro, con su esposa y un niño; Telesforo Gondré, con su mujer y un niño; Emiliano Milanés, con su mujer, dos hijos y la madre de ella. Más los solteros Augusto Cuza, Antonio y Herminio Gondré.
>
> Con este grupo de inmigrantes, me embarqué el día 27 del mes de Agosto, por vía Turks Island—Cabo Haitiano a Monte Cristy; donde llegamos el día 8 de Septiembre, sin novedad, pero no sin haber sufrido yo muchísimas mortificaciones, dado el carácter venal, inconforme y anárquico de los cubanos; además de las condiciones que adquiere

---

[173] Gómez, *Diario...*, p. xvi.

en seguida la gente que emigra por cuenta de otro—que todo lo quiere encontrar a la medida de sus deseos.»[174]

A continuación de estos párrafos —y evidentemente "intercalada" por la Comisión— aparece la siguiente lista de gastos:

«Septiembre—Monte Cristy.
Magín Rizo
En dinero—pesos   5
Más ídem   5
Más en dinero   10
Más en dinero—   5
En efectos Enrique.
En efectos casa E.
En idem casa Jesús pesos 23.32.
Por Manana   1
Por mí mismo   4»[175]

Como se puede apreciar, por el mes, el lugar, y el nombre de uno de los vegueros reclutados, la Comisión pudo determinar que esta lista estaba relacionada con el viaje de Kingston a Montecristi y, «sin temor a equivocaciones» la intercaló en el lugar que le correspondía en el cuerpo principal del *Diario*.

Sin embargo, entre las notas que la Comisión no "intercaló" y que fueron "vaciadas en los Apéndices", encontramos otras listas de transacciones monetarias. Entre estas, hay dos en particular que, por las personas que mencionan, así como por el itinerario que describen permiten concluir, también «sin temor a equivocaciones», que están relacionadas con la visita de Gómez a Jamaica y su viaje de regreso a Quisqueya —con las correspondientes escalas en las Islas Turcas y Cabo Haitiano. (Las listas se reproducen en el Apéndice B, al final de este libro.)

La primera de esas listas consiste en 41 líneas que —en el mismo formato de la lista "intercalada" por la Comisión— representan gastos incurridos por concepto de pasajes, comidas y otras necesidades. El encabezamiento reza: «Cuenta de Sixto. Julio 26» lo que sugiere que Gómez la comenzó al día siguiente de su llegada a Kingston. «Sixto», desde luego, es Sixto Toro, el hermano de su

---

[174] *Ibidem*, p. 259.
[175] *Ibidem*.

esposa Bernarda y uno de los vegueros contratados en Kingston. Si eso no fuese suficiente, la lista también incluye los nombres de cuatro de los otros vegueros que Gómez había contratado (Emiliano, Telesforo, Antonio y Herminio) y tres de los cuatro puertos que tocaron los viajeros (Kingston, Islas Turcas y Montecristi).[176] No cabe suponer que estas notas puedan estar relacionadas con otro hecho que el susodicho viaje de reclutamiento de Máximo Gómez a Jamaica.

¿Por qué, entonces, no fue esta lista también "intercalada" en su inequívoco lugar en el *Diario*? No sabemos. Pero todo parece indicar que la Comisión la dejó intencionalmente desvinculada al viaje porque tres de sus líneas identifican a Juan Masó Parra como otro de los acompañantes del general. Por la misma razón, la segunda lista, con sólo ocho líneas, pero comprometedoramente titulada «Juan Masó»,[177] no tenía posibilidad alguna de ser "intercalada" por los protectores a ultranza de la imagen del general, aunque resulta obvio, por su contenido y referencias, que también es parte de sus notas durante ese viaje.

Las notas indican que Gómez, en Kingston, le prestó 8 libras esterlinas a Masó Parra; que también pagó una libra por el pasaje de una criada que acompañaba a Masó; y que, ya en Montecristi, le dio nueve y medio pesos en plata. Aunque en una carta a Maceo ya anteriormente citada, Masó Parra había confesado tener «poca inteligencia» sobre el cultivo del tabaco, es probable que durante su estancia en Jamaica la necesidad lo obligara a familiarizarse con la siembra y cuidado de la hoja, ocupación principal de los desterrados cubanos en esa isla.[178] En efecto, mientras que en la primavera

---

[176] *Ibidem*, pp. 529-30.

[177] *Ibidem*, p. 530.

[178] No por esto deja de ser curiosa la omisión del nombre de Masó Parra en el relato del general Gómez que se reproduce en el *Diario*. Pero hay que tener en cuenta, primero, que la Comisión no explicó en sus *Aclaraciones Preliminares* cómo decidieron tratar las tachaduras que tales memorias manuscritas inevitablemente contienen y es enteramente posible que Gómez haya testado algunas referencias que hechos subsecuentes hicieran indeseables. (El general Gómez fue el custodio del diario de José Martí que tuvo que ser publicado incompleto porque evidentemente el general le había arrancado dos hojas.) Una segunda posible explicación para la omisión es que quizás Gómez no llegó a incluir el nombre de Juan Masó Parra en esta reseña que, a posteriori, escribió del viaje porque Masó fuese uno de los cubanos que le causaran «muchísimas mortificaciones» con un comportamiento «venal, inconforme y anárquico» durante la travesía.

de 1887 reportara su ocupación como contratista, el verano siguiente se describía como agricultor («planter»).[179]

No obstante la omisión en el *Diario*, en diciembre del mismo año, Gómez publicó un artículo en un periódico dominicano donde reveló haber regresado de Jamaica «con ocho familias de inmigrados cubanos».[180] El *Diario* menciona sólo cuatro familias y tres hombres solteros, de modo que, aun contando a los solteros como "familias en potencia", nos quedaríamos cortos... a menos que se incluya también a la familia Masó Parra.

El 10 de junio de 1888, unos catorce meses antes del viaje de marras, había nacido Juan Francisco, el tercero de seis retoños conocidos que Juan Masó Parra tuvo con su esposa, doña María Benítez. Su traslado a República Dominicana con una criada sugiere que iba con alguna certeza de poder establecer allí su residencia y preparar las condiciones para recibir adecuadamente a su familia.[181]

En las cartas que Máximo Gómez, antes del viaje a Jamaica, dirigía a su amigo, el general Francisco Carrillo, Gómez lo trataba de convencer para que viniera a República Dominicana a hacerse cargo de alguno de los varios negocios que le describe. Gozaba Gómez de cierta influencia con sus socios de la Casa Jimenes y estos

---

[179] Jamaica Births and Baptisms, 1752-1920, imagen digital de FamilySearch Internet (www.familysearch.org), partida de nacimiento de Juan Francisco Masó Benítez, junio 10 de 1888 en Kingston, Jamaica, filme número 4005260, número de referencia 3358. Una hija ya había nacido allí el 15 de abril de 1887, partida de nacimiento sin el nombre de la bebé, filme número 4005260, número de referencia 1869. (Información obtenida gracias a Angela García, descendiente de la familia Le Mercier Duquesnay y a su prima tercera, Jacqueline McKinnon, nieta de Juan Masó Parra).

[180] Publicado en *El Eco del Pueblo*, No. 259, Santiago de los Caballeros, 21 de diciembre de 1889 (Emilio Rodríguez Demorizi, *Papeles dominicanos de Máximo Gómez*, Editora Corripio, Santo Domingo, 1985 [1ª ed. 1954] p. 31).

[181] Un documento de 1898 recoge los nombres y edades de cuatro hijos: «Juan, María del Carmen, Ester y Francisco de 10, 8, 7 y 4 años de edad respectivamente». En ese grupo ya no aparecen las dos primeras hijas del matrimonio: la primera, María Ana de Jesús Masó Benítez que había nacido en Tegucigalpa el 8 de abril de 1884 y fue bautizada por el presbítero Ernesto Fiallos el 15 de junio en la iglesia parroquial de San Miguel «siendo sus madrinas Doña Rosa Guerrero de Alvarado por poder de Doña Gertrudis Matute de Rosa y Doña Leonor Otondo de Marcial» (Archivo de la Arquidiócesis de Tegucigalpa, Parroquia de San Miguel, Bautismos 1883-1889, No. 270, p. 216); tampoco aparece ya la segunda hija —cuyo nombre desconocemos— que había nacido en Kingston en abril de 1887.

parecían dispuestos a apoyar varios proyectos que el general les propuso. Pero, según el propio Gómez, para dirigir esos negocios de sus socios se necesitaban hombres que les ofrecieran «confianza por inteligencia y honradez, para arriesgar un serio capital».[182] Carrillo fue a República Dominicana, pero no se quedó allí, y Masó Parra pudo haber aprovechado una de esas oportunidades de empleo. Masó Parra cumplía el requisito de ser inteligente, y nada que hasta hoy se sepa sugiere que Gómez tuviera, en aquellos tiempos, razón para dudar de su honradez.

Curiosamente, años después de escrito este capítulo por el autor, se dieron a conocer las notas que una joven historiadora cubanoamericana tomara durante sus visitas al Archivo Nacional de Cuba. En ellas incluyó una carta de Juan Masó Parra en la que este comentaba:

> «…fui a esa República [Dominicana] con el General Máximo Gómez, en negocios con la casa de Juan Ysidro Jimenez de Monte Cristy…»[183]

Esta rotunda confirmación elimina cualquier duda sobre la existencia del viaje y, por tanto, demuestra que existió una innegable intención de ocultarlo. Como veremos más adelante, el dueño de la Casa, Juan Isidro Jimenes, y Juan Masó Parra, quienes se conocieron durante los años en que este vivió en la República Dominicana, mantendrían estrechas relaciones hasta principios del siglo XX.

---

[182] Gómez, *Cartas…*, pp. 97, 99, 105, 107-9.

[183] Declaración de Masó Parra a Charles Magoon de 18 de enero de 1908, ANC, Fondo Secretaría de la Presidencia, Caja 115, Signatura 5, Doc. #4 (*apud Transcriptions & Notes by Lillian Guerra on Materials from the National Archives [Archivo Nacional de Cuba]*, Part I (November 1996-March 1997), http://ufdc.ufl.edu/AA000 19995/00002/, consultado el 24 de agosto de 2018). [En estas notas la fecha del viaje aparece como 1886 en lugar de 1889.]

Juan Masó Parra

V - *Quisqueya y Haití*

Muchos veteranos de las guerras de Cuba vivieron como exiliados en la República Dominicana, especialmente durante el lustro anterior al reinicio de la guerra en 1895. La mayor información hoy disponible sobre aquel exilio se deriva del *Diario de Campaña* de Máximo Gómez, y de algunos artículos y cartas publicadas.[184] En 1926, a poco más de treinta años de los hechos, cuando el prolífico historiador, Gerardo Castellanos García, escribió su biografía del general Serafín Sánchez, no pudo dejar de lamentarse de la escasez de datos sobre este período:

> «No dudo que este libro esté feble en algunos eslabones, señaladamente en la prolongada permanencia del patricio en Santo Domingo...»[185]

Esta dificultad en la obtención de información sobre un patriota de la talla del general Sánchez, muerto gloriosamente en combate en 1896, naturalmente se agudiza a más de un siglo de distancia tratándose de Juan Masó Parra, un personaje que quedó en la ignominia. Sin embargo, lo que de aquí en adelante trasciende sobre la vida de Masó Parra nos permite comenzar a vislumbrar algunos rasgos de su carácter que nos ayudan a comprender su accidentada trayectoria por la historia de Cuba.

Sabemos que Juan Masó Parra estaba aún en República Dominicana durante la segunda mitad de 1890 porque desde allí enviaba cartas y artículos a los periódicos que publicaban los exiliados en los Estados Unidos. Estos *periodiquitos* circulaban por todos los centros revolucionarios del destierro y Masó Parra —diestro en el manejo de la pluma— alcanzó con sus escritos cierta notoriedad. Los periodiquitos eran entonces lo que hoy representa la radio. En marzo de ese año, Enrique Trujillo Cárdenas había comenzado a editar en Nueva York un semanario político-literario con el nom-

---

[184] También son imprescindibles las obras del investigador dominicano, Emilio Rodríguez Demorizi, sobre la estancia en su país de José Martí, Antonio Maceo y Máximo Gómez.
[185] Gerardo Castellanos García, *Un Paladín (Serafín Sánchez)*, Editorial Hermes, La Habana, 1926, p. 10.

bre de *El Porvenir* y poco después se enfrascó en un debate periodístico con Masó Parra sobre la Guerra Chiquita. Teniendo en cuenta que muchos de los involucrados en esa contienda estaban aún en Cuba, expuestos a las represalias del régimen español, y en desacuerdo con algunas opiniones vertidas por Trujillo y Masó Parra, el general Antonio Maceo, desde Jamaica, escribió a Masó la siguiente carta el 12 de noviembre de 1890:

«Mi estimado amigo:

El hecho de ver mi nombre en una serie de inexactitudes pronunciadas por Ud., me impele tomar carta en la contienda de Ud. y el Sr. Trujillo, con el exclusivo objeto de indicarle que se imponga mejor de lo que sucedió antes y después del pronunciamiento del 26 de agosto, para hacer público lo que ocurrió en toda aquella desgraciada y mal apreciada jornada política, pues no están en lo cierto sus apuntes y parte de la refutación del Sr. Trujillo, no obstante que abunda en verdades irrefutables.

Ahora bien, como las polémicas periodísticas son buenas y agradables cuando tienen por fin el esclarecimiento de la verdad de los hechos, parece demás la establecida entre Ud. y el amigo Enrique, sobre todo si se hace ocultando aquélla con apariencia de satisfacer miras personales, produce repugnancia y disgusto. He ahí lo que pasa, con desagrado de los que mejor conocen, por sus compromisos y relaciones políticas, la verdad histórica del pronunciamiento y sus consecuencias, incurriendo Ud. en el error de faltar a ella desfigurando los hechos con sus referencias fuera de lugar sin fijeza para sostenerlas.

Como amigo y paisano de Ud. y del Sr. Trujillo, que creen [sic] con el derecho de reclamar de ambos contendientes, en nombre de nuestros sacrosantos principios y de los que en Cuba corren riesgo de perecer a manos de nuestros enemigos, la suspensión de la referida polémica pues no estamos aún en tiempos de hacer luz pública a nuestros adversarios.

Por otro lado, las parcialidades políticas son funestas y hacen resaltar el egoísmo de la tendencia en favor de alguien, quizás si el menos acreedor, como sucede con casi todo lo que publica la prensa cubana, que por lo general lo hace con la marcada intención de restar fuerzas en vez de sumarlas, poniendo por encima de nuestros sagrados principios los privilegios de añejas costumbres con torpe hipocresía, para levantar la autocracia de los vicios consiguientes. Allí se vive descuidando las verdaderas necesidades de un país que lucha por su libertad y progreso, porque pugna con esas tendencias y quiere para él la sabiduría que en sí encierra la democracia y sus leyes.»[186]

El último párrafo sugiere que Maceo reaccionaba a un posible contenido racial en los artículos, y aunque las generalidades con que critica los comentarios de Masó Parra no permiten hacernos un juicio sobre los detalles del debate, opiniones anteriores vertidas por Trujillo pueden ofrecer una pista. En 1881, Trujillo había publicado un folleto donde restaba importancia al levantamiento y lo trataba como un movimiento de negros afirmando que los jefes «convenidos de color», José Maceo, Bandera y Moncada, y unos «80 de su clase constituían el movimiento» en Santiago.[187] Cualquier nuevo comentario de Trujillo en ese sentido hubiera provocado una respuesta de Masó Parra interesado en exponer y defender su propia participación.

Como sabemos, Juan Masó Parra reclamaba la gloria de ser uno de los tres primeros en hacer fuego el 26 de agosto de 1879 en Santiago de Cuba. El también santiaguero Enrique Trujillo no había participado en la conspiración ni en el alzamiento; no obstante, había sido arrestado el 6 de septiembre en una de las extensas redadas que llevó a cabo el general Polavieja y lo embarcaron deportado a España el 5 de noviembre.[188] El propio Maceo, a pesar de todos sus esfuerzos, ni siquiera pudo llegar a Cuba durante aquel conflicto. Cada uno tenía alguna información de primera mano sobre los sucesos y mucha de segunda. Todos —en mayor o menor grado— tenían también humano interés en "arrimar la brasa a su sardina" y, justamente orgullosos de su participación en el proceso revolucionario, se encrespaban ante el menor soslayo o descuido.

El interés que tiene este incidente en la investigación que nos ocupa radica en que sugiere que el comandante Juan Masó Parra había adquirido ya un sentido de su propia importancia y que se esforzaba por hacer lucir sus valores. También empieza a mos-

---

[186] *Maceo. Ideología Política*, t. I, pp. 387-8. El original, sin firmar, de esta carta autógrafa de Maceo se encuentra en el Archivo Nacional de Cuba por lo que no se sabe si fue recibida por su destinatario.
[187] Enrique Trujillo Cárdenas, *Apuntes para una historia. Escritos por el deportado cubano Enrique Trujillo y Cárdenas*, [s.n.], New York, 1881, p. 6.
[188] Bacardí, *Crónicas*..., t. VI, pp. 294,304-6.

trarse un tanto osado en las evidentemente controversiales opiniones que públicamente ofreció sobre los hechos y acerca de hombres que lo superan en rango militar. Este tipo de conducta de parte de un oficial de un ejército irregular, únicamente tolerable en tiempos de paz, provocaría serias consecuencias durante la guerra venidera.

Desde fines de 1890, el espíritu independentista de los cubanos residentes en los Estados Unidos comenzó a agitarse paulatinamente con la palabra de José Martí. A principios de 1892 se fundó el Partido Revolucionario Cubano y, electo su Delegado, Martí se dio de lleno a la tarea de sumar voluntades para sacar a España de Cuba. Poco a poco fue venciendo la resistencia —a veces abiertamente hostil— de los veteranos del 68 que no entendían cómo la gente podía seguir a un poeta hacia la guerra.[189] Cultivando, uno a uno, las simpatías de los guerreros, Martí preparaba el acercamiento al indispensable Máximo Gómez. Así obtuvo la colaboración de los generales Emilio Núñez, Serafín Sánchez, Carlos Roloff, Rafael Rodríguez, José Rogelio Castillo, y otros.[190]

Por correspondencia con sus viejos compañeros de armas —especialmente Serafín Sánchez— el general Gómez estaba al tanto del impulso que Martí había logrado imprimir a la revolución, y había dejado saber que estaba dispuesto a cerrar filas en el nuevo intento. En uno de los actos más edificantes de la historia de Cuba, el viejo soldado dominicano se dejó seducir para entregar su vida de nuevo a la guerra por la libertad de la patria de José Martí, aquel que tan duramente lo había criticado en 1884 por dirigir aquella revolución como ahora el propio Martí dirigía esta. Cierto es que el estilo militar del general Gómez distaba mucho del trato delicado que ca-

---

[189] En enero de 1892, bajo la firma de los veteranos Enrique Collazo, José María Aguirre, Francisco Aguirre y Manuel Rodríguez, se había publicado en La Habana una carta criticando a Martí por no haber participado en la Guerra del 68 y acusándolo injustamente de haber servido a España y de haber solicitado un puesto como delegado autonomista. La carta fue provocada por los ataques de Martí al libro de Ramón Roa, *A pie y descalzo*, por considerarlo derrotista. La repuesta de Martí y la intervención de amigos mutuos dio fin a la disputa. Collazo sería después un fiel colaborador de Martí y José María Aguirre se excusaría diciendo que no sabía lo que había firmado. (Márquez Sterling, *Biografía de José Martí*, pp. 481-4; Raúl Roa, *Aventuras, venturas y desventuras de un mambí*, Editorial de Ciencias Sociales, La Habana, 1970, pp. 163-75).

[190] Márquez Sterling, *Biografía...*, pp. 473-92.

racterizaba la forma en que Martí ejercía su mando, pero ambos exigieron un control casi absoluto de la dirección de sus respectivos movimientos. La diferencia más importante es que en el 92, Martí buscó en Gómez el complemento militar que necesitaba, y en el 84, Gómez creyó que podía fungir él solo como jefe militar y político de su movimiento.

No obstante, estas consideraciones no disminuyen la grandeza desplegada por Máximo Gómez al obviar las diferencias del pasado para aceptar el mando militar de la revolución de Martí. En reconocimiento de este gesto —y en aras de la preservación de la alianza— Martí se cuidaría de tratar al general como subordinado y acataría el «contrato tácito» de que él fuese la «entidad principal» de la guerra.[191]

Para oficializar la incorporación del general Gómez, José Martí salió de Nueva York el 31 de agosto de 1892 con rumbo a la República Dominicana. Después de pasar varios días conferenciando con el general, Martí se dispuso a continuar su viaje visitando otros centros de exiliados en el Caribe. Su primera escala sería la capital haitiana, Port-au-Prince, y así se lo hizo saber por carta al cubano de más jerarquía allí: Juan Masó Parra.

Esta visita, que representa el primer contacto personal entre Martí y Masó Parra, dio a este una nueva oportunidad para mover su pluma y ver su nombre de nuevo en letra de imprenta. *Patria,* el periódico que había fundado Martí unos meses antes, publicó el 12 de octubre la extensa crónica que Masó Parra escribió sobre la estancia de Martí en Port-au-Prince (cuyo texto se reproduce en el Apéndice C, al final de este libro).

Los cubanos se habían empezado a asentar en Haití durante la Guerra de los Diez Años. La mayoría eran negros provenientes de Santiago que se desempeñaban como zapateros, sastres o barberos. Ahora Port-au-Prince contaba con «un importante número de cubanos» y en términos relativos, tenían «una fuerte presencia económica».[192] La colonia incluía también algunos puertorriqueños y

---

[191] Carta de José Martí a José Dolores Poyo, 16 de noviembre de 1893. (*José Martí. Obras Completas,* t. 2, p. 426.)
[192] Matthew Casey, *From Haiti to Cuba and Back: Haitian's Experiences of Migration, Labor, and Return, 1900-1940,* unpublished dissertation, University of Pittsburgh, 2012, pp. 47-8.

dominicanos que se mostraban deseosos de ayudar en el nuevo movimiento independentista. El borinqueño Rosendo Rivera presidía el Club *Guarionex y Hatuey*, que había fundado en la capital haitiana para recaudar fondos para el Partido Revolucionario Cubano, pero todo parece indicar que Juan Masó Parra era la figura más influyente en aquel centro.

Creyendo que Martí vendría por mar, Masó lo esperaba conversando en el portal con un vecino sin percatarse que el Delegado, que venía a caballo acompañado de un guía, pasaba frente a ellos en busca del consulado dominicano para que lo ayudaran a establecer contacto con Masó Parra. Un mensajero enviado por el cónsul informó a Masó Parra del arribo de Martí y, acompañado de Rivera, fue a reunirse con él en el cuarto del hotel donde este se hospedaba. La conferencia duró varias horas y el día siguiente, fue también Masó Parra quien hizo la presentación del Delegado ante el cuerpo directivo del Club.

Diez días estuvo el visitante en la ciudad de donde partió el 4 de octubre en dirección a Jamaica. Los exiliados fueron al muelle a despedirlo y Masó Parra sellaría este primer encuentro suyo con Martí «con un apretón de manos y con estrecho abrazo».[193]

Esta reseña sobre Martí parece ser la única contribución de Juan Masó Parra a *Patria,* pero otros trabajos suyos aparecieron con más frecuencia en *El Yara* que publicaba en Cayo Hueso José Dolores Poyo y Remírez de Estenoz. Como se explica en una reciente biografía de Poyo, no muchos ejemplares de su publicación han sobrevivido, pero ya en páginas anteriores vimos evidencia de que Masó Parra sostuvo desde *El Yara* una polémica periodística con Enrique Trujillo sobre la Guerra Chiquita; un artículo suyo que data de noviembre de 1892 sobre incidencias de la Guerra de los Diez Años fue recogido por varias publicaciones. De lenguaje preciso, claro y directo —sin la afectación ampulosa tan

---

[193] El relato de Juan Rodríguez, otro cubano residente en Port-au-Prince durante esta visita de Martí —según fue recogido en 1936 por el escritor José Antonio Fernández de Castro—, no menciona a Juan Masó Parra ("Con Maceo y con Martí en Port-au-Prince", *Estudios cubanos de historia y crítica*, Jesús Montero, Editor, La Habana, 1943, pp. 145-57).

común de la época— la prosa de Masó Parra ofrecía una lectura fluida.[194]

Asegurada la adhesión del general Gómez, Martí intensificó su labor política y recaudatoria durante los siguientes meses. El desarrollo de los planes revolucionarios dictaba una conferencia estratégica con el jefe militar del movimiento y para ello se dirigió de nuevo a República Dominicana a mediados de 1893. Mientras su visita pública del año anterior había tenido claros propósitos proselitistas, este nuevo viaje, «sin aparato y anuncio de ninguna especie»,[195] revestía un carácter eminentemente conspirativo.

El 3 de junio llegó Martí a Montecristi y durante los tres días que estuvo allí él y Gómez detallaron los planes militares de lo que luego se conocería como el *Plan de Fernandina*: alzamientos simultáneos a todo lo largo de la Isla apoyados por el desembarco de expediciones en puntos estratégicos de sus costas. El General en Jefe redactaría las comunicaciones a los jefes militares en Cuba y en el exilio para asegurar su concurso. Martí embarcaría hacia Costa Rica para reunirse con Maceo que dirigía allí una colonia agrícola poblada por cubanos. Pero antes de eso, tendría que ir a verse de nuevo con Juan Masó Parra. El 10 de junio de 1893 llegó Martí a Port-au-Prince con una misión secreta.[196]

Ocho meses antes, el Delegado había pasado diez días con Masó Parra entre banquetes, discursos, aplausos y cordialidad en

---

[194] Gerald E. Poyo, *Exile and Revolution. José D. Poyo, Key West, and Cuban Independence*, University Press of Florida, Gainesville, 2014, p. xi; Masó Parra, "Para la Historia. Episodios del Coronel Pancho Guevara" apareció primero en *El Yara* en 1892, fue reproducido en *Bocetos, apuntes y episodios recopilados bajo la dirección de Luis Lagomasino A.* en 1893 y, retitulado, en *La República Cubana* de París en 1896.

[195] Carta de José Martí a Antonio Maceo, 25 de mayo de 1893 (*José Martí. Obras Completas*, t. 2, p. 328).

[196] Por razones ya expuestas, no nos debe sorprender que estos contactos revolucionarios entre Martí y Masó Parra sean casi desconocidos. La mayoría de los biógrafos de Martí no los mencionan; para colmo, cuando un ilustre cubano e historiador reporta el encuentro en Haití en 1893, Masó Parra aparece erróneamente identificado como *Bartolomé* Masó. Probablemente esto sea atribuible, no al desconocimiento del autor, sino a un *lapsus calami*, similar al que ocasionó su recurrente uso en la misma obra del apellido *Martínez* cuando se refiere al Dr. Eusebio *Hernández*. No obstante, la ausencia de malicia no evita que sus lectores queden lamentablemente desinformados con respecto a la relación de Martí con Masó Parra (Márquez Sterling, *Biografía*..., pp. 491, 514,516).

la capital haitiana. Ahora venía el "conspirador", consecuentemente serio, prudente, alerta y desconfiado. De acuerdo con Gómez, Martí creyó que Masó reunía las cualidades necesarias para llevar a cabo una encomienda muy especial que él le explicaría personalmente, pero según le reportó a Gómez semanas después, Martí cambió de opinión durante su segundo encuentro con Masó Parra:

> «A mi paso por Haití, vi con mis ojos que sería imprudente fiar la muy delicada misión que le preparábamos a Masó y me abstuve de poner en sus manos la orden de Vd. Ni el estado de ánimo de Masó, muy preocupado con luchas personales suyas, ni su actitud hostil respecto de Heureaux después de una cesión de armas nuestras, unos quince rifles, a sus enemigos, lo hacían, aparte de otras razones, propio para las funciones que él comenzó a aceptar, pero que no llegué a detallarle yo.—Y seguí a Costa Rica, »[197]

Este párrafo de Martí es la única información conocida sobre este reencuentro con Masó Parra y, aunque ofrece algunos datos, deja varias interrogantes. Martí sorprendió a Masó Parra alterado y enfrascado en conflictos con otros exiliados de aquella plaza. Esto se pudiera achacar a los problemas que comúnmente se suscitan entre exiliados durante períodos de inactividad; pero la conducta futura de Masó sugiere que ya comenzaba a desarrollarse su propensión a involucrarse en esos bretes y a dejarse consumir por ellos. La inteligencia e iniciativa que obviamente le adornaban, cuando no las atenuaba el buen juicio, lo harían aparecer pretencioso y chocante. El legado de estas luchas intestinas de los tiempos de Masó Parra hizo mucho daño al movimiento en Port-au-Prince, a tal extremo que con el tiempo se llegó a decir que ese centro «daba una nota discordante en la armonía del gran partido».[198]

---

[197] Carta de José Martí a Máximo Gómez, 29 de agosto de 1893 (*José Martí. Obras Completas*, t. 2, p. 386).

[198] Carta de Ulpiano Dellundé a Tomás Estrada Palma, 19 de noviembre de 1895, (*Correspondencia Diplomática de la Delegación Cubana en Nueva York*, 5 tomos, Archivo Nacional de Cuba, La Habana, 1943-1946, t. IV, p. 28). Al principio de la Guerra del 95, el médico cubano Dellundé, residente en Cabo Haitiano y delegado del PRC en Haití, visitó la capital haitiana y luego confesó a don Tomás que le había causado asco el estado de la emigración allí. No quedaba nada de la organización de antaño. Los cubanos patriotas estaban divididos en bandos y Dellundé tuvo que ayudarlos a crear

Ulises *Lilís* Heureaux, presidente de la República Dominicana

La referencia de Martí a «Heureaux» probablemente se refiera al dictador dominicano, Ulises Heureaux, el célebre *Lilís*, quien dominó la política de su país desde 1882 hasta su muerte violenta en 1899.[199] A su llegada a la República Dominicana en 1888, Gómez había tenido la precaución de reunirse con los dos hombres que competían por la presidencia: los generales Gregorio Luperón y el presidente en funciones, Ulises Heureaux. Aunque los describía a ambos como «azotes del país», Gómez quería estar a bien con ellos por la conveniencia de su «consideración y hasta protección, si se quiere»; a los dos les explicó que venía a dedicarse al trabajo y a no verse «jamás envuelto en las complicaciones políticas del país.» En 1892, el poderoso empresario, Juan Isidro Jimenes, intentó evitar la reelección de *Lilís* y la agitación popular a su favor —especialmente en el noroeste del país— hacía pensar hasta en una revolución jimenista. Aun Máximo Gómez, cuya relación con Jimenes era esencialmente comercial, se sintió amenazado en aquellos días por la ira del implacable Heureaux quien lo creía el brazo fuerte de Jimenes.[200]

---

dos Clubes —antagónicos entre sí— para remplazar al desaparecido *Guarionex y Hatuey* que presidiera Rivera. El amigo de Masó Parra, Luis Rodríguez, representaba una de las facciones y luego presidió el Club *Bartolomé Masó*. El desplazado Rivera dirigiría después el Club *Antonio Maceo* (*ibidem*, pp. 28, 38).

[199] Había en Port-au-Prince un «haitiano distinguido muy partidario nuestro» nombrado Edmon Hereaux, cuya esposa llegó a presidir el Club *Hijas de Martí*, (*Correspondencia diplomática*, t. IV, pp. 28-9). Según Juan Rodríguez, Edmon tenía también un hermano y era «pariente de Lilís» (Fernández de Castro, *ob. cit.*, p. 156). A pesar de la similitud en el apellido, de su residencia en la ciudad, y de sus vínculos con la causa cubana, es más probable que la hostilidad de Masó Parra a que se refiere Martí haya estado dirigida hacia el presidente dominicano por las razones que se ofrecen en el texto.

[200] Gómez, *Diario...*, pp. 247-8, 269; Pocos días después de la muerte de Heureaux en 1899, en un artículo publicado en República Dominicana, Máximo Gómez decía que

Juan Isidro Jimenes fue en varias ocasiones presidente de la República Dominicana

Hostigado también por *Lilís*, Jimenes, alegando enfermedad, desistió de su empeño en agosto, y en septiembre ya encontramos a Juan Masó Parra viviendo en Haití. Si Masó Parra se señaló como jimenista en aquella contienda —lo cual es muy probable dado su temperamento y su relación con Jimenes—, con el fracaso de su favorito pudo verse obligado a salir del país para evitar las represalias de *Lilís*. Con tales antecedentes, es natural que Heureaux, soslayando a Masó Parra, escogiera a otro cubano de Port-au-Prince, preferiblemente un rival suyo, para entregarle los quince rifles de marras. Por otro lado, Máximo Gómez bien pudo haber visto en tales actividades políticas de Juan Masó Parra el motivo de las sospechas de *Lilís* que pusieron su vida en peligro. La preocupación del gobierno haitiano sobre los vínculos entre revolucionarios cubanos y rebeldes dominicanos lo evidencia una carta a Heureaux de su ministro del Interior y Policía acerca de movimientos de armas y municiones entre los dos grupos bajo un «compromiso de reciprocidad» y refiriéndose específicamente a las que tienen almacenadas los cubanos en Port-au-Prince.[201]

Jimenes no tuvo a alguien «más entusiasta que yo para defender su candidatura a la Presidencia el año 92» (Rodríguez Demorizi, *Papeles...*, p. 169); sin embargo, en sus apuntes íntimos de aquella época, se declaraba «víctima inocente» de las sospechas de *Lilís* en apoyar a Jimenes (Gómez, *Diario...*, pp. 269-70).

[201] De P. Lluberes a Heureaux de 26 de junio de 1893 (Emilio Rodríguez Demorizi, *Martí en Santo Domingo*, Gráficas M. Pareja, Barcelona, 1978 [1ª ed. 1953], pp. 335-6); Donna Marie Wolf, "Double Diplomacy : Ulises Heureaux and the Cuban Independence Movement", *Caribbean Studies*, v. 14. no. 1, abril de 1974, Universidad de Puerto Rico, pp. 85-6.

Martí y Gómez tampoco sentían simpatía por *Lilís*, pero pragmáticamente evitaban contrariarlo porque el dictador dominicano había brindado, y podría aún brindar, importantes servicios a la causa de Cuba. Ejemplo de esto es su referida "cesión" de los rifles a los cubanos —armas que probablemente Heureaux había confiscado por temor a que fueran utilizadas contra él en la presunta revolución jimenista. El asunto de los rifles representaba una pequeña venganza de Heureaux que Masó Parra debió haber aceptado por el bien de la causa en lugar de tomarlo —como hizo— por una declaración personal de guerra. Como sucedería después con más frecuencia, en esta ocasión Juan Masó Parra no logró dominar sus pasiones para poder sobreponer el deber al orgullo.

Aunque Martí cometió algunos errores notables en la selección de colaboradores, en esta ocasión parece haber advertido en Masó Parra aquellas imperfecciones de carácter que lo descalificaban para gestiones sensitivas que requerían control de sí mismo, tacto y mesura.[202] Desde luego, seguramente Máximo Gómez le había dado su opinión sobre Masó Parra y Martí se había acercado a él con cierta predisposición. No sabemos en qué consistía la «muy delicada misión» que los jefes del movimiento quisieron encomendar a Masó Parra, aunque por aquellos días se fraguaba un alzamiento para el 10 de noviembre con su centro en Santiago de Cuba que hubiera entorpecido los planes de Martí. Una delación frustró aquel esfuerzo y resultó en la prisión de Guillermo Moncada y el destierro de muchos otros.[203] De todos modos, resulta evidente que en esa ocasión, por sus propios errores, Masó perdió una gran oportunidad para realizar sus ansias de representar un papel más impor-

---

[202] Entre sus errores hay que contar la confianza que depositó en Manuelito Mantilla, díscolo hijo de su amante, Carmita Miyares, cuando el Plan de Fernandina. Serafín Sánchez opinó que Manuelito había «cometido una *grave falta*» y según Valdés Domínguez, Mantilla era un traidor que «robó y nada hizo» (Carlos Ripoll, *La vida íntima y secreta de José Martí*, Editorial Dos Ríos, New York, 1995, pp. 165-71). También, Martí seleccionó para sustituirlo como Delegado a Tomás Estrada Palma cuya gestión estuvo marcada por ineficiencias y discordias (Fidel Pierra, *La Delegación cubana en los Estados Unidos. Sus gestiones económicas y diplomáticas y sus relaciones con los emigrados*, [s. n.], New York, 1898).

[203] Rafael Gutiérrez Fernández, *Los héroes del 24 de febrero*, 2 tomos, Carasa y Cía., La Habana, 1932-1935, t. II, pp. 84-93; José de Mesa Vidal, *Hombres de la revolución cubana. Guillermo Moncada ("Guillermón")*, [¿Santiago de Cuba?], Imp. Carlos Duboy, ca. 1914, pp. 15-7.

tante en el futuro de Cuba. Pero sus próximos pasos demuestran que, a pesar de este revés, nuestro hombre no había abandonado sus aspiraciones de ganarse un puesto relevante en el proceso revolucionario.

Masó Parra, quien había tratado de aceptar la misión, tuvo que darse cuenta de que Martí se había arrepentido de confiársela y, le escribió a Máximo Gómez apelando su caso. La carta no surtió el efecto deseado y entonces Masó, temiendo que no contaran con él para el levantamiento que todos creían inminente, se dirigió por su cuenta a Santiago de Cuba donde la conspiración caldeaba el ambiente. Allí, en lugar de mejorar su posición en el movimiento, la agravaría aún más.

A oídos del general Serafín Sánchez llegaron rumores acerca de los movimientos de Masó Parra. Sánchez temía que el desairado Masó pudiera afectar las sensitivas relaciones entre Martí y Gómez. Después de todo, Martí había retenido la orden de Gómez a Masó sin previa consulta con el susceptible General, y este podría interpretar ese acto como una falta de respeto a su autoridad. Refiriéndose a la carta en que Serafín le hacía esas observaciones Martí le contestó:

> «…todo es justo en ella, sólo que, según noticias de Gómez mismo, que me mandó la carta del bribón, Massó nada lograría hacer con él: y así ha debido ser, porque en Santiago de Cuba se presentó sin comisión a una junta, donde se ofreció a venir al Norte de portador de un dinero que allí se recogía, y ahora está —¡ah países!—de Teniente Coronel del ejército venezolano: está en Caracas…»[204]

De haber tenido éxito Masó en llevar el dinero a Nueva York, seguramente Martí le hubiera dado la oportunidad de continuar colaborando en el movimiento, pero fracasado en su arriesgado, aunque torpe intento de reivindicación, el contrariado Masó Parra desapareció del escenario conspirativo por muchos meses. Por esos días, un informe confidencial del inconsistente espionaje español ubicaba al «General Massó» en Colombia.[205] Excluido de la cons-

---

[204] Carta de José Martí a Serafín Sánchez, noviembre de 1893 (*José Martí. Obras Completas*, t. 2, p. 428).

[205] Carta de 8 de septiembre de 1893 del ministro de España en Washington, Emilio de Muruaga y Vildósola, al Ministro de Ultramar (Ministerio de Asuntos Exteriores y de Cooperación de España, Ultramar 2894, doc. no. 90, citado por Consuelo E. Stebbins,

piración por su carácter intempestivo, Masó aparentemente culpaba a Máximo Gómez por sus desdichas. A través de los años, tales circunstancias han sido aprovechadas por algunos hombres para justificar su retiro permanente de una lucha revolucionaria, pero —en esta ocasión— ese no sería el caso de Juan Masó Parra.

En Venezuela, el general Joaquín Crespo Torres se había alzado en marzo de 1892 en contra del presidente Raimundo Andueza Palacio quien planeaba enmendar la constitución para extender su mandato. El movimiento, conocido como la Revolución Legalista, triunfó en octubre de 1892 cuando Crespo tomó Caracas y asumió por segunda vez la Presidencia; la pacificación del resto del país tomaría mucho más tiempo. Juan Masó Parra se incorporó al ejército de Crespo a fines de 1894 y, según su propio relato, su actividad en aquella campaña fue premiada con el rango de coronel.[206]

A pesar de su distanciamiento, Masó Parra continuaba al tanto del curso de la conspiración martiana. Seguía aún siendo el patriota decidido a exponer su vida en cumplimiento del deber en la lucha por la libertad de su patria. Evidentemente, la información que recibía era fidedigna pues, muy oportunamente, a principios de 1895, Juan Masó Parra regresó Cuba.[207]

City of Intrigue, Nest of Revolution, University Press of Florida, Gainesville, 2007, p. 108).
[206] "Don Juan Masó. Un leal a España", *El Globo*, Madrid, 20 de marzo de 1899.
[207] Masó Parra, *Primera...*, p. 6.

VI - *Otra vez Yara*

En la madrugada del domingo 24 de febrero de 1895, cerca del poblado de Yara un grupo de hombres, escasos de armas, pero imbuidos de valor y patriotismo, le declararon la guerra a España. Su jefe era Juan Masó Parra. El tiempo transcurrido desde su disgusto con los jefes del movimiento en 1893 le había permitido recapacitar a tiempo para reintegrarse a la lucha y convertirse en uno de los primeros en lanzarse al campo aquel histórico día.

Juan Gualberto Gómez Ferrer

A principios del mes, el jefe de la conspiración en Cuba, Juan Gualberto Gómez, había recibido de la Junta Revolucionaria de Nueva York la autorización para el alzamiento. Estaba firmada por José Martí, como Delegado del Partido Revolucionario Cubano, *Mayía* Rodríguez, enviado por el General en Jefe, Máximo Gómez, y Enrique Collazo, representando a los conspiradores en la Isla. Juan Gualberto se reunió con Julio Sanguily, José María Aguirre, Antonio López Coloma y otros revolucionarios y propusieron el primer domingo de carnaval como el día en que se declararía la guerra a España. Un joven oriental estudiante de medicina, Juan Tranquilino Latapier, llevó la propuesta a Guillermo Moncada en Santiago de Cuba y a Bartolomé Masó en Manzanillo. Ambos aceptaron la fecha y quedaron comprometidos.[208] El Dr.

---

[208] Gómez Ferrer, pp. 348-9, 351-2, y 417-20.

Pedro Betancourt fue el encargado de visitar al general Francisco Carrillo para coordinar el imprescindible concurso de Las Villas. Aunque Carrillo se negó a participar, Betancourt, presionado por quienes no creían que el alzamiento se debía posponer, telegrafió a Juan Gualberto el engañoso mensaje "Carrillo bien." Esto selló el curso de los acontecimientos y fijó el estallido para el día 24.[209]

Bartolomé Masó y Márquez había sido el segundo de Carlos Manuel de Céspedes en el alzamiento del 10 de octubre de 1868 y había continuado sobre las armas hasta poco después de la Protesta de Baraguá; arrestado a principios de la Guerra Chiquita fue deportado a España. De regreso en Cuba, logró rehacer su vida y su hacienda para de nuevo ponerlas en juego en la brega por la independencia.[210] Cuando Juan Masó Parra llegó a Oriente en los primeros días de 1895, fue a establecerse en Manzanillo y allí tuvo «ocasión de estrechar relaciones políticas» con el general Masó, quien controlaba a los complotados del norte y oeste de la provincia.[211]

Bartolomé Masó se había alzado extraoficialmente desde el día 22 en que se internó en el campo para preparar el levantamiento en toda su zona, y el recién llegado veterano Juan Masó Parra jugaba ya un importante papel en sus planes. En las primeras horas del día 23, Masó encomendó a su empleado, Gaspar Perea, ir en busca de Juan Masó Parra para darle aviso del levantamiento. El general envió al publicista catalán, José Miró Argenter, hacia Holguín para que allí se alzara con los hermanos Ricardo, Manuel y Miguel Sartorio; en Bayamo tomarían las armas los teniente coroneles Esteban Tamayo Tamayo y Joaquín Estrada Estrada.[212] Antes de salir de la ciudad de Manzanillo, Masó impartió órdenes a los oficiales de la Guerra Grande Celedonio Rodríguez, Francisco Estrada Es-

---

[209] Souza, El 24 de febrero..., pp.17-21.
[210] Rufino Pérez Landa, *Bartolomé Masó y Márquez. Estudio biográfico documentado*, Academia de la Historia de Cuba, La Habana, 1947, p. 80. Pérez Landa, citando al Capitán General Calleja, dice de Bartolomé Masó que «...Colono del ingenio Salvador, su capital asciende a $50,000.00, lo que unido a lo de estar achacoso por sus años, me hace suponer que muy comprometido debe estar al secundar el alzamiento...»
[211] Masó Parra, *Primera...*, p. 6.
[212] Gutiérrez Fernández, *op. cit.*, t, II, p. 102. Aunque Gutiérrez Fernández le llama Joaquín Estrada Castillo, en Carlos Roloff, *Yndice alfabético y defunciones del Ejército Libertador*, Imprenta de Rambla y Bouza, La Habana, 1901, el segundo apellido aparece como Estrada.

trada y Dimas Zamora López. Otro oficial de aquella heroica guerra, el joven Amador Guerra, acompañado de Enrique Céspedes Romagosa, sobrino del general Masó, recibió instrucciones de recorrer los ingenios de la zona de Calicito recogiendo armas y municiones. Todos los involucrados quedaron coordinados para reiniciar la guerra aquel memorable domingo.[213]

La madrugada del 24, en el Colmenar de Bayate, Bartolomé Masó, como jefe del movimiento en toda aquella zona, a los gritos de "Viva Cuba Libre" y "Viva la Independencia", desplegó la bandera de la estrella solitaria. Poco después, Amador Guerra salió a operar sobre Calicito y Cayo Espino en las estribaciones de la Sierra Maestra.[214]

Guillermón Moncada, a quien le quedaban pocos días de vida a causa de la tuberculosis que padecía desde su prisión en 1893, se fue a las lomas y se alzó en Alto Songo; el teniente coronel Quintín Bandera salió de Santiago de Cuba esa tarde para sentar su campamento en San Luis y fuerzas del teniente coronel Pedro Agustín (*Periquito*) Pérez se le unieron esa tarde en Guantánamo. También se sublevaron pequeñas partidas en El Caney y El Cobre.

Los alzamientos de Jiguaní y Baire ocurrieron en la tarde del 24 y los dirigieron Saturnino Lora Torres, Florencio Salcedo Torres y otros que después entregaron el mando a Jesús Sablón y Moreno, más conocido entonces y ahora como Jesús *Rabí*. Este hecho quedó empañado por la participación de un grupo de autonomistas en las filas de los pronunciados que dieron lugar al uso de consignas —y hasta de una bandera— de ese partido. El ideal independentista finalmente prevaleció y los autonomistas se presentaron. Bartolomé Masó le pidió cuentas a Rabí y a los hermanos Lora por su confusa actitud; ellos alegaron que habían sido víctimas de intrigas y adulteración, pero admitieron que habían consentido al uso de las divisas autonomistas como un ardid para distraer a los españo-

---

[213] Pérez Landa, *Bartolomé...*, pp. 80-2; Masó Parra, *Primera...*, p. 6; Gutiérrez Fernández, *op. cit.*, t. II, pp. 94-97. Pérez Landa (p. 81) dice que Amador Guerra «no era veterano», pero Gutiérrez Fernández (t. II, p. 98) afirma que Guerra había pertenecido, como oficial, a la caballería de las Tunas, a las órdenes de Vicente García en la guerra del 68.

[214] Diario de Campaña de Bartolomé Masó (en Pérez Landa, *Bartolomé...*, p. 82).

les.²¹⁵ Estas explicaciones y su firme conducta posterior los exoneró ante el campo independentista. Sin embargo, esta acción, que resultó ser la menos edificante de todas las que se llevaron a cabo aquel 24 de febrero de 1895, es la que da su nombre a aquella jornada que más propiamente debía llamarse: el Grito de Bayate.²¹⁶

Los conspiradores civiles de La Habana se alzaron el mismo día en Ibarra, en la provincia de Matanzas, pero fueron rápidamente perseguidos y capturados. Juan Gualberto Gómez fue deportado y López Coloma sería fusilado. El jefe militar del alzamiento en Occidente, el general Julio Sanguily, el glorioso *Mutilado* de la guerra del 68, no estuvo a la altura de las circunstan-

General Julio Sanguily Garrite

---

²¹⁵ Varona Guerrero, *op. cit.*, t. I, pp. 491-4; la bandera autonomista que usaron consistía de una bandera española con dos franjas blancas cruzadas en aspas (Rufino Pérez Landa, *La alborada del 24 de febrero de 1895*, Academia de la Historia de Cuba, La Habana, 1948, p. 32). El jiguanicero Aníbal Escalante Beatón, (*Calixto García. Su campaña en el 95*, Editorial Caribe, La Habana, 1946, pp. 603-28) se esforzó en negar todo rasgo autonomista y califica la existencia de la bandera como «una fábula» aunque él no participó en aquellos hechos. Sin embargo, Enrique Ubieta, quien sí estuvo allí como ayudante del general español Jorge Garrich dice que recogió en Baire avisos firmados por Rabí con consignas autonomistas; cita textualmente de una carta de Rabí ordenando la bandera «con la divisa de la Autonomía» y, finalmente relata como la bandera autonómica se la entregó a Garrich un guerrillero que la encontró en el que fuera campamento de Rabí en la finca *Las Yeguas*. Ubieta creía que la bandera, que Garrich remitió al general José Lachambre y este al ministro de la Guerra, había ido a parar a un museo de Madrid (t. II, pp. 44-5). Se puede ver una reproducción de la bandera de marras en Antonio Robledo Reyes, *Cuba: Bandera, himno y escudo*, Agualarga Editores, S.L., Madrid, 1997, p. 29.

²¹⁶ Pérez Landa, *La alborada del 24...*; el error histórico quizás se deba a que probablemente el nombre de Baire haya sido el primero en trascender a la opinión pública de la capital por haberse llevado a cabo aquel pronunciamiento dentro del propio pueblo, mientras otros anteriores y mejor definidos políticamente, se hicieron en el campo o poblados aislados; véase telegrama del 24 de febrero de 1895 del general Garrich al Capitán General Calleja reportando el alzamiento en Baire (Crombet Bravo, *La Expedición...*, pp. 46, 95).

cias y fue arrestado en su propia casa el mismo día 24.[217] Asimismo, el teniente coronel José María Aguirre fue arrestado en La Habana y deportado. El proscrito *Rey de los Campos de Cuba*, Manuel García, resultó muerto cuando se dirigía a Ibarra a unirse al levantamiento. El jefe militar de Matanzas, Pedro Betancourt, tampoco llegó a alzarse. Se ocultó para evitar ser arrestado, pero luego se presentó para ser deportado.[218] Los matanceros de la partida que se alzó en Jagüey Grande, sin experiencia militar y también frustrados por la ausencia de Sanguily, resistieron cuatro días antes de acogerse «al Decreto de indulto, dictado por el General Callejas».[219] En la provincia de Las Villas, Francisco Carrillo fue detenido, y aunque en esa provincia se alzó un grupo de habaneros, estos fueron dispersados en pocos días.

Con excepción de Oriente, el levantamiento había sido un verdadero desastre. Durante los próximos meses, varias partidas comenzarían a operar en Las Villas, Matanzas y La Habana, pero en aquel primer intento, a pesar de los valientes esfuerzos de esos y otros pequeños grupos en el resto de la Isla, Oriente fue de nuevo la cuna de la guerra y allí se distinguieron, por la organización y actividad que imprimieron a sus tropas, el general Bartolomé Masó y sus oficiales. Juan Masó Parra formó parte de aquel selecto grupo de patriotas.

Al recibir Masó Parra el día 23 la orden de alzamiento para el próximo día citó a sus seguidores para la finca *Santo Tomás* en el barrio rural de Yara Arriba en la sabana bañada por el río Yara y

---

[217] Julio Sanguily Garrite cojeaba porque su pie izquierdo había sido destrozado por un balazo recibido en combate en 1870 (Octavio Velasco del Real, *Historia de la insurrección de Cuba*, Establecimiento Tipolitográfico Editorial de Ramón Molinas, Barcelona, 1898, p. 7).

[218] Leopoldo Barrios Carrión, *El general Calleja. Biografía*, Imprenta del Correo Militar, Madrid, 1896, pp. 285-6; el autor cita de un discurso de Calleja ante el Senado español el 4 de julio de 1896 en que dijo sobre Betancourt que «el día 26, según me fue comunicado por el Gobernador Sr. Golmayo, los jefes de los comités locales de los partidos (incluso el de unión constitucional, Sr. Porset) se presentaron suplicando intercediese cerca de mí, para que le permitiese el embarque a España. Embarcó en el primer correo, y con él se presentaron varios comprometidos.»

[219] José Agustín Rodríguez y Rodríguez, *El Levantamiento en la finca "La Sirena" Jagüey Grande, el día 24 de febrero de 1895*, Administración Municipal de Jagüey Grande, 1955, pp. 14-5.

allí se echó al campo el «24 de Febrero de 1895 en las primeras horas de la mañana».[220]

Juan Masó Parra puso enseguida en movimiento su pequeña tropa de «un puñado de hombres y media docena de armas».[221] Los rebeldes marcharon hacia el norte en busca del pueblo de Yara, el más populoso en la jurisdicción asignada a Masó Parra y por tanto el lugar más adecuado para proclamar públicamente su rebeldía. Unas dos horas más tarde los jinetes se detuvieron en el arroyo *Pavón* para descansar los caballos y la vanguardia, al mando del mensajero ascendido a teniente por el general Masó, Gaspar Perea, entró por la calle de San Carlos seguida de cerca por el resto de la caballería con su jefe al frente hasta detenerse en la plaza. Los voluntarios no ofrecieron resistencia y entregaron 18 rifles y el parque correspondiente a los alzados, que procedieron a requisar «machetes, monturas, frenos y espuelas» y hasta un cornetín de órdenes durante su estancia de dos horas en el pueblo. Aumentada la columna con algunos hombres que se le sumaron en Yara, Juan Masó Parra continuó su recorrido por los caseríos de Coboa, Jiménez, Remate, Boquerón y el ingenio *Sofía*, para luego hacer noche en Sabana de la Loma, y en la mañana siguiente regresar a la finca Santo Tomás. En el ingenio *Sofía*, del hacendado español Jacinto Alcina, Masó Parra exigió las seis armas con municiones de los guardas jurados del ingenio y ordenó la detención del administra-

---

[220] Masó Parra sitúa la finca «a dos leguas de Yara y una y media de Veguita.» (*Primera...*, p. 6). Esto coincide con Yara Arriba, una sabana al sur del poblado de Yara, cabecera entonces del «Part.º de 3.ª clase de la J. de Manzanillo» del mismo nombre (de la Pezuela, *Diccionario...*, t. IV, p. 679); allí aproximadamente aparece un punto nombrado «S^{to} Tomas» en un croquis militar español de la época (Valeriano Weyler, *Mi mando en Cuba*, 5 Vols., Felipe González Rojas, Madrid, 1910-1911, t. V); Gutiérrez Fernández se refiere a «su finca Santo Tomás», adjudicándole la propiedad de la misma a Masó Parra (*op. cit.*, t. II, p. 100); aunque en su libro Masó no utilizó el posesivo, sí es cierto que años después declaró su intención de «vender ciertas propiedades» en Cuba (Memorándum de la Military Information Division [MID] al jefe del estado mayor del Ejército de Pacificación de Cuba, 23 de septiembre de 1907, National Archive and Records Administration (NARA), Washington, D.C. PGoC RG199/folio 158-28). Otro informe de la MID dice que las propiedades estaban en Manzanillo y que Masó Parra las había «heredado de su esposa» (Furlong a Barry, NARA, RG199, f. 158/3).

[221] Masó Parra, *Primera...*, p. 6; ante esta frase del propio Masó Parra, la cifra de ochenta hombres que ofrece Gutiérrez Fernández, y que otros han repetido, parece exagerada (*Los héroes del 24...*, t. II, p. 100).

dor de la finca, el peninsular intransigente Pablo Hernández, para poder explicar en privado a don Jacinto cuánto y cómo debía pagar para que sus operaciones y propiedades no se vieran perjudicadas por la guerra.[222] Este tributo de guerra aplicado por Juan Masó Parra parece ser el primero impuesto en la nueva contienda. Posiblemente en referencia a esta conversación, se reportó en la prensa que Masó Parra recorría los campos «dedicado con su partida á la recaudación de la contribución impuesta a los ingenios» bajo amenaza de suspender la molienda y que le había exigido a un hacendado una contribución de «tres mil pesos en armas y municiones, ó una letra sobre Nueva York.»[223]

Al tanto de los extensos preparativos para el alzamiento, el día 23 de febrero el Capitán General Emilio Calleja había activado la Ley de Orden Público que investía al gobierno de extraordinarios poderes represivos. Puestas sobre aviso, las autoridades políticas y militares a todo lo largo de la Isla tomaron medidas para tratar de controlar la explosiva situación.[224] En esos momentos el general Calleja contaba con un ejército de entre 17,000 y 20,000 hombres y otros 20,000 de un Cuerpo de Voluntarios cuya capacidad combativa —y en muchos casos hasta su lealtad— era muy cuestionable.[225] Aunque una buena parte de estas tropas pronto quedaron disponibles para lidiar con los alzados orientales, eran insuficientes para defender sus plazas y simultáneamente llevar a cabo operaciones ofensivas para perseguir y destruir a los rebeldes con efectividad. Quizás por ese motivo, el general Calleja optó inicialmente por la persuasión y la negociación para aplacar la insurrección y los jefes militares españoles ordenaban la concentración de tropas y armas en los centros urbanos para evitar que los cubanos se pertrecharan con relativa facilidad. En señal de descontento con la gestión del Capitán General, en Madrid se decidió enviar refuerzos, aunque Calleja no los había pedido. Desde que a España llega-

---

[222] Gutiérrez Fernández, *op. cit.*, t. II, pp. 100-1.
[223] Emilio Revertér Delmas, *Cuba Española. Reseña histórica de la insurrección cubana en 1895*, 6 tomos, Centro Editorial de Alberto Martín, Barcelona, 1896-1899, t. I, p. 276.
[224] Barrios Carrión, *El general Calleja*, pp. 282-3.
[225] *Ibidem,* p. 280; Weyler, *Mi mando en Cuba,* t. I, p. 21; Calixto C. Masó, *Historia de Cuba*, Ediciones Universal, Miami, 1976, p. 362.

ron las noticias de la nueva rebelión, la reina regente había estado indispuesta por un ataque de sarampión, pero finalmente el 7 de marzo pudo reunirse con el jefe de gobierno Sagasta y la prensa especuló que ya se había comenzado a discutir el posible remplazo de Calleja por el general Martínez Campos.[226]

Juan Masó Parra y su pequeña columna habían regresado el día 25 a la finca Santo Tomás donde establecieron su campamento. Durante el recorrido por su zona, Masó Parra obtuvo información de que en el cercano pueblo de Veguitas había un depósito de armas y municiones que sería trasladado en la primera oportunidad a Bayamo o a Manzanillo. Como Veguitas pertenecía a la Jurisdicción de Bayamo y su tropa era demasiado escasa para tomar el pueblo, Masó Parra ofició con carácter urgente a los coroneles Joaquín Estrada y Esteban Tamayo para que vinieran con sus fuerzas a la finca *Santo Tomás*. Mientras esperaba por los bayameses, Masó Parra se dedicó a impartir instrucción militar a sus hombres y a organizar con ellos el regimiento de caballería que bautizó *Luz de Yara*.[227]

El día 27 llegaron los grupos de Estrada y Tamayo a *Santo Tomás* y la fuerza allí acampada ascendió a unos 300 hombres. Masó Parra les explicó que en la tienda del catalán Cayetano de la Maza estaban depositadas en espera de traslado armas, municiones y otros útiles de guerra de la guerrilla del pueblo y les esbozó el plan que tenía para ocuparlas. Con el entusiasta acuerdo de los bayameses se decidió efectuar la operación el día siguiente.

A primera luz del día 28 el coronel Esteban Tamayo tomó la vanguardia en el orden de marcha y se colocó sobre el camino que sale de Veguitas al poblado de Limones al sur mientras vigilaba el que conduce a Bayamo al este. A Joaquín Estrada, amigo íntimo de los de la Maza, se le asignó marchar al centro de la columna y entrar al pueblo en busca de las armas mientras Juan Masó Parra establecía guardias en el camino de Bueycitos y se apostaba con el resto de su regimiento en el que va al oeste rumbo al ingenio *Sofía* y la ciudad de Manzanillo. Cubiertas las vías de acceso a Veguitas, el coronel Estrada fue a la tienda y al confrontar a de la Maza se

---

[226] "Consejo de ministros", *El Imparcial*, Madrid, 8 de marzo de 1895, 3:4.
[227] Gutiérrez Fernández, *op. cit.*, t. II, pp. 108,113; Tamayo y Estrada se habían alzado el día 25 cerca de Bayamo (Pérez Landa, *La alborada...*, p. 37).

suscitó una acalorada discusión entre los dos amigos cuando el catalán se negó a entregar las armas. Un minucioso registro reveló el botín oculto en la fosa del excusado. Una vez que limpiaron lo hallado descubrieron que, en un evidente intento de inutilizarlas, unas pocas de las armas tenían las culatas rotas o se les había quitado el muelle real: nada que los armeros cubanos no pudiesen reparar. En total había 150 fusiles Remington y unos 10,000 tiros y algunas cartucheras.[228]

Sobre estos hechos, en un imaginativo parte oficial, el comandante militar de Manzanillo reportó que había enviado una fuerza la noche del 27 en busca de una partida que se decía estaba acampada en Sabana de la Loma —donde había dormido Masó Parra tres días antes. Cerca de Veguitas oyeron «desaforados vivas» y suponiendo a los insurrectos dentro del pueblo, lo atacaron «encontrando una tenaz resistencia» que duró dos horas hasta dispersar la partida de 340 hombres lamentando un soldado herido sin poder, por la oscuridad, establecer las bajas del enemigo «que debieron ser muchas.»[229] Este parte es el único indicio de un ataque por tropas españolas en Veguitas la noche del 27 que, de haber ocurrido, tendría que haber sido contra Don Cayetano y sus voluntarios pues las "partidas" cubanas estaban durmiendo a esa hora en *Santo Tomás*.

Durante esos primeros días de la insurrección la prensa no estaba limitada —como lo estaría después— a publicar solamente los partes oficiales del gobierno y, en el caso de Veguitas, en Manzanillo se aventuraron a publicar detalles más cercanos a la versión cubana que fueron reproducidos por otros periódicos en el país. Según esta versión todos los fusiles ocupados por los cubanos habían sido previsoramente inutilizados por orden del comandante militar de Bayamo, y se añadía que los indignados rebeldes le for-

---

[228] Gutiérrez Fernández, de quien se toma este relato, concentró sus investigaciones sobre la guerra en la provincia de Oriente y afirma que fue Masó Parra quien citó a Estrada y Tamayo para llevar a cabo su plan (*op. cit.*, t. II, pp.137-40); otros sitúan a Esteban Tamayo al mando del asalto (Ubieta, *Efemérides...*, t. I, p. 395; Pérez Landa, *Bartolomé...*, p. 86); en su libro, Masó Parra no acapara la autoría de esta operación ni la dirección de la misma (*Primera...*, pp. 6-7).

[229] *Ecos de Cuba*, Habana, 10 de marzo de 1895, 4:1-2 (en *Ecos de Cuba 1895/96/97/98. Revista Decenal del "Avisador Comercial"*, Edición facsimilar, Xunta de Galicia, Vigo, 1997).

maron consejo de guerra verbal al capitán de voluntarios responsable de aquella plaza, don Cayetano de la Maza quien condenado a ser pasado por las armas fue indultado gracias a la intervención de su sobrina.[230]

Indudablemente, la toma de Veguitas fue un importante éxito para los cubanos de la zona quienes multiplicaron su poder ofensivo con los pertrechos capturados y recibieron, como premio adicional, casi cien jóvenes que se unieron allí a los rebeldes.

En Yara la visita de Masó Parra había dejado una fuerte impresión en los voluntarios de aquel pueblo. Uno de ellos describió así su situación: «...estamos en este poblado, rodeados de enemigos ... solo unos veinte españoles, habiendo tomado la determinación de refugiarnos en la Iglesia, que hemos convertido en fuerte, y parapetados con todas las precauciones necesarias evitaremos que se hagan dueños del pueblo.»[231] En efecto, cuando Juan Masó Parra regresó a Yara unos días después, a principios del mes de marzo, encontró lo que calificó de «poca resistencia». Esta segunda entrada en Yara era parte de un nuevo recorrido para seguir recogiendo armas y arreos que incluyó también los poblados de Zarzal, Bueycito y Canabacoa.[232] Es de notar que ya Juan Masó Parra practicaba la política que se haría norma en las filas mambisas: si la entrada a un pueblo era pacífica, se respetaban las vidas y propiedades y los artículos necesarios se pagaban en efectivo o con pagarés; en cambio, si encontraban resistencia el pueblo quedaba abierto al saqueo y la destrucción a discreción del Jefe. Como la resistencia en Yara fue «poca», Masó Parra aplicó una represalia mesurada: cuando una columna española entró en Yara días después de esta visita de Masó Parra sólo reportó «la iglesia del pueblo destruida.»[233]

---

[230] *Ibidem*; Nicolás Heredia, *Crónicas de la guerra de Cuba*, Reproducción de la edición de *El Fígaro* de 1895 y 1896, en dos cuadernos, Academia de la Historia de Cuba, La Habana, 1957, p. 39.
[231] Gutiérrez Fernández, *op. cit.*, t. II, p. 100; carta escrita en Yara el 27 de febrero (*Ecos de Cuba*, 10 de marzo de 1895, 4:3).
[232] Masó Parra, *Primera...*, p. 7.
[233] *Ecos de Cuba*, 30 de abril de 1895, 3:1.

El 6 de marzo el general Bartolomé Masó se reunió con Masó Parra en *Las Peladas*, y este lo presentó ante sus tropas como «el Jefe natural de la Revolución dentro de la Isla.»[234] Aunque tal designación estaba plenamente justificada en aquel momento, resulta aparente que Masó Parra, quien sabía — desde 1893, por boca de Martí— que Máximo Gómez era el General en Jefe del movimiento, manifestaba de este modo su preferencia por el afable Bartolomé Masó quizás con la esperanza de que este se impusiera a Gómez.

El general Masó había abandonado su zona de los alrededores de Manzanillo al recibir un mensaje urgente del general Guillermo Moncada quien, gravemente enfermo, lo citaba para la jurisdicción de Alto Songo. Bartolomé Masó aprovecharía el viaje para revistar las tropas a su mando que formarían el Segundo Cuerpo del Ejército Libertador.[235]

Bartolomé Masó no se distinguió nunca por su talento militar y algunos lo consideraban algo indeciso; sin embargo, era un jefe muy querido en toda la zona de Manzanillo, Bayamo y Jiguaní. A sus 64 años, las circunstancias del 24 de febrero lo elevaron a una posición prominente y el venerable patricio se distinguió como nunca antes —ni después— en aquellos días críticos para el éxito de la rebelión. Precisamente ahora, el general Masó venía de realizar uno de sus hechos más memorables.

El Partido Liberal Autonomista había sufrido un sonado fracaso en Madrid; el 13 de febrero el gobierno había adoptado las reformas auspiciadas por Buenaventura Abarzuza y rechazado las de Antonio Maura. Los autonomistas habían cifrado grandes esperanzas en las reformas algo más relevantes de Maura, pero estas habían chocado con la inmutable intransigencia española; las reformas de Abarzuza eran de poca monta, pero los autonomistas cubanos las aceptaron y luego trataron de exaltarlas para que su fracaso no resultara tan evidente. Al estallar de nuevo la guerra, entraron otra vez en juego los autonomistas enviando dos comisiones sucesivas que trataron de desarticular el alzamiento entrevistándose con el general Masó a principios de marzo. El frustrado pacificador de

---

[234] Masó Parra, *Primera...*, p. 7.
[235] Gutiérrez Fernández, *op. cit.*, t. II, p. 65.

la Guerra Chiquita, Herminio Leyva, auspiciado como entonces por el Capitán General, organizó el primer grupo en nombre de la Junta Central del Partido Autonomista que incluía también al ahora españolista exteniente coronel mambí Juan Evangelista Ramírez Romagosa, dueño del ingenio *El Salvador* que molía las cañas de su colono, antiguo compañero de armas y amigo, Bartolomé Masó.[236]

Estos eran momentos delicados para el movimiento. Los jefes alzados tenían pocas noticias unos de otros y, por tanto, no podían conocer cuan extenso o limitado era el alzamiento. Antes de ver a Masó, Leyva envió agentes a socavar a sus subalternos, pero sólo logró la presentación de Blas Mendieta y sus hermanos, quienes se habían alzado en Bueycito.[237] Otros alzados, como el comandante Juan Francisco Blanco (*Bellito*), aprovecharon la intervención del comisionado autonomista para tratar de ganar tiempo para pertrecharse y esperar la llegada de los jefes exiliados. Masó recibió a Leyva en la finca *La Odiosa*, y cuestionado por este sobre sus propósitos, el jefe manzanillero contestó llanamente que luchaba por la independencia de su país. Finalmente convencieron a Leyva a que tratase de conseguir de las autoridades un plazo de diez días, ostensiblemente para verificar si en realidad estaban solos en rebeldía como afirmaba el comisionado. Esperanzado, Leyva corrió a Santiago de Cuba a entrevistarse con el general José Lachambre, jefe militar español de aquella zona.[238] Lachambre no mordió el anzuelo; rechazó la tregua y el 3 de marzo, telegrafió su interpretación del resultado de la gestión autonomista al general Carlos Garrich, jefe de Holguín y Bayamo: «Comisionados han regresado manifestando que Bartolomé Masó no admite más arreglo que sobre base de Independencia.»[239]

Horas después llegó una segunda comisión apaciguadora representando al gobierno español del Capitán General Emilio Calleja y presidida por el también autonomista Juan Bautista Spotorno Geo-

---

[236] Pérez Landa, *Bartolomé...*, pp. 39, 80; *Ecos de Cuba*, 10 de marzo de 1895, 4:1.
[237] Este éxito de Herminio Leyva fue de corta duración pues Blas Mendieta Leiva se reincorporó al Ejército Libertador en junio de 1895 y terminó la guerra como coronel (Escalante Colás, *op. cit*, t. I, p. 251).
[238] Heredia, *Crónicas...*, pp. 23-32.
[239] Ubieta, *op. cit.*, t. II, p. 30.

rovich[240] quien, como presidente de la República en Armas durante la Guerra Grande, había dictado un decreto que lleva su nombre y que requería la ejecución sumaria de emisarios del gobierno portadores de proposiciones de paz que no fueran sobre la base de la independencia. En el campamento insurrecto, el teniente coronel Dimas Zamora López interrumpió la exposición del olvidadizo político para recordarle que su famoso decreto estaba aún vigente y el caballeroso coronel Celedonio Rodríguez tuvo que intervenir para calmar los ánimos. Spotorno pudo confirmar también la determinación de los alzados y prudentemente regresó a Manzanillo para nunca más volver a un campamento mambí. El persistente Herminio Leyva continuaría tratando de minar a los revolucionarios y con ese propósito le envió una carta al general Masó que tampoco surtió el efecto deseado.[241] Aunque la palabra y la acción de Bartolomé Masó —antes, durante, y después de las conferencias con los emisarios autonomistas— son consistentes con el propósito de utilizar esos contactos como parte de una treta dilatoria, la noticia de aquellas entrevistas causó alguna consternación en los insurrectos de otras zonas.[242]

Al inicio del levantamiento, Bartolomé Masó ascendió a todos los veteranos a su mando al grado inmediato superior y Juan Masó Parra fue ascendido a coronel. Esto sugiere que se le reconoció el grado de teniente coronel que —según Martí— Masó Parra había alcanzado en Venezuela.[243]

Desde el campamento en *Las Peladas*, Bartolomé Masó despachó instrucciones a sus otros jefes de zonas para ir a su encuentro y

---

[240] El apellido materno de Spotorno aparece también como *Yurubi* (Hortensia Pichardo Viñals, *Temas históricos del Oriente cubano*, Editorial de Ciencias Sociales, La Habana, 2006, pp. 243-4).

[241] *Ubieta, op. cit.,* t. II, pp. 92-4; Pérez Landa, *Bartolomé Masó...,* pp. 88-92.

[242] La primera orden cursada por Maceo a Masó reflejaba esas preocupaciones: «Queda prohibido por la presente orden toda conferencia con el enemigo o individuos procedentes de él y autorizando para ahorcar sin formación de causa a todo emisario español.» (Pérez Landa, *Bartolomé Masó...,* p. 94); algún tiempo después de la guerra, Máximo Gómez recordaba que por aquellos días: «Masó y Rabí se sostenían amparados por una política ambigua para ganar tiempo, y no hay que censurarlos, pues otra cosa hubiera sido peor para la Revolución.» (*Diario...,* p. 432).

[243] Gutiérrez Fernández, *op. cit.,* t. II, p. 217; carta de Martí a Serafín Sánchez, noviembre de 1893 (*Martí, Obras Completas,* t. 2, p. 428).

el coronel Juan Masó Parra lo guio hasta su cuartel principal en Caridad del Almagre donde acamparon el día 8. A primera luz del día siguiente el general Masó marchó hacia la zona de Bayamo acompañado por un escuadrón del *Luz de Yara* al mando directo de Masó Parra con dirección a Corralillo donde ya los esperaban los coroneles Tamayo y Estrada. Esa tarde se les unió el teniente coronel José Manuel Capote Sosa quien también se había pronunciado desde el primer día.[244]

Con Juan Masó Parra en la vanguardia, la columna del general Masó, engrosada ahora por las fuerzas de los coroneles Estrada, Tamayo y Capote, reanudó su marcha en la mañana del día 10 de marzo. La próxima parada la harían en el poblado de Santa Rita y al cruzar el río Cautillo, se despidió el coronel Capote con la misión de hacerse sentir en los territorios de Tunas y Holguín. Cuando llegaron a Santa Rita, la gente del pueblo les dijo que unas horas antes había pasado por allí, con rumbo a la ciudad de Bayamo, el coronel español Fidel Alonso de Santocildes con 200 infantes veteranos del regimiento de Isabel la Católica, algunos jinetes y varias acémilas. El general Masó ordenó batir a Santocildes y a tal efecto puso al coronel Masó Parra a cargo de la persecución con los escuadrones de Estrada y Tamayo sirviéndole de apoyo.

Juan Masó Parra forzó la marcha tratando de alcanzar al enemigo antes de que cruzara el Cautillo para obligarlo a combatir con este obstáculo natural a su retaguardia. El coronel Santocildes, conocedor del terreno y de las tácticas mambisas, también había apurado el paso y logró salvar el río. Siguiendo el rastro de la columna enemiga, Juan Masó Parra vio frustrado su plan y tuvo que vadear otra vez el Cautillo en busca de su presa. Finalmente, al llegar a la sabana de *El Guanábano*, a sólo una legua de la ciudad de Bayamo Juan Masó Parra avistó la tropa enemiga y lanzó sus fuerzas al galope para detenerla. El coronel Santocildes, valiente veterano de las guerras cubanas anteriores, percatado de la presencia de los rebeldes por las nubes de polvo que levantaba la caballería, logró llegar a «un boscaje de mayas silvestres» que había frente a las casas de la finca y allí organizó sus tropas en cuadro para la defensa con la primera línea rodilla en tierra con sus bayonetas asomando

---

[244] Gutiérrez Fernández, *op. cit.*, t. II, p. 191.

sobre el espinoso valladar natural de piña de ratón. Juan Masó Parra mandó a Tamayo y Estrada contra el flanco derecho enemigo mientras él cargaba con sus jinetes contra el izquierdo buscando abrir brechas con sus machetes en la cerrada formación defensiva. La maniobra fracasó porque, ante el estruendo de las nutridas descargas españolas, los caballos cubanos —que recibieron allí su bautismo de fuego— pugnaban por alejarse espantados del erizado cuadro y los atacantes tuvieron que tomar posiciones en la llanura frente a la sitiada columna de Santocildes.

La caballería cubana luego de cargar contra el cuadro en el *Guanábano* (de un grabado español)

Los vecinos de Bayamo presenciaron el combate desde los techos de sus casas, y vieron como desde el fuerte "España" apoyaban a Santocildes con fuego de cañón sobre la caballería cubana en la sabana. Las bien municionadas fuerzas combinadas de Masó Parra se mantuvieron firmes mientras acribillaban el denso cuadro que el jefe español no podía disolver sin exponer a sus soldados a las cargas de la caballería mambisa. Santocildes comenzó a preocuparse porque empezaban a escasear las municiones, pero logró sostenerse durante casi dos horas hasta que desde la ciudad vino una columna de auxilio que le permitió retirarse escalonadamente bajo el constante fuego cubano que lo siguió hostilizando hasta casi llegar a los muros de la ciudad donde a las tres de la tarde halló refugio la maltrecha infantería española con sus muertos y heridos.[245]

Juan Masó Parra fue la única baja reportada por el bando cubano. El coronel había recibido un balazo a sedal en la cabeza que, a falta de un médico, le atendió el barbero Celedonio Rodríguez.[246]

El parte oficial que de este combate ofreció el general Garrich a la prensa española fue breve: al enterarse Santocildes cerca de Bayamo que andaban por allí unos 400 insurgentes, los atacó con sus 100 hombres durante hora y media teniendo seis heridos y algunos caballos muertos mientras que los rebeldes se retiraron en desbandada con más de 50 bajas, perseguidos por la caballería del general Garrich.[247] Una publicación, que decía basar su relato en informes directos del propio coronel Santocildes, calificaba el encuentro como «el más importante» de aquellos primeros días de la guerra y describía varias arremetidas de los jinetes dirigidos por Masó Parra que pretendían «cortarles el camino de Bayamo». Anotaba Santocildes que también a él se le habían «espantado las acémilas, al ruido de las detonaciones» causando confusión en el cuadro. Naturalmente, en esta versión los rebeldes abandonan el campo antes de

---

[245] Gutiérrez Fernández, *op. cit.*, t. II, pp. 193-9; Enrique Ubieta sólo menciona al general Masó y al coronel Jesús Rabí de la parte cubana en esta acción (*op. cit.*, t. II, pp. 79-80), pero Rabí no se reunió con Masó hasta días después de este combate, el día 13, según Raúl Izquierdo Canosa (*Días de la guerra: cronología sobre los principales acontecimientos de la Guerra de Independencia de Cuba 1895-1898*, Editora Política, La Habana, 1994, p. 19); y el día 18 según veremos en Gutiérrez Fernández; Masó Parra, en su libro —publicado cuando aún vivían Rabí y Masó— dijo haber sido el jefe de esta operación porque el general Masó fue alejado de la acción por las súplicas de sus hombres (*op. cit.*, p. 7) todo lo cual corrobora Gutiérrez Fernández. Manuel Piedra Martell, quien se unió a la escolta del general Masó pocas semanas después de esta acción, oyó decir al igual que Ubieta que el general se había batido allí. Sin embargo, de sus propias experiencias recuerda que por aquellos días se consideraba indispensable que el general Masó "estuviera a buen recaudo" por su importancia en la revolución, y que su Estado Mayor rutinariamente tomaba "la dirección contraria" al combate. (*Mis primeros treinta años*, Editorial Lex, La Habana, 1943, pp. 140-1). Consistente con esta versión, el biógrafo de Masó, Pérez Landa, no entra en detalles sobre este combate (*Bartolomé Masó...*, p. 87).

[246] Masó Parra, *Primera...*, p. 7; Gutiérrez Fernández, *op. cit.*, t. II, p. 198; Gerardo Castellanos G. describió al coronel Celedonio Rodríguez como «un popular barbero del tipo clásico flebotomiano que saca muelas, corta el pelo y hace sangría...» (*Misión a Cuba. Cayo Hueso y Martí*, La Habana, 1944, p. 222).

[247] *Ecos de Cuba*, 20 de marzo de 1895, 3;2. Revertér, *op. cit.*, t. I. pp. 104-5.

la llegada de los refuerzos bayameses.[248] Se publicó luego otra entrevista a Santocildes en que este calificó la acción de *El Guanábano* como el encuentro más importante y crítico que había tenido donde los cubanos—que ahora habían aumentado en número a 550— lo atacaron por sorpresa por dos flancos y por el frente en una acción que duró «siete cuartos de hora» antes que huyeran ante el contraataque español. Sorprendentemente, aquí Santocildes admitió cuatro bajas suyas contra sólo cinco de los cubanos, en lugar de las cincuenta reportadas oficialmente por el general Garrich.[249]

Pocos días después de la acción de *El Guanábano*, aquel regimiento español pasó con su jefe de Bayamo a Manzanillo donde Santocildes asumió el puesto de comandante militar de la plaza mientras el regimiento embarcó para Santiago de Cuba. La censura de la prensa aún no estaba bien organizada pues, mientras el número de soldados del regimiento se venía diciendo era solamente 100, el comunicado oficial desde Santiago de Cuba reportó la llegada de «el vapor "Conde de Venadito", conduciendo 200 hombres del regimiento de Isabel la Católica».[250] Tales discrepancias y tergiversaciones motivaron a los editores españoles de *Ecos de Cuba*, a sugerir al gobierno que «casi sería mejor decir la verdad».[251]

Noticias del combate de *El Guanábano* llegaron enseguida a todos los rincones del campo revolucionario causando gran regocijo y aumentando la determinación de los alzados. Mientras tanto, los combatientes cubanos, eufóricos por su victoria —quizás más moral que militar— pasaron a los terrenos de la finca *El Mogote*, en la ribera del río Bayamo, para dar merecido descanso a las tropas y sus cabalgaduras. La caballería cubana había rendido una jornada

---

[248] Heredia, *Crónicas*..., pp. 43-8.
[249] Rafael Guerrero Carmona, *Crónica de la Guerra de Cuba escrita por Rafael Guerrero con los datos suministrados por los corresponsales de Habana y New York y documentos adquiridos al efecto*, 5 tomos, Editorial de M. Maucci, Barcelona, 1895-1897, t. I. pp. 358-60. El número de cubanos que dirigió Masó Parra en esta acción probablemente era entre 250 y 300 hombres pues, aunque cada uno de los tres regimientos se decía ya tener más de 100 plazas, los Jefes tenían que haber dejado algunos números para mantener una presencia en sus respectivas zonas. Además, el general Masó había llegado con sólo 18 hombres, pero Masó Parra seguramente lo dejó mejor acompañado y esa escolta no participó en el combate.
[250] *Ecos de Cuba*, 20 de marzo de 1895, 4:2.
[251] *Ecos de Cuba*, 30 de marzo de 1895, 1:1.

de 32 kilómetros, a descubierta bajo un fuerte sol y sin descanso, desde Corralillo hasta *El Guanábano*, pasando por Santa Rita antes de entrar en combate. Hombres y bestias necesitaban reposo y comida para reponer sus fuerzas. Aunque con la llegada del general Garrich a Bayamo el día once las fuerzas españolas en esa área pasaban del millar, al parecer temerosos de un ataque rebelde a la propia ciudad, no se aventuraron a salir y los cubanos disfrutaron de completa tranquilidad durante la semana que pasaron en *El Mogote*.[252]

Dejando al coronel Joaquín Estrada en su campamento de *El Mogote*, el general Masó reanudó su trayecto hacia Moncada el 17 en busca del coronel Rabí con quien se reunió en *Dos Ríos* el día siguiente. Reforzada la escolta del general Masó, las fuerzas de los coroneles Juan Masó Parra y Esteban Tamayo y Tamayo regresaron a sus cuarteles de Yara y Bayamo respectivamente.

Durante el regreso a Yara, Juan Masó Parra confrontó un serio problema disciplinario y lo resolvió con mano dura. El 19 de marzo, acampados en terrenos de la finca "Vega Larga", Masó Parra ordenó el arresto del soldado Antonio Frías, natural de Yara y «hombre de muy malos antecedentes»; cuando el teniente coronel Jaime Masó Dellundé lo fue a prender, Frías lo encañonó y el propio Masó Parra tuvo que intervenir e imponer su autoridad colocándose al lado del teniente coronel y logrando que Frías bajara su arma.[253] Un consejo de guerra lo condenó a la pena capital, Masó Parra firmó el "Cúmplase" y Frías fue ejecutado. Juan Masó Parra dijo haber sentido «la triste necesidad» de desatender «las súplicas de perdón» de multitud de oficiales para que el caso sirviera de ejemplo «en aquel naciente ejército formado por fuerzas colecticias.» Durante los próximos meses, por razones similares, sufrirían la misma suerte otros dos de sus hombres: «Manuel Rodríguez Yambusí en "Río Verde," y Mojena en "Caridad del Almagre"». Estas drásticas medidas hicieron a Masó Parra blanco de algunas críticas achacándole crueldad, algo que él rechazaba enérgicamente

---

[252] El día 15, Santocildes abandonó Bayamo rumbo a Manzanillo a donde llegó sin encontrar resistencia de los cubanos que descansaban en sus laureles a orillas del Bayamo (Gutiérrez Fernández, *op. cit.* t. II. pp. 207-8).
[253] Masó Dellundé se había alzado en Bayamo con el grupo de Joaquín Estrada y se había pasado a la tropa de Masó Parra (Gutiérrez Fernández, *op. cit.*, t. II, p. 102).

describiendo esos hechos como «actos de justicia» en cumplimiento de «un deber de patriotismo».[254] En efecto, algunas semanas después de su incidente con Antonio Frías, el teniente coronel Jaime Masó Dellundé firmó una acusación contra su jefe que llegó a manos de los generales Antonio Maceo y Bartolomé Masó, sin que se conozca su disposición final.[255]

La actividad ofensiva de Juan Masó Parra llegó a causar gran revuelo en la opinión pública española al llegar allá las noticias recogidas por la prensa habanera. La tropa a su mando, el regimiento llamado *Luz de Yara*, era «la más temida por aquellos contornos.»[256] En el lenguaje peninsular de la época, un cronista español que cubría la guerra desde Madrid a través de corresponsales y periódicos extranjeros copió esta descripción de las acciones de Juan Masó Parra:

> «Referían los periódicos de la Habana, que el licenciado de la guardia civil don Miguel Laureada, que vivía en el poblado del Banquizal, donde poseía una bodega, fué sorprendido la noche del 11 de abril por veinte hombres de la partida que mandaba Juan Massó.
>
> Laureada fue atado y conducido á la sabana de los espinales de *Palmas altas*, donde el desventurado sufrió una horrible muerte á machetazos, habiendo antes sufrido crueles martirios, y entre miles lamentos cometieron con él actos de una crueldad tan refinada, que el pudor y la pluma se resisten á citar por decoro, dejándolo luego amarrado é insepulto.

---

[254] Masó Parra, *Primera...*, pp. 7-8; Leonardo Griñán Peralta, *El carácter de Máximo Gómez*, Jesús Montero, La Habana, 1946, p. 136.

[255] Carta de Antonio Maceo a Bartolomé Masó de 26 de junio de 1895, "Copia exacta para el Dr. Benigno Souza. Original en el archivo del Dr. Pérez Landa", ANC, leg. 253, sig. 16 (por cortesía del investigador José Antonio Waugh Castellanos). Existe un posible eco lejano de esas desavenencias entre Jaime Masó Dellundé y Juan Masó Parra; Carlos Moreno Masó, descendiente de Jaime Masó Dellundé, facilitó al autor una libreta de notas (c. 1953) de su tío el profesor Calixto Masó en que este había recogido un testimonio familiar que revelaba un intercambio de imputaciones entre Jaime Masó Dellundé y Juan Masó Parra —acusado de traición el primero y de comerciar con el enemigo el segundo; el relato padece de falta de coherencia y anacronismo por lo cual el propio Calixto Masó prudentemente había añadido: «Hay que comprobar esto.»

[256] *Ecos de Cuba*, 20 de abril de 1895, 4:1. En el mismo número, esta revista reportó la participación de Masó Parra en un encuentro con la guarnición de la zona de las Tunas el 31 de marzo que no hemos podido corroborar (2:2).

Decían también que aquellos bandidos habían dado igual muerte á un tal Iglesia y á otro licenciado del poblado de Bueycito.

Y que en el barrio de Vicana asesinaron á don Manuel Reitor, persona de edad y achacosa, que en la guerra pasada prestó al Gobierno muy buenos servicios al frente de una guerrilla, por lo que fué nombrado comandante de milicias.»[257]

En este conflicto, como en todas las guerras, hubo de todo —incluyendo en ocasiones incidentes de abusos y venganzas personales, así como gestos de nobleza y generosidad de ambas partes. Pero la norma empleada por los cubanos fue de respeto a los prisioneros del ejército regular español y la práctica al uso en estos primeros días de la campaña extendía esa protección hasta a los españoles voluntarios —como hemos visto en las ocasiones en que Juan Masó Parra entró y ocupó poblaciones sin lastimar a los defensores capturados. Sin embargo, los cubanos "guerrilleros" y los delatores al servicio de la colonia no gozaban de protección alguna en manos de los insurrectos y, según avanzaba el conflicto, aquellos voluntarios que ventilaban sus frustraciones hostigando en los pueblos a las familias de los alzados se hicieron también blanco de las represalias mambisas. Es imposible determinar qué motivó la eliminación física de los señores Laureada, Iglesia y Reitor —de ser verídicos estos casos— pero sí se puede descartar el carácter caprichoso y sanguinario que pretende achacarle a Masó Parra el tendencioso informe. De todos modos, la noticia sirve para dar una medida del temor que infundían a las autoridades el coronel Juan Masó Parra y su regimiento.

Los deseos de Masó Parra respecto a la jefatura suprema de la revolución parece que eran compartidos por la mayoría de los soldados y oficiales del general Masó pues el día 21, reunidas las fuerzas de Bayamo, Manzanillo, Holguín, Tunas y Jiguaní, fue proclamado don *Bartolo* Masó general en jefe del Ejército Libertador. Con ese título firmó el general una proclama en *Laguna Blanca* el día 22 describiendo los propósitos del movimiento y anunciando que «los intereses ser[ían] siempre respetados por las fuerzas revolucionarias.»[258] El nombramiento sería efímero pues pron-

---

[257] Revertér Delmas, *op. cit.*, t. I, p. 243; *Ecos de Cuba*, 20 de abril de 1895, 4:2 (Aquí aparece el nombre de la víctima como «Miguel Laureda»).
[258] Pérez Landa, *Bartolomé Masó...*, p. 87.

to recibiría Masó órdenes fechadas el 20 de abril por el mayor general Antonio Maceo quien al mismo tiempo le anunciaba que había asumido el mando de la provincia.[259]

Procedentes de Costa Rica, Antonio Maceo, su hermano José, Flor Crombet y 20 hombres más, habían arribado el 1º de abril por la desembocadura del río Duaba, cerca de la ciudad de Baracoa. Flor Crombet, jefe de la expedición, murió en un encuentro el día 10 y la mayoría de los expedicionarios, perseguidos tenazmente por guerrilleros y los voluntarios Indios de Yateras, no pudo escapar de la muerte o la captura. Los hermanos Maceo se habían salvado milagrosamente y una vez en contacto con las fuerzas insurrectas, de inmediato tomaron el mando y dieron el gran impulso militar que necesitaba el movimiento.[260]

Mientras tanto, Juan Masó Parra continuaba operando agresivamente y el día 22 de marzo, cerca del pueblo de Barrancas capturó un convoy de varias carretas que transportaban víveres, ropas y medicinas de Manzanillo a Bayamo. El día 24 recibió informes que una fuerte columna enemiga al mando del coronel Araoz había acampado en la finca *La Holaya*, y movió su regimiento *Luz de Yara* para pernoctar esa noche cerca del enemigo. Cuando al amanecer del día siguiente la columna reanudó su marcha en dirección a Veguitas, los cubanos cruzaron el río *Hicotea* para cortarle el paso y a las 8 de la mañana Masó Parra y diez de sus hombres abrieron fuego sobre el flanco izquierdo del enemigo. Pronto se generalizó el combate y al cabo de unas dos horas, la columna española se retiró hacia Veguitas dejando a los cubanos dueños del campo de batalla.[261]

---

[259] *Ibidem*, p. 91.

[260] Horrego Estuch, *Maceo*..., pp.182-6; Padrón Valdés, *El general Flor*..., pp. 348-55; Franco, *Antonio Maceo*..., pp. 99-111; Ubieta, *op. cit.*, t. III, pp. 7-8. Dispuesto a organizar la expedición de Costa Rica a Cuba con los pocos fondos disponibles, Crombet fue nombrado por Martí jefe de esta en reemplazo de Antonio Maceo, cuyo plan era más costoso.

[261] Masó Parra, *Primera*..., pp. 8-9; Ubieta (*op. cit.*, t. III, p. 73) atribuye a fuerzas del Regimiento *Luz de Yara* actividades en Palma Soriano el día 5 de abril, pero esto resulta dudoso porque esa población dista unos 100 kilómetros de la zona de operaciones habitual del Regimiento y Masó Parra no menciona tal acción en su relato; según Gutiérrez Fernández, el nombre de este coronel español era José Araoz Herrera (*op. cit.* t. II, p. 236).

El frustrado plan original para el comienzo de la guerra contaba con tres expediciones que llevarían cientos de hombres y cuantiosos cargamentos de armas, municiones y equipos de guerra. En enero de 1895, cuando se aprestaban para partir desde el puerto floridano de Fernandina, la intervención de las autoridades norteamericanas detuvo la expedición y se perdió una quinta parte de los equipos.[262] El estado avanzado de los preparativos no permitía más dilación y Martí tuvo que autorizar el alzamiento a pesar de aquel serio revés. Por esa razón la expedición en que vino Maceo sólo trajo 23 hombres mal armados, y la que debía llevar a Máximo Gómez quedó reducida a la infiltración de media docena de hombres en un botecito de remos.

Con la ayuda del Dr. Ulpiano Dellundé, de Cabo Haitiano, y del dictador dominicano *Lilís*, entre otros, José Martí y Máximo Gómez lograron desembarcar en la costa sur de Oriente el 11 de abril. Los acompañaban Ángel Guerra, Francisco Borrero, César Salas y Marcos del Rosario. Marchando a pie por las montañas de Baracoa tropezaron con las tropas al mando del comandante Félix Ruenes y continuaron su marcha hacia el oeste de la provincia. El día 25, José Maceo les facilitó caballos y siguieron en busca del general Antonio Maceo a quien al fin lograron alcanzar el día 5 de mayo en la finca *La Mejorana*. Allí ventiló Maceo su disgusto con Martí

---

[262] Enrique Loynaz del Castillo señala al coronel del 68 Fernando López de Queralta como el culpable de la indiscreción que reveló el plan a las autoridades (*Memorias de la guerra*, Editorial de Ciencias Sociales, La Habana, 1989, pp. 106-10); también Martí, en carta a Juan Gualberto Gómez de 17 de enero de 1895, culpa al coronel sin mencionar su nombre (*Martí, Obras Completas*, t. 4, pp. 18-21) [López de Queralta siguió siendo tolerado en la periferia de la insurrección y a principios de 1897 lo vemos emitiendo una carta de introducción a un periodista americano que se dirigía a la manigua (Gómez,, *La insurrección...*, p. 55)] ; Antonio Rafael de la Cova señala descuidos de otros conspiradores —el propio Martí entre ellos—, que contribuyeron al fracaso del plan ("Fernandina Filibuster Fiasco: Birth of the 1895 Cuban War of Independence," *Florida Historical Quarterly*. Summer 2003, pp. 16-42); otra versión distinta, y poco conocida que debe ser investigada, la ofreció el entonces capitán general Emilio Calleja ante el Senado español. Calleja dijo que en enero del 1895 tuvo «las primeras confidencias, que trasmití á nuestro representante en Washington, de que se trataba de una formidable expedición de tres barcos, con personal, pertrechos de guerra, armas y municiones que habían de salir de Fernandina...». Naturalmente, de ser así, la "confidencia" pudo ocurrir en Cuba (Barrios Carrión, *El general Calleja...*, p. 278); en efecto, en Oriente se creía que desde 1893, en La Habana «existía un alto espía cubano dentro del grupo de conspiradores» (Gutiérrez Fernández, *op. cit.*, t. I, p. 84).

y Gómez por haberlo reemplazado con Flor Crombet como jefe de la expedición de Costa Rica, pero afortunadamente en los días posteriores se calmaron un poco los ánimos, y la paciencia y el buen juicio permitieron que se relajaran las tensiones suscitadas por la controversial entrevista.[263]

Desde el día 25 Martí trataba de comunicarse con Bartolomé Masó y el 28, Maceo le cursó orden al patriota manzanillero para que enviase una escolta a los expedicionarios que se encontraban en *Hato en Medio* para que estos pudieran pasar a Camagüey.[264] Al recibir esta información, Masó reunió las fuerzas de sus coroneles Masó Parra, Tamayo y Estrada y del teniente coronel Amador Guerra en un lugar llamado *El Acopado*, y se encaminaron hacia el lugar señalado. Cuando después de varios días de marcha llegaron allí, se enteraron de que ya Martí y Gómez habían salido para *Dos Ríos* y en la mañana siguiente reanudaron la marcha en esa dirección.[265]

Al anochecer del día 18 de mayo llegó el general Masó con sus tropas al campamento en la finca *La Bija* donde estaba José Martí con una pequeña escolta. Gómez había salido hacia Remanganaguas con unos 40 hombres a hostilizar a una columna enemiga que había llegado a Palma Soriano. Esa noche Martí no escribió nada en su diario; la pasó conversando con los recién llegados. Abrazaría al coronel Juan Masó Parra complacido de verlo bien encausado de nuevo en la revolución y ganando laureles. De su conversación, Masó Parra relató que Martí le:

> «… aseguró el día que nos reunimos en "Dos Ríos," que su aspiración era regresarse á los Estados Unidos cuanto antes pudiera hacerlo, con el fin de tratar de conseguir del gobierno norteamericano, el reconocimiento de la beligerancia, é impulsar la organización de varias expediciones de armas que tanta falta hacían.»[266]

Estos comentarios que Masó Parra pone en boca de Martí, que resultarán novedosos a la mayoría de los lectores, suscitan dos ob-

---

[263] Diario de José Martí incluido en el libro *Diario de campaña* del mayor general Máximo Gómez, pp. 289-302.
[264] *Ibidem*, p. 303; Loynaz, *Memorias…*, p. 172; Piedra, *op. cit.*, p. 145.
[265] Masó Parra, *Primera…*, p. 9.
[266] *Ibidem*, p. 10.

servaciones. En primer lugar, las supuestas intenciones de ir en busca del derecho a la beligerancia pueden parecer cuestionables considerando el rechazo de Martí a las tendencias expansionistas americanas de la época. En realidad, aunque no existe evidencia de que Martí haya levantado un dedo para pedir asistencia al gobierno de los Estados Unidos, no es lógico suponer que —por su importancia— descuidara la posibilidad de propiciar el reconocimiento del gobierno americano a la beligerancia cubana. En efecto, sólo unos días antes, aprovechando su encuentro con un periodista de ese diario, Martí había redactado para su publicación en *The New York Herald*, un extenso artículo dirigido a sus lectores norteamericanos con el claro propósito de crear un estado de opinión que presionara a los gobernantes en favor de los revolucionarios cubanos.

El manifiesto había sido cuidadosamente elaborado y representa un estupendo alegato en contra de la dominación española, del anexionismo y del autonomismo y es, al mismo tiempo, una formidable defensa del derecho de Cuba a ser república y una ratificación del carácter independentista de la revolución. Este contexto no evita que Martí, con calculado pragmatismo, trate de captar las simpatías de los influyentes hombres de negocios norteamericanos:

> «...Plenamente conocedor de sus obligaciones con América y con el mundo, el pueblo de Cuba sangra hoy a la bala española, por la empresa de abrir a los tres continentes en una tierra de hombres, la república independiente que ha de ofrecer casa amiga y comercio libre al género humano.
>
> A los pueblos de América española no pedimos aquí ayuda, porque firmará su deshonra aquel que nos la niegue. Al pueblo de los Estados Unidos mostramos en silencio, para que haga lo que deba, estas legiones de hombres que pelean por lo que pelearon ellos ayer, y marchan sin ayuda a la conquista de la libertad que ha de abrir a los Estados Unidos la Isla que hoy le cierra el interés español...»[267]

En este poco comentado fragmento, Martí vierte habilidosamente su persuasiva prosa sobre los magnates del comercio y la industria norteamericanos, agentes naturales del movimiento expansio-

---

[267] Al director de *The New York Herald*, 2 de mayo de 1895 (*Martí. Obras Completas*, t. 4, pp. 151-60).

nista, para hacerles simpática y atractiva la idea del separatismo cubano. Desde luego, la apetecible carnada de la apertura económica colgaba sutil pero firmemente atada a la inquebrantable vara de «la república independiente». En realidad, no existe contradicción alguna entre el Martí independentista y el defensor del libre comercio; como no la hay entre el Martí antiimperialista y el que aboga por el reconocimiento al derecho a la beligerancia. Con el país ya en pie de guerra, esta última posición resultaría plenamente congruente con sus propias palabras al postular:

> «… que el derecho pedido en su hora y en su medida por quien no lleve cara de cejar, descorazona y conquista a los mismos que más quisieran oponérsele…»[268]

La otra observación sobre los comentarios que Masó Parra atribuye a Martí —y que casi nadie menciona, ni siquiera para desacreditarlos— es que estos sugieren que, a pocas horas de su muerte, y descritos en una conversación más o menos íntima, los planes de Martí distaban mucho de incluir el suicidio o la inmolación intencional que algunos historiadores le imputan.[269]

El lugar llamado *Boca de los Dos Ríos* era la zona inmediata a la confluencia de los ríos Cauto y Contramaestre que al unirse forman una especie de embudo de tierra que se abre hacia el sudeste por varios kilómetros en dirección al poblado de Remanganaguas. *La Bija*, el lugar donde Masó encontró a Martí, se encontraba tan cerca de la convergencia fluvial —el extremo estrecho del embudo— que, desde el punto de vista estratégico, era casi una ratonera en caso de un ataque desde el sur, donde se encontraba la columna enemiga. Las turbias aguas del crecido Contramaestre también dificultarían el cruce en caso de una retirada precipitada. Por

---

[268] De un artículo titulado "Los cubanos de Jamaica en el Partido Revolucionario", publicado en *Patria* el 18 de junio de 1892 (*ibidem*, t. 2, p. 26).

[269] El entonces subteniente Ramón Garriga Cuevas, quien no se separó de Martí durante sus últimos días de vida, personalmente ofreció datos al historiador Gerardo Castellanos García y después presentó al 4º Congreso de Historia celebrado en Santiago de Cuba en 1945 un trabajo titulado *La verdad sobre la muerte del Apóstol Martí*. Garriga corrobora el relato de Juan Masó Parra acerca de las intenciones de Martí «de embarcar cuanto antes al extranjero» según le oyó decirle al general Masó la noche del 18 de mayo. (Castellanos G., Gerardo: *Historia en Santiago. Reflejos de un Congreso*, La Habana, 1946, p. 108).

esta razón, y porque ofrecía mejor pasto para los caballos, a la madrugada siguiente el campamento fue trasladado al lado oeste del Contramaestre, a los terrenos de una finca llamada *La Vuelta Grande*.[270]

Los mambises acostumbraban a aplicar reglas elementales de previsión para garantizar la seguridad de sus campamentos y mantener la disciplina. Se fijaban guardias alrededor del campamento, patrullas interiores llamadas "imaginarias", y postas avanzadas a uno o dos kilómetros de distancia para evitar ataques por sorpresa. Se aseguraban todas las vías de acceso y se identificaban las rutas de escape. Al Jefe de Día se confiaban esas responsabilidades y generalmente se designaban para este puesto «Jefes y Oficiales de reconocida pericia y experiencia.»[271]

Aquella mañana del 19 de mayo de 1895, Bartolomé Masó nombró al coronel Juan Masó Parra como Jefe de Día del campamento mambí en *La Vuelta Grande* de Dos Ríos.[272]

---

[270] Carta de José Martí a Máximo Gómez, 19 de mayo de 1895 (*Martí. Obras Completas*, t. 4, p. 170; Rafael Lubián y Arias, *Martí en los campos de Cuba Libre*, Editora Montalvo, Santo Domingo, 1982 [1ª ed. 1953], pp. 141, 143.
[271] Varona Guerrero, *op. cit.*, t. II, pp. 943-5.
[272] Masó Parra, *Primera...*, pp. 11-3; Lubián, *op. cit.*, p. 147; Piedra, *op. cit.*, p. 146.

VII - *Dos Ríos*

Los antecedentes del 19 de mayo de 1895 han dado motivo a muchas especulaciones que han nublado la visión popular acerca de la muerte de José Martí. Partiendo de ciertas frases martianas de corte fatalista, se ha tratado de interpretar su disposición a morir como un pretendido deseo de inmolarse. Los aficionados a las conspiraciones han elaborado complicados escenarios y la escasez de datos fidedignos sigue fomentando extravagantes elucubraciones. Quien busque la verdad considerará prudente analizar cualquier informe que pueda arrojar nueva luz sobre los hechos, y los comentarios de Juan Masó Parra acerca de Dos Ríos pueden resultar esclarecedores en algunos de sus aspectos más controversiales.

José Martí y Pérez

El grupo de José Martí y Máximo Gómez, que consistía en unos cincuenta hombres, había llegado a la zona de Boca de Dos Ríos desde el día 10 de mayo cuando pararon en los terrenos de la finca *La Travesía*, cerca de la ribera izquierda del río Cauto. «Por noticias de Masó esperamos» dice Martí en su diario explicando la razón de su presencia allí. Dos días después, enterado que Masó demoraría, y a pesar del peligro que corría al permanecer tanto tiempo en el mismo lugar, Martí escribió «…una semana hemos de quedarnos aquí, esperándolo.»[273] El motivo de esa insistencia de Martí en ver a Bartolomé Masó antes de pasar a Camagüey nunca ha recibido expli-

---

[273] *Diario de Cabo Haitiano a Dos Ríos*, en *José Martí. Obras Completas*, 3 tomos, edición de Jorge Quintana, Caracas, 1964, t. I, 2ª Parte, p. 294.

cación adecuada y es una de las cuestiones que quizá Masó Parra nos ayude a comprender.

Unos días antes, en la reunión de *La Mejorana*, Martí y Maceo, en presencia de Gómez, habían discutido la necesidad de dar un gobierno a la revolución. La forma que debía tener el gobierno en esta etapa de la guerra —bajo control civil o militar— fue tema de seria discrepancia según las anotaciones de Martí:

> «…Insisto en deponerme ante los representantes que se reunan a elegir gobierno. No quiere [Maceo] que cada Jefe de Operaciones mande el suyo, nacido de su fuerza: él mandará las cuatro de Oriente: "dentro de 15 días estarán con Ud.—y serán gentes que no me las pueda enredar allá el Doctor Martí".»[274]

Más allá de la intensidad del intercambio verbal entre los dos hombres, esos apuntes revelan que: (a) se había logrado llegar al acuerdo de reunir una asamblea de representantes; y (b) Martí planeaba asistir a esa importante reunión.

Se ha especulado erróneamente sobre la intención de deponer su cargo ante la asamblea como evidencia de la frustración de Martí que lo llevó al supuesto "suicidio". Sin embargo, era completamente normal y lógico que los dirigentes fuesen escogidos, o ratificados, por la asamblea de representantes del pueblo en armas. Martí había sido elegido en el exilio por los presidentes de los clubes pero ahora los insurrectos en la Isla iban a elegir su gobierno. Además, esta intención de Martí antecede la reunión de *La Mejorana*, pues una semana antes de esa conferencia, eufórico al comprobar el ánimo con que se desarrollaba la insurrección, había escrito que iría a «deponer ante sus representantes nuestra autoridad, y que ellos den gobierno propio a la República.»[275] La discusión

---

[274] Esta cita proviene de la edición de *José Martí. Obras Completas* publicadas por Jorge Quintana en Caracas en 1964 (Volumen I, Segunda Parte, p. 286). Según explicó el historiador Manuel Isidro Méndez en su ensayo, "Acerca de 'La Mejorana' y 'Dos Ríos'" (*Cuadernos de Historia Habanera*, N.° 56, Oficina del Historiador de la Ciudad, La Habana, 1954), este pasaje fue mal transcrito en la primera publicación del *Diario de Cabo haitiano a Dos Ríos,* la que se incluyó en el *Diario del Mayor General Máximo Gómez* en 1941, donde dice "separarnos" en lugar de "deponerme" y dice "sabio" en lugar de "Doctor".

[275] Carta de José Martí a Carmen Miyares de Mantilla, 23 de abril de 1895 (*La Gran Enciclopedia Martiana*, 13 tomos, Editorial Martiana Inc., Miami, 1978, t. 5, p. 336).

con Maceo durante la conferencia de *La Mejorana* no motivó esa decisión.

También se apoya la teoría del "suicidio de Martí" en la suposición de que este hubiese quedado efectivamente descalificado para la presidencia y supeditado al General en Jefe cuando este lo nombró mayor general del Ejército Libertador. La oposición de Gómez a la idea de un Martí Presidente es conocida, pero el título militar, otorgado desde el 15 de abril, cuatro días después del desembarco en *Playitas*, representó el sentido reconocimiento de los jefes militares allí reunidos a la labor y el comportamiento de Martí, y se le brindó expresamente sin menoscabo de su posición de dirigente máximo civil del movimiento como Delegado del Partido Revolucionario Cubano.[276] Huelga señalar que el mismo título militar no evitó a Bartolomé Masó ocupar la vicepresidencia primero y la primera magistratura después, de la República en la manigua. Por tanto, no hay fundamento para ver en este gesto halagador de Gómez la intención maquiavélica que perciben algunos, como tampoco existe justificación para presumir que Martí se sintiera ofendido por él en lugar de honrado.

La vehemencia del rechazo del general Gómez ante la insistencia de los insurrectos en llamar Presidente a Martí fue recogida varias veces por el Delegado en sus apuntes de aquellos días. La discusión con Maceo dejó claro que este tampoco vería con simpatía a Martí de presidente. Ambos Gómez y Maceo, con la experiencia de la campaña anterior, sentían justificados temores de que un gobierno civil fuerte interfiriera en la conducción de la guerra. Los dos tenían sobradas razones para creer que un gobierno dirigido por Martí se haría sentir, quizás más de lo deseable. Estas apreciaciones no habían escapado a la aguda percepción de Martí, quien también podría vislumbrar las fricciones que tal situación ocasionaría en detrimento del movimiento y de sí mismo. Sobre el título de presidente, días antes, en Guantánamo, había escrito:

---

[276] Martí anotó que Gómez: "me dice, bello y enternecido, que, aparte de reconocer en mi al Del., el Ejército Libertador, por él su gefe electo en consejo de gefes, me nombra Mayor General. Lo abrazo. Me abrazan todos." (Mayra Beatriz Martínez y Froilán Escobar, *José Martí. Diarios de campaña*, Casa Editorial Abril, La Habana, 1996, p. 248.

> «...este título con que desde mi aparición en estos campos me saludaron, lo pongo aparte, y ya en público lo rechacé, y lo rechazaré oficialmente...»[277]

En realidad, no era desde ese puesto desde donde mejor podría Martí ayudar a la revolución. Una vez organizado un gobierno en la Isla que otorgara al movimiento el sentido de legalidad y prestigio requerido, Martí podría continuar operando en el exilio como agente, o Delegado del gobierno cubano, con tanta autonomía —en la práctica al menos— como la que hasta entonces había disfrutado. Sus dotes políticas y su capacidad recaudatoria para el control de la organización y despacho de expediciones a la Isla, le garantizaban una posición determinante en la dirección del movimiento. En el peor de los casos, su influencia nunca hubiera sido menor que la ejercida por su sucesor, Tomás Estrada Palma, quien pasó después a ocupar la primera magistratura de la República. El destino propio para Martí en aquellos momentos no estaba en la manigua, ni dirigiendo tropas —lo cual él no sabía hacer— ni como figura más o menos decorativa del gobierno revolucionario. Aunque se sintiera justamente halagado al ser llamado Presidente por los insurrectos, Martí sabía que su puesto estaba en el exilio, y estaba preparado para aceptarlo de buen gusto.

Esto lo corrobora Juan Masó Parra al señalar que, durante sus conversaciones con el Delegado, momentos antes de su muerte, este le había revelado sus intenciones de regresar al exilio y que, además,

> «Indicaba Martí para Presidente de la República Cubana en el primer período revolucionario, á Don Bartolo Masó, que él creía con suficientes méritos y virtudes, aunque algo débil de carácter.»[278]

De ahí la importancia que para Martí tenía la conferencia con Bartolomé Masó. La presidencia del noble Masó, auspiciada por Martí, garantizaría que los poderes del representante de la revolución en el exterior no se verían menguados. Esa elección complacería también a los generales Gómez y Maceo. La reunión con Masó era imprescindible para obtener su anuencia para su pase al gobierno civil, y para incorporarlo a los planes organizativos que

---

[277] *Ibidem*, p. 248.
[278] Masó Parra, *Primera.*, p. 10.

proponían Martí y Gómez. Este último, poco después de la muerte de Martí, trasmitió al general Masó copia de las siguientes instrucciones que había cursado al ilustrado coronel Rafael Manduley:

> «Es urgentísimo que a la brevedad posible se una Ud. al General Bartolomé Masó, para que enseguida, traten de darle forma política ostensible al levantamiento, tal como debe ser y como venimos trabajándolo y preparándolo yo y Martí...»[279]

Mientras tanto, la prensa norteamericana, ansiosa por noticias de los desórdenes en Cuba, recogía y publicaba hasta los rumores de la emigración cubana. La Junta Revolucionaria Cubana en Nueva York emitía informes oficiales, pero a menudo utilizaba a los periodistas suministrando información de manera extraoficial o indirecta, pero intencionalmente filtrada con fines políticos. Resulta curioso que las especulaciones noticiosas publicadas por aquellos días no aludían a Martí como posible presidente; pero sí citaban, entre otros, el nombre de Bartolomé Masó. Un reporte desde Tampa, publicado el 3 de mayo por *The New York World*, decía que Martí había resultado electo secretario de Relaciones Exteriores.[280] Resulta interesante la estrecha correlación entre estos informes y los comentarios que Masó Parra puso en boca de Martí.

La teoría del "suicidio" de Martí se apoya también en frases sacadas del contexto de la carta que Martí escribía a su amigo, el mexicano Manuel Mercado, y que quedó inconclusa por la llegada de Bartolomé Masó y sus oficiales. «Sé desaparecer», escribió entonces Martí, y esto se ha interpretado como el vaticinio de una inmolación física. Nada más lejos de la verdad.

La lectura de la carta a Mercado comprueba que no es el testamento político de un suicida, sino una epístola proselitista en que discute su pasado, presente, y también su futuro papel en la revolución. Después de convenientemente enumerar los peligros que para Cuba y toda la América hispana representaban en aquellos momentos los Estados Unidos, enemigos históricos de México, Martí pregunta y responde:

---

[279] Carta de Máximo Gómez a Bartolomé Masó, 21 de mayo de 1895 (Rufino Pérez Landa: *Bartolomé...*, p. 356).
[280] Joseph E. Wisan, *The Cuban Crisis as Reflected in the New York Press (1895-1898)*, Columbia University Press, New York, 1934, p. 58.

«Y México —¿no hallará modo sagaz, efectivo é inmediato, de auxiliar, á tiempo, á quien lo defiende? Sí lo hallará,—ó yo se lo hallaré. [...] Ya yo lo habría hallado y propuesto. Pero he de tener mas autoridad en mí, ó de saber quién la tiene, antes de obrar ó aconsejar.»[281]

Es decir, que Martí anunciaba que, de recibir la autoridad para hacerlo, obraría en favor de obtener la ayuda de México, pero más importante aún es que, al contemplar la posibilidad de que no se le concediera tal autoridad, se declaraba presto a aceptar un papel secundario como consejero de quien la ostentase.

Con sobradas razones para esperar resistencia en la asamblea «para la constitución de nuestro gobierno» por parte de los representantes designados por Maceo, y quizás hasta del propio Máximo Gómez, Martí ha considerado todas las posibilidades, hasta la más remota de quedarse sin autoridad alguna. Pragmáticamente, reconocía que «estas cosas son siempre obra de relación, momento y acomodos» y, siempre previsor, preparaba al amigo cuyos buenos oficios quería asegurar para la causa de Cuba, para que no desmayara en caso de un resultado adverso en la asamblea. Es con esa intención, y considerando cualquier eventualidad, que Martí escribe a Mercado:

«…seguimos camino, al centro de la Isla, á deponer yo, ante la revolucion que he hecho alzar, la autoridad que la emigracion me dió, y se acató adentro, y debe renovar, conforme á su estado nuevo, una asamblea de delegados del pueblo cubano visible, de los revolucionarios en armas. La revolucion desea plena libertad en el ejército, sin las trabas q. antes le opuso una Cámara sin sancion real, ó la suspicacia de una juventud celosa de su republicanismo, ó los celos, y temores de una excesiva prominencia futura, de un caudillo puntilloso ó previsor; pero quiere la revolucion a la vez sucinta y respetable representacion republicana,—la misma alma de humanidad y decoro, llena del anhelo de la dignidad individual, en la representacion de la república, que la que empuja y mantiene en la guerra a los revolucionarios. Por mí, entiendo que no se puede guiar á un pueblo contra el alma que lo mueve, ó sin ella, y sé cómo se encienden los corazones, y cómo se

---

[281] Transcripción del autor, respetando la ortografía del manuscrito original reproducido por Enrique Ubieta en el Tomo IV de *Efemérides de la revolución cubana* (entre las páginas 278 y 279.)

aprovecha para el revuelo incesante y la acometida el estado fogoso y satisfecho de los corazones. Pero en cuanto á formas, caben muchas ideas, y las cosas de hombres, hombres son quienes las hacen. Me conoces. En mí, sólo defenderé lo que tenga yo por garantía ó servicio de la revolucion. Sé desaparecer. Pero no desaparecería mi pensamiento, ni me agriaría mi oscuridad. Y en cuanto tengamos forma, obraremos, cúmplame esto á mí, ó á otros.»[282]

Es evidente que la "desaparición" a que se refiere Martí no es física sino política, y la "oscuridad" a que alude no puede ser la del sepulcro porque los cadáveres no experimentan irritación emocional alguna; hay que estar vivo para sentirse agriado. El verdadero mensaje de Martí aquí es que él estaba dispuesto a seguir sirviendo a Cuba con sus ideas, aunque fuese relegado por la asamblea a una "oscura" posición secundaria en la dirección del movimiento.[283]

Los detalles de la nefasta acción del 19 de mayo de 1895 en Dos Ríos siguen siendo uno de los grandes misterios de la historia de Cuba. A las dificultades normales en la reconstrucción de cualquier combate reciente debido a la confusión que siempre es parte integral de una batalla, se suma aquí la fuerza erosiva del transcurso del tiempo. La primera investigación formal no se llevó a cabo hasta 27 años después del suceso, y ya era tarde para dilucidar la verdad. En aquella ocasión, la "Comisión Histórica" creada al efecto, confesó que no le fue posible «determinar, de una manera clara, cierta y segura, cómo ocurrió la muerte del Apóstol.»[284]

Hay contradicciones irreconciliables en los relatos de los protagonistas. Los pocos testigos que escribieron sobre el hecho, en lugar de limitarse a contar aquello que vieron, contribuyeron a la

---

[282] Ibidem.

[283] Años después de terminado este capítulo, el autor conoció un ensayo anterior que había llegado a conclusiones coincidentes con muchos de los puntos aquí expuestos. Naturalmente, no obstante la independencia de este análisis, a aquel autor corresponde la primicia (Enrique H. Moreno Plá, "Reflexiones sobre la muerte de Martí", *Anuario Martiano No. 3*, Consejo Nacional de Cultura, La Habana, 1971, pp. 201-23).

[284] Lubián, *op. cit.*, p. 146. Sin embargo, hace unos años, se presentó como versión definitiva de la muerte de Martí un desafortunado trabajo plagado de errores y de infundadas aseveraciones. (Guillermo Calleja Leal, "La muerte de Martí en el combate de Dos Ríos", conferencia dictada en marzo de 1994 durante las II Jornadas de Historia Militar del Centro Superior de Estudios de la Defensa Nacional, *Monografías del CESEDEN, 14*, Ministerio de Defensa, Madrid, 1995.)

confusión pretendiendo hacer recuentos completos que, necesariamente, incluyen información de segunda mano no siempre confiable, y a menudo, probadamente falsa. Muchos de los testimonios fueron brindados años después de los hechos y nos llegan viciados por la mala memoria e influenciados por los relatos anteriores de otros personajes. Otros cronistas delatan una marcada intención de criticar u opacar la actuación de algunos actores por antipatías personales, y todos resaltan la propia.

Dominador de la Guardia y Diéguez

De los participantes en la acción de Dos Ríos, por la parte cubana, conocemos las distintas versiones ofrecidas por el general Máximo Gómez; una escrita en 1916 por el entonces ayudante de Bartolomé Masó, Dominador de la Guardia, hermano de Ángel, el joven que acompañó a Martí en su fatal ataque a las líneas enemigas; la del entonces también ayudante del general Masó, Manuel Piedra Martel; un relato carente de coherencia atribuido a Marcos del Rosario; una novelada declaración jurada que en 1910 ofreció Pablo Raimundo Martínez García; un trabajo escrito por el ayudante de Martí, Ramón Garriga; y la de Juan Masó Parra.[285]

---

[285] Las contradictorias versiones de Máximo Gómez son críticamente analizadas por Florencio García Cisneros en su libro, *La muerte de José Martí. Versiones y discrepancias de Máximo Gómez* (Ediciones de Noticias de Arte, Nueva York, 1994); el relato de Dominador de la Guardia fue publicado en *Efemérides de la revolución cubana*, t. IV, pp. 300-3; la versión de Piedra Martel está contenida en sus memorias (*op. cit.*, pp. 146-157); Gastón Baquero reproduce partes de la versión de Marcos del Rosario en el ensayo "Versiones y precisiones en la muerte de José Martí" (*Indios, blancos y negros en el caldero de América*, Ediciones de Cultura Hispánica, Madrid, 1991, pp. 173-81); los relatos de Raimundo García y Ramón Garriga los discute Gerardo Castellanos García en *Historia en Santiago...* (pp. 101-31).

Hasta años recientes, lo que escribió Masó Parra sobre la muerte de José Martí no había sido tomado en cuenta por los historiadores —con una notable excepción[286] — y aún hoy son pocos los que conocen de su existencia. El relato de Masó Parra, desde luego, no está exento de algunas de las faltas ya señaladas, pero proviene de uno de los jefes que tomó parte activa en la acción.

Aunque no hay aquí la intención de hacer un análisis exhaustivo del desastre de Dos Ríos, resulta imprescindible establecer algunos datos para facilitar la comprensión de lo que allí ocurrió.

El coronel José Ximénez de Sandoval dirigió las fuerzas españolas en la acción de Dos Ríos

En espera del general Masó, Martí y Gómez mudaron su campamento el día 12 de mayo para la finca *La Jatía*, al noroeste del entronque fluvial del Cauto y el Contramaestre. El día 13 lo cambiaron para un punto en los terrenos de la finca *La Bija*, entre las aguas de los dos ríos y a poca distancia de su confluencia. Desde el día 17, Máximo Gómez, con 30 ó 40 jinetes, trataba infructuosamente de hostigar el convoy que había salido de Palma Soriano para avituallar la guarnición española del caserío llamado *Ventas de Casanova*, que se encontraba a unos 25 kilómetros al sur del campamento de Martí.

La columna española llegó a las *Ventas de Casanova* en las primeras horas del día 18, descargó el convoy y pasó allí el día. Consistía aquella fuerza de los 600 hombres del batallón del coronel José Ximénez de Sandoval y unos 500 hombres del 2º Batallón

---

[286] El irreverente investigador, Florencio García Cisneros, reprodujo el relato de Juan Masó Parra en su ya citado libro, *La muerte de José Martí...* (pp. 99-103.) García Cisneros incluye también una versión de José Miró Argenter a quien considera actor del drama. En realidad, Miró no estuvo en el combate de Dos Ríos ya que se había separado de los expedicionarios el día 11 de mayo con dirección a Holguín, según explican ambos Martí y Gómez en sus respectivos diarios.

Peninsular. En las *Ventas* se enteró el coronel que en *Dos Ríos* estaban concentrados los insurrectos y ya cumplida su misión de abastecimiento, decidió marchar hacia el campamento rebelde.[287]

Cuando, en la madrugada del 19 de mayo, a instancias del general Bartolomé Masó, Martí se mudó para el campamento de *La Vuelta Grande*, Martí despachó una nota al general Gómez notificándole la llegada de Masó y el cambio de campamento. Quizás para que el General en Jefe no se sintiera ofendido, Martí había decidido esperar su llegada antes de ser presentado a la tropa de Masó. Masó Parra cuenta que

> «el general Gómez llegó á "Dos Ríos" á las 7 de la mañana del 19, acompañado del General Francisco Borrero» para ser «recibido por el General Masó, Martí, el Coronel Celedonio Rodríguez y las fuerzas formadas en batalla, con grandes manifestaciones de entusiasmo por la hermosa y patriótica arenga que acababa de pronunciar Martí.»
>
> «Terminada la revista por el General Gómez, ordené, como Jefe de Día que era, que las fuerzas se retiraran á sus alojamientos.
>
> El General Gómez, Martí, Generales Bartolo Masó y Francisco Borrero y yo, acampámos en la casa de vivienda de "Dos Ríos." Como á las 12 m. nos levantábamos de la mesa, después de almorzar, cuando un Capitán de apellido Ramos, llegaba á anunciar al General Gómez, que una columna enemiga de 1,000 hombres, al mando del Coronel Jiménez Sandoval, acampaba al otro lado del río á un kilómetro y medio de nuestras avanzadas.
>
> Nuestras fuerzas se componían de 319 hombres de combate, todos de caballería. Mi Regimiento "Luz de Yara," no llevaba en aquellos momentos más de 70 ú 80 plazas, y los Regimientos de Estrada y Tamayo iban con 100 hombres cada uno, más el escuadrón de Amador Guerra que apenas contaba 50.
>
> El General Gómez, con los Generales Masó y Borrero, salieron con dirección al enemigo, pasando *imprudentemente* el río "Contramaestre," cosa que no debió jamás hacerse.
>
> Se libró el combate, en su comienzo impetuoso pero estéril; y á poco la triste y desconsoladora retirada. Podríamos decir: "Entrada de

---

[287] Antonio Serra Orts, *Recuerdos de las guerras de Cuba 1868 á 1898*, A. J. Benítez, 1906, pp. 35-7; notas de José X. de Sandoval en Gonzalo de Quesada y Miranda, *Alrededor de la acción de Dos Ríos*, Imp. Seoane, Fernández y Cía., La Habana, 1942, p. 40.

caballo árabe y salida de asno." Ese fué "Dos Ríos," donde cayó todo lo que valía de la Revolución Cubana.»[288]

Antes de cumplirse un mes de la muerte de Martí, Masó Parra recibió una carta de su amigo, Juan Maspons Franco,[289] pidiéndole informes sobre la acción de Dos Ríos:

> «Por una comunicación del General en Jefe me he enterado de la muerte del primero de los cubanos, del ilustre patriota José Martí. Manifiesta el General Gómez que la fogosidad del caballo que montaba nuestro héroe martir durante el combate de "Dos Ríos" ha sido la causa de esa gran desgracia ya que el brío del corcel y el valor del jinete le lanzara sobre las filas españolas. La Muerte de Martí es asunto de gran importancia para nuestra historia y por eso me atrevo á molestarle para que Ud., testigo ocular y Jefe de Día el 19 de Mayo, según me han dicho, me haga la descripción de cuanto ocurriera antes y durante y despúes del fracaso de "Dos Ríos," con el laudable propósito de que la verdad honrada la sepa mañana nuestro pueblo al terminar su jornada sangrienta por la libertad. Espero no defraudará los deseos de su afectísimo amigo y compañero.»[290]

El 25 de junio Masó Parra redactó la siguiente respuesta al pedido del capitán Maspons Franco. Sus palabras denotan ya su disgusto con el General en Jefe a quien se atreve a refutar y a responsabilizar por el fracaso de las armas cubanas en aquella acción:

> «Mi estimado amigo:—Voy á contestar su estimable carta de fecha 10 del corriente, donde con su amabilidad acostumbrada me pide informes sobre el combate de "Dos Ríos" en que tuvimos la desgracia de perder al Gran Martí. Me había hecho el propósito de no hablar nunca de este infausto acontecimiento, ni de lo que lo motivó, pero las razones por Ud. aducidas en su carta y la promesa que me hace de no publicar nada de este suceso hasta la terminación de nuestra lucha, me animan a romper el silencio que me había pro-

---

[288] Masó Parra, *Primera...*, pp. 10-2.
[289] El joven Juan Maspons Franco se había iniciado en el periodismo en Santiago de Cuba y al estallar la guerra se alzó con el grupo de *Periquito* Pérez. Formó parte de la avanzada insurrecta que hizo el primer contacto con Antonio Maceo después de su desembarco en Duaba. Estaba incorporado a las tropas de Maceo cuando se efectuó la conferencia de *La Mejorana* (Franco, *Antonio Maceo...*, t. II, pp. 107-8; Martí, *Diario*, p. 306; Esteban Roldán Oliarte, *Cuba en la mano. Enciclopedia popular ilustrada*, Ucar, García y Cía., La Habana, 1940, pp. 951-2).
[290] Masó Parra, *Primera...*, pp. 51-2.

puesto guardar. He aquí la relación de este acontecimiento: En las primeras horas del 19 de Mayo había salido con dirección á algunas viviendas próximas al campamento, un Capitán de apellido Ramos; este oficial se encontró con los exploradores de la columna enemiga, que guiada por un individuo que había enviado el General Gómez al pueblo de Remanganaguas en solicitud de algunos efectos, se aproximaba á nuestro campamento.—Con este aviso el General Gómez me dió órdenes de preparar la fuerza, compuesta toda de 360 hombres de caballería, incluso jefes y oficiales.—Ordené en seguida que los Coroneles Estrada y Esteban Tamayo con sus respectivas fuerzas, ocupase el primero un camino que por nuestra retaguardia venía al campamento; y el segundo otro camino de Jiguaní por nuestro flanco derecho. Tratando de evitar con esta medida una sorpresa de ataque combinado como era de presumirse. Los Generales Gómez, Masó, Borrero, Teniente Coronel Amador Guerra y yo que era el Jefe de Día, con el Capitán Juan Arias y 10 hombres de mi Escolta, salimos en busca del enemigo.[291] Este se hallaba acampado haciendo su primer rancho, á media legua próximamente de nosotros, del otro lado del río "Contramaestre" en su margen izquierda. Por su frente tenía la columna un estrecho callejón cercado de alambre y de un terreno poco accesible para la caballería. Por su izquierda, el río con precipitada bajada y profundo barranco, y por la derecha y retaguardia inmenso bosque de árboles seculares, que abría en pequeño semicírculo, formando una sabaneta de estrechas dimensiones. 150 hombres, más o menos, con Gómez y Martí á la cabeza, cargamos resueltamente sobre la avanzada enemiga que cerraba el callejón de la cerca de alambres. Macheteámos allí una parte de la avanzada, y seguimos adelante, salvando el obstáculo, hasta que nos colocamos á tiro de pistola de la infantería enemiga que había tomado posiciones muy ventajosas detrás de los árboles.

Tres cuartos de hora duró aquella lucha. Tuvimos al fin que replegarnos hacia el camino que habíamos traído, dejando en poder del enemigo, sin apercibirnos de ello, el cadáver de Martí que había caído a cuatro pasos de la línea de fuego de los contrarios. Martí fué hasta

---

[291] Bernabé Boza Sánchez registró el siguiente comentario en su crónica de la guerra: «Según me asegura el General en Jefe, el traidor Juan Masó Parra, no combatió en "Boca de Dos Ríos."» (*Mi diario de la guerra*, Librería Cervantes, La Habana, 1924 [1ª ed. 1905], t. I, p. 315). Sin embargo, el teniente Ramón Garriga en su versión de los hechos coloca a Juan Masó Parra en el frente de batalla junto a los generales Gómez y Masó, y a los coroneles Estrada, Tamayo y Celedonio Rodríguez (Castellanos, *Historia en Santiago...*, p. 119)

allí revolver en mano, no llevado por la genial impetuosidad del caballo que montaba, como se ha dicho, pues éste no hizo más que obedecer al ginete, sino impulsado por un hermoso arranque de valor heróico, creyendo tal vez de este modo arrastrar á los suyos y conseguir la derrota del enemigo. Nadie lo vió ni siquiera caer, porque el denso humo que produce la pólvora en los combates, se concentra más aún, cuando éste se efectúa en medio de un bosque, donde el aire es de más difícil circulación. A los pocos momentos de iniciada la retirada, anunciaba el Alferez Angel Guardia, que acompañó á Martí, hasta la

Una versión española de la muerte de Martí en Dos Ríos

misma línea enemiga donde cayera muerto, que aquel había sido herido de dos balazos á su lado y que á pesar de los esfuerzos que hizo no había podido recogerlo. Así murió Martí, en los campos libres del abrupto Oriente, con el pecho y el cuello atravesados y de *cara al Sol*, el 19 de Mayo á la una del día, y en los primeros albores de la Revolución cubana, que tanto le debía y á la que tanta falta debía hacer. En cuanto á mi juicio militar de aquel combate que Ud. me pide, sólo podré decirle lo que fácilmente habrá comprendido, conociendo la topografía del lugar en que se libró. Yo creo que haber esperado al enemigo en el campamento, cuya dirección traía, no era sensato, pero mucho menos atacarlo con caballería en sus inexpugnables posiciones. Haber esperado al enemigo en la orilla opuesta del río, desmontando una parte de la caballería y hasta flanquearlo por su derecha, era lo único que debía y pudo hacerse. No se hizo, y culpa, sin duda fué del General Gómez que dirigió el combate. Pues a los otros jefes no le cabe ni la responsabilidad colectiva de la consulta, que no hubo. Y para mayor abundamiento, el General Gómez, conocía más que todos aquel territorio desde la guerra de los 10 años. Es todo cuanto debo hoy decir, como testigo presencial de aquel doloroso suceso, y en obsequio á su deseo patriótico. Soy de Ud. atento, seguro servidor y amigo. Juan Masó Parra.»[292]

Desde el incidente en Port-au-Prince en el verano de 1893, Juan Masó Parra estaba molesto con el General en Jefe. Parece que Masó Parra siguió guardándole respeto a Martí, a pesar de haber sido este quien personalmente rechazó sus servicios en aquella ocasión. Sin embargo, había quedado disgustado con Gómez, quizás creyendo que Gómez había desestimado su apelación teniendo el poder de decisión en aquel asunto, quizás por considerar que el general había traicionado su confianza al enviarle a Martí la carta que Masó le había dirigido a aquél. Las relaciones entre ellos continuarían deteriorándose en el transcurso de la guerra con funestas consecuencias.

Ángel de la Guardia y Bello, testigo de la muerte de Martí

Mas, a pesar de esta predisposición de Masó Parra contra Gómez, su crítica de la actuación del general durante el combate de Dos Ríos no carece de mérito. En realidad, Masó Parra coincide en su evaluación con la casi totalidad de los militares, cubanos y españoles, que se han pronunciado sobre ese hecho de armas. Entre soldados se comentaba que Gómez había estado «desgraciado...e irracional en la manera de dirigir el ataque».[293] De todos modos, esta actitud crítica de Masó Parra no servía para congraciarlo con Gómez. Comentarios similares casi le cuestan la vida al teniente Ramón Garriga:

---

[292] Masó Parra, *Primera...*, pp. 13-5.
[293] Opinión del teniente coronel Fernando Cutiño Zamora, quien combatió en Dos Ríos, recogida por Fermín Valdés Domínguez (*Diario de soldado,* 4 tomos, Universidad de La Habana, La Habana, 1972-1974, t. I, p. 312).

«Al otro día de la catástrofe, se hallaba el teniente Garriga al lado del general Borrero y tres compañeros, platicando sobre el tema que a todos entristecía y tenía con luto el alma. Garriga pensando en que a Martí se le debió haber amparado por todos los medios, evitándole peligros, dijo:

—¡Ay General! Mejor hubiera sido que Martí se hubiera quedado con el general Antonio Maceo, como éste quería; que quizás a estas horas ya estaría fuera de Cuba!

...

Produjo a Gómez tan mortificante efecto el juicio privado de Garriga, que le fué denunciado, que a partir de aquel día (según Garriga) no perdió ocasión de hacerlo víctima de su enojo.»

En efecto, ese mismo día Gómez seleccionó a Garriga para la peligrosa misión de llevar una carta suya al jefe de la columna española, el coronel Ximénez de Sandoval. Garriga entregó la carta pero quedó retenido bajo custodia. Se salvó porque un guerrillero cubano que había peleado en Dos Ríos del lado español, Francisco Diéguez, le advirtió que lo iban a matar y le aconsejó que se escapara.[294]

En las primeras versiones que ofreció el general Máximo Gómez, se nota un marcado deseo de salvar su responsabilidad por la muerte de Martí. A Tomás Estrada Palma le escribió:

«¿Y por qué lo dejó Vd. lanzarse? pudiera observarme. A alguna distancia del enemigo le ordené se retirara, él desdeñó mi orden...»[295]

A Benjamín Guerra, tesorero del Partido Revolucionario Cubano en Nueva York, le aseguraba:

«A la verdad que yo estaría más acongojado si me hubiera, como jefe, descuidado de evitarla, pero fue todo lo contrario...»[296]

Fue muchos años después, en una de sus versiones más sinceras, dictada poco antes de su muerte, cuando Máximo Gómez finalmente admitió que la acción de Dos Ríos había sido un error,

---

[294] Castellanos, *Historia en Santiago...*, pp. 131-2.
[295] Carta de Máximo Gómez a Tomás Estrada Palma, 22 de agosto de 1895 (García Cisneros, *La muerte de Martí...*, p. 56).
[296] Carta de Máximo Gómez a Benjamín Guerra, 29 de agosto de 1895 (García Cisneros, *La muerte de Martí...*, p. 56).

«...combate rudo y mal preparado, lo confieso, pero en donde yo me prometía obtener otro "Palo Seco". En la guerra muchas veces lo improvisado dá resultados brillantes; por lo regular la Diosa de la Victoria se enamora de los intrépidos, pero en "Dos Ríos", donde yo me prometí abrir una campaña brava para imponernos, poco hubieran importado las pérdidas,—la fortuna nos fue adversa y perdimos a Martí...»[297]

Pero aun aceptando el error táctico del general Gómez, no sería justo achacarle a él toda la responsabilidad de la muerte de José Martí. El único cubano que cayó en el campo de Dos Ríos fue Martí,[298] y su muerte fue consecuencia directa de su intempestiva arremetida contra una fuerte posición enemiga que ningún soldado experimentado hubiera osado atacar sin suficiente apoyo.

Cruzando el Contramaestre con Gómez y Masó, Martí había llegado hasta el punto más avanzado de las líneas cubanas. Gómez dejó a Martí y a Masó para tomar el camino hacia la izquierda del frente cubano en busca del enemigo.[299]

Martí añoraba poner sus nervios a prueba en el campo de batalla. En una crónica sobre el general americano, Philip Sheridan, se le había escapado, como un suspiro: «¡Oh Dios! morir sin haber

---

[297] Gómez, *Extracto de mi diario*, relato incluido a continuación del texto principal del *Diario de Campaña*..., pp. 429-49.

[298] El comandante Francisco Blanco, conocido por *Bellito*, murió después del combate a consecuencia de una herida recibida en Dos Ríos.

[299] El autor Daniel Román optó por la versión de Rafael Lubián y Arias en que a Martí se le había ordenado «que permaneciese dentro del campamento» de *La Vuelta Grande* (*Los seis grandes errores de Martí*, Ediciones Universal, Miami, 1993, p. 151). En su libro, Lubián dice haber escuchado esa versión del coronel José M. Guerrero y Dueñas, quien a su vez decía haberla escuchado del propio Ángel de la Guardia antes de su muerte en el ataque a Tunas en 1897 (*op. cit.*, pp. 151-2). Informes más directos contradicen este relato. Dominador, el hermano de Ángel de la Guardia, aclaró que, seguidos del general Masó, «los generales Borrero y Martí iban con el General Gómez, nadie se quedó en ninguna Prefectura» y aseguró que él y Ángel estaban juntos con Masó y Martí, del otro lado del Contramaestre, cuando Gómez se separó y Martí salió con Ángel (Ubieta: *op. cit.*, t. IV, p. 300). Manuel Piedra Martel escribió: «En el orden de marcha que traímos, el general Gómez estaba en el centro con Martí, los generales Masó y Paquito Borrero y la mayor parte de los demás jefes...» (*op. cit.*, pp. 151-2); Masó Parra también sitúa a Martí con Gómez y Masó del otro lado del río.

caído sobre los tiranos con una buena carga de caballería.»[300] Quería experimentar aquellas emociones que hasta ahora solo había podido intuir. Pocas horas antes, en su carta a Manuel Mercado, se lamentaba: «sólo he podido oír un fuego». Coincidían también imperiosas razones políticas que Martí había esbozado con singular claridad en un discurso años atrás:

> «... El hombre de actos sólo respeta al hombre de actos. El que se ha encarado mil veces con la muerte, y llegó a conocerle la hermosura, no acata, ni puede acatar, la autoridad de los que temen a la muerte. El político de razón es vencido, en los tiempos de acción, por el político de acción; vencido y despreciado, o usado como mero instrumento y cómplice, a menos que, a la hora de montar, no se eche la razón al frente, y monte. ¡La razón, si quiere guiar, tiene que entrar en la caballería! y morir, para que la respeten los que saben morir...»[301]

Ahora, en Dos Ríos, estaba al fin en medio de un combate. Pero su mera presencia allí, que otros pudieran considerar un honroso aval, era insuficiente para él. Esta era su guerra. Su sentido de la honestidad no le permitiría decir que había peleado si permanecía en aquel puesto. Tenía que batirse, ofrecer el pecho a las balas, y esta oportunidad —la primera que se le presentaba en 37 días en campaña— podría ser la última; Martí, que se conocía bien a sí mismo, sabía que nunca se perdonaría el haberla desperdiciado. En realidad, en aquella situación, no existía más alternativa para Martí que ir en busca del enemigo. Y así lo hizo.

Martí convidó a quienes lo acompañaban para seguir adelante por el camino que bordeaba el río, pero solamente aceptó acompañarlo un ayudante del general Bartolomé Masó, llamado Ángel de la Guardia.[302] Los demás no lo oyeron, o tal vez decidieron no se-

---

[300] Martí, José: "El general Sheridan. Felipín", reseña póstuma del famoso militar americano, fechado el 18 de agosto de 1888, y publicado el *La Nación*, Buenos Aires, el 3 de octubre de 1888 (*La Gran Enciclopedia Martiana*, t. 8, pp. 201-8).
[301] Martí, José: Discurso en conmemoración del 10 de octubre de 1868, en *Hardman Hall*, Nueva York, 10 de octubre de 1890, (*José Martí, Obras Completas*, t. 4, p. 252).
[302] La invitación de Martí a Ángel de la Guardia para ir a atacar al enemigo representa un serio obstáculo a la tesis del suicidio de Martí, y confirma su intención de dirigir una carga de caballería pues el suicidio es generalmente una ocupación solitaria. Daniel Román, defensor de la "tesis del suicidio", una vez más siguiendo el relato de Lubián, supera este escollo al decir que de la Guardia, por cuenta propia, «decide montar en su caballo» y seguir a Martí (*Los seis grandes errores*..., p. 152). Dominador de la

guirlo.[303] La infantería española allí apostada, sin más oposición, pudo concentrar sus descargas sobre los dos solitarios jinetes con mortífera precisión. Ambos fueron derribados; sus caballos heridos. El joven de la Guardia pudo salvarse milagrosamente. Pero Martí, impulsado por aquel «hermoso arranque de valor heroico»[304], dejó allí la vida.

Guardia, quien estaba en Dos Ríos junto a su hermano Ángel justamente antes y después de la carga de Martí, aseguraba: «...Martí convidó a mi hermano Angel para seguir adelante, y así lo hicieron, con el humo de los disparos no nos dimos cuenta de su avance...» (Ubieta, *op. cit.*, t. IV, p. 301). Este relato de Dominador de la Guardia gana credibilidad al considerar que, si hubiese dicho que Ángel siguió a Martí por iniciativa propia, lo hubiera elevado más aún, al mismo tiempo que evitaba tener que explicar por qué él mismo no aceptó la invitación de Martí.

[303] Valdés Domínguez atribuye a Máximo Gómez estos interesantes comentarios acerca de la conducta de Bartolomé Masó en Dos Ríos: «—Ese hombre tuvo en parte la culpa de la muerte de Martí...—Cuando sentimos los soldados avancé yo por la izquierda; Paquito Borrero por la derecha y Masó que era el otro Jefe marchaba detrás de mí y cerca de Martí. Martí siguió por el centro acompañado por el ayudante Guardia, un loco, y Masó en lugar de seguir con él o apoyar el movimiento de avance con su fuerza se retiró y se puso lejos del peligro...» (*Diario,* t. II, p. 136). Como se ve, aquí Gómez también coloca a Martí en el frente de batalla, no en el campamento. Quizás para resaltar la presunta negligencia del general Masó, el general Gómez ascendió a su ayudante, el joven Ángel de la Guardia, al grado de teniente por su valentía en Dos Ríos (Ubieta, *op. cit.*, t. IV, p. 303).

[304] Del ya citado texto de la carta de Juan Masó Parra a Juan Maspons Franco.

VIII - *Peralejo*

Aunque el desastre de Dos Ríos sacudió las filas de la insurrección, sus jefes militares supieron imprimirle el dinamismo requerido para superar esa crisis. El general Máximo Gómez continuó su marcha al Camagüey para encender la llama de la rebelión en aquella provincia y sacarla de su retraimiento. En el camino de regreso de Dos Ríos a su zona de operaciones, Juan Masó Parra tomó y quemó el poblado de Guisa de donde —según la prensa— se llevó preso al capitán de voluntarios, Sebastián Torres Anglada, quien luego fue fusilado en la finca *Caridad* en las afueras del pueblo.[305]

Antonio Maceo, mientras tanto, planeaba uno de sus más importantes combates. Las esperanzas españolas de una rápida victoria después de la muerte de José Martí pronto se verían convertidas en verdadera preocupación ante la pujanza y la osadía demostrada por el Ejército Libertador en los campos de *Peralejo* donde también combatió Juan Masó Parra.

Desde su arribo a Caimanera el 16 de abril de 1895, el nuevo Gobernador General de Cuba y General en Jefe de su Ejército, el Capitán General Arsenio Martínez Campos, se dedicó a visitar los pueblos de la isla para animar a sus soldados mientras palpaba por sí mismo el estado de la insurrección. En la noche del 11 de julio llegó Martínez Campos al puerto de Manzanillo y conferenció con el jefe de la división española de la zona, el general José Lachambre.[306] La presencia de los rebeldes en la zona ya no sería un secreto para Lachambre pues pocos días antes Antonio Maceo le había enviado una nota en la cual con elegante osadía le anunciaba:

---

[305] El informe de la prensa da el nombre del secuestrado como «Jaime Torres» (*Ecos de Cuba*, 10 de junio de 1895, 3:2). Aquí tomamos el nombre del testimonio «procedente de la causa núm.º 541» de 1897, reactivada como causa N.º 312 de 1898 y despachada con el dictamen de "Visto y archívese" ese 25 de mayo (Archivo General de la Administración, Fondos: Marina, legajo 2444).

[306] Severo Gómez Núñez, *La acción de Peralejo*, La Propaganda Literaria, La Habana, 1895, pp. 5-7.

«He entrado en su jurisdicción. Pronto nos veremos la cara. El triunfo se lo dé Dios al que sea más esforzado.»[307]

Desembarco de Martínez Campos en Caimanera el 16 de abril de 1895

Subestimando el peligro que pudieran representar los recién alzados cubanos, Martínez Campos marchó a la mañana siguiente con unos cuatrocientos hombres con intención de visitar la importante villa de Bayamo, a unos 50 kilómetros tierra adentro. El antiguo mambí y ahora administrador de la aduana de Manzanillo, Juan Ramírez, alertó al general Martínez Campos de la presencia de Maceo en la zona con 7,000 hombres; ante la incredulidad del general, el antiguo jefe de la caballería de Vicente García galopó hasta dar con

---

[307] *Antonio Maceo. Ideología política...*, t. II, p. 41. Maceo había conocido personalmente al general Lachambre bajo circunstancias muy peculiares durante su visita a La Habana a principios de 1890. Subrepticiamente, y acompañado por Julio Sanguily, Maceo había presenciado el duelo en que Lachambre resultó herido por el joven cubano Agustín Cervantes y Trujillo. Terminado el combate, los generales cubanos salieron de su escondite y felicitaron a los contendientes por el valor demostrado (Gustavo Robreño, *La acera del Louvre*, Rambla, Bouza y Cía., La Habana, 1925, pp. 91, 134-6; Horrego Estuch, *Maceo, héroe...*, p. 146). Franco (*Antonio Maceo. Apuntes...*, t. I, p. 343) sitúa a Maceo y Sanguily presidiendo el acto en «lugar de honor». Franco no ofrece su fuente mientras ambos, Robreño y Horrego, citan a testigos presenciales: el primero, al general cubano *Colín* de Cárdenas quien sirvió de padrino a Lachambre, y el segundo, a Miguel Figueroa, dueño de la casa donde se celebró el duelo.

la columna del general Fidel de Santocildes, quien mandaba la brigada de Manzanillo y andaba en operaciones por la zona. Avisado por Ramírez de que Maceo estaba en la comarca y enterado de las intenciones del General en Jefe, Santocildes corrió a alcanzar a su jefe y juntos entraron al atardecer al poblado de Veguitas que se encuentra a mitad del camino real de Manzanillo a Bayamo.[308] Allí se habían dado cita varias columnas para en conjunto tratar de destruir algunas partidas de insurrectos que se habían detectado en la zona. Martínez Campos iría acompañado de una fuerza de más de 1,300 hombres.[309]

General de División
José Lachambre y Domínguez,
gobernador militar - Santiago de Cuba

En efecto, el general Antonio Maceo había decidido golpear a los españoles en el camino de Bayamo y para ello estaba llevando a cabo una gran concentración de tropas en los terrenos de la finca "Valenzuela". Ya el día 11 de julio contaba el jefe cubano con unos seiscientos hombres de infantería al mando de Jesús Rabí y Quintín Bandera, su estado mayor montado, y cerca de mil hombres desarmados que formaban una enorme impedimenta. Necesitaba la caballería que controlaba Bartolomé Masó, pero este llevaba varias semanas indispuesto y por esta, y por otras razones, no había acudido a varias citas fijadas por Maceo. Ya listo para asestar el golpe al ejército español, Maceo se dirigió de nuevo al general Bartolomé Masó el 30 de junio con un pedido específico:

«…si no le es posible, por su enfermedad, acudir al punto de concentración que le señalé sobre Bueycito, mande a los jefes de fuerzas

---

[308] Gómez Núñez, *op. cit.*, p. 8. El testimonio de Eduardo Semprún, médico de Martínez Campos, corrobora el relato de Gómez Núñez sobre Juan Ramírez (Guerrero, *op. cit.*, t. II, pp. 633-4); "Un nombramiento — Nuevas gestiones — Ramírez a Oriente", *Heraldo de Madrid*, 13 de enero de 1898, 1:4.

[309] Gómez Núñez, *op. cit.*, pp. 8-9.

con los Coroneles Masó Parra y Amador Guerra a unirse estos a los que están sobre Bayamo a fin de llevar a cabo la organización de esas fuerzas y de ordenar operaciones en concordancia con la triste situación del enemigo....»[310]

Eventualmente, el general Masó respondería personalmente a este llamado, pero Maceo tuvo la precaución de cursar órdenes similares a los coroneles subordinados a Bartolomé Masó. En efecto, Juan Masó Parra no se enteró de la orden de marcha por medio del general Masó sino por la comunicación que Maceo le dirigiera el 7 de julio y que el coronel recibió dos días después.[311] Finalmente, todos juntos marcharon al encuentro con Maceo:

> «El 11 de Junio [debió decir julio] obedeciendo órdenes del General Antonio Maceo, y acompañando al General Bartolo Masó, salimos hácia "Valenzuela," donde se encontraba aquel General, con 1,700 hombres de caballería é infantería.
>
> —En "Valenzuela"—
>
> El 12 en la mañana salía á recibirnos el General Maceo con su E. M. á un kilómetro de sus avanzadas.
>
> El General Masó se había adelantado también, y era acompañado de los Coroneles Celedonio Rodríguez, Jefe de E. M., Esteban Tamayo, Joaquín Estrada y Juan Masó Parra.
>
> Entramos al cuartel del bravo General Antonio Maceo, donde las fuerzas que en él acampaban, se hallaban formadas en correctas líneas de batalla, haciéndose notar en el cuartel del General Maceo, órden estricto y disciplina militar hasta exajerada.
>
> Los jefes subalternos, al frente de sus distintas unidades hacían á Masó y á Maceo, los honores militares como si se tratase de un ejército montado á la europea.
>
> Cuántas veces después, en reflexivas comparaciones, he tenido lugar en mi vida de militar cubano, de notar el contraste que hacían estas bien ordenadas fuerzas mandadas por Maceo, y aquellos grupos

---

[310] Franco, *Antonio Maceo: Apuntes...*, t. II, p. 126. Maceo había estado tratando de reunirse con Bartolomé Masó desde pocos días después de la muerte de Martí, pero "una dolencia en una pierna" tenía a Masó inutilizado físicamente según comentario de M. Gómez en carta a Masó de 20 de julio, 1895 (Benigno Souza, *Ensayo histórico sobre La Invasión*, Imprenta del Ejército, La Habana, 1948, p. 59). Como veremos más adelante, el general Masó tenía también otras razones para dilatar su encuentro con Maceo.
[311] "El combate de Peralejo", *Diario de la Marina*, 1º de junio de 1909, pp. 7-8.

abigarrados, que con tan poco acierto comandaba el inculto dominicano Gómez!

En aquellos momentos, y en la esplosión del mayor entusiasmo, se oyó de los labios de Maceo, un "Viva" el General Masó—futuro Presidente de la República Cubana."—Sinembargo, más adelante las cosas pasaron de otra manera.

En la noche de ese mismo día, supo el General Maceo por confidencia del cubano Rafael Silveira,[312] que el General en Jefe del Ejército español, Don Arsenio Martínez Campos había llegado esa misma tarde á Veguita, situada á cinco leguas de "Valenzuela." Se informó además, el General Maceo, que Campos salía en la mañana del 13 con dirección á Bayamo.»[313]

Como se ve, al publicar esto en el 1904, no perdió Masó Parra la oportunidad para lanzar un dardo al general Máximo Gómez, aunque es cierto que otros testigos también destacan al general

---

[312] Miró Argenter, quien no estuvo en la batalla de Peralejo pero se unió a Maceo poco tiempo después, atribuye esta confidencia al doctor José Nicolás Ferrer (*Cuba. Crónicas de la guerra*, 3 tomos, La Moderna Poesía, La Habana, 1909, t. I, p. 40).

[313] Masó Parra: *Primera...*, pp. 16-7. (Es prudente recordar al lector que los defectos en los textos citados han sido copiados intencionalmente —sin adulteración— de las fuentes citadas.) Rufino Pérez Landa (*Bartolomé Masó...*, p. 109) reproduce una versión casi idéntica de este relato de Masó Parra y dice haberla tomado del «Periódico "La Discusión", 15 de julio de 1909» sin mencionar el nombre del autor. Esa versión reza: «*Aunque ya lo he escrito extensamente no estarán de más estos otros datos. El 11 de Julio obedeciendo órdenes del General Maceo marcharon hacia el potrero Valenzuela el Mayor General Bartolomé Masó con fuerza al mando del Coronel Masó Parra. El día 12 llegaron a dicho potrero incorporándose a la columna de ataque que sumaba 1,700 hombres de infantería y caballería. El General Masó iba acompañado de los Coroneles Celedonio Rodríguez, Jefe de Estado Mayor; Esteban Tamayo y Joaquín Estrada. Las tropas de Maceo recibieron al Cincinato de la Jaguita formadas en correcta línea de batalla. En el campamento se hacía notar un extenso orden y disciplina. Los Jefes subalternos al frente de sus unidades hacíanle a su paso los honores militares. Maceo en el centro de sus tropas dió un "Viva el General Masó futuro Presidente de la República cubana". En la noche supo el General Maceo por confidencias del cubano Rafael Silveira que Martínez Campos había llegado esa misma tarde a Veguitas situado a cinco leguas de Valenzuela y que en la mañana siguiente 13 salía para Bayamo.*» Obviamente, el autor no puede ser otro que Juan Masó Parra, pero Pérez Landa —fiel a la conspiración del silencio— lo cita sin darle crédito. Así mismo, José Luciano Franco (*Antonio Maceo. Apuntes...*, pp. 129-130) utiliza el texto y evita atribuírselo a Masó Parra al dar como fuente a Pérez Landa. Una versión más extensa, ya citada, bajo la firma «del general Juan Masó Parra» había aparecido unas semanas antes ("El combate..." 7).

Maceo por su justo celo en la disciplina y la conducta de sus tropas.[314]

Juan Masó Parra no veía a Maceo desde que se separaron en 1889 cuando lo dejó en Jamaica para irse a la República Dominicana con Máximo Gómez. Debió sentirse justamente halagado por el caluroso recibimiento que le brindó su antiguo compañero de conspiraciones y exilio después de haber solicitado su brazo para la importante acción que preparaba.[315]

Sin embargo, el recuento que hace Masó Parra de la acción de Peralejo es francamente crítico de la dirección de Antonio Maceo, aunque no oculta su admiración por el Titán de Bronce:

> «La infantería cubana se hallaba emboscada dentro del monte á la orilla del camino entre "Solís" y "La Caoba", estando bien oculta la caballería en una pequeña sábana situada detrás.[316]
>
> A las diez y media el enemigo tropezó con nuestras fuerzas, pero no por el sitio por donde era esperado. El práctico de la columna enemiga, un cubano llamado Manuel Calderón,[317] encontró una fácil salida, por un camino antiguo que no se había cuidado de tomar, y con este incidente no previsto por Maceo, el combate cambió completamente de faz, concretándose nuestras fuerzas desde ese momento, á hostilizar de cerca al enemigo en su marcha á Bayamo.
>
> Cuando creyó el General Maceo que el terreno lo permitía, allá por "Peralejo", ordenó varias cargas de caballería, pero por desgracia Maceo no creyó nunca que el combate se extendiera hasta "Peralejo", terreno más apropiado á la caballería, sino que él pensó terminarlo con sólo la infantería en "Solís" ó "La Caoba." El terreno de "Peralejo" es algo quebrado, y únicamente podían cargar con facilidad de tres á

---

[314] Piedra Martel, *op. cit.*, pp. 160-1; Miró Argenter, *Crónicas*...

[315] El otro jefe solicitado por Maceo, el valiente y caballeroso coronel Amador Guerra, había muerto unos días antes a consecuencia de una herida en el vientre que recibió el día anterior durante un encuentro en Cayo Redondo, en las cercanías de Manzanillo. Los cubanos habían hecho algunos prisioneros y se dijo que antes de expirar Guerra ordenó que fuesen puestos en libertad. (Heredia, *Crónicas*..., p. 108).

[316] Curiosamente, los cubanos llamaron originalmente a este combate "La Caoba" por ser ese el lugar en que se inició la acción ("Batalla de la Caoba", reseña de un testigo anónimo dirigida el 16 de julio de 1895 a Enrique Trujillo, director de *El Porvenir*, y reproducida en *Grito de Baire*, 8 de diciembre de 1898, Vol. IV, Núm. 2, pp. 24-7.)

[317] En otro artículo más extenso Masó Parra se lamentaba de «en meses anteriores» haber perdonado la vida al práctico de aquella tropa, el criollo Manuel Calderón y la «de sus hermanos Pedro y José» (Maso Parra, "El combate...", p. 8) [Véase el texto completo en el Apéndice F].

cuatrocientos hombres de caballería, pero como no se creyó factible como digo anteriormente, hacer uso de esta arma, Maceo que podía ser citado siempre como un ejemplo de militar precavido, no se ocupó de mandar a destruir con anticipación, la multitud de cercas de alambres que rodeaban por todas partes la pequeña posesión conocida por "Peralejo." Por todo lo que hemos dejado expuesto, las cargas de caballería no dieron el resultado apetecido, consiguiéndose solamente con ellas que fuese en "Peralejo" donde se libró el combate más reñido. Allí cayeron atravesados por nuestras balas el General Santoscildes, su Ayudante Soto Mayor, el Capitán Tomás y otros.

Hasta las 7 de la noche en que Campos entró á Bayamo, fué perseguido constantemente por nuestras fuerzas.

"Peralejo" encierra en sí, no el valor material de un combate, por la mayor ó menor cantidad de bajas hechas á un enemigo como el que teníamos al frente, que las sabía reponer con ventaja, en sus continuas expediciones procedentes de España, sino por la gran cantidad de fuerza moral adquirida por la Revolución, en tan críticos momentos, poniendo en jaque y casi derrotando, por lo menos moralmente, al Capitán General de Cuba, General en Jefe del Ejército español y primera espada de la Monarquía española.

Si el General Campos se hubiera detenido á medir la inmensidad de prestijio que daba á la Revolución cubana con este hecho de armas, habría sin duda desistido de ir él, personalmente, á la comarca bayamesa.

El ejército del General Maceo, no derrotado por el General Campos en aquella importantísima circunstancia, salvaba á la Revolución de una muerte segura y aún ya próxima. En "Peralejo" nació en el cerebro privilegiado de Maceo, la idea de la gran invasión Occidental.

Antes que el General Maceo, nadie en esta etapa revolucionaria habría osado salir al paso de un ejército mandado por un jefe de un prestijio militar tan alto y tan bien cimentado como el del General Campos en Cuba. Maceo salvó gallardamente á la Revolución en "Peralejo." De una atonía que rayaba ya en rigidez cadavérica, la lanzó en el camino de grandes invasiones y peligrosas, pero heróicas aventuras.

Mientras tanto, el General Gómez…….. en Camagüey, había perdido lastimosamente el tiempo. Un poblado de cuatro casas y un fuerte de madera y techo de paja, tomado más con astucia que con valor, había sido su única hazaña hasta aquella época, costando la vida este efímero triunfo, al valiente General Francisco Borrero.»[318]

---

[318] Masó Parra, *Primera…*, pp. 18-9.

Al analizar esta crónica de Juan Masó Parra debemos, una vez más, desestimar sus gratuitas críticas a Máximo Gómez. La famosa Campaña Circular de Gómez en Camagüey y su actividad política allí consiguieron la incorporación de esa provincia a la revolución; sin duda un éxito importantísimo para el desarrollo de la guerra. Del mismo modo, atribuirle a Maceo en Peralejo la concepción de la Invasión a Occidente sólo puede tener el burdo propósito de usurparle al General en Jefe su participación —quizás primaria— en la adopción de esa estrategia. Sin olvidar las razones personales que pudiera tener Masó Parra para malquerer a Gómez, de ninguna manera pueden justificarse sus inmerecidas críticas en este caso.

Sin embargo, sus comentarios sobre los problemas que enfrentaron los cubanos en la batalla de Peralejo —a pesar de algunos elementos confusos en su exposición— no parecen ser infundados. El obstáculo que, según Masó Parra, representaron las cercas de alambre para los movimientos de las tropas lo reportaron también otros cronistas de ambos bandos.[319] Pero lo más grave fue —como señala Masó Parra— que las fuerzas cubanas, que esperaban tener el factor sorpresa a su favor, fueron sorprendidas por el ataque español por su punto más débil, donde se hallaba la gran masa de nuevos reclutas desarmados y protegidos por sólo una pequeña fuerza al mando del coronel Alfonso Goulet quien cayó defendiéndolos. Sólo la pericia militar y el dinamismo de Antonio Maceo le permitió superar este serio revés que a un jefe menos ducho pudiera haberle causado una aplastante derrota. Lo más lamentable de este asunto es que todo parece indicar que ese grave incidente fue causado por un error de juicio del propio Maceo.

José Miró Argenter, sin identificarla por su nombre, recoge una perfectamente factible versión según la cual, temerosa de que el plan de avance del general Martínez Campos, con sus fuerzas divididas por dos caminos distintos, implicaba gran peligro para el General en Jefe:

---

[319] «Varias veces se intentó, sin lograrlo, cortar la cerca de alambre...» (Gómez Núñez, *op. cit.*, p. 13); «...Inútiles resultan...las furiosas cargas que contra las alambradas dan los escuadrones de caballería. Las cercas resisten y sirven ahora de protección a los españoles.» (Piedra Martel, *op. cit.*, p. 176); «Los escuadrones...llegaron hasta los alambres, aunque sin ver el obstáculo...» (Miró Argenter, *op. cit.*, t. I, p. 94).

«...una señora que residía en Veguitas, y daba hospedaje al cuartel general de Martínez Campos, expuso su opinión contraria, en todo, a la del general en jefe del ejército español, y al observar la terquedad de don Arsenio concibió el propósito de organizar una descubierta para que, con dos o tres horas de anticipación, supiera Martínez Campos el número de fuerzas insurrectas con las que habría de combatir y las posiciones que ocupaban. Santocildes aprobó el proyecto de la perspicaz consejera...»[320]

Miró explica que entre ocho y nueve de la mañana del día del combate, llegaron al campamento de Maceo dos sujetos que decían ser vendedores ambulantes, y que se dedicaron a desinformar a Maceo sobre la composición y posición de la columna española y a pasearse por todo el campamento exhibiendo sus baratijas mientras estudiaban las posiciones y números de las tropas cubanas antes de que Maceo, en contra de la opinión del general Jesús Rabí y de otros oficiales, les permitiera abandonar el campamento. Estos eran los espías enviados por "la señora de Veguitas", quienes aparentando continuar camino a Bayamo, planeaban ir a compartir con Martínez Campos la inteligencia tan fácilmente adquirida.[321]

En su folleto, el capitán español Gómez Núñez confirma que alrededor de las diez de la mañana —antes de proceder al encuentro de los cubanos— Martínez Campos recibió noticias «respecto á la situación del enemigo y á su número...». Aunque este cronista no atribuye el informe a un supuesto vendedor ambulante, sino a «un arriero», hay que tomar en cuenta que eso lo escribió en agosto de 1895, cuando hubiese sido una imprudencia revelar el espionaje de "la señora de Veguitas" y sus agentes.[322]

Maceo, sin embargo, ya no tenía dudas al respecto cuando al día siguiente del combate escribió a Bartolomé Masó:

«Uno de los dos espías que me denunciaron antenoche libró a la columna del copo que le preparé; el otro está en mi poder cogiéndolo cuando salía para Bayamo. Me confesó que su compañero había re-

---

[320] Miró Argenter, *op. cit.*, t. I, p. 98.
[321] *Ibidem*, t. I, p. 89.
[322] Gómez Núñez, *op. cit.*, p. 11.

gresado a Veguitas; pero de todos modos la lección a los españoles ha sido buena...»[323]

La identidad de "la señora de Veguitas", después de permanecer en secreto por más de un siglo, se puede revelar hoy. En páginas anteriores se relata cómo durante una de las primeras acciones de la guerra, el 28 de febrero de 1895, fuerzas al mando de Juan Masó Parra, Joaquín Estrada y Esteban Tamayo habían tomado el poblado de Veguitas y sentenciado a muerte al jefe de voluntarios del pueblo por haber inutilizado las armas que ocuparían los cubanos. En aquella ocasión, la sobrina del condenado «...se interpuso entre su tío y los cañones de las escopetas, exclamando: —¡No lo matarán á él, sin antes matar á una cubana!»[324] La corajuda joven que así salvó a su pariente se llamaba María de la Maza y pocos meses después, como veremos a continuación, puede que también le haya salvado la vida al general español Arsenio Martínez Campos en Peralejo.

Según escribió en aquella época el entonces capitán de artillería del ejército español, Severo Gómez Núñez, en el trayecto entre Manzanillo y Bayamo,

> «...se encuentra como punto de descanso para las columnas, el poblado de Veguita, donde reside la dignísima señora doña María de la Maza, esposa del señor Quir, matrimonio á quien rinde veneración nuestro ejército, porque en su espléndida casa, encuentra solícitos cuidados, acogida patriarcal, alimentos y medicinas si escasean, entrañable afecto y fraternal albergue.»[325]

Recordando que, según Miró, "la señora de Veguitas" había hospedado en su residencia al general Martínez Campos, ya esta información del capitán Gómez Núñez apunta hacia María de la Maza como nuestra espía incógnita, pero para poder identificarla positivamente como "la señora de Veguitas" debemos estar seguros de que fue en su casa donde pasó aquella noche el general Martínez Campos. Esta corroboración la provee en sus *Crónicas de la*

---

[323] Pérez Landa, *Bartolomé...*, p. 110; La misma idea la reflejó José Maceo en carta de esa época a su esposa, Elena González, donde le informa que su hermano Antonio «derrotó al Gral. Martínez Campos» quien «se salvó por un Práctico disfrazado.» (Manuel J. de Granda, *Memoria revolucionaria*, Tipografía Arroyo Hermanos, Santiago de Cuba, 1926, p. 129)
[324] Heredia, *Crónicas...*, *op. cit.*, p. 39.
[325] Gómez Núñez, *La acción...*, pp. 6-7.

guerra de Cuba, Nicolás Heredia quien publicó en 1895 una fotografía de la «casa de Don José Quirch, en Veguitas, *donde pernoctó el General en Jefe con su E. M. la noche antes de la acción de Peralejo.*»[326] Con esta confirmación llegamos a la conclusión de que María de la Maza, sobrina del capitán de voluntarios don Cayetano de la Maza y esposa de Don José Quirch, es "la señora de Veguitas" cuya identidad no reveló Miró Argenter.

La casa del matrimonio Quirch en Veguitas donde se alojó el general Martínez Campos la noche antes de la batalla de Peralejo

Los soldados españoles heridos que fueron abandonados por sus compañeros en Peralejo fueron atendidos con solicitud por los cubanos. El general Maceo envió una nota a Martínez Campos para que mandara a buscarlos sin temor de ser hostilizado.[327] Maceo no recibió respuesta del general español y dos días después Masó Parra tuvo que dirigirse «a la señora María Maza de Quirch, en Veguitas, para que mandara por ellos». La Sra. de la Maza envió a su sobrino a transportarlos a Veguitas en sus propias carretas. Es innegable que la criolla María de la Maza fue una mujer de extraordinario temple que prestó importantes servicios a la causa española durante la Guerra del 95.[328]

---

[326] Heredia, *op. cit.*, p. 111. El énfasis es nuestro.
[327] Antonio Maceo. Ideología…, t. II, pp. 44-5.
[328] Masó Parra, "El combate…", p. 8; Gómez Núñez, *op. cit.*, p. 21; el Dr. Semprún también se refirió a la «…distinguida señora, propietaria de Veguitas, que se porta admirablemente con los soldados españoles…» (Guerrero, *op. cit.*, t. II, p. 634).

En lo que respecta a su actuación personal en el combate de Peralejo, Juan Masó Parra es sorprendentemente parco en detalles. Pero parece que no defraudó la confianza que en él depositara Antonio Maceo pues aun uno de sus más fuertes detractores admitió que Masó Parra, por su brío en el combate, gozaba de la admiración de sus jefes, «...especialmente, de Maceo, que lo vió en Peralejo dar fuertes cargas al machete.»[329]

La experiencia de Peralejo fue reveladora para el general Martínez Campos quien se quedó ocho días en Bayamo en espera de miles de tropas de refuerzo antes de atreverse a regresar a Manzanillo. Allí ordenó a su ejército que no se moviera por aquella zona en columnas de menos de quinientos hombres. Como muestra del sentido del humor del general Martínez Campos y del controvertido resultado de aquel combate, el secretario particular del alcalde de la capital de la Isla contó que al llegar allí el Capitán General y

«...leer, en los arcos triunfales con que en La Habana se le recibió, los letreros que decían: "Al héroe de Peralejo", yendo en su coche para Palacio, le preguntó por lo bajo a uno de sus ayudantes:
—Pero ¿qué? ¿Ya le levantan aquí arcos triunfales a Maceo?»[330]

Pocos días después, en comunicación al jefe del gobierno español, Antonio Cánovas del Castillo, Martínez Campos le propuso que lo remplazara con el general Valeriano Weyler ya que la insurrección cubana se le había ido de las manos.[331]

Después de Peralejo, Antonio Maceo devolvió las unidades que lo acompañaron en aquel combate a sus campamentos naturales, pero Juan Masó Parra tendría que esperar algún tiempo más. En conferencia con el general Masó, Maceo designó al coronel Masó Parra para hacerse cargo de un hospital de sangre para atender a los heri-

---

[329] En 1945, el Historiador Oficial de Trinidad, Francisco Marín Villafuerte, publicó una obra titulada *Historia de Trinidad* donde insertó dos capítulos escritos por otra persona, Rafael Rodríguez Altunaga, a quien acredita por «Revisión, Prólogo y Capítulos V y VI de la Parte Quinta; del Partido Autonomista y de la Guerra de 1895 en Trinidad». El texto aquí citado es tomado de lo escrito por Rodríguez Altunaga (*Historia de Trinidad*, Jesús Montero, La Habana, 1945, p. 254).
[330] Francisco Villoch, *Viejas postales descoloridas. La Guerra de Independencia*, Imp. P. Fernández y Cía., La Habana, 1946, p. 96.
[331] Carta de 26 de julio de 1895 de Martínez Campos a Cánovas del Castillo (Ortega Rubio, *ob. cit.*, pp. 472-4).

dos en el combate. Masó Parra reportó que los cubanos habían sufrido 108 bajas, entre ellos 24 muertos en el campo de la acción. Masó Parra estableció el hospital de sangre en las *Cabezadas del río Yao* donde hizo construir un amplio rancho de palmeras para ochenta y cuatro camas de «cujes y hojas secas de plátanos»; el doctor José Nicolás Ferrer, recién incorporado al regimiento, fue nombrado jefe de sanidad y el coronel Celedonio Rodríguez lo asistiría como practicante. Algunos habían recibido heridas de gravedad y no sobrevivieron, entre ellos un hermano del fallecido general Guillermo Moncada, el comandante Narciso a quien Masó Parra describe como tan fuerte como aquél, «hábil ginete, muy valeroso en la guerra y disciplinado y dulce en su trato»; había recibido un balazo en el pecho y murió a los tres días. Juan Masó Parra marchó con trescientos hombres detrás de su cadáver y despidió el duelo ante su tumba.[332]

Un mes después, Masó Parra pudo regresar con su regimiento *Luz de Yara* a su campamento en el área llamada *Caridad del Almagre* en la comarca manzanillera para desde allí reanudar las operaciones militares:

> «El 19 de agosto de aquel mismo año de 1895, ataqué en la finca "Santa Rosa," junto al Caño, á una guerrilla compuesta de 25 hombres de caballería. La operación se llevó a cabo con 40 hombres y en ella tomó parte activa, conduciéndose valientemente, el entonces Teniente Manuel de Leon Antunez. La dicha guerrilla quedó prisionera y la puse en libertad á los pocos días.
>
> El 6 de Septiembre siguiente libré en "Sotolongo" y "Caridad del Almagre," rudo combate con una fuerte columna enemiga, durante tres horas. El enemigo hizo uso de la artillería, retirándose a Veguita.»[333]

El 28 de agosto en Cienfuegos, en camino hacia La Habana después de su azaroso periplo por Oriente, el Capitán General Martínez Campos reemplazó a los jefes del primero y segundo distritos militares de la provincia oriental: el mando de Santiago de Cuba lo tomaría el general José Jiménez Moreno y el general Juan Salcedo sería

---

[332] Masó Parra, "El combate…", p. 8. Las cifras oficiales españolas; 1,500 contra 4,500 cubanos; bajas españolas 28 muertos y 98 heridos, las cubanas 300 (Gómez Núñez, *op. cit.*, pp. 19, 21). Las cifras cubanas: 2,100 contra 1350 españoles; 108 bajas cubanas y 217 españolas (Masó Parra, "El combate…", p. 8).

[333] Masó Parra, *Primera…*, p. 19.

devuelto a la Península; al general José Lachambre en Manzanillo lo sustituyó el veterano general Andrés González Muñoz.[334] Un batallón de la Unión Peninsular que había traído el general González Muñoz, y el de Isabel la Católica allí domiciliado, salieron a principios de septiembre en busca de Juan Masó Parra. Un práctico nombrado Podio sabía dónde estaba el campamento del jefe cubano y les sirvió de guía. Masó Parra reseñó así lo sucedido:

> «El 13 del mismo mes y año, acampado en "La Caridad del Almagre," fuí atacado por una columna enemiga de más de 2,000 hombres, de las tres armas, mandada por el General español Andrés González Muñoz. Sostuve todo el día el combate en mis posiciones. En la tarde perdí algunas de éstas, por la escacéz de parque y porque el enemigo me atacó á la vez por retaguardia. Me replegué sobre mi ala derecha y aquel se retiró a Veguita, llevándose según su propia confesión 35 bajas.
>
> El 25 en marcha sobre "Punta de Güira," junto al Zarzal, sostuve combate de dos horas con la misma columna enemiga, á la que hice varias bajas y dos prisioneros.»[335]

Un capitán de infantería del batallón de la Unión que participó en ambas acciones confirma en su esencia el relato de Masó Parra y atribuye el fracaso del ataque español a la deficiente dirección del ataque al campamento del «Cabecilla Masó Parra» y su partida «que tuvo suerte aquel día». La acción de unos días después, el Capitán la describe como «larga, á gran distancia y sin resultado positivo.»[336]

Pocos días después de estas acciones, Juan Masó Parra se vería involucrado, como protagonista involuntario, en una de las situaciones más desagradables de aquel período. En el orden personal, esta fue una experiencia especialmente difícil para Masó Parra pues el problema devino en larga y enconada pugna entre dos jefes a quienes profesaba gran admiración y respeto: Bartolomé Masó y Antonio Maceo.

---

[334] Revertér Delmas, *Cuba española...*, t. II, pp. 65-6
[335] Masó Parra, *Primera...*, pp. 19-20.
[336] Serra Orts, *op. cit.*, pp. 46-8.

IX - La crisis Masó-Maceo

A pesar de sus pobres dotes militares, el coronel del 68, Bartolomé Masó —así como los otros jefes orientales— había sido fiel al compromiso asumido de alzarse el 24 de febrero de 1895.[337] Después de la muerte de Guillermo Moncada, Masó representaba la máxima autoridad rebelde en Oriente y, por tanto, en toda Cuba. Aunque circunstancial, esta elevada posición que ostentó Masó no lo hacía muy receptivo a los radicales cambios que experimentaría la insurrección con el arribo de Maceo, Gómez y Martí. Esta situación creó serias tensiones a los más altos niveles de la jefatura oriental y colocó a Juan Masó Parra en medio de la disputa.

Desde su primer contacto con los orientales alzados, Antonio Maceo imprimió a la provincia un nivel de actividad y reglamentación militar tal que en pocos días organizó un verdadero ejército. Asumiendo de nuevo el mando del Departamento de Oriente que ocupara al abandonar la Isla en 1878, Maceo se hizo jefe de la provincia entera subordinando a él a todos los otros jefes incluyendo a Bartolomé Masó. Algo alarmado por las noticias que circulaban sobre los sucesos de Baire y las reuniones de Masó con agentes autonomistas, la primera orden que emitió Maceo fue para poner coto a tales contactos:

General Antonio Maceo y Grajales

«Queda prohibido por la presente orden toda conferencia con el enemigo o individuos procedentes de él y autorizando para ahorcar sin formación de causa a todo emisario español.»[338]

---

[337] Bernabé Boza anotó esto sobre los comentarios que se hacían del general Bartolomé Masó: «No será, como dicen, un gran General y se enredará en el sable y los entorchados, pero es un gran Patriota» (*op. cit.*, t. I, p. 30).

[338] Citado por Rufino Pérez Landa con fecha 20 de abril de 1895 (*Bartolomé...*, p. 94).

En cartas casi idénticas enviadas por esos días a José Miró Argenter, Jesús Rabí, Alfonso Goulet, y al propio Bartolomé Masó, Maceo insistía sobre el mismo tema:

> «…tengo noticias de que el General Martínez Campos, piensa poner en juego toda la astucia de que dispone a maravilla, para entablar conferencias, con el propósito de llevarnos al denigrante contubernio de un nuevo Zanjón….he juzgado conveniente manifestarle que según orden que ya debe de obrar en su poder, sea ahorcado todo emisario español o cubano que se presente con proposiciones de paz, sea cual fuere la gerarquía que tenga y sin debilidades de ningún género; que yo cargo y asumo toda la responsabilidad histórica de la medida dictada.»[339]

Y no era solamente Maceo el preocupado por los contactos de Masó con emisarios del enemigo. También José Martí y Máximo Gómez, el 27 de abril, —antes de ver a Maceo— oficiaron al general Masó órdenes de castigar «sumariamente este delito con la pena asignada a los traidores a la Patria».[340] Es decir que, aunque tales preocupaciones llegarían luego a ser superadas, Maceo sintió que debía tomar el control militar, como explicaría después en carta a Salvador Cisneros Betancourt, «para evitar las conferencias de arreglos con el enemigo».[341]

Desde el punto de vista de Bartolomé Masó, sin embargo, las acciones de Maceo no estaban justificadas. Seguro de su acrisolado patriotismo, bien pudo Masó sentirse ofendido, tanto por las alusiones a sus reuniones con los comisionados autonomistas, como por el terso lenguaje de las órdenes militares que le cursaba Maceo. Como evidente reflejo de ese enojo, Masó evitó reunirse con Maceo a pesar de haberlo este citado a varias entrevistas; antes quería presentar sus quejas al propio General en Jefe.

Las relaciones entre Máximo Gómez y Antonio Maceo, rotas desde 1886, se habían reanudado recientemente —al menos en el orden político— gracias a la actividad proselitista de José Martí y a la extraordinaria capacidad de ambos caudillos para obviar cuestiones personales cuando de la causa de Cuba se trataba. Su primer contacto personal en nueve años sería en la reunión de *La Mejorana* el 5 de mayo de 1895.

---

[339] *Ibidem*, p. 95; Antonio Maceo. *Ideología*…, t. II, pp. 25-7.
[340] Pérez Landa, *Bartolomé*…, pp. 354-5.
[341] Antonio Maceo. *Ideología*…, t. II, p. 66.

Maceo fue a *La Mejorana* con sus sentimientos heridos por la decisión de Martí y Gómez que dio a Flor Crombet el mando de la expedición que él debió traer a Cuba. Aunque siempre respetuoso de la disciplina y la legalidad, Maceo no tenía pelos en la lengua y venía ansioso de ventilar su descontento. Iba también como jefe del Departamento de Oriente y al mando de una numerosa tropa. Máximo Gómez y José Martí estaban de paso por Oriente en rumbo a Camagüey con sólo una pequeña escolta. La ventaja —siquiera psicológicamente— favorecía a Maceo; ni el Delegado ni el General en Jefe se encontraban en posición de antagonizarlo.[342]

Por todas estas razones, en *La Mejorana*, Máximo Gómez, aunque la creyera potencialmente conflictiva, no consideró necesario (o prudente) quitarle a Maceo la jefatura de la provincia oriental. Sobre cómo se trató allí el decreto por medio del cual había asumido el mando de la provincia, el propio Maceo recordaría después:

> «…De todo, di conocimiento al General en Jefe a su llegada a Cuba con Martí, dando ambos su aprobación al decreto, si bien con algunas restricciones que me hicieron suponer disgusto por su parte; pero sin que me hablasen del mando que yo había asumido ni se me indicara división del territorio a favor de nadie…»[343]

El *Diario* del propio Martí corrobora estas palabras de Maceo al reportar que durante la discusión sobre el método de selección de los representantes a la Asamblea Constituyente Maceo «No quiere q. cada jefe de Operaciones mande el suyo, nacido de su fuerza: él mandará los cuatro de Oriente…».[344] Esto comprueba que la jefa-

---

[342] La decisión de dar a Flor Crombet el mando de la expedición le fue comunicada a Maceo por una muy famosa carta de Martí. Pero este era sólo el jefe político y administrativo del movimiento. Lo que dio a aquella decisión carácter de orden militar fue otra carta que Maceo recibió junto con la de Martí. Esta, menos conocida, la escribió el General en Jefe, Máximo Gómez, y seguramente no le causó mucha gracia a Maceo pues en ella calificaba lo planteado por Martí de «racional, justo y perentorio». José Martí recogió sin tapujos en su diario los duros comentarios de Maceo en *La Mejorana* contra su persona y es lógico pensar que también recogiera los dirigidos contra el general Gómez. Esta pudiera ser la razón por la cual Máximo Gómez arrancó dos hojas del diario de Martí correspondientes al encuentro de *La Mejorana*. (Carta de Martí a Maceo de 26 de febrero de 1895 en Franco, *Antonio Maceo. Apuntes*..., t. II, pp. 92-3; carta de Gómez a Maceo de 27 de febrero de 1895, *ibidem*, p. 93).

[343] Carta de Maceo a Cisneros Betancourt de 8 de septiembre de 1895 (*Antonio Maceo. Ideología*..., t. II, p. 66).

[344] Martínez y Escobar, *José Martí. Diarios de campaña*, p. 292.

tura de la provincia no estaba en duda durante la discusión en *La Mejorana*.

General Bartolomé Masó y Márquez

Bartolomé Masó, sin saber que ellos también lo buscaban, ansiaba reunirse con Martí y Gómez para dilucidar la cuestión del mando oriental, y entre tanto, trataba a Maceo con cordialidad, pero seguía evitando el encuentro que el general pedía. A medida que se prolongaba el remoloneo de Masó, aumentaban las preocupaciones de Maceo quien seguramente recordaba que Bartolomé Masó tampoco había acatado su llamado a una reunión general cuando la Protesta de Baraguá. En aquella ocasión Maceo estimó que Masó había creído «conveniente aceptar el camino de la infamia».[345] En su primer despacho a Masó, fechado el 20 de abril de 1895, Maceo le había ordenado estar el 30 en la sabana «*Hato el Medio*»; seis días después, creyendo que Masó estaba ya en camino al punto señalado, le ordenó operar en aquella zona en espera de su llegada. Pero Masó se había quedado en la zona de Manzanillo y, como no estaba donde debía estar, no recibió a tiempo las cartas que le enviaban Gómez y Martí. Se enteró que estos estaban en *Hato del Medio* por una nueva carta de Maceo con instrucciones de enviar allí una escolta de 200 hombres que los llevara a Camagüey. En lugar de esto, el general Masó concentró las fuerzas de Juan Masó Parra, Esteban Tamayo, Joaquín Estrada y Amador Guerra y partió a reunirse con el Delegado y el General en Jefe.[346]

---

[345] Carta de Maceo a Julio Sanguily y Francisco del P. Bravo, 26 de marzo de 1878 (en Gerardo Castellanos García, *Huellas del pasado*, Editorial Hermes, La Habana, 1925, p. 376).
[346] Carta de Maceo a Masó de 20 de abril de 1895 (Pérez Landa, *Bartolomé Masó*..., p. 94); carta de Maceo a Masó de 26 de abril (*ibidem*, p. 97; carta de Maceo a Masó de 28 de abril, Franco, *Antonio Maceo. Apuntes*..., t. II, p. 112).

Al fin dio con ellos en *Dos Ríos* y allí tuvo oportunidad de evacuar su acumulado resentimiento por la actitud de Maceo. Máximo Gómez fue receptivo a las quejas del general Masó:

> «Como debe suponerse, esa reclamación [la jerarquía de Maceo] hería al General Masó, jefe del levantamiento, disgustándose sobremanera y estableciéndose con ello profunda división entre esos Generales, que entorpecían hondamente mi plan. Trabajo me costó convencer al General Maceo de lo pueril de sus pretensiones.»[347]

Este último comentario de Máximo Gómez choca con la realidad pues, desde que se separó de Masó el 21 de mayo hasta el 30 de junio, el General en Jefe no levantó un dedo para comunicar al general Maceo orden alguna sobre cambios de mando, y cuando finalmente lo hizo, Antonio Maceo obedeció.

Después de *Dos Ríos* Bartolomé Masó regresó a Manzanillo en espera de la reparación prometida por Gómez y, ya seguro del apoyo del General en Jefe, continuó evadiendo sutilmente las órdenes de Maceo mientras le pedía a su vez que viniera a Manzanillo para despejar «la situación de aquella comarca.»

Ajeno al resquemor de Masó y sin conocimiento de que su autoridad ante él había sido minada por el propio General en Jefe, Maceo continuaba actuando como jefe supremo de la provincia, nombrando jefes y reorganizando fuerzas hasta en el territorio del 2° Cuerpo. En sus comunicaciones con Maceo, Bartolomé Masó mostraba anuencia hacia estos cambios ocultando su inconformidad. Desde el 31 de mayo Maceo le había comunicado instrucciones para reunirse con él, y Masó seguía eludiéndolo alegando estar impedido por dolencias en una pierna. Sin embargo, por esos mismos días, en carta personal a *Bartolito* el general Masó dijo sobre su salud que "desde el principio de la contienda nunca he estado malo» a no ser «algún constipado».[348] Pero el 30 de junio, Máximo Gómez envió comunicaciones simultáneas a Masó y a Maceo ordenándoles que organizara cada uno el contingente más fuerte posible con «Gefes escogidos y experimentados» para marchar al Occidente.[349] Una

---

[347] Gómez, "Extracto de mi diario", *Diario de Campaña*..., p. 437.
[348] Carta de 13 de junio de 1895 de Bartolomé Masó firmada «*Tu papacito*» (Gutiérrez Fernández, *op. cit.*, t. II, pp. 244-6).
[349] Carta de Gómez a Masó (Pérez Landa, *Bartolomé*..., pp. 106-7); carta de Gómez a Maceo (Souza, *Ensayo*..., pp. 37-9).

posdata apremiaba a Maceo a dejar a Oriente sólo con guerrillas y salir pronto con rumbo oeste. Pero lo más significativo de esta misiva es que en ella Gómez se refería a Masó y Maceo como jefes del Segundo y Primer Cuerpos del Ejército, respectivamente. Así, de esta manera oblicua y sin explicación alguna, fue como Gómez informó a Antonio Maceo que había sido rebajado de puesto.

Esta carta surtió un efecto balsámico en el general Masó. Este, quien como hemos visto, alegando achaques había demorado por varias semanas la reunión pedida por Maceo desde el 31 de mayo,[350] una vez recibida esta comunicación de Gómez reconociéndolo como jefe del 2º Cuerpo de Oriente y equiparándolo con Maceo, se sintió suficientemente recuperado y marchó al fin, con la tropa de Juan Masó Parra, a reunirse con Maceo el día 12 de julio en vísperas de Peralejo. Maceo no había recibido aún su copia de la carta de Gómez, pero Masó no tardó en mostrarle la suya.[351]

Respetuoso de Masó, y de sí mismo, Maceo disimuló durante aquella entrevista el enojo que le produjo esta información. Sin embargo, su reacción no se haría esperar mucho. Esta noticia motivó un interesantísimo intercambio epistolar entre los dos grandes caudillos. Porque estas reveladoras cartas son casi desconocidas, y sólo se han publicado por separado y fuera de contexto, hemos decidido reproducirlas aquí.

El 16 de julio, pocos días después del combate de Peralejo, Maceo escribió una nota personal de su puño y letra a Máximo Gómez que según el biógrafo de Gómez, Benigno Souza, «comienza con un; "Amigo querido, le incluyo una carta de Manana"», y después de informar a Gómez de sus empeños en asegurar la correspondencia con su esposa, le dice:

«…Me disgusto mucho, muchisimo la órden en que V. me comunicaba la Division de dos Cuerpos de Ejercitos del que siempre fue uno, haciendo de él una disgregación de territorios que no he comprendido todavia, pues aun no se si la Division que manda José esta á mis ordenes y cual es la parte que yo debia mandar. Igual cosa le sucedió á Masó, pero como yo tengo bastante fuerza de voluntad para dominar mis impresiones y hacerlo todo por Cuba, sufrí callado lo

---

[350] Carta de Antonio Maceo a Bartolomé Masó, 31 de mayo de 1895 (*Antonio Maceo: Ideología*…, t. II, p. 35).
[351] *Ibidem*, p. 66.

que yo creía una ofensa é injusticia de V. pues el mismo Masó no ha tenido inconveniente en tolerar las cosas que he hecho en beneficio del órden y organización de las fuerzas orientales, pues por mas que se disponga lo contrario y quieran colocarme por debajo, siempre tendré en ellas el aprecio y admiración que tienen por V. Salgo hoy para Cuba á ocuparme de preparar las fuerzas que debo llevar á la invasión y ver si consigo un arreglo definitivo de armas que tengo preparado por aquellos lados. Salude á los bravos camagüeyanos con un fuerte abrazo al Marques y V. quiera a su A. Maceo.»[352]

No sin cierta elegancia, enmarcados por cariñoso saludo y tierna despedida van la franca queja por la humillante democión y el disciplinado acatamiento a la decisión del superior jerárquico. Queda claro aquí que Maceo, aceptado por Gómez en *La Mejorana* como jefe de Oriente, no se percataba aún de que esta decisión la había tomado el General en Jefe en Dos Ríos, desde hacía seis semanas, para apaciguar a Masó.

En su respuesta, Máximo Gómez se muestra agredido, y por tanto, más áspero que de costumbre:

«Al Gl. Ant. Maceo:

Su comunicación de fecha 16 del actual está en mi poder, extrañándome a la verdad, no solamente su estilo irrespetuoso, sino la manera violenta e inconsulta de como Vd. ha modificado la suprema organización que de fuerzas y territorios dejé hecha en Oriente con el fin de que de ese modo se expeditara la pronta y fácil organización de las fuerzas movibles para la invasión. Principal objetivo.

Por otra parte, la modificación que V. ha hecho redunda directamente en favorecerse V. mismo en mando más elevado, al parecer, y esa sola consideración le hubiera hecho proceder con más cordura consultándome.

He dicho "mando más elevado al parecer", y voy a explicarme. No estando V. llamado por su prestigio a mandar ni 1o. ni 2o. Cuerpo de Ejército, sino el GRAN CUERPO DE EJERCITO INVASOR, fué mi propósito disponer las cosas así, para que más desembarazado V. pudiera preparar bien las tropas a su inmediato mando, al mismo tiempo que a su vez lo haría el Jefe del 2o. Cuerpo, para entregarlas a V. en el instante necesario.

---

[352] Transcripción del autor de copia facsimilar del fragmento de la carta reproducida por Benigno Souza en su *Ensayo histórico sobre la Invasión*, pp. 85-6.

Si como V. dice, para justificar su inusitada asumación de mando, "está luchando con la desorganización e indisciplina más profunda que ha visto", y que por eso sin duda "lo llamaron los Jefes y médicos del 2° Cuerpo". No contaba yo, pero ni creo que V. tampoco, con la deficiencia de los Jefes y Oficiales del 2o. Cuerpo, y en ese caso, sin que V. haya cambiado el personal, dudo que sus órdenes y disposiciones, por más atinadas que puedan ser, serán bien atendidas y cumplidas. No está el mal, pues, en la organización que yo di, sino que la Revolución, en esa parte, está pobre de hombres que la sepan defender y representar.

Si el M. G. Bartolo Masó, el hombre de prestigio que levantó la comarca, y que siempre tendrá grandes méritos para mí, ha sido sustituído por V. mismo, sin siquiera previa consulta a este Ctel. G., y él ha aceptado tan delicada y sorprendente remoción, sin reclamos legales y justos, y explicaciones que le pongan a cubierto de juicios poco favorables respecto a sus aptitudes, eso no obsta para que sobre él recaiga gran parte de responsabilidad.

El nombramiento que V. ha dado al Bdier. Angel Guerra, para Jefe de operaciones en las Tunas, jefe poco conocido y conocedor él de ese territorio en reemplazo del Bdier. José Ma. Capote, que como segundo del Gl. Borrero le correspondía, y porque ya es querido de la gente de las Tunas. Todo eso me hace augurar grandes trastornos que nos obstaculizan la marcha triunfal.

Yo lamento, según el sentido de su comunicación que contesto, que sus aspiraciones de guerrero, tal parece que se limitan a Oriente, y su criterio político no sea más revolucionario.

La revolución no debe estancarse en Oriente, y sus hazañas, no servirán sino para dar más lustre a su espada, que ensanche a la Revolución, cuya observación no está fuera de lugar, cuando a las claras se preocupa V. de mandos de fuerzas y de territorio, cuando yo pensaba que por ellos no debíamos más que pasar, rápidos y violentos, a plantar la bandera en los confines de Occidente.

Si en realidad estuviera V. bien inspirado en este gran pensamiento invasor, no censurara mi propósito de enguerrillar a Oriente, para que nos entretenga u obligue al enemigo a no abandonar esas comarcas.

Estas guerrillas si V. sabe dejarlas bien preparadas, apenas no deben batirse, sino impedir el tráfico, las comunicaciones y el trabajo enemigo.

Por mi parte Gral., y bueno es que lo diga una vez más, no he venido aquí a satisfacer ambiciones personales de ningún género, sino como un amigo de los cubanos y de esta Tierra, a ayudarles a conquistar su independencia.

Sinceramente felicito a V. y felicito también a Jefes y Oficiales, por su brillante victoria alcanzada en el combate del 13, cuya fecha será una página más de gloria en su historia militar.

M. Gómez[353]

Gómez omitía toda referencia a su demora en reportar a Maceo la creación del 2° Cuerpo bajo Masó y dulcificaba su decisión con el poco convincente argumento de que su intención era aliviar a Maceo para que mejor pudiera preparar el contingente invasor. Desde luego, como era previsible y comprobaron los hechos, tal división surtió un efecto diametralmente opuesto. Aunque Gómez tomó como una afrenta personal la sustitución de algunos jefes nombrados por él, con excepción de Capote no los defiende, y hasta al propio Masó hizo blanco de crítica.

Sin embargo, a pesar de que las tremendas acusaciones que Gómez descarga sobre Maceo al cuestionar sus motivaciones pueden ser exageradas, *El Viejo* estaba justificado en criticar a Maceo por su dilación en preparar la Invasión. Maceo creía necesaria la Invasión, pero la consideraba prematura en aquel momento. Deseaba esperar una anunciada expedición que aliviara la aguda escasez de elementos de guerra; quería dejar la provincia de Oriente bien organizada militarmente bajo el mando de su hermano José; y también creía ahora oportuna la creación del gobierno antes de marchar a Occidente. Quizás por estas razones —y porque conocía y aceptaba el estilo de Gómez de "mandar en un campamento"— Maceo prefirió dar por terminado su duelo epistolar con el General en Jefe. Curiosamente, a pesar de los naturales recelos que siempre surgen entre personalidades fuertes y que son alentados por sus seguidores, desde entonces en las relaciones entre ellos predominó el respeto mutuo y la cordialidad, con ocasionales atisbos de genuino afecto.

Pero después de una incursión a la zona de Guantánamo donde, con José, obtuvo otro sonado triunfo en el combate de *Sao del Indio*, y luego de haber tomado las medidas pertinentes a la organi-

---

[353] Gerardo Castellanos García, *Resplandores épicos: La Invasión - Máximo Gómez - Cruces - Mal Tiempo*, La Habana, 1942, pp. 36-9.

zación militar de aquella zona, Maceo se dedicó a trabajar febrilmente en la organización de la Columna Invasora.[354]

Por su parte, Bartolomé Masó, que conocía las ideas de Maceo, se apoyaba en ellas para contestar al General en Jefe «de una manera terminante» que se hacía imposible marchar a Las Villas.[355] En realidad Masó no tenía fe alguna en el éxito de la Invasión:

> «…La idea de llegar no a Pinar del Río, sino a la Habana desde la Sierra Maestra, es ilusoria. ¿Qué hombres harían la jornada de infantería? ¿Con qué caballos? ¿Dónde se aprovisionaría ese Ejército? ¿En caso de una derrota, a dónde se retirarían a reponerse? En los llanos no hay emboscadas, tiroteos ni pequeños fuegos, hay que presentar batallas; ¿con qué artillería? ¿Con cuáles armamentos? ¿De dónde viene el parque?…»[356]

Pensando de esa manera es imposible esperar que Masó pudiera crear entusiasmo alguno en sus hombres hacia la empresa invasora, especialmente tomando en cuenta la natural renuencia de los mambises a operar lejos del terreno conocido y de sus familias. Esa actitud de Bartolomé Masó desentonaba con el plan militar de la revolución y creó cierta confusión y desorden en las tropas a su mando. De hecho, el 2º Cuerpo experimentó por este tiempo casos de indisciplina y hasta irregularidades en el cobro y manejo de los impuestos de guerra.

Aunque Máximo Gómez considerara necesario aplacar las demandas de Masó y su gente de Bayamo y Manzanillo, igualar a este con Antonio Maceo sólo tendría sentido si Masó pasaba pronto a formar parte del gobierno que se crearía durante las próximas semanas. Todo parece indicar que ese era el plan de Gómez quien en numerosas ocasiones trató —con desusada e inútil delicadeza— de llevar al ánimo de Masó que su puesto estaba en lo civil y no en

---

[354] Carta de Maceo a Masó de 14 de julio de 1895 (*Antonio Maceo. Ideología…*, t. II, p. 42-4); la expedición esperada por Maceo llegó por Baracoa el 19 de agosto al mando de Francisco Sánchez Hechavarría. (Justo Carrillo Morales, *Expediciones cubanas,* dos tomos, Rambla, Bouza y Cía., La Habana, 1930, t. I, pp. 23-6)

[355] Según carta de Masó a Maceo de 24 de julio de 1895 (Benigno Souza y Rodríguez, *Máximo Gómez: el Generalísimo*, Editorial de Ciencias Sociales, La Habana, 1996 [1ª ed. 1936], p. 141)

[356] Según cita textual que le atribuye el propio Rufino Pérez Landa, aunque sin especificar de donde lo tomó. (*Bartolomé…*, p. 131).

lo militar. Pero sucedió lo inesperado: Bartolomé Masó quiso aferrarse al mando del 2º Cuerpo. Esto causó serios trastornos. Desgraciadamente, la demora de Gómez en tratar de resolver la cuestión del mando de Oriente, primero, y sus confusas y hasta contradictorias comunicaciones después, sirvieron también para exacerbar en lugar de aliviar los problemas entre Masó y Maceo.

La forma en que Máximo Gómez reaccionó a la carta en que el general Masó rechazaba su orden de mover tropas a Las Villas prueba claramente hasta donde estaba dispuesto a llegar el General en Jefe en sus esfuerzos por contemporizar con el jefe manzanillero por aquellos días. Tal desafío a su autoridad hubiera expuesto a cualquier otro subalterno, cuando menos, a una violenta amonestación. En este caso, sin embargo, el general Gómez decidió no darle importancia a los peligrosos comentarios de Masó seguramente pensando que, después de todo, Masó debía pasar al gobierno y no valía la pena crear un incidente desagradable. Desgraciadamente, Máximo Gómez, siempre presto a reprimir la más leve amenaza —real o imaginaria— al buen desenvolvimiento de la guerra, en este caso optó por ejercitar el tacto y la delicadeza, atributos que no le eran familiares, en lugar de exigirle a Masó que armonizara su conducta con las exigencias militares de la revolución.

A pesar de esto, es justo consignar que el general Gómez trasmitió a Bartolomé Masó, con claridad diáfana y en repetidas ocasiones, sus deseos de que pusiera las fuerzas del 2º Cuerpo a disposición de Antonio Maceo para la formación de la Columna Invasora. La resistencia que ofreció Masó a esas órdenes llegó a bordear la insubordinación. Mucho antes de que el General en Jefe llegara a comprender la gravedad de la conducta obstruccionista de Masó, Antonio Maceo, responsable de organizar el contingente invasor, tuvo que enfrentarse a esa oposición y tomar medidas drásticas para superarla.

Ajeno todavía al disgusto de Masó, al enterarse el general Maceo en Holguín a principios de septiembre de malos manejos en la concesión de permisos comerciales y faltas de disciplina en el 2º Cuerpo, le escribió sobre esto al general Masó al tiempo que le pedía informes sobre el contingente invasor, e inoportunamente, le envió copia de esta carta al General en Jefe. El 25 de agosto, con motivo de una disputa acerca de la legitimidad de los delegados orientales que ambos generales habían enviado a la Asamblea

Constituyente, Máximo Gómez, sin calcular que sus descuidados comentarios alentarían aún más a Masó contra Maceo, le había escrito al primero:

> «...esto es cuestión de orden y disciplina, divido el Oriente en dos cuerpos de ejército por disposición del Cuartel General del mismo, no importa que a Maceo no le cuadre...»[357]

Mientras le decía esto a Masó, por esos días le escribió a Maceo expresando su acuerdo en dejar a José como jefe supremo de la provincia y añadiendo: «Creo que el general Masó ayudará más en lo civil y en lo político.»[358]

Probablemente animado por los comentarios de Gómez, Masó corrió a Camagüey y llegó el 2 de septiembre al campamento del general Gómez con nuevas quejas. Ya por estos días Máximo Gómez, ansioso de llevar la Invasión a Occidente antes de la llegada de los anunciados refuerzos de tropas españolas, estaba perdiendo la paciencia tanto con la demora de Maceo, como con los celos de Masó, y en comunicación del 29 de agosto le había ordenado a este último:

> «Para la consecución de plan reservado, pondrá Ud. a disposición del Mayor General Antonio Maceo, todas las fuerzas del 2º Cuerpo que Ud. comanda.
>
> Al extraer el General Maceo el contingente que crea necesario de dichas fuerzas, reorganizar Ud. las que queden, de modo y manera que pueda Ud. atender con actitud enérgica a las operaciones en todo el territorio comarcano.
>
> Este cuartel General confía no solamente no ponga Ud. obstáculo, el mas insignificante, al Gral. Maceo, sino que le ayude para que todo salga rápido y bien hecho.»[359]

Pensando que de ese modo terminaría con el asunto, Gómez hizo que Masó escribiera a Maceo desde Camagüey, poniendo a su disposición todas las fuerzas del 2º Cuerpo.[360] Masó fue enviado de regreso a Oriente a ocuparse de los problemas de indisciplina, pero

---

[357] Pérez Landa, *Bartolomé*..., p. 364.
[358] Souza, *Máximo Gómez*... p. 144.
[359] Pérez Landa, *Bartolomé*..., p. 365.
[360] Según revela el propio Masó en posterior carta a Maceo a finales de octubre (*ibidem*, p. 135).

el patriota manzanillero se fue con la impresión de haber obtenido de Gómez una importante concesión: el 2º Cuerpo sólo tendría que contribuir 250 hombres al contingente invasor.

Masó no regresó a tiempo para participar de la Asamblea de Jimaguayú donde el 16 de septiembre se aprobó una constitución y el 18 se eligió el gobierno presidido por Cisneros Betancourt, con el propio Bartolomé Masó de vicepresidente; General en Jefe, Máximo Gómez, con Antonio Maceo de segundo en el mando del ejército como Lugarteniente General. Los delegados nombrados por Maceo votaron por Masó para la presidencia, pero la elección del camagüeyano Cisneros sirvió para atenuar un poco lo que se percibía como el predominio oriental en la insurrección.

Todos los conocedores del caso vieron en la elección de Bartolomé Masó a la vicepresidencia la esperanza de que este pasara a ocupar su cargo en el gobierno para así disipar sus conflictos con Maceo. Tanto Máximo Gómez como el presidente Cisneros le escribieron para que se uniera al gobierno que se trasladaba a Oriente. Disuelta la Asamblea, Gómez también consideró necesario enviar al 2º Cuerpo una comisión de tres oficiales con la misión de dar solución a los alarmantes desórdenes que el condescendiente Masó no parecía poder controlar. A pesar de todo esto el general Masó seguía atrincherado en el mando del 2º Cuerpo y aferrado a su rencilla con Maceo.

Recién nombrado segundo jefe del Ejército Libertador con el título de Lugarteniente General, Antonio Maceo redobló los esfuerzos para completar el contingente invasor que, según órdenes del General en Jefe, debía contar con 1,100 hombres de cada uno de los dos cuerpos de ejército orientales. Juan Masó Parra representaría un papel importante en esta etapa.

Máximo Gómez, había tenido oportunidad en *Dos Ríos* de comprobar la combatividad de Juan Masó Parra. Ya el 8 de julio le había comunicado a Maceo que debía disponer de «las fuerzas montadas del Segundo Cuerpo de Ejercito» entre las que se destacaba por su organización y energía el regimiento *Luz de Yara* que capitaneaba Masó Parra.[361] Poco después, refiriéndose a la Columna

---

[361] Carta de Gómez a Maceo de 8 de julio de 1895 (Souza, *Ensayo...*, p. 56).

Invasora, le recomendó de nuevo a Maceo no dejar a Juan Masó Parra detrás.[362]

Atendiendo las instrucciones del general Gómez, el 13 de septiembre, Maceo, quien había palpado el temple de Masó Parra en las cargas de caballería en *Peralejo*, se había dirigido al general Masó:

> «…Desconociendo por completo cuáles son las fuerzas y los límites del territorio del Segundo Cuerpo de Ejército al digno mando de Ud., así como también del que tengo el alto honor de mandar yo, suplico a Ud. encarecidamente se sirva autorizar a los coroneles Esteban Tamayo y Tamayo, Juan Masó Parra y Francisco Estrada; tenientes coroneles Dimas Zamora y Alfonso Rivero, para que organicen mil cien hombres en esa demarcación, seguro de que Ud. puede hacerlo todo sin ocasionar demoras a la organización de la columna con que pienso practicar operaciones durante dos meses.
>
> …Además de los Jefes mencionados, por los cuales me intereso en atención a sus grandes dotes militares, puede Ud. incorporar todos los demás que crea inconvenientes al orden y tranquilidad pública en ese Cuerpo de Ejército…»[363]

Durante los próximos días, Maceo envió comunicaciones a los jefes mencionados para que, una vez autorizados por el general Masó, preparasen sus fuerzas. En ese sentido le escribió el día 14 al coronel Juan Masó Parra.

Antonio Maceo había recibido en su campamento a su hermano José, quien se trasladó con su parte del contingente invasor al campamento del Lugarteniente General en Canastas, pero los hombres del 2º Cuerpo no daban indicio alguno de movilización. Bartolomé Masó se resistía ahora abiertamente a las órdenes de Maceo excusándose con que estaba en espera de clarificación del General en Jefe en cuanto al número de hombres que debía entregar y hasta el tipo de armamento que debían llevar. Este abierto desafío a la autoridad de Antonio Maceo resultaba, además de altamente ofensivo, sumamente inoportuno. Maceo consultó a los miembros del Consejo de Gobierno que se habían incorporado a su campamento y, con su anuencia, ordenó al brigadier Jesús Rabí asumir el mando interino del 2º Cuerpo.

---

[362] Carta de Gómez a Maceo (*ibidem*, p. 61).
[363] Antonio Maceo. *Ideología*…, t. II, p. 71.

Ansioso de partir al encuentro con el General en Jefe, y al no recibir respuesta a sus comunicaciones del mes anterior, Maceo emitió nuevas órdenes el día 15 de octubre a Juan Masó Parra y a otros jefes del 2º Cuerpo para que se incorporaran a su campamento sin demora.

Ya por esos días los preparativos de la Invasión eran un secreto a voces en el campo insurrecto y Juan Masó Parra no quería quedarse atrás. Como no había visto intención de participar en el esfuerzo por parte de Bartolomé Masó, y sin saber que Maceo había pedido su concurso para la nueva empresa bélica, Masó Parra entregó el mando de sus fuerzas y, libre ahora del protocolo militar, le envió una carta particular a su compañero de exilio, Antonio Maceo, recriminándolo por no haber contado con él para la Invasión.

Maceo había iniciado la memorable marcha invasora el día 22 de octubre desde los Mangos de Baraguá y recibió la carta de Masó Parra el día 25 en Sabanilla del Cauto. Las noticias de Masó Parra sorprendieron a Maceo ya que sugerían que el general Masó había interceptado su correspondencia. Ese mismo día Maceo le contestó:

> «Sr. Coronel Juan Masó Parra.
> Apreciable Coronel y amigo:
> Acabo de recibir su atenta comunicación fechada en Caridad de Almagre el día 17 del mes que cursa.
> Respondiendo a los particulares que contiene, me es grato manifestar a usted que desde la última vez que estuve en ese territorio pensé en usted para la Invasión a Occidente, pero no pude entonces decirle nada por la precipitación de mi salida.
> Mas cuando llegué a (Bar) Cayo Rey, donde se me presentó el coronel Tamayo, escribí a usted y a otros jefes sobre el particular y estoy verdaderamente sorprendido de que esa carta no haya llegado a sus manos, pues sé por el mismo coronel Tamayo que el general Masó se hizo cargo de ella para hacerla llegar a su destino.
> En dicha carta daba a usted las instrucciones necesarias para la organización del contingente, pero ya que han ocurrido tales cosas, hágase cargo de las fuerzas y diríjase con ellas lo más pronto posible a la finca nombrada Corral Nuevo, conocida por la De Gelabert, junto al Cauto.
> En ese lugar sacaremos de allí el contingente y se devolverá el resto a su centro de operaciones.

Deseo vivamente hablar con usted sobre los particulares que me indica, y mientras eso sucede, me reitero de usted s. s. y amigo.»[364]

Simultáneamente, Maceo escribió al jefe interino del 2º Cuerpo, general Jesús Rabí, para informarle de la carta de Masó Parra y previendo que sus comunicaciones a los otros jefes de ese territorio también hubieran sido interceptadas, le recomendaba que les repitiera a ellos las mismas órdenes dadas a Masó Parra. Bartolomé Masó, que persistía en desconocer la autoridad del Lugarteniente General del Ejército Libertador, rehusaba entregar el mando a Rabí, y llegó hasta presentar su renuncia a la vicepresidencia con tal de seguir en aquella jefatura. Al día siguiente de recibir la reveladora carta de Juan Masó Parra, Maceo, quien hasta ahora había tratado al insubordinado general con paciencia y cortesía, ordenó a Masó presentarse sin demora en su campamento «con lo cual me evitará tener que abandonar la columna para irle a buscar a su residencia y a obligarlo a seguir conmigo.»[365]

Ya el día 27 Maceo tenía confirmación de que sus cartas a los coroneles Francisco Estrada, Dimas Zamora y otros, habían sufrido el mismo destino que la de Masó Parra, pero sugiriendo que pudiesen haber «demorado por razón de las lluvias» el Lugarteniente cursó nuevas instrucciones indicando puntos de reunión alternos.[366] Como el Consejo de Gobierno marchaba con la Columna Invasora a su mando, Maceo elevó un informe a ese cuerpo sobre la resistencia pasiva de Bartolomé Masó y la retención de sus comunicaciones.[367] Pero hechos más graves aún llegarían a sus oídos.

---

[364] Antonio Maceo. Ideología..., t. II, p. 100. Maceo saluda aquí a Masó Parra como coronel lo cual evidencia que cuando Miró Argenter lo agrupó con los tenientes coroneles en el "Escalafón del Ejército Invasor 1895" representa uno de los varios errores en ese listado (Souza, *Ensayo...*, p. 203).

[365] *Ibidem*, pp. 100-1, 106.

[366] Circular de Maceo a Zamora desde Pestán el 27 de octubre de 1895 que comunica haber comunicado «iguales instrucciones á los Jefes Francisco Estrada, Esteban Tamayo y Tamayo, Juan Masó Parra y Alfolnso [sic] Rivero», AGMM, Ultramar, Cuba, Caja 3442, Capitanía General de Cuba, 2ª 3ª, Documentación incautada al enemigo, 1895-1898 (copia en latinamericanstudies.org).

[367] Algunos de los jefes, al enterarse de que Masó había interceptado sus cartas se las reclamaron a Masó. (*Antonio Maceo. Ideología...*, t. II, p. 139); El biógrafo de Masó, (Pérez Landa, *Barttolomé...*) inadvertidamente suministra evidencia probatoria de que el general Masó retuvo por estos días las cartas de Maceo. Citando textualmente de la dirigida al coronel Francisco Estrada por Maceo desde *Canastas* con fecha 15 de octu-

Acampada la columna en Mala Noche, se le incorporaron los primeros hombres del 2° Cuerpo.[368] Al mando de las tropas, unas 350 plazas, venían los coroneles Masó Parra, Estrada y Santana. Allí tuvieron oportunidad de conversar personalmente Antonio Maceo y Juan Masó Parra sobre la caótica situación del Segundo Cuerpo de Ejército. Ante esos informes, y habiendo recibido una carta del general Masó excusándose nuevamente de no poder mandarle tropa alguna hasta que el General en Jefe le aclarara el número de hombres que debía enviar, Maceo reiteró al general Rabí previas órdenes de sacar a Bartolomé Masó de Manzanillo y traerlo ante él. Asimismo, rindió cuentas al gobierno y a Máximo Gómez, de las medidas que se veía obligado a tomar contra Masó.[369]

Desde que llegaron las tropas del Segundo Cuerpo al campamento de Maceo comenzaron las deserciones que llegaron a alcanzar proporciones escandalosas. Maceo estaba consciente de que la resistencia de Masó a la invasión había debilitado la disciplina, pero reportes recientes, de los coroneles Juan Masó Parra y Francisco Estrada, y hasta del propio jefe del Estado Mayor de Bartolomé Masó, Celedonio Rodríguez, convencieron a Maceo, y hasta a los miembros del gobierno, que tendrían que tomar medidas drásticas e inmediatas para neutralizar el daño que hacía el general Bartolomé Masó.

El hecho en cuestión estaba relacionado con la reaparición en la escena de un viejo amigo del general Masó, de muy cuestionable conducta. Juan Evangelista Ramírez Romagosa se había alzado desde el principio de la Guerra de los Diez Años donde alcanzó el grado de teniente coronel. Fue compañero de armas de Masó, aunque desde antes del Convenio del Zanjón, su conducta lo llevó por

---

bre (p. 131), la "Nota Bibliográfica" correspondiente al citado documento (p. 368) explica: «El original en nuestro Archivo, por cortesía de doña Francisca Rosales.» Doña Francisca era la compañera de Bartolomé Masó, quien cedió los papeles del general al Sr. Pérez Landa para que escribiera su obra. Es decir, que tal y como dijo Estrada a Maceo, Masó se había quedado con su carta.

[368] La fecha exacta es imprecisa. Juan Masó Parra dice que el 2 de noviembre partió al encuentro con Maceo (*op. cit.*, p. 20); José Luciano Franco dice que llegaron el día 31 de octubre (*Antonio Maceo. Apuntes...*, t. II p. 194); el "cuadro de marchas" de la columna invasora que ofrece José Miró Argenter muestra que esta estuvo acampada en el hato de Mala Noche desde el 31 de octubre hasta el 3 de noviembre.

[369] Carta de Maceo a Rabí de 2 de noviembre de 1895, y carta del mismo día de Maceo al secretario de la Guerra en funciones, Mario García Menocal (*Antonio Maceo. Ideología...*, t. II, pp. 122-3).

un distinto derrotero político.[370] En aquella contienda Ramírez se había destacado en la toma del Fuerte de la Loma en Puerto Padre pero también participó en el movimiento sedicioso de Lagunas de Varona en 1875 y fue uno de los protagonistas del motín de Santa Rita en 1877. El general Vicente García se mostró convencido desde 1878 de que Ramírez venía «traicionando la causa» desde hacía tiempo;[371] el Dr. Félix Figueredo Díaz lo creía traidor desde 1874 y responsable de la captura del general Calixto García.[372] Aunque en 1879, al estallar la Guerra Chiquita, Masó y Ramírez fueron arrestados juntos en una de las redadas de Polavieja, Masó fue enviado a prisión en España mientras Juan Ramírez fue puesto en libertad a los pocos días. Durante la larga tregua, Ramírez se convirtió en una importante figura del Partido Liberal Autonomista y administrador de la aduana de Manzanillo. A pesar de sus diferencias políticas, los antiguos compañeros de armas sostenían relaciones de negocios; ya hemos visto que Ramírez era dueño del ingenio donde Masó molía su caña. Ante la nueva rebelión comenzada el 24 de febrero, Juan Ramírez formó parte de la comisión del PLA que, encabezada por Herminio Leyva, trató de persuadir a Bartolomé Masó para que desistiera de su rebeldía.

---

[370] Algunos autores (Flora Mora, *Biografía de Perucho Figueredo*, Miami, 1974, p. 127; Teresa Fernández Soneira, *Mujeres de la Patria. Contribución de la mujer a la independencia de Cuba,* dos tomos, Ediciones Universal, Miami, 2014, 2018, t. I, p. 124) afirma que Juan Ramírez casó con Elisa, la hija de Pedro (*"Perucho"*) Figueredo Cisneros, el autor del Himno Nacional cubano y esta versión ha llegado hasta el árbol genealógico de los Figueredo (según copia en el archivo del autor por cortesía de José Lacret Figueredo). Sin embargo, resulta curioso que una hermana de Elisa identifica a sus «cuñados Carlos Manuel y Ricardo de Céspedes», esposos de Eulalia y Blanca respectivamente, sin mencionar a Juan Ramírez como tal (*La abanderada de 1868: Candelaria Figueredo (Hija de Perucho). Autobiografía*, Cultural, S.A., La Habana, 1929, p. 23). Además, Gerardo Castellanos García, quien nació y vivió sus primeros años en Cayo Hueso, recordaba que Elisa Figueredo y su esposo, José García Toledo, eran maestros en el Club San Carlos en 1874 (*Motivos de Cayo Hueso*, Úcar, García y Cía., La Habana, 1935, p. 117).

[371] Del diario del mayor general Vicente García, fragmento en Carlos Tamayo Rodríguez, *Miedo a Vicente García*, Sección de Patrimonio, Las Tunas, 1986, pp. 74, 78 y más completo en Víctor Manuel Marrero, *Vicente García. Leyenda y realidad*, Editorial de Ciencias Sociales, La Habana, 1992, pp. 197, 252-3, 263, 281, 306.

[372] Carta de Figueredo a la Sra. M. de C. de octubre de 1874, en Félix Figueredo Díaz, "La Guerra de Cuba en 1878 (La Protesta de Baraguá)", *Cuadernos de Historia de la Salud Pública No. 56*, Ministerio de Salud Pública, La Habana, 1973, pp. 215-25.

El villareño Manuel Piedra Martel contó que, cuando llegó a Manzanillo en marzo del 95 con intención de sumarse a la insurrección, encontró dificultades para pasar al campo rebelde porque las autoridades españolas custodiaban las salidas del pueblo. Juan Ramírez tenía una finca en las afueras del pueblo y un amigo suyo, queriendo ayudar a Piedra, le insinuó a Ramírez que permitiera que este lo acompañara camino a la finca. Según Piedra, «Ramírez comprendió, nos volvió la espalda y se marchó ligero.»[373] Esta actitud no debe confundirse con la de un observador neutral que simplemente evita involucrarse en el conflicto pues este Ramírez es el mismo que pocos meses después, para proteger al Capitán General Martínez Campos el día antes del combate de Peralejo, había corrido a avisar al general Santocildes para que con sus tropas reforzara la columna de aquel jefe español. No cabía duda de que Juan Ramírez estaba comprometido en contra de la independencia de Cuba.

El escritor y periodista Manuel de la Cruz redactó algunas de las primeras piezas propagandísticas de la guerra del '95 y, en una fechada en abril de ese año, ya describía a Juan Ramírez como «un burócrata enriquecido a la sombra de su empleo» con el alma «viciada» y que actuaba como «consejero y actor de bastidores» en una «liga contrarrevolucionaria» que dirigía Marcos García e incluía también a Juan Bautista Spotorno. Este trío de ex-mambises puso de nuevo en juego la carta racial calificando la rebelión como una «sedición de los negros y los mulatos contra los blancos» y, como por aquellos días Bartolomé Masó era el único blanco en la alta jefatura insurrecta, sobre él concentraron sus esfuerzos. Por su amistad y relaciones comerciales con Masó, el más peligroso de estos agentes al servicio de España era Juan Ramírez.[374]

Las prevenciones de Juan Masó Parra contra Juan Ramírez estaban bien fundadas: en Oriente, La Habana y hasta en Madrid se especulaba sobre supuestos contactos con los insurrectos que presagiaban una solución negociada al conflicto. Por esos días Ramírez había escrito en ese sentido al presidente del PLA, el abogado matancero José María Gálvez a quien aseguraba tener «grandes

---

[373] Piedra Martel, *op. cit.*, p. 115.
[374] "La Revolución cubana y la raza de color (Apuntes y datos)", Imp. La Propaganda, Key West, 1895. Tomado de *Obras de Manuel de la Cruz*, Tomo VII, Estudios históricos, La Habana-Madrid, 1926, pp. 19-37.

fundamentos» para creer posible la paz ya que aún conservaba «alguna influencia sobre la mayor parte de los jefes sublevados». Asimismo, recomendaba a Gálvez coordinar planes con el «invicto y generoso Gral. Campos» para «sofocar la revolución armada por Máximo Gómez y Antº. Maceo, un extranjero y un mulato.»[375]

Para Maceo, la confirmación de que Bartolomé Masó había estado sosteniendo entrevistas con «emisarios del general Martínez Campos», colmó la copa; el general exigió al gobierno que acudieran «al teatro de los acontecimientos para rehabilitar la opinión en las tropas y el vecindario, castigando duramente a los autores de tan punibles actos.»[376] El gobierno al fin decidió actuar; el secretario del Interior, Santiago García Cañizares, y el subsecretario de la Guerra, García Menocal, salieron rumbo a Manzanillo el día 14 de noviembre pero se cruzaron con el general Masó quien, enviado por Rabí, iba ya en dirección al campamento.

Separado el general Masó de la zona del conflicto y bajo el control del gobierno y de Maceo, las tensiones cedieron. Bajo la influencia del presidente, Salvador Cisneros, viejo amigo del general Masó, el Consejo de Gobierno asumió una actitud conciliadora y logró posponer la acción disciplinaria que demandaba Maceo. Aliviado finalmente de la enojosa situación creada por Masó, y suficientemente ocupado en la dirección de la Columna Invasora, Antonio Maceo dejó de insistir en llevar a Masó a un consejo de guerra. Semanas después, una vez reunidos con el General en Jefe en Las Villas, este decidió simplemente destituir a Bartolomé Masó de la jefatura del Segundo Cuerpo oriental y permitir su incorporación al gobierno en su puesto de vicepresidente. Masó continuaría en el gobierno hasta la conclusión de la guerra.

El patriotismo, nobleza y desinterés que caracterizaron el paso de Bartolomé Masó por nuestra historia sugieren que la actitud que asumió durante aquellos meses pudo haber estado influenciada por malos consejeros. Pero no se puede omitir el papel que jugó la cuestión racial en este conflicto entre Masó y Maceo. A pesar de que casi la totalidad del estado mayor del general Masó y muchos

---

[375] *Boletín del Archivo Nacional*, XXVI, Imp. Pérez, Sierra y Co., La Habana, 1927, p. 240.
[376] Antonio Maceo. *Ideología...*, t. II, pp. 133-4.

de los jefes del 2º Cuerpo a su mando eran de color, para un hombre de su tiempo y posición socioeconómica, una cosa era tener subordinados negros y otra era estar subordinado a un negro.[377] Es también posible que su animadversión haya sido simplemente un reflejo de su rechazo a la imposición que ejerció Maceo al tomar el mando oriental. Pero todo parece indicar que, con respecto a Maceo, Masó actuaba bajo el influjo de alguna de esas pasiones.[378]

En el artículo ya citado, Manuel de la Cruz ofrece un análisis de las tensiones raciales que parece hecho a la medida para este caso:

> «Es claro que con suspicacia y prevenciones la ambición legítima de un guerrero de color se interpreta a capricho del que habla. Es claro también —porque la envidia es un sentimiento muy humano— que el jefe blanco sin aptitudes para la guerra, aunque con pretensiones de caudillo, ha de ver con ojeriza y mal disimulado rencor al jefe de la raza de color que se impone por sus proezas.»[379]

A Máximo Gómez le toca también cierta responsabilidad por la forma en que manejó aquella situación. En *Dos Ríos*, Gómez accedió a la petición de Masó y lo equiparó con Maceo. Aun si aceptáramos que en aras del pragmatismo tal absurdo tuviese justificación, el General en Jefe debió haberle comunicado su democión al general Maceo. En obvia alusión a este fallo, durante lo más acalorado de su intercambio epistolar con Masó, Maceo tuvo que explicarle:

> «…Ha de saber Ud. (si lo ignora) que el General en Jefe no sólo no me comunicó el nombramiento de Ud. de Jefe del Segundo Cuerpo de Ejército; también ha silenciado y omitido otras formalidades, debido sin duda alguna a sus muchas atenciones…»[380]

---

[377] Su entrañable amigo, el marqués de Santa Lucía, Salvador Cisneros Betancourt, no ocultaba su preferencia por los blancos y sus recelos con los Maceos. Fermín Valdés Domínguez anotó que al Marqués le molestaba «la importancia que *los dos* hermanos Maceo se daban, y me había también apuntado la necesidad de combatirla»; con respecto a José Maceo, decía Valdés que «tanto el Marqués como Masó, no podían *pasarlo*.» (Valdés Domínguez, *op. cit.* t. I, p. 110).

[378] Valdés Domínguez pone las siguientes palabras en boca de Máximo Gómez: «Masó…se opuso a la invasión, sólo por hacerle la contra a Antonio Maceo» (*ibidem*, p. 111).

[379] De la Cruz, Manuel, *op. cit.*, p. 28.

[380] Carta de Maceo a Masó de 4 de noviembre de 1895 (*Antonio Maceo. Ideología…*, t. II, p. 125).

Además, la deficiencia en las comunicaciones de Gómez había hecho creer a Masó que sólo tendría que aportar 250 hombres al contingente invasor mientras a Maceo le ordenaba exigirle a Masó 1,100 soldados. Ciertamente, estos descuidos no crearon el problema, pero contribuyeron a empeorarlo.

A pesar del papel que le tocó jugar en este lamentable incidente, y de que el sentido del deber lo obligó a abandonar a Bartolomé Masó para colocarse al lado de la razón con Antonio Maceo, Juan Masó Parra reservó en su libro los más altos elogios para su «D. Bartolo Masó» quien dice era «como individuo particular la integridad convertida en hombre; en el sentido político es el patriotismo elevado á la última potencia.»[381] Para no empañar con su relato de esta etapa la imagen de su ídolo, Masó Parra, omitiendo los desagradables pormenores, sintetizó de esta manera su incorporación a la columna invasora:

> «En los primeros días del mes de Octubre me dirijió el General Antonio Maceo, una comunicación, dándome cita en "Canastas," para que con mi contingente de fuerzas me incorporara á él, con objeto de llevar á cabo la invasión del departamento Occidental.
> El 2 de Noviembre emprendí la marcha...»[382]

La conducta anterior y posterior de Bartolomé Masó sugiere que sus entrevistas con el españolizado Juan Ramírez, aunque imprudentes y prohibidas, no fueron contactos políticos ni implicaban flojera alguna en sus principios independentistas.

Por edificante, y porque un patriota de la talla de Bartolomé Masó, que tanto sacrificó por Cuba, lo merece, queremos dar crédito a esta anécdota atribuida al coronel José Clemente Vivanco: el mismo día en que Bartolomé Masó fue destituido de su mando oriental, el campamento donde se encontraba con el General en Jefe, el Lugarteniente General y el gobierno, fue atacado por una columna española. Desde que suenan los primeros disparos,

> «...el general Masó busca al general Maceo y, al encontrarle, le dice: "A sus órdenes, General: ¿dónde cubro?"»[383]

---

[381] Masó Parra, *Primera...*, p. 91.
[382] *Ibidem*, p. 20.
[383] Pérez Landa, *Bartolomé...*, p. 151.

X - *La Invasión a Occidente*

La Columna Invasora, con poco más de mil hombres, comenzó la marcha hacia Occidente el 22 de octubre de 1895 partiendo desde los simbólicos Mangos de Baraguá. Lluvias torrenciales dificultaron el trayecto de los primeros días a través de caminos convertidos en ríos de lodo, pero el día 31 la tropa llegó al hato de Mala Noche donde acamparon para esperar al contingente del 2º Cuerpo.

Como hemos visto, allí se incorporó Juan Masó Parra a la Invasión con su regimiento *Luz de Yara* que —siguiendo la sugerencia de Antonio Maceo de evitar elementos regionalistas en esta nueva guerra— ahora se nombraba *García*, en recordación al caudillo tunero. Con los 350 hombres que trajeron Masó Parra y Francisco Estrada, la columna alcanzó 1,400 efectivos.

Desde la llegada de Juan Masó Parra, el general Antonio Maceo dio muestras de la confianza que le inspiraba su probado valor y capacidad militar. El plan operacional de Maceo dictaba esquivar encuentros con los españoles para llegar a Las Villas con la columna lo más íntegra posible y así poder penetrar con el máximo de fuerzas hasta el extremo occidental de la Isla extendiendo la insurrección por todo el territorio nacional.[384] Por esa razón, al enterarse que una columna española avanzaba sobre su rastro, el general levantó el campamento el 3 de noviembre y reanudó la marcha.

La columna española resultó bastante pertinaz en su empeño de evitar que los cubanos cruzaran a Camagüey. El día 7 los alcanzó en el potrero llamado *Guaramao* pero los rebeldes pudieron retirarse ordenadamente para acampar en la sabana del *Lavado*. Allí los sorprendieron de nuevo los españoles y en esta ocasión los cubanos tuvieron que presentar combate. Los contendientes tomaron posiciones y los españoles desataron un ataque de artillería. Sin poder avanzar los españoles y no deseando hacerlo los cubanos, Maceo asignó a Juan Masó Parra una peligrosa misión:

---

[384] En esto seguía Maceo las instrucciones del propio Máximo Gómez, reiteradas en carta de noviembre 20 donde le recomendaba «marchar rápido y con todas las precauciones para no batirse hasta entrar en "Las Villas".» (Boza, *Mi diario...*, t. I, p. 61).

«…el regimiento García, salvando al trote un espacio considerable, se encaró a las guerrillas españolas que protegían el desfile de una sección de tiradores, simulando en presencia de aquellos una dispersión en desbandada, a fin de que cobraran valor y persiguieran a los supuestos fugitivos hasta las inmediaciones del lugar donde se hallaba el trozo de nuestra caballería.»[385]

Capitán General Arsenio Martínez Campos

Aunque perfectamente ejecutada, la estratagema no surtió el efecto deseado y luego de esperar un rato Maceo decidió romper el *impasse* con una retirada escalonada para cruzar el río *Jobabo* y adentrarse en la provincia de Camagüey. Desde aquí hasta el cruce de la Trocha que se extendía desde Júcaro a Morón la columna invasora no volvió a ser molestada por el enemigo y el 29 de noviembre se abrazaron los dos más altos jefes militares del Ejército Libertador en un lugar llamado *San Juan* cerca del límite de Las Villas.[386]

Mientras los generales Gómez y Maceo, acampados en el potrero de Lázaro López preparaban la próxima etapa de la Invasión, una flota de 14 vapores con 35,000 soldados surcaba el Océano Atlántico. Esta era la cuarta expedición salida de la Península ibérica desde el comienzo de la guerra. Según fuentes españolas, el ejército español en Cuba, que tenía unos 17,000 soldados al co-

---

[385] Miró Argenter, *Crónicas…*, t. I, p. 69; otro testigo de la acción, que en su relato parece copiar fielmente a Miró, sin embargo, omite el nombre del regimiento *García* de Masó Parra, (Piedra Martel, *op. cit.*, p. 202).

[386] Esta trocha era una línea militar con fuertes, fortines, estacadas, alambradas y fosos que pretendía cerrar el paso a los insurrectos pero que en realidad no representó obstáculo insalvable para estos hasta 1898 cuando el Capitán General Blanco concentró allí enormes esfuerzos. (Miró Argenter, *Crónicas…*, t. I, pp. 87-8).

mienzo de la contienda, podría ahora oponer a los rebeldes más de 113,000 hombres sin contar unos 50,000 voluntarios.[387] Todos resultarían insuficientes.

El descontento en España por las noticias que llegaban de Cuba alcanzaba niveles alarmantes. Los planes para contener la insurrección en el extremo oriental de la Isla habían fracasado y la confianza que la Metrópolis y el pueblo español habían depositado en Martínez Campos mermaba a medida que se propagaba la rebelión. La enorme inversión que en dinero y hombres se exigía del pueblo español, unida a la reducción de los ingresos que se devengaban de la Isla de Cuba, comenzaba a hacer estragos en el tesoro y en la opinión pública de la Península. Ya a fines de noviembre se pedía públicamente la destitución del Capitán General y hasta la caída del gobierno conservador de Antonio Cánovas del Castillo mientras se planteaba un plan de reformas como la única solución al conflicto cubano.[388] Los dirigentes autonomistas cubanos, aterrorizados ante el empuje de los rebeldes, y previendo que el triunfo independentista significaría la pérdida total de la influencia y los privilegios de que gozaba el PLA, continuaban apoyando la represión gubernamental mientras pedían a los revolucionarios que cesaran en su "esfuerzo suicida".[389]

El ejército invasor se puso en marcha para atravesar la provincia de Las Villas en busca del poniente. Para ganar movilidad y entretener al enemigo, el General en Jefe envió al sur al general Quintín Bandera y al entonces teniente coronel José Miguel Gómez[390] con unos 1,000 hombres de infantería mientras él y Maceo continuaban con 3,000 jinetes. Varias columnas españolas se

---

[387] Revertér Delmas, *La guerra*, t. III, pp. 188-90 y 373-4.
[388] *Ibidem*, t. III, p. 215.
[389] *Ibidem*, t. III, pp. 146-54.
[390] Futuro presidente de Cuba (1909-1913), en su adolescencia José Miguel Gómez y Gómez se incorporó a la Guerra de los Diez Años y luego luchó en la Guerra Chiquita. Su entrada en esta contienda del 95 no ocurrió hasta septiembre y algunos recelaban de él cuestionando sus actividades durante aquellos primeros meses: el coronel Quirino Reyes no le perdonaba «que le hubiese tratado de persuadir cuando en comisión autonomista, le propuso que aceptara los dineros que ofrecía España si se volvía con las armas» (Valdés Domínguez, *op. cit.*, t. III, p. 82). No obstante, José Miguel Gómez se distinguió por su reconocido valor y capacidad organizativa y alcanzó el grado de mayor general.

aprestaban a disputarle el paso y se libraron acciones de retaguardia en el potrero de La Reforma el 2 de diciembre y cerca del caserío de Iguará el día 3. Penetraron las alturas centrales de la provincia al norte de la Sierra del Escambray y gracias a una serie de juiciosas maniobras lograron dejar atrás las columnas enemigas que tenían la misión de detenerlos. Se sostuvo un tiroteo con la guarnición del pueblo de Fomento y se libraron las acciones de Los Indios el día 9, Manacal el 11, Boca del Toro el 12 y Siguanea el 13. Al final de esta jornada, salieron a los llanos del norte de Cienfuegos. Durante estos días el coronel Juan Masó Parra pudo familiarizarse con un territorio donde tendría que operar como jefe algún tiempo después.[391]

Con las cananas casi vacías penetraron los invasores en un terreno que favorecía al enemigo por la cantidad de vías férreas que permitía el rápido traslado de tropas, y la mayor densidad demográfica que le requería jornadas más cortas entre uno y otro pueblo a las columnas en operaciones. Antonio Maceo advirtió a sus tropas que la nave había entrado en «alta mar» y, en efecto, estaban a pocos minutos del caserío llamado *Mal Tiempo* donde se libraría una de las más importantes batallas de la guerra.

La vanguardia, al mando del teniente coronel José Loreto Cepero, llevaba órdenes de cargar al enemigo a primera vista. Cepero se acababa de incorporar a la revolución pero había impresionado al general Gómez porque dijo haber quemado los cañaverales de su padre y venía bien montado, traía algunas tropas y pidió un lugar en la vanguardia; a pesar de no tener experiencia en combate, el general Gómez le concedió el deseo.[392] El regimiento *García* de Juan Masó Parra estaba dividido: un escuadrón de este acompañaba al General en Jefe en el centro de la columna y el resto marchaba a retaguardia bajo el mando del general Luis de Feria. Ninguna de las crónicas de testigos del combate permite precisar con cuál de estos grupos participó Masó Parra en *Mal Tiempo*, pero ambos se batieron con gallardía.[393]

---

[391] Miró Argenter, *Crónicas...*, t. I, pp. 93-108.
[392] Quintana, "Los que traicionaron...", p. 176.
[393] *Ibidem*, t. I, p. 115; Enrique Buznego Rodríguez, et. al., *Mayor General Máximo Gómez Báez, sus campañas militares,* 2 tomos, Editora Política, La Habana, 1986, t. II, p. 54.

Al tropezar con una de las tres columnas españolas que los perseguían, la vanguardia de Cepero tomó posiciones en lugar de atacar, pero inmediatamente el general Maceo ordenó la carga al machete por el frente mientras Gómez hacía lo mismo desde el flanco derecho de la columna invasora. La arremetida cubana resultó desastrosa para los españoles quienes desorganizados y presas del pánico sólo atinaban a tratar de salvar la vida. El macheteo fue terrible y las bajas españolas fueron cuantiosas. Mientras Maceo y Gómez limpiaban el frente y el flanco, apareció otra columna enemiga por retaguardia que fue también rápidamente batida y puesta en fuga. Los cubanos capturaron más de doscientos rifles y miles de cartuchos en *Mal Tiempo*.[394]

El efecto político de esta derrota militar pareció sellar la suerte del Capitán General Arsenio Martínez Campos y ganó para los insurrectos el reconocimiento universal de su poderío y valentía. Tras un verdadero rosario de acciones y combates, marchas y contramarchas, unas dos semanas después de *Mal Tiempo* y ya en los últimos días de 1895, la Columna Invasora tocaba a las puertas de la provincia de La Habana dejando en Las Villas y Matanzas una estela de humeantes cañaverales que extendió la alarma hasta la propia capital de la Isla.

Un oficial del regimiento *García* de Juan Masó Parra, el entonces capitán José González Valdés, en su relato del combate de Calimete el 29 de diciembre, señaló la importancia que a esta fuerza le otorgaba el general Maceo:

> «Cuando pudimos ver el campo que nos rodeaba descubrimos a corta distancia la infantería española que en dos prolongadas líneas nos atacaba por la derecha con fuego vivo y certero.
>
> Mi regimiento, "García", estaba allí formado en espera de la orden de cargar, y mientras tanto, recibiendo una granizada de plomo, capaz de infundir temor al hombre más templado...
>
> En verdad que no tenía nada de agradable estar allí tranquilo, a pie firme, viendo a la infantería enemiga a corta distancia, barriendo con su fuego por descargas todo nuestro frente y haciendo claros en nuestras filas con frecuencia tal, que comenzaba a ser alarmante e insostenible aquella situación de espectante.

---

[394] Miró Argenter, *Crónicas...*, t. I, pp. 114-22; Loynaz del Castillo, *Memorias...*, pp. 238-43; Piedra Martel, *op. cit.*, pp. 238-48.

Pero allí había que estar sin tener en cuenta el número de los que cayeran. Aquella caballería era a modo de un látigo que el General Maceo quería tener a mano, para cuando llegara el momento oportuno darle con ella un lampreazo a los que osaban interceptarnos el paso.»[395]

Con estas atrevidas cargas al machete Maceo obligaba al enemigo a abandonar sus líneas de fuego y formarse en cuadros para tratar de resistir el choque con la caballería. Estos cuadros ofrecían excelentes blancos a los tiradores de la infantería mambisa.

El general Maceo había comisionado al coronel Roberto Bermúdez para dar comienzo a las operaciones preliminares en La Habana y el grueso de la columna invasora entró triunfalmente en la provincia capitalina el día de Año Nuevo por la zona de Nueva Paz. El día 2 de enero comenzaron a arder los campos de esa zona y se llevó a cabo un reconocimiento en San Nicolás de Bari y sus caseríos limítrofes de donde salió gente a saludar a los libertadores. El día siguiente los invasores marcharon por el sur de Güines sin ser molestados y el día 3 continuaron hacia el oeste y comenzaron las operaciones ofensivas.

En el tren de la mañana del día 3 de enero llegó desde La Habana a Melena del Sur, donde ejercía como médico, el joven galeno Gustavo Pérez Abreu. Ahora que la insurrección había llegado Abreu estaba decidido a incorporársele y quería embarcar sus libros y otras pertenencias. Las llamas y el humo de los cañaverales incendiados delataban la cercanía de los invasores. Presto ya a despachar sus bultos en la estación del ferrocarril llegaron fuerzas de los teniente coroneles Antonio Núñez y *Cayito* Álvarez que venían a incendiar el paradero. Los rebeldes ofrecieron unos minutos a los pasajeros para salvar sus pertenencias y el Dr. Pérez Abreu llevó las suyas para una bodega cercana desde donde vio arder la estación de trenes.[396]

---

[395] José González Valdés, *Episodios de la Guerra de Independencia*, La Habana, Imprenta El Siglo XX, 1919, pp. 39-40.
[396] Gustavo Pérez Abreu, *En la guerra con Máximo Gómez*, Editorial Carbonell, La Habana, 1952, p. 17.

Poco después, la enorme columna invasora pasó al sur de la población quemándolo todo a su paso y, al caer la tarde, la alarma se había apoderado del pueblo. Esa noche entró y tomó el pueblo el coronel Juan Masó Parra al frente de unos doscientos jinetes del regimiento *García* y 25 hombres de la escolta del General en Jefe. La guarnición del pueblo se rindió y los cubanos ocuparon 80 fusiles Remington y unos 3,000 tiros. Los voluntarios que se rindieron fueron puestos en libertad al abandonar los mambises el poblado. El Dr. Pérez Abreu siguió a la tropa cubana hasta el campamento donde formalizó su alistamiento ante el propio Masó Parra quien compartió con él su plato de sopa de arroz.[397] Este atrevido golpe, concebido por el cuartel general y brillantemente ejecutado por Juan Masó Parra, fue desmoralizador para el gobierno colonial. Un testigo comentó:

> «La ocupación de Melena del Sur, por la importancia comercial de la plaza y sus medios defensivos, debió causar pánico profundo en los demás caseríos de la comarca, puesto que empezaron a emigrar los vecinos de mayor arraigo, buscando momentáneo refugio en la capital. La calzada de Güines era un hormiguero de vehículos que transportaban familias emigrantes y a no pocos defensores de la integridad del territorio, miembros del Benemérito Instituto de Voluntarios, escondidos entre las vasijas de leche y las faldas de las mujeres; soldados de la lealtad, fogosos ayer, mansos hoy…»[398]

La toma de Melena del Sur repercutió también en el reporte que esa noche telegrafió a Madrid el general Martínez Campos:

> «El enemigo sigue avanzando por las líneas del norte y del sur de La Habana. Numerosa fuerza separatista se halla en San José de las Lajas, pueblo situado a 29 kilómetros de La Habana. Viene destruyéndolo todo. Incendian las estaciones de los ferrocarriles. También hay partidas en Guara, Asimismo fuerzas insurrectas en Melena del Sur, no lejos de Batabanó. Llegan a La Habana numerosas familias de los pueblos inmediatos, huyendo. El pánico es extraordinario. Nada se teme respecto a esta capital—Campos.»[399]

---

[397] *Ibidem*, p. 18; Bernabé Boza, *op. cit.*, t. I, p. 127.
[398] Miró Argenter, *Crónicas…*, t. I, pp. 202-3.
[399] *Ibidem*, t. I, pp. 203-4.

Un periodista español consideró la llegada de la Invasión «devastadora por la perturbación moral que produjo» entre los adeptos al gobierno colonial.[400] Estas noticias sacudieron a España, pero en lugar de reconsiderar su política suicida respecto a Cuba, Madrid decidió desatar una nueva escalada optando por enviar más tropas y designando el día 18 de enero a un nuevo Capitán General que dirigiera la guerra a ultranza, el tristemente célebre general Valeriano Weyler Nicolau, con bien merecida fama de hombre duro.

Las armas largas capturadas por Juan Masó Parra en Melena del Sur y por Antonio Núñez en Guara fueron entregadas por el general Maceo al coronel Vidal Ducasse Revee para aumentar el pequeño núcleo de infantería invasora que desde ahora dirigiría con su hermano Juan Eligio. Los cubanos sabían que dos columnas españolas les seguían el rastro y a Juan Masó Parra se le asignó entonces el mando de la retaguardia de la columna mambisa que contaba ya con unos 4,000 hombres. Dirigidos por Antonio Maceo, los cubanos tomaron por asalto el día 4 el pueblo de Güira de Melena luego de una encarnizada lucha compensada por la ocupación de 200 rifles, 15,000 cápsulas y abundantes municiones de boca.[401]

El día 5, los mambises fueron agasajados por los residentes de Alquízar donde la guarnición rindió sus armas sin ofrecer resistencia; de aquí fueron a ocupar el pueblo de Ceiba del Agua cuyos defensores huyeron de los invasores. El día siguiente tomaron sin oposición los pueblos de Vereda Nueva, Caimito del Guayabal, Punta Brava y Hoyo Colorado. El General en Jefe llegó a enviar una avanzada a explorar Marianao, a las puertas de la capital.[402]

Atravesada ya la provincia de La Habana, se dispuso la división de las fuerzas. Unos dos mil hombres se quedarían con Máximo Gómez operando en La Habana y el resto del Ejército Invasor, al mando del Lugarteniente General Antonio Maceo, conti-

---

[400] Fernando Gómez, *La insurrección por dentro*, M. Ruiz y C.ª, La Habana, 1897, p. xiii.
[401] Pérez Abreu, *op. cit.*, pp. 18-9, 252-5; Boza, *op. cit.*, t. I, pp. 127-8.
[402] Pérez Abreu, *op. cit.*, p. 20; Boza, *op. cit.*, t. I, pp. 132-5.

nuaría hacia el oeste para completar la última etapa de su increíble marcha y sembrar la enseña tricolor donde se acaba la Isla.

Para Juan Masó Parra esta división de las fuerzas resultó trascendental. El General en Jefe lo había seleccionado para quedarse con él y esto creó las condiciones para reavivar las antiguas rencillas que caracterizaron sus relaciones. Las consecuencias no se harían esperar por mucho tiempo.

Acompañando a Máximo Gómez, además del regimiento *García* de Masó Parra, quedaron también los hermanos Juan Eligio y Vidal Ducasse con sus 200 infantes; el teniente coronel José Roque Hernández y el comandante Enrique del Junco Cruz-Muñoz, del regimiento *Matanzas*; el coronel Pedro Díaz Molina y el teniente coronel Basilio Guerra con sus fuerzas de *Las Villas* y el teniente coronel Joaquín Rodríguez Valero con su regimiento *Martí*. El general Ángel Guerra Porro formaba parte del Estado Mayor del General en Jefe y el comandante Bernabé Boza Sánchez iba al mando de la escolta.[403]

Al ejército español se le hacía casi imposible bloquear el avance de las columnas cubanas. Para poder hacer esto era necesario obtener inteligencia sobre la ruta que llevaban los mambises, pero los guajiros —por lo general— cooperaban con los cubanos mientras desinformaban a los españoles. Acostumbrados a esta situación, los jefes españoles usualmente optaban por seguir el rastro de los cubanos para tratar de sorprenderlos en el menor descuido. Por esta razón los mambises consideraban que la retaguardia «era el lugar más peligroso en las marchas y campamentos.»[404] En el orden de marcha de la columna al mando del General en Jefe, Juan Masó Parra continuó cubriendo la retaguardia.

En la tarde de ese mismo día 7 de enero, acampada la columna cerca de Ceiba del Agua, se presentó la columna española del general José García Navarro. Para dar tiempo a levantar el campamento, el general Gómez ordenó a los Ducasse con su infantería defender el flanco derecho y detener el avance enemigo. Juan

---

[403] Boza, *op. cit.*, t. I, pp. 136-7.
[404] Pablo de la Concepción Hernández, *Prisioneros y deportados cubanos en la Guerra de Independencia, 1895-1898*, P. Fernández y Ca., La Habana, 1932, p. 34.

Masó Parra con su regimiento de caballería debía proteger a los Ducasse y apoyarlos de ser necesaria una retirada. Después de varias horas de generalizado el combate, y a pesar de los obstáculos que numerosas cercas de piedra presentaban a la caballería mambisa, la columna española se retiró y los cubanos pudieron acampar de nuevo a poca distancia del lugar de la acción.[405]

Sin otra novedad, el día 10 llegó la columna de Gómez al ingenio *Mi Rosa*, propiedad del autonomista Gabriel Camps, hijo cubano del escritor y coronel español de la Guerra de los Diez Años, Francisco de Camps y Feliú. Los libertadores fueron bien recibidos por el administrador del ingenio, quien vivía allí con dos hijas y un hijo de su mismo nombre a quien hoy conocemos como el historiador Dr. Benigno Souza Rodríguez. Informados que una fuerza enemiga con 2,000 hombres de las tres armas había salido del cercano pueblo de Quivicán para atacarlo, Gómez decidió prepararle un buen recibimiento.

En la mañana del día 11, exploradores de la retaguardia cubana que mandaba Juan Masó Parra reportaron la cercanía del enemigo. Los terrenos del ingenio *Mi Rosa* estaban separados de los del ingenio *San Agustín de Mosquera* por una cerca de piedra en medio de un amplio llano. Gómez colocó su escasa infantería detrás de la cerca, cubrió los flancos con la caballería y mandó a su propia escolta a retirarse al *San Agustín* para mantenerla allí como reserva.

Al coronel Juan Masó Parra se le reservó el papel estelar —y el más arriesgado— en este importante encuentro. Una vez más debía servir de señuelo. Su experiencia en estas peligrosas misiones dictaba que, para poder atraer al enemigo sin que este sospechara una emboscada, tendría que hacerle una resistencia sostenida que rebasaba los límites de la prudencia. Para esto contaba con una tropa probada durante casi un año de intensa lucha, acostumbrada a pelear con pocos recursos contra fuerzas casi siempre superiores, y una envidiable oficialidad: su segundo en el mando era el teniente coronel Federico Carballo, le seguían en orden jerárquico el también teniente coronel Aquilino Sánchez y los comandantes Juan Arias, Gregorio Sánchez y José García. El valiente capitán

---

[405] Boza, *op. cit.*, t. I, pp. 137-9; Gómez, *Diario*..., p. 353.

José Lara Miret y el joven Calixto Enamorado —hijo del general Calixto García— eran sus ayudantes desde el comienzo de la guerra.

Masó Parra tomó posiciones en un palmar cercano al batey del ingenio *Mi Rosa* y se dispuso a esperar al enemigo. Desde que asomaron las avanzadas españolas comenzó el fuego de los hombres del regimiento *García* que, a pesar de la precaria protección que ofrecían aquellas palmas, sostuvieron hasta que llegó el grueso de la columna enemiga. Cuando más entusiasmados estaban los españoles acribillando a la pequeña fuerza que se les oponía, Masó Parra ordenó la retirada por el camino de *San Agustín*. Un testigo describió lo que sucedió entonces:

> «…El Jefe español al ver que los nuestros se retiraban, creyó sin duda que huían, y cargó tan briosamente que llegaron casi junto con nuestros jinetes, los españoles a la emboscada. Una nube de humo los envuelve y ciega, al mismo tiempo que el estruendo ensordecedor de las descargas de nuestros remingtons los aturde y que una lluvia de plomo vomitada por aquellas cercas de piedras esparce la muerte y el dolor en sus filas desconcertadas por la sorpresa, obligándolos a volver grupas a escape, e ir a refugiarse escarmentados detrás de su infantería, que ocupaba todo el batey del ingenio "Mi Rosa" hasta muy cerca del cual le fué cargando a su vez el Regimiento "García".»[406]

Máximo Gómez tuvo que retirar «los ensangrentados restos del regimiento *García*» del combate porque habían agotado ya todas sus municiones y casi toda su oficialidad estaba herida incluyendo a su jefe, el coronel Masó Parra, y su ayudante, Lara Miret, quien había recibido un balazo en la ingle.[407]

La llegada de una segunda columna enemiga y la falta de cartuchos, obligó a los cubanos a practicar una retirada ordenada. El combate había durado más de cinco horas y los cubanos habían tenido seis muertos y unos cuarenta heridos. Después de enterrar a los muertos, esa tarde hicieron alto en la finca *La Luisa*. Los heridos más graves que no podían viajar con la columna fueron enviados a la costa a recuperarse. Juan Masó Parra y José Lara Miret

---

[406] Boza, *op. cit.*, t. I, p. 147.
[407] *Ibidem*, p. 148; Loynaz del Castillo, *Memorias*…, pp. 281-2; Pérez Abreu, *op. cit.*, p. 259.

fueron acogidos en la finca de la viuda Mercedes Amat, cerca del lugar de la acción.[408]

La convalecencia de Masó Parra fue breve. El día 26 de enero, la columna del general Gómez tropezó de nuevo con el enemigo en el ingenio *San Agustín* y otra vez, por falta de parque, tuvieron que retirarse y acamparon en los terrenos de la viuda Amat. Aunque Masó Parra se encontraba aún guardando cama, no quiso perder la oportunidad de reintegrarse a su puesto y asumir el mando de sus fuerzas a pesar de que el Dr. Pérez Abreu comprobó que su herida no había sanado todavía.[409]

Sin reparar en esto, el General en Jefe no tardó en poner a prueba la capacidad física del subalterno herido. El día siguiente, estando acampados en el central *Santa Lucía*, del patriota Perfecto Lacoste, se presentó el enemigo tras el rastro de la columna cubana. Según relata con admiración el jefe de la escolta del Generalísimo:

> «El coronel Massó Parra que se nos había incorporado el día anterior a pesar de no tener bien cicatrizada su herida, fué con su Regimiento por orden del General en Jefe a contener el avance enemigo.»[410]

Estos fueron días gloriosos para el coronel Juan Masó Parra. Sabía que con su dedicación, arrojo y acometividad se había ganado el aprecio y el respeto de sus compañeros de armas. La disciplina y firmeza demostrada por su regimiento *García* reflejaba favorablemente su capacidad de mando. Se consideraba el mejor y más experimentado jefe que tenía disponible el General en Jefe en La Habana. Y la provincia de La Habana aún no tenía jefe.

Aunque las ambiciones de Masó Parra con respecto al mando supremo de La Habana pudieran ser algo exageradas, no deja de

---

[408] Pérez Abreu, *op. cit.*, pp. 23, 29 y 259; Bernabé Boza dice que los muertos fueron 12 y los heridos 56 (*op. cit.*, t. I, p. 149).

[409] Ambos, Pérez Abreu (*op. cit.*, p. 29) y Bernabé Boza ((*op. cit.*, t. I, p. 168), confirman estos datos, pero con una diferencia de fechas, el primero tiene a Masó Parra volviendo a la marcha el día 24, mientras que Boza lo hace el día 26. Esta discrepancia de dos días persiste entre ellos con respecto a varios hechos. Optamos por la cronología de Boza en el texto y consideramos la de Pérez Abreu sólo cuando la diferencia en las fechas pueda tener alguna relevancia especial.

[410] Boza, *op. cit.*, t. I, p. 168.

ser cierto que, por sus dotes de mando, capacidad militar, valor y experiencia, se le podía comparar favorablemente en aquellos días con los coroneles José Roque, hermanos Ducasse, Pedro Díaz, Silverio Sánchez Figueras y cualquier otro jefe de tropas en la zona. Estas cualidades no podían haber sido inadvertidas por el General en Jefe, pero el choque de personalidades entre Gómez y Masó Parra estaba al manifestarse de nuevo.

Las primeras fricciones surgieron por los días del combate en el ingenio *Mi Rosa* con motivo del fusilamiento de un oficial y tres soldados en la finca *La Luisa*. Como el ejército estaba en constante movimiento, no se podía aplicar una condena carcelaria y las opciones de castigo eran limitadas. La mayoría de las infracciones se resolvían con la degradación, el cepo de campaña, o simplemente una enérgica recriminación del jefe. La pena capital era comúnmente reservada para casos de espionaje, traición, insubordinación y violación de mujeres. Desde luego, los que practicaban el robo y el bandidaje y eran capturados por los mambises a menudo eran *enguasimados*, es decir, colgados de una guásima u otro árbol a mano. Pero estos eran generalmente los llamados *plateados*, depredadores uniformados que aprovechaban el estado de guerra en el país para cometer sus fechorías fuera de las filas del ejército cubano.

Sin embargo, en *La Luisa* los fusilados eran invasores que fueron condenados por haberse apropiado de ropa y otras prendas de una casa de familia. Durante toda la Invasión, el ejército dependía de lo que le podía arrancar al enemigo y de lo que encontraba a mano durante sus marchas, y rutinariamente requisaba reses, gallinas, viandas, frutas, ropas y zapatos de los *pacíficos* que hallaba a su paso. En justificación de esos decomisos un oficial cubano ofreció estos crudos comentarios:

> «Los pacíficos no descansan; el afan de conservar y sustraer a la Revolución el provecho que puedan ofrecerle sus intereses y propiedades, les quita el sueño, el tiempo no les alcanza para presentar el sin número de reclamaciones que a todas horas nos hacen: ya de una yegua o un caballo que son los únicos que les quedan para viajar, ya de la vaca—"Blanca-flor"— que es de la hija "Cuca", o de la yunta de "Flor de Mayo" que son los bueyes de arar, &. &. &…

Nosotros nos apropiamos de estos animales con todo el derecho que nos dá la guerra; derecho que los pacíficos nos discutirán mientras alienten y que nos negarán siempre...»[411]

Si un pueblo se rendía sin presentar combate casi siempre se respetaba la propiedad privada, pero si la guarnición española ofrecía resistencia, era común castigarlo saqueando las tiendas y aun las viviendas de los voluntarios e integristas. Es comprensible que bajo estas circunstancias la línea que separa la conducta aceptable de la criminal resultase a veces difícil de discernir. Por eso esta decisión del General en Jefe recibió acerbas críticas.

Bernabé Boza Sánchez, jefe de la escolta del general Máximo Gómez

Un historiador la cita como ejemplo del carácter violento de Gómez bajo el cual, «cuando interviene la ira, la severidad se parece demasiado a la crueldad.»[412] Los comentarios contemporáneos de un testigo del hecho, el entonces comandante Bernabé Boza, no son menos recriminatorios:

«Un oficial y tres individuos más de nuestras fuerzas son juzgados en consejo de guerra y condenados a muerte! El crimen de que se les acusa es el de haber robado unas prendas de oro y de vestir de señoras. Yo no transijo con los ladrones, pero me parece demasiado ligero y sanguinario el Tribunal.

¡El General en Jefe ha confirmado la sentencia! ¡Qué atrocidad!

A las 4 (a. m.) formamos en cuadro y presenciamos el fusilamiento de los cuatro sentenciados. ¡Aquello fué un acto cruel, un tiroteo horrible y desgraciado! ¡Una página negra para la historia! Para hacer un escarmiento, bastaba una víctima, pero ¡cuatro! ¡Ah! ¡cómo le habrá quedado la conciencia al tribunal sentenciador!»[413]

---

[411] Boza, *op. cit.*, t. I, p. 95.
[412] Griñán Peralta, *El carácter...*, p. 121.
[413] Boza, *op. cit.*, t. I, p. 149. El 18 de enero, a menos de una semana de los fusilamientos de *La Luisa*, otro veterano fue fusilado por haber tomado unas camisas de la tienda de un voluntario español (*ibidem*, p. 157). Apenas un mes después de manifestar su

Mientras en el campamento cubano se lamentaron estos hechos y hasta se hacían algunas críticas en voz baja, Juan Masó Parra no se ocultó para rechazar la legalidad del rudimentario proceso que condenó a muerte a los cuatro veteranos y calificar la ejecución de «asesinato». Las relaciones entre Máximo Gómez y Juan Masó Parra, que dejaban mucho que desear desde sus años en la República Dominicana, entraron en una nueva etapa de crisis.

A diferencia de la mayoría de los subalternos del general Gómez, Juan Masó Parra no se sentía cohibido en su presencia. A través de sus largos años de exilio, los dos habían tenido ocasión de compartir íntimamente tanto en esfuerzos político-revolucionarios como en trajines de carácter más mundano y personal como el de sostener la economía familiar. Tampoco fue Masó Parra uno de los tantos acólitos susceptibles a la intimidación por el carácter exigente y rudo de Gómez. Como resultado de los altibajos de la vida de desterrados en varias ocasiones tuvieron que ayudarse el uno al otro; varias veces estuvieron en desacuerdo y algunas veces llegaron hasta al distanciamiento. Por estos antecedentes, Masó Parra no veía en Gómez a la leyenda viviente sino a su igual.

Ha quedado demostrado que desde un punto de vista militar el coronel Juan Masó Parra era estrictamente obediente de las órdenes del General en Jefe Máximo Gómez y se jugaba la vida por cumplirlas sin titubeos, pero esa disciplina que demostraba en la marcha y en el fragor del combate le era más difícil practicarla en el ambiente relajado del campamento. Allí, entre sus compañeros, Masó Parra hacía ostentación de su familiaridad con el Generalísimo y a menudo lanzaba mordaces comentarios sobre su conducta militar y personal que impresionaban y escandalizaban a su audiencia y que siempre, de alguna manera, llegaban a oídos del propio Gómez. Probablemente, Masó Parra alimentaba de esta manera su propio ego, y no satisfecho con la distinción que entre sus compañeros de armas le otorgaba su larga relación con el General en

---

contrariedad por las condenas de *La Luisa*, Boza relata cómo él mismo, fríamente y sin mediar semblanza alguna de juicio, «de dos tiros de mi "relámpago" deje muertos a los dos bandidos» que habían robado algunos artículos a un pacífico al sentirse conminado a hacerlo por las palabras de «furor e indignación» del General en Jefe (*ibidem*, pp. 189-90).

Jefe, la destacaba aún más con su flagrante irreverencia. Obviamente, Masó Parra obedecía a Gómez, pero no lo respetaba suficientemente.

Gómez conocía esta actitud de Masó Parra hacia él, pero, por una parte, el coronel se había convertido en un importante elemento de guerra, y por otra, el general seguramente sabía que un enfrentamiento abierto con su subalterno sobre temas tan delicados no redundaría en beneficio de la causa, ni quizás de su propia persona. Uno de esos temas delicados era el consumo de alcohol. Conocido por todos los que acompañaron a Máximo Gómez en aquella época, el hábito del general se comentaba con discreción entonces y hoy algunos consideran su mención casi un delito de lesa patria. Sin embargo, como el dato resulta relevante para este relato, no podemos evadirlo.

La evidencia testimonial sugiere que Máximo Gómez bebía con regularidad. Los diarios de oficiales cercanos a él están salpicados de referencias a esta costumbre de Gómez. Refiriéndose a estos días de la guerra, el Dr. Pérez Abreu contaba que debajo de la hamaca del general un ayudante tenía que colocar por las noches un «galoncito de ron». Dos años después, el periodista cubanoamericano Narciso Gener Gonzales desembarcó en Las Villas y en su semblanza del General en Jefe lo describe también acompañado del galoncito de ron y reporta que tenía una o dos botellas de reserva. Pero su uso de la bebida no había comenzado ni se limitaba a los tiempos de la guerra: una lista de gastos de Gómez en Honduras en el verano de 1879 registra la compra de tres botellas de coñac, aunque por esos días estaba endeudado y vivía con dinero prestado.[414]

La obtención de la bebida para el General en Jefe fue más fácil durante la campaña invasora cuando los mambises entraban en pueblos donde podían tomarlo de los enemigos o comprarlo a los comerciantes amigos. En tiempos más difíciles, los jefes y oficiales que mantenían contactos con el clandestinaje urbano para conseguir ropa y medicinas para el Ejército Libertador incluían también el ron del General en Jefe en sus pedidos. El diario de uno de estos

---

[414] Pérez Abreu, *op. cit.*, p. 286; Narciso Gener Gonzales, *In Darkest Cuba*, The State Company, Columbia, 1922, pp. 109-10; Gómez, *Diario...*, p. 461.

jefes, el general José Braulio Alemán, registra los envíos a Gómez de «un galoncito» y cuatro botellas de ron en un período de sólo 19 días durante la primavera de 1897.[415] En agosto el brigadier José Miguel Gómez trajo al Generalísimo «su galoncito de ron ... *del pueblo*».[416] En ocasiones, el general Gómez mandaba dinero para que se le comprara «<u>rom</u> bueno».[417] Solamente en raras ocasiones compartía Gómez su aguardiente y cuando lo hacía, el honor equivalía a una condecoración por servicio distinguido. Fermín Valdés Domínguez no pudo ocultar su euforia el 24 de febrero de 1897 cuando el general Gómez le obsequió un tabaco y un trago de ron. El joven Piedra Martel fue premiado con la "medalla líquida" por su valiente conducta cuando resultó herido en la batalla de *Mal Tiempo*. También el teniente coronel Fernando Méndez Miranda fue distinguido con dos dedos de ron en el jarro del Generalísimo en octubre de 1897.[418] Méndez reciprocó con creces a finales de 1898 cuando gestionó —con la firma habanera de Fernández García y Cía.— el envío de «una caja de Ron Bacardí» para el disfrute del general Gómez.[419] Hasta el Capitán General español Ramón Blanco, cuando escribió a Máximo Gómez tratando de convencerlo a aceptar el gobierno autonómico, acompañó la carta con «un galoncito de aguardiente».[420]

Las fuentes españolas, naturalmente, calificaban a Máximo Gómez de alcohólico, pero, establecido el uso, aún quedan dudas sobre el abuso. Es justo recordar que en aquella época —como en nuestros días— se le atribuían ciertas propiedades medicinales al alcohol y esto pudiera justificar el hábito del general Gómez; en

---

[415] Guerra Alemán, *¡Juro...!*, pp. 247, 249, 252.

[416] Valdés Domínguez, *op. cit.*, t. IV, p. 368.

[417] Carta de Gómez al comandante Piñán de Villegas, 26 de febrero de 1898 (Revista *Cuba y América*, Vol. III, No. 54, 5 de marzo de 1899, p. 6).

[418] Valdés Domínguez, *op. cit.*, t. III, p. 178; Piedra Martel, *op. cit.*, p. 246; Fernando Méndez Miranda, *Historia de los servicios prestados en la Guerra de Independencia*, Editorial Alberto Soto, La Habana [1928], p. 64.

[419] Carta de Fernández García y Cía. a Máximo Gómez citada en Roberto A. Gómez Montano, *José Pons Naranjo. Un mambí clandestino*, Editora Historia, La Habana, 2018, pp. 89-90.

[420] Oficio de Gómez a Calixto García, de 3 de abril de 1898 (ANC, Donativos y remisiones. Caja 277, N. 1, Diario de Fermín Valdés Domínguez, libreta 66, desde el 17 de marzo al 14 de abril de 1898).

efecto, su amigo, el médico Eusebio Hernández, le recomendaba tomar «quinina, vino o coñac» para proteger su salud.[421] Pero no podemos ignorar que, asumiendo que el volumen suministrado por el general Alemán (8 botellas en 19 días) representaba el consumo del General, este equivaldría a poco menos de media botella de ron al día. Y sabemos que Alemán no era su único proveedor pues muchos conocían la afición del general y sabían que una botella de ron era un obsequio siempre bien recibido. Así, cuando el comandante Braulio Sánchez trajo al general Gómez una petición de un colaborador urbano de la zona de Sancti Spíritus esta venía oportunamente acompañada de «una botella de Ron Carta Blanca».[422] Cuando el Dr. Abreu encontró en un cajón de medicinas algunas botellas de licor no titubeó en mandar al general Gómez «una de las botellas de ron».[423] En su enjundioso estudio psicológico sobre Máximo Gómez, Leonardo Griñán Peralta concluyó que su propensión a la cólera estaba ayudada «por el uso de estimulantes».[424]

Juan Masó Parra sí acusaba al General en Jefe de abusar de la bebida. Estando en Oriente, unos meses después de las ejecuciones de *La Luisa*, el teniente coronel Quirino Reyes le confió a Masó Parra que Máximo Gómez estaba indignado con él porque —entre otras cosas— Masó Parra lo tenía por borracho. Masó Parra refutaba las alegaciones sofísticamente:

«Jamás pronunciaron mis labios frases tan duras respecto a Gómez. Lo único que habré repetido yo, habrá sido que: "decían algunos […] que varios asesinatos cometidos por él, Gómez, como el de "La Luisa" […] habían sido impulsados por su estado de embriaguez."

Aunque es cierto que el General Gómez se escedía muchas veces en el uso de la bebida, también lo es que jamás me ocupé yo de criticarle. Loque en este sentido hice algunas veces, fué tenerle a mal la manera intempestiva como ordenaba, sin llenar los requisitos de ley, aquellos fusilamientos de cubanos.»[425]

---

[421] Carta de Hernández a Gómez de 2 de enero de 1886 (Cepeda, *Eusebio*..., p. 89).
[422] Carta de "Jimaguayú" a Gómez, 3 de febrero de 1898 (copia en el archivo del autor). La identidad del agente "Jimaguayú" no se ha establecido.
[423] Valdés Domínguez, *op. cit.*, t. IV, p. 15.
[424] Griñán Peralta, *op. cit.*, p. 121.
[425] Masó Parra, *Primera*..., p. 37.

Naturalmente, estas imputaciones agravaron las tensiones entre Juan Masó Parra y Máximo Gómez. El general podría esperar pacientemente la oportunidad para hacer pagar al coronel el precio de su osadía.

XI - *Brigadier en comisión*

Al general Máximo Gómez le llegaron informes de la inminente llegada de su antiguo compañero de armas, José María Aguirre, a su campamento en *La Luisa*. El General en Jefe vio aquí la oportunidad para efectuar ciertos cambios en la provincia de La Habana.

La primera medida que tomó fue para alejar a Masó Parra de su Cuartel General. En las primeras horas de la mañana del último día de enero de 1896, el coronel Juan Masó Parra, nombrado Jefe de la Zona de Bejucal, partió para su destino siguiendo órdenes del General en Jefe. Momentos después de salir Masó Parra, llegó Aguirre a *La Luisa* y el 6 de febrero Gómez anunció su nombramiento como mayor general y jefe de la provincia de La Habana.[426]

José María Aguirre y Valdés

José María Aguirre y Valdés tenía 52 años y era el tercero de ocho hermanos, siete de los cuales sirvieron a Cuba con las armas. Su compromiso con la causa independentista se remontaba a su juventud cuando integraba el Club de la Bibijagua, una agrupación secreta organizada en La Habana para diseminar literatura prohibida y colaborar con la Junta Revolucionaria Cubana que dirigía Cirilo Villaverde en Nueva York.[427] Aguirre participó en la Guerra de los Diez Años desde 1868 hasta que fue capturado y enviado a la prisión española de Ceuta en 1877. Liberado con el Pacto del Zanjón, hizo esfuerzos por desembarcar en Cuba durante la Guerra Chiquita pero su grupo, dirigido por Carlos Roloff, no

---

[426] Boza, *op. cit.*, t. I, pp. 171, 184.
[427] José Ignacio Torralbas, "Recuerdos patrióticos: el Club de la Bibijagua", *Cuba y América*, v. III, no. 56, 5 de abril de 1899, pp. 19-22.

llegó a tiempo para tomar el tren que los debía llevar al punto de partida. En 1881 regresó a Cuba y, aunque militó por un tiempo en el partido autonomista, *Pepe* Aguirre siguió ligado a los revolucionarios siempre en espera de una nueva oportunidad libertadora.[428] Después de su desafortunada participación en el incidente Collazo-Martí en 1892, Aguirre se unió al movimiento y se comprometió a alzarse en Matanzas el 24 de febrero de 1895.[429] Sin embargo, como ya hemos mencionado, ese día Aguirre y Julio Sanguily estaban todavía en La Habana donde fueron detenidos por las autoridades coloniales.

El valor personal y la dedicación de Aguirre a la lucha contra España estaban probados, pero desde el fracaso del levantamiento, existían dudas acerca de su capacidad de mando y buen juicio. Las más severas críticas y acusaciones fueron justamente dirigidas contra Julio Sanguily como jefe militar que era del alzamiento en todo el occidente de la Isla, y el motivo de su conducta nunca quedó esclarecido.[430] Pero Aguirre tuvo también que cargar con la responsabilidad de haberse dejado llevar por el curioso titubeo de su superior que condujo a su arresto cuando otros complotados con menos experiencia, como Juan Gualberto Gómez y Antonio López Coloma, demostraron más previsión e iniciativa logrando llegar al campo. Aun en el contexto de justificarlos, uno de los defensores de Sanguily y Aguirre reconoció que la historia tendría:

> «…que consignar la falta de previsión en que incurrió el comité central revolucionario esperando la hora crítica para que salieran los

---

[428] Su asistencia, en representación de la «Junta de barrio … de Santo Cristo» quedó registrada en el Acta de aquella reunión (Partido Liberal, *La Junta Magna … de 1882*, p. 5.)

[429] José Manuel Pérez Cabrera, *José María Aguirre*, Academia de la Historia de Cuba, La Habana, 1943, pp. 9-22.

[430] Su fiel hermano, Manuel, finalmente logró la liberación de Julio Sanguily, pero sus esfuerzos por establecer su inocencia por el fracaso del alzamiento y por su tardío arresto no obtuvieron el mismo éxito (Manuel Sanguily Garrite, "Julio Sanguily (ni traidor, ni secuestrador, ni encubridor), Carta Abierta se septiembre 9 de 1895 al director del New York Herald", *Páginas de historia II*, A. Dorrbecker, Impresor, La Habana, 1929, pp. 201-14). Según escribió Cosme de la Torriente en su diario, casi dos años después de este incidente Máximo Gómez todavía afirmaba que si Julio Sanguily algún día venía a la revolución «lo sometería a un consejo de guerra». (Fernando Gómez, *op. cit.*, p. 58).

jefes del movimiento, si es que se advertían señales de alarma en las esferas oficiales (que en ese caso la anticipación jamás producirá el funesto resultado que irrogan las dilaciones, o la espera puntual de la hora determinada) ...»[431]

Antes de regresar a Cuba en 1881, Aguirre había tenido la precaución de conseguir su carta de ciudadanía estadounidense y esto, unido a los esfuerzos de sus hermanos ante el gobierno en Washington, resultó en su liberación y permiso para salir del país después de casi siete meses de prisión.[432] Consciente de que su participación en el fracaso del alzamiento en occidente había dado mucho de qué hablar, tan pronto llegó a Nueva York, Aguirre entró en contacto con la Delegación del Partido Revolucionario Cubano y compartiendo con el general Francisco Carrillo el mando de la expedición del vapor *Horsa* logró desembarcar en Cuba el 17 de noviembre de 1895. Aguirre y sus compañeros actuaron con valentía y denuedo, pero se incurrió en un nuevo desacierto:

«El éxito no fue completo, pues por inexperiencia de los expedicionarios quedaron los botes durante la noche a una distancia lejana de la costa. Se perdieron algunas cajas de municiones y cinco expedicionarios cayeron en poder de los españoles.

El resultado de la expedición de los generales Carrillo y Aguirre obligó a tomar nueva orientación en los servicios del Departamento de Expediciones. Se formó un grupo de hombres experimentados para que asumiesen el mando de cada expedición mientras estuviese en el mar, delegando en el jefe militar que fuese a bordo, tan pronto se realizara el alijo.»[433]

---

[431] José Miró Argenter, *op. cit.*, t. I, p. 197. Otro defensor de Aguirre, cita el diario de su ayudante en esa época, José Clemente Vivanco, donde este explica que él y Aguirre llegaron tarde y perdieron el último tren que salió el 23 de febrero para Matanzas y que Aguirre fue arrestado tratando de tomar el tren de la mañana el día 24 (Julián Vivanco, *Recuerdos del tiempo viejo*, Editorial El Sol, La Habana, 1953, p. 13; Varona Guerrero, *La Guerra...*, t. I, pp. 418-9). Estas apologías de la conducta de Aguirre evidencian la severidad de los ataques de que fue objeto por lo que Juan Gualberto Gómez calificara como la «imprudencia extraordinaria» de quedarse en La Habana (*ibidem*, p. 420).
[432] Pérez Cabrera, *op. cit.*, pp. 25-6; carta fechada 6 de septiembre de 1895, del general Martínez Campos al cónsul norteamericano, Ramón O. Williams (Senate Document 104, 54th Congress, *Arrest, Imprisonment, etc., of Julio Sanguily*, Government Printing Office, Washington, 1897, p. 35).
[433] Luis Suárez Vera, *General Emilio Núñez. Su historia revolucionaria y su actuación en la vida pública*, Julio González, La Habana, 1915, pp. 60-1; el relato, tomado del

Hasta el propio Máximo Gómez había expresado preocupación sobre el buen juicio de Aguirre cuando en 1894 pidió que fuese excluido de los secretos del alzamiento porque:

«...como yo conozco su carácter exaltado, será expuesto para el mismo saberlo la víspera...»[434]

Aunque el conjunto de estos antecedentes pudiera haber creado dudas sobre las aptitudes de mando de José María Aguirre, su llegada a La Habana en enero de 1896 debe haberle parecido providencial al general Máximo Gómez; ahora tenía un valiente jefe veterano, que había sido su subalterno por un tiempo en la guerra anterior, que desde el período de gestación de la actual guerra había sido designado para un mando militar provincial y que, además, era convenientemente habanero. Para el General en Jefe, Aguirre resultó el candidato idóneo para sobreponerlo al desafecto Masó Parra. Esta conveniencia circunstancial hizo que Máximo Gómez obviara, o al menos subestimara los problemas que confrontaría Aguirre en tan difícil puesto.

Como era de esperar, Juan Masó Parra interpretó el nombramiento de Aguirre —a quien describía como «Teniente Coronel de la guerra de 1868»— como una venganza de Gómez aprovechando la «ocasión de mortificarme manifestándome su enojo» por sus protestas por «el asesinato del Teniente Toledano y tres cubanos más» en *La Luisa*. Además, Masó Parra halló en el ascenso de Aguirre a mayor general nuevos motivos para acusar a Gómez de haber actuado «atropellando el derecho, y pisoteando los principios más rudimentarios de la disciplina militar...»[435]

Ese duro lenguaje de Masó Parra evidencia la indignación que le causó este hecho que él percibía como una injusticia de Gómez

---

diario del propio Francisco Carrillo, confirma la falta de control y la desorganización que predominaron en el desembarco (Carrillo Morales, *Expediciones...*, t. II, pp. 64-70).

[434] Carta de Gómez a Collazo de 12 de abril de 1894 (Enrique Collazo, *Cuba heroica*, Imp. "La Mercantil", La Habana, 1912, p. 162.) Los conspiradores de La Habana ignoraron estas instrucciones del General en Jefe y Aguirre participó activamente en la conspiración; asistió a reuniones y cumplió misiones altamente sensitivas como cuando personalmente formalizó el reclutamiento de Manuel García, más conocido como "El Rey de los Campos de Cuba" (*ibidem*, p. 165).

[435] Masó Parra, *Primera...*, p. 28.

hacia su persona. El natural descontento que produce el sentirse desdeñado en favor de otro, hace la reacción de Masó Parra perfectamente comprensible, pero los jefes siempre precian la compatibilidad de carácter en sus subordinados y esta consideración seguramente influyó en la decisión del General en Jefe al seleccionar a Aguirre.[436] No obstante, la importancia que este suceso ejerció sobre las futuras relaciones entre Masó Parra y Máximo Gómez nos obliga a analizar si las acusaciones de favoritismo e impropiedad en el ascenso de Aguirre tenían algún fundamento.

Según Masó Parra, José María Aguirre sólo había alcanzado en la Guerra de los Diez Años el grado de teniente coronel. En contraste, muchos historiadores se refieren a Aguirre en aquel tiempo como coronel. Como veremos, esta diferencia es importante para determinar si su nombramiento a mayor general en 1896 fue improcedente o no.

Los grados que se usaban en el Ejército Libertador en esta época eran, en orden descendente: en la categoría de *jefes*, mayor general, general de brigada (o brigadier), y coronel; los grados de *oficiales* eran teniente coronel, comandante, capitán y teniente; y entre las *clases*, subteniente (o alférez), sargentos 1° y 2°, cabo, soldados y asistentes. (El Consejo de Gobierno había añadido el grado intermedio de general de división cuando impropiamente adoptó, sin la aprobación del General en Jefe, una nueva Ley de Organización Militar el 26 de enero de 1896. Pero la existencia de esta Ley no se conocía en La Habana cuando Gómez ascendió a Aguirre el 6 de febrero y, por tanto, no se debe considerar violado el escalafón en un ascenso de brigadier a mayor general en aquellos días.)[437]

---

[436] Otro factor que seguramente no subestimó Máximo Gómez es que Aguirre era natural de esa provincia. Hay muchos indicios de que existía un marcado regionalismo entre los mambises de La Habana. Nuestros historiadores —en su mayoría habaneros o radicados en la capital— han analizado exhaustivamente el mal del regionalismo en Las Villas, Camagüey y Oriente, pero de su nociva influencia en La Habana poco o nada se ha escrito.

[437] Máximo Gómez prevaleció ante el Consejo, y la Ley del 26 de enero, causa de serias desavenencias entre el General en Jefe y el Gobierno, fue anulada el 13 de julio en espera de una propuesta por Gómez. Adoptada de nuevo a insistencia de Cisneros Betancourt el 2 de agosto, fue finalmente remplazada por la propuesta por Gómez el 14 de diciembre de 1896. Por cierto, la Ley propuesta por el General el Jefe confirmó el nuevo grado de general de división. (Academia de la Historia de Cuba, *Actas de las Asambleas de Representantes y. del Consejo de Gobierno durante la Guerra de Inde-*

Para atraer a los veteranos, el Consejo de Gobierno había acordado conceder el grado inmediato superior a los jefes y oficiales de la Guerra del 68 que concurrieran a la del 95. Inicialmente esta disposición no reconocía los grados adquiridos durante la Guerra Chiquita, aunque poco después se acordó:

> «... conceder validez a los nombramientos hechos, con motivo de los diferentes movimientos insurreccionales desde el 68 hasta la presente guerra, a los que respondiendo a las instrucciones recibidas de Centro Autoritario, hubiesen tomado parte activa en dichos movimientos, o sufrido pena de deportación u otra análoga impuesta por el enemigo en atención a aquellas causas».[438]

Bajo estas reglas, el progreso de José María Aguirre a través del escalafón militar del Ejército Libertador no queda nada claro. El más amplio trabajo biográfico sobre el general Aguirre de que tenemos noticias es un panegírico que leyó el Dr. José Manuel Pérez Cabrera el 12 de agosto de 1943, ante la Academia de la Historia de Cuba, en sesión conmemorativa del centenario de su nacimiento. Allí el conferenciante, sin haber encontrado prueba de que Aguirre hubiese alcanzado un grado superior al de teniente coronel en la Guerra Grande, se limitó a decir:

> «Se ha escrito también que acompañó a Henry Reeve hasta las cercanías de Colón y que esa campaña le valió la efectividad de coronel.»[439]

Desdichadamente, al no citar fuente alguna, esta explicación del profesor Pérez Cabrera no pasa de ser un recurso retórico de escaso valor histórico. Sin embargo, a partir de ese comentario, Pérez Cabrera aceptó que Aguirre ostentaba el grado de coronel al finalizar la guerra y contribuyó a perpetuar esa creencia. En efecto, un Aguirre había acompañado a Henry *"El Inglesito"* Reeve en la invasión de Matanzas de 1876; este Aguirre era entonces teniente

---

pendencia, 6 tomos., Imprenta El Siglo XX, La Habana, 1928-1933, t. I, pp. 88, 123 y 155; t. II, pp. 42 y 70); Mario Riera Hernández, *Ejército Libertador de Cuba, 1895-1898,* Miami, 1985, pp. 23-4.

[438] *Actas...,* t. I, pp. 71-2.

[439] Pérez Cabrera, *...Aguirre,* p. 13. Copiando de Pérez Cabrera, una reciente ficha biográfica de Aguirre repite esta versión (*Diccionario enciclopédico...,* t. I, p. 30).

coronel y terminó la guerra como coronel; pero no se llamaba José María sino Francisco: era su hermano mayor.[440]

La búsqueda de testimonios más confiables nos lleva a tres antiguos compañeros de armas de José María Aguirre en la Guerra de los Diez Años: Enrique Collazo Tejada, Vicente Pujals Puentes y Manuel Sanguily Garritte. Los tres coinciden en que Aguirre alcanzó el grado de teniente coronel en aquella contienda y dos de ellos, Collazo y Pujals, afirman categóricamente que terminó la guerra con ese grado mientras que Sanguily dijo en una ocasión que ya era coronel.[441]

En enero de 1897, Manuel Sanguily estaba en Nueva York y al enterarse de la muerte de Aguirre publicó su necrología donde dice que los méritos de Aguirre:

> «...le valieron el ascenso sucesivo hasta el grado de Teniente Coronel, con el cual le ordenaron operar en Sagua con fuerzas de caballería, brillando entonces por su intrepidez y sus buenas dotes de jefe de columna, hasta que, siendo coronel, al ir en una comisión importante con reducida escolta, fue hecho prisionero por el enemigo en 1877...»[442]

Esto, que a simple vista luce como una confirmación de la supuesta coronelía de Aguirre, bien pudiera describir una situación en que un teniente coronel resulta capturado cuando ocupaba el puesto de coronel "en comisión". Este término se utilizó por algún tiempo en la guerra del 95 y su uso se remontaba a la Guerra de los Diez Años. El grado otorgado "en comisión" tenía carácter temporal y cesaba cuando cesaba la comisión. Ante los inequívocos testimonios de Collazo y Pujals —quienes estaban en la manigua al ocurrir la captura de Aguirre—, esta posible ambigüedad en el texto de Sanguily, sugiere que este, al reportar la sentida muerte del amigo y el patriota, quiso ser magnánimo con su rango militar.

---

[440] Gilberto Toste Ballart, *Reeve: el Inglesito*, Editorial de Ciencias Sociales, La Habana, 1978, p. 196.

[441] Collazo, *La Guerra*, 1926, p. 283; notas correspondientes al 20 de enero de 1897, del inédito diario de guerra del general Vicente Pujals (copia obtenida por gentileza del Sr. Oswaldo Aguirre Noy, nieto del general y digno émulo de su patriotismo y caballerosidad); Manuel Sanguily, *Nobles memorias*, International Press of Miami, Inc., Miami, 1982, p. 154.

[442] *Ibidem*.

Por todo lo expuesto —hasta nueva evidencia— debemos concluir que José María Aguirre no llegó a coronel en la guerra del 68 y que probablemente, como afirma el general Vicente Pujals, adquirió ese título cuando se alistó para pelear en la Guerra Chiquita que se caracterizó por la prodigalidad en los ascensos.[443] De ser así, el grado sería de dudosa legitimidad puesto que Aguirre no cumplía los requisitos ante las leyes vigentes por no haber tomado "parte activa" en aquella guerra ni haber sufrido "pena de deportación u otra análoga impuesta por el enemigo en atención" a su papel de conspirador durante aquel movimiento ni en ningún otro hasta el del 1895.

No obstante, según un documento presentado al Consejo de Gobierno en la sesión del 10 de diciembre de 1898, parece que Aguirre ya usaba el título de coronel al comenzar la guerra del 95. Este consiste en una propuesta del Dr. Domingo Méndez Capote, a la sazón secretario de la Guerra interino, para que se concediera un ascenso al secretario del Consejo, el Sr. José Clemente Vivanco. Aquí Méndez Capote describe a Vivanco como «Ayudante del entonces coronel José M.ª Aguirre» cuando este fue arrestado. Fungiendo de secretario en la sesión de marras, el propio Vivanco registró la propuesta en las actas lo cual podemos considerar como una ratificación de su contenido por una fuente autorizada —aunque aquí obviamente interesada.[444]

Si se llegara a aceptar que ya era coronel, entonces Aguirre hubiese ganado el rango de brigadier por su participación en la guerra del 95. En efecto, brigadier es el título con que el general Antonio Maceo se refiere a José María Aguirre por esa época.[445] Aun así, su ascenso a mayor general sólo diez semanas después de haber adquirido el grado de brigadier por ascenso automático, y sin haber entrado en acción aún, parece constituir una injustificada violación de las prácticas en vigor . . . tal y como alegaba Juan Masó Parra.

Desdichadamente, las Actas del Consejo de Gobierno —que tenía que aprobar los ascensos de coronel en adelante— no ayudan a

---

[443] Notas correspondientes al 20 de enero de 1897, del diario de guerra del general Vicente Pujals (copia obtenida por gentileza del Sr. Oswaldo Aguirre Noy).
[444] *Actas . . .*, t. VI, p. 19.
[445] Comunicación de Maceo a Gómez de marzo 10 de 1896 (*Antonio Maceo. Ideología...*, t. II, p. 218).

esclarecer las promociones de José María Aguirre; al contrario, crean aún más confusión al respecto. Sólo uno de sus ascensos está registrado en las Actas: en su sesión del 31 de diciembre de 1896 el Consejo aprobó su promoción de general de división a mayor general «con antigüedad de febrero 5, 1896.»[446] En las Actas no consta cómo y cuándo había llegado a general de división, grado creado sólo nueve días antes de esa fecha.[447]

Ante estas aparentes irregularidades, no debe sorprendernos que Juan Masó Parra aseverara que en la promoción de Aguirre se había actuado impropiamente y que había sido «improvisado General».[448] Aún hoy resulta curioso que el general Máximo Gómez haya convalidado esta vertiginosa —y cuestionable— escalada de ascensos, lo que a su vez explica por qué Masó Parra pudo haber creído, justificadamente, que Gómez lo había hecho para vengarse de él.

Con los dos escuadrones del regimiento *García* Juan Masó Parra había partido a asumir el mando de la Zona de Bejucal que comprendía el cuadrante noroeste de la provincia e incluía la capital de La Habana. En aquella área la revolución no contaba con muchos recursos, pero las fuerzas de Masó Parra incluían el grupo que había organizado Juan Delgado González en Santiago de las Vegas y los hombres reunidos por Alberto Rodríguez y Aurelio Collazo y sus hermanos. Según el propio Masó Parra, eran en total unos «600 hombres de caballería, si podía dársele este título á aquel conjunto de hombres y caballos y 90 armamentos de distintos calibres y sistemas, como especie de museo en miniatura donde podía encontrarse desde la antigua escopeta de caza, hasta el winchester americano. El parque ó municiones lo constituía la pequeña cantidad que cada soldado guardaba en su canana.»[449]

---

[446] *Actas . . .*, t. I, p. 80; t. II, p. 84.
[447] El 27 de enero de 1896 el Consejo aprobó, «conforme con el general en jefe» la nueva Ley de Organización Militar que añadió el grado de general de división; esto sugiere que Gómez conocía que al ascender a Aguirre de brigadier a mayor general estaba saltando un grado. Pero, como Gómez estaba en La Habana, el Consejo en Camagüey y las comunicaciones eran lentas, no debemos descartar que el Consejo haya actuado con una "conformidad" amplia otorgada *a priori* por el General en Jefe y que este, en realidad, no supiese que ya se había aprobado la nueva Ley.
[448] Masó Parra, *Primera...*, p. 29.
[449] *Ibidem*, p. 24.

El mismo día en que se separó del Cuartel General de Máximo Gómez para operar independientemente tuvo Masó Parra su primer encuentro con tropas españolas en el ingenio *San Agustín* y luego acampó en la finca *Azcárate*, al noroeste de Batabanó. Esto sentaría la norma para casi toda su estancia en operaciones en la provincia de La Habana donde tendría que batirse unas tres veces por semana como promedio. A los pocos días ya Masó Parra tendría organizados unos 1,000 hombres con más de 500 fusiles.[450]

El General en Jefe efectuó una larga marcha antes de abandonar definitivamente La Habana y, acampado en la finca *El Navío*, cerca de Bejucal, reunió el 12 de febrero a los jefes de fuerzas de la provincia. Allí se distribuyó las municiones recién capturadas por «las fuerzas de Masó Parra, Castillo y *Pepe* Roque, a un tren militar por Batabanó»;[451] estos jefes, así como Pedro Díaz, fueron informados de los primeros pasos tomados para organizar las provincias occidentales: el nombramiento de José María Aguirre y el papel que por el momento les quedaba asignado a cada uno de ellos. Además de Masó Parra en Bejucal, Díaz mandaba en el Sur de la provincia, Castillo el área de Melena del Sur y el coronel Rafael de Cárdenas tenía la zona oriental de La Habana centrando sus operaciones alrededor de Jaruco. Aguirre ya estaba con Cárdenas en aquella zona. Ese mismo día se separaron del General en Jefe y Masó Parra consiguió llevarse con él al joven habanero Arzola y al farmacéutico León para incorporarlos a su regimiento.[452]

Los jefes militares de la insurrección quisieron darle una "calurosa" bienvenida al recién instalado Capitán General Valeriano Weyler haciendo un despliegue de actividad en las provincias occidentales donde Weyler había decidido concentrar sus operaciones. Además, el General en Jefe quería conferenciar con su Lugarteniente sobre la organización de las provincias occidentales. Esto

---

[450] José Isabel Herrera, *Impresiones de la Guerra de Independencia*, Editorial Nuevos Rumbos, La Habana, 1948, p. 21; Pérez Abreu, *op. cit.*, p. 32; Masó Parra, *Primera...*, pp. 24-5.
[451] Pérez Abreu, *op. cit.*, pp. 37-8; Gregorio Delgado Fernández, "Diario de Campaña del Dr. Máximo de Zertucha", *Cuadernos de Historia de la Salud Pública No. 82*, Ministerio de Salud Pública, La Habana, 1997.
[452] *Ibidem*, pp. 34, 38.

hizo necesario el peligroso viaje de Maceo a través de toda La Habana y parte de Matanzas antes de regresar a Pinar del Río. Más de 20,000 hombres habían precedido a Weyler desde España y la mayoría de estos quedaron destacados en las tres provincias occidentales.

A mediados de febrero, por los alrededores de San Antonio de las Vegas, tuvo Juan Masó Parra la fortuna de encontrarse de nuevo con el general Antonio Maceo quien venía de regreso de su exitosa incursión hasta el extremo occidental de la Isla. El jefe del estado mayor de Maceo describió el encuentro entre el Lugarteniente y su viejo amigo Juan Masó Parra:

Valeriano Weyler y Nicolau

> «Se incorporaron las fuerzas de infantería, al mando del coronel Pedro Díaz, que estuvieron a las órdenes del general Gómez cuando la invasión de Maceo a Pinar del Río, y otras de caballería al mando del coronel Masó Parra, que formaban una brigada destinada a operar en las comarcas de Güines, Melena del Sur y Batabanó, con Adolfo Castillo y José Roque.»[453]

Estando aún acampados en San Antonio de las Vegas, se presentó el enemigo y el general Maceo ordenó la evacuación del pueblo para emboscar la infantería de Pedro Díaz a lo largo del camino y tratar de atraer a los españoles hacía ella para aprovechar la ventaja que le daría la poderosa caballería mambisa. Como lo había hecho meses atrás en los campos de Peralejo, y quizás para rememorar aquellos gloriosos días, el propio Antonio Maceo asumió el mando de la caballería de Masó Parra y juntos se lanzaron contra el enemigo para provocarlo a una persecución. El jefe de la

---

[453] Miró Argenter, *Crónicas...*, t. II, p. 73; "Diario de operaciones de José Miró Argenter", en Aisnara Perera Díaz, *Antonio Maceo. Diarios de campaña*, Editorial de Ciencias Sociales, La Habana, 2001, p. 127.

columna española, el coronel Segura, amagó con seguirlos pero quizás previendo la estratagema, se parapetó en el pueblo y sostuvo desde allí un fuerte tiroteo por varias horas sin exponerse a seguir a los cubanos.[454] Maceo continuó hacia Río Hondo dejando a Masó Parra con su caballería «sobre el enemigo» para proteger su partida.[455] Masó Parra se quedaría operando solo para distraer fuerzas españolas mientras el Lugarteniente seguía a reunirse con el General en Jefe para conferenciar antes de ambos pasar a operar por un tiempo en Matanzas.

A juzgar por los cables de Weyler al ministro de la Guerra en Madrid, Juan Masó Parra cumplió a cabalidad su misión manteniendo ocupadas a las columnas españolas durante estos días. El 20 de febrero se hizo sentir alrededor de los poblados de Guara y San Felipe, al sur de San Antonio de las Vegas y el día 25 apareció por la loma de Candela, cerca de Güines. En un solo día, el 26, tres diferentes fuerzas españolas reportan encuentros con las de Masó Parra: el recién llegado escuadrón de Almansa lo combatió en el potrero de *Menocal*; la columna del coronel Tort, de San José de las Lajas, sostuvo fuego con «la partida de Massó» cerca de Nazareno; y el escuadrón Pizarro se batió con él por los ingenios *Portugalete* y *Santa Amelia* que estaban cerca de Cuatro Caminos.[456] Un joven recluta que se unió por esos días a la fuerza de Juan Masó Parra participó en una de las incursiones de la Brigada. Después de un combate con una columna española en las lomas de El Navío, al norte del poblado de Guara, Masó Parra se corrió hacia la costa y desde Batabanó hasta Alquízar quemó «todas las fincas grandes y los ingenios»; según este testigo, «el Brigadier Masó dejó el sur de la provincia de la Habana casi desierto.»[457]

Reunidos ya los jefes supremos del Ejército Libertador, acordaron que Antonio Maceo permanecería en este extremo de la Isla mientras Máximo Gómez pasaba a Las Villas para activar allí las operaciones ofensivas y organizar refuerzos para ser enviados a

---

[454] Miró Argenter, *Crónicas...*, t. II, pp. 77-9.
[455] Perera, *Antonio Maceo. Diarios de campaña*, p. 127.
[456] Weyler, *op. cit.*, t. I, pp. 223. 227-8.
[457] Herrera, *op. cit.*, p. 28.

Maceo. Al pasar por La Habana en su marcha de regreso a Pinar del Río, el general Maceo encargó a Juan Masó Parra el cuidado de la extensa *impedimenta* que había acumulado. Esta consistía en heridos, enfermos, y aspirantes a combatientes que se unían a los rebeldes sin armas ni caballos y se convertían en lastre para las fuerzas mambisas que dependían de la movilidad para operar y sobrevivir. El capitán *Felo* Pérez Castañeda, con 50 hombres mal armados, protegía la impedimenta de unas 200 almas.[458]

En una circular que Maceo dirigió el 3 de marzo a los Jefes de Brigada bajo su mando, se reconoce por primera vez a Juan Masó Parra como tal y se le pide «procurar por todos los medios posibles la destrucción de las vías de comunicaciones» que utilizaba el enemigo. Una semana después, Maceo le comunicó al General en Jefe los pasos que había tomado hacia la organización definitiva del Cuerpo de Ejército a su mando. A los brigadieres Pedro Díaz, José María Aguirre y José Lacret Morlot los nombró jefes en comisión de las Divisiones de Pinar del Río, La Habana y Matanzas, respectivamente. Según este informe, las fuerzas que componían la 2ª División, es decir, la provincia de La Habana, eran los regimientos que mandaban los coroneles en comisión Adolfo del Castillo y José María Cuervo, las fuerzas del propio brigadier Aguirre y, significativamente, una sola brigada con Juan Masó Parra al mando.[459]

El 11 de marzo de 1895, el general Antonio Maceo emitió una circular a todos los jefes de fuerzas de Occidente donde explicaba la necesidad de demostrar la falsedad de la propaganda de Weyler sobre la supuesta pacificación de Pinar del Río y La Habana y dictando los nuevos métodos a seguir:

> «... es forzoso que nuestra presencia en esta parte de la Isla se haga evidente, que nuestro paso quede señalado por hechos de la mayor resonancia posible, y por tanto, en la marcha por las diversas comarcas que haya de recorrer, procederá usted sin contemplaciones de ningún género a la destrucción e incendio de cuantos ingenios encuentre

---

[458] *Ibidem.*
[459] *Antonio Maceo. Ideología*..., t. II, pp. 216-8; Masó Parra, *Primera...*, pp. 25-6. El título que Maceo aplica aquí a Aguirre difiere del de mayor general jefe del 5º Cuerpo que le otorgara Máximo Gómez.

a su paso, entendiéndose, además de los cañaverales, los edificios y maquinarias.»[460]

Estas nuevas instrucciones llegaron al «Brigadier Juan Masó Parra» por medio del general Aguirre en comunicación fechada el 18 de marzo.[461] Según fuentes oficiales españolas, el «cabecilla» Masó Parra puso en efecto inmediatamente las nuevas órdenes de Maceo. Dos columnas españolas reportaron encuentros con las fuerzas de Masó Parra el día 20 en las fincas *El Cucullo* y *Castillo* mientras otros partes reportaban que ese mismo día había incendiado «varias fábricas de madera en *Navío*», cerca de San Antonio de las Vegas, y «los potreros *Cenea*, *Armenteros* y *Jaula*», así como el ingenio *Santa Amelia* el día 21.[462] Estas acciones dibujan un amplio círculo de fuego en el centro de la provincia que comienza al este de San José de las Lajas, baja por el norte de Guara, voltea hacia el sur de Jaruco, y termina en los alrededores de Cuatro Caminos, a menos de 20 kilómetros de la capital. La habilidad de Masó Parra para atacar en un punto, desplazarse rápidamente sin ser detectado, y golpear repetidamente a considerables distancias servía para mantener ocupadas a varias unidades enemigas simultáneamente y abarcaba una extensa área.

Por órdenes del general Aguirre del día 23 de marzo, Masó Parra se dirigió hacia Güira de Melena, en el sudoeste de la provincia. Los partes españoles confirman su presencia en el sur de La Habana. El periódico *La Lucha* reportó a principios de abril: «Hace unos cuantos días que anda por esta zona de Batabanó, el cabecilla Massó Parra quien, según dicen, viene a quemar lo poco que queda. El Miércoles Santo por la noche concluyó con los Ingenios "Santa Lucía", "Mi Rosa", "Santa Teresa" y dos tiendas en el campo.»[463] El día 7 de abril sostuvo Masó Parra un encuentro en los terrenos del ingenio *Peñalver* y ese mismo día atacó la guarnición del pueblo La Salud. El 9 se le atribuyeron «incendios en varios puntos de Güira Melena» y el siguiente día se reporta un nuevo

---

[460] *ibidem*, t. II, p. 219.
[461] Masó Parra, *Primera...*, p. 26.
[462] *Documentos relativos a Don Juan Masó Parra*, AGMS, Sección 1ª, Legajo M-2186, ff. 68-70; Weyler, *op. cit.*, t. I, p. 240.
[463] Boza, *op. cit.*, t. I, p. 233.

choque con una fuerza enemiga en la misma zona. El día 13, tropas españolas de las tres armas descubrieron y destruyeron un puente colgante que los insurrectos habían construido sobre el río Mayabeque, al sur de Güines y cerca de Melena del Sur, para facilitar sus movimientos sin ser detectados. Esas tropas tuvieron que combatir con Masó Parra quien, junto con fuerzas del coronel Adolfo del Castillo, las batió por varias horas, primero en el ingenio *La Luisa* y después cerca del caserío de Guamasalco de Palos.[464]

Para el ejército español Juan Masó Parra parecía dotado del don de la ubicuidad pues, mientras se batía por todo el sur de la provincia, los días 10 y 11 de abril se le responsabilizaba también por el incendio de una bodega y varias casas en Cuatro Caminos, a más de treinta kilómetros de distancia.[465] Por supuesto, estos hechos los realizaban los hombres que Masó Parra dejaba en su tradicional zona de operaciones cuando él tenía que moverse a otras áreas. Con estas tácticas lograba que los españoles lo vieran hasta en la sopa.

---

[464] JMP/AGM, Folio 71; Weyler, *op. cit.*, t. I, pp. 360-2; "Battle in Havana province. Insurgents Led by Masso, Castillo and Others Defeated", *The New York Times*, 14 de abril de 1896, 5:1.
[465] JMP/AGM, Folios 72-3.

XII - Oriental en La Habana

Aunque su desempeño militar en la provincia de La Habana fue altamente productivo, Juan Masó Parra tropezó allí con dos grandes obstáculos. Por un lado, tuvo una desagradable experiencia por las actitudes de los grupos que operaban en la zona sudeste de La Habana, y por otro, sentía una creciente frustración por el deficiente liderazgo del general Aguirre. Por este motivo, el 12 de abril solicitó por escrito una entrevista con Aguirre a quien pudo finalmente encontrar en la finca *Cabrera*, al sur de Jaruco, después de varios días de marchas forzadas a todo lo largo de la provincia.

A la primera situación contribuía el hecho de que la guerra era una novedad en La Habana donde casi no se había peleado durante la campaña del 68. Allí en muchos casos los jefes y oficiales eran jóvenes que, por su iniciativa en aquellos momentos críticos, habían alcanzado grados militares sin haberse entrenado en la disciplina marcial que exige el respeto a los superiores y el cumplimiento de las órdenes. Un notable investigador describió a La Habana como:

> «. . . una provincia donde casi en cada palma anidaba un avispero de rivalidades. Todos, noble y desinteresadamente, buscaban un mismo fin; pero en su mayoría llenos de un nocivo individualismo. Para mandar y no obedecer invocábase el valor temerario, la posición social y los títulos académicos. Abundaban los jefes ariscos.»[466]

Desde sus primeros días en la jefatura de la zona de Bejucal, Masó Parra había chocado con Juan Delgado. Este había servido como soldado en la tropa de Masó Parra cuando ingresó en el Ejército Libertador en enero y después fue comisionado por Máximo Gómez para reclutar gente en los alrededores de su pueblo natal, Santiago de las Vegas, zona que quedó después bajo el mando superior de Masó Parra. Juan Delgado, quien tenía fama de «inflexible e intransigente» con sus hombres en cuestiones de disciplina,

---

[466] Gerardo Castellanos G., *Adolfo del Castillo. En la paz y en la guerra*, Editorial Hermes, La Habana, 1922, p. 61.

rehusaba someterse a la jefatura de Masó pues decía responder sólo al General en Jefe.[467]

La otra tropa que Máximo Gómez había puesto bajo el mando superior de Juan Masó Parra la constituía el regimiento *Calixto García* liderado por los hermanos Aurelio, Emilio, Alberto y Rosendo Collazo y Alberto Rodríguez. El primero de estos parece que cometió un serio acto de insubordinación ya que Masó Parra describió su falta como «grave delito militar» e hizo levantar un acta avalada por los oficiales que presenciaron el hecho. Por su parte, Collazo escribió directamente a Maceo quejándose de Masó y fue a entrevistarse con el general Aguirre. Con el visto bueno de este, Collazo se fue a Pinar del Río a operar independientemente en la parte oriental de la Trocha.[468]

Según el historiador Jorge Quintana, este incidente lo motivó el castigo demasiado severo que Masó Parra quiso imponer al comandante Celestino Baizán, del "Calixto García", por «ciertos infundios». La protesta de Aurelio Collazo adquirió caracteres de amotinamiento cuando ordenó a sus fuerzas ocupar posiciones para atacar a su jefe. Sus propios oficiales intervinieron y lograron evitar una desgracia mayor.[469] Las tensiones en esta provincia se manifestaron de manera trágica el 24 de marzo cuando fuerzas del regimiento *Pinar del Río* pasaron por el campamento de Juan Masó Parra en Guanimar y, producto de «una pequeña disputa», el teniente coronel Vicente Núñez mató a un teniente de un disparo y desertó rumbo a Las Villas.[470]

Cuando el brigadier Juan Masó Parra llevó sus quejas al general José María Aguirre, este se mostró comprensivo y solícito. Para

---

[467] Masó Parra, *Primera...*, p. 24; Eladio J. González Ramos, *El coronel Juan Delgado y el Regimiento Santiago de las Vegas*, La Habana, 1977, pp. 40-1. Meses después, con el mismo argumento, Delgado también desafió la jefatura del brigadier Adolfo del Castillo y hasta la del general Alejandro Rodríguez (Castellanos, *Adolfo...*, p. 69). Delgado también chocó con los oficiales Ricardo Sartorio y Alberto Rodríguez y luego con el brigadier Silverio Sánchez Figueras (Miró Argenter, *Crónicas...*, t. III, p. 167). Delgado se distinguió en el rescate del cadáver de Maceo y sostuvo la lucha en su zona hasta su muerte en combate en 1898.
[468] Masó Parra, *Primera...*, pp. 24, 29-30; Franco, *Antonio Maceo. Apuntes...*, t. III, p. 157; Loynaz, *Memorias...*, p. 443.
[469] Quintana, "Los que traicionaron...", pp. 95-6.
[470] Gómez, *La insurrección...*, pp. 143-4.

compensarlo por aquellas dificultades y en premio a su constante combatividad, Aguirre le pidió a Masó Parra que tomara también el mando de la Brigada Sur de La Habana que por unos días había ostentado el brigadier Pedro Díaz hasta que Maceo se lo llevó para Pinar del Río. Lo que se dio en llamar la 2ª Brigada del Quinto Cuerpo comprendía así casi la mitad de la provincia pues, a la zona central —que incluía el triángulo que formaban La Habana, Güira de Melena y la loma de Candela—, ahora se añadía la zona de Madruga y la ancha franja meridional que comienza en Nueva Paz y se extiende hasta Batabanó. Aguirre también le pidió a Masó que recogiera la guerrilla de Borges y las partidas de los capitanes Isidro Acea y Rodolfo Bergés quienes «andaban vagando por distintos lugares y cometiendo depredaciones.»[471]

Grabado (de una fotografía) publicado en *La ilustración española y americana* de Madrid el 15 de marzo de 1896 con el título: "Descanso de las tropas, después de una acción, en el ingenio «Mi Rosa»"

Con excepción del jefe del regimiento de Palos, el coronel José María Cuervo, los otros oficiales se resistieron a la nueva organización militar: Borges optó por presentarse;[472] Bergés no reconocía

---

[471] Masó Parra, *Primera...*, pp. 29-30.
[472] En sus memorias, el sargento Pablo de la Concepción refiriéndose a la actuación de su jefe, el comandante Ricardo Borges, confirma, aunque sin entrar en detalles, que «como patriota fué de resultados negativos para la causa». Vale señalar que Masó Parra se refería a Borges como *José,* no *Ricardo;* el comandante Ricardo Borges tenía un

ni la autoridad del propio Aguirre; Acea y su gente se insubordinaron. Este caos disciplinario sólo se podía remediar con medidas enérgicas por parte del jefe provincial, pero el general José María Aguirre no supo, o no quiso, resolver estas discrepancias y su actitud irresoluta sólo sirvió para fomentar nuevas fricciones. Para el Ejército Libertador, a las dificultades propias de la guerra en el reducido entorno de La Habana, se habían sumado la presencia de numerosas columnas llegadas de España poco antes y después del arribo de Weyler, y un jefe provincial cuya indolencia debilitó el esfuerzo libertador. Justificando la necesidad de un cambio en la dirección del Quinto Cuerpo, un conocedor de estas realidades señaló:

> «Este territorio estaba seriamente castigado por el peso de infinidad de batallones que se movían cual una telaraña, desde todos los pueblos; y aunque los insurrectos contaban con intrépidos jefes que a diario peleaban, las operaciones no tenían carácter temible para los españoles; aparte de que la suavidad de carácter del complaciente general José María Aguirre no había logrado unidad, disciplina ni respeto, sino que cundía la nociva rivalidad entre sus subalternos.»[473]

Profundamente disgustado, y ya en camino a la entrevista con el general Aguirre, Juan Masó Parra había decidido presentar su renuncia sustentada en estos términos:

> «República de Cuba.—E. L.5º Cuerpo.—1ª División.—2ª Brigada.—Habana.—Al Jefe de la División: - General.— Cumplimentando la órden de Ud. de fecha 23 próximo pasado, emprendí la marcha hácia la Güira de Melena, donde procedí á la incorporación de las guerrillas Borges y Acéa. A la primera de éstas tuve que desarmar al tratar de desertase como lo hizo su Jefe Borges, el cual según informes se presentó más tarde al enemigo. La guerrilla Acéa tuve que usar el mismo procedimiento por actos de insubordinación llevados á cabo por éste y conato de deserción de aquella. El 5 de este mes me entrevisté con el Coronel José María Cuervo, el que se puso á mis órdenes con 150 hombres armados y 400 de impedimenta. Le dí instrucciones para que operase en la Zona de Nueva Paz, hasta mi segunda órden.

---

hermano nombrado José que arrendaba la finca "El Recuerdo" (*Prisioneros y deportados...*, p. 33; "De Güira de Melena", *La Lucha*, 18 de mayo de 1896, 2:6).
[473] Gerardo Castellanos G., *Juan Bruno Zayas. Médico y soldado*, Editorial Hermes, La Habana, 1924, pp. 212-3.

En cuanto al Capitán Rodolfo Verjel, [Bergés] ha contestado verbalmente que no depende de Ud., sino del General en Jefe. El haber Ud. autorizado como ha llegado a mi conocimiento al oficial desertor de esta Brigada Aurelio Collazo, para que opere con fuerzas á su mando, lo mismo que á Juan Delgado, me indica claramente que Ud. ha desatendido la queja que contra ellos produje, sobre todo tratándose del primero que cometió grave delito militar, castigado por todas las ordenanzas, y códigos del mundo con la pena de muerte. Mi prestigio militar podría sufrir si yo dejase este delito impune, y perdería la fuerza moral que debe tener quien como yo ha sabido conquistar el puesto que tiene. Todo esto unido á que mi acción en esta Zona resulta deficiente é innecesaria, puesto que al mismo tiempo que me nombra Ud. jefe de ella, autoriza por otro lado al Comandante Octavio Hernandez, para que opere por su cuenta en esta misma demarcación, me obligan á presentar á Ud. mi renuncia con carácter de irrevocable, y pedir al mismo tiempo mi pase para exponer mis quejas personalmente al General en Jefe. Le adjunto copia del acta levantada por jefes y oficiales de esta Brigada, con motivo de la cuestión Collazo, la cual ha sido llevada á los Generales Gómez y Maceo. Envío á ese Cuartel General, en calidad de preso, al Capitán Isidro Acéa, para que Ud. proceda según crea conveniente. Sin otro particular, soy de Ud. atento seguro servidor. El Brigadier Juan Masó Parra. En operaciones, Abril 23 de 1896.»[474]

A pesar de haber criticado tan directamente por escrito a su jefe, el resultado de la entrevista entre Juan Masó Parra y José María Aguirre en la sabana de *Cabrera* no fue determinante. Dando oportunidad a que Aguirre impusiera orden en las filas Masó Parra aceptó esperar unos días y, en efecto, continuó operando con el mismo vigor que antes.

Masó Parra se separó del cuartel general del jefe de la 2ª División el día 24 de abril y ese mismo día, después de cruzar el ingenio *Moralitos*, tuvo un encuentro con el enemigo al cruzar la carretera de San José de las Lajas. El día siguiente, en camino a la zona de Quivicán, Masó Parra ordenó levantar los raíles de las líneas de Güines y Batabanó y llegó hasta cerca de Alquízar el día 26.[475]

---

[474] Masó Parra, *Primera...*, pp. 29-30.
[475] El encuentro del día 24 fue reseñado por la prensa ("Spanish Battle in Cuba", *The New York Times*, 26 de abril de 1896, 5:1); Masó Parra, *Primera...*, pp. 30-1.

Capitán
Benigno "El Gallego"
Rodríguez Pérez

En la mañana del día siguiente se suscitó un incidente tragicómico cuando Masó Parra paró a almorzar en el ingenio *Mi Rosa*.[476] Allí conoció Masó Parra al legendario Benigno "El Gallego". Era este un mozalbete de unos 24 años oriundo de Galicia y nombrado Benigno Rodríguez Pérez que se había convertido en el azote de los españoles en la zona de Quivicán. Operando con un reducido grupo y a menudo solo, Benigno no dejaba dormir a los habitantes del pueblo tiroteando los fuertes casi a diario y hasta entrando al pueblo a arrebatarles armas y cápsulas a los voluntarios a las sombras de la noche.[477]

Benigno "El Gallego" le explicó a Masó Parra que el ingenio *Mi Rosa* se había convertido en un sitio de descanso para las columnas españolas que operaban por la zona y le pidió que lo quemara. Masó Parra estuvo de acuerdo y pasó a almorzar en la casa vivienda donde la familia encargada del ingenio le explicó que el lugar lo usaban tanto los españoles como los insurrectos y le suplicaron que no dañara la propiedad. El Brigadier accedió, pero su contraorden llegó tarde. Mientras Masó Parra almorzaba y departía con la familia el dinámico

---

[476] Bajo el nombre de *Occidente* el ingenio había sido propiedad del patriota José Manuel Macías y ahora pertenecía al abogado Gabriel Camps; hoy se llama *Pablo Noriega* (Vivanco, *op. cit.*, p. 26; Louis A. Pérez, Jr., *Cuba Between Empires, 1878-1902*, University of Pittsburgh Press, Pittsburgh, 1983, p. 412).

[477] Ramiro Guerra y Sánchez, *Por las veredas del pasado*, Editorial LEX, La Habana, 1957, pp. 54, 62, 65, 69; Xosé Neira Vilas, *Galegos que loitaron pola independencia de Cuba*, Edicios do Castro, Sada, 1998, p. 69; Roloff y Mialofsky, *Yndice...*, No. 58389, p. 827.

Benigno "El Gallego" ya le había dado candela a la casa de calderas y las maquinarias.[478]

Aquella noche acamparon las tropas del brigadier Masó Parra en las ruinas del ingenio *Bufón*, cerca de Güira de Melena y a corta distancia de *Mi Rosa*. Allí se enteró que una columna enemiga le seguía el rastro y decidió levantar el campamento y emboscar sus fuerzas en terrenos de la finca *Falcón*. Media hora después llegaron los españoles y se trabó un combate que duró unas dos horas. Como de costumbre, los resultados del encuentro varían según las fuentes: el jefe de la columna española reportó siete cubanos muertos y de su parte, «2 heridos y 3 contusos»; Masó Parra lamentó dos muertos y cinco heridos y 26 bajas en la columna enemiga, «incluyendo un Comandante y tres oficiales más.»[479]

Durante los próximos días, Masó Parra contramarchó hacia la zona de Güines y Madruga no sin antes enviar al capitán Ramón Mederos a *Pedroso*, cerca de Batabanó, con la misión de destruir el puente, el ingenio, el paradero del tren y varias casas fuertes donde acostumbraban a acampar las tropas españolas. El alcalde de Güira de Melena reportó que en la mañana del día 30 de abril los mambises habían quemado el batey del ingenio "Rosario" y las cañas del "Aurora" añadiendo que esa noche se vieron grandes incendios cerca del pueblo «los cuales obedecen a la tea de la partida del cabecilla Juan Massó Parra.»[480] A principios de mayo, Masó Parra sostuvo un combate en los *Montes del Gato* donde tuvo tres heridos —cinco muertos según el parte español. Esta sería la última acción de alguna importancia del brigadier Juan Masó Parra ese año en la provincia de La Habana.[481]

Según Masó Parra, mientras en la provincia reinaba la indisciplina, el general José María Aguirre había adoptado una actitud de *laissez-faire*. Parece que Masó Parra no se equivocaba en esto

---

[478] Masó Parra, *Primera...*, pp. 30-1; El incendio del ingenio *Mi Rosa* lo narró Raimundo Cabrera en forma novelada basado en testimonio directo de Benigno "El Gallego" (*Episodios de la guerra. Mi vida en la manigua*, La Compañía Lévytype, Filadelfia, 1898, pp. 220-1). Las ruinas del central aún existen.

[479] Weyler, *op. cit.*, t. I, pp. 364-5; "San Felipe", *La Lucha*, 28 de abril de 1896, 2:3; Masó Parra, *Primera...*, p. 31.

[480] "Del Gobierno Regional. Güira de Melena", *La Lucha*, 2 de mayo de 1896, 2:5.

[481] Masó Parra, *Primera...*, p. 31; Weyler, *op. cit.*, t. I, p. 453. Masó Parra dice que la acción de *Montes del Gato* fue el día 3 mientras Weyler dice que fue el 2 de mayo.

pues el jefe de la 1ª Brigada, Rafael Cárdenas —con quien Aguirre pasó casi toda la campaña— describió la filosofía disciplinaria del general explicando que:

> «Cuando se le propuso proceder contra algunos oficiales cubanos que abusaban de su grado o mataban sin consideración y a lo mejor injustificadamente, o se ocupaban de negocios no siempre lícitos, él decía: "Como en la guerra pasada, en ésta nos pasa lo que a los sitieros pobres, éstos tienen que arar con los mismos bueyes; lo más que hacen es cambiarlos de manos. Siempre que los oficiales hagan algo favorable a la guerra, hay que procurar contenerlos; pero nunca degradarlos o tomar otras medidas. Estas, lo probable es que en una guerra larga la tomen los españoles, quienes arreglarán todas esas cuentas."»[482]

Cuando Juan Masó Parra comprendió que el general Aguirre no daría los pasos que él creía necesarios para poner coto a la indisciplina de los oficiales habaneros, se reunió con este por última vez el 9 de mayo de 1896 en la finca *Cayajabo*, cerca del límite de La Habana con Matanzas. Ante la insistencia del brigadier, el general Aguirre consintió en darle de baja del mando de la 2ª Brigada y le otorgó un pase para reportar al General en Jefe que se encontraba entonces en Las Villas.

El Lugarteniente General Antonio Maceo observaría con frustración aquel resquebrajamiento del orden en el que tuvo que intervenir varias veces. Resulta evidente que Maceo no creía que estaba recibiendo información suficientemente confiable para juzgar los sucesos y trataba de posponer sus decisiones hasta poder evaluar personalmente la conducta de las partes.

En el caso de la insubordinación del comandante Aurelio Collazo, donde Masó Parra había tenido la precaución de enviarle copia del acta firmada por los testigos del hecho, Maceo respondió con palabras duras a las quejas de Collazo. Pero respetó la decisión de Aguirre de dejarlo operar independientemente hasta que pudiera verlo personalmente y pedirle cuentas:

---

[482] "Apuntes del General Cárdenas" citados por Enrique Collazo (*La guerra ...*, p. 322).

«... aunque veo siempre con gusto la diligencia y el patriotismo de los cubanos, no puedo menos de lamentar que sin autorización superior se haya usted separado del puesto en que estaba, desautorizando así sus propios actos y haciéndose menos acreedor a la estimación que por su conducta merecía a sus jefes superiores, título éste indispensable en el Ejército para hacerse obedecer mañana de los mismos subalternos que ahora halagan y elogian su conducta.

Sin, embargo, siga usted operando sobre Neptuno y Majana, hasta tanto le vea y pueda oirle mejor sobre los motivos que le hayan impulsado a proceder de esa manera tan violenta y para mí desagradable, puesto que aquí no se sirve a los hombres sino a la patria, sin que [a] ello deba servir de obstáculo el no contar con el cariño o afecto del superior...»[483]

Collazo nunca llegó a leer estas palabras. La carta de Maceo fue escrita el 7 de mayo de 1896 en Pinar del Río, un día antes de que el bravo Aurelio Collazo muriera en combate cerca de Güira de Melena. Siete meses después, cuando Maceo regresó a La Habana pudo interrogar personalmente al comandante Emilio Collazo sobre el conflicto de su hermano Aurelio con Juan Masó Parra. Minutos más tarde, el propio Antonio Maceo cayó sin vida en el trágico combate de San Pedro.[484] De esta manera el manto de la muerte cubrió para siempre el caso Collazo-Masó Parra.

Rodolfo Bergés y Tabares

El caso del capitán Bergés no tuvo mayor trascendencia. Rodolfo Bergés y Tabares fue un joven dominicano quien, después de participar en un frustrado alzamiento en su país contra el dictador *Lilís*, se refugió en Santiago de Cuba en 1893. Se alzó en Oriente y en diciembre del 1895 siguió los pasos de su conterráneo, Máximo Gómez, hasta La Habana a donde llegó a principios de febrero. Allí el general Gómez lo asignó a las cercanías de San Nicolás de Bari bajo el mando del coronel Adolfo del Castillo. Las fuerzas de Castillo quedaron después bajo el mando superior del brigadier Juan Masó

---

[483] *Antonio Maceo, ideología política...*, t. II, p. 248.
[484] Francisco Pérez Guzmán, *La guerra en La Habana*, Editorial de Ciencias Sociales, La Habana, 1976, p. 140.

Parra y fue entonces que el comandante Bergés desafió las órdenes de este.⁴⁸⁵

Resulta curioso que en sus detalladas memorias Bergés no solamente omitió el incidente con Masó Parra, sino que ni siquiera menciona su nombre. Pero de su propio relato se trasluce que Bergés —quien estuvo casi seis meses en La Habana antes de ver a Castillo— compartía el pintoresco concepto de la disciplina militar que prevalecía en esa provincia. Poco después de la renuncia de Masó Parra, el general Aguirre mandó a su jefe de estado mayor, Charles Aguirre Sánchez, a buscar a Bergés para darle órdenes de integrarse al Regimiento de Santiago de las Vegas que dirigía el comandante Juan Delgado. Acerca de esta ocasión, Bergés comentó que no tuvo «inconveniente» para obedecer; como si el acatamiento a la orden de un superior jerárquico estuviese sujeto a la conveniencia del subordinado. La misma actitud se refleja cuando Bergés reporta que «Delgado y Castillo siempre estaban disgustados por asuntos personales, por no dejarse gobernar uno de otro.» Lo irracional de este comentario radica en que Adolfo del Castillo siempre superó en rango a Juan Delgado y no podía caber duda sobre quién "gobernaba" a quién.⁴⁸⁶ En agosto de 1897, la conducta de Juan Delgado motivó al ya general de brigada Adolfo Castillo a exigir a sus superiores «el más rápido y condigno castigo» a quien acusaba de «delincuente».⁴⁸⁷ Así operaban muchos de estos hombres, patriotas, valientes y sacrificados pero, a menudo, irresponsablemente selectivos en el respeto a la autoridad.

---

⁴⁸⁵ Rodolfo Bergés y Tabares, *Cuba y Santo Domingo. Apuntes de la guerra de Cuba de mi diario en campaña 1895-96-97-98*, El Score, La Habana, 1905, pp. 8-61.

⁴⁸⁶ *Ibidem*, pp. 61-70, 118. Bergés sobrevivió la guerra y alcanzó el grado de teniente coronel. Participó con Juan Delgado en el rescate del cuerpo de Maceo. En la paz incursionó en la política y el comercio en Güines. Fracasado en ambos empeños optó por el suicidio. (Rafael María Gómez Rodríguez, *Patria, verdad, justicia*, A. Dorrbecker Impresor, La Habana, 1926, p. 409); La pugna Delgado-Castillo persistía muchos meses después según carta de 5 de agosto de 1897 del brigadier Castillo al general Alejandro Rodríguez (Rosario Alarcón Caracuel, "Documentos en un archivo sevillano del general Alejandro Rodríguez, héroe de la independencia cubana (1895-1897, *Andalucía y América en el siglo XIX*, Escuela de Estudios Hispanoamericanos, C.S.I.C., Sevilla, 1986, pp.383-4).

⁴⁸⁷ Carta de Castillo a Rodríguez de 5 de agosto de 1897 (en Alarcón Caracuel, *op. cit.,* p.384).

Coronel Isidro Acea Gil

El incidente con Isidro Acea ha recibido más atención de los cronistas, casi siempre horrorizados del tratamiento que este recibió de Masó Parra. Algunas historias en torno al caso de Acea cobran aspectos de leyenda. Se dice que Acea, desarmado por Masó Parra fue lanzado a un hervidero de tropas enemigas para que se tuviera que presentar; se añade que, con armas arrebatadas al enemigo, Acea marchó hasta el campamento del general Máximo Gómez (quien estaba entonces en camino a Camagüey). Desde luego, los datos comprobables ofrecen una versión menos memorable.[488]

Isidro Acea Gil, «joven moreno, intrépido, aunque desprovisto de cultura» se había unido a la Invasión en Cienfuegos; cuando Maceo pasó a Pinar del Río lo dejó operando en la zona de Alquízar y Güira de Melena.[489] Acea era el jefe de una guerrilla llamada Tiradores de Maceo. Según hemos visto, el brigadier Juan Masó Parra había recibido órdenes del general Aguirre de integrar a Acea y su grupo a la 2ª Brigada para controlarlos ya que la jefatura provincial había recibido quejas sobre su comportamiento. A pesar de las críticas, se pudiera decir que Masó Parra actuó con cierta moderación ante el desafío de Acea y sus hombres a su autoridad. En tales situaciones la primera medida dictada por la prudencia era desarmar a los individuos insubordinados; el hecho de que un grupo de hombres a punto de ser disciplinados decidiera presentarse al enemigo —como hizo Borges— no era tan grave como la pérdida de sus armas. Siempre había hombres desarmados esperando la

---

[488] Manuel Cuéllar Vizcaíno, *12 muertes famosas*, Editorial Sánchez, S.A., La Habana, 1957, p. 119; véase nota de Benigno Souza en *Antonio Maceo. Ideología . . .*, t. II, p. 260; Loynaz, *Memorias...*, p. 446.
[489] *Ibidem*.

oportunidad de hacerse de un rifle. Los soldados eran fácilmente reemplazables mientras las armas eran muy difíciles de conseguir.

En lugar de castigarlo por su cuenta, Masó Parra optó por enviar al capitán Acea, en calidad de detenido, a presentarse ante el general Aguirre. Todo parece indicar que Aguirre no tomó decisión alguna respecto a Acea puesto que, varias semanas después, Maceo tuvo que intervenir en el asunto. También en este caso, como en el de Collazo, Maceo no se atrevió a dictaminar a larga distancia por el peligro de cometer una injusticia. Posponiendo otra vez su decisión hasta adquirir pleno conocimiento de los hechos, Maceo, sin censurar a ninguna de las partes, cursó órdenes al «brigadier Juan Masó Parra» y al «comandante en comisión Isidro Acea» para reponer a este en su cargo mientras le pedía al primero un informe sobre lo ocurrido.[490]

El brigadier Juan Masó Parra no llegó a enterarse de las determinaciones de Maceo con respecto a Aurelio Collazo o Isidro Acea. Increíblemente, aunque el general Aguirre conocía la intención de Masó Parra de renunciar desde el 23 de abril, y le dio de baja el 9 de mayo, su jefe inmediato superior, el jefe del Departamento de Occidente, Antonio Maceo, le escribía a Masó Parra el 9 de junio creyéndolo todavía en su puesto. . . un mes después de su partida.[491] Tan desinformado estaba Maceo que cuando se enteró

---

[490] *Antonio Maceo. Ideología*. . ., t. II, pp. 260-1. Isidro Acea se mantuvo alzado en La Habana hasta el fin de la guerra y alcanzó el grado de coronel. En 1899, la Asamblea del Cerro recibió quejas de la mala conducta de Acea y recomendó su destitución y procesamiento (*Actas...*, t. VI, p. 81). El carácter inquieto de Isidro Acea se puso de manifiesto también en la República: en varias ocasiones tuvo «líos con la justicia» y «se vio envuelto en una causa criminal que lo llevó a Presidio». Fue vilmente asesinado por rivalidades políticas en 1912 (Cuéllar Vizcaíno, *op. cit.*, pp. 97-122; Cuba, *Gaceta Oficial de la República de Cuba*, año VI, núm. 97, 22 de octubre de 1907, La Habana, p. 3613).

[491] La carta sobre Acea fue fechada en Pinar del Río el 9 de junio. José Luciano Franco (*Apuntes*. . ., t. III, p. 157) dice que el 12 de mayo Maceo le había ordenado a Masó Parra que cruzara la Trocha para una entrevista y especula, sin fundamento, que fue el miedo a tal encuentro lo que determinó que Masó Parra «se escapara para Las Villas». Franco no publicó el texto de esa orden ni nosotros la hemos podido hallar. La orden posterior de Maceo del 9 de junio no hace alusión a tal cita. De cualquier manera, la baja firmada por Aguirre el día 9 de mayo demuestra que la decisión de Masó Parra estaba tomada antes de la fecha de la supuesta orden y ya el 13 de mayo el brigadier había entrado en Matanzas.

que Masó Parra se había ido de La Habana le escribió al General en Jefe:

> «El brigadier Masó ha abandonado el puesto que le designé, según se me informa. Si así fuere, como lo habría hecho entonces sin autorización de V. ni mía, le suplico que, o le ordene volver allí, o su conducción a este Cuartel General en calidad de preso.»[492]

El disgusto de Maceo con el general Aguirre se hace manifiesto en esta comunicación del 12 de junio:

> «Marche a situarse sobre La Habana por convenir así a las operaciones que en la actualidad preparo. Sobre la zona de Batabanó estarán en breve los brigadieres Tamayo y Zayas, a quienes así se lo he ordenado en virtud de haber abandonado el brigadier Masó, según se me informa, el puesto que allí le tenía asignado.
>
> Mucho me extraña, si es cierto tal abandono, que nada me haya dicho Ud. y no llama menos mi atención su silencio respecto a las operaciones correspondientes a la División de su digno mando, ¿será, me digo, que no existen tales operaciones? Sentiría que así fuera, porque me indicaría que ni ahí se sirve cual corresponde a la causa de la Revolución, ni mis órdenes, cien veces reiteradas, son cumplidas ni mucho menos.»[493]

El calificar la salida de Masó Parra como un "abandono", denota que Maceo no concebía que Aguirre la hubiese aprobado sin siquiera haberle consultado antes. Esto dejó a Aguirre en la poco envidiable situación de tener que explicarle a un ya irritado Maceo que él, Aguirre, y no Masó Parra, debía ser el justo blanco de su cólera. No se sabe cómo Aguirre descargó esa responsabilidad, o si llegó a hacerlo. Lo cierto —según su jefe de estado mayor— es

---

[492] *Antonio Maceo. Ideología...*, t. II, pp. 263-4. Similar pedido hizo Maceo el mismo día al jefe militar de Las Villas, general Francisco Carrillo (*ibidem*, pp. 264-5).

[493] *Ibidem*, p. 266. Estas críticas de Maceo a Aguirre se asemejan a las de Masó Parra quien alegaba que «sus operaciones se redujeron á quemar algunos Ingenios, y á imitar con ventaja el sistema del General Gómez, en aquello de cansar a las tropas españolas con sus *marchas continuas*.» (Masó Parra, *Primera...*, p. 29); Rafael Cárdenas reportó que Aguirre decía que «la guerra había cogido el trote de la de los diez años; que no había que apurarse, que cada día que pasara era una batalla ganada a los españoles. Que de nada valía intentar cargas, casi siempre imposibles, si con ello sólo se conseguía perder gente, que nadie reemplazaba, gastar parque, que no había seguridad de reponer, y cargarnos de heridos que no había manera de curar.» (Collazo, *La guerra...*, p. 322).

que Aguirre, ante la inminente llegada de Maceo a La Habana, había decidido «presentarle la renuncia de su cargo».[494]

Por algunos de sus comentarios posteriores se deduce que todavía a finales de julio, o bien Maceo continuaba sin conocer los detalles del proceso seguido por Masó Parra para efectuar su renuncia, o aun conociéndolos seguía inconforme con el resultado. En una carta del 27 de junio Maceo manifiesta su frustración al General en Jefe quejándose de la falta de recursos materiales y «la carencia de jefes aptos y aguerridos» en su Departamento Occidental donde el ejército español «ha logrado espantarme de aquí algunos jefecitos como Masó».[495] En el mismo sentido, el 17 de julio le comentó al general *Mayía* Rodríguez que «sólo unos cuantos abandonaron el campo de honor en compañía de Juan Masó Parra».[496]

El Lugarteniente General Antonio Maceo cayó en el combate de San Pedro el 7 de diciembre. Pocos días después, el 29 de diciembre de 1896, el general José María Aguirre Valdés murió de pulmonía en las lomas de Jaruco. Reflejando el sentimiento en las filas, un joven oficial anotó al enterarse de la muerte de Aguirre: «…hemos perdido, al menos, una hermosa figura, dicen que decorativa…».[497] Pero no obstante su controversial desempeño en la jefatura de la 2ª División del 5º Cuerpo del Ejército Libertador, Aguirre fue un digno patriota que estuvo siempre, más que dispuesto, ansioso por ofrecer sus mejores esfuerzos a la causa de Cuba Libre a la que dedicó su vida entera.

Sin embargo, la gravedad de las consecuencias de la indisciplina en las filas habaneras no se debe subestimar porque posiblemente influyó en el desastre de San Pedro. En primer lugar, hay que

---

[494] Pedro Llanio Cruz, "La última firma del general Antonio Maceo", *Boletín del Ejército*, v. XXVIII, no. 3, noviembre de 1929, p. 226; en entrevista del año 2001, el nieto del general, Oswaldo Aguirre Noy, aseguró al autor que entre los papeles de su abuelo que atesoraba su familia en Cuba obraba la carta renuncia que Aguirre iba a presentar a Maceo.

[495] Maceo, *Ideología…*, t. II, p. 287. por aquellos días los oficiales Antonio Núñez y *Cayito* Álvarez habían regresado sin permiso a su lugar de origen en Las Villas.

[496] *Ibidem*, p. 308.

[497] Eduardo Rosell y Malpica, *Diario del Teniente Coronel Eduardo Rosell y Malpica (1895-1897)*, dos tomos, Academia de la Historia de Cuba, La Habana, 1949-1950, t. II, p. 153. A pesar de la opinión que recogió, el propio Rosell creía que La Habana bajo el mando de Aguirre, superaba a Matanzas en organización y operaciones.

considerar el efecto que tuvo en las tropas. En Collazo, Delgado, Acea y Bergés, el general Aguirre tenía un excelente grupo de jóvenes oficiales que prestaron valiosos servicios a la causa de la independencia. Pero al permitirles practicar la obediencia por simpatías personales se debilitó su capacidad para llevar a cabo importantes operaciones en concierto y la beligerancia en La Habana cobró aspectos de guerra de guerrillas. Las palabras de advertencia de Maceo a Collazo sobre el mal ejemplo que las actitudes sediciosas y la indisciplina de los jefes impartían a sus tropas se comprobaron con fatales resultados en San Pedro. Deficiencias elementales en la inteligencia sobre el movimiento de las columnas españolas, y en la colocación de las postas, permitieron al enemigo atacar por sorpresa el campamento cubano.[498] En ese combate, donde perdieron la vida Antonio Maceo y Francisco Gómez Toro, hijo del General en Jefe, la mayor parte de los 450 cubanos allí reunidos no participaron. Por ironías del destino, estos eran en su mayoría soldados del difunto Aurelio Collazo —ahora bajo el mando del teniente coronel Alberto Rodríguez—, así como de Delgado, Acea y Bergés. Un guajiro del área recordaba haber visto a los maltrechos mambises «que huían del campo de batalla» y «pasaban con velocidad de ciervos espantados».[499] Tan lejos de la acción fue a parar el grueso de la tropa que cuando Juan Delgado dirigió el rescate de los cadáveres de Maceo y Gómez, sólo pudo contar con 18 hombres.[500]

---

[498] Leonardo Griñán Peralta, *La muerte de Antonio Maceo,* A. Ríos, La Habana, 1941, pp. 36-7; el jefe español dijo haber adquirido en Hoyo Colorado confidencias sobre la concentración de mambises en San Pedro ("Diario de las operaciones practicadas durante la primera quincena del mes de las fechas [diciembre de 1896]" del teniente coronel Francisco Cirujeda, copia en http://www.latinamericanstudies.org/1895/Cirujeda-1896.pdf, citado con permiso).

[499] Relato de Juan Rodríguez en Oscar de Alva, *Pro Patria*, Tipografía América, La Habana, 1899, p.28.

[500] A fines de junio de 1896, pocas semanas después de la renuncia de Masó Parra, el entonces capitán Walfredo Ibrahim Consuegra llegó a La Habana acompañando al general Juan Bruno Zayas en la columna de auxilio que desde Las Villas intentaron llevar a Maceo —empeño que le costó la vida a Zayas. Entre las fuerzas que el general Aguirre designó para ayudar a Zayas a cruzar la provincia rumbo a Pinar del Río se encontraban, entre otras, las de Juan Delgado e Isidro Acea. Consuegra registró la mala impresión que recibió de esas tropas y sobre la de Acea específicamente anotó en su diario: «Se nota a primera vista que esta fuerza está muy indisciplinada.» (*Diario de*

En segundo lugar, la desdichada decisión de Maceo de presentar resistencia al ataque español, aun en situación desfavorable, pudo haber estado influenciada por la necesidad que sentía de dar un ejemplo de combatividad a los jefes habaneros, incluyendo al propio jefe de la División. Según el coronel Dionisio Arencibia, Maceo había cursado la siguiente orden esa mañana al general Aguirre: «parquee[501] bien a su gente porque he venido a pelear, aquí donde todo anda mal.» El mismo Arencibia también cita a Maceo diciendo ese día: «persiguiendo a los españoles voy a probar a esta gentesita de La Habana.»[502] Otro testigo de la acción opinaba que a Maceo habían llegado quejas sobre «supuestas indisciplinas de las fuerzas» y sobre «la falta de capacidad y de coraje del general Aguirre» y que emanaban del coronel Silverio Sánchez Figueras quien había sustituido a Juan Masó Parra en la jefatura de la brigada Sur de La Habana y evidentemente llegó a conclusiones similares a las de su predecesor con relación a los jefes habaneros.[503]

El 11 de mayo, por indicación del general Aguirre, Juan Masó Parra hizo entrega de las fuerzas a su mando al coronel José María Cuervo y se dispuso a marchar en busca del general Máximo Gómez. Que su gestión militar en La Habana había sido en extremo efectiva lo evidencia la atención especial que recibió del Capitán General Valeriano Weyler quien lo distinguió al decretar la instrucción de una sumaria contra «el cabecilla insurrecto Masó Parra» que fue finalmente archivada, el 25 de octubre de 1896 en espera de su captura.[504]

---

campaña. Guerra de Independencia, 1895-1898, Fernández Solana y Cía., La Habana, 1926, pp. 110, 117); Luis Lagomasino Álvarez, *Diccionario histórico-biográfico de la revolución cubana. Cuaderno primero*, Tipografía Merced, La Habana, 1905, pp. 16-7).

[501] El verbo transitivo "parquear" era usado entonces entre los mambises con el significado de suministrar parque o "municionar" (Esteban Rodríguez Herrera, *Léxico Mayor de Cuba*, dos tomos, Editorial LEX, La Habana, 1959, t. I, p. 345).

[502] De un discurso de Dionisio Arencibia de 7 de diciembre de 1938 publicado el día siguiente en el periódico *El Mundo*. Estas citas son tomadas de *La guerra en La Habana*, (p. 163), cuyo autor, Francisco Pérez Guzmán, ofrece un extenso estudio de la muerte de Maceo y cuestiona estos comentarios de Arencibia.

[503] Juan de Dios Romero Cortés, "Cómo fué rescatado el cadáver de Maceo", *Carteles*, núm. 49, diciembre 9 de 1951, La Habana, p. 32.

[504] JMP/AGM, Folios 62-76. A los cargos de rebeldía e incendiario se añadía el «delito de haber ahorcado al paisano . . . D. Antonio Fran^{co}. López» en la zona de Melena del Sur.

Sin embargo, no es menos cierto que Masó Parra dejó atrás una estela de discordias que incluía a casi todos los jefes y oficiales con los que tuvo contacto en La Habana. Aun tomando en cuenta las actitudes recalcitrantes de algunos de aquellos hombres, hay que consignar que la predisposición del propio Masó debe haber contribuido a magnificar las tensiones. Su resentimiento contra Aguirre, producto a su vez de sus desavenencias con Máximo Gómez, quizás lo inclinó a excitar, en lugar de aplacar, las disensiones.

También resulta extraño que a pesar de mantener con el jefe del Departamento de Occidente, Antonio Maceo, una relación de deferencia y respeto mutuo desde el comienzo de la guerra, Masó Parra formalizó su baja al nivel del jefe provincial y optó por llevar sus quejas, no a Maceo, sino directamente al General en Jefe. La explicación a esta conducta quizá la veamos más adelante.

Dado el carácter obstinado que caracterizaba sus relaciones con el General en Jefe, hay que considerar la satisfacción que experimentaría Masó Parra al presentar personalmente a Gómez evidencias de la controvertida actuación del hombre que este había escogido para el mando de La Habana. Pero una razón de más peso pudiera ser el propósito de reclamarle a Gómez la formalización de su ascenso a general de brigada. La ausencia de evidencia documental sobre este último tema nos lleva al campo minado de la especulación, pero su importancia lo hace ineludible. Oficialmente, Juan Masó Parra comenzó la guerra en febrero de 1895 y en marzo su jefe de aquella época, el general Bartolomé Masó, lo nombró coronel del Ejército Libertador.[505] En lo que constituye un caso quizás único, a pesar de su destacada labor en esa larga campaña, tres años después Juan Masó Parra seguía siendo coronel.

Cuando en febrero por orden del General en Jefe el general Antonio Maceo regresó a La Habana, pocas horas después de separarse de Juan Masó Parra sostuvo una larga conferencia con el general Máximo Gómez por la zona de Nueva Paz. El tema principal lo fue la disolución del llamado Ejército Invasor y la nueva organización militar que se aplicaría en las provincias al oeste de la Trocha de Júcaro a Morón que desde ese momento quedaron a cargo del Lu-

---

[505] Los grados así conferidos fueron legalizados por el Artículo 21 de la Constitución de Jimaguayú (*Actas...*, t. I, p. 35).

garteniente General bajo la designación de Departamento de Occidente. Entre otras cosas, también discutieron dos temas que resultan muy importantes para nuestro análisis. Primero, aunque juntos acordaron nombrar a Francisco Carrillo jefe del 4º Cuerpo de Ejército (Las Villas) y quedó el nombramiento del jefe del 6º Cuerpo (Pinar del Río) a discreción futura de Maceo, al jefe del 5º Cuerpo lo puso —o lo impuso— Máximo Gómez.[506] Segundo, Maceo discutió con Gómez sus recomendaciones de ascensos. Producto de esas conversaciones, Maceo presentó por escrito al General en Jefe su propuesta de ascender cuatro Coroneles a Generales de Brigada: Juan Bruno Zayas, Pedro Díaz, Roberto Bermúdez y el chileno Pedro Vargas Sotomayor.[507] El nombre de Juan Masó Parra debió formar parte de esa discusión, pero es imposible conocer si figuró en la lista original del general Maceo y fue vetado por Gómez.

Con respecto a estos dos temas —el nombramiento de Aguirre y la negación de ascenso a Masó Parra— el examen de las comunicaciones de Maceo de antes y después de esta reunión arroja resultados interesantes. Por un lado, a pesar de no estar incluido Masó Parra en la lista de ascensos, desde ese momento el Lugarteniente dejó de referirse a él como coronel y comenzó a llamarlo brigadier. En cambio, sus cartas de esos días a José María Aguirre, nombrado mayor general y jefe del 5º Cuerpo por el propio Gómez, iban dirigidas al «Brigadier. Jefe en comisión de la División de la Habana».[508] Más que una serie de descuidos fortuitos este trato puede denotar una protesta pasiva por parte de Maceo ante una percibida arbitrariedad del Generalísimo.

---

[506] Esto escribió el propio Gómez en su "Extracto de mi diario" en *Diario de campaña...*, p. 443.

[507] José Miró Argenter dice en sus *Crónicas de la guerra* (t. II, p. 62) que la propuesta fue fechada el 21 de febrero de 1896; a estos nombres Gómez luego añadió los de Javier Vega, Joaquín Castillo y José Rogelio Castillo y los ascensos fueron aprobados por el Consejo de Gobierno el 10 de mayo de 1896 (*Actas...*, t. I, p. 101).

[508] Véanse especialmente sus comunicaciones del 3 de marzo al 12 de junio de 1896 en que inexplicablemente Maceo aplica a Masó Parra el grado de Brigadier en propiedad, es decir, sin la frase condicional "en comisión" (*Antonio Maceo. Ideología...*, t. II, pp. 216, 218, 260-1, 263-4 y 266); despachos a Aguirre (*ibidem*, t. II, pp. 239, 266 y 321.) Sobre el puesto de Aguirre, a pesar de lo que al respecto escribió M. Gómez, Miguel Varona Guerrero aclara que fue jefe «de la segunda división (Habana) y no del quinto Cuerpo [Habana y Matanzas].» (*La Guerra...*, t. III, p. 1865).

Este nuevo desaire de Máximo Gómez a Juan Masó Parra tuvo que profundizar aún más el resentimiento del altivo veterano. No podría haber tomado sino como un insulto personal el ser pasado por alto mientras los bisoños Zayas y Bermúdez saltaban al generalato. El reconocimiento a sus méritos por parte del general Maceo no podía disminuir el enojo de Masó Parra con Gómez. Además, dejaba claro que el General en Jefe había impuesto su voluntad y que Maceo no podía ayudarlo más allá de tratarlo como "Brigadier". Ante esta situación, Juan Masó Parra sabía que sería fútil llevar sus quejas a Maceo. Quizás creyó que renunciando y presentando sus protestas al Cuartel General podría crearle una crisis al general Gómez a quien tenía por responsable de su situación.

Inevitablemente, aunque durante toda su trayectoria militar hasta esta fecha había demostrado gran valentía y dedicación, al dejar su puesto en La Habana Juan Masó Parra se expuso a que se cuestionaran sus motivos. Pero cualesquiera que estos fuesen, las consecuencias de su decisión le resultaron inesperadas y desagradables.

XIII - *Encausado en Oriente*

El 13 de mayo de 1896 comenzó Juan Masó Parra su jornada en busca del General en Jefe a quien se creía en Las Villas. Dirigía un grupo de unos setenta hombres que incluía una escolta armada de 40 plazas con 5 asistentes para la oficialidad y unos 10 heridos con 15 hombres para atenderlos.[509] Entre los oficiales autorizados para acompañar a Masó Parra se encontraban los comandantes José Lara Miret, Calixto Enamorado y Ángel de la Guardia.

Calixto (García-Íñiguez) Enamorado

Los tres eran veteranos de la acción de *Dos Ríos* y habían hecho la Invasión con Masó Parra como sus ayudantes. El bravo camagüeyano Lara Miret estaba con Masó Parra desde el principio de la guerra; herido en seis ocasiones en la campaña habanera, Lara convalecía ahora de un balazo en el muslo izquierdo que no le permitía montar a caballo sin ayuda.[510] Calixto Enamorado también se había incorporado a la insurrección uniéndose a la tropa de Masó Parra el 6 de marzo de 1895; resultó herido siendo jefe de despacho de la Brigada Sur de La Habana. Enamorado era hijo natural del general Calixto García Íñiguez, quien había desembarcado en Oriente recientemente.[511] El joven Ángel de la

---

[509] Masó Parra, *Primera...*, p. 39; Enrique Loynaz del Castillo, "La última etapa de la vida de Martí", *Memoria del Congreso de Escritores Martianos (febrero 20 a 27 de 1953)*, Impresores Úcar García, S. A., 1953, p. 225.

[510] El *Yndice* de Roloff contiene un error en la fecha de ingreso de Lara Miret al Ejército Libertador al mostrar el 22 de marzo de 1896 (#34480) cuando el año debe ser 1895 pues su jefe inmediato superior, Masó Parra, afirmaba que su ayudante lo había acompañado «desde el principio de la guerra» (*Primera...*, p. 24) y su cercano amigo, el general Loynaz del Castillo, coloca a Lara Miret en Dos Ríos el 19 de mayo de 1895 ("La última etapa...", p. 225).

[511] Casasús, *Calixto García*, p. 36; "Calixto García Enamorado", *Bohemia*, 26 de febrero de 1950, p. 16. Según un descendiente suyo, Calixto Enamorado nació en

Guardia, compañero de José Martí en su fatídica carga en *Dos Ríos*, había llegado con Maceo hasta Mantua y se había distinguido por su valor en aquella jornada. Se reintegró en La Habana a su puesto de ayudante de Masó Parra con su cuerpo también condecorado con las cicatrices de la campaña.

La pequeña fuerza de Masó Parra logró atravesar sin percance la provincia de Matanzas hasta cruzar el río Hanábana para internarse en la zona de Cienfuegos donde les aguardaba una desagradable sorpresa. Como se había comprobado con el paso de la Invasión, los españoles siempre habían concentrado allí un desproporcionado número de tropas por tres razones: esta era una pujante pero vulnerable región azucarera con extensos cañaverales y numerosos ingenios; tenían que proteger la vital vía férrea que conectaba a la ciudad interior de Santa Clara con la bahía de Cienfuegos; y además, la zona resultaba ser también el punto natural de tránsito de los mambises que se movían entre el este y el oeste de la isla y el paso obligado de cualquier contingente de refuerzo a Occidente. La situación se tornó aún más difícil cuando el ejército español construyó allí una formidable línea defensiva que los mambises denominaron «la trocha de Cienfuegos».[512]

Desde meses atrás la línea del ferrocarril que desde Cienfuegos corría con rumbo nordeste hasta la capital de la provincia se había reforzado con fortines y guerrillas que operaban desde los pueblos a lo largo de la vía como Palmira, Cruces, Ranchuelo y Esperanza. Del entronque de Cruces salía otra línea hacia el norte que, pasando por Lajas, llegaba al crucero de Santo Domingo donde se conectaba con el ferrocarril que llegaba hasta La Habana. Un poco más al oeste, había una segunda línea fortificada, orientada de norte a sur, a lo largo del río Damují que, partiendo de Cartagena, pasaba por los pueblos de Turquino, Rodas y Abreu donde el Damují,

---

1874, durante la Guerra de los Diez Años, de una unión del general García con Leonela Enamorado, pero sólo pudo usar el apellido García cuando, después de la muerte de su padre, una hermana de este lo adoptó; como Calixto García-Íñiguez Enamorado tuvo una larga carrera en el cuerpo diplomático de la República (Laurence S. Daley, "A Biography of Brigadier General Calixto (García-Íñiguez) Enamorado", *The Spanish American War Centennial Website*, http://www.spanamwar.com/calixtoenamorado.htm, consultado el 5 de octubre de 2018).

[512] Avelino Sanjenís García, *Memorias de la revolución de 1895 por la independencia de Cuba*, Imprenta y Papelería de Rambla, Bouza y C.ª, La Habana, 1912, pp. 84-5.

ya navegable, se convertía en un obstáculo natural infranqueable a los mambises desde allí hasta su desembocadura en la bahía de Cienfuegos.

El 3 de mayo las fuerzas cubanas que operaban en una estrecha franja aún abierta entre los poblados de Cartagena y Lajas chocaron con la columna de 1,500 hombres que había llegado para cerrar el último tramo del cerco entre esos dos pueblos a lo largo del río Ahocinado, tributario del Damují. La rica zona de cultivo de la llanura cienfueguera quedaba ahora encerrada en un amplio bolsón protegido, en su perímetro, así como en su interior, por «pueblos, caseríos, bateyes, ingenios» fortificados y por fortines saturados de soldados, voluntarios, movilizados, guerrilleros y guardias civiles. La columna española recogió todo el ganado de las fincas circundantes y «todo lo que encontraron a su paso y quince días después, ya no había por aquellos lugares más que desolación y muerte».[513]

Esa fue la situación que encontró Masó Parra cuando llegó a aquel territorio. Para colmo de males, para nadie era un secreto que Juan Masó Parra había salido de La Habana con rumbo este pues el diario capitalino *La Lucha*, enterado de alguna manera, había publicado la noticia.[514]

El contingente de Masó Parra estaba pobremente municionado y los heridos le restaban capacidad de maniobra; el coronel sabía que no sería posible atravesar esta zona sin tropezar con el enemigo. La fortuna lo acompañó al encontrarse con el escuadrón cubano de la Brigada de Colón que operaba por aquellos contornos y juntos acamparon en la finca "San José", del barrio de Soledad. Masó Parra se enteró por aquellos mambises que en el poblado de Cartagena —a unos seis kilómetros de distancia en la primera línea de fuertes— había «unas cincuenta armas y abundante parque» en la tienda del español comandante de voluntarios Ramón López en la Calle Real.[515] Entonces el veterano jefe decidió poner en práctica un osado plan para manipular los movimientos del enemigo con el

---

[513] Andrés Soto Pulgarón, *De la guerra y de la paz. Episodios de la Guerra de Independencia*, Editorial "La Verdad", La Habana, 1949, pp. 100-3.
[514] El diario ubica a Masó Parra el día 17 al sur de Corral Falso con rumbo este, hacia Jagüey Grande ("Varias partidas", *La Lucha*, 18 de mayo de 1896, 5:3); Masó Parra, *Primera...*, pp. 33-4.
[515] Soto Pulgarón, *De la guerra...*, p. 95.

doble objetivo de obtener armamento, ropa y comestibles con el ataque a la tienda mientras, al mismo tiempo, se atraían las tropas enemigas de la zona hacia el poblado dejando el paso franco a su lenta caravana de heridos.[516]

Juan Masó Parra presentó su plan al jefe del escuadrón matancero, el comandante Mariano Pino Moreira, quien lo aceptó de buena gana. La dirección operacional estaría a cargo del comandante Ángel de la Guardia con el comandante Pino de segundo jefe; el subteniente cartagenero Andrés Soto Pulgarón ocuparía la vanguardia.[517] El 20 de mayo, unos cincuenta hombres entraron en el poblado de Cartagena. Quizás debido a la torrencial lluvia que cayó esa noche, la tienda cerró antes de lo acostumbrado y, aunque los atacantes lograron derribar una puerta, el dueño y sus empleados, apoyados por los soldados que desde el cercano hospital militar disparaban contra los insurrectos, lograron resistir los intentos de los cubanos quienes se retiraron con las manos vacías cargando cuatro muertos y diez heridos. Los españoles admitieron cuatro heridos, incluyendo a José López,[518] un voluntario que era sobrino del dueño de la tienda.[519] El segundo objetivo del plan, el cruce de los heridos, sí lo pudo verificar Masó Parra exitosamente; una vez que las tropas enemigas de la zona se concentraron en el pueblo para repeler el ataque, la pequeña fuerza mambisa se alejó de aquel punto escurriéndose por su flanco izquierdo. Durante el día 22, Masó Parra hizo amago de atacar los fuertes de Ciego Montero y

---

[516] Masó Parra, *Primera...*, p. 34.

[517] Soto Pulgarón, *De la guerra...*, pp. 94-7. Este autor, no queriendo violar la tácita consigna de no mencionar el nombre de Juan Masó Parra, lo describe en su relato sólo como «el Jefe de un contingente de fuerzas que regresaban de la invasión».

[518] Treinta años después, José López Suárez era dueño de una tienda mixta en la misma Calle Real, ya rebautizada Calle Mariano Pino (Leopoldo Valdés, *Magazine de "La Lucha"*. Santa Clara, [s. n.], 1926, p. 582).

[519] *Ibidem*; Valeriano Weyler (*op. cit.*, t. I, p. 486) reportó el ataque a Cartagena con fecha 22 de mayo mientras Soto Pulgarón dijo que fue el 19. Sin embargo, la prensa española concuerda con Masó Parra en que fue el día 20 de mayo de 1896 (*Ecos de Cuba*, 30 de mayo de 1896, 4:2; "De Cartagena", *La Lucha*, 25 de mayo de 1896, 2:7). Como sucedía casi siempre, existe también discrepancia acerca de las bajas. Soto Calderón reporta un muerto español nombrado «Vicente Baluja» que omiten Weyler y *Ecos de Cuba*; Weyler atribuye 20 bajas a los cubanos y *Ecos de Cuba* reportó 200, aunque esto puede ser un error tipográfico. Similarmente, para *La Lucha* los 50 atacantes eran 400.

en la tarde giró hacia el sur y atacó el pueblo de Palmira donde lograron penetrar para llenar sus alforjas.[520] Sin tomar descanso, esa madrugada los insurrectos lograron cruzar la segunda línea de fuertes cerca del poblado de Jicotea.[521]

Estas acciones causaron quince bajas entre muertos y heridos en la tropa cubana pero el día 23, después de intercambiar algunos disparos con las guerrillas locales de los ingenios *Cantabria* y *Los Guaos*, lograron cruzar el río Arimao. Esa noche acamparon con un regimiento de caballería mambí de esa zona que mandaba el coronel Camacho.[522] Estos cubanos informaron a Masó Parra que el general Gómez ya marchaba con rumbo este.[523] Desde este punto hasta su llegada a la provincia de Oriente no vieron siquiera rastros de fuerzas enemigas y pudieron completar el viaje en unas tres semanas.

Como varios oficiales y jefes del Ejército Libertador habían podido comprobar, tener que presentarse en la tienda del General en Jefe era una empresa azarosa y, dada su impetuosidad, cualquier gestión ante él podía resultar en censura o castigo. Sin embargo, evidenciando su veta de provocador, Juan Masó Parra había planeado este encuentro con la intención de presentar quejas ante Gómez que inevitablemente serían interpretadas por *El Viejo* como críticas a sus propias decisiones y, por tanto, como un ataque personal.

No podía haber escogido peor momento Juan Masó Parra para confrontar a Máximo Gómez. Varios motivos habían obligado al General en Jefe a regresar a Oriente. Primero, buen número de combatientes orientales había abandonado sus puestos en Las Villas para retornar a sus predios de origen. Estos "desertores" repre-

---

[520] Masó Parra, *Primera...*, pp. 33-4; Soto Pulgarón confirma la entrada de Masó Parra en Palmira (*De la guerra...*, p. 98); la prensa reportó que «numerosas partidas», como de 400 hombres, intentaron entrar en el pueblo «siendo enérgicamente rechazadas» (*Ecos de Cuba*, 30 de mayo de 1896, 4:3), información tomada del parte telegráfico de Weyler al ministro de la Guerra (*op. cit.*, t. I, p. 487).

[521] Masó Parra, *Primera...*, pp. 33-4.

[522] *Ibidem*. Posiblemente, José Camacho Viera, el único Camacho que con el grado de Coronel aparece en el *Yndice...* de Roloff en el 4º Cuerpo (Las Villas). Tiene el número 14468 en la secuencia del *Yndice*.

[523] Gómez cruzó la Trocha hacia Camagüey el 26 de mayo de 1896 (Gómez, *Diario...*, p. 357).

sentaban un serio desafío a la disciplina del Ejército Libertador y Gómez no podía tolerar esa práctica. Segundo, la inactividad del ejército mambí en Camagüey, bajo la jefatura primero del general *Mayía* Rodríguez y ahora del mayor general Manuel Suárez Delgado, había llegado al punto en que ya las columnas enemigas no temían ser molestadas al salir en operaciones. Máximo Gómez venía a deponer a Suárez y a despertar, con el ejemplo, el espíritu combativo en esta provincia. Por último, el Consejo de Gobierno, dominado por Salvador Cisneros, Bartolomé Masó y Carlos Roloff, continuamente usurpaba los poderes del General en Jefe. Entre otras cosas, el Consejo distribuía altos grados sin la requerida recomendación del jefe del Ejército; consumía recursos militares llevando a cabo acciones de cuestionable efectividad alegando "altos fines políticos"; se empeñaba en disminuir el predominio jerárquico del mayor general José Maceo Grajales llegando a provocar su renuncia; y no había permitido al mayor general José María *Mayía* Rodríguez cumplir órdenes de Gómez de llevar refuerzos a Occidente.

En Camagüey el General en Jefe aprovechó la cercanía de una columna española de 2,000 hombres dirigida por el brigadier Adolfo Jiménez Castellanos para enseñarles a los camagüeyanos lo que se esperaba de ellos. Cuando el 9 de junio el enemigo acampó en el potrero de la finca *Saratoga*, Gómez inició un ataque que, con mayor o menor ímpetu, duró tres días. Después de sufrir numerosas bajas la columna española fue reforzada por tropas procedentes de Puerto Príncipe que le permitieron escapar del cerco mambí. El general Manuel Suárez llegó tarde al lugar de la acción y Gómez aprovechó para destituirlo allí mismo.[524]

Enterado Gómez durante el combate en *Saratoga* de la llegada de Masó Parra a Oriente, cursó ásperas órdenes al mayor general Calixto García para que indagara con qué autorización lo había hecho «y caso de ser desertor» lo remitiera preso a su cuartel general. Una nueva orden fechada en *Saratoga* el 11 de junio de 1896 rezaba:

---

[524] Boza, *op. cit.*, t. I, pp. 261-7; Castillo Zúñiga, *op. cit*, pp. 173-6; Grover Flint, *Marching with Gómez*, Lamson, Wolfe and Company, Boston, 1898, pp. 198-213.

«Número 215. Al Mayor General Calixto García Iñiguez.

General: Con más positivas noticias referentes al coronel Massó Parra, reitero a usted con el carácter de urgente y terminante, la orden contenida en mi comunicación número 214, por la que inquiera del modo más escrupuloso quien ha autorizado al coronel Juan Massó Parra, su ida a Oriente y caso de no justificarla, lo reducirá usted a prisión y lo remitirá a este Cuartel General, con toda seguridad.

Así mismo procederá a recoger a todos los hombres que le acompañan y poniéndolos a las órdenes de un Jefe que merezca su confianza, me los mandará tan pronto como sea posible.—»[525]

General Calixto García Íñiguez

Este último párrafo resultaba problemático para el general García. Su hijo Calixto y Angelito de la Guardia, hijo de su amigo y socio de negocios, estaban con él ya desde hacía algunos días gracias a Masó Parra; ahora el General en Jefe le ordenaba que se los mandara y su tono no era nada halagüeño.[526] Conocedor del carácter de Gómez, García decidió esperar un tiempo prudencial antes de cumplir sus órdenes.

Mientras esto sucedía, Juan Masó Parra se había enterado de que el secretario de la Guerra, general Carlos Roloff, se disponía a embarcar rumbo a los Estados Unidos para regresar con una expedición y decidió buscarlo para enviar con él algún dinero a su familia.[527] En efecto, después de varias demoras ocasionadas por la vigilancia de cañoneras españolas, Roloff pudo zarpar desde la zona de Pilón, en la costa sur de Oriente, y llegar a la isla de Jamaica el 19 de junio.[528]

---

[525] Boza, *op. cit.*, pp. 273-4; Castellanos, *Tierras y...*, p. 268.
[526] Carta del 13 de mayo de 1897 de Ángel de la Guardia Bello a sus padres (Ángel de la Guardia Rosales, *Memorias de una familia de maestros y de patriotas*, Editorial Garantía, La Habana, 1957, p. 186); Loynaz, *Memorias...*, p. 446.
[527] Masó Parra, *Primera...*, p. 40.
[528] Rolando Álvarez Estévez, *Mayor general Carlos Roloff Mialofsky. Ensayo biográfico*, Editorial de Ciencias Sociales, La Habana, 1981, pp. 227-8.

Ajeno aún de que era un hombre buscado, y sin saber con certeza dónde estaba el Cuartel General de Gómez, el día 23 Masó Parra despachó una carta al General en Jefe explicando los motivos que lo habían traído a Oriente y sus deseos de reportar ante él. Poco después, cuando se disponía a dirigirse al campamento del general Calixto García para indagar sobre el paradero de Gómez, Masó Parra recibió noticias de que se acercaba a su campamento una comisión con «importantes comunicaciones» sobre su persona. El portador era el teniente coronel Ángel Castillo quien le permitió leer las nuevas órdenes que el general Gómez cursaba a Calixto García informándole que marchaba a su encuentro y que arrestara a Masó Parra por deserción y lo mantuviera bajo custodia hasta su llegada. Aunque sorprendido por esa orden de arresto, Juan Masó Parra fue hasta el campamento del general Calixto García para enfrentar su destino.[529]

El general García había establecido su cuartel por esos días en el potrero de *La Yaya*, cerca de *Dos Ríos*, donde había caído Martí, y allí, a pesar de las órdenes del General en Jefe, Calixto dio una cordial bienvenida al coronel Masó Parra y lo alojó en su propia vivienda. Pocos días después, en la tarde del 8 de julio, García recibió noticias del General en Jefe que se hallaba a unas tres leguas de distancia y decidió ir a su encuentro.

A la mañana siguiente Calixto García regresó al campamento de *La Yaya* acompañado del general Gómez.[530] La figura del sexagenario Generalísimo causaba aún una profunda impresión. Según un testigo, «vestía levita negra, pantalón de ralla de casimir aplomado, polainas negras, caballo oscuro, sombrero jipijapa.»[531] Al general Calixto García el General en Jefe le lució fuerte y ágil como «un muchacho, haciendo cabriolas con su caballo».[532] Al ver allí a Masó Parra toda la energía de Máximo Gómez se concentró sobre él

---

[529] Masó Parra, *Primera...*, pp. 34-5.
[530] Diario de Campaña del general Calixto García, en *Calixto García Iñiguez. Pensamiento y acción militares*, Editorial de Ciencias Sociales, La Habana, 1996, p. 93.
[531] Luis Rodolfo Miranda, "Diario de campaña del comandante Luis Rodolfo Miranda", *Cuadernos de Historia Habanera* No. 57, Oficina del Historiador de la Ciudad, La Habana, 1954, p. 56.
[532] Carta de García a Estrada Palma de 13 de julio de 1896 (en Gerardo Castellanos García, *Tierras y glorias de Oriente (Calixto García Iñiguez)*, Editorial Hermes, La Habana, 1927, p. 274).

ordenando que inmediatamente entregara sus armas porque era «un hombre muy peligroso» y que pasara en calidad de preso a su Estado Mayor. El jefe de su Estado Mayor en aquel tiempo, el colombiano veterano de la Guerra de los Diez Años, José Rogelio Castillo Zúñiga, desarmó y detuvo a Masó Parra quien oyó a Gómez asegurar: «Masó es hombre muerto, *ó lo fusilo ó lo degrado*».[533] Estas palabras del Generalísimo no se tomaban a la ligera; unos días después del arresto de Masó Parra fue fusilado un teniente coronel acusado de conducta criminal y un testigo de estos hechos concluyó: «al Brigadier Masó Parra [...] también le huele la cabeza a pólvora».[534]

Ese mismo día, en un fútil intento de calmar el ánimo de "*El Viejo*", Juan Masó Parra escribió de nuevo a Máximo Gómez haciendo referencia a su carta anterior y abundando sobre los motivos de su regreso a Oriente. En un estilo respetuoso, pero directo, alegaba que con las decisiones del general Aguirre ante los repetidos actos de indisciplina que se sucedieron, y la confusión de mandos así creada, se vio en una situación «desairada» y «ridícula en extremo». Señaló que había llegado al convencimiento de que su gestión en La Habana era «nula é insuficiente» al enterarse que los ingenios que tenía órdenes de quemar estaban protegidos por «compromisos» hechos por el jefe de la provincia. Explicó que Aguirre le concedió la baja, autorizó la escolta, y le encargó traer a los orientales heridos. Aludió a la «maledicencia, ó enemistad personal» como motivo de la desfiguración de su conducta mas se expresó tranquilo y contento de enfrentar un Consejo de Guerra para esclarecer los hechos.[535]

---

[533] Masó Parra, *Primera...*, p. 35 (subrayado en el original); José Rogelio Castillo había desembarcado por la costa sur de Las Villas el 24 de julio de 1895 con la expedición dirigida por los generales Serafín Sánchez y Carlos Roloff. En su *Autobiografía,* basada en sus diarios de campaña, Castillo explicó que las notas correspondientes a estos días «desaparecieron» de su archivo (p. 180). Otro diarista allí presente, el Dr. Gustavo Pérez Abreu, reporta que su libreta sobre estos días no la pudo transcribir por estar «completamente deteriorada por los insectos» (p. 84). Asimismo, Bernabé Boza reporta «extraviado» su cuaderno de estos días (t. I, p. 289). Las transcripciones publicadas de los diarios de los generales Gómez y García no mencionan a Juan Masó Parra en estas fechas.

[534] Modesto A. Tirado, *Apuntes de un corresponsal. Guerra de Independencia*, Molina y Compañía, La Habana, 1942, p. 91.

[535] Masó Parra, *Primera...*, pp. 35-6. (Véase el texto completo en el Apéndice D).

Coincidieron estos hechos en el cuartel del General en Jefe con la noticia de la muerte del general José Maceo en el combate de la *Loma del Gato*. De esta trágica manera el destino resolvió la espinosa situación creada por la renuncia de José Maceo al sentirse menospreciado en repetidas ocasiones por el Consejo de Gobierno. Para jefe del Departamento Oriental (Camagüey y Oriente), el Consejo primero había intentado nombrar temporalmente al general Francisco Carrillo aunque este venía destinado a Las Villas;[536] después nombró al general *Mayía* Rodríguez aunque este había recibido órdenes de llevar refuerzos a Maceo;[537] y finalmente le dio el cargo a Calixto García quien también debía haber pasado a Occidente.[538] Estos nombramientos por el Consejo no sólo eran a todas luces ilegales —pues se hicieron sin la requerida previa recomendación del General en Jefe— sino que por su improcedencia parecían dirigidos a usurpar la supremacía del mando provincial *de facto* que, con la anuencia del General en Jefe, ejercía José Maceo desde la partida de su hermano Antonio con la Invasión.[539] Era un secreto a voces que esas medidas se tomaban «pa-

General José Maceo y Grajales

---

[536] El nombramiento de Carrillo sería «hasta que venga Calixto García» (Carta de Salvador Cisneros Betancourt a Tomás Estrada Palma de 5 de febrero de 1896, *Boletín del Archivo Nacional, Vol. XXIII*, Pérez, Sierra y Compañía, La Habana, 1924, p. 262); Valdés Domínguez, *Diario...*, t. I, pp. 114-8.

[537] Cisneros Betancourt explicó que en vista del «feliz éxito de la Invasión, consideró el Gobierno que no era preciso» enviar refuerzos a Maceo. (Carta a Estrada Palma de 5 de febrero de 1896, *Boletín del Archivo Nacional, Vol. XXIII*, p. 261); Valdés Domínguez, *Diario...*, t. I, pp. 279 y 348.

[538] La intención original de Calixto García de pasar a Occidente la recoge Valdés Domínguez (*ibidem*, t. I, p. 319) y la ratifica el propio García en carta de mayo 16, 1896 a Tomás Estrada Palma (Castellanos G., *Tierras y glorias...*, pp. 259-61).

[539] Valdés Domínguez, *op. cit.*, t. I, p. 326; en agosto de 1895, en carta al general Antonio Maceo que se preparaba para comenzar la Invasión, Máximo Gómez había escrito sobre la sucesión en Oriente: «Me parece que entre Rabí, José, Miró y Amador Gue-

ra castigo de José Maceo» y, como era de esperar, José se sintió agredido y ofendido por el trato arrogante que recibía del Consejo.[540] Finalmente, el general José presentó su renuncia a la jefatura del Primer Cuerpo de Ejército.

Todo parece indicar que, a pesar de sus quejas por la interferencia del Consejo en lo militar, Máximo Gómez había venido a Oriente para con firmeza y diplomacia tratar de conciliar sus diferencias con los civiles y había ratificado a Calixto en la Jefatura del Departamento Oriental. De no poder Gómez persuadir a José Maceo a retirar su renuncia, este probablemente hubiese pasado a Occidente en apoyo de su hermano Antonio; las especulaciones cesaron cuando el 5 de julio de 1896 una bala rompió el cráneo de quien para algunos fue "el más valiente de los Maceo".

Juan Masó Parra fue retirado del campamento del general Calixto García el día 10, bajo custodia del capitán Felipe Cusoró, y conducido a donde Máximo Gómez había dejado las fuerzas villareñas que lo acompañaban.[541] El general Gómez dio inicio al proceso contra Juan Masó Parra nombrando una comisión para investigar las circunstancias de su salida de La Habana y determinar si procedía enjuiciarlo ante un consejo de guerra. La comisión la presidió el brigadier Vicente Pujals Puentes e incluía a los tenientes coroneles Urbano Sánchez Hechavarría y Quirino Reyes Piedra.[542] Después de entrevistar testigos, examinar los documentos pertinentes e interrogar al acusado, la comisión reportó al General en Jefe su conclusión: las acusaciones sobre Juan Masó Parra carecían de fundamento.[543]

---

rra, todo el mundo subordinado a José, nos pueden guardar bien las espaldas.» (Souza, *Máximo Gómez...*, p. 144).

[540] Carta de P. De Mora a Alejandro Rodríguez de mayo de 1896 (Fernando Gómez, *La insurrección...*, p. 73).

[541] Miranda, *Diario*, p. 57. En esta nota de su diario Miranda había tachado algunos nombres porque, según el historiador Manuel I. Meza Rodríguez quien publicó el *Diario*, decía que «ya pasados los años no valía la pena mencionar los nombres».

[542] Masó Parra, *Primera...*, pp. 36-7. El brigadier Pujals no mencionó esta investigación en su diario. El español Quirino Reyes Piedra terminó la guerra con el grado de coronel (Roloff, *Yndice...*, #51421). Urbano Sánchez Hechavarría participó en la preparación de la Guerra Chiquita, luego militó en el autonomismo, y finalmente, aunque mostró indecisión durante la etapa conspirativa del 95, pasó un tiempo en la manigua (no aparece en el *Yndice* de Roloff).

[543] Masó Parra, *Primera...*, p. 37.

Enrique Loynaz del Castillo

Masó Parra tenía razón para sentirse vindicado pues cualquier otro proceso de esta índole hubiera terminado aquí. Pero el general Máximo Gómez no quedó satisfecho con el dictamen de la comisión investigadora y recriminó a sus miembros por haberse dejado engañar por Masó Parra. Inopinadamente, el General en Jefe ignoró el resultado de esta investigación y ordenó que se abriera una nueva investigación contra Masó Parra nombrando esta vez al teniente coronel Enrique Loynaz como Fiscal Instructor para dirigirla.

Enrique Loynaz del Castillo, que en esta época contaba sólo 25 años de edad, había nacido en Puerto Plata, República Dominicana, donde se establecieron sus padres y tíos después de participar en la Guerra Grande. Aunque criado en el exilio el joven Loynaz heredó de sus mayores el sentido del deber patriótico que lo puso al servicio de la causa independentista. Publicó artículos y dirigió periódicos de inequívoco corte independentista. Desde que conoció a José Martí en Nueva York en 1891 se convirtió en un conspirador. A pesar de su corta edad, cuando Loynaz desembarcó por el sur de Las Villas con la expedición de Carlos Roloff y Serafín Sánchez el 24 de julio de 1895, ya era un luchador veterano ampliamente reconocido por su valor temerario. Por órdenes de Martí había traído un cargamento de armas a Camagüey escondidas en vagones de ferrocarril. Delatado a las autoridades, Loynaz tuvo que huir de la Isla. En Costa Rica fue actor principal de un choque entre cubanos y españoles en que resultó herido el general Antonio Maceo y muerto por Loynaz uno de sus atacantes. De regreso en los Estados Unidos participó en la intentona invasora que se frustró en el puerto floridano de Fernandina en Amelia Island.[544] Ya en Cuba en

---

[544] de la Cova, "Fernandina...", pp. 16-42.

armas, Loynaz sirvió como delegado a la Asamblea Constituyente de Jimaguayú, se distinguió en varios combates durante la Invasión en La Villas, y allí quedó como jefe del estado mayor del Jefe Provincial mayor general Serafín Sánchez. Al ser nombrado Francisco Carrillo jefe de aquel Cuarto Cuerpo, el general Sánchez fue designado Inspector General del Ejército Libertador y enviado a Oriente. Loynaz lo acompañó en aquella misión y allí lo sorprendió el caso contra Juan Masó Parra.[545]

Frustrado por el dictamen de la comisión dominada por los santiagueros Pujals y Sánchez, y quizás pensando que en Oriente no podría obtener otro resultado, el general Gómez decidió sacar el caso de allí y ordenó que la investigación de Loynaz se hiciera en Camagüey. Allá fue enviado Masó Parra escoltado por el teniente coronel Quirino Reyes quien había formado parte de la comisión que lo exculpó. Masó estaba convencido de que el odio de Gómez hacia él era el único motivo de su insistencia en hallarlo culpable y lo que le contó Reyes durante el viaje a Camagüey confirmaría esa creencia. Según Masó, Reyes le comentó que había oído decir que «la mayor indignación que sentía el general Gómez» contra Masó era porque este «lo tenía por un cobarde y borracho.»[546]

Los oficiales ayudantes de Juan Masó Parra vivieron algunos días de incertidumbre, pero como uno de ellos era hijo del general Calixto García, al General en Jefe se le hacía imposible imponerles castigo alguno. El comandante Ángel de la Guardia pasaría un mal rato cuando el 19 de julio recibió instrucciones de reportar al General en Jefe, pero a los pocos días pudo reincorporarse al estado mayor del general García, quizás por gestiones de este.[547] De la Guardia, joven de valor legendario, alcanzó el grado de teniente coronel y murió en combate durante la toma de Tunas. Calixto García Enamorado sobrevivió la guerra con el grado de general de brigada. José Lara Miret terminó la guerra en su Camagüey natal, pero a él lo volveremos a ver en esta historia.

Los llamados "desertores" que tanta ira desataron en el general Máximo Gómez lograron salvarse de severos castigos gracias, en

---

[545] Loynaz, *op. cit.*, pp, 192, 218-9, 261.
[546] Masó Parra, *Primera...*, p. 38.
[547] Escalante Beatón, *Calixto García...*, p. 54.

buena medida, a la diplomacia y sentido común del general Serafín Sánchez quien, como Inspector General del Ejército Libertador, tuvo que lidiar con el engorroso asunto. Estos eran combatientes que habían regresado de Occidente después de hacer La Invasión. No eran desertores en el sentido tradicional del vocablo ya que, en la mayoría de los casos, después de visitar a sus familias se unían a otras fuerzas que operaran cerca de sus lugares de origen. Algunos tuvieron que regresar a Occidente, pero muchos pudieron continuar luchando en sus propias tierras.

Enrique Loynaz del Castillo estaba consciente de la difícil situación en que se encontraba pues para todos resultaba obvio que el general Gómez deseaba que Masó Parra fuese hallado culpable y que una decisión favorable al reo no sería de su agrado. Por otro lado, aunque jaranero y enamoradizo, Loynaz era entonces un joven idealista con un alto concepto del honor que no esquivaba conflictos; esto lo había demostrado meses atrás cuando públicamente refutó al general Antonio Maceo un juicio, en su opinión injusto, sobre José Martí.[548] Ahora el joven oficial confrontaba otra dura prueba.

Oficialmente, los cargos contra Juan Masó Parra eran por deserción y abandono de su puesto en La Habana; haber traído una escolta demasiado numerosa; no haber ido directamente al Cuartel del General en Jefe y rehuir el combate de *Saratoga*. También se le acusaba de tomar caballos de los depósitos sin permiso y de conducta abusiva hacia prefectos y pacíficos.

Después de varias semanas investigando los hechos y entrevistando testigos, Loynaz concluyó la pesquisa y preparó un extenso reporte sustentando sus conclusiones. Claramente, la acusación más grave en el proceso contra Masó Parra era la de deserción y abandono del puesto, pero esta era insostenible en vista de documentos que probaban que el general José María Aguirre había aceptado la renuncia de Masó y otorgado su pase al Cuartel General. Masó sostuvo que Aguirre había autorizado verbalmente el tamaño de la escolta y Loynaz, en ausencia de declaración contraria de parte de Aguirre, y considerando los peligros del viaje a través de territorio enemigo con varios heridos, no consideró impropio el

---

[548] Loynaz, *Memorias*..., pp. 214-5.

número de acompañantes de Masó. Sobre la tardanza de Masó en reportar ante el General en Jefe Loynaz aceptó su explicación, comprobó que ya iba al encuentro del general Gómez cuando fue arrestado, y sólo consideró la demora «una falta contra una costumbre militar arraigada» que no estaba penada por ley alguna.

Todos los testimonios de autoridades civiles y vecinos de los lugares por donde pasó Masó Parra mientras se combatía en *Saratoga* confirmaron que a esos sitios no llegaron los ruidos del cañoneo y, por tanto, el acusado no pudo enterarse del combate. Asimismo, Loynaz dictaminó que los caballos de los depósitos eran para uso de cualquier tropa que los necesitase y que al tomarlos Masó Parra no cometió falta alguna. Por último, Loynaz estimó que las acusaciones de conducta abusiva aportadas por tres o cuatro testigos perdían credibilidad ante las de más de cincuenta entrevistados que elogiaron la conducta del coronel Masó Parra hacia las autoridades civiles y los vecindarios que atravesó. El reporte del fiscal instructor Loynaz del Castillo, fechado el 11 de septiembre de 1896, concluía diciendo que no existía motivo para llevar al coronel Juan Masó Parra ante un consejo de guerra y que el reo debía ser puesto en libertad.[549]

Durante el proceso, el general Serafín Sánchez creyó prudente mostrarle a su ayudante Loynaz una carta confidencial del general Máximo Gómez en que este le señalaba «la necesidad de que se terminara pronto la instrucción contra Massó Parra para "salcocharlo".»[550] A pesar de esto, Loynaz asumió el riesgo de contrariar al General en Jefe, pero puso cuidado en dar sus pasos en firme. Como su amigo Fermín Valdés Domínguez gozaba de la confianza del general Gómez y probablemente sería consultado por este sobre el reporte, Loynaz se adelantó y le pidió a Fermín que lo revisara y le diera su opinión antes de entregarlo a Gómez. Atento a la delicada situación de Loynaz, Fermín pensó que el reporte debía ser revisado por un letrado que pudiera convalidar las conclusio-

---

[549] Véase en el Anexo B el texto completo del reporte de Loynaz, según lo reprodujo Masó Parra en su libro.
[550] Loynaz del Castillo, *Memorias...*, p. 508; "salcochar", significa en Cuba cocer carnes o viandas en agua y sal, pero su uso aquí sugiere algo más tenebroso que evoca manidas imágenes de un hombre atado dentro de una enorme caldera sobre una hoguera y caníbales bailando a su alrededor.

nes. Loynaz le explicó que, en ausencia de un abogado, ya había contado con la asesoría del secretario del Consejo de Gobierno, José Clemente Vivanco quien coincidía con él en que «abusaba el General, pues hacía más de tres meses que andaba el Masó preso y eso era ilegal.»[551] Aunque Fermín por aquella época veía por los ojos de Gómez, en esta ocasión quedó convencido de que el sobreseimiento del caso era justo.

Ya en manos del General en Jefe el reporte sobre Juan Masó Parra, y consultado Valdés Domínguez, este le aconsejó a Gómez que debía acatar el dictamen y dejarlo en libertad. Que Máximo Gómez aceptó la absolución a regañadientes lo evidencia su carta a Masó Parra:

> «Vista la diligencia sumaria y dictamen fiscal en el proceso seguido contra Ud. por varios delitos de que se le acusaba, se da por terminado el mismo y sin lugar á la formación de Consejo de Guerra.— Mas no habiendo querido Ud. cumplir oportunamente la órden que traía de incorporarse á este Cuartel General privándole de un refuerzo necesario para el mejor éxito del combate de "Saratoga" que se libraba en esos momentos, quedará Ud. á las órdenes del Inspector General del Ejército, Mayor Gral. Serafín Sánchez para que lo conduzca y ponga á disposición del Jefe del Departamento Occidental, Lugarteniente General Antonio Maceo, á cuyo Cuerpo pertenece.»[552]

El tiempo que Masó Parra estuvo preso en el cuartel general del general Javier de la Vega Basulto en Camagüey fueron días difíciles para el coronel. De la Vega había sido ascendido a la jefatura del Tercer Cuerpo al menos en parte porque le había demostrado al general Gómez su adhesión incondicional. El severo tratamiento que Javier de la Vega aplicó a Masó Parra seguramente reflejaba los deseos del General en Jefe. La exoneración no sólo liberó a Masó Parra del general de la Vega, sino que lo colocó a las órdenes de un jefe querido y admirado, el mayor general Serafín Sánchez.

Este desenlace probablemente no estaba en los planes de Masó Parra cuando decidió renunciar a su puesto en La Habana, sin em-

---

[551] Valdés Domínguez, *op. cit.*, t. II, pp. 183-4.
[552] Carta de Máximo Gómez a Juan Masó Parra, de 18 de septiembre de 1896 (Masó Parra, *Primera...*, p. 44).

bargo, el resultado representó una indiscutible victoria moral sobre el general Gómez. El díscolo coronel que había venido en abierta actitud provocadora para confrontar al General en Jefe lucía ahora ante sus camaradas como víctima inocente de una arbitrariedad de Máximo Gómez.

El caso contra Juan Masó Parra llegó a adquirir visos de *cause célèbre* y por aquellos días llegaron a circular rumores de su supuesta ejecución.[553] La absolución de Masó Parra movió a muchos a manifestar su opinión por escrito en cartas al coronel. Un grupo de oficiales del estado mayor del general Sánchez felicitaron a Masó Parra por el sobreseimiento del «penoso é injustificado proceso». En carta individual, el ayudante secretario del general Sánchez, Judas Martínez-Moles saludaba al «patriota sin manchas» por el éxito alcanzado y por su «patriotismo y grandes servicios prestados a la causa de la Independencia de Cuba».[554] Hasta dos Ayudantes del propio General en Jefe se sintieron motivados a escribirle a Masó Parra:

> «Los que suscriben ... al enterarse con sumo placer y regocijo del resultado obtenido en el expediente Fiscal informatorio que se le incoaba por acusaciones anónimas que hubieron de tramar séres envidiosos y rastreros, no han podido menos que celebrar sinceramente un triunfo más que alcanza la justicia contra todos los inculpadores que pretendían obscurecerla.— Felicítanle, pues, por las inequívocas pruebas de inculpabilidad que obran en dicho expediente y le reiteran la más fiel expresión de cariño sincero y adhesión incondicional, sus affmos. Amigos y attos. SS. q. b. s. m.— Comandante Arturo Villalón.— Capitán, Augusto Feria Sivorí»[555]

A pesar de las apariencias, para Juan Masó Parra su retorno a Oriente fue en realidad una victoria pírrica. Si bien es cierto que le había ganado la partida a Máximo Gómez en el terreno jurídico, el

---

[553] Enrique Villuendas y de la Torre, "Diario de Campaña de Enrique Villuendas", en Adalberto Afonso Fernández, *Mis investigaciones ... y algo más. Obras completas*, 3 tomos, Palibrio, Bloomington, 2011, t. II, p. 307.

[554] Masó Parra, *Primera...*, pp. 45-6. Los oficiales del general Sánchez eran: capitán Longino J. Benítez; tenientes R. S. Moreno de Zayas, J. Martínez-Moles, Rafael Conte, Francisco Regueira y Juan M. Lamadrid; subteniente Pedro Beira; teniente coronel del Servicio Médico Dr. Gonzalo Roig. También firmaron el documento Indalecio Salas y Antonio Vivanco.

[555] *Ibidem*.

General en Jefe lo enviaba ahora de regreso a Occidente sin más destino que el que dispusiera el general Antonio Maceo. La cuestión que él había venido a discutir con Gómez, sus quejas sobre la jefatura del general José María Aguirre, no recibió atención alguna y sus probabilidades de ascenso eran ahora más remotas que nunca.

Juan Masó Parra había sufrido las consecuencias naturales de su actitud contestataria hacia Máximo Gómez. "El Viejo" le había demostrado a Masó Parra que estaba dispuesto a hacer uso de sus amplias prerrogativas como General en Jefe para castigar sus impertinencias. Su conducta posterior sugiere que Juan Masó Parra aprendió de esta experiencia.

XIV - *La Habana como condena*

Tan pronto resultó absuelto de las acusaciones de Máximo Gómez, Juan Masó Parra quedó incorporado a la columna que bajo el mando directo del propio Generalísimo marchaba hacia el poblado de Cascorro. Traían un cañón recién llegado y la tropa presentía que estaban en vísperas de una operación militar de envergadura.[556]

Masó Parra se sumó al estado mayor del mayor general Serafín Sánchez quien había recibido órdenes de pasar a operar en Las Villas; de allí, Masó tendría que agenciárselas por su cuenta para llegar a Pinar del Río y presentarse ante el general Antonio Maceo como le había exigido el general Gómez. Serafín Sánchez esperaba por un práctico para cruzar la Trocha y por un cargamento de municiones que había ido a buscar el brigadier Rogelio Castillo a un depósito en Oriente.[557] Mientras tanto, el general Sánchez y su grupo continuaban marchando con el General en Jefe. Además de Masó Parra la tropa del general Sánchez incluía al teniente coronel Enrique Loynaz del Castillo —quien había fungido de fiscal instructor en el caso de Masó Parra— y al Dr. Eusebio Hernández, compañero de Masó Parra del exilio en Honduras.[558]

Por esos días se conspiraba contra el General en Jefe y el presidente del Consejo de Gobierno. El gestor del complot era el Dr. Eusebio Hernández.

Eusebio Hernández Pérez había participado en los preparativos para la Guerra Chiquita y al concluir aquel esfuerzo quedó ligado en el exilio a Juan Masó Parra y otros veteranos de la Guerra Grande y muy especialmente al general Antonio Maceo. En 1886, después del fracaso del Plan Gómez-Maceo, Hernández se fue a París a terminar sus estudios de medicina.[559] Luego de una corta

---

[556] Valdés Domínguez, *Diario ...*, t. II, p. 187.
[557] *Ibidem*, p. 192.
[558] Carta de Eusebio Hernández a María de los Ángeles Mesa desde Cascorro el 25 de septiembre de 1896 (Cepeda, *Eusebio Hernández...*, p. 109).
[559] Las relaciones entre Eusebio Hernández y José Martí, aunque ostensiblemente cordiales estuvieron siempre marcadas por un mal velado antagonismo. Por parte de Hernández esto se hizo evidente cuando a su paso por New York en diciembre de 1893

estancia en La Habana, en 1895 llegó a Nueva York para reintegrarse a la lucha. Allá chocó ruidosamente con el Delegado, Tomás Estrada Palma, con Gonzalo de Quesada y con Enrique Trujillo.[560] El Dr. Eusebio Hernández llegó a Cuba en la expedición de Calixto García y marchó por un tiempo con Máximo Gómez —suficiente para desencantarse de su antiguo Jefe.[561]

Dr. Eusebio Hernández Pérez

En mayo de 1896, Hernández había sido nombrado subsecretario de Relaciones Exteriores. Pocos días después, asumió las funciones del titular de esa cartera, Rafael Portuondo, quien estaba en New York tramitando una expedición a la Isla. Pronto el Dr. Hernández chocó también con el Marqués de Santa Lucía y desafió las extralimitaciones del Consejo de Gobierno. Irritado por las acciones tanto del presidente Cisneros como del propio general Gómez, Hernández había primero tratado de forzar la convocatoria a una nueva asamblea constituyente cuando intentó disolver el Consejo con la renuncia en masa de los Secretarios; ahora deseaba reunirse con Maceo porque inopinadamente creía poder reclutarlo para propiciar un cambio en la jefatura civil y militar de la revolución.[562] No hay que dudar que Masó Parra conociera los planes de su amigo Eusebio Hernández y

---

rechazó la invitación de Martí para trabajar en el Partido Revolucionario porque —en sus propias palabras— no iba a poder «dirigir ni intentar dirigir, puesto que la dirección la tenía Martí de hecho...» (*Maceo. Dos conferencias...*, p. 168). En las *Obras Completas* de Martí no encontramos una sola mención del nombre de Eusebio Hernández.

[560] Rosell y Malpica, *Diario...*, t. I, p. 147.
[561] Boza, *op. cit.*, t. I, p. 268; Flint, *op. cit.*, pp. 187-8.
[562] En este sentido se conocen cuatro cartas de esa época de Hernández a Maceo (Benigno Souza, "Efemérides de la Revolución Cubana", *Diario de la Marina*, noviembre 23 y 30 de 1947); Según Miró Argenter, Maceo rechazó la idea y dejó a Hernández sin respuesta (*Crónicas...*, t. III, p. 145).

que cualquier forma de deshacerse de Máximo Gómez le resultara simpática.

Además de Masó Parra, Eusebio Hernández había captado a Enrique Loynaz del Castillo, se había franqueado con los generales *Mayía* Rodríguez y Serafín Sánchez, y creía contar con la anuencia de Bartolomé Masó. Planeando también el reemplazo de Tomás Estrada Palma, Hernández había escrito a Manuel Sanguily anunciándole que «el Gobierno» pronto pudiera necesitar sus servicios en Nueva York.[563]

Al saber que el General en Jefe despachaba órdenes al general Antonio Maceo para que marchara a poner orden en Las Villas, Masó Parra aprovechó ese correo para también escribirle a Maceo. La orden de Gómez y la carta de Masó Parra —con otras del Dr. Hernández— llegaron juntas a Maceo el 2 de noviembre. El texto de esa carta de Masó Parra nunca se ha publicado y aunque algunos investigadores la mencionan todos parecen depender de la reseña que de ella ofreció el jefe de estado mayor del Lugarteniente General, José Miró Argenter:

> «...El brigadier Masó Parra mostrábase muy quejoso de la conducta de Máximo Gómez, y aseguraba, como el doctor amigo [Hernández], que en Oriente, Camagüey y Villaclara había mar de fondo; que él estaba sin destino, postergado, y pedía la jefatura de la brigada de Villaclara, que a la sazón mandaba un teniente coronel (Jesús Monteagudo); Cienfuegos y Sancti Spíritus, mandadas por coroneles en comisión, y que la de Trinidad no se sabía quién la gobernaba, pues a Quintín Banderas el general Gómez lo había destituido. El brigadier abundaba en las mismas opiniones del doctor, aun cuando no pudo ponerse de acuerdo con éste al escribir el memorial de agravios. Maceo quedó abismado...»[564]

La descripción que Miró hizo de los informes de Eusebio Hernández que llegaron en aquella estafeta corresponde con cartas escritas por este desde Las Villas mientras la de Masó Parra parece

---

[563] Sanguily recibió la carta de Hernández el 26 de agosto de 1896 en Nueva York ("Diario de Manuel Sanguily" en José Manuel Carbonell, *Manuel Sanguily: adalid, tribuno y pensador*, Academia Nacional de Artes y Letras, El Siglo XX, La Habana, 1925, p. 26); Valdés Domínguez, *Diario...*, t. II, pp. 180-1.

[564] Miró Argenter, *Crónicas...*, t. II, p. 145.

que fue escrita en Camagüey.[565] Es quizás por esta diferencia en el lugar de procedencia de las cartas que Miró —y quizás Maceo— concluyó que Masó Parra «no pudo ponerse de acuerdo» con el Dr. Hernández para coincidir en sus quejas. En realidad, Hernández y Masó Parra pasaron varios días juntos durante el sitio de Cascorro; suficiente tiempo para haberse puesto de acuerdo para influir en el ánimo de Antonio Maceo y predisponerlo contra el gobierno y, especialmente en el caso de Masó Parra, contra el General en Jefe.

En una de sus cartas a Maceo, el Dr. Hernández daba a entender que sus opiniones eran compartidas por los generales Francisco Carrillo, *Mayía* Rodríguez y Serafín Sánchez.[566] En efecto, otra carta a Maceo menos conocida es la del general *Mayía* Rodríguez quien también por esos días decía al Lugarteniente General que «él era quien debía salvar a Cuba» y se mostraba quejoso del General en Jefe. No se sabe si esta carta llegó a Maceo, pero Máximo Gómez sí la conoció pues comentó su contenido con su Jefe de Despacho dos meses después de la muerte de Maceo.[567]

Es imposible determinar si el *mar de fondo* que le describieron Masó Parra y el Dr. Hernández al general Maceo influyó en su decisión para cruzar La Trocha, pero es cierto que hasta ese momento los pedidos de Gómez en ese sentido no habían surtido efecto en él.[568] Fermín Valdés Domínguez recogió el 11 de agosto estos agudos comentarios de Máximo Gómez:

«...siempre encuentra Maceo la manera de oponer alguna dificultad al cumplimiento de mis órdenes. Le mandé que pasara la trocha y me da como razón, para no haberlo hecho, que así, estando en Pinar

---

[565] Existe una discrepancia en torno a la última carta de Hernández a Maceo. Benigno Souza la publicó (el 30 de noviembre de 1947 en su sección "Efemérides de la Revolución Cubana" del *Diario de la Marina*) fechada el 21 de noviembre de 1896, mientras Miró dice que Maceo la leyó el 2 de noviembre. Obviamente hay un error que puede ser del propio Hernández al fechar la carta (¿noviembre en lugar de octubre?); de Souza al copiar la fecha; o de Miró en el día de recibo pues el 3 de diciembre Maceo recibió otro paquete de cartas (Miró Argenter, *Crónicas...*, t. III p. 152).
[566] Carta del 12 de agosto de 1896 (Souza, "Efemérides....", *Diario de la Marina*, 23 de noviembre de 1947).
[567] Valdés Domínguez, *Diario...*, t. III, p. 115.
[568] En carta a Maceo, de 18 de mayo de 1896, Gómez le reitera una petición anterior para que pase a Las Villas: «...es necesario que usted recorra todo el territorio á su mando...» (Boza, *op. cit.*, t. I, pp.249-50).

del Río va a tener estacionado allí en la trocha un ejército de veinte mil hombres. Parece que es este un poderoso argumento para explicar la razón, de seguir allí donde se encuentra; pero es falso el argumento, porque para todos no pasa Antonio por impotencia de nuestra parte. Pase Maceo la trocha y si después conviene volver a Pinar del Río se hará...»[569]

El enojo del general Gómez lo llevó a inopinadamente manifestar su queja en una comunicación dirigida a un subordinado del Lugarteniente General:

«... el Mayor Gral. Antonio Maceo no [ha] sabido obedecer las oportunas ordenes de pasar á esa Comarca y la de [La] Habana ...»[570]

Con la muerte del general Antonio Maceo murieron también los ambiciosos planes del Dr. Eusebio Hernández. Asimismo, aquel desastre disiparía cualquier esperanza que albergara Juan Masó Parra de encontrar alivio a su contenciosa relación con el General en Jefe.

Detalles de esta campaña en su contra no tardarían en llegar a oídos de Máximo Gómez. Enrique Loynaz del Castillo había explicado el plan a Fermín Valdés Domínguez desde el 15 de septiembre; habían llegado en la misma expedición y juntos habían servido en la constituyente de Jimaguayú. Loynaz confiaba en su amigo Fermín quien —aunque personalmente creía que había que mantener a Gómez como jefe del Ejército—, escuchaba las críticas al General sin dar muestra de la molestia que después vertía en su Diario. Para comprender esta actitud de Valdés Domínguez hay que recordar que, aunque prefería a Gómez sobre Maceo y lo creía un «hombre puro», Fermín no se exponía a perder la estima y la confianza de sus amigos tratando de disimular los defectos que él mismo reconocía en el General en Jefe. Por esta razón, Enrique Loynaz, Cosme de la Torriente y otros, se franqueaban con el jefe de despacho de Gómez. Fuese esta o no su intención, en ocasiones, la información así adqui-

---

[569] Valdés Domínguez, *Diario*..., t. II, pp. 90-1; señalando a Benigno Souza como su fuente, José Luciano Franco reproduce una versión de este pasaje tan edulcorada que lo hace encomiástico en lugar de crítico a Maceo (*Antonio Maceo. Apuntes*..., t. III, p. 315).

[570] De Máximo Gómez a José Lacret Morlot, 13 de agosto de 1896, AGMM, Ultramar, Cuba, Caja 3446, Documentación incautada al enemigo (copia en latinamericanstudies.org).

rida por Fermín era utilizada por el general Gómez contra los que «se mueven en la envidia y en el deseo de figurar en primera línea».[571] De esa manera, cuando seis meses después el Dr. Eusebio Hernández pidió permiso a Máximo Gómez para unirse al general Francisco Carrillo, jefe del 4º Cuerpo, Gómez le exigió que definiera su situación. El Generalísimo echó en cara al doctor su fallido intento de ir a hablar con Maceo, así como su «propaganda antipatriótica». Ahora Hernández tendría que elegir «...entre curar nuestros heridos o pelear y dar machete...». El Dr. Hernández escogió la medicina y Gómez lo mandó a servir de simple «médico de la Brigada de Sancti Spíritus».[572]

Naturalmente, la actitud de quienes como Enrique Loynaz, Serafín Sánchez y *Mayía* Rodríguez habían apoyado aquellos planes del Dr. Eusebio Hernández para deponerlo no podía menos que crear en el General algún grado de predisposición contra ellos. Por otra parte, para Máximo Gómez la presencia de Juan Masó Parra entre los complotados en su contra sería como lluvia sobre mojado.

Serafín Sánchez Valdivia

El 21 de septiembre de 1896 se inició el ataque al pueblecito de Cascorro con el fuego de los cañones mambises.[573] Ya Gómez tenía un cañoncito Hotchkiss de calibre 1.65 que disparaba proyectiles de dos libras pero ahora quería estrenar el Hotchkiss de 12 libras que trajo la expedición del coronel Rafael Cabrera con una dotación de cinco artilleros extranjeros.[574] La tro-

---

[571] Valdés Domínguez, *Diario*..., t. II, pp. 180-1
[572] Valdés Domínguez, *Diario*..., t. III, pp. 222-3.
[573] *Ibidem*, pp. 203-4; Máximo Gómez, *Diario de campaña*, p. 362.
[574] Frederick Funston, *Memories of Two Wars: Cuban and Philippine Experiences*, Charles Scribner's Sons, New York, 1911, pp. 14, 23. Además del norteamericano

pa insurrecta cercó el poblado con trincheras, construyó parapetos para la artillería y se dispuso a cañonear y tirotear la pequeña plaza para tratar de rendirla antes que recibiera refuerzos. Dos semanas después una columna española logró evacuar las fuerzas sitiadas. El sitio de Cascorro había fracasado por la valentía de sus defensores y la mala calidad de los proyectiles para el Hotchkiss de 12.[575]

Durante el sitio, Juan Masó Parra seguía pendiente de la partida del mayor general Serafín Sánchez. Ya el día 28 de septiembre Sánchez había recibido el parque y se alistaba para emprender su regreso a Las Villas; en una media hora llegaría el guía que necesitaba para el cruce de la Trocha. En ese momento, pasó Máximo Gómez y —quizás predispuesto contra el presunto seguidor del Dr. Hernández—, descargó una increpación contra el general Sánchez: «General, ¿qué hace que no se larga?». Ante esta humillación, el noble subordinado montó a sus hombres y abandonó el campamento sin despedirse ni esperar por el práctico.[576]

Teniente coronel José Lara Miret, Ayudante de Juan Masó Parra

Poco después de la precipitada partida, Juan Masó Parra se separó del grupo del general Sánchez con la aprobación de este Jefe. Acompañado solamente por su fiel ayudante el comandante José Lara Miret y dos asistentes, Masó

Funston, el pequeño cuerpo de artillería incluía a su compatriota W. R. Welsford, los ingleses Arthur Potter y Horace Walinski, y el canadiense Charles Huntington (*ibidem*, p. 9; Carrillo Morales, *Expediciones...*, t. I, p. 61).

[575] Valdés Domínguez, *Diario...*, t. II, pp. 203-274; Masó Parra, *Primera...*, p. 46; Francisco Pérez Guzmán, *La guerra de liberación: Máximo Gómez*, Editorial de Ciencias Sociales, La Habana, 1986, pp. 106-8.

[576] Loynaz, *Memorias...*, pp. 370, 375; Valdés Domínguez, *Diario...*, t. II, p. 241. Según Masó Parra, él salió de Cascorro con Serafín Sánchez «a mediados de Octubre» cuando la fecha correcta es el 28 de septiembre. Convenientemente, con la fecha errónea se reducen a la mitad las seis semanas de inactividad que pasó en Camagüey (Masó Parra, *Primera...*, p.46.)

Parra probablemente quiso disfrutar de unos días de esparcimiento en el Camagüey natal de su amigo Lara Miret. Había acordado con Sánchez reincorporársele en la zona de Trinidad.[577]

Seis semanas después, el 10 de noviembre, Juan Masó Parra, con José Lara Miret y sus dos asistentes, pasó la Trocha de Júcaro a Morón, vadeó el río Zaza y acampó en Las Calabazas, a orillas del río Agabama en las cercanías del caserío de Calabazas, al norte de Cabaiguán. En busca del general Serafín Sánchez, Masó Parra se enteró que este andaba de operaciones en las cercanías y el día 12 le envió una comunicación reportando su ubicación y pidiendo instrucciones.[578]

Serafín Sánchez había cruzado la Trocha el 10 de octubre y, predicando con el ejemplo, ya había activado las operaciones en la zona de Cienfuegos y Trinidad y al recibir la carta de Masó Parra se hallaba a unas cinco leguas al sur del Pico de las Calabazas, acampado en Palmarejo, en el valle de Trinidad y a poca distancia de Tayabacoa, el lugar por donde había desembarcado 16 meses antes. Satisfecho de haber despejado la zona de tropas enemigas, el general Sánchez permitió allí un baile para esparcimiento de sus tropas. Su carta respuesta a Masó Parra fue una de las últimas que escribió pues cuatro días después murió en combate en el Paso de la Damas sobre el río Zaza:[579]

> «Cuartel General en "Palmarejo" á 14 de Noviembre de 1896.—
> C. Brigadier Juan Masó Parra.— Campaña.—
> Brigadier.— Acabo de recibir su comunicación del 12 y á ella contesto lo siguiente: Marcho hacia el Este y en este concepto no es posible que Ud. se me incorpore sino á costa de grandes sacrificios, por tanto Ud. no tiene más ruta que ésa que sigue hasta incorporarse al Gral J. Rodríguez; incorpórese a él, y con él vea lo que le sea dable alcanzar con respecto a personal de su contingente; yo, como Ud. comprenderá nada, puedo hacer con respecto al órden interno de ese Cuerpo, de que es Jefe directo el General José Mª Rodríguez, con ese buen Jefe podrá Ud. en más o menos tiempo marchar á Occidente hasta encontrarse con el General Maceo. Yo tendría gusto en que el

---

[577] Masó Parra, *Primera...*, p. 46
[578] *Ibidem*, pp. 46-7.
[579] Luis F. del Moral, *Serafín Sánchez. Un carácter al servicio de Cuba*, Ediciones Mirador, México-Habana, 1955, pp. 328-31.

General Rodríguez accediera á su petición de darle algún personal á Ud. de su buen contingente. Enséñele Ud. este párrafo para que él determine.— Soy de Ud. con aprecio.— Mayor General – Serafín Sánchez.»[580]

José María (*Mayía*) Rodríguez y Rodríguez, el bravo veterano del 68, protestante de Baraguá y preso político de la Guerra Chiquita no había entrado en esta nueva contienda con pie derecho. Después de su desembarco por Las Villas en la expedición Sánchez-Roloff había pasado a Camagüey como jefe del Tercer Cuerpo. Comisionado por el General en Jefe a principios de 1896 para traer refuerzos a Maceo, *Mayía* Rodríguez fue retenido por el Consejo de Gobierno y nombrado jefe del Departamento Oriental para tronchar las aspiraciones de José Maceo. Esta circunstancia lo distanció de Máximo Gómez cuyo disgusto se evidenció el 26 de mayo cuando al cruzar la Trocha con rumbo al gobierno había anotado en su diario:

> «...aquí encontré al General José María Rodríguez con una pequeña escolta que ahora, tarde y a destiempo se dirige a Occidente, después de dejar pasar más de tres meses sin cumplimentar la orden de marcha con mayores fuerzas, y pone por excusas motivos fútiles que no le pueden justificar como a un General de sus condiciones y fama. En tal virtud me parece prudente, ya que no podía tomarse ningún procedimiento serio, dejar a este Gefe que siga como mejor le parezca, puesto que no pudo o no quiso ocupar su puesto en las filas de los invasores cuando se le ordenó.»[581]

Mayía pasó entonces a Las Villas donde estuvo unos tres meses sin destino purgando la tácita condena impuesta por el Generalísimo. Finalmente optó por regresar a Camagüey a resolver su situación con Gómez. A la llegada de *Mayía*, el General en Jefe se acababa de reunir con el Consejo de Gobierno y se hallaba complacido porque creía haber logrado paliar sus diferencias con el presidente Cisneros Betancourt.[582] Rodríguez insistió ante Gómez en que se le celebrara un consejo de guerra para dilucidar el cargo de haber faltado a sus órdenes y este accedió a la demanda. En *La*

---

[580] Masó Parra, *Primera...*, pp. 46-7.
[581] Máximo Gómez, *Diario...*, p. 357.
[582] *Ibidem*, p. 361.

Yaya, el 2 de septiembre de 1896, el consejo de guerra exoneró al general Rodríguez con el beneplácito del general Gómez.[583]

General José María "*Mayía*" Rodríguez y Rodríguez

La mañana siguiente, se pidió voluntarios de las fuerzas allí reunidas para ir con *Mayía* Rodríguez hasta encontrarse con Antonio Maceo e inmediatamente partieron para Occidente unos 200 hombres a pie y a caballo con 60,000 tiros.[584] Esta era la tropa que Juan Masó Parra debía ahora alcanzar para llegar con ella a Maceo.

La situación que encontró Juan Masó Parra al llegar a la zona de las lomas de Trinidad no podía ser más descorazonadora. Desde el 7 de octubre el general *Mayía* Rodríguez se encontraba convaleciente de un balazo en una pierna —su otra pierna estaba anquilosada por una herida desde la Guerra Grande—, y su tropa dispersa. Luego de sostener varias escaramuzas en la zona de Trinidad, *Mayía* había continuado rumbo a occidente atravesando el peligroso triángulo de líneas férreas al norte de Cienfuegos. Durante un alto en la marcha en las ruinas del ingenio "Colorado", el contingente mambí fue atacado por una fuerte columna enemiga que les hizo varios muertos y muchos heridos, entre ellos el propio general. El coronel Alejandro Rodríguez, jefe de la Brigada de Cienfuegos, dirigió la penosa retirada del combate que puso fin a aquel intento de llevar refuerzos a Maceo.[585]

La desorganización reinante en el área se hizo evidente cuando el 13 de octubre llegó, por la desembocadura del río San Juan, una expedición con el coronel de la Guerra Grande, Miguel Betancourt Guerra, como jefe de tierra. Aunque en cortas horas se pudo alijar

---

[583] Según el diario del teniente coronel Cosme de la Torriente (en Fernando Gómez, *La insurrección...*, p. 77).
[584] Loynaz, *Memorias...*, p. 362.
[585] *Ibidem*, p. 363.

el cargamento, no lo movieron al interior a tiempo y buena parte de aquella preciosa carga cayó en manos del enemigo.

Siguiendo órdenes de Antonio Maceo, Quintín Bandera había cruzado la Trocha de Mariel a Majana en agosto para asumir el mando de la 1ª División del Cuarto Cuerpo que comprendía el este de la provincia de Las Villas con las Brigadas de Remedios, Sancti Spíritus y Trinidad. El propósito de Maceo era que Quintín agrupara un contingente para llevarlo a Occidente, pero por la resistencia de los jefes villareños y la pasividad de Quintín este nunca asumió el mando efectivo de la división y la desorganización en la zona aumentó. Quintín sustituyó al coronel trinitario Juan Bravo Pérez y nombró en su lugar al teniente coronel bayamés Dimas Zamora López. Esto causó tal malestar en la provincia que el general Serafín Sánchez trajo órdenes de Máximo Gómez de revertir aquel cambio y despachar sin demora al general Bandera al Cuartel General del Generalísimo. Las tropas orientales de Quintín quedaron a disposición de la Brigada de Trinidad.[586]

Juan Masó Parra conocía al general José María Rodríguez desde la Guerra Grande y habían conspirado juntos en Santiago hasta que *Mayía* fue deportado poco antes de estallar la Guerra Chiquita. La compañía de Masó Parra fue bienvenida por *Mayía* Rodríguez y, a pesar de la difícil situación en que se hallaban, pudieron consolarse con las noticias que aseguraban la pronta llegada del general Antonio a Las Villas. No tardarían en enterarse de la muerte de Maceo en el desastre de San Pedro.

A su paso por Matanzas, dos sobrevivientes de aquella acción, los brigadieres José Miró Argenter y Pedro Díaz Molina diseminaban la triste noticia de la muerte de Maceo y del hijo de Gómez. Así enterados el entonces auditor del Cuarto Cuerpo, el comandante Cosme de la Torriente Peraza, y el Gobernador civil de Matanzas, el coronel Andrés Moreno de la Torre, y en vista de que una herida en la pierna de Miró demoraba su marcha, decidieron partir ellos enseguida al Cuartel General del Generalísimo para rendirle el informe. Doce días después, el 28 de diciembre, llegaron al

---

[586] Quintín Bandera, "Memorias" en Padrón Valdés, *Quintín Bandera...*, pp. 57,191; "Memorias" de Cosme de la Torriente (en Fernando Gómez, *op. cit.*, pp. 130-1); Escalante, *Diccionario...*, t. I, p. 50.

campamento de Gómez en los terrenos de la finca *Santa Teresa*, cerca de la Trocha, y cumplieron su penosa misión.⁵⁸⁷

General Alejandro Rodríguez Velazco

En los primeros días del nuevo año de 1897, el general *Mayía* Rodríguez se trasladó a *Santa Teresa* a reunirse con Máximo Gómez. Para cubrir la vacante creada por la muerte de Maceo, el 13 de enero Gómez nombró a *Mayía* jefe del Departamento de Occidente con órdenes de pasar cuanto antes a La Habana y, de ser posible, llegar hasta Pinar del Río. Una semana después, enterado de la muerte por pulmonía del mayor general José María Aguirre, Máximo Gómez nombró al brigadier Alejandro Rodríguez para sustituirlo como jefe de la 2ª División del 5º Cuerpo que consistía en la provincia de La Habana. La jefatura de la Brigada de Cienfuegos que abandonaba Alejandro Rodríguez, la asumiría ahora el brigadier Alfredo Rego Alfonso.⁵⁸⁸

Mayía quedó enterado de la decisión de Gómez sobre el mando de la Habana por carta del General en Jefe en que le apremiaba para enviar al brigadier Rodríguez cuanto antes a ocupar aquel puesto. Antes de entregar el mando a Rego, Alejandro Rodríguez reclutó voluntarios de la Brigada de Cienfuegos para conformar una escolta para el peligroso trayecto.

Juan Masó Parra había permanecido prudentemente en las lomas de Trinidad durante la visita de Mayía al campamento del General en Jefe. No tenía nada que ganar yendo personalmente y provocando quizás otro responso de Gómez; ya *Mayía* informaría al General de su presencia allí y traería instrucciones sobre su destino.⁵⁸⁹ En efecto, cuando *Mayía* recibió de Gómez el nombramien-

---

⁵⁸⁷ *Memorias* de Cosme de la Torriente (en Fernando Gómez, *op. cit.*, pp.163-9).
⁵⁸⁸ Cartas de Gómez a Carrillo de 13 de enero y 20 de enero de 1897 (en Máximo Gómez, *Cartas a Francisco Carrillo*, p. 140.
⁵⁸⁹ En su libro (p. 48), Masó Parra cuenta que, al enterarse de la muerte de Maceo, regresó al Cuartel General de Gómez sin saber que Mayía había sido nombrado para

to del brigadier Rodríguez, le ofreció a Juan Masó Parra su reintegro a la jefatura de la Brigada Sur de La Habana, esta vez con Alejandro Rodríguez como jefe inmediato superior en lugar del difunto general Aguirre. La Brigada estaba sin jefe desde que, a raíz de la muerte del general Antonio Maceo, el brigadier Silverio Sánchez Figueras se había marchado a Oriente.[590]

El Capitán General Weyler se había hecho blanco de severas críticas no sólo por la crueldad de su política de reconcentración de la población rural civil en los pueblos sino también por la inefectividad de su gestión militar; el clamor por su relevo aumentaba.[591] Pero Weyler se había anotado una gran victoria con la muerte del general Antonio Maceo por lo que fue agasajado y felicitado en La Habana y en Madrid; a raíz de este hecho, Rafael Montoro, a nombre de la Junta Central del Partido Autonomista, envió un cable al ministerio de Ultramar rogando por la «continuación, al frente de las operaciones militares, del General Weyler».[592] El Capitán General se había animado a proclamar casi pacificadas las provincias de La Habana y Matanzas.[593]

El ofrecimiento de *Mayía* le resultó atractivo a Juan Masó Parra por varias razones: a pesar del extremo peligro que por esa época ofrecía la provincia habanera, era un territorio ya conocido por él donde había operado exitosamente por cuatro meses; el cargo ponía distancia entre él y el General en Jefe quien ahora, muerto Ma-

---

sustituir a Maceo y que entonces volvió «en seguida a Trinidad donde tuve conocimiento que Rodríguez había sido herido en una pierna...». Aquí hay confusión de fechas pues la herida de Mayía ocurrió el 7 de octubre y ya estaba curada cuando la noticia de la muerte de Maceo les llegó a finales de diciembre; además, no existe corroboración de su supuesto viaje al Cuartel General de Gómez. Esto sugiere que quizás Masó Parra trató así de justificar su estancia de varias semanas en Trinidad.

[590] Masó Parra, *Primera...*, p. 48.

[591] Weyler seguía disfrutando del apoyo y la protección del gobierno de Cánovas; uno de sus críticos en Madrid, el periodista Gonzalo Reparaz Rodríguez, fue encarcelado a principios de 1897 por sus comentarios sobre la situación del ejército español en Cuba (Soldevilla, *El año...1897*, p. 1).

[592] José Camejo Payents, *Rasgos y rasguños por Joscampay*, Academia de Tipógrafas "América Arias", La Habana, 1920, pp. 94-5. Antes de transcurrir un mes desde ese telegrama, el día 8 de enero de 1897, la reina concedió a don Rafael el título de marqués de Montoro y al presidente de la Junta Autonomista, José María Gálvez, la «gran cruz del Mérito Militar» (Soldevilla, *El año...1897*, p. 15).

[593] Soldevilla, *El año...1897*, p. 12.

ceo, no debería exponerse en un regreso a La Habana; en esta ocasión sus buenas relaciones con el nuevo jefe provincial, Alejandro Rodríguez, garantizaban que tendría su apoyo para imponer orden; además, con un buen desempeño en la Brigada Sur aseguraba la propuesta al ascenso que, con el respaldo del Jefe del Departamento, *Mayía* Rodríguez, le sería muy difícil a Gómez entorpecer. Las estrellas doradas de general de brigada que le habían sido negadas cuando la Invasión, estaban otra vez a su alcance.

Incorporado a la tropa del brigadier Alejandro Rodríguez, en los primeros días de febrero de 1897 Juan Masó Parra emprendió el riesgoso camino hacia occidente teniendo de nuevo que franquear el temible triángulo de hierro de la zona cienfueguera. Masó Parra y Rodríguez iban acompañados de una escolta y otro pequeño grupo de mambises cienfuegueros. Como era de esperar, tuvieron que librar «en el trayecto varios combates»; en uno de ellos cerca de Jagüey Grande, se enfrentaron a una columna española que le hizo varios heridos que tuvieron que dejar en una prefectura junto a la Ciénaga de Zapata.[594]

Alejandro Rodríguez asumió el 19 de febrero el mando de la Provincia de La Habana y Juan Masó Parra siguió a reasumir el mando de la Brigada Sur.[595] Esta nueva infusión de jefes veteranos se hizo sentir pronto en la provincia como evidencia el *Heraldo de Madrid* cuando reporta el 6 de marzo «la audacia y actividad en las operaciones realizadas» en La Habana y las atribuye al «gran contingente» traído por Alejandro Rodríguez. Relatos posteriores de participantes coinciden en que aquella fue una «encarnizada campaña» donde «se peleaba todos los días».[596] También el diario *La Lucha* resaltaba por esa época la renovada actividad en La Habana.[597]

Luego de nueve meses de ausencia, Juan Masó Parra se dio de lleno a la tarea de reorganizar la Brigada Sur de La Habana y revi-

---

[594] *Masó Parra, Primera...*, p. 48; testimonio del alférez José E. Hourrutiner Barrios (Andrés Soto Pulgarón, *Corazones cubanos*, [s. n.], La Habana, 1950, p. 76).
[595] Valdés Domínguez, *Diario...*, t. I, p. 310.
[596] Escalante, *Diccionario...*, p. 320; carta de Alejandro Rodríguez a Máximo Gómez de 23 de abril de 1897 (en F. Gómez, *op. cit.*, p. 67); testimonios del cabo Emilio Herrera Nodal y del soldado Antonio de la Torre Rodríguez (en Soto Pulgarón, *Corazones...*, pp. 85, 163).
[597] Valdés Domínguez, *Diario...*, t. III, pp. 307-8.

talizar las operaciones. Reportes españoles de mediados de marzo lo sitúan en la finca Celia, al sur de Jaruco reunido con el brigadier Rafael Cárdenas y el coronel Néstor Aranguren, de la Brigada Norte de La Habana. El día 15 Masó Parra cruzó la carretera de Güines a La Habana, por el tramo entre San José de la Lajas y la loma de Candela, para internarse en los montes de Carmelo y Chimborazo, reunirse con el jefe de la Brigada del Centro, coronel Adolfo del Castillo, y continuar rumbo a la zona de San Antonio de las Vegas y Bejucal.[598]

Con esta nueva incursión a occidente, Juan Masó Parra se había convertido en el único jefe del Ejército Libertador que atravesara dos veces la Isla, desde Oriente hasta La Habana, para operar en una de las zonas más peligrosas durante la Guerra de Independencia. Su conducta en esta segunda etapa operativa en La Habana sería elogiada por su jefe, el general Alejandro Rodríguez, pero para su sorpresa, duraría menos de dos meses.

A principios de abril, Masó Parra recibió órdenes del General en Jefe de personarse en su Cuartel General. Como el llamado no incluía explicación alguna resulta fácil imaginar cuanta incertidumbre esta noticia trajo al ánimo del brigadier. Con el recuerdo de las vicisitudes sufridas el verano anterior por la persecución y hostigamiento del general Gómez, Juan Masó Parra marchó sin demora a cumplir la orden. En esta ocasión, el brigadier emprendió la azarosa marcha sin escolta, acompañado solamente por los comandantes, Lázaro Herrera, Arturo Villalón y Augusto Feria Sivorí, y los oficiales Pujols y Argona.[599] Villalón y Feria habían sido ayudantes del General en Jefe cuando este quiso procesar a Masó Parra por deserción, lo cual consideraron una injusticia que los motivó a declarar por escrito su rechazo al proceso y sus simpatías por el acusado. Poco después, Villalón —quien también había servido antes como auditor de guerra en Oriente— había «tenido disgustos» con Gómez y pedido pase para unirse a Antonio Maceo en el servicio de las armas.[600] Augusto Feria Savorí había sido el más antiguo oficial cubano en el Estado Mayor del General en Jefe. El joven

---

[598] Weyler, *op. cit.*, t. IV, p. 87.
[599] Masó Parra, p. 48.
[600] Cosme de la Torriente, "Memorias" (en Fernando Gómez, *op. cit.*, p. 153); Valdés Domínguez, *Diario...*, t. IV, p. 230.

Feria se había alzado con el grupo de Miró Argenter en Holguín y formaba parte de «su escolta de mocetones» cuando conoció a Martí el 9 de mayo de 1895 y lo acompañó hasta su caída en Dos Ríos. Martí lo describió así en su diario: «Augusto Feria, alto y bueno, del pueblo, cajista y de letra».[601] Feria hizo la Invasión y fue herido en *Mal Tiempo*. En el despacho del general Gómez, Augusto Feria fue ayudante de Fermín Valdés Domínguez quien, lamentando el hecho, anotó que por una falta «pueril e insignificante» aquel «muchacho simpático y valiente» había sido objeto de «la furia del general».[602]

El comandante Augusto Feria conocía de primera mano la trayectoria de Juan Masó Parra desde el campo de *Dos Ríos* hasta que juntos marcharan en La Invasión. En los tensos días del verano anterior en Oriente, cuando Masó Parra se defendía de las acusaciones del general Gómez, el entonces capitán Feria había tenido la entereza de manifestar por escrito su «cariño sincero y adhesión incondicional» a su admirado compañero de armas. En enero de 1897, sintiéndose personalmente ofendido por Máximo Gómez, el joven comandante Feria obtuvo pase para Occidente y pocos días después marchó hacia La Habana con Juan Masó Parra. Al igual que su compañero Arturo Villalón, ahora el fiel comandante Augusto Feria regresaba con su nuevo jefe cuando este se dirigía a enfrentar nuevamente «la furia» del General en Jefe.[603]

Existe una ineludible ironía en el gesto de estos dos jóvenes oficiales quienes abandonaron sus envidiables puestos en el Cuartel General de Máximo Gómez y pasaron al servicio de aquel notorio objeto de su rechazo: el coronel Juan Masó Parra. Asimismo, este hecho comprueba que, a pesar de su aire marcial y su carácter exigente, la personalidad de Masó Parra podía resultar atrayente e inspirar lealtad en sus subordinados.

Además de venir acompañado por oficiales que podrían brindar testimonios positivos sobre su gestión, Masó Parra también portaba prueba del apoyo de su superior, el jefe de la 2ª División del 5º Cuerpo, el general Alejandro Rodríguez, quien en carta a Mayía

---

[601] Mayra Beatriz Martínez, *op. cit.*, pp. 320, 344.
[602] Valdés Domínguez, *Diario*..., t. III, p. 70; Boza, *op. cit.*, t. II, p. 18; Loynaz del Castillo, *Memorias*..., p. 242-3
[603] Boza, *op. cit.*, t. II, p. 18; Masó Parra, *op. cit.*, pp. 45-6.

defendía a su Brigadier. El jefe del Departamento de Occidente, José M.ª Rodríguez, estaba todavía en Las Villas preparando su traslado a La Habana y en camino al campamento del general Gómez, Masó Parra dejó allí a los comandantes Herrera, Villalón y Feria y le entregó a *Mayía* la carta de Alejandro Rodríguez. El 12 de abril, ante la delicada situación en que se hallaba su coterráneo, *Mayía* quiso ayudarlo escribiendo a su vez una carta de recomendación al propio General en Jefe donde incluía también los comentarios del jefe de La Habana:

> «Transcribo para información de Ud. lo que me comunica el Brigadier Alejandro Rodríguez: "El Coronel Masó según he podido informarme ha sido víctima de la calumnia y de la mala voluntad de envidiosos e intrigantes. Todos aquí convienen en que es un hombre honrado y valiente."»[604]

El 16 de abril el reducido grupo que dirigía Juan Masó Parra salió de las lomas de Trinidad por Limones bordeando el extremo norte del valle trinitario rumbo a las Alturas de Sancti Spíritus. Allí, José Rogelio Castillo Zúñiga, general cubano nacido en Colombia, se encontró con su «compañero y amigo Juan Massó Parra» que se dirigía al Cuartel General y juntos siguieron hasta Manacas Ransola. Poco después pasó por allí el veterano coronel Rosendo García, jefe del Regimiento Honorato, quien siguió por su cuenta rumbo al Cuartel General.[605]

Desde la prefectura de Santa Teresa, a un día de camino del campamento de Gómez en La Reforma, Masó Parra despachó a su ayudante, el teniente Pujol, con un paquete de correspondencia para el General en Jefe que había recogido durante su viaje. Además de la carta que repetía los encomiásticos comentarios de Alejandro Rodríguez, Pujol traía otras cuatro de *Mayía*, una del Dr. Pedro Betancourt acusando recibo de su nombramiento de jefe de la Brigada Norte de Matanzas y otra del coronel Ricardo Sartorio Leal con su relato de la muerte de Maceo y *Panchito*.[606] Ese mismo día, el 21 de abril, el General en Jefe contestó las cartas de *Mayía* y sobre Juan Masó Parra comentó:

---

[604] Valdés Domínguez, *Diario*..., t. III, p. 316.
[605] Castillo, *op. cit*..., pp. 210-1.
[606] Valdés Domínguez, *Diario*..., t. III, p. 315.

«Tomo nota de cuanto me dice sobre el Coronel Juan Massó Parra y con gusto leo lo que sobre él escribe el Bgdier. Alejandro Rodríguez, pues siempre quiero yo que merezcan frases de elogio los que conmigo han venido a buscar honra y a honrar a la Patria.»[607]

Si —como cita Fermín Valdés Domínguez—, Máximo Gómez había traído a Juan Masó Parra desde La Habana «porque quería castigarlo», esas recomendaciones del jefe de La Habana y del jefe del Departamento de Occidente representaron un obstáculo a sus planes.[608] Hechos recientes contribuyeron también a que Gómez desistiera de sus deseos. Sólo tres semanas antes de la llegada de Masó Parra, el Cuartel General había presenciado uno de los más criticados excesos del General en Jefe: el caso del comandante Villa.

Comandante José Manuel Villa

José Manuel Villa, jefe de una de las unidades de la Brigada de Colón en la peligrosa provincia de Matanzas, había llegado al Cuartel General en comisión de su jefe, el general Juan Fernández Ruz, y desde enero de 1897 se encontraba en calidad de agregado al Cuartel General. Villa había diseñado un artefacto explosivo que, según el general Carrillo, había dado «magníficos resultados». Ante esa recomendación, el General en Jefe comisionó a Villa para trasladarse al taller mambí en la finca Santa Teresa a fabricar lo que con cierto escepticismo Valdés Domínguez llamaba las «máquinas Weylerianas de su patente.»[609] Cuando regresaba al Cuartel General con su confección, Villa resultó sorprendido por el enemigo y perdió caballo, revólver, aperos, las bombas y el aparato detonador. Como en aquella sorpresa había perdido también su diploma de comandante, Villa pasó a formar parte del grupo de oficiales y jefes sin diploma que el general Gómez llamaba "recogidos" y otros en el campa-

---

[607] Andrés de Piedra-Bueno, *Mayía*, Instituto Cívico Militar, La Habana, 1957, p. 91.
[608] Valdés Domínguez, *Diario...*, t. IV, p. 49.
[609] Valdés Domínguez, *Diario...*, t. III, pp. 207, 211.

mento habían bautizado como el "Cuadro de majases y paseantes". El jefe de estado mayor, brigadier Rogelio Castillo, disponía de estos hombres para asignarles funciones propias de soldados en tanto se determinaba su graduación oficial por medio de un proceso sin plazo fijo. Villa presentó a su favor un diploma provisional firmado por su antiguo jefe, el general José Lacret Morlot, y oficios del Lugarteniente General Antonio Maceo en que le trababa como comandante, pero ni con esos documentos pudo cambiar su condición de "recogido". Cuando Castillo le exigió que fuese a prestar servicio de guardia Villa rehusó y Castillo llevó el caso a Gómez quien ordenó se le aplicara «la tortura y la humillación de un cepo de campaña», que, según un testigo, «era el castigo reservado a los criminales». Este consistía en sentar al reo, atarlo abrazándose las piernas y colocarle el fusil bajo las corvas para inmovilizarlo. El dolor así causado se hacía irresistible en pocos minutos.[610]

Máximo Gómez era notorio por su carácter «en extremo agrio» y por tener «siempre muy mal humor»,[611] pero aún entre quienes atribuyeran este castigo a «uno de esos momentos malos que tiene el general» el hecho causó gran indignación y malestar en todos los presentes.[612] El airado general Lacret Morlot presentó una protesta formal y con el Dr. Eusebio Hernández pidieron pase para ausentarse del Cuartel General.[613]

En un intento de apaciguar el disgusto de sus jefes y oficiales, Máximo Gómez ordenó instruir proceso por insubordinación al comandante Villa. «Es decir —comentó el jefe de su propia escolta— que lo van a confesar después de haberle dado la comunión». Absuelto Villa, Máximo Gómez consideró prudente aceptar el resultado del consejo de guerra y llamar a Villa a su tienda donde todos pudieran verlo «hablando largo rato amigablemente» con el

---

[610] "Memorias del teniente coronel José Manuel Villa" fragmento publicado por Rafael Soto Paz (*Bohemia*, 31 de diciembre de 1950, pp. 110-2); Loynaz, *Memorias...*, pp. 479-81.
[611] Sanjenís, *op. cit.*, p. 52.
[612] Pérez Abreu, *op. cit.*, p. 139.
[613] Valdés Domínguez describe este castigo como un "banco" y afirma que Lacret fue a Gómez en defensa de Villa «a querer pedir el banco ordenado por el General» (*Diario...*, t. III, p. 268).

vejado oficial. Según señaló el propio jefe de la escolta del General en Jefe, el dictamen del tribunal el 3 de abril de 1897 fue considerado un «desagravio para los Jefes y Oficiales» y una «advertencia saludable» como censura a los abusos de «cualquier Jefe superior, sea la que sea su categoría».[614]

Este claro y directo mensaje sacudió la confianza del General en Jefe quien anotó apesadumbrado:

> «…palpita a mi alrededor, eso se extenderá, cierto espíritu de descontento en contra mía, por el procedimiento contra Villa, que muchos consideran como abusivo, violento e injusto…. Cada día me convenzo más de que no es a mí a quién corresponde ya la organización de estos elementos…y me expongo a enagenarme las simpatías de los cubanos…»[615]

Aunque más adelante se exculpara responsabilizando al general Lacret por haber corrompido a oficiales como Villa con sus «debilidades bien notorias», y sentenciara que «es preferible un Gefe arbitrario que uno débil» —aparentemente sin percatarse que lo que querían sus hombres era un jefe justo—, Gómez tuvo que sentir algo menguada su capacidad disciplinaria.[616] Beneficiario fortuito de esta situación resultó serlo Juan Masó Parra.

El 22 de abril llegó el coronel Juan Masó Parra al Cuartel General del general Máximo Gómez al cual quedó incorporado en calidad de "agregado". Sin hacerse ilusiones sobre lo que le deparaba el futuro, Masó Parra trató desde el primer momento de comportase con la mayor corrección y de granjearse amigos en un campamento a todas luces inhóspito por ser él un hombre marcado por la hostilidad del General en Jefe. El Dr. Pérez Abreu, quien había comenzado su vida de mambí en la tropa de Masó Parra en Melena del Sur en enero de 1896, se sentiría cohibido de intimar con su antiguo Jefe que ahora había sido «mandado a buscar, según se dice, por orden del General en Jefe.»[617] A su compañero de la Invasión, el comandante Bernabé Boza, jefe de la escolta de Gómez, —quien había recogido con admiración en su diario las hazañas de

---

[614] Boza, *op. cit,*, t. II, pp. 54-5, 66.
[615] Gómez, *Diario…*, pp. 378-9.
[616] *Ibidem*; Valdés Domínguez, *Diario…*, t. III, pp. 268-70.
[617] Abreu, *op. cit.*, p. 144.

Masó Parra en La Habana— su llegada ahora sólo le recordaba «la causa que se le seguía».[618]

Fermín Valdés Domínguez

Un amigo de Juan Masó Parra, Enrique Loynaz del Castillo, al saber que este se dirigía al Cuartel General llamado por Gómez, le había pedido a su compañero de expedición, Fermín Valdés Domínguez, que conversara con él —tratando quizás de atenuar la mala opinión que Fermín tenía de Masó. Valdés Domínguez —quien fungía como jefe de despacho de Máximo Gómez y por aquella época hacía suyos los amigos y los enemigos del General en Jefe—, sabía que Gómez había llamado a Masó Parra para castigarlo. Loynaz lo había puesto en un aprieto, pero en honor al aprecio que sentía por él, Fermín se sintió obligado a saludar al recomendado de Loynaz, aunque para dejar claro que lo hacía a regañadientes, anotó ese día: «Masó puede ser todo lo santo que se quiera, pero no será nunca de los de mi iglesia.». El mismo día de la llegada de Masó Parra, el Cuartel General se movilizó para cambiar de campamento y Fermín aprovechó para hablar brevemente con «el Masó» durante la marcha; «cumplido ese deber, ya no tengo nada que hablar con él.»[619]

Según transcurrían los días se hacía evidente que el general Gómez no sabía ahora qué hacer con Masó Parra. Si su intención original al mandarlo a buscar había sido —como afirmara Fermín— procesarlo bajo alguna denuncia, o bien Gómez se había percatado de que las presuntas evidencias contra Masó Parra carecían de peso o veracidad, o ante el malestar causado por su sanción contra el comandante Villa, había decidido posponer para mejor

---

[618] Boza, *op. cit.*, t. II, p. 69.
[619] Valdés Domínguez, *Diario...*, t. III, pp. 316-7.

ocasión este nuevo intento de imponerle a su problemático subordinado el castigo que ya una vez había evadido en Oriente.

Juan Masó Parra había llegado al Cuartel General en medio de la Campaña de la Reforma que duraría diecinueve meses. Todo este tiempo —hasta que terminó la guerra— el Generalísimo se sostendría en un área de sólo unos cincuenta kilómetros cuadrados que ocupaba el centro de la franja de territorio camagüeyano limitado al oeste por la Trocha de Júcaro a Morón y al este por los ríos Jatibonico del Norte y del Sur. «Supliendo con la estrategia y el movimiento la carencia de fuerzas», allí resistió Gómez el embate de los 20,000 hombres que al mando del Capitán General Valeriano Weyler peinaban el área en busca del jefe de los insurrectos.[620] A su paso destruían los sembrados, mataban los animales y quemaban los bohíos de los pacíficos. «Éramos una hueste de Atila» diría un soldado español partícipe de aquella campaña.[621] Weyler regresaría a La Habana con las manos vacías, aunque tendría a bien declarar pacificado todo el territorio de las cuatro provincias al oeste de la Trocha.[622]

Máximo Gómez logró burlar a Weyler con un magistral despliegue táctico. Una vigilancia constante sobre los pueblos lo mantenía informado de todos los movimientos del enemigo y le permitía evadir combates frontales. Las columnas enemigas eran hostigadas por exploradores y pequeñas emboscadas. Unos cuantos hombres tiroteaba los campamentos enemigos de noche para mantenerlos despiertos y obligarlos a apagar sus fogatas para exponerlos a los mosquitos. Los tiradores cubanos tenían instrucciones de apuntar debajo de la cintura buscando herir más que matar; los muertos eran rutinariamente enterrados por los españoles mientras que cada herido inutilizaba también al menos cuatro hombres que tendrían que cuidarlo y moverlo. Las columnas eran inducidas a perseguir a los mambises hacía lugares malsanos para que el cansancio y las enfermedades las diezmaran. La superior movilidad de los insurrectos les permitía levantar sus campamentos mientras la

---

[620] Gómez, *Diario...*, pp. 380, 383.
[621] José Muñiz de Quevedo, *Apuntes de un furrier (Ajiaco)*, Imp. de los Hijos de R. Álvarez, Madrid, 1900, p. 213.
[622] Reporte del Capitán General Valeriano Weyler al ministro de la Guerra fechado 20 de junio de 1897 (Weyler, *op. cit.*, t. IV, p. 435).

escolta del General en Jefe, al mando de Bernabé Boza, o el regimiento de caballería "Expedicionario" de Armando Sánchez Agramonte, marchaban —en ocasiones, con el propio general Gómez al frente—, a batir a la vanguardia enemiga para detener o demorar su avance.[623]

Casi cuatro semanas de incertidumbre llevaba Juan Masó Parra en el Cuartel General cuando Máximo Gómez lo llamó a su lado durante la marcha en la madrugada del 18 de mayo de 1897. La suerte del coronel santiaguero daría un giro inesperado. En lugar de verse sometido, como esperaba, a un nuevo arranque punitivo de *El Viejo*, este le ofrecía ahora el mando de la Brigada de Trinidad.

Para comprender las razones que movieron a Máximo Gómez a este ofrecimiento es necesario repasar la situación que le rodeaba y revisar los informes que le llegaban de Trinidad. Aunque la ofensiva que Weyler había desatado en Las Villas no cumplió sus objetivos de pacificar la región y capturar o matar al General en Jefe, sí logró neutralizar por esa época a algunas unidades mambisas y todas se vieron afectadas por la escasez de pertrechos y comida, así como por la consecuente frustración y descontento. Estas condiciones —que siempre aumentan las fricciones y los celos— produjeron una avalancha de noticias negativas que inundaban el despacho del General Gómez; entre los informes verídicos venían también los motivados por rencillas personales y hasta algunos chismes infundados.

Para investigar algunas de esas denuncias, Gómez despachaba comisiones que debían reportar objetivamente desde el terreno de los hechos pero que a menudo reflejaban lo que creían que el General en Jefe quería oír. Así fue comisionado Cosme de la Torriente en infructuosa búsqueda del sitio donde se decía que el jefe del Cuarto Cuerpo, general Francisco Carrillo, había escondido las municiones que se habían salvado de la expedición de Betancourt y que Carrillo requisó a la muerte del general Serafín Sánchez, a cu-

---

[623] Benigno Souza, *Máximo Gómez...*, pp. 199.228; Buznego, t. II, pp. 148-59; Larry Morales, *Máximo Gómez al oeste de la Trocha*, Ediciones Unión, La Habana, 2003, pp. 95-107; Ángel E. Rosende y de Zayas, *Historia del Regimiento de Caballería "Expedicionario" (Vanguardia del Generalísimo Máximo Gómez)*, Montalvo y Cárdenas, La Habana, 1935, pp. 1-47.

yo cuidado estaban. El brigadier Rogelio Castillo fue enviado a Sancti Spíritus para —entre otras cosas— activar las operaciones en aquella Brigada especialmente por parte del coronel Rosendo García y su Regimiento Honorato. Mientras tanto, el jefe de la Brigada de Sancti Spíritus, José Miguel Gómez, fue comisionado a Trinidad para verificar noticias de un supuesto desembarco e inopinadamente, para reportar sobre las actividades de su superior, el jefe del Departamento de Occidente, el general José María Rodríguez.

También atormentaba al general Gómez desde tiempo atrás la resistencia del general Calixto García a sus insistentes pedidos de marchar cuanto antes con tropas y pertrechos de Oriente hacia Las Villas; orden que García no mostraba deseo ni intención de cumplir. Más recientemente, la falta de tacto del brigadier Castillo ante un amago de renuncia del brigadier José Miguel Gómez había creado nuevas rivalidades que el General en Jefe tendría que subsanar.

Estos eran sólo algunos de los asuntos que ocupaban la mente del General en Jefe por aquellos días, pero dan una medida del cúmulo de responsabilidades que pesaban sobre los hombros del sexagenario dominicano. Al sentirse imposibilitado de procesar a Juan Masó Parra en esta ocasión, Gómez aprovechó su presencia para resolver un asunto más urgente: el desorden en Trinidad.

Ninguno de los jefes de la zona de Trinidad satisfacía las expectativas de Máximo Gómez. El mayor general José María Rodríguez estaba en las lomas de Trinidad desde septiembre del año anterior; durante esos ocho meses sus intentos de pasar a occidente —primero para ayudar a Maceo y después para sustituirlo—, habían resultado en dos costosas derrotas: la primera en el ingenio *Colorado* y, más recientemente, en el combate del *Sipiabo* o *Quemados Grandes*. Ya cumplía cuatro meses en el cargo de jefe del Departamento de Occidente sin poder salir de Trinidad y la paciencia del General en Jefe se agotaba. El general Quintín Bandera estaba de nuevo asentado en Trinidad —por tercera vez— acompañado ahora de su División de Voluntarios de Oriente y se decía que se negaba a continuar a occidente alegando falta de suministros; ahora había solicitado una licencia de dos o tres meses para restablecerse de salud.

Por esos días, un teniente coronel de la Brigada de Trinidad, Porfirio Batista, dirigió una denuncia al jefe del 4° Cuerpo, el general Francisco Carrillo: «Aquí se nota una gran desmoralización, y por mi parte no encuentro apoyo en el jefe de la brigada; á diario se desertan dos ó tres hombres. Las fuerzas pasan las mayores necesidades; no hay ganado ni viandas y pasamos muchos días sin comer.»[624] El jefe de la Brigada, el coronel Juan Bravo Pérez, no daba señales de vida. Sobrino del general Lino Pérez Muñoz, el querido caudillo trinitario veterano del 68 y primer jefe que tuvo la Brigada de Trinidad en la del 95, Juan Bravo pareció su sustituto natural cuando su tío enfermó a fines de 1895.[625] Pero en mayo de 1897 ya Máximo Gómez opinaba que Juan Bravo «no tenía nada de su apellido»[626]. Un par de meses antes, Gómez había oficiado al general Carrillo: «es preciso que Vd. haga entender al Coronel Bravo, por lo que pueda importar, que su nombre no está muy alto y que conviene a la Patria y a él que lo coloque a mayor altura, parándose un poco más tieso frente al enemigo.»[627] En efecto, hasta una favorable reseña biográfica admite que bajo el mando de Bravo la Brigada «dormía al parecer ... porque en aquella época no se notaba desde la población señales de combates y las tropas españolas salían y entraban en la ciudad sin tener combate de importancia.»[628] Las fuerzas de la Brigada estaban dispersas y sin capacidad operativa.

Encima de toda esta triste situación, existía en Trinidad otro ingrediente que amargaba de manera especial al general Gómez: las relaciones con mujeres. En su juventud de soldado dominicano Gómez había sido «el galán, mimado de las damas» que daba «promesas de matrimonio a las doncellas» y después «olvidaba sus promesas a las mismas ya no doncellas»[629] Durante la Guerra del

---

[624] Fernando Gómez, *op. cit.*, p. 11. Veremos más sobre el teniente coronel Batista en capítulos posteriores.
[625] Guillermo Béquer Altuna, "Biografía del general Lino Pérez y Muñoz", en *Magazine de "La Lucha"*, 1926, pp. 258-9.
[626] Masó Parra, *Primera...*, p. 49.
[627] Máximo Gómez, *Cartas...*, p. 149.
[628] Sin firma, "General Juan Bravo", en *Magazine de "La Lucha"*, 1926, pp. 260-1.
[629] Federico Henríquez y Carvajal, *Martí. Próceres, héroes i mártires de la independencia de Cuba*, Editorial Quisqueya, Ciudad Trujillo, 1945, p. 49; Cipriano de Utrera, citado por Benigno Souza, *Máximo Gómez...*, p. 27.

68, Máximo Gómez —como muchos otros mambises—, tuvo episodios románticos y uno de ellos resultó en su matrimonio en la manigua con Bernarda Toro Pelegrín quien le dio cinco hijos antes que finalizara aquel conflicto. Fue precisamente en los terrenos de La Reforma, en que ahora se encontraba, donde en 1876 había nacido su recién difunto hijo *Panchito*.[630] Sin embargo, ahora Gómez no solamente practicaba, sino que también pretendía imponer el celibato a los miembros del Ejército Libertador y tomaba cualquier relación amorosa de un subalterno como una grave infracción a la disciplina militar. Tan drástico giro en torno a la sexualidad precisa recordar la frase con que un notable médico e historiador señalara que tal virtud puede achacarse, en casos de «pecadores arrepentidos, a la feliz coincidencia de la contrición con la imposibilidad física de seguir pecando.»[631]

En mayo de 1897, corriendo ya el tercer año de guerra alejados de sus familias y amistades, eran pocos los oficiales sobre quienes no habían llegado noticias al Cuartel General de enlaces amorosos. No se trata aquí de violaciones sexuales —las cuales siempre fueron punibles con la pena máxima— sino de relaciones consensuales. Algunas, como los noviazgos de Enrique Loynaz del Castillo, tenían todos los visos de uniones casuales y oportunistas; otras, como la de Quintín Bandera, parecían relaciones conyugales casi tradicionales y, no faltarían casos —el presidente Salvador Cisneros Betancourt y el general José González Planas— en que se celebraran matrimonios formales.[632]

---

[630] Ena Curnow, *Manana, "detrás del Generalísimo"*, Ediciones Universal, Miami, 1995, pp. 19-20, 408-9.
[631] Gregorio Marañón Posadillo, *El conde-duque de Olivares (La pasión por mandar)*, Espasa-Calpe, S.A., Madrid, 1936, p. 168.
[632] Sobre Loynaz véase Valdés Domínguez, *Diario...*, t. I, pp. 501, 508, t. II. pp. 129, 175; sobre Bandera véase "Memorias" en Padrón Valdés, *Quintín Bandera, general de tres guerras*, p. 186; sobre González Planas véase Cosme de la Torriente, "Memorias" (en F. Gómez, *op. cit.*, p.118) y la anotación del 21 de septiembre de 1896 en la "Libreta de memoria de José González [Planas]", AGMM, Ultramar, Cuba, Caja 3446, Documentación incautada al enemigo (copia en latinamericanstudies.org); sobre Cisneros Betancourt véase Valdés Domínguez, *Diario...*, t. IV, p, 39, y carta de Francisco A. del Castillo a Gonzalo de Quesada de 22 de enero de 1898 (en *Archivo de Gonzalo de Quesada, Epistolario I*, Academia de la Historia de Cuba, La Habana, 1948, p. 78).

Coronel Juan Bravo y Pérez

Cuando nombró a Juan Masó Parra jefe de la Brigada de Trinidad, Máximo Gómez había recibido informes —algunos de dudosa veracidad— que aseguraban que además de las ya notorias correrías románticas de Quintín Bandera, el general también había «escrito a gente decente y acomodada de dentro pidiendo sumas de dinero con amenazas»; que *Mayía* Rodríguez estaba ahora con una mujer en las lomas de Trinidad custodiado por Juan Bravo, y que Loynaz del Castillo había raptado a una joven con quien vivía en un rancho. En carta a su amigo, el general Carrillo —otro famoso tenorio—, Gómez compartió las «profundas y tristes» decepciones que estas «asquerosidades» le causaban.[633] Una carta del brigadier José Miguel Gómez recibida el día 17 confirmó que «la desmoralización» en Trinidad prevalecía tanto en «en orden civil como en el militar».[634] Con esto el General en Jefe había quedado convencido de que en las lomas de Trinidad había un foco infeccioso de flojera y desorden al que tenía que imponer remedio; al amanecer del día siguiente Gómez habló con Masó Parra.

La conversación que sostuvieron Juan Masó Parra y Máximo Gómez a caballo aquella madrugada debía ser privada y el Generalísimo se apartó de la fila de marcha con el coronel para que los miembros de su estado mayor no los escucharan. No perdió Gómez la oportunidad para decirle a Masó Parra que lo había mandado a llamar de La Habana para castigarlo pues seguía inconforme con aquel viaje suyo a Oriente, pero ahora, en vista de recientes noticias de Trinidad, había decidido ofrecerle aquel difícil mando como una oportunidad para reivindicarse y para que «salvara el prestigio del General Rodríguez». Naturalmente, Juan Masó Parra

---

[633] Valdés Domínguez, *Diario*..., t. III, pp. 52-3, 57-8.
[634] Valdés Domínguez, *Diario*..., t. IV, p. 45.

aceptó el nombramiento y luego de recibir instrucciones sobre qué hacer con Quintín Bandera y Juan Bravo, se reintegró al orden de marcha de la columna a planear como enfrentar este nuevo reto.[635]

Desde luego, existe una incongruencia elemental en la actitud de Máximo Gómez quien hace venir a Masó Parra desde La Habana para castigarlo insistiendo en presuntas faltas de conducta y termina ofreciéndole una delicada misión que requería cualidades especiales de liderazgo, pericia militar, capacidad organizativa, fino tacto y buen juicio. Alguien podría pensar que Gómez lo creía tan inepto que su intención era precisamente que Masó Parra fracasara para entonces poder descargar sobre él toda su reprimida furia, pero eso no le haría justicia al Generalísimo; esta fue una decisión calculada y no producto de uno de sus exabruptos y —aunque en un arranque de soberbia podía a veces actuar contra los mejores intereses de la guerra—, nunca el viejo guerrero hubiese conscientemente expuesto a su ejército a otro descalabro en la sensitiva zona de Trinidad. Por tanto, debemos concluir que el General en Jefe sabía que Juan Masó Parra estaba capacitado para cumplir aquella escabrosa misión y que representaba su mejor opción en aquel momento para reencausar la revolución en Trinidad. De todos modos, si Masó Parra le daba nuevos motivos, Gómez lo tendría bien cerca para hacerle pagar finalmente por su irrespetuosa conducta y mordaces ataques personales.

---

[635] Masó Parra, *Primera...*, pp. 48-9; Valdés Domínguez, *Diario...*, t. IV, p. 49.

XV - Trinidad como purgatorio

Mientras Juan Masó Parra se separaba de Máximo Gómez apurando el paso de su caballo para reintegrarse a su puesto en la columna en marcha, el General en Jefe llamó a su lado al comandante Cosme de la Torriente para informarle de su nuevo destino. Gómez había escogido al joven para que acompañara al nuevo jefe de la Brigada de Trinidad, Juan Masó Parra, para servirle como jefe de despacho; la noticia no fue bien recibida por el oficial.

Comandante
Cosme de la Torriente Peraza

El matancero Cosme de la Torriente Peraza había conspirado en La Habana desde muy joven antes de pasar a los Estados Unidos para ponerse a disposición de la Delegación del Partido Revolucionario Cubano. En marzo de 1896 llegó a Cuba en la expedición del *Bermuda* que mandaba el general Calixto García y, por ser graduado en Filosofía y Letras y estudiante de Derecho, pronto fue nombrado Auditor de Guerra hasta que renunció por las limitaciones de ascenso que el cargo ofrecía. Torriente sirvió por unos meses de jefe de estado mayor de *Mayía* Rodríguez y prestó servicios al Consejo de Gobierno y al General en Jefe en varias comisiones; desde hacía dos semanas se hallaba sin destino en el Cuartel General de Máximo Gómez, pero era siempre invitado a las tertulias nocturnas del viejo soldado quien lo trataba «con mucho afecto y cariño». Cosme contaba ahora veinticuatro años de edad.[636]

Cosme de la Torriente conocía muy bien la mala opinión que Máximo Gómez tenía de Juan Masó Parra e interpretó la orden de

---

[636] Cosme de la Torriente, apuntes autobiográficos a modo de introducción a su obra *Cuarenta años de mi vida, 1898-1938*, Imprenta "El Siglo XX", La Habana, 1939, pp. xxiv-xxxvii.

ir a Trinidad con «un hombre tan despreciable como Massó» como una especie de castigo. Ese mismo día, el acongojado Cosme trató de evadir el nombramiento con una carta a Gómez en la cual, «pintando con los más negros colores a Massó», apelaba a su amor paternal, planteando que «a *Panchito* Gómez, si hubiera estado vivo, no se le habría dado semejante jefe.» La respuesta del general Gómez no demoró; en tono condescendiente le reiteraba la orden, pero explicaba a Cosme que estimaba «necesario colocar a un hombre de las condiciones de Vd. al lado del Coronel J. Massó.» Coincidiendo con las opiniones vertidas por el joven contra Masó Parra, Gómez sentenció: «Todo el Mundo sabe *todo* lo de Massó», pero Cosme debía vencer sus escrúpulos en bien de la Patria. Finalizó Gómez sus comentarios a Cosme señalando que —no obstante los defectos que atribuía a Masó Parra— este jefe seguramente arreglaría «aquello un poco» y parte de esa gloria tocaría a su jefe de despacho. Contrastando con el lenguaje afectuoso que empleara en su respuesta al comandante, Gómez reveló su disgusto al comentarle ese mismo día a su jefe de despacho: «no sé qué quiere Cosme, es de los hombres que no encuentran lugar a propósito en donde estar.»[637]

Desde luego, cuando el General resaltaba la necesidad de poner a un hombre de las condiciones de Cosme al lado de Masó Parra dejaba implícito que era para impedir que Masó Parra hiciera «algo que no está en el orden» —como correctamente lo interpretó Valdés Domínguez al leer la carta de Gómez a Cosme. Ligeramente más velada quedaba la expectativa de que Torriente reportara cualquier desliz de Masó Parra al General en Jefe pues ¿de qué otra manera pudiera un jefe de despacho, desde su rol subalterno, impedir la mala conducta de un jefe de la Brigada? Por tanto, el elemento más persuasivo para que Cosme aceptara su nombramiento sería la importante misión encubierta de informante que el General en Jefe le asignaba para frenar a aquel «hombre tan despreciable» nombrado Juan Masó Parra.

En vista de lo que había tenido que explicar —verbalmente y por escrito— para vencer la resistencia del joven Cosme, Gómez decidió hablar de nuevo con Masó Parra. Así, cuando en la mañana

---

[637] De la Torriente, *Cuarenta...*, pp. xxvi-vii; Valdés Domínguez, *Diario...*, t. IV, p. 50.

del próximo día se emprendió de nuevo la marcha —la tropa del General en Jefe en busca de un nuevo campamento y Juan Masó Parra y su grupo con rumbo a Trinidad—, Máximo Gómez fue en busca de Masó Parra. Aquella sería la última conversación que sostendrían los viejos antagonistas: no se volverían a ver. En la versión que en aquel momento el Generalísimo ofreció al amigo de Cosme, Fermín Valdés Domínguez, su propósito en esa conversación era: «hacerle entender clara y lealmente a Massó porqué [sic] mando de Jefe de Despacho suyo a Torriente: que lo quiere a su lado para que evite toda extralimitación y toda falta.»[638]

Un relato posterior de Torriente hace evidente que, o bien eso no fue lo que Gómez le dijo a Masó Parra, o que además de eso le dijo más. Cosme recordaría su sorpresa en aquel día cuando acompañando a Juan Masó Parra se separó de la columna de Gómez para dirigirse a las lomas de Trinidad,

«…el Coronel Masó Parra me pidió que, en lo adelante, no le juzgara por lo que había oído decir, sino por lo que le viera hacer; y esto me hizo pensar siempre que algún imprudente le había enterado de mi opinión respecto a él, opinión que sólo nacía de las cosas que me había contado el propio General en Jefe.»[639]

En esos comentarios Juan Masó Parra —quizás por ignorarlo, quizás por delicadeza— no se daba por enterado de que Torriente lo acompañaba como una especie de espía del General en Jefe, pero sí estaba enterado de la pésima opinión que Torriente tenía de él. El tono en que Cosme de la Torriente describe el incidente sugiere que él sabía que el *imprudente* que informó a Masó Parra había sido *el propio General en Jefe*. Pero no hay que leer entre líneas para reconocer otra admisión de Cosme que resulta extremadamente reveladora: a pesar del sinnúmero de jefes, oficiales y tropa que conoció en sus extensos recorridos por el campo insurrecto en cuatro provincias, Cosme de la Torriente confesaba que Máximo Gómez fue la única persona que le habló mal de Juan Masó Parra.[640]

---

[638] Valdés Domínguez, *Diario…*, t. IV, p. 52.
[639] De la Torriente, *Cuarenta.*, p. xxxvii
[640] Cosme de la Torriente reiteró en un discurso en 1952, que «había oído siempre hablar muy mal al General en Jefe» de Juan Masó Parra (*La Constituyente de La Yaya*, Academia de la Historia de Cuba, La Habana, 1952, p.17).

Cosme de la Torriente y Fermín Valdés Domínguez son sólo dos ejemplos de quienes, sin conocer a Juan Masó Parra, pero reflejando la malquerencia del General en Jefe hacia él, llegaron a ver al coronel santiaguero como un personaje despreciable. Valdés Domínguez rechazó su trato; Masó Parra nunca sería santo de su devoción. En cambio, Cosme, quien tendría la oportunidad de conocerlo, cambiaría de opinión.

Además del comandante Cosme de la Torriente, quien iba de mala gana a servirlo como jefe de despacho, el nuevamente brigadier, Juan Masó Parra llevaba como ayudantes al capitán colombiano Constantino Jaén Guevara[641] y al comandante Antonio Bertrán Echerri quienes habían llegado al Cuartel General desde Trinidad unos días antes portando pliegos. También le acompañaban algunos orientales que habían venido de Trinidad en una comisión del general Quintín Bandera con el comandante Secundino Massabeau al mando.[642]

Ya por estos días la situación del general Bandera era crítica. A medida que se extendía su permanencia en las lomas de Trinidad con sus negros orientales, más se complicaban las relaciones de Quintín con los jefes de la zona y aumentaban las quejas por su comportamiento —no siempre exentas de influencias racistas.[643] El día 17 había llegado un reporte del general José Miguel Gómez en que se lamentaba de la desmoralización civil y militar de aquella comarca y añadía nuevas censuras a Quintín.[644] Máximo Gómez decidió aprovechar que el general Bandera había solicitado una licencia por enfermedad para sacarlo de allí y dejar a los Volunta-

---

[641] Jaén había llegado en la expedición de Rafael Cabrera que llegó a la costa norte oriental en agosto de 1896 (Fernando Gómez, *op. cit.*, p. 172), en noviembre de ese año servía de capitán ayudante de Masó Parra cuando este llegó a Trinidad (Villuendas, *op. cit.*, p. 317), y en abril de 1897 había llegado al Cuartel General en comisión del brigadier Lacret Morlot (Castillo, *Autobiografía...*, p. 208).

[642] Masó Parra erróneamente escribe el apellido Bertrán como «Beltrand» (*Primera...*, p. 48); Valdés Domínguez, *Diario...*, t. IV, p. 49.

[643] Ada Ferrer, "Raza, región y género en la Cuba rebelde: Quintín Bandera y la cuestión del liderazgo político" en *Espacios, silencios y los sentidos de la libertad. Cuba entre 1878 y 1912*, Ediciones UNIÓN, La Habana, 2001, incluye un incisivo análisis de esos factores.

[644] Valdés Domínguez, *Diario...*, t. IV, p. 45.

rios de Oriente incorporados a la Brigada de Trinidad bajo el mando del teniente coronel José Caridad López.

General Quintín Banderas Betancourt

Masó Parra llegó el 26 de mayo al campamento del general Bandera en *El Pedrero*; la recepción no resultó nada agradable. El Brigadier traía órdenes de Máximo Gómez de informar a Quintín que la licencia por enfermedad que había solicitado le había sido concedida y que debía entregarle todas sus fuerzas y pasar al Cuartel General de Máximo Gómez. Quizás adivinando las intenciones del Generalísimo, Bandera alegó que ya se sentía mejor de salud y rechazó la licencia. Quintín formó a su tropa y les preguntó si estaban dispuestos a servir bajo otro jefe; como era de esperar, los orientales expresaron su lealtad a Quintín. Bandera rehusó también entregar a Masó los hombres de *Mayía* y de la Brigada de Trinidad que estaban en su campamento alegando que tenía órdenes del propio *Mayía* de no separarse de ellos. Cuando Masó Parra pidió una pareja para enviar pliegos al Cuartel General Quintín se opuso alegando que «era para mandar chismes de él al general en jefe». Bandera se negó asimismo a enviar hombres en busca del general *Mayía* Rodríguez. Ante esta actitud del general Bandera se hacía inútil insistir y Masó Parra se retiró del campamento sin despedirse. Ese mismo día y el siguiente Masó Parra dictó informes oficiales a Máximo Gómez y a *Mayía* Rodríguez relatando lo sucedido en *El Pedrero* y de lo que allí se enteró: que Quintín le quitó un caballo a un oficial para dárselo a su concubina, con quien vive abiertamente; ha visto evidencia de «manejos y comercio»; que los pacíficos huyen porque sufren atropellos por parte de los Expedicionarios quienes —con el apoyo de Bandera— dicen estar comprometidos a estar allí por tres meses y cumplidos estos regresarán a Oriente.[645]

En efecto, Quintín y sus hombres creían que transcurridos tres meses en Las Villas tendrían derecho a regresar a Oriente. Cuando el general Calixto García creó aquella mal llamada "división" de 200 hombres, había ofrecido a los voluntarios que una vez que sirvieran «en Occidente», estarían «en libertad para pedir su pase» y reincorporarse al ejército oriental «cuando les convenga».[646] Aunque las disposiciones escritas por García no estipulaban cual sería el límite de tiempo de servicio «en Occidente», Quintín sostenía que Calixto le había dicho que serían tres meses, lo cual parece cierto pues el propio Máximo Gómez le había explicado a *Mayía* Rodríguez que «el plazo de las operaciones para la División Expedicionaria será de tres meses, poco más o menos...»[647] Desde luego, mientras Gómez se refería a tres meses de operaciones en La Habana y Pinar del Río, Quintín pudiera haber considerado que Trinidad estaba bien al occidente de Santiago y, en realidad, no se le podía culpar de los fracasados intentos de *Mayía* para llevarlo a La Habana.

Juan Masó Parra acampó el día 27 en el potrero de Baró, cercano al campamento de Quintín. Allí el brigadier preparó un segundo reporte oficial detallando la resistencia de Bandera y cómo, con su rechazo a la licencia por enfermedad, había frustrado los planes del general Gómez. Al comandante Bertrán se le encomendó la misión de llevar la correspondencia al Cuartel General y el jefe de despacho, Cosme de la Torriente, aprovechó para escribir a su amigo Fermín para pedirle papel, tinta y otros enseres propios de sus funciones. De su propio puño y letra, Juan Masó Parra compuso una esquela personal al General en Jefe describiendo el triste cuadro que había encontrado, pero reiterando su determinación de

---

[645] Valdés Domínguez, *Diario*..., t. IV, pp. 193-4; Juan Masó Parra a Mayía Rodríguez, citado en Ada Ferrer, "Raza, región...", 148; Masó Parra, *Primera*..., pp. 48-9.

[646] Circular titulada «Creación de la División "Voluntarios de Oriente"» de 16 de noviembre de 1896 e «Instrucciones dadas al General Quintín Banderas, Jefe de la "División de Voluntarios de Oriente"» de 27 de noviembre de 1896 (en Aníbal Escalante, *Calixto García*..., pp. 131-2).

[647] Carta de Gómez a Rodríguez de 31 de marzo de 1897 (en Fernando Gómez, *op. cit.*, pp. 136-7); Weyler, *op. cit.*, t. IV, pp. 29-30.

remediar aquellos males y tratando, quizás, de restañar las viejas heridas de su relación con *El Viejo*, le decía: «Descuide mi General que trataré de vindicarme ante Ud., haciendo todo lo posible por responder a la confianza que Ud. ha depositado en mí. Tengo mucho aliento y grandes deseos de servir a mi país.»[648]

Juan Masó Parra conocía la grave situación de aquella zona desde antes de asumir el mando de la misma. La falta de organización por parte de las autoridades y la persistente actividad enemiga habían creado tal ambiente de inseguridad que forzaba a familias enteras —y hasta a hombres útiles para las armas— a presentarse en los poblados controlados por los españoles.[649] Un oficial de la Brigada de Cienfuegos, contigua a Trinidad, comentó acerca de aquellos días:

> «Raro era el día que una fatal noticia no nos alarmara. Fue aquel uno de los períodos más decadentes de la Revolución en las Villas. La epidemia de paludismo sequía arrasando. Brigadas había que casi quedaron en clara. No se oían más que malas noticias. *Fulano se presentó: mataron a Zutano. Esperancejo se murió.*»[650]

Según otro testigo «la miseria, la desnudez y el hambre» era tanta que «de aquí ha venido, como lógica consecuencia, la prostitución.» Conociendo la escasez de sal que sufrían los civiles, Masó Parra trajo toda la que pudo y a su paso por el territorio la repartía a las familias.[651] Uno de sus hombres anotó: «daba ganas de llorar ver aquellas pobres mujeres, casi desnudas, que no sabían cómo demostrar su agradecimiento por el obsequio que le hacíamos.»[652]

A pesar de esas dificultades, ya Masó Parra había encontrado algunas de las fuerzas dispersas de la Brigada de Trinidad y marchaba en busca de *Mayía* a quien tardaría varios días en localizar pues «el General José Mª Rodríguez, acompañado del Coronel

---

[648] Valdés Domínguez, *Diario...*, t. IV, pp. 192, 195.
[649] *Ibidem*.
[650] Avelino Sanjenís García, *Mis cartas. Memorias de la revolución de 1895 por la independencia de Cuba*, Imprenta El Comercio, Sagua la Grande, 1900, p. 221.
[651] En el rudimentario mercado de trueque de los insurrectos una libra de sal valía igual que una arroba de café (Loynaz, *Memorias...*, p. 469).
[652] Testimonio del comandante Antonio Bertrán Echerri (Valdés Domínguez, *Diario...*, t. IV, p. 193) Valdés Domínguez le llama «Beltrán».

Juan Bravo, y siete hombres más se encontraban en lo más escondido de la sierra».[653]

Cuando finalmente Juan Masó Parra se enteró de la ubicación del jefe del Departamento Occidental le envió las comunicaciones que para él traía del Cuartel General y el día 6 de junio *Mayía* y Bravo se reunieron con Masó Parra en *Arroyo Cosme*. Allí se formalizó el traspaso del mando de la Brigada de Trinidad; Juan Bravo entregó los 200 hombres que Juan Masó Parra había podido reunir. En ese momento las fuerzas de la Brigada contaban con «280 armamentos y ningún parque».[654] Dos días después, Masó Parra pasó por el campamento de Quintín en *Pedroso* acompañando al general *Mayía* Rodríguez quien tomó una escolta de Quintín que lo acompañaría hasta *Sabana Grande* a preparar su marcha a Occidente.[655]

A las pocas semanas de la llegada de Juan Masó Parra, todos los actores vinculados —con razón o sin ella— a la desastrosa situación organizativa y militar en la zona de la Brigada de Trinidad habían desaparecido de aquel escenario de lucha. El destituido coronel Juan Bravo, obedeciendo las órdenes que le entregara Masó Parra, marchó hacia el Cuartel General del General en Jefe a donde llegó el 18 de julio para quedar «bajo observación» del general Gómez.[656]

A finales de junio, el general Quintín Bandera recibió una orden tajante de Gómez de entregar sus hombres a Masó Parra sin más dilación. Según Quintín, siguiendo instrucciones de Masó Parra, puso sus hombres bajo el mando del teniente coronel José López y los envió al campamento de Masó Parra en *El Bejuco*.[657] Enrique Loynaz del Castillo sostenía que, por orden de *Mayía* Rodríguez, él tuvo que destituir a Quintín en Veguitas y asumir el mando de sus hombres.[658] Como quiera que fuese, por fin el general Bandera se dirigió al campamento de Gómez quien dispuso la formación de un

---

[653] Masó Parra, *Primera...*, p. 50.
[654] Carta de 6 de junio de 1897 de *Mayía* Rodríguez a Máximo Gómez (Valdés Domínguez, *Diario...*, t. IV, p. 165); Masó Parra, *Primera...*, p. 50.
[655] Del diario del general Clemente Dantín Félix (Collazo, *La guerra...*, p. 393).
[656] Boza, *ob. cit.*, t. II, pp. 90, 93; Valdés Domínguez, *Diario...*, t. IV, p. 266.
[657] Bandera, "Memorias", p. 204.
[658] Loynaz, *Memorias...*, p. 491.

consejo de guerra que lo hallaría culpable de inactividad y desobediencia y lo condenó a no mandar más tropas por el resto de la guerra.[659]

El 1º de julio marchó Enrique Loynaz del Castillo rumbo a occidente acompañado de los tenientes coroneles López y sus orientales y Clemente Dantín Félix con unos cincuenta matanceros. Esta columna de infantería debía marchar por el sur de la provincia de Matanzas, bordeando la Ciénaga de Zapata, hasta contactar con el coronel Enrique Junco Cruz-Muñoz, jefe de la Brigada de Colón. Junco debía preparar recursos y operaciones en apoyo de la caballería que al mando del mayor general *Mayía* Rodríguez partiría de Trinidad pocos días después.[660] Esta Brigada "Expedicionaria" entró en contacto con el coronel Junco el día 4 de julio y se separaron dos días después.[661] Luego de algunas sonadas victorias, la columna de Loynaz sufrió una desastrosa derrota ante fuerzas superiores que lo obligaron a internarse en la Ciénaga y finalmente, a dirigirse enfermo hacia el Cuartel General de Gómez.[662]

El general José María Rodríguez marchó hacia La Habana cuatro días después de la partida de Loynaz y llegó al campamento del coronel Enrique Junco en la finca *La Siberia* el día 11 de julio acompañado de su estado mayor y una pequeña escolta; este grupo estaba aún con las fuerzas de la Brigada de Colón cuando su jefe, el coronel Junco, cayó de un balazo que le atravesó el pecho cuando cargaba contra una fuerza enemiga.[663] Con la ayuda que Junco

---

[659] Ver un detallado análisis de este consejo de guerra en Ada Ferrer, "Raza región…" Al finalizar la guerra Bandera seguía sin mando en la zona oriental.

[660] Loynaz, *Memorias*…, pp. 495-6.

[661] Del diario de campaña inédito del coronel Enrique Junco, desde el 27 de septiembre de 1896 hasta 14 de julio de 1897, día de su muerte en combate (copia en el archivo del autor). Ascendido póstumamente a general de brigada con antigüedad de 15 de agosto, Junco se convirtió así en el general más joven de la Guerra de Independencia, 8 días antes de cumplir 24 años de edad (*Actas de las Asambleas*…, t. VI, pp. 198-9). El ya citado *Diccionario enciclopédico de historia militar*, publicado en 2001, erróneamente reporta que Junco murió en 15 de agosto. Carlos M. Trelles registra correctamente la muerte de Junco el 14 de julio, aunque lo nombra Enrique Junco y *Pujadas*. (*Matanzas en la independencia de Cuba*, Academia de la Historia de Cuba, La Habana, 1928, p. 84).

[662] Loynaz, *Memorias*…, pp. 496-507.

[663] Diario de campaña del coronel Enrique Junco.

había dispuesto, *Mayía* logró continuar hasta La Habana donde se sostuvo hasta el final de la guerra.

Despejado así el terreno de las rivalidades de mando y choques de personalidades que tanto habían contribuido a la desmoralización de aquella región, el brigadier Juan Masó Parra se encontró ahora «en libertad de acción» para llevar a cabo la ardua labor de reorganización de la Brigada de Trinidad. Se hacía imprescindible restituir la capacidad combativa de la Brigada para poder rechazar las incursiones enemigas a la zona y brindar protección a las familias de pacíficos que, desobedeciendo el bando de reconcentración del general Weyler, preferían las penurias y los peligros del campo insurrecto a vivir hacinados en los pueblos donde el hambre y la mortandad eran peores.[664] Masó Parra sabía que la mejor manera de restablecer la moral y la disciplina de su tropa consistía en activar las operaciones. Estas debían incluir no sólo el hostigamiento del enemigo sino también la obtención de recursos y comida; para esto tendría que bajar al valle y entrar en las zonas de cultivo cercanas a los pueblos en busca de viandas y ganado. Estas zonas eran defendidas casi siempre por guerrillas locales que podían ser emboscadas cuando sacaban el ganado a pastar. Estas operaciones brindaban también la oportunidad de capturar elementos de guerra. Mientras el general *Mayía* Rodríguez preparaba su traslado a La Habana, se había opuesto a los «empeños» de Juan Masó Parra de llevar a cabo este tipo de operaciones quizás para conservar los pocos recursos con que contaba y evitando cualquier provocación que pudiera entorpecer nuevamente sus planes.[665]

---

[664] El sistema de reconcentrar a los campesinos en las poblaciones tenía como fin privar a los insurrectos de la información y alimentos que obtenían de la población rural; el gobierno adoptó esta política a sabiendas de que sería incapaz de proveer condiciones mínimas de vida a los reconcentrados. Las consecuencias las había previsto el general Martínez Campos cuando en carta de 25 de julio de 1895 a Cánovas del Castillo le había anunciado que con la reconcentración «la miseria y el hambre serían horribles» (Juan Ortega Rubio, *Historia de la regencia de María Cristina Habsbourg-Lorena*, 5 tomos, Imprenta, Litografía y Casa Editorial de Felipe González Rojas, Madrid, 1905, t. II, pp. 472-4 [citado antes por María del Carmen Barcia Zequeira (en *Una sociedad en crisis: La Habana a finales del siglo XIX*, Editorial de Ciencias Sociales, La Habana, 2000, p. 8) quien analiza también los orígenes de ese cruel sistema]).

[665] Comunicación de Masó Parra a Máximo Gómez de 22 ó 23 de junio (citada por Valdés Domínguez, *Diario...*, t. IV, p. 229).

El territorio de la Brigada de Trinidad coincidía con el del término municipal de aquella época. Por el oeste lo separaba de la zona de Cienfuegos una línea que subía desde la desembocadura del río San Juan hasta el Valle de la Siguanea; de allí partía una línea serpenteante que formaba el lindero norte hasta abarcar el pueblo de Fomento y seguía hasta el límite Remedios-Sancti Spíritus; de aquí bajaba casi recta a buscar de nuevo el mar pasando por la sierra de Gavilanes y siguiendo el curso del río Higuanojo hasta la costa que creaba su frontera sur. Dentro de este cuadrado irregular, el fértil Valle de Trinidad formaba un triángulo casi equilátero con su base en el litoral y el vértice superior a unos 30 kilómetros al norte de la costa.[666] El resto del territorio estaba ocupado por las Alturas de Trinidad al oeste y las de Sancti Spíritus al otro lado del valle; ambas forman parte del complejo orográfico que los geógrafos llaman el Macizo Guamuhaya y el resto del mundo conoce como el Escambray. Gran cantidad de ríos corren desde las cumbres hacia el mar o hasta el caudaloso Agabama cuyo cauce baja de norte a sur por el centro del valle. Estas lomas cubiertas de tupida vegetación, además de espectaculares paisajes, ofrecían refugio a la Brigada y conspiraban contra los esfuerzos de Weyler por erradicar a los insurrectos de Trinidad.

A los dos meses de asumir el mando, ya la Brigada de Trinidad comenzaba a cobrar forma y su jefe había logrado agrupar unos 700 hombres de infantería armados con 300 fusiles.[667] Masó Parra pudo conocer que cerca de la costa todavía quedaban algunos cartuchos que habían sido enterrados ocho meses antes cuando desembarcó cerca del río San Juan la expedición que trajo el coronel Miguel Betancourt; recobrados estos el brigadier pudo municionar a su tropa y comenzar a planificar acciones de mayor envergadura y a moverse con más confianza por la zona.[668]

En poco tiempo la Brigada de Trinidad comenzó a hacerse sentir. El 8 de junio Juan Masó Parra tuvo un encuentro con «fuerzas españolas en Hoyo Corrales, obligándolas a retirarse sin que pudieran ocupar» sus posiciones; el 10 de julio fuerzas de la Brigada de

---

[666] Francisco Marín Villafuerte, *Historia de Trinidad*, Jesús Montero, La Habana, 1945, p. 37; croquis en Varona Guerrero, *op. cit.*, t. III, p. 1930.
[667] Valdés Domínguez, *Diario...*, t. IV, p. 165; Masó Parra, *Primera...*, p. 50.
[668] Valdés Domínguez, *Diario...*, t. IV, p. 229.

Trinidad se batieron por hora y media en Taguanabo y Cansavacas; el 16 Masó Parra combatió por una hora y media en el Charcón; una semana después, el comandante Lázaro Herrera cortó la línea del telégrafo de Condado al ingenio Cañamabo de donde sustrajo 100 reses, y tiroteó una columna enemiga en el poblado de Caracusey; el 9 de agosto fuerzas del comandante Augusto Feria hostigaron a una columna enemiga que persiguieron desde Sipiabo hasta Fomento.[669]

A principios de julio Masó Parra andaba de recorrido al este del Agabama y estando acampado a media legua de la prefectura de la Sierra de Gavilanes, vino a visitarlo su amigo el brigadier Rogelio Castillo quien había servido por largos meses de jefe de estado mayor de Máximo Gómez y ahora estaba en comisión reservada del General en Jefe. Los dos veteranos se saludaron y después de «haber hablado detenidamente», decidieron mudar el campamento a la prefectura; juntos pasaron al Hondón donde dos días después Juan Masó Parra se despidió del buen colombiano quien seguramente puso a Masó Parra al día sobre los asuntos del Cuartel General.[670] Por la misma fecha se recibían allá cartas de Juan Masó Parra que motivaron aún al escéptico Fermín Valdés Domínguez a comentar: «Claras y terminantes y llenas de esperanzas son las comunicaciones de Massó. Lo creo que ha de hacer mucho por levantar su fama. Veremos.»[671] Como sucedía a menudo, estos comentarios de Fermín probablemente reflejaban también la valoración del general Gómez. Pronto podrían comprobar que sus expectativas no eran infundadas.

---

[669] Eddy Morera Cruz, Sonnia T. López Acosta y Danieyi Morera Méndez, "Cronología de la lucha independentista en Sancti Spíritus. Años 1897 / 1898", trabajo presentado en la III Conferencia Científica Internacional de la UNISS [Universidad de Sancti Spíritus], Yayabo Ciencia 2015, pp. 8-9, consultado el 9 septiembre de 2017, http://biblioteca.uniss.edu.cu/sites/default/files/CD/Yayabociencia%202015/documentos/17-pensamiento_Social/0Eddy%20Morera%202.pdf.
[670] Castillo, *op. cit.*, p. 223.
[671] Valdés Domínguez, *Diario...*, t. IV, p. 229.

XVI - Un paraíso en El Infierno

Mientras Juan Masó Parra se ocupaba en organizar las fuerzas de su brigada el Capitán General Valeriano Weyler realizó una fugaz visita a Trinidad. Esta ciudad —al igual que las del resto de la Isla— había experimentado un marcado incremento en su población, y un consecuente deterioro sanitario, producto de la campaña de "reconcentración" de la población rural impuesta por Weyler, que convertía a las mujeres y niños campesinos en andrajosos y hambrientos mendigos urbanos. Recientemente, Weyler había extendido su bando de reconcentración a toda la Isla a pesar de una intensa campaña de rechazo internacional a esa política genocida que diezmó la población del país.[672]

Lejos de la Isla comenzaban a desarrollarse tendencias que alterarían radicalmente el curso del proyecto independentista cubano. En Madrid aumentaba la oposición a la guerra y los adversarios políticos de Weyler y de su protector, el conservador presidente del Gobierno, Antonio Cánovas del Castillo, se tornaban más agresivos. Los optimistas partes de Weyler sobre el estado de la guerra eran abiertamente cuestionados y el disgusto de la población con las pérdidas de hombres y recursos crecía a diario. En mayo el jefe del partido liberal español, Práxedes Mateo Sagasta, reflejaba esas frustraciones en un discurso ante el Senado:

«Después de haber enviado nada menos que 200.000 hombres a Cuba, de haberse derramado tanta sangre y gastado más de 1.000 millones de pesetas, resulta que, aun admitiendo que la isla está pacificada en su mitad, que es mucho admitir, en la otra mitad no son dueños nuestros soldados más que del terreno que pisan.»[673]

---

[672] Uno de los cálculos más concienzudos sobre las víctimas de la reconcentración y basado en reportes oficiales del gobierno español en 1898 fija el número entre 150,000 y 170,000 muertos. La población de Cuba en 1895 se ha calculado en cerca de 1,700,000 habitantes (John Lawrence Tone, *War and Genocide in Cuba, 1895-1898*, The University of North Carolina Press, Chapel Hill, 2006, pp. 209-24).

[673] Fernando Soldevilla, *El año político (1897)*, Tipografía del Hospicio Provincial, Gerona, 1898, p. 190.

Por otro lado, las críticas de la prensa norteamericana unidas a informes de primera mano de congresistas que visitaron Cuba movieron al recién inaugurado presidente William McKinley a impulsar una campaña en busca de una solución a la guerra en Cuba. A pesar de que el discurso inaugural de McKinley en enero de 1897 había mostrado una actitud ecuánime sobre la crisis cubana, el 26 de junio, su secretario de Estado, John Sherman, entregó al Ministro de España en Washington una enérgica protesta —aduciendo razones humanitarias— sobre los horrores de la reconcentración y la destrucción practicada por el general Weyler.[674] Cánovas del Castillo reconoció inmediatamente el peligroso giro que habían tomado las relaciones entre los dos países y, aunque tardaría más de un mes en rechazar formalmente las acusaciones de Sherman, el astuto presidente del Gobierno español creyó prudente refrenar a su hombre en Cuba y sin demora envió un telegrama «cifrado y reservado» al general Weyler en que le advertía de la gravedad de la situación y le pedía hacer «cuanto pudiese para evitar un conflicto, quizá insoluble» entre Washington y Madrid.[675]

A la llegada del Capitán General Weyler a Trinidad el 12 de julio de 1897, apenas se recuperaba la ciudad de una terrible epidemia de viruelas que, al sumarse a la endémica fiebre amarilla, causó tantos muertos que se suprimieron los velorios y los entierros; los cadáveres de las víctimas eran recogidos a domicilio por el tétrico carromato negro tirado por un mulo que todos llamaban "la lechuza" y llevados al cementerio sin más ceremonia. Weyler había venido a levantar el espíritu de sus tropas y alentar a los integristas del Casino Español, pero en atención a las últimas instrucciones de Cánovas, exigió también a las autoridades que atendieran las zonas de cultivo para poder paliar el hambre de los reconcen-

---

[674] Carlos Manuel O´Donnell y Abreu, duque de Tetuán, *Documentos presentados á las Cortes en la legislatura de 1898 por el ministro de Estado*, Tipolitografía de Raoul Péant, Madrid, 1898, pp. 29-31.
[675] Weyler, *op. cit.*, t. 4, p. 510; texto completo de telegrama de 3 de julio de 1897 de Cánovas a Weyler en Javier Rubio García-Mina, *El final de la era de Cánovas. Los preliminares del "desastre" de 1898*, 2 tomos, Ministerio de Asuntos Exteriores, Madrid, 2004, t. II. p. 1346.

trados. A las pocas horas, Weyler abandonó la ciudad y embarcó por el cercano puerto de Casilda con rumbo a Cienfuegos.[676]

Juan Masó Parra decidió que después de esta visita a Trinidad sería «conveniente darle un "escándalo" a Weyler». Reunido con los jefes de la Brigada, Masó Parra presentó su atrevido plan: el asalto a la ciudad de Trinidad, plaza dotada de una numerosa guarnición y rodeada de fuertes, algo que nunca nadie había intentado antes, ni se haría después.[677]

A los pocos días de haberse llevado a cabo la acción, Juan Masó Parra la describió así a un amigo:

> «…El 14 del corriente ataqué y tomé esta ciudad. Triunfalmente recorrí con doscientos seis infantes las calles principales; sostuve cuatro combates en las calles con éxito. El enemigo huía cobardemente abandonándome tres fuertes, armas, etc.
>
> Estoy satisfecho de este golpe, cuando Weyler decía que esta comarca estaba pacificada. Un detalle: al día siguiente, estuve en línea de combate a la vista de la ciudad y los españoles no daban señales de vida. Tuve un muerto y cuatro heridos …»[678]

Es preciso observar que en su euforia Masó Parra exageró aquí al decir que había tomado la ciudad cuando su presencia allí probablemente no duró más de unas horas y nunca se estableció suficiente control de la población para justificar esa frase; asimismo sus "cuatro combates en las calles" seguramente fueron en realidad encuentros de baja a mediana intensidad con grupos de defensores sorprendidos y mal organizados. Sin embargo, Juan Masó Parra había logrado con creces su propósito de darle "un escándalo" a Weyler.

Para júbilo de los independentistas y sonrojo de los integristas este osado hecho de armas repercutió en toda la Isla y le granjeó al brigadier Juan Masó Parra hasta el encomio del General en Jefe. La noticia la llevó personalmente al Cuartel General de Gómez el jefe de despacho de la Brigada, el comandante Cosme de la Torriente; allí el día 25 de agosto su amigo Fermín Valdés Domínguez escri-

---

[676] Rodríguez Altunaga, "De la guerra…", pp. 239-43.
[677] *Ibidem*; Gerardo Castellanos G., *Trinidad. La secular y revolucionaria*, Úcar, García y Cía. La Habana, 1942, p. 393.
[678] Carta de Masó Parra a Eusebio Hernández de 22 de agosto de 1897 (en Rodríguez Altunaga, "De la guerra…", pp. 245-6).

bió en su diario: «Me dice Cosme y ya lo publican los periódicos españoles, que Massó entró en Trinidad ...»[679] En efecto, como exigía la censura weyleriana, la prensa española copió cuidadosamente un escueto parte oficial admitiendo, aunque minimizando, el hecho:

> «A las 9 de la noche del 14, 25 rebeldes intentaron penetrar en Trinidad, siendo rechazados, dejando un prisionero, armas y macutos ensangrentados.
> Nosotros tuvimos 3 heridos.»[680]

Algunos meses después, bajo un nuevo Capitán General, un periodista catalán amplió un poco la información sobre el hecho. En su relato, la acción comienza cuando una patrulla de voluntarios es atacada por los cubanos y cuando contestan, los disparos sirven

> «...de aviso á las fuerzas de ejército y voluntarios que guarnecen la población. El ataque se generaliza, los actos de valor se suceden unos á otros y ante tan heróica resistencia, los rebeldes huyen dispersados.»[681]

El plan de Juan Masó Parra incluía el incendio de la sede del Casino Español, símbolo de la intransigencia peninsular. El comandante José Téllez Caballero, veterano de La Invasión con Maceo y oriundo de Trinidad, fue designado por Masó Parra para esa misión. Su relato, publicado casi medio siglo después, ofrece detalles adicionales sobre la acción y el fracaso de su misión. Según Téllez, el día 14 de agosto, unos ciento ochenta mambises al mando de Juan Masó Parra bajaron de la sierra hasta la loma

Comandante
José Téllez Caballero

---

[679] Valdés Domínguez, *Diario...*, t. IV, p. 422.
[680] *Ecos de Cuba*, 20 de agosto de 1897, 4:1; Weyler, *op. cit.*, t. V, p. 422.
[681] Carlos Martí, *Almanaque de la guerra. 1898*, Imprenta "El Fígaro", La Habana, 1898, p. 40.

de *El Cubano* desde donde se divisaba la ciudad a poca distancia; allí aguardaron hasta el anochecer. Un pequeño grupo debía crear una diversión tiroteando los fortines por el este de la ciudad cuando sonaran «las ocho en el reloj del Convento»; esta sería la señal para Téllez y su gente entrar subrepticiamente y haciéndose pasar por voluntarios, llegar hasta el fondo del Casino Español para incendiarlo. Aunque el amago de ataque a los fuertes no ocurrió, Téllez entró aprovechando la oscuridad antes que saliera la luna a las nueve de la noche. Habiendo penetrado sólo un par de cuadras, Téllez inexplicablemente se apartó del grupo—según su propio relato—, «para ver a sus padres»; en eso se le escapó un tiro a uno de sus hombres que hizo salir de una casa a un guardia civil que intercambió disparos con Téllez, el guardia cayó muerto, pero Téllez recibió una herida en un muslo que sangraba tan profusamente que tuvo que ser evacuado. El teniente coronel Celedonio Hernández Romero asumió entonces el mando del grupo y logró avanzar unas cinco cuadras más y saquear algunas tiendas, pero como no conocía la ciudad, se retiraron sin llegar al Casino.[682]

El historiador trinitario Rafael Rodríguez Altunaga, quien recogió ese relato del comandante y lo publicó en 1945, cuando aún vivía Téllez Caballero, ofreció su opinión de que a este coterráneo suyo pertenecía la gloria del ataque a Trinidad calificando el informe de Juan Masó Parra de «inexacto». En 1955, en una nueva versión de estos hechos —reiterada en 1958—, Rodríguez Altunaga va más lejos aún pues aquí dice que fue al comandante Téllez a quien se le ocurrió la idea de dar el «escandalito» que antes había concedido a Masó Parra, quien ahora —según Rodríguez—, no sólo no entró en Trinidad, sino que «en las horas del asalto a la ciudad se hallaba muy lejos de ella». El informe de Masó Parra sobre la acción que Rodríguez en 1945 se había limitado a calificar de inexacto, ahora lo describe como «una gran superchería» atribuyendo al brigadier haber dicho «que había permanecido tres días en la ciudad»; una acusación insostenible ante la carta de Masó Parra, —reproducida por el propio Rodríguez en 1945—, donde el

---

[682] Rodríguez Altunaga, "De la guerra…". pp. 243-4.

brigadier decía que, «al día siguiente» del ataque, estaba «en línea de combate a la vista de la ciudad».[683]

Vale recordar que cuando Rodríguez Altunaga escribió su primera y más moderada versión de 1945, el comandante José Téllez Caballero aún vivía; no así en 1955, cuando publicó la segunda, más agresiva contra Juan Masó Parra y más alabadora hacia el trinitario. El veterano Téllez, quien había demostrado su apego a la verdad histórica al confesar cómo sus propios errores contribuyeron a frustrar la quema del Casino, había fallecido en 1946.[684]

Para comprender esta sorprendente actitud de Rafael Rodríguez Altunaga tenemos que considerar los antecedentes. Como ya hemos comprobado, los historiadores cubanos del siglo XX esquivaban toda mención de Juan Masó Parra y, cuando se hacía inevitable, era de rigor aplicarle los epítetos de "presentado" y "traidor". En Trinidad, a pesar de los innegables logros de Juan Masó Parra durante sus siete meses en la jefatura de aquella Brigada, su nombre estaba anatematizado.

Aquellos trinitarios que escribían sobre el pasado de su ciudad ni siquiera mencionaban la entrada de los mambises en Trinidad para así no tener que darle crédito a Juan Masó Parra por aquella hazaña, creyendo quizás que eso pudiese empañar la historia local. Esto se evidencia al revisar unas sesenta páginas dedicadas a Trinidad en una publicación de 1926 auspiciada por un periódico capitalino; allí se reseña la historia de la ciudad desde su fundación hasta la República con énfasis en las luchas independentistas, pero los escritores trinitarios que participaron en aquel esfuerzo —incluyendo a Rodríguez Altunaga—, no mencionaron ni a Juan Masó Parra ni la entrada de los mambises en Trinidad.[685] El prolífico cronista Gerardo Castellanos García, quien visitó varias veces Trinidad, se quejaba de que esa ciudad no sólo «no ha tenido su histo-

---

[683] Rodríguez Altunaga, "De la Guerra…", p. 246, además, *Las Villas (Biografía de una provincia)*, Academia de la Historia de Cuba, Imprenta "El Siglo XX", La Habana, 1955, pp. 317-8, y también *El general Emilio Núñez*, Comisión Nacional del Centenario del General Emilio Núñez, La Habana, 1958, p. 58.

[684] José Téllez Caballero falleció en Trinidad el 6 de octubre de 1946, a los 78 años de edad (Certificación de defunción en el archivo del autor, transcrito del tomo 72, folio 184 del Registro del Estado Civil de Trinidad).

[685] "Reseña histórica de Trinidad", *Magazine de "La Lucha"*. Santa Clara, 1926, pp. 209-71.

riador nato» sino que los «trabajos allí publicados son de menor esfuerzo». Castellanos agradeció a quienes lo sirvieron con gentileza —entre ellos su «excelente amigo», Rodríguez Altunaga, a quien conocía de La Habana, donde ambos residían— pero señaló también la influencia de un «localismo receloso» y la existencia de «cofradías» para defender todo lo del lugar. Quizás sin percatarse de que estaba violando un tabú regional, en sus primeros libros sobre Trinidad, Castellanos se refirió someramente al ataque de «el célebre traidor», el brigadier Juan Masó Parra a la ciudad. Esta son las primeras menciones que conocemos por un historiador sobre aquel sonado hecho de armas, y pudieron haber motivado a Rodríguez Altunaga a presentar su versión.[686]

La quema del Casino Español, que se asignó al comandante José Leonardo Téllez Caballero, era sin duda un elemento importante del plan operativo y Juan Masó Parra seguramente seleccionó a este oficial por su probado valor y conocimiento del terreno. Sin embargo, la actuación de Téllez en esta ocasión —según su franco relato—, en realidad dejó mucho que desear. Fracasado ese intento, Juan Masó Parra tuvo que entrar a la ciudad con el grueso de la tropa sin el beneficio que la distracción del incendio del Casino hubiese creado.[687]

Un somero análisis revela que los reportes —de ambas partes— de las bajas en la acción encajan mejor con el informe de Masó Parra que con las versiones de Rodríguez Altunaga. Como ambos lados tendían a exagerar las bajas del enemigo y a rebajar las propias, debemos considerar que las cifras confesadas reflejan el mínimo admisible. Masó Parra reportó un muerto y cuatro heridos por el lado cubano; Rodríguez confirma que el muerto fue «Francisco Valdivia, que, de retirada, penetra en una casa pidiendo un pantalón. Un guerrillero allí escondido le dio un tiro en el cuello, matándolo en el acto; la víctima no fue vengada...»; como sabemos, uno de los cuatro heridos era el propio Téllez, pero Rodríguez no reporta ninguna otra baja ya que explica que, después de evacuado Téllez, las tropas que siguieron con Celedonio Hernández al mando, avanzaron ha-

---

[686] Gerardo Castellanos G., *Huellas del pasado...*, p. 157; *Trinidad, la secular...*, pp. 13-4 y 393; y *Viajando por los mares de Trinidad*, Talleres "Alfa", La Habana, 1943, p. 25.
[687] Rodríguez Altunaga, "De la Guerra...", pp. 243-6.

ciendo «tiroteo al bulto» porque no vieron fuerzas españolas, que recibieron sólo disparos de «azoteas lejanas...sin concierto ni objetivos» y que luego se retiraron «sin ser atacadas ni perseguidas.» Es decir, que en los relatos de Rodríguez Altunaga los cubanos sufren sólo un muerto y un herido; le faltan tres bajas.

Por la parte española, en su ya citado informe oficial, Weyler admitió tres heridos. La historia de Rodríguez Altunaga da por muerto al guardia civil que hirió a Téllez, pero aunque en su segunda versión eran dos guardias civiles los que estaban en la casa de marras, al segundo no le pasó nada. Asimismo, el guerrillero que mató a Valdivia salió ileso ya que la muerte del cubano «no fue vengada», y durante el resto de la incursión el grupo de Celedonio Hernández no encontró a quien dispararle. Aquí también Rodríguez Altunaga se queda corto: le faltan dos bajas españolas.

Es decir, que para aceptar las versiones de Rafael Rodríguez Altunaga —que limitan la acción al grupo de Téllez— se hace necesario creer algo inaudito: que ambas partes, Masó Parra y Weyler, inflaran el número de sus propias bajas. Desde luego, las bajas que le faltan al historiador trinitario las incurrieron, españoles y cubanos, durante los tiroteos sostenidos en las calles de Trinidad cuando el ataque se "generalizó" al invadir la villa Masó Parra con el grueso de los asaltantes; un hecho que Rodríguez Altunaga rehusó incluir en su relato.

De esa manera, en la interpretación que Rafael Rodríguez Altunaga ofrece de los hechos, el trinitario José Téllez Caballero es el héroe del ataque a Trinidad y Juan Masó Parra es un mendaz usurpador de aquella gloria. Esta visión errónea continúa siendo repetida en la historiografía. Treinta años después, la reprodujo Mario Villar en su reseña histórica de Trinidad en una obra enciclopédica, y actualmente, la de Rodríguez es la única versión utilizada en la Isla.[688] Tristemente, libros sobre Trinidad de reciente factura —aunque traten este período en mayor o menor grado— simplemente omiten toda mención de la entrada a Trinidad por los mambises. Esto resulta comprensible si consideramos que Rodríguez Altunaga —en

---

[688] Vicente Báez, editor, *La Enciclopedia de Cuba*, Playor, S. A., Madrid, 1974, t. VIII, p. 274; en marzo de 2012, el texto de Rodríguez Altunaga aparecía, con visos de historia oficial de la Ciudad de Trinidad, en el sitio electrónico www.guije.com/pueblo/municipios/vtrinidad/historia/g1897.htm.

su afán de eliminar a Masó Parra de la historia trinitaria— redujo a un penoso y fracasado episodio lo que realmente fue una audaz y oportuna operación militar de la Brigada de Trinidad dirigida por Juan Masó Parra.[689]

Cabe señalar que en 1954 —también años después de la muerte de José Téllez Caballero—, salió a la luz un folleto que atribuye a Téllez la acción y, aunque ofrece relatos de la guerra en Trinidad desde su inicio hasta 1898, se las arregla para ni siquiera mencionar a Juan Masó Parra. El autor era hijo del general Lino Pérez y primo de Juan Bravo lo cual pudiera explicar su ostensible parcialidad. Su versión de la misión de Téllez Caballero se asemeja, a grandes rasgos, a la de Rodríguez Altunaga pero ofrece un nuevo dato que confirma el informe de Weyler con respecto al prisionero cubano a quién identifica como José Lara Trocones, un ayudante de Téllez «que se acobardó de tal manera que sin motivo se entregó.»[690] Sin embargo, la obrita es tan desconocida que ni siquiera aparece en el inventario publicado por la Biblioteca Nacional de Cuba y nunca la hemos visto citada por otro autor.[691] Por ese motivo no se le puede disputar a Rodríguez Altunaga la gran responsabilidad por la distorsión de los hechos del 14 de agosto de 1897 en Trinidad.

En la historiografía de los siglos XX y XXI sólo conocemos dos trabajos que no adoptan las equívocas versiones de Rodríguez Altunaga: el primero es obra del especialista en las guerras independentistas cubanas, Francisco Pérez Guzmán. En el último libro que publicara antes de su muerte en 2006, aunque sin entrar en detalles, Pérez Guzmán opinó que «desde el punto de vista militar, el éxito mayor de Masó Parra fue la entrada en Trinidad, triunfo mambí que trascendió los límites locales y regionales.»[692] El otro trabajo

---

[689] Ejemplo de obras recientes que omiten este hecho son: Hernán M. Venegas Delgado, *Trinidad de Cuba: corsarios, azúcar y revolución en el Caribe*, Centro de Investigación y Desarrollo de la Cultura Cubana Juan Marinello, La Habana, 2005; Manuel de J. Béquer, *Trinidad de Cuba. Historia, leyenda y folklore*, Édition Melonic, Québec, 2008.

[690] Carlos Manuel Pérez Cancio, *Datos históricos de la Guerra de Independencia en Trinidad*, Impresos Actualidad, Trinidad, 1954, pp. 33-4.

[691] Araceli García Carranza, *Bibliografía de la Guerra de Independencia (1895-1898)*, Editorial Orbe, La Habana, 1976.

[692] Francisco Pérez Guzmán, *Radiografía del Ejército Libertador, 1895-1898*, Editorial de Ciencias Sociales, La Habana, 2005, p. 43.

es una cronología de factura colectiva presentada en el 2015 que enumera varias acciones dirigidas por Masó Parra, incluyendo la entrada en Trinidad.[693]

El ataque de Masó Parra a Trinidad coincidió con la diseminación de la noticia de la muerte del presidente del gobierno español, Antonio Cánovas del Castillo, víctima de un magnicidio. En el verano de 1896 el gobierno español había reaccionado a una serie de bombazos terroristas que sacudieron a Barcelona con una gran redada de sospechosos, en su mayoría anarquistas, que fueron internados en el castillo de Montjuïch. La ola represiva duró varios meses y se caracterizó por torturas físicas en la cárcel, juicios arbitrarios, largas condenas y finalmente, el fusilamiento de cinco anarquistas en mayo de 1897. Esto a su vez provocó una amplia campaña de repulsa internacional por los métodos utilizados por el gobierno español a la que se unieron cubanos emigrados y su representante en París, el médico puertorriqueño Ramón Emeterio Betances y Alacán. Un joven ácrata italiano, Michelle Angiolillo Lombardi, afectado por los sucesos de Montjuïch, decidió vengar a sus compañeros. Luego de entrevistarse con Betances en París, Angiolillo se trasladó a España, alcanzó a Cánovas veraneando en el balneario de Santa Águeda, en Mondragón, y allí, el 8 de agosto, ultimó al político malagueño con tres disparos.[694] El acto de Angiolillo redundaría en importantes cambios en la política de España hacia Cuba.

Como resultado predecible del ataque a Trinidad, las autoridades españolas se sintieron provocadas por la osadía de Juan Masó Parra y su gente. El jefe de policía tomó represalias contra los *laborantes* que ayudaban a los rebeldes de la Brigada de Trinidad. Así, la prensa reportó que el día después del asalto, los guardias allanaron una vivienda en el barrio de Condado, a unos veinte kilómetros de Trinidad, arrestando a un «moreno y á la familia» alegando haberles ocupado, además de un baúl con «papeles de importancia», sacos con ropa, medicinas, «zapatos, azúcar, sal, un

---

[693] Morera Cruz, et al, *op. cit.*, p. 9.
[694] Frank Fernández, *La sangre de Santa Águeda. Angiolillo, Betances y Cánovas*, Ediciones Universal, Miami, 1994, pp. 22-48, Fernández evidencia las entrevistas entre Angiolillo y Betances; Francisco Olaya Morales, *Historia del Movimiento Obrero español (siglo XIX)*, Nossa y J. Editores, S. L., Madrid, 1994, pp. 813-40, 1009-32.

instrumento de cirugía y varios efectos.» Muchas otras casas fueron también objeto de registros y hasta fue «detenida una señora de nuestra buena sociedad.»[695]

Por unos días, el ejército y los voluntarios también incrementaron sus incursiones a las alturas que rodean la ciudad en busca del desquite. El batallón de Soria se dijo practicaba «diarios reconocimientos por las zonas de San Juan de las Yeras, Manicaragua, Provincial y Seibabo»; las guerrillas operaban por las inmediaciones de la ciudad. Como de costumbre, todas las fuerzas reportaban enemigos muertos, heridos y presentados, campamentos arrasados, armas y equipos ocupados. Otro extenso informe relata un encuentro el 9 de septiembre entre el batallón Cazadores de Cataluña y un grupo rebelde que «había invadido la jurisdicción» al sur de Fomento. Durante una hora aquellas fuerzas cubanas pudieron detener al enemigo con un nutrido fuego desde buenas posiciones antes de tener que abandonar el terreno; ya comenzaban a escasear las municiones. La tropa española siguió explorando y en los alrededores descubrió la prefectura de Sipiabo que contaba con talleres de armería, talabartería y carpintería que servía a la Brigada de Trinidad. Todo fue destruido «á mandarria y hacha, 22 ranchos, arroz sembrado y viandas de todas clases»; en una cueva cercana encontraron diez puercos, una vaca y tres terneros que «se sacaron descendiendo un soldado por una cuerda, y sacándolos de la misma forma». Cuatro de los sitieros resultaron muertos y «69 personas entre hombres mujeres y niños» fueron reconcentrados en Fomento.[696]

En septiembre Juan Masó Parra pudo devolver algunos golpes al enemigo: a principios del mes sostuvo un combate por 9 horas en Cariblanca hasta que los españoles abandonaron sus posiciones y se retiraron «a Fomento con muchas bajas» mientras los cubanos tuvieron dos muertos; el día 19 el brigadier dirigió la entrada al poblado de Caracusey y durante las tres horas que fue ocupado se machetearon ocho guerrilleros y voluntarios, se quemaron dos tiendas y algunas casas y los cubanos se retiraron con un herido.[697]

---

[695] *Ecos de Cuba*, 30 de agosto de 1897, 1:2-3.
[696] *Ecos de Cuba*, 30 de agosto de 1897, 1:3; 10 de septiembre de 1897, 4:1; 20 de septiembre de 1897, 3:2-3.
[697] Morera Cruz, et al, *op. cit.*, p. 10.

Las recientes acciones de la Brigada de Trinidad habían levantado el espíritu combativo de las fuerzas, pero la escasez de municiones se había agudizado de nuevo. Este era un problema constante para los mambises y, aunque con frecuencia capturaban municiones del enemigo, el grueso del suministro dependía de los exiliados o emigrados, como se les llamaba entonces. Desde New York y otros centros con importantes concentraciones de cubanos se llevaban a cabo esfuerzos heroicos para mantener a la insurrección pertrechada apelando en ocasiones a métodos novedosos que no siempre lograban burlar la vigilancia española. Un ejemplo de esos intentos se conoció en julio de 1897 cuando la policía habanera fue alertada sobre un «crecido número de cajas de latas de leche condensada que llegaron de Cayo Hueso y Nueva York» y al practicar registros encontraron que muchas de las latas «contenían cápsulas de Remington.» Las latas contenían alguna cantidad de leche condensada en la parte superior y en la inferior, pero en «el centro, y entre aserrín, estaban las cápsulas bien acondicionadas». En otro caso, unas 150 tozas de madera dura que trajo un vapor americano consignadas a una empresa privada de la ciudad, fueron confiscadas al descubrirse que se hallaban «perforadas por sus cabezas y cubiertas con tapones pintados del mismo color» por lo que se suponía contenían «contrabando de guerra».[698] La destrucción de la prefectura de Sipiabo fue probablemente producto de una delación, pero no cabe duda de que la imposibilidad material de defender aquella posición por falta de municiones contribuyó también a esta sensible pérdida. En pocos días esta situación sería aliviada.

La noche del 15 de septiembre de 1897, frente a la desembocadura del río Arimao, a poca distancia de la entrada de la bahía de Cienfuegos, el vapor *Sommers N. Smith* tiró sus botes al agua y comenzó el desembarque del cargamento. Esta era la tercera expedición que el vapor traía exitosamente a Cuba en 10 días, parte de una extraordinaria operación organizada por el Departamento de Expediciones de la Delegación Cubana en Nueva York. La carga había salido de New York en una goleta que ancló en Orange Key, en la Bahamas; allí se trasbordó una tercera parte al *Sommers N.*

---

[698] Varias personas fueron detenidas en La Habana producto de estos descubrimientos (*Ecos de Cuba*, 30 de julio de 1897, 1:2-3).

Smith para desembarcarla en la playa de Jaimanitas, en la costa sur de Pinar del Río en la mañana del día 5; otro tercio lo llevaron en la noche del 9 hasta Boca Ciega, en la costa norte de La Habana. El tercer y último viaje sería el más largo y para ello cargaron 125 toneladas de carbón además de bultos con 500 mudas de ropa, zapatos, comida enlatada, quinina, medicinas surtidas, pólvora, dinamita, machetes, más de 500 rifles y unas 500 cajas de madera con agarraderas de soga en las cabeceras que cada una traía dentro 1,000 balas selladas en latón.[699]

El jefe del Departamento de Expediciones, brigadier Emilio Núñez Rodríguez, optó por desembarcar esta valiosa expedición en la boca del río Arimao, a sólo cinco kilómetros de la entrada de la bahía de Cienfuegos. El alijo se completó en sólo dos horas y el vapor levó anclas y regresó a Cayo Hueso. Cinco días después, el jefe de tierra, el teniente coronel Fernando Méndez Miranda, hizo entrega de la expedición al jefe de la Brigada de Cienfuegos, Alfredo Rego quien había llegado con 400 hombres a poner los pertrechos a buen recaudo. Rego ordenó al coronel José Camacho proceder al traslado y sus hombres llevaron todos los bultos, las armas y las cajas de balas que pudieron cargar hacia el campamento de San Blas, en las primeras alturas del complejo montañoso que desde allí se levanta y llega hasta Sancti Spíritus. Sumergidas en la costa, donde el agua daba al pecho, quedaban 314 cajas de municiones que luego caerían en manos del enemigo.[700]

La Brigada de Trinidad también participó en el salvamento de la expedición de Arimao. Juan Masó Parra había recibido órdenes del jefe del 4° Cuerpo, el mayor general Francisco Carrillo, para mover tropas hacia el lugar del desembarco y ayudar a transportar la carga tierra adentro. Con ese motivo Masó Parra había cursado instrucciones a los jefes de las fuerzas trinitarias más cercanas al lugar del desembarco, el teniente coronel Manuel Saumell Fontaine, quien tenía su base de operaciones en Pico Blanco y el comandante Jesús Lugones León. En los primeros días de octubre, Masó Parra envió copia al general Carrillo del informe de Saumell de unos días antes

---

[699] Carrillo Morales, *Expediciones...*, t, 1, pp. 97-103; Méndez Miranda, *op. cit.*, pp. 49-52; Horace Smith, *A Captain Unafraid. The Strange Adventures of Dynamite Johnny O'Brien*, Harper & Brothers Publishers, New York, 1912, pp. 209-12.
[700] Méndez Miranda, *op. cit.*, pp. 52-4.

en que confirmaba su partida hacia «la Brigada de Cienfuegos (Sitio San Blas) con los rancheros» de la zona y los números de que disponía.[701]

El teniente coronel Méndez marchó para entrevistarse con Máximo Gómez acompañado del brigadier Rego quien, estando en San Blas con Méndez y por orden superior, había entregado el mando de la Brigada de Cienfuegos al coronel Higinio Esquerra Rodríguez y ahora debía presentarse también ante el General en Jefe. Méndez y Rego se dirigieron al norte hacia la zona de la Brigada de Santa Clara para seguir hasta la zona de operaciones de Gómez cerca de la Trocha.[702] Rego sería uno de los principales protagonistas del drama que se avecinaba.

Uno de los expedicionarios era un tío de Enrique Loynaz del Castillo que venía en calidad de agregado, el teniente coronel Francisco A. del Castillo, veterano de la Guerra Grande y ya entrado en años. Castillo también quería ver a Máximo Gómez en busca de algún puesto en el ejército y el 10 de octubre, con otros ocho expedicionarios, decidió emprender el viaje a través de las lomas de Trinidad.

Francisco del Castillo pasó unos días con Juan Masó Parra en Trinidad

Castillo compartió con Saumell en el campamento de Pico Blanco, visitó al comandante Jesús Lugones en su cuartel en La Foja y, luego de «pasar el Rio de Jibacoa que pasa por debajo de una montaña del Guanical», siguió en busca del brigadier Masó Parra.[703]

---

[701] Carta de Juan Masó Parra a Francisco Carrillo de 7 de octubre de 1897, copia parcial en el archivo del autor. En diciembre, 2008, el original estaba en manos privadas en Cuba.
[702] Méndez Miranda, *op.cit.*, p. 55.
[703] Carta de Francisco A. del Castillo a Gonzalo de Quesada de enero 22, 1898 (Quesada y Miranda, *Archivo ...*, t. 1, pp. 73-4. Lo que Castillo llama "Guanical" es la sierra

Desembarco del *Sommers N. Smith* por la costa sur de Pinar del Río el 5 de septiembre de 1897

Juan Masó Parra tenía sus cuarteles preferentemente en el grupo oriental del complejo montañoso Guamuhaya situado al este del Valle de Trinidad y en el límite que dividía las zonas de las brigadas de Trinidad y Sancti Spíritus. Allí alternaba entre el Pico de las Calabazas, a la orilla izquierda del río Agabama, donde comienzan las lomas de Sierra Alta; El Pedrero, en las laderas norteñas; Pitajones, por el sureste, al borde del Valle de Trinidad; Gavilanes, ya dentro de las sierras y El Infierno, en el extremo oriental. Este último tomaba su nombre de las Lomas del Infierno, unas pequeñas cadenas que, partiendo de la Sierra de Banao, corren en dirección norte-noroeste unas mientras otras se inclinan hacia el norte-nordeste. El 25 de octubre Francisco del Castillo llegó al campamento de Juan Masó Parra en El Infierno. Contrastando con el nombre del lugar, Castillo, con su peculiar ortografía, comentó admirado sobre las bellezas que observara: «existen multiples arroyos y rios con las agüas mas cristalinas frescas y deliciosas pa-

---

de Guaniquical entre cuyas alturas, efectivamente corre el río Jibacoa que luego «se esconde en las cavernosas lomas conocidas por las Trancas de Jibacoa para resollar a media legua de distancia por la falda septentrional de la sierra del Yanubal.» (Luis J. Bustamante, *Enciclopedia Popular Cubana*, 3 Tomos, Editorial LEX, La Habana, c. 1948, t. 2, pp. 439-40.

ra beber» y confesaba que «solo en el Paraíso se pueden encontrar las vistas» que se abrían ante sus ojos.[704]

Con las fuerzas de Masó Parra pudo el veterano Castillo probar carne de res por primera vez desde su llegada. Hasta entonces sólo había comido carne de «jutia y bestias pues en la zona de Trinidad o Cienfuego es necesario quitársela al enemigo para poder comer carne de rez.» Este tío de Enrique Loynaz estuvo un par de días compartiendo con Juan Masó Parra quien el 27 de octubre mudó su campamento a Las Calabazas donde entregó a Castillo correspondencia para el General Gómez detallando la parte de la expedición que quedaba bajo su custodia y partes de sus operaciones recientes. Allí se despidieron y el grupo de Castillo partió rumbo a Sancti Spíritus en busca del General en Jefe.[705]

En carta personal al secretario de la Delegación cubana en Nueva York, Gonzalo de Quesada Aróstegui, el teniente coronel Francisco del Castillo incluyó una evaluación de las fuerzas de la Brigada de Trinidad que en buena medida confirma las cifras de Juan Masó Parra. Estos comentarios resultan interesantes por ser Castillo un observador independiente que se basaba, no sólo en lo que vio, sino también en lo que escuchó a su paso por el territorio trinitario. Según Castillo, la Brigada tenía unos 500 hombres de infantería, poca caballería, y unos 150 convalecientes de "calentura" o paludismo, una enfermedad que causaba grandes estragos en la zona por la escasez de quinina para tratarla con efectividad. La opinión que Castillo adquirió acerca del jefe de la Brigada fue positiva; este jefe oriental era preferido sobre su antecesor, el trinitario Juan Bravo, y considerando «lo que yá tiene hecho» Masó Parra, su actividad, los oficiales con que contaba y los recursos de que ahora disponía, creía que podría sostenerse durante la seca, es decir, hasta el próximo mes de abril.[706] Saumell y Lugones habían

---

[704] De la Pezuela, *op. cit.*, t. II, p 416 y t. III, pp. 431-2; Bustamante, *op. cit.*, t. 2, p. 387; Quesada y Miranda, *Archivo* ..., t. 1, pp. 74-5. No se debe confundir este "Infierno" con la hacienda cafetalera del mismo nombre situada cerca de San Blas, en el extremo opuesto del territorio de la Brigada de Trinidad cerca de su límite con Cienfuegos (Miguel A. Fleites, *A lomo de mulo a través de la Sierra de Guamuhaya*, Empresa Editora El País, La Habana, 1942, pp. 12-8.
[705] Quesada y Miranda, *Archivo*..., t. 1, pp. 74-5; Boza, *op. cit.*, t. II, p. 173.
[706] Quesada y Miranda, *Archivo*..., t. 1, p. 79.

salvado 50,000 tiros de la expedición y el jefe del 4º Cuerpo, general Francisco Carrillo, había autorizado a Juan Masó Parra para disponer de 10,000 y depositar el resto «hasta nueva orden».[707] Nunca había estado tan bien municionada la Brigada de Trinidad.

El comandante Cosme de la Torriente, había sido electo delegado a la asamblea que —según estipulaba el Artículo 24 de la Constitución de Jimaguayú— se debía reunir para revisar la carta adoptada dos años antes y elegir al nuevo gobierno. El 4 de agosto, Cosme certificó la integridad del libro del Registro Oficial de salida de comunicaciones de la Brigada durante sus dos meses y medio como jefe de despacho de Masó Parra y su puesto fue ocupado por el comandante Alfredo Lewis Casean.[708] Desde sus primeros días con Masó Parra, Cosme había empezado a cambiar de opinión sobre el vilipendiado brigadier y su amigo Valdés Domínguez recibió noticias de que trabajaba bien al lado de su nuevo jefe. Dos hermanos de Torriente, José y Leandro, que andaban sin destino y enfermos fueron también acogidos por Masó Parra y agregados a la Brigada de Trinidad. El Cuartel General tuvo certeza del cambio de actitud de Torriente cuando a principios de julio se recibieron las propuestas de ascensos de la Brigada de Trinidad que incluían el de Cosme para teniente coronel. Máximo Gómez —quien recientemente había reiterado por escrito a Cosme sus instrucciones para vigilar a Masó Parra—, rechazó de plano la propuesta cuya aceptación, por parte de Cosme, Fermín achacó a «debilidades de mi amigo Torriente».[709] Aún después de ser liberado de su cargo en la Brigada, Cosme de la Torriente escribía afectuosamente a su ahora «estimado amigo», el brigadier Juan Masó Parra pues —como recordaría una década después: «mientras estuvimos juntos, se condujo como hombre de bien.»[710]

---

[707] Relación de la distribución de armas y pertrechos firmada por Francisco Carrillo el 15 de noviembre de 1897 (en Máximo Gómez, *Diario...*, pp. 550-1).
[708] Alfredo Lewis Casean había ingresado en la insurrección en octubre de 1895 (Roloff, *op. cit.*, #34927, p. 500).
[709] Valdés Domínguez, *Diario...*, t. IV, pp. 194, 200, 228.
[710] Carta de Cosme de la Torriente a Masó Parra fechada a 24 de agosto de 1897 (en Masó Parra, *Primera...*, pp. 54-5; "Carta del doctor Cosme de la Torriente", *La Lucha*, 9 de octubre de 1907, 1:5-6.

Cosme debía reunirse con los otros delegados del Departamento Occidental en el Cuartel General de Gómez para, desde allí, viajar a Camagüey donde se reuniría la asamblea. Torriente llevó a Gómez el parte oficial de Juan Masó Parra sobre la entrada en Trinidad. Este causó una impresión tan favorable que el General en Jefe ordenó fuese leído a la tropa en formación para levantar el ánimo en sus hombres.[711]

El comandante de la Torriente traía también otra buena noticia para el General en Jefe de una misión cumplida. Hacía unos meses, del Cuartel General se había fugado un individuo nombrado Antonio Curbelo acusado de crímenes a quien Máximo Gómez tenía particular interés en procesar. Quintín Bandera había tenido a Curbelo a su lado, pero, a pesar de la orden de arresto contra él, «no lo quiso prender» y eso enfureció a Gómez. A principios de junio, el Cuartel General había cursado instrucciones a Juan Masó Parra para capturar a Curbelo «vivo o muerto». Fuerzas de la Brigada de Trinidad persiguieron al prófugo hasta dar con él; cuando rehusó entregarse, «le hicieron fuego y lo mataron». El jefe de despacho de Gómez recibió con alegría esta noticia de boca de Cosme porque Fermín temía que Curbelo pudiera atentar contra la vida del General en Jefe.[712]

El general Máximo Gómez llegó a sentirse motivado a dirigir al brigadier Juan Masó Parra una carta personal para felicitarlo por «la entrada en Trinidad al frente de los bravos trinitarios.» Gómez expresaba también su satisfacción por haberle dado el mando de la Brigada de Trinidad «contra la opinión de muchos» y, en clara alusión al general José Miguel Gómez, se lamentaba de «no tener por acá un jefe que entrara en Sancti Spíritus».[713] No hay que dudar que el General en Jefe venía utilizando los logros de Masó Parra como ejemplo a seguir por los otros oficiales del 4º Cuerpo quienes, naturalmente, pudieron sentirse menoscabados por la conducta del activo brigadier de Trinidad. Mientras el General en Jefe aspiraba a motivar a sus oficiales a la emulación, sus métodos pudieron

---

[711] Rodríguez Altunaga, *El general…*, p. 58.
[712] Valdés Domínguez, *Diario…*, t. IV, pp. 128-9, 426-7.
[713] Loynaz, *Memorias…*, p. 508.

también estimular en ellos recelos y envidias contra Masó Parra que se manifestarían en rumores y denuncias.

General
José Miguel Gómez y Gómez

En ese contexto, se suscitaron dos incidentes que ponen en tela de juicio el respeto de Masó Parra a las regulaciones del Ejército Libertador; ambos implican combatientes que se habían incorporado a las fuerzas de la Brigada de Trinidad con o sin permiso de sus antiguos superiores. Pocos días después del ataque a Trinidad, Juan Masó Parra tuvo que defender ante el jefe del 4° Cuerpo, mayor general Francisco Carrillo, la presencia del oficial Lázaro Herrera en la Brigada. Masó Parra no sentía respeto personal por Carrillo como revela en esta descripción:

«prosaica figura de *mercader de baratijas*, jamás llegó a alcanzar, con su estrecha inteligencia, y su valor de soldado puesto en tela de juicio, triunfo alguno durante el tiempo de su mando, que mereciera el honor de ser citado. Carrillo no poseía más que una *sola condición* para tener un alto puesto en Cuba : era *Gomista incondicional*.»[714]

El comandante Lázaro Herrera había operado en la brigada trinitaria cuando la mandaba el coronel Juan Bravo, pero había acompañado a Juan Masó Parra en su marcha a la provincia de La Habana para asumir el mando de la Brigada Sur; también habían regresado juntos cuando Masó Parra fue llamado al Cuartel General de Gómez. En esa ocasión, Masó Parra había dejado a Herrera con sus otros ayudantes en Trinidad con el general Mayía Rodríguez y, cuando Masó Parra regresó a tomar el mando de esa brigada, Herrera fue

---

[714] Masó Parra, *Primera…*, p. 47 [subrayado en el original].

asignado a operar con un escuadrón en el Valle. Masó Parra pudo replicar con satisfacción al general Carrillo que

> «dicho oficial se encuentra en esta Brigada de órden del Jefe del Depto. Mayor General J. M. Rodríguez que le concedió su pase; … no de otro modo, General, le habría colocado aquí, pues yo soy incapaz de dar cabida en fuerzas á mi mando á individuos que no vengan despachados como corresponda.»[715]

Otro caso similar ocurrió en esos mismos días en la zona de la Brigada de Sancti Spíritus cuando el teniente coronel Rafael Sorí Luna, obtuvo el consentimiento de su jefe, el brigadier José Miguel Gómez, para retener en su fuerza «al C. Pedro Mediavilla, que venía en una comisión» encargada al «Subte. Pedro Reyes de la Escolta del Brigadier Massó».[716] Esta es probablemente la misma comisión que acompañó al recién electo delegado Cosme de la Torriente y que traía la noticia sobre la entrada de Masó Parra en Trinidad. No sabemos cómo terminó este incidente.

Entrando en noviembre de 1897, cuando se acercaba el final del tercer año de esta campaña, Juan Masó Parra tenía motivos para sentirse satisfecho. Después de tantos altibajos en su trayectoria —debidos en gran medida a su borrascosa relación con Máximo Gómez—, estos seis meses al mando de la Brigada de Trinidad le habían ofrecido la oportunidad para demostrar una vez más, tanto su capacidad organizativa, como su habilidad para fomentar disciplina y lealtad en sus hombres y dar nuevas pruebas de la pericia militar y del valor personal que siempre lo habían caracterizado. Pero más allá de eso, ahora sus comunicaciones con el General en Jefe gozaban de un cierto grado de respeto mutuo que sugería el haberse alcanzado una *entente cordiale*.

A pesar de la aparente estabilidad en la relación, Juan Masó Parra no dejaba de interesarse por lo que de él se decía en el Cuartel General del Ejército Libertador. A principio de septiembre, el comandan-

---

[715] Masó Parra a Carrillo, 18 de agosto de 1897 (copia en el archivo del autor). José María Rodríguez era entonces, en efecto, jefe del departamento Occidental que incluía los 4°, 5° y 6° Cuerpos y por tanto, jefe inmediato superior de Francisco Carrillo.

[716] Rafael Sorí a Lázaro Herrera, 27 de agosto de 1897, No. 18, Libro Primero de Comunicaciones, Entradas, Regimiento "Máximo Gómez." AGMM, Ultramar, Cuba, Caja 3445, Documentos incautados al enemigo, 1895-1898 (copia en latinamericanstudies.org).

te Manuel Saumell había regresado de una misión a Gómez, y había traído noticias positivas;[717] poco después Masó Parra pudo verlas confirmadas por el poeta y periodista puertorriqueño, Francisco Gonzalo Marín Shaw. *Pachín* Marín había sido colaborador de Martí en Nueva York y fundador del Partido Revolucionario Cubano; desembarcó en Cuba por Camagüey en la expedición del coronel Rafael Cabrera en agosto de 1896 y fue por un tiempo ayudante del General en Jefe. Marín había llegado enfermo a la Brigada de Trinidad y buscaba ahora permiso de Gómez para regresar a Nueva York a recuperarse.[718] La carta de Marín —dirigida al «Brigadier Juan Masó Parra. Estimado, distinguido amigo»— incluía expresiones de gratitud por los «finos y generosos procederes» de Masó Parra y añadía:

> Cuanto á Ud., lo que le dijo Saumel es una verdad también. Flota en el ambiente cierta estimación hacia Ud., en virtud de su comportamiento en la Brigada de Trinidad. Sin embargo, parece que han llegado algunos anónimos, según me dice Boza, que es el único á quien le he oido hablar sobre este particular, denunciándolo como hombre cruel y duro, pero nadie lo ha creído. En suma, su papel de Ud., se cotiza á buen precio.»[719]

El teniente coronel Enrique Loynaz del Castillo había recibido de Máximo Gómez una licencia de tres meses para recuperarse del paludismo que contrajo en la Ciénaga de Zapata donde se había refugiado cuando el descalabro sufrido por la columna que había intentado llevar a La Habana. Loynaz pasó su convalecencia en la zona de la Brigada de Trinidad en la relativa calma de la ranchería insurrecta de El Bejuco, al sur del poblado de Güinía de Miranda, donde también se atendió a los hermanos de Cosme y al infortunado poeta borinqueño *Pachín* Marín.[720]

---

[717] Boza, *op. cit.*, t. II, p. 113.
[718] Joaquín Freire Díaz, *Presencia de Puerto Rico en la Historia de Cuba*, Instituto de Cultura Puertorriqueña, San Juan, 1975, pp. 52-60; Félix Ojeda Reyes, *Peregrinos de la Libertad*, Editorial de la Universidad de Puerto Rico, Río Piedras, 1992, pp. 212-24.
[719] Carta de Francisco Marín a Masó Parra de 8 de octubre de 1897 (Masó Parra, *Primera...*, pp. 56-7). En rumbo al Gobierno para obtener pase para Nueva York, *Pachín* Marín no sobrevivió el cruce de La Trocha que intentara pocos días después de escribir esta carta.
[720] En posesión de chismes sobre los amoríos de Loynaz, un desconfiado Máximo Gómez se preguntaba si en realidad Loynaz se había ido a establecer «en los recintos

Faltando pocos días para cumplir el plazo fijado, Loynaz escribió el 25 de noviembre a su amigo, el brigadier Juan Masó Parra, interesándose por un poco de «quinina, un par de zapatos y un caballo, para marchar a la provincia de La Habana». Para sorpresa de Enrique Loynaz:

> «La contestación del brigadier Massó fué su visita personal con un frasco de quinina, de la que me sirvió en la punta de un cuchillo la primera dosis, con maravilloso efecto, un par de zapatos, y una muda de ropa. Se opuso a que le siguiera inmediatamente, explicándome que antes de una semana vendría a buscarme, con un buen caballo para una operación en proyecto, como así lo hizo.»[721]

Masó Parra mostró a Loynaz la carta personal en que Máximo Gómez lo felicitara por la entrada en Trinidad y se felicitaba por haberlo seleccionado para el mando de la Brigada de Trinidad. Enrique Loynaz, quien creía conocer bien a Máximo Gómez, al ver a Juan Masó Parra «ilusionado con estos elogios» del General en Jefe recordó aquella sombría nota de Gómez a Serafín Sánchez, escrita durante la instrucción que contra Masó Parra le había sido asignada a Loynaz poco más de un año atrás conminándolo a agilizar aquel proceso para "salcochar" al acusado. Loynaz no le había revelado esto a Masó Parra en aquella ocasión y tampoco quiso hacerlo ahora para no desilusionar a su amigo.[722]

Cómo había prometido, Juan Masó Parra regresó a recoger a Enrique Loynaz del Castillo y le trajo un caballo, lo llevó a su campamento cerca de Güinía de Miranda, le dio el mando del Regimiento Serafín Sánchez, y se dedicó a organizar la nueva operación que ocupaba su mente. Entonces, inesperadamente «llegaron el brigadier Alfredo Rego, para sustituirlo en el mando de la Brigada de Trinidad, y el coronel Juan Manuel Menocal, para formarle Consejo de Guerra, condenarlo y ejecutarlo si encontraba culpabilidad.»[723] La sorpresa para Juan Masó Parra fue absoluta.

---

de su Dulcinea» (Gómez a Carrillo, [¿19? de] agosto de 1897, *Máximo Gómez. Cartas...*, p. 176); su jefe de despacho no abrigaba dudas: «Dice que va a curarse pero yo sé que donde va es al rancho con la querida» (Valdés Domínguez, v. IV, p. 388).

[721] Loynaz, *Memorias...*, pp. 507-8.
[722] *Ibidem*, p. 508.
[723] *Ibidem*.

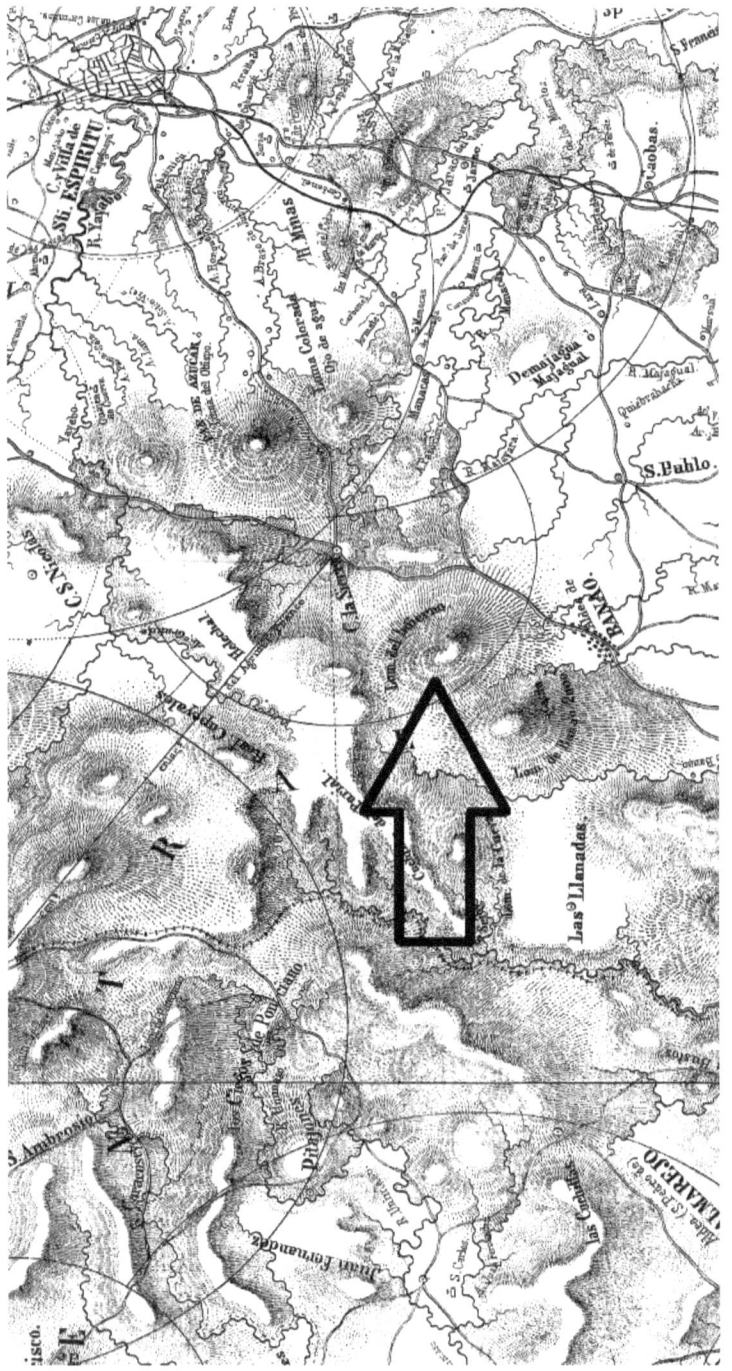

Detalle de la Carta Geotopográfica de Esteban Pichardo de 1875 que muestra el extremo oriental del sistema montañoso del Escambray. La flecha señala la Loma del Infierno, donde acampaba con frecuencia Juan Masó Parra.

Máximo Gómez Báez,
General en Jefe del Ejército Libertador

XVII - *Esplendor y ocaso*

El hombre comisionado por el General en Jefe para encausar a Masó Parra era un joven abogado de 27 años. Juan Manuel Menocal y Fernández de Castro había nacido en Ceiba Mocha, en la provincia de Matanzas donde hizo el Bachillerato antes de trasladarse a La Habana para estudiar Leyes; se graduó en la Universidad en 1894 y ya había comenzado a ejercer su carrera cuando estalló la guerra en 1895. Menocal pasó a los Estados Unidos donde se enroló en la expedición que trajo el coronel Enrique Collazo por Varadero en marzo de 1896. Pronto dio muestras de valor e inteligencia y en abril de 1897, el entonces teniente coronel Menocal fue nombrado auditor mayor del 4° Cuerpo que mandaba el general Francisco Carrillo.[724]

Coronel Juan Manuel Menocal y Fernández de Castro, auditor mayor del 4º Cuerpo

Alfredo Rego Alfonso había sido nombrado por Máximo Gómez para reemplazar a Juan Masó Parra en la jefatura de la Brigada de Trinidad. Rego había nacido treinta dos años antes en Campo Florido, un barrio rural de Guanabacoa, en la provincia de La Habana. A poco de estallar la guerra se había alzado en Cienfuegos y en julio del 95 unió su grupo al del general Lino Pérez.[725] Cuando

---

[724] William Belmont Parker, *Cubans of To-day*, G. P. Putnam´s Sons, New York, 1919, pp. 417-8; Escalante Colás, *op. cit.,* t. I, p. 253 [aunque esta obra dice que Menocal fue auditor del 4° Cuerpo desde enero de 1897, el general Vicente Pujals, jefe de estado mayor del General en Jefe, anotó la noticia de ese nombramiento el día 18 de abril ("Diario de Guerra del Gral. Pujals", *Bohemia*, 14 de enero de 1951, p. 111)].

[725] Pérez Cancio, *Datos históricos…*, p. 6.

llegó la expedición de Serafín Sánchez, Carlos Roloff y *Mayía* Rodríguez, Rego y sus hombres quedaron integrados a la recién creada Brigada de Cienfuegos, bajo el mando del expedicionario y entonces coronel José Rogelio Castillo.[726] En noviembre de 1895, mientras bajo el mando del general Martínez Campos los españoles fusilaban a los rebeldes capturados, Rego adquirió merecida fama por su magnanimidad al devolver personalmente dieciséis prisioneros españoles.[727] En diciembre Rego recibió una herida grave en un brazo en el combate de Hanabanilla. General de brigada desde febrero del 1897, Alfredo Rego era querido y respetado en las filas insurrectas pero la pérdida de buena parte de la expedición que le entregara Fernando Méndez en agosto había disgustado a Gómez quien a principios de diciembre —a pesar de su historial— lo llamó «uno de nuestros Gefes más bisoños y de menos aptitudes militares»;[728] no obstante, dos días después le dio el mando de la Brigada de Trinidad.[729]

Brigadier Alfredo Rego Alfonso

Rego y Menocal habían recibido sus órdenes el 5 de diciembre en el Cuartel General de Máximo Gómez donde también se encontraba su jefe inmediato, el general Francisco Carrillo responsable de toda la provincia villareña que correspondía al 4° Cuerpo del Ejército Libertador.

Al brigadier Alfredo Rego lo había conocido Juan Masó Parra desde su primera estancia en la zona de Trinidad el año anterior y

---

[726] Loynaz, *Memorias*..., pp. 192-3.

[727] Heredia, *Crónicas*..., t. II, pp. 8-9; "Lo de Cuba" en *Faro de Vigo*, 7 de noviembre de 1895, p. 3, citado en Alfonso Iglesias Amorín, *Imagen y repercusiones de la Guerra de Cuba en Galicia (1895-1898)*, Universidad de Santiago de Compostela, 2008, p. 44.

[728] Gómez, *Diario*..., p. 392.

[729] Esta rareza de que Gómez nombrara a un jefe «bisoño» para «una misión tan delicada» la resaltó antes la historiadora Hortensia Pichardo en su compilación *Cartas a Francisco Carrillo* (p. 309).

más estrechamente cuando, en compañía del general Alejandro Rodríguez, juntos habían reclutado voluntarios de la Brigada de Cienfuegos para llevarlos a La Habana en febrero de 1897; sus relaciones eran amistosas. Sin embargo, Masó Parra nunca había establecido relaciones de amistad con el coronel Juan Manuel Menocal. Aunque en su función de auditor mayor Menocal respondía al jefe del Cuerpo Jurídico, general Fernando Freyre de Andrade Velázquez, por estar asignado al 4º Cuerpo formaba parte del estado mayor del jefe provincial, general Francisco Carrillo con quien permanecía la mayor parte del tiempo.

Pancho Carrillo era probablemente el único jefe mambí a quien el Generalísimo distinguía como su amigo personal y, por tanto, Carrillo debía conocer como el que más los verdaderos sentimientos de Gómez hacia Masó Parra. Quizás eso explique su extraño distanciamiento de la Brigada de Trinidad durante los siete meses en que esta permaneció bajo el mando de Juan Masó Parra, zona que Carrillo visitó con frecuencia antes y después de ese período de tiempo. Sus contactos con el brigadier Masó Parra fueron sólo por escrito y se limitaban a transmitir instrucciones del General en Jefe y a cuestiones de tipo puramente ministerial. El General en Jefe, quien atento a tales descuidos recomendara antes a Carrillo que se codease a menudo con sus Jefes de Brigada,[730] nunca amonestó a Carrillo por su falta de atención a Trinidad después que Masó Parra asumió el mando, lo que sugiere la existencia

General Francisco Carrillo Morales

de un acuerdo, tácito o explícito, entre Gómez y Carrillo de que este era un asunto que *El Viejo* manejaría personalmente. Como hemos visto, Juan Masó Parra no ignoraba este estado de cosas pues, aunque oficialmente cumplía con los requisitos de la cadena

---

[730] Carta de Gómez a Carrillo de 11 de marzo de 1897 (Gómez, *Cartas a Carrillo*, p. 160).

de mando, dedicaba especial atención a sus comunicaciones directas con el jefe del Ejército. Además, conociendo la estrecha amistad de Carrillo con Gómez, el Brigadier daba por sentado que el jefe del 4º Cuerpo y los de su entorno estaban predispuestos en su contra y, por tanto, Masó Parra vio en el auditor Menocal a alguien que «no era simpatizador» suyo.[731]

Rego y Menocal habían salido hacia Trinidad el mismo día 5 de diciembre y, desde que entraron en la zona de la Brigada de Trinidad, el auditor Juan Manuel Menocal se dedicó a investigar la conducta del brigadier Juan Masó Parra y pronto pudo establecer que este mantenía comunicaciones con los poblados, algo prohibido sin previa autorización superior. Menocal escribió al general Carrillo sobre estos prometedores resultados preliminares y continuó diligentemente sus averiguaciones mientras marchaba con Rego al encuentro de Masó Parra.[732]

Con Menocal dedicado a indagar sobre la conducta de Masó Parra a su paso por la zona, él y Rego habrán llegado al campamento del jefe de la Brigada en "Calabazas" alrededor del día 20. Como se vio en el caso de la destitución del general Quintín Bandera, además de la orden por escrito al jefe sustituto, debía también emitirse otra orden directa al jefe sustituido. En este caso, Rego portaba la instrucción de asumir el mando, pero la orden de entrega dirigida a Masó Parra, escrita por Carrillo el día 7, no llegó a su destinatario hasta el 23. Ese día Masó Parra depositó en Rego el mando de la Brigada y, alegando estar padeciendo de fiebres, comisionó al teniente coronel Enrique Loynaz del Castillo para que efectuara la entrega de «todos los elementos de guerra de la Brigada y documentos anéxos».[733]

Aún en la terrible situación en que se encontraba, Juan Masó Parra logró hacer acopio de ecuanimidad para continuar cumpliendo los requisitos de un traspaso de mando ordenado. La circular que cursó a sus oficiales subalternos sugiere asimismo un esfuerzo por evitar disrupciones en las filas:

---

[731] Masó Parra, *Primera...*, p. 61.
[732] Boza, *op. cit.*, t. II, p. 188; Pérez Abreu, *op. cit.*, p. 175-6; Masó Parra, *Primera...*, pp. 61-2.
[733] Comunicaciones de Masó Parra a Alfredo Rego y a Enrique Loynaz de 23 de diciembre de 1897 (en Masó Parra, *Primera...*, pp. 60-1).

«Señores Teniente Coronel M. Saumel, Comandantes Gil Moya, Jesús Lugones, Augusto Ferias, Feliciano Quesada, Capitán José Yanes.— Circular.— Tengo el gusto de anunciarles que el Brigadier Alfredo Rego ha sido designado por la superioridad para el mando de esta Brigada.—Por tanto tendrá Ud. reunida la fuerza á sus órdenes para lo que á bien tenga disponer mi digno sucesor.—El Brigadier Rego tiene ya conocimiento de los méritos que en Ud. concurren, y yo espero que él sabrá premiar sus servicios y que Ud. y esa digna fuerza han de responder á cuanto la Patria pide á sus hijos.— De Ud. con distinguida consideración en P. y L.—23 de Diciembre de 1,897.—El Jefe de la Brigada, Juan Masó Parra.»[734]

No sería impropio dudar de la veracidad de los documentos ofrecidos en defensa propia por Juan Masó Parra en su libro y que aquí se citan; esa circular especialmente, podría ser cuestionada por la corrección con que trata su remoción del mando y por las exhortaciones patrióticas que contiene en un momento tan difícil en su vida. Sin embargo, no cabe duda de que el texto es legítimo. Manos amigas hicieron llegar al autor de estas líneas el original de la circular que recibiera el teniente coronel Manuel Saumell Fontaine, entonces jefe del regimiento *Calixto García* de la Brigada de Trinidad. El texto es el mismo que reprodujo Masó Parra con sólo mínimas diferencias de forma que en nada cambian el contenido. Aunque esta absoluta certeza de veracidad no se puede hacer extensiva al resto de las comunicaciones publicadas por Masó Parra, sí realzan el valor de estas como fuente histórica.[735]

Cuatro días más tarde, ya Enrique Loynaz había contabilizado la lista de las armas y otros pertrechos de la Brigada y el brigadier Alfredo Rego firmó el recibo que entregó a Juan Masó Parra:

«Con esta fecha, según la nota que presenta el Brigadier Juan Masó Parra, he recibido del mismo perteneciente á la Brigada de Trinidad, ciento ochenta y tres Remington, veinticinco Mausers, setenta y tres tercerolas, cincuenta mil tiros varios calibres y cuatro cajas de dinamita, significando que, de las 281 armas, hay 19 descompuestas. P. y L.—En "Calabazas" á 27 de Diciembre de 1,897.—El Brigadier, A.

---

[734] Masó Parra, *Primera...*, p. 61.
[735] El documento original será, en un momento más propicio, donado al Archivo Nacional de Cuba.

Rego.—Nota:—También he recibido dos cornetas y quinientos tiros más.—Fecha ut supra.—Rego.»[736]

Así se consumó el relevo de Juan Masó Parra como jefe de la Brigada de Trinidad. Alfredo Rego —quien sólo debía fungir como jefe de la Brigada interinamente «hasta nueva orden» del general Carrillo—, había podido contar con la total colaboración del jefe destituido para cumplir su incómoda misión; ahora el coronel Juan Manuel Menocal debía completar la suya. El concienzudo auditor había continuado indagando y para ello «anduvo todo aquel territorio recojiendo impresiones» y testimonios para completar su investigación. Antes de terminar el mes ya estaba Menocal de regreso en el campamento de "Calabazas" donde se encontraba Juan Masó Parra.[737]

Otro que aguardaba con ansiedad la llegada de Juan Manuel Menocal lo era el teniente coronel Enrique Loynaz del Castillo. Según su relato de lo sucedido, la acusación que había traído Menocal del Cuartel General inculpaba a Masó Parra de permitir la entrada de reses en poblado enemigo a cambio de dinero, algo que el brigadier le juró era falso; a petición del amigo acusado, Loynaz, quien había sido juez instructor en contra de Masó Parra en 1896, ahora se disponía a dirigir una vigorosa defensa en su favor. En esta versión de Enrique Loynaz, testigo y protagonista de los hechos, esa noche se celebró un juicio formal, mas en ausencia de «hechos determinantes de culpabilidad», el juez instructor Menocal retiró la acusación y «el Consejo de Guerra por unanimidad, pronunció la absolución.» Para describir la reacción en el campamento ante la exculpación de Masó Parra, Loynaz añade esta lírica imagen en el estilo ampuloso en cuyo uso a menudo incurría: «Los ojos de algunos valientes se humedecieron al escuchar el fallo de aquel Consejo que deliberó teniendo por asiento un cedro de la selva a la lumbre de la Luna plena que pareció más alta en aquella noche de justicia.»[738]

No hay que dudar que en medio de este nuevo proceso Loynaz haya revelado a su amigo aquella funesta frase del año anterior so-

---

[736] Masó Parra, *Primera...*, p. 61.
[737] Masó Parra, *Primera...*, pp. 61-2.
[738] Loynaz, *Memorias...*, p. 508.

bre el deseo de Máximo Gómez de "salcocharlo". Meses después, Juan Manuel Menocal comentó que el propio general Alfredo Rego se había sincerado demasiado con Masó Parra llegando a advertirle:

> «El viejo está en candela contigo. El General te va a fusilar. Hace tiempo que Gómez no te puede ver...»[739]

Este dato parece corroborado años después por el propio Masó Parra cuando señalara en una entrevista a un periódico habanero que «gracias al aviso de un compañero no se me quitó la vida» en esa ocasión.[740]

En efecto, esta es otra versión testimonial que ha sobrevivido: la del principal actor en aquel drama. La exposición de Juan Masó Parra es mucho más escueta y, aunque no es excluyente de los detalles que ofreció Loynaz, se limita a documentar y comentar los resultados de la misión de Juan Manuel Menocal. El 31 de diciembre de 1897, el auditor Menocal preparó su informe al jefe del 4º Cuerpo, mayor general Francisco Carrillo donde decía que, luego de haber «practicado amplia información sobre los actos practicados por el Brigadier Juan Masó Parra durante su mando de la Brigada de Trinidad» no había «encontrado hechos punibles imputables al Brigadier Masó» quien estaba «libre de toda responsabilidad criminal á pesar de lo que anteriormente había anunciado».[741] Masó Parra explicó que esta alusión a su anuncio anterior se refiere a su informe a Carrillo sobre los contactos que el brigadier tenía con los poblados controlados por los españoles. Ahora Menocal dejaba sin efecto aquel informe porque había podido comprobar que Masó Parra «estaba autorizado por el General Gómez» para mantener tales contactos. Y era natural que así fuese porque desde el 11 de julio pasado, la prensa española había reportado que el teniente gobernador civil de Las Villas, Enrique Gómez, quien también servía de jefe de comunicaciones de Tri-

---

[739] Ferrara, *Mis relaciones...*, pp. 96-7.
[740] *El Mundo*, 29 de septiembre de 1903 (citado en Quintana, "Los que traicionaron...", p. 172).
[741] Masó Parra, *Primera...*, pp. 61-2.

nidad y Cienfuegos, se había presentado al enemigo.[742] El jefe de comunicaciones no sólo se encargaba del flujo de la correspondencia entre los mambises y el exterior de la Isla; su gestión era también vital para obtener, por medio de los *laborantes* en los pueblos, tanto inteligencia sobre fuerzas y movimientos del enemigo como aquellos recursos esenciales que no se producían en el campo: desde telas, hilo y agujas para vestuario y hamacas, hasta papel y tinta. Naturalmente, el General en Jefe habría autorizado al brigadier Masó Parra a restablecer aquellas esenciales vías de comunicación en Trinidad, pero, la acusación era endeble pues, aunque no hubiese existido ese permiso específico, el uso de tales comunicaciones para suplir esas necesidades era considerado una obligación del jefe según el propio Valdés Domínguez argumentó exitosamente durante otro proceso a favor de su defendido al explicar que este

> «…estaba autorizado para comunicarse con el pueblo para atender a las necesidades de su fuerza, estando por lo tanto su conducta dentro del inciso 8º del artículo 3º de Ley [Penal] ya citada, que declara exento de responsabilidad al que obra en cumplimiento de su deber.»[743]

Más de medio siglo después de la misión de Rego y Menocal, se dio a conocer la existencia del testimonio de otro de los protagonistas de aquel drama. El historiador Miguel Ángel Carbonell y Rivero dijo estar en posesión de una carta del brigadier Alfredo Rego al coronel Bernabé Boza en la cual Rego se manifestaba en desacuerdo «con la injusticia que se comete contra el coronel Masó Parra» a quien consideraba víctima de la «persecución» del general Máximo Gómez. Según Carbonell, Rego corroboraba que el expediente había acabado «en una absolución de Masó Parra.»[744]

---

[742] Valdés Domínguez, *Diario…*, t. IV, p. 55; *La Lucha,* 11 de julio de 1897, reportado en *Ecos de Cuba,* 20 de julio de 1897, 2:3.
[743] ANC, Donativos y remisiones. Caja 276, N. 4, Diario de Fermín Valdés Domínguez, desde el 31 de mayo al 27 de junio de 1898, libreta 69, f. 2.
[744] Información ofrecida por el Dr. Carbonell durante un "Homenaje a Cosme de la Torriente" en el programa radial *Universidad del Aire* del Circuito CMQ Radiocentro Habana, de 17 de junio de 1951 (grabación digitalizada disponible en http://idep.library.ucla.edu/search#!/document/universidaddelaire:27, consultada el 6 de septiembre de 2019).

Hasta aquí llegan los hechos relatados por esos actores de lo que aconteció en Trinidad en aquellos últimos días del año 1897. De la narración de Loynaz —que parece haber sido escrita muchos años después de los hechos— debemos cuestionar su caracterización del proceso contra Masó Parra como un consejo de guerra formal porque no hubiese sido legalmente posible conformar un tribunal. El artículo 17 de la Ley Procesal de 1896 requería, en causas contra un jefe de brigada, un tribunal compuesto por «jefes de superior jerarquía» mientras que el artículo 20 exigía un tribunal formado por cinco miembros, «un Presidente y cuatro Vocales»; en aquel momento, en el campamento de Calabazas no hubiera sido fácil conseguir quorum para un consejo de guerra.[745] Además, Juan Manuel Menocal determinó que no existía causa lo que sugiere que no hubiese sido procedente celebrar tal consejo de guerra. Sin embargo, como se verá más adelante, durante otro proceso legal celebrado algunos meses más tarde también se hizo referencia a la celebración de ese consejo de guerra contra Masó Parra. Según Rego, la encomienda era tratar «de formar un expediente» a Masó Parra. No obstante esas diferencias, las tres versiones coinciden en que el resultado de la pesquisa estableció que Juan Masó Parra no era culpable de los cargos que se le imputaban.

En su informe del 31 de diciembre al general Carrillo, el auditor Menocal daba por concluida su misión punitiva y en ausencia de «toda responsabilidad criminal» consideraba que el pase de Masó Parra al cuartel general del 4º Cuerpo sería ahora con el único propósito de «recibir órdenes». Pero sin revelar sus verdaderas intenciones, Juan Masó Parra había decidido no ir a recibir tales órdenes de Carrillo a quien calificaba como su «enemigo personal» y de quien se consideraba «ya desligado completamente».

Después de recibir «los honores de la despedida, con todas las fuerzas formadas», Juan Masó Parra se retiró sólo con sus ayudan-

---

[745] La Ley de Enjuiciamiento Criminal, que su autor, Domingo Méndez Capote originalmente titulara Ley Procesal, entró en vigor el 18 de septiembre de 1896 cuando fue aprobada por el Consejo de Gobierno (*Actas de las Asambleas...*, t. I, p. 43); para el texto completo de la Ley, véase Domingo Méndez Capote, *Trabajos*, 3 Vols., Molina y Compañía, La Habana, 1929-30, t. I, pp. 93-4, y Enrique Hernández Corujo, *Organización civil y política de las revoluciones cubanas de 1868 y 1895*, Imprenta y Papelería de Rambla, Bouza y Ca., La Habana, 1929, pp. 235-60.

tes a acampar a una legua del cuartel de la Brigada. Ese mismo día redactó allí una comunicación dirigida al general Máximo Gómez y envió copia de ella a varios jefes explicando su determinación de «aceptar la Autonomía decretada por el Gobierno Español». Se desconoce si esta carta llegó a sus destinatarios pero en ella Masó Parra enumeraba las faltas que atribuía a Gómez en el ejercicio de la jefatura del Ejército; «su sistema de crueldad inaudita en una guerra en que la razón aconsejaba la mayor piedad»; la «vergonzosa burla» en las elecciones para diputados al imponer los candidatos «por la fuerza» para conseguir un gobierno a su gusto; su irrespeto por las leyes; su «carácter estúpido y violento» y por tener un corazón que escondía «la suspicacia del italiano y la venganza del corzo». Todo esto —decía Masó Parra— había empujado a los cubanos a la forzosa decisión de aceptar la autonomía.[746]

Hacia el campamento a orillas del *Agabama*, cerca de Calabazas, comenzaron a gravitar otros oficiales y soldados alrededor de su antiguo jefe.[747] El 8 de enero de 1898 Juan Masó Parra inició las negociaciones para su presentación con esta fatídica carta que envió por un propio al recién instalado gobernador civil de la provincia de Las Villas, Marcos García Castro:

> «Muy distinguido señor mío: El dador de la presente va autorizado por mí para hablar con Ud. de asunto importantísimo para mí y para Ud. á quien tanto debe Cuba. Ojalá pudiese Ud. entrevistarse conmigo para el feliz resultado de lo que me propongo y mayor lucimiento y garantía de este acto.
>
> Recibí en estos días dos sorpresas gratas: el planteamiento de la Autonomía en mí país, mi único ideal político, y el nombramiento de cubano tan conspicuo como Ud. para gobernar la región.
>
> Hasta que tenga el honor de verle queda á sus órdenes S. S. Q. B. S. M.— J. M. P.»[748]

---

[746] Masó Parra, *Primera...*, pp. 59, 63-4. No estaba solo Masó Parra en sus críticas a la manipulación de las elecciones para delegados. Por ejemplo, el Dr. Gustavo Pérez Abreu había expresado en privado que «los representantes no han sido elegidos por la libre y espontánea voluntad del pueblo» y en la Asamblea de la Yaya el Dr. Hernández había impugnado públicamente el sistema electoral (Miguel Ángel Carbonell y Rivero, *Eusebio Hernández*, dos tomos, Editorial Guáimaro, La Habana, 1939, t. II, pp. 58-65).

[747] Masó Parra, *Primera...*, p. 59.

[748] Marcos García Castro, *Carta folleto a José M.ª Gálvez*, Imprenta y Papelería La Universal de Ruiz y Hermano, La Habana, 1899, pp. 66-7.

Pero estos testimonios dejan sin respuesta algunas importantes interrogantes: ¿qué provocó la decisión de Máximo Gómez?; ¿quién acusó a Juan Masó Parra?; ¿por qué se presentó? A continuación, se ofrecen los elementos para una discusión sobre las posibles respuestas a estas preguntas.

XVIII - ¿Qué, quién y por qué?

El cambio de actitud del General en Jefe Máximo Gómez hacia el jefe de la tercera brigada de la primera división del Cuarto Cuerpo del Ejército Libertador, Juan Masó Parra, fue súbito y tajante. Aun tomando en cuenta la mala voluntad de Gómez contra Masó Parra, el Generalísimo tuvo que haber adquirido inteligencia muy comprometedora de la conducta del brigadier y de fuente considerada tan confiable que justificara su decisión de destituirlo y procesarlo; recordemos que pocas semanas antes Gómez había enarbolado ante sus hombres el comportamiento de Masó Parra en Trinidad como ejemplo a seguir. La impremeditación de la decisión se hace evidente también cuando Gómez tuvo que apelar al brigadier Alfredo Rego para sustituir a Masó Parra, un hombre a quien acababa de remover ignominiosamente del mando de la Brigada de Cienfuegos por considerarlo culpable de la pérdida de gran parte de la expedición de Arimao llegando a criticarlo ese mismo día en su diario atribuyéndole inexperiencia y carencia de dotes militares.[749]

Según los relatos del propio Masó Parra y de Loynaz del Castillo, Masó Parra fue investigado por permitir la entrada de reses a cambio de dinero y sostener comunicaciones con poblados enemigos. Como sabemos, Menocal no halló huellas de tal comercio ilícito y pudo comprobar que las comunicaciones con el pueblo estaban debidamente autorizadas, pero resulta improbable que tales imputaciones fuesen suficientes para provocar la actuación de Máximo Gómez. Los contactos y el comercio con los poblados —que estaban todos bajo el control del enemigo— eran simplemente necesarios y por tanto inevitables; Máximo Gómez trataba de que se llevara a cabo de forma ordenada, pero comprendía y aceptaba la imposibilidad de mantenerlo bajo control por lo que eran tácitamente tolerados. Esto lo vemos formalmente reconocido unos meses después cuando un consejo de guerra desestimó acusaciones similares contra otro brigadier señalando que «extender pases para

---

[749] Gómez Báez, *Diario...*, p. 392.

comunicaciones con poblados enemigos, es prohibido por nuestras leyes, pero que, por la general costumbre, esta disposición está otorgada».[750] Las noticias sobre tales faltas llegaban con regularidad al Cuartel General del Ejército, algunas que incriminaban a muy altos oficiales, pero los castigos escaseaban.[751]

Otra posible causa podría haberla ofrecido el propio Masó Parra. En su libro, Juan Masó Parra afirmó que cuando tomó la determinación de aceptar la autonomía se había dirigido «en comunicaciones á los Generales Carrillo y Gómez, solicitando la aceptación de [su] renuncia del destino que tenía.» Esta afirmación aparece como parte de su intento por explicar el cambio de actitud política que lo llevó a abandonar las armas, y de ser cierta, la noticia pudiera haberlo hecho sospechoso de haber cometido alguna falta o de estar a punto de cometerla. Pero como el coronel no las reprodujo ni dijo cuándo las escribió la existencia de las supuestas cartas-renuncia se debe poner en tela de juicio.[752]

La motivación del general Gómez en el caso de Masó Parra parece haber sido otra. Un testigo de excepción de este proceso contra Juan Masó Parra lo fue el joven Enrique Loynaz del Castillo a quien sus propias aventuras donjuanescas le habían hecho blanco de severas críticas tanto de parte del General en Jefe como de su propio amigo y compañero de expedición, Fermín Valdés Domínguez, quien compartía la rectitud puritana de su jefe. Loynaz opi-

---

[750] Sentencia en contra del exgeneral de brigada Roberto Bermúdez, 19 de julio de 1898 (ANC, Donativos y remisiones. Caja 277, N. 2, Diario de Fermín Valdés Domínguez, libreta 70, desde el 1 al 23 de julio de 1898).

[751] Juan Braulio Alemán afirmaba que José Miguel Gómez «comercia con quesos y lleva amistad con el infame [alcalde de Sancti Spíritus] Marcos García» (Guerra Alemán, *op. cit.*, p. 239); véanse también, por ejemplo, otras denuncias sobre el comercio por «los Gómez» en la brigada de Sancti Spíritus (Valdés Domínguez, *Diario...*, t. III, p. 63), por Francisco Pérez en la brigada de Colón (*ibid.*, t. IV, p. 269) y por Francisco Carrillo en la Jefatura del 4º Cuerpo (*ibid..*, t. IV, pp. 151, 419). El 1º de enero de 1898 el diario del coronel Enrique Villuendas se refiere inocentemente a una transacción de reses por dinero: «me entrega Gavino $199 pesos del ganado» (Villuendas, "Diario...", *op. cit.*, p. 338). Una excepción lo fue la degradación privada del coronel Juan Bautista Benítez de la Brigada de Santa Clara en enero de 1897 por haber dejado pasar cajas de tabaco al pueblo «por dinero» aunque en su caso estaba también acusado de «desacatar órdenes» y «no operar» (Valdés Domínguez, *Diario...*, t. III, p. 80; Guerra Alemán, *op. cit.*, pp. 224-5).

[752] Masó Parra, *Primera...*, p. 59.

naba que Masó Parra también había sido víctima de su vida personal pues

> «...este asunto de encontrarse en la ruta de guerra algún afecto de mujer, aun cuando las filas no fueran abandonadas por el afortunado varón, era algo que nunca perdonaba el general Gómez.»[753]

Y el general Gómez no olvidaba los incidentes de esa naturaleza. En el caso del comandante José Manuel Villa también existieron informes de ese tipo. En la versión que primero había llegado a oídos del General en Jefe el motivo de la sorpresa que había sufrido Villa en camino al Cuartel General se debía a que se había quedado en un rancho «enamorando a una prójima y allí llegaron los españoles y para poder escapar mató con su rifle a uno de los guerrilleros y emprendió la fuga con su amor» perdiendo todo lo que traía.[754] Esta noticia pudo haber predispuesto a Máximo Gómez para ordenar aquel notorio cepo de campaña al comandante Villa.

Otra fuente cercana a la presentación de Masó Parra sugirió también su creencia de que la verdadera falta que motivó su desgracia era de carácter personal. Ante persistentes acusaciones que lo responsabilizaban de haber sonsacado al brigadier, dos años después de los hechos el gobernador Marcos García envió una carta al general Enrique Collazo, director del periódico *La Nación*, afirmando que Máximo Gómez había trasmitido órdenes terminantes

> «al coronel Rafael Legón, para la detención de Masó Parra, por causas que afectan a la moralidad del hombre, y que no son de este lugar, determinaron su presentación, sin seducciones de nadie.»[755]

---

[753] Loynaz, *Memorias...*, p. 484.
[754] Valdés Domínguez, *Diario...*, t. III, p. 233.
[755] Marcos García, "Carta a E. Collazo", *La Nación*, 14 de abril de 1900, p. 2 (citado en Quintana, "Los que traicionaron...", pp. 96-7). Esta cita es relevante porque es posible que el autor conociera las «causas» que motivaron a Masó Parra, pero la orden de arresto sin fecha a que se refiere resulta cuestionable por dos motivos: primero, antes de enterarse de la presentación M. Gómez no tenía razón para dudar que sus comisionados Rego y Menocal se ocuparían de Masó Parra y, por tanto, no tenía motivo para involucrar a Legón; en segundo lugar, después de la presentación el presentado quedaba fuera del alcance de la justicia mambisa y una orden de arresto resultaría absurda. Por otro lado, la carta se publicó cuando aún vivían tanto el general M. Gómez como el coronel José Rafael Legón Jiménez quienes según parece no se ocuparon de refutarla.

Máximo Gómez no ocultaba su oposición a quienes creían posible el disfrute de alguna semblanza de domesticidad e interacción con el sexo opuesto durante la guerra: «No acepto aquí vidas privadas.»[756] Aunque esa postura cuasi monástica del general Gómez pueda parecernos extremista, no es menos cierto que con demasiada frecuencia las relaciones amorosas de los mambises coincidían con una marcada decadencia en su actividad militar. A medida que aumentaba la evidencia de esa correlación, el general Gómez desarrolló un profundo rechazo a una conducta que amenazaba el buen funcionamiento del Ejército Libertador.[757] Los historiadores han evitado mencionar esta actitud del general Gómez y quizás por ello el tratamiento de la causa contra Masó Parra haya sufrido algunas distorsiones. Quizás la presunta transgresión que más se aproximaba a la verdad sea esta que intentó dar un marco legal a la cuestión de faldas según la cual, el jefe de la Brigada de Trinidad:

«… enamorado de la hija de un Prefecto, había contraído matrimonio, haciendo abstracción de otro que anteriormente y también ante otra autoridad civil de la Revolución, había contraído en Manzanillo. Ello indujo al general en jefe a producir la acusación de bígamo. Porque no era cosa de tolerarle al coronel Masó Parra que se burlara de las leyes y registros civiles del gobierno republicano…»[758]

Como se sabe, Juan Masó Parra se había casado con María Benítez durante su estancia en Honduras y un nuevo matrimonio constituiría bigamia, pero no tenemos noticias de esos matrimonios en Manzanillo y Trinidad a los que aludía ese autor. Sin embargo, aunque la acusación de bigamia no figura en ninguno de los relatos contemporáneos, todo indica que ese fue precisamente el móvil del proceso.

Un comentario del general Gómez recogido en las actas de la reunión del Consejo de Gobierno en Camagüey el día 27 de enero

---

[756] Carta de Gómez al general Rogelio Castillo, 4 de mayo de 1897 (Castillo y Zúñiga, *op. cit.*, p. 359).
[757] El general Francisco Carrillo, amigo íntimo de Máximo Gómez, recibió un tratamiento especial aun cuando el brigadier José Luis Robau informó al Cuartel General que Carrillo «tenía cerca del campamento dos queridas, una blanca y una mulatica» y era *vox populi* que vivía «refocilándose entre sus esclavas y vírgenes de su harem» (Valdés Domínguez, *Diario…*, t. III, p. 296, t. IV, p. 336).
[758] Quintana, "Los que traicionaron…", p. 96.

de 1898 resulta revelador. El Consejo atendía ese día una solicitud del comandante José Lara Miret para legalizar un ascenso a teniente coronel que le había sido otorgado por Juan Masó Parra y que el Consejo había pasado a informe del General en Jefe. El general Gómez respondió que se debía rechazar la petición debido a que el despacho provisional del nombramiento estaba «suscrito por un Jefe que no merece crédito ni consideración ninguna por su inmoral conducta.» El Consejo aprobó el ascenso opinando que consideraba a Masó Parra «un militar pundonoroso» mientras un consejo de guerra no declarase lo contrario. Es de notar que, aunque Masó Parra se había presentado una semana antes de esta reunión, resulta evidente que esa noticia no era conocida aún por el Consejo y que el comentario de Gómez fue escrito después de haber enviado al auditor Menocal a procesar a Masó Parra, pero antes de su presentación. Lo relevante de la cita es que en ella Gómez no describe la falta punible de Masó Parra como algún tipo de conducta ilícita si no como conducta «inmoral».[759] En el caso de Masó Parra tal falta sería especialmente grave porque Gómez lo había enviado a Trinidad no solamente para revitalizar la actividad militar y «cortar todo tráfico» sino también para poner coto a la costumbre de mantener «queridas».

Al Cuartel General llegaron chismes que comprometían a todos los jefes que permanecían en la zona de la Brigada de Trinidad. El hecho que motivó en Gómez su «irrevocable resolución» de proceder contra Bandera fue cuando el propio Quintín admitió que vivía con una concubina en su campamento.[760] De Enrique Loynaz se afirmaba que pasaba su convalecencia viviendo con una muchacha en un rancho.[761] Según otros informes *Mayía* Rodríguez «se había buscado» una mujer y vivía con ella en «la casa de la querida de Bravo». Tan nocivos llegaron a considerarse los amoríos de los jefes en Trinidad que Valdés Domínguez recogió en su diario la creencia de que «todos los males que pesan sobre la Brigada se deben a las mujeres, a los querendangos.»[762]

---

[759] Cuba, Academia…, *Actas*…, t. III, pp. 114-5.
[760] Bandera explicaba que la mujer peleaba con él «en las trincheras». Otro informante dijo que Bandera marchaba «con cuatro mujeres, dos de caballería y las otras de infantería» (Valdés Domínguez, *Diario*…, t. IV, pp. 128-9, 251).
[761] Valdés Domínguez, *Diario*…, t. IV, p. 58.
[762] Valdés Domínguez, *Diario*…, t. IV, pp. 52, 193.

Pocas semanas después de que Masó Parra asumiera el mando en Trinidad el general Gómez le había reiterado por escrito que corregir esas inmoralidades debía «ser motivo principal de su campaña moralizadora» para no permitir que alguien con «escándalos ni con concubinatos ofenda la santidad de nuestra Revolución.»[763]

Mas de medio siglo después de los hechos, se publicó una esclarecedora carta bajo la firma del propio Juan Manuel Menocal. En ella el ya octogenario antiguo auditor mayor del 4º Cuerpo rechazaba categóricamente la versión que supone que el general Máximo Gómez le hubiese ordenado detener a Juan Masó Parra para «poner fin a las irregularidades que existían en ese territorio» de la Brigada de Trinidad y afirmaba:

> «La orden del General Gómez dada a mí fue la aclaración del delito de bigamia que le denunciaron había cometido Massó Parra y que el General Gómez consideró un crimen que ofendía la decencia del Ejército que en nuestra Guerra debíamos mantener. Esa era exclusivamente mi misión.»[764]

La carta de Menocal había sido motivada por la publicación de algunos comentarios críticos de su actuación atribuyéndole negligencia y el haberse dejado engañar por Juan Masó Parra. Así, el propósito de Menocal era refutar tales imputaciones y por eso no se detuvo en ofrecer detalles sobre su investigación del cargo de bigamia contra Masó Parra. Menocal se limita a explicar que «mientras practicaba las diligencias para el esclarecimiento del hecho y poner en claro la conducta a ese respecto del inculpado» se enteró de la presentación de Masó Parra.[765] Pero, si nos guiamos por su informe al general Carrillo —publicado por Masó Parra y nunca refutado por Menocal—, el auditor dijo no haber «encontrado hechos punibles imputables al Brigadier Masó». Aunque esto sugiere que Menocal no encontró evidencia del "delito" que fue enviado a investigar —en este caso, prueba de un segundo matrimonio—, eso no elimina la posible existencia de alguna relación íntima que entonces sería de carácter adúltero en lugar de bígamo.

---

[763] Valdés Domínguez, *Diario...*, t. IV, pp. 195-6.
[764] Carta de Juan Manuel Menocal a Faustino García, "Diario de guerra del Gral. Pujals", *Bohemia*, 4 de marzo de 1951, p. 153.
[765] *Ibídem*.

Ni en su libro ni en sus otras manifestaciones públicas hizo Juan Masó Parra comentarios alusivos a sus amoríos en relación con su presentación, prefiriendo aludir a otras razones, entre ellas: el supuesto renacimiento de sus simpatías por el autonomismo; su disgusto por las falsas acusaciones de que decía ser objeto por comercio ilícito con el enemigo y mantener comunicaciones con los pueblos; la manipulación en la elección de los Delegados a la Asamblea Constituyente y su decepción ante la designación de Máximo Gómez como General en Jefe por otros dos años. Sin embargo, una década después de los hechos, una conversación captada por un agente secreto que lo vigilaba estrechamente revela que en el ámbito privado Juan Masó Parra no sentía la misma reticencia en abordar el tema de aquella relación extramarital —descrita a su manera. Según el informe del espía, Masó Parra había explicado que el general Gómez le había dicho «que tendría que casarse con una mujer con quien él había tenido relaciones íntimas; al rehusar hacerlo Gómez iba a llevarlo ante un consejo de guerra» y que por eso se presentó.[766]

La carta de Juan Manuel Menocal también confirma que la actitud del general Gómez había sido provocada por una denuncia concreta contra el jefe de la Brigada de Trinidad. La publicidad que la misión ejemplarizante asignada a Masó Parra había recibido en el Cuartel General operaría ahora como un agravante a la transgresión del brigadier; cualquier denuncia al respecto tendría que ser enérgicamente atendida. Como era de esperar, sabiendo el interés del general Gómez en la supresión de tales amoríos, los soplones nunca escaseaban, pero la identidad del denunciante en el caso de Masó Parra no quedó registrada en la documentación hasta ahora conocida. Sin embargo, por sus movimientos y otras circunstancias, algunos personajes ameritan consideración en la búsqueda del posible informante.

Procedente de la Brigada de Trinidad, Porfirio Batista Varona tenía 43 años cuando pasó por el Cuartel General de Máximo Gómez y pocos días después, el 10 de diciembre de 1897, partió con pase para su Camagüey natal. Batista había peleado en la Guerra de los

---

[766] Furlong a Barry, 2 de agosto de 1907, PGoC, RG199, f. 158/2. Desde luego, esta versión de Juan Masó Parra no parece factible pues el general Gómez sabía que Masó Parra ya estaba casado y no lo forzaría a cometer bigamia. La distorsión pudo ser intencional por parte de Masó Parra por alguna razón o debida a un error del espía que lo escuchó.

Diez Años donde alcanzó el grado de comandante, mas su intento de unirse a la Chiquita se vio frustrado al ser arrestado el 17 de octubre de 1879 en Santiago de Cuba, recién llegado de Jamaica.[767]

Deportado a Sevilla, al terminar la guerra regresó a Cuba antes de pasar a Guatemala y después a New York; allí conoció a José Martí a quien sirvió de emisario en 1893 en un viaje a la Isla antes de pasar a Cayo Hueso en espera del comienzo de la nueva guerra.[768] Porfirio Batista logró embarcar en la expedición que llevaron a Oriente José María Aguirre y Francisco Carrillo en noviembre de 1895 y meses después fue asignado a servir en Camagüey con el jefe del Tercer Cuerpo, el general *Mayía* Rodríguez, a quien acompañó en su marcha a Occidente. Aquel plan se frustró al resultar herido *Mayía* y tener que internarse a convalecer en las lomas de Trinidad. Durante ese tiempo el ya teniente coronel Batista operó en el regimiento Victoria (que había sido creado por el ex bandolero Nicasio Mirabal Morales), luego con la Brigada de Remedios y cuando Juan Masó Parra llegó a Trinidad Porfirio Batista Varona estaba allí al mando del regimiento de infantería de la Brigada.[769]

Teniente coronel Porfirio Batista Varona

---

[767] Castillo y Zúñiga, *op. cit.*, pp. 39, 237.

[768] La presencia de Batista en Cuba después de la guerra la revela una orden de 17 de septiembre de 1883 a los alcaldes de barrio del Término para la detención de «D. Porfirio Batista Varona» entre otros «deportados políticos» descubierta y comentada por un investigador avileño (Afonso Fernández, *op. cit.*, t. I, p. 110); Luis García Pascual, *Entorno Martiano*, Casa Editorial Abril, La Habana, 2003, p. 35; Fernando Portuondo, "Martí, Gómez y el alzamiento del 95 en Camagüey", *Universidad de La Habana*, Nos. 196-197, febrero y marzo de 1972, pp. 162-4.

[769] Escalante, et al., *op. cit.*, p. 52; Rubén Pérez Nápoles, *Martí. El poeta armado*, Algaba Ediciones, Madrid, 2004, p. 263; anotación del 18 de enero de 1897 en "Libreta

Porfirio Batista llegó el 4 de diciembre de 1897 al Cuartel General del General en Jefe y el día siguiente Máximo Gómez despachó a Rego y Menocal para destituir y procesar a Juan Masó Parra. Esta coincidencia en las fechas en el preciso momento en que había dejado de pertenecer a la Brigada de Trinidad deja abierta la posibilidad de que Batista haya traído las noticias que provocaran la súbita reacción del Generalísimo. No hubiera sido esta la primera vez en que Porfirio Batista denunciara a su jefe inmediato; ya en páginas anteriores se ha visto cómo a principios de ese año Batista había violado el orden jerárquico para criticar a Juan Bravo ante el general Carrillo. Por otro lado, no conocemos evidencia alguna de rozamientos entre el camagüeyano y su jefe Masó Parra ni parece haber sido Batista, quien había servido bajo Carrillo, *Mayía* y Bravo, hombre que se escandalizara por las veleidades afectivas de sus superiores. Por cierto, Batista tampoco escapó a las críticas del jefe de despacho del general Gómez sobre su inconstancia marital. Fermín Valdés Domínguez, quien se creía traicionado por su primera esposa y quizás por esa mala experiencia sufrida en carne propia actuaba ahora como celoso guardián de la fidelidad entre las parejas, ubicó a Porfirio Batista entre los que habían soslayado sus promesas matrimoniales.[770] Valdés Domínguez conocía a Batista desde su estancia en Cayo Hueso cuando ambos esperaban una expedición que los llevara a la guerra. Por motivo que no explica, Batista era conocido en el Cayo como *Pespunte* y Fermín le dedicó algunos ácidos comentarios en su diario —cosa que en algún momento hizo con casi todas las figuras que conoció y que no vienen al caso reproducir aquí. En junio de 1898 llegó del Cayo una carta para el General en Jefe en que la esposa de Batista le recomendaba a su hermano y a su hijo, ambos de 16 años, quienes venían en una expedición e incluía una esquela para su marido

---

de memoria de José González [Planas]", AGMM, Ultramar, Cuba, Caja 3446, Documentación incautada al enemigo (copia en latinamericanstudies.org); Castillo y Zúñiga, *op. cit.*, p. 217; Valdés Domínguez, *Diario...*, t. IV, p. 88.

[770] Fermín describió aquella experiencia suya como «símbolo asqueroso de la traición.» (Valdés Domínguez, *Diario...*, t. I, p. 66).

«... del que dice que no recibe cartas hace 14 meses. Ya Porfirio —el famoso Pespunte[—] seguramente no se acuerda de su pobre mujer.»[771]

A pesar de la sospechosa oportunidad de su llegada al Cuartel General del Generalísimo, esa sola circunstancia no resulta suficiente para señalar a Porfirio Batista como el denunciante de Juan Masó Parra. Además, la presencia física del acusador no era necesaria cuando el chisme bien pudiera haber llegado por escrito...quizás en comunicaciones de otros, traídas de Trinidad por el propio Batista.[772]

También requiere mención aquí Antonio Bertrán Echerri, un joven trinitario sobrino de Felipe Echerri, un viejo conspirador de aquella villa. Bertrán había ingresado en el Ejército Libertador con 21 años en junio de 1895 y había alcanzado el grado de comandante operando con la Brigada de Trinidad. Bertrán ocupaba ese puesto cuando la noticia de la muerte de Antonio Maceo detuvo allí la marcha de Juan Masó Parra a Occidente.[773] Bertrán y Masó Parra coincidieron también en La Habana a principios de 1897 durante las pocas semanas en que Masó Parra estuvo al frente de la Brigada Sur de esa provincia pues en el cuartel general de Máximo Gómez se registró la llegada de Bertrán el 22 de marzo de 1897 procedente de La Habana;[774] pocos días después, Masó Parra recibiría inespe-

---

[771] ANC, Donativos y remisiones. Caja 277, N. 2, Diario de Fermín Valdés Domínguez, libreta 69, desde el 31 de mayo al 27 de junio de 1898, fol. 69/9 vuelta. Este documento identifica a la esposa como Concepción Hernández mientras que, según García Pascual, Porfirio Batista «Contrajo matrimonio con María Gloria Soler y Galván...» (*Op. cit.*, p. 35).

[772] Porfirio Batista Varona terminó la guerra de coronel jefe del regimiento de infantería *Jacinto* de la 1ª brigada de la 1ª división del tercer Cuerpo (Roloff, *op. cit.*, #07740, p. 103).

[773] Rodríguez Altunaga, "De la guerra...", pp. 256, 259; aparece en el *Yndice alfabético y defunciones del Ejército Libertador* de Roloff con el número 8313. Ambos autores, al igual que Valdés Domínguez, escriben el apellido paterno como "Beltrán", pero "Bertrán" es el que él mismo usó en la República según reportó en dos ocasiones el historiador municipal de Guanabacoa (Elpidio de la Guardia, *Apuntes históricos: Guanabacoa, 1511-1927*, Editorial Juan F. Mora, Guanabacoa, 1927, p. 145, e *Historia de Guanabacoa*, s.n., 1946, p. 199). También a su muerte, el 14 de mayo de 1943, la partida de defunción le llama Bertrán (Parroquia de Jesús del Monte, libro 35, folio 180, número 359, copia en el archivo del autor).

[774] Pérez Abreu, *op. cit.*, p. 127; según el general Pujals, Bertrán llegó el día 21 (Vicente Pujals Puentes, "Diario de guerra del Gral. Pujals", publicado por Rafael Soto Paz en

radas órdenes para entregar el mando de su brigada y presentarse ante el General en Jefe.

Dos meses después, cuando Juan Masó Parra marchó a asumir el mando de la Brigada de Trinidad, el comandante Bertrán lo acompañó formando parte de su estado mayor como ayudante. Durante los próximos meses Bertrán viajaría al Cuartel General del general Gómez en varias ocasiones en comisiones del servicio que incluían el traslado de tropas y oficiales y el transporte de comunicaciones en ambas direcciones. Durante una de esas visitas a finales de junio, Fermín Valdés Domínguez detalló en su diario sus conversaciones con Bertrán.[775] La información que verbalmente recibió Fermín en esta ocasión sobre la conducta y la gestión de Masó Parra en Trinidad resultó ser muy positiva, pero Fermín se mostró complacido con esta afirmación admonitoria de Antonio Bertrán:

> «...hasta ahora el Brigadier Parra va bien, pero si se tuerce, si como los demás se busca queridas lo dejo y vengo al Cuartel General a informar al General».[776]

No ha sido posible establecer otros detalles sobre el flujo de información sobre Masó Parra entre el comandante Antonio Bertrán y el Cuartel General. Pero no podemos ignorar que Bertrán se encontraba en una posición privilegiada para adquirir información comprometedora acerca del brigadier Masó Parra y que —según sus propias palabras— estaba en disposición de denunciarlo.

Por último, es necesario incluir en el análisis al periodista y abogado habanero Manuel María Coronado Álvaro, también digno de

El comandante Antonio Bertrán Echerri cuando era alcalde de Guanabacoa (1912-1920)

---

la sección "El ayer que vive aún" del semanario *Bohemia* entre el 30 de abril de 1950 y el 8 de abril de 1951).

[775] Masó Parra, *Primera...*, p. 50; Valdés Domínguez, *Diario...*, t. IV, p. 192-9.

[776] Valdés Domínguez, *Diario...*, t. IV, p. 200.

consideración como posible denunciante de Masó Parra.⁷⁷⁷ Coronado había alcanzado alguna fama en las filas de la insurrección cuando logró entrevistar a los generales Gómez y Maceo en el poblado de Vereda Nueva cuando trajeron la Invasión a la provincia de La Habana en los primeros días de 1896.⁷⁷⁸ Se afirma que a los 19 años «se alzó en noviembre de 1879 en Las Villas» durante la Guerra Chiquita, pero —aunque se mantuvo en la periferia de los subsecuentes movimientos conspirativos— Coronado negó haber sido un agente clandestino como se ha insinuado.⁷⁷⁹ En septiembre de 1896 las autoridades llevaron a cabo una redada en que arrestaron a varios importantes miembros del *laborantismo* en la capital,⁷⁸⁰ y el socio de Coronado, el empresario Rafael Andreu Martínez, decidió abandonar la Isla. El 23 de octubre se ordenó el cierre del periódico *La Discusión* y «la prisión del gerente Manuel María Coronado que logró burlarla y del administrador y redactor Sre. Pons y [Antonio] Escobar en quienes se hizo efectiva».⁷⁸¹

Manuel María Coronado Álvaro

---

⁷⁷⁷ Su apellido materno aparece en algunas publicaciones como *Alvarado* (e. g., Escalante Colás, *op. cit.*, t. I, pp. 100-1) en contradicción a varias menciones policiacas y judiciales que lo denominan *Álvaro* (e. g., Trujillo y Monagas, *op. cit.*, p. 375; *Gaceta Oficial de la República de Cuba bajo la administración provisional de los Estados Unidos*, 17 de octubre de 1907, La Habana, Año VI, Núm. 93, Tomo II, pp. 3447-9).

⁷⁷⁸ Ubieta, *op. cit.*, t. I, pp. 51-7.

⁷⁷⁹ Escalante Colás, *op. cit.*, t. I, pp. 100-1 [No hemos podido corroborar su alzamiento durante la Guerra Chiquita]; Santovenia, *op. cit.*, pp. 509-10; "Maceo in Fine Shape", *The Baltimore Sun*, 19 de noviembre de 1896, p. 1, col. 7.

⁷⁸⁰ Los arrestados eran José Antonio González Lanuza, Alfredo Zayas y Alfonso, Alfredo Hernández Huguet y Hubert de Blanck, los dos primeros fueron enviados a la prisión de Ceuta y a los otros se les expulsó de la Isla ("Actualidades. La guerra en Cuba", *Blanco y Negro*, 3 de octubre de 1896, Madrid, p. 11; "Weyler Orders Huguet's Release", *Middletown Daily Argus*, 21 de septiembre de 1896, p. 1, Middletown, New York).

⁷⁸¹ Cuba, *Gaceta Oficial…*, 17 de octubre de 1907, t. II, pp. 3447-50. Curiosamente, un ensayo biográfico sobre José de Jesús Candelario Pons y Naranjo, el Agente *Luis* del

A fines de noviembre Coronado llegó a Nueva York donde su hermano, Francisco de Paula, ya colaboraba en el periódico *Patria*.[782] El 2 de diciembre Manuel Coronado escribió al general Máximo Gómez pidiéndole intercediera para que la Delegación le diese «auxilio monetario» a él y su familia. En una segunda carta escrita dos meses después, Coronado se interesó por averiguar qué colocación obtendría en el Ejército un hombre con su historial y cualificaciones. Ambas cartas llegaron juntas y Gómez las contestó en julio explicando que mientras Coronado permaneciera en New York esas decisiones estaban en manos de la Delegación, pero que una vez que ingresara en el Ejército, el General en Jefe podría cursar órdenes a la Delegación para dar auxilios a su familia «como anticipo de los sueldos que aquí devengue».[783]

Coronado pudo llegar a Cuba en la expedición que desembarcó por el río *Arimao* el 15 de septiembre de 1897 y luego de pasar unos diez días en la Brigada de Cienfuegos se trasladó a la zona de la Brigada de Trinidad donde conoció a Juan Masó Parra.[784] A pesar de su marcado interés por obtener un buen puesto con el General en Jefe, y por razones desconocidas, transcurrirían tres meses antes de la incorporación de Coronado al Cuartel General de Gómez —y todo indica que pasó buena parte de ellos en la zona de Trinidad. En su única mención sobre esa estancia Masó Parra sólo destacó que Coronado llegó «en calidad de Reporter de un periódico neoyorquino, cuyo nombre no recuerdo, ni quiero recordar.»[785] Como que este comentario fue escrito por Masó Parra más de cinco años después, cuando ya otra experiencia con Coronado había provocado su ira, no es posible determinar si el desprecio que denota la cita se remonta a aquel primer contacto entre ellos.

Mientras Rego y Menocal se dirigían a la Brigada de Trinidad, Manuel María Coronado se puso en marcha en dirección opuesta hacia el Cuartel General de Máximo Gómez a quien encontró

---

independentismo cubano, no registra el arresto que aquí se reporta ni hace mención alguna de Manuel M.ª Coronado, dueño y director del periódico que Pons Naranjo administraba y del que luego fueron socios (Gómez Montano, *op. cit.*).

[782] "Editor Coronado Here.", *New York Times*, 20 de noviembre de 1896, 1:7.

[783] Valdés Domínguez, *Diario*..., t. IV, pp. 299, 313-4.

[784] Escalante Colás, *op. cit.*, t. I, p. 101.

[785] Masó Parra, *Primera*..., p. 58.

acampado el 22 de diciembre en los potreros de La Majagua;[786] atrás dejaba la convulsión creada en Trinidad por el cambio en la jefatura de aquella brigada y por la investigación de las denuncias sobre la conducta de Masó Parra. Por llegar a la guerra con un título universitario, Manuel María Coronado había calificado para el grado de capitán, pero el 31 de diciembre Gómez recomendó al Consejo de Gobierno su ascenso al grado de coronel y su nombramiento como auditor mayor del Cuartel General del Ejército Libertador.[787] Tales promociones resultaban tan improcedentes que el auditor general Fernando Freyre de Andrade y el Consejo de Gobierno no quisieron hacerlo «todo de una vez sino irlo ascendiendo despacio»; aunque Coronado intentaría otorgar a la recomendación de Gómez carácter de efectividad, se requirieron cuatro ascensos entre enero y abril de 1898 para llevarlo al puesto al que Gómez quiso elevarlo.[788]

Sin embargo, a los pocos meses de la llegada de Manuel María Coronado al Cuartel General de Máximo Gómez su situación se había deteriorado notablemente. Por un lado, la simpatía inicial de Valdés Domínguez por Coronado se tornó gradualmente en rechazo y el abogado habanero fue blanco de las críticas que el jefe de despacho del Generalísimo repartía con fruición; le llamaba «un tipo del egoísmo mambí», falso y dado al hurto por «esa condición de rata que tiene tan pronunciada». Pero más allá de los ataques personales de Fermín que no siempre parecían justos, Coronado fue acusado por un ayudante del General en Jefe de haberse que-

---

[786] En la marcha, Coronado se unió a un grupo compuesto por el cónsul americano Rafael Madrigal, y el periodista Sylvester Scovel quien venía con su esposa a visitar al Generalísimo; la misión pública de Madrigal era recoger las pertenencias del periodista Charles E. Crosby, muerto en combate el pasado marzo, y que Máximo Gómez había declarado sólo entregaría a un representante del gobierno de los Estados Unidos. Madrigal y Scovel venían también a tantear a Gómez sobre su actitud ante el anunciado gobierno autonómico. Madrigal portaba una banderita americana de 24" x 18" y la inclinó ante la cubana en señal de respeto que fue entonces reciprocado por el abanderado cubano para completar en primer saludo entre esas dos banderas. (Castillo y Zúñiga, *op. cit.*, p. 238; Sylvester Scovel, "The Journey to Gomez's Camp", *The World*, New York, 2 de enero de 1898, 3:1-4).

[787] Boza, *op. cit.*, t. II, pp. 192-3.

[788] ANC, Donativos y remisiones. Caja 277, N. 1, Diario de Fermín Valdés Domínguez, libreta 66, desde el 17 de marzo al 14 de abril de 1898, f. 18 vuelta; Cuba, Academia, *Actas...*, t. III, pp. 106, 117, t. IV, pp. 14-5, 36).

dado con «las latas de leche condensada y los jamones» destinados para el general Gómez.[789]

No fue este el primer incidente de esta índole en que Coronado se había visto involucrado. El 14 de julio de 1881 había sido arrestado en La Habana el joven de 21 años Manuel María Coronado Álvaro, empleado como escribiente en la Hacienda. Con él fue también detenido el ejecutor de apremios Juan Manuel Entralgo y Díaz, de 39 años. Ambos fueron llevados al vivac por disposición del Juez de 1ª instancia del Distrito de la Catedral y al día siguiente fueron conducidos a la Real Cárcel sujetos a una causa por defraudación a la Hacienda. El segundo jefe de la Policía, José Trujillo Monagas, era una suerte de encarnación tropical de aquel inspector Javert creado por Víctor Hugo. Las excepcionales cualidades policiacas de Trujillo sólo eran comparables a su propensión al autobombo reflejado en un libro, un folleto y periódicos de la época.[790]

El inspector Trujillo y el juez habían trabajado todo el día en la Dirección de Hacienda y esa noche detuvieron a los reos. Según se informó a la prensa, por iniciativa del Gobernador General Blanco, se descubrió el principio de un gran fraude que se intentaba cometer y ya en parte realizado y que hubiera causado grandes pérdidas al Tesoro. Según el inspector Trujillo, el Juzgado puso en libertad a los dos empleados, pero eso no evitó que el justiciero Trujillo incluyera el caso, y los nombres de los detenidos, en su libro.[791]

A fines de marzo el propio general Máximo Gómez tendría ocasión de presenciar el trato abusivo de Coronado a uno de sus asistentes y luego comentaría ante Valdés Domínguez:

> «pensé que este hombre podía estar a mi lado pero desde que el otro día lo vi tan flojo de inteligencia y tan poco perito en sus asuntos jurídicos al querer demostrar la legalidad de su nombramiento pensé que no debo tener junto a mí a un hombre que en un caso dado no

---

[789] ANC, Donativos y remisiones. Caja 568, N. 21, Diario de Fermín Valdés Domínguez, desde el 19 de febrero a 6 de marzo de 1898, libreta 64, sin foliar; Caja 276, N. 3, libreta 65, desde el 5 al 19 de marzo de 1898, ff. 51, 54; y Caja 277, N. 1, desde el 17 de marzo al 14 de abril de 1898, libreta 66, ff. 41 vuelta, 42.

[790] Véanse José Trujillo Monagas, *Los criminales de Cuba y Don José Trujillo*, Establecimiento Tipográfico de Fidel Giró, Barcelona, 1882 y J. O. y L, *Salamanca y Trujillo. Folleto de actualidad*, La Propaganda Literaria, La Habana, 1890.

[791] Trujillo Monagas, *op. cit.*, p. 375.

puede ilustrarme porque es inferior a mí en inteligencia y conocimientos y luego las miserias y ruindades que he descubierto en este hombre me han hecho pensar que no debe permanecer a mi lado.»[792]

También el coronel Orestes Ferrara escuchó de boca de Gómez críticas similares sobre Coronado: «Manuel María dice que es competente y no lo es. No lo es.»[793] Con esos comentarios del General en Jefe la suerte de Coronado estaba echada. Gómez dictó medidas para separar a Coronado de su campamento y le dio pase a Occidente vía Camagüey. Designado auditor mayor del 6º Cuerpo (Pinar del Río), Coronado logró embarcar desde Santa Cruz del Sur «en el pailebot *Eloísa*» el 21 de agosto de 1898 —pocos días después de la firma del armisticio.[794]

Por su parte, Juan Masó Parra dejó plasmada en su libro esta despectiva opinión sobre Manuel María Coronado:

> «Este es un mercachifle político; un polichinela; un granuja con ínfulas de persona; y uno de esos tipos capaces de deshonrar á la escoba y aún al mismo látigo con que pudiera fustigarle.
>
> Con Polavieja, Martínez Campos y Weyler era tan servil y adulador como lo fue luego con Wood, lo es hoy con Estrada Palma, y lo sería mañana con cualquiera otro que estando en el poder le diera una pitanza.
>
> Coronado es el bellaco mas desvergonzado y cínico que registran los anales de la impudicia; y si yo cometí la tontería de retar á semejante bribón fue porque no sabía, como he llegado á saber después, que esa especie de mari-macho pertenece a un sexo neutro y equívoco.»[795]

Entre los datos a considerar sobre Manuel María Coronado en la búsqueda del delator de Masó Parra tenemos ahora: su inexplicada y larga estadía en la Brigada de Trinidad que terminó justamente cuando Máximo Gómez decidió actuar contra Masó Parra; su extraordinaria exaltación a la coronelía y a la auditoría mayor más

---

[792] ANC, Donativos y remisiones. Caja 277, N. 1, Diario de Fermín Valdés Domínguez, desde el 17 de marzo al 14 de abril de 1898, libreta 66, ff. 41 vuelta, 42.
[793] Ferrara, *Mis relaciones…*, p. 92.
[794] Carta de José Miguel Gómez a Máximo Gómez de 24 de agosto de 1898 (ANC, Donativos y remisiones. Caja 277, N. 5, Diario de Fermín Valdés Domínguez, desde el 25 de agosto al 13 de octubre de 1898, libreta 73).
[795] Masó Parra, *Primera…*, p. 89.

importante del servicio jurídico militar —sin mediar méritos conocidos; su aparente debilidad de carácter y flojedad de principios; y el profundo desprecio que provocó en la víctima de la delación. El conjunto de estas circunstancias califica a Manuel María Coronado Álvaro como sospechoso de haber sido el, o uno de los denunciantes de Juan Masó Parra.

¿Por qué se presentó Masó Parra? A los pocos días de efectuarse la presentación circuló una proclama firmada por el brigadier Alfredo Rego y otros cinco oficiales de la Brigada de Trinidad para denunciar aquel «horrendo» hecho y contrarrestar su efecto perjudicial apelando al patriotismo de la tropa. Según este documento, Masó Parra se había entregado al enemigo «huyendo al castigo de un crimen descubierto» y esto se convirtió en la posición oficial del Ejército Libertador y del Consejo de Gobierno que luego se incorporó a la historiografía de la guerra.[796] Desde luego, esta versión es insostenible ante el informe del auditor Juan Manuel Menocal, el hombre encargado de investigar las acusaciones para instruir un procedimiento sumario contra Masó Parra y quien dejara establecido que había

> «…practicado amplia información sobre los actos practicados por el Brigadier Juan Masó Parra durante su mando de la Brigada de Trinidad y no he encontrado hechos punibles imputables al Brigadier Masó que está libre de toda responsabilidad criminal…»[797]

Por su parte, Juan Masó Parra también ofreció los motivos que le llevaron a capitular y su versión es algo más compleja. Remontándose a su breve militancia entre 1878 y 1879 en aquella versión *sui generis* santiaguera del Partido Liberal «que más tarde vino a ser el Partido Autonomista», Juan Masó Parra postula que aquel programa era en aquella época,

> «…en concepto de los hombres de valía, y de los intelectuales cubanos, el único que con honra y decoro y aunando intereses comunes para el porvenir, salvaba la Patria Una, para Todos, restañando heri-

---

[796] Ubieta, *op. cit.*, t. I, pp. 148-9. Pichardo, *Máximo…*, p. 220.
[797] El original de este informe de Menocal a Carrillo había quedado en manos de Masó Parra quien lo reprodujo en su libro de 1904 y nunca fue refutado por Menocal quien vivió hasta la década de 1930 (Masó Parra, *Primera…*, pp. 61-2).

das, uniendo razas cuyos destinos marchan por una misma senda, y preparando futuras generaciones.»[798]

Desde luego, aquellas supuestas simpatías por el autonomismo habían durado muy poco pues mientras militaba en el PLA Juan Masó Parra y sus antiguos compañeros de armas estaban plenamente identificados con quienes conspiraban para lanzarse de nuevo a la manigua a combatir en pro de la independencia dando inicio a la Guerra Chiquita. Nunca más Masó Parra dio señal alguna de que su preferencia política fuera otra que la independencia absoluta; por ese motivo debemos concluir que su adopción del autonomismo en 1898 fue más por circunstancia que por convicción. Pero no es posible ignorar el importante cambio que se estaba experimentando en Cuba mientras corría este proceso contra Masó Parra.

La muerte del presidente del Gobierno español, Antonio Cánovas del Castillo a manos de Michelle Angiolillo en agosto de 1897 precipitó grandes cambios en la política española hacia Cuba. Las metas incumplidas del gobierno de Cánovas acerca de Cuba habían enfocado la atención sobre los terribles resultados de su política de reconcentración forzada de los campesinos en los poblados. Las resultantes epidemias, la insuficiencia de servicios de sanidad y la escasez de comida y medicinas diezmaban a la población de la Isla. Para colmo de males, a pesar del alto costo humano y material que España y Cuba estaban pagando, el fin de la guerra no parecía aún cercano y las abultadas cifras con que el Capitán General Weyler trataba de ocultar el fracaso de su gestión eran ridiculizadas por la prensa de la Península. Don Valeriano había reportado que a fines de 1896 solamente quedaban en Pinar del Rio unos 500 rebeldes, pero utilizando los informes del propio Weyler, un periódico madrileño calculó el total de las bajas insurrectas durante los primeros seis meses del 1897 en 2,402. Otro diario extendió el cálculo a las cuatro provincias occidentales (Pinar del Río, La Habana, Matanzas y Las Villas) donde, según anunciara Weyler el 18 de mayo, quedaban 1,300 insurrectos y durante las diez semanas siguientes

---

[798] Masó Parra, *Primera...*, p. 51.

el total de cubanos reportados muertos, prisioneros y presentados era de 4,254.[799]

Mientras la frustración por la guerra aumentaba en España y las presiones diplomáticas del gobierno americano contra Madrid arreciaban el ministro de Ultramar se sentía obligado a pedir explicaciones a Weyler; la dramática promesa de sacrificar en Cuba hasta «el último hombre y el último peso» comenzaba a sonar hueca.[800] Tal era la situación cuando Angiolillo disparó sobre Cánovas en Santa Águeda.[801]

Para reemplazar a Cánovas en la presidencia del Consejo de Ministros el partido conservador nombró al ministro de Ultramar, el general Marcelo de Azcárraga Palmero, pero la llegada el 9 de septiembre de la noticia de la rendición del pueblo de Victoria de las Tunas ante el general Calixto García —luego de un sitio de dos semanas sin recibir auxilios—, colmó la copa. La reina nombró al liberal Sagasta el 2 de octubre, el 4 se anunció el nuevo gabinete y el 9 se anunció el relevo del general Weyler. Ambos, el nuevo presidente del consejo de ministros, Práxedes Mateo Sagasta y Escolar y su ministro de Ultramar, Segismundo Moret Prendergast, se habían manifestado por la autonomía colonial y el 25 de noviembre obtuvieron de la reina regente el real decreto que concedía un régimen autonómico a Cuba y Puerto Rico. El marqués de Peña Pla-

---

[799] Soldevilla, *El año político 1897*, citando sueltos del día 24 de *El Heraldo* y del 28 de julio de 1897 de *El Correo* (pp. 264, 267).

[800] Esta versión de la famosa frase es de un discurso de Cánovas del 3 de julio de 1891 (Diario de Sesiones de Cortes, Congreso de los diputados); también se le atribuye haberla escrito en carta de 29 de febrero de 1895 a Antonio María Fabié como: «el último hombre y la última peseta» (citado en Emilio Roig de Leuchsenring, *1895 y 1898 dos guerras cubanas. Ensayo de revaloración*, Cultural, S.A., La Habana, 1945, pp. 16-7). Por su parte, Sagasta enunció el 8 de marzo de 1895 ante el Senado la disposición de España a «gastar su última peseta y á dar la última gota de sangre de sus hijos», y reiteró de nuevo el 2 de abril, esta vez ante el Congreso de los diputados, que España daría «hasta la última gota de su sangre, y su última peseta» (Fernando Soldevilla, *El año político 1895*, Imprenta de Fernández de Rojas, Madrid, 1896, pp. 94, 190).

[801] Azcárraga a Weyler de 28 de julio de 1897 según citada en Enrique de Miguel Fernández, *Azcárraga-Weyler y la conducción de la guerra de Cuba*, Tesis doctoral dirigida por José Antonio Piqueras Arenas, Universitat Jaume I, Castellón de la Plana, 2008, p. 424.

ta, general Ramón Blanco y Erenas sería el encargado de implantar el nuevo régimen en Cuba.[802]

El 11 de octubre se anunció un indulto que incluyó a los deportados cubanos y el 6 de noviembre se declaró una «plena y total amnistía» a quienes estaban sujetos a causas por delitos de rebelión que las autoridades debían aplicar con «política de total olvido» y con espíritu de «amplísimo perdón»; Blanco se apresuró a publicar los detalles.[803] Durante noviembre y diciembre se decretaron medidas calculadas para revertir ordenadamente los bandos weylerianos de reconcentración y proveer medios de subsistencia a sus víctimas; en marzo de 1898 se declaró «terminada la reconcentración» otorgando a los guajiros sobrevivientes «completa libertad» para regresar a los campos.[804] El alcance de las nuevas leyes y la energía con que el general Blanco las implementaba sorprendieron a la mayoría de la población que ahora gozaría de los mismos derechos que la constitución de 1876 concedía a los españoles en la Península; entre estos, la libertad de imprimir sin censura previa. El Partido Reformista se fundió en el Autonomista y con ellos Blanco formó el nuevo gobierno: seis gobernadores provinciales[805] y un consejo de secretarios[806] que serviría de gabinete asesor del Go-

---

[802] Mayra Mena Múgica y Severiano Hernández Vicente, *Fuentes documentales de la administración española en el Archivo Nacional de Cuba. La administración autonómica española de Cuba en 1898*, Ediciones Universidad de Salamanca, Salamanca, 1994, pp. 15-8.

[803] Soldevilla, *El año político 1897*, pp. 354, 376; Ramón Blanco y Erenas, Bando del 7 de noviembre de 1897, en Francisco Pérez Guzmán, *Herida profunda*, Ediciones Unión, La Habana, 1998, pp. 222-3.

[804] Pérez Guzmán, *Herida...*, pp. 223-30.

[805] Gobernador civil «de la Habana: D. José Bruzón.— De Pinar del Río: Fabio Freire.— De Matanzas: D. Francisco de Armas y Céspedes.— De Santa Clara: D. Marcos García.— De Puerto Príncipe: D. Rafael Vasallo.— De Santiago de Cuba: D. Enrique Capriles.» (Soldevilla, *El año...1897*, p. 278).

[806] El presidente del consejo de secretarios sería José María Gálvez, separatista durante la guerra del 68 y por largo tiempo presidente de la Junta Central del PLA a quien la prensa integrista criticaba porque no había podido atraer «a la legalidad» a sus antiguos compañeros de armas ni evitar importantes deserciones de su partido al separatista (como las de Raimundo Cabrera, Gabriel Camps y otros); para Gracia y Justicia y Gobernación, Antonio Govín, exdiputado quien había abandonado la Isla durante el gobierno de Weyler; para secretario de Hacienda, el marqués de Montoro, abogado como los anteriores, exdiputado, gran orador, autonomista sincero; para Instrucción Pública, el Dr. Francisco Zayas, respetado médico, pausado orador, miembro de la Junta Cen-

bernador General quien estaba dotado de amplios poderes para vetar decisiones y para nombrar y despedir a estos funcionarios; Unión Constitucional, el partido de los peninsulares, no fue tomado en cuenta en las nominaciones. Un parlamento insular bicameral —compuesto por algunos representantes electos y otros nombrados por el gobernador— se encargaría de la legislación colonial.

Las amplias concesiones administrativas a los niveles bajos e intermedios quedaban en buena medida reguladas por el poder del Gobernador General, pero la balanza política se inclinaba ahora hacia los criollos en detrimento de los peninsulares. Los españolistas más recalcitrantes se manifestaban abiertamente en contra de Blanco y de las reformas y en La Habana algunas de sus protestas se tornaron violentas; el disgusto de los fieles a España servía de confirmación a la profundidad y alcance de los cambios. Quizás la más clara señal del renovado optimismo fue la reanudación de los juegos de beisbol que se habían suspendido desde mayo de 1895. Este deporte era ya para los cubanos lo que las corridas de toros para los españoles y el 26 de diciembre de 1897 los equipos *Almendares* y *Fé* se enfrentaron en el juego inaugural de la temporada 1897-1898 de la Liga General de Base-Ball de la Isla de Cuba.[807]

La propaganda autonomista operaba en diversos niveles buscando acercamientos con los emigrados, los negros y mulatos y los insurrectos. La aceptación que pudo conseguir entre la población de color es difícil de medir, pero «un buen número de emigrados» regresó a la Isla a principios de 1898 y la «ponzoña autonomista» se hizo sentir también en los campamentos mambises.[808] Dejar las filas

---

tral y tío del general insurrecto Juan Bruno Zayas, muerto en campaña; para Industria y Comercio el tenedor de libros Laureano Rodríguez, peninsular y dirigente del partido reformista y finalmente, el intranquilo reformista Eduardo Dolz ocuparía la secretaría de Obras Públicas (Soldevilla, *El año...1897*, pp. 443-5; Agustín Sánchez Andrés, "Entre la espada y la pared. El régimen autonómico cubano, 1897-1898", *Revista Mexicana del Caribe*, vol. VIII, núm. 16, Universidad de Quintana Roo, Chetumal, 2003, pp. 7-41).

[807] El juego se suspendió por oscuridad después de la octava entrada ganando el *Fé*, 9-7 (Raúl Diez Muro, *Historia del Base Ball Profesional de Cuba*, s/n, La Habana, 1949 [1ª ed. 1907], p. 112).

[808] Frase atribuida al general Calixto García (en Elier Ramírez Cañedo y Carlos Joane Rosario Grasso, *El autonomismo en las horas cruciales de la nación cubana*, Editorial

del Ejército Libertador para someterse al mismo régimen colonial que se estaba combatiendo nunca había representado una opción honorable para los insurrectos, pero el nuevo gobierno autonomista estaba dominado por criollos y «el único límite a "la espontaneidad local" era la soberanía de la metrópoli».[809] Quienes estaban incomodados con sus superiores —y quienes habían incomodado a sus superiores— podían ahora presentarse a las autoridades evitando, quizás, el estigma de la traición.[810] El cansancio acumulado de tres años de guerra socavaba la resistencia de muchos:

> «¡Después de tanto sufrir! ¿Quién no ha de ambicionar la paz? ¿Quién no ha de apetecer la tranquilidad que todos necesitamos? Y de ahí el temor que nos infunde la Autonomía.»[811]

Antes de que amainara ante la certeza de la entrada de los Estados Unidos en el conflicto contra España, el jefe del 4º Cuerpo del Ejército Libertador se refería al fenómeno como «la epidemia de presentaciones» coincidiendo con el director de un diario conservador madrileño quien le llamaba «la corriente de presentaciones.[812]

Por curiosa coincidencia, mientras en España se debatía la autonomía colonial, en Cuba el gobierno insurrecto también se disponía a renovarse y Juan Masó Parra cifraba esperanzas en que los dele-

---

de Ciencias Sociales, La Habana, 2008, p. 129); "Presentados", *El Imparcial*, Madrid, 11 de febrero de 1898, 3:2.

[809] Presidencia del Consejo de Secretarios de la isla de Cuba, "Manifiesto al país", 22 de enero de 1898 (citado en Bizcarrondo y Elorza, *op. cit.*, p. 392).

[810] Entre los presentados más célebres están: el coronel José María y su hermano el comandante Adolfo Cuervo, en noviembre de 1897 en Palos, provincia de La Habana; José Loreto Cepero, en enero de 1898, en Las Villas; el coronel Luis López Marín, en enero en Pinar del Río; el teniente coronel Benito Socorro Beltrán, en marzo de 1898, en Jagüey Grande, Matanzas; el coronel Rosendo García Medrano, en abril, en Sancti Spíritus; y otros, como el comandante Víctor Simón y el teniente coronel Aurelio Sanabria (Quintana, "los que traicionaron…", pp. 173,176-7; Fernando Soldevilla, *El año político 1898*, Imprenta de Enrique Fernández de Rojas, Madrid, 1899, p. 13); por telegrama oficial el Capitán General Blanco reportó el 8 de enero la presentación de un «teniente coronel Soto» —a quien no hemos podido identificar— en Sagua la Grande con tres oficiales más y 25 tropas armados todos ("Presentación de rebeldes", *El Correo Militar*, Madrid, 10 de enero de 1898, 2:1).

[811] Sanjenís, *Mis cartas…*, p. 277.

[812] Carta de Francisco Carrillo al *Agente Luis* [José de Jesús Candelario Pons Naranjo] de 21 de febrero de 1898 (Copia en el archivo del autor); Rafael Gasset Chinchilla, "El bloqueo", *El Imparcial*, Madrid, 8 de febrero de 1898, 1:1-2.

gados eligieran un nuevo jefe del Ejército para remplazar a Gómez. El Dr. Eusebio Hernández había roto con *El Viejo* desde el pasado mes de abril y ahora iba a la Asamblea representando la oposición a Gómez; Masó Parra había escrito en agosto a su viejo amigo y coconspirador "anti gomista" para felicitarlo por su elección para ser en la Asamblea «nuestra voz» como conocedor de «nuestras desgracias y nuestras aspiraciones» y asegurarle que se le estimaba más desde que estaba «caído de la gracia» del General en Jefe.[813] En camino a la Asamblea con otros delegados, Cosme de la Torriente alentaba las expectativas de Masó Parra al asegurarle que «los valores de *su amigo* [Gómez] se colocan muy bajos».[814] No obstante, la Asamblea de La Yaya se reunió durante tres semanas y el 30 de octubre de 1897 ratificó a Máximo Gómez como jefe del Ejército. La noticia llegó al Cuartel General a mediados de noviembre.[815] Para Masó Parra esto significaba

> «…la imposición tetrárquica de un César mal educado, ignorante y hasta extranjero…. Gómez, electo otra vez, para seguir dirijiendo la campaña, por el camino de la deshonra y de la derrota…»[816]

Desde luego, palabras como estas y otras en que Masó Parra se refería a su predilección por el autonomismo y presentadas para explicar su renuncia al Ejército Libertador fueron escritas después —algunas mucho después— de aquella víspera de Año Nuevo en que confrontara la perspectiva de verse convertido una vez más en blanco indefenso de la furia del Generalísimo.

El fallo absolutorio emitido por el auditor Juan Manuel Menocal no ofrecía tranquilidad alguna a Masó Parra quien no habría olvidado una experiencia similar —en junio de 1896— cuando después de haber sido exonerado de acusaciones relacionadas con su regreso de La Habana, el general Gómez, insatisfecho con el resultado, lo había sometido a una segunda investigación por los mismos cargos con la expresa intención de «salcocharlo».[817] En esta

---

[813] Miguel Ángel Carbonell y Rivero, *op. cit.*, t. II, p. 51.
[814] Carta de Cosme de la Torriente a Masó Parra, 24 de agosto de 1897 (Masó Parra, *Primera…*, p. 54).
[815] Pérez Abreu, *op. cit.*, p. 172.
[816] *Ibidem*, p. 52.
[817] En otro caso reciente, cuando Máximo Gómez quedó insatisfecho con la sentencia del consejo de guerra que juzgó al general Quintín Bandera y lo condenó sólo a ser

ocasión, el propio brigadier Rego había alertado a Masó Parra sobre el peligro que para su persona representaría un rencuentro con el General en Jefe; una cosa era arriesgar la vida a diario en los quehaceres de la guerra y otra muy distinta era entregarse mansamente a disposición de un enemigo omnipotente que parecía empeñado en destruirlo, ya fuese física o moralmente. En esas circunstancias, para un hombre del temperamento de Juan Masó Parra, tan grave como ser pasado por las armas sería verse víctima de una humillación pública a manos de Máximo Gómez.

Los comentarios que Máximo Gómez hizo por estos días en una carta personal a su primo resultan reveladores de su estado de ánimo. Incluyendo a Juan Masó Parra en una corta lista de presentados, Gómez los describe como «hombres corrompidos que no habían quebrado platos suficientes para ahorcarlos, pero que solamente al verlos nos causaban asco […] monstruos de iniquidades».[818]

---

destituido, el Generalísimo continuó acumulando pruebas para someterlo a un nuevo juicio en que «pueda ser fusilado» (carta de Gómez a Calixto García de 21 de septiembre de 1897, citada por Rafael Soto Paz, "Proceso contra Quintín Banderas", *Bohemia*, 2 de abril de 1951, p. 112).

[818] Rodríguez Demorizi, *Papeles…*, p. 429. Unos de los presentados mencionados en la carta era Antonio M. Guzmán, quien había sido edecán del general José Braulio Alemán y que al quedar sin empleo cuando Alemán fue llamado a servir en el Gobierno cometió fechorías contra civiles y mató arteramente al oficial enviado a prenderle antes de presentarse; el otro era José Loreto Cepero, quien abandonando su puesto después de incumplir órdenes en el combate de *Mal Tiempo*, fue arrestado y liberado por ser ciudadano norteamericano, se fue a New York y la Delegación y M. Gómez aceptaron su oferta de reintegrarse al campo de la guerra; el exteniente coronel vino en una expedición pero Gómez no le reconoció grado alguno y poco después se presentó (Quintana, "Los que traicionaron…", p. 176).

XIX - El "Maine"

Un hecho fortuito pudo haber dado al traste con la presentación de Juan Masó Parra cancelando el plan original o, cuando menos, posponiendo el acto. Los agentes del azar pudieron haber sido un grupo de «diez ó doce peninsulares» que llevaron el rechazo al gobierno autonómico a su máxima expresión cuando tramaron el asesinato del gobernador provincial de Las Villas.[819]

Marcos García Castro

Como veterano de la Guerra del 68, Marcos García era un conocido proselitista del autonomismo ante sus antiguos compañeros de armas con quienes promovía comunicaciones directas e indirectas. Recientemente había enviado cartas a los generales José Miguel Gómez y Francisco Carrillo invitándolos a dejar las armas sin obtener resultados positivos inmediatos, pero adquiriendo justa fama de reclutador de presentados. Por esa razón Masó Parra se había dirigido a García el 8 de enero de 1898 cuando decidió negociar su pase al régimen autonómico. Era común que las presentaciones implicaran algún grado de negociación para precisar el lugar, número de personas, armamentos y otros detalles que casi siempre incluían alguna cantidad de dinero que podía variar de acuerdo con la importancia de cada individuo. El dinero se justificaba como medio necesario para facilitar la reintegración del insurrecto a la vida civil, aunque a menudo el monto cobraba características de premio o soborno. Los pormenores de la presentación de Juan Masó Parra no han llegado a nuestros días, pero los acuerdos probablemente contemplaban alguna forma de compensación monetaria; al tratar este sensible tema, Marcos García se limitó a explicar que Masó Parra le había exigido que lo fue-

---

[819] García Castro, *op. cit.*, p. 73.

ra a recibir en Fomento, pero sobre lo demás solamente explicó que,

> «Las condiciones en que vino aquél, impuestas por él mismo, pertenecen a la reserva y seriedad del Gobernante, y quedarán en el silencio por lo que á mí respecta.»[820]

El 16 de enero de 1898, cuatro días antes de la fecha fijada para recibir a Masó Parra, el gobernador Marcos García asistió al juego dominical que acostumbraban a celebrar los dos equipos de beisbol que existían en Santa Clara. El jefe militar de la provincia, el general Ernesto de Aguirre y Bengoa, le había reservado un asiento al gobernador civil y mientras en el terreno se desarrollaba el encuentro un espectador le puso un revólver en la cabeza a García increpándole a gritos mientras halaba el gatillo. El fulminante no encendió la pólvora en ese primer disparo, alguien empujó a García para sacarlo de la línea de fuego y mientras Aguirre y su ayudante neutralizaban al atacante sus otros dos disparos fueron desviados sin lastimar a nadie. El pistolero era un empleado del hospital militar, «Enrique Picón y Fernández, natural de Badajoz, de 41 años» y las autoridades supieron que el atentado formaba parte de un plan más amplio fraguado por peninsulares con ramificaciones en Cienfuegos y La Habana. García prefirió no concederle importancia al hecho para limitar el daño político y la prensa reportó que el incidente había sido motivado por «una venganza personal».[821]

La negociación con Juan Masó Parra se formalizó por escrito con fecha del 19 de enero en un documento en cuyos cinco artículos este aceptaba la soberanía de España y el gobierno autonómico, acordaba entregar las armas ante el general Aguirre y se comprometía a continuar reclutando a otros. Aguirre prometía que Masó Parra y sus hombres gozarían de plena libertad y podrían portar las armas que para su defensa permitían las leyes. Aunque el acta no menciona consideración monetaria alguna esto no excluye su posibilidad pues, de haber existido, tal revelación no hubiese resultado

---

[820] *Ibidem*, p. 67.
[821] García Castro, *op. cit.*, pp.71-3; *La Opinión*, Santa Cruz de Tenerife, 18 de enero de 1898, p. 2, col. 1; "La insurrección de Cuba. El atentado contra Marcos García", *La Época*, Madrid, 18 de enero de 1898, p. 1, col. 4; "Atentado contra un gobernador civil", *El Imparcial*, Madrid, 18 de enero de 1898, 3:2; *Diario de la Marina*, 21 de enero de 1898 (citado por Barcia, *op. cit.*, p. 56).

conveniente a ninguna de las partes; no obstante, de ambos bandos surgieron acusaciones de motivaciones mercenarias.[822] El coronel Álvarez Chacón escoltó a Juan Masó Parra y su tropa desde su campamento en *Cuchillas de Placetas* hasta Fomento donde se escenificó la entrega de armas ante el general Aguirre y la sumisión pública al gobierno autonómico.[823]

Desde el anuncio de la concesión de la autonomía la dirección civil y militar de la revolución utilizó todos los medios a su disposición para rechazarla categóricamente. La prensa americana reprodujo declaraciones de la Isla y de la emigración que proclamaban la inutilidad de la tardía medida y el compromiso inalterable de los insurrectos de continuar la lucha hasta la consecución de la independencia. El propio General en Jefe tuvo oportunidad de personalmente rechazar la autonomía ante el reportero Sylvester Scovel cuando este lo visitó a fines de diciembre con la doble misión de periodista y de observador para el capitán general Ramón Blanco, y de su acompañante, el cónsul americano en Sancti Spíritus Rafael Madrigal, representando a su gobierno.[824] El mensaje parecía destinado en primer lugar a Washington y la opinión pública americana y en segundo lugar a las propias filas de la insurrección dentro y fuera de la Isla.

Como parte de esa campaña propagandística, todas las fuerzas organizadas emitieron proclamas contra la autonomía que se enviaban a la Delegación en New York para su difusión. La avidez por noticias de Cuba era tal que, generalmente, los partes ofrecidos por la Delegación cubana —o la Junta, como la llamaban en inglés—, eran reproducidos inmediatamente por los principales dia-

---

[822] [Texto completo del acta en el Apéndice E.] Tratando de restar crédito al gobierno autonómico por la presentación de Masó Parra, el periódico integrista *Unión Constitucional* se la atribuía a la influencia de Marcos García «y al dinero»; también se reportaba que se decía que el general Aguirre había recibido «$70,000 para la rendición de Massó y su partida» ("Money for Bribes", *The Philadelphia Inquirer*, 24 de enero de 1898, 3:5); en la República, un libro de texto afirmaba que con Masó Parra se «empleó el dinero» (Juan M. Leiseca, *Historia de Cuba*, Montalvo, Cárdenas y Co., La Habana, 1925, p. 409).

[823] "Presentación del titulado general Massó", *El Imparcial*, 21 de enero de 1898, 1:2; "Cubans Laying Down Arms", *The New York Times*, 21 de enero de 1898, 1:5.

[824] "*The World* Again Makes History for Spain and Cuba", *The World*, New York, 1:1-3, 3:1-2.

rios del país y luego copiados por los periódicos pueblerinos. Para completar la relación de proclamas y poder anunciar que la «oposición a la autonomía» era unánime, en diciembre se distribuyó la declaración de los «oficiales del Cuarto Cuerpo de Ejército, Departamento de Las Villas» fechada en Trinidad el 29 de noviembre de 1897, pocos días antes de la llegada de Rego y Menocal con su fatídica misión. Las firmas estaban encabezadas por la de «Juan Masó Parra, brigadier general de la Tercera brigada, Primera división, Cuarto cuerpo de Ejército» rechazando cualquier arreglo que no estuviese «basado en la independencia absoluta».[825] En vista de su presentación pocas semanas después debemos concluir que en el caso de Masó Parra, o bien esos postulados no tenían raíces muy profundas, o su defección no estuvo realmente motivada por una predilección por la autonomía.

Los movimientos de las autoridades habían despertado sospechas y para despistar a los reporteros y sus agentes, cuando el gobernador Marcos García abordó el tren en Santa Clara para ir al encuentro de Masó Parra, mintió acerca de su destino; así, una noticia fechada el 19 de enero en Cayo Hueso señalaba que se creía que García iba a esperar la presentación de algún importante jefe insurrecto en Remedios —un pueblo a cincuenta kilómetros de Fomento.[826] La presentación se llevó a cabo sin tropiezos el día siguiente y cuando la noticia llegó al Cuartel General de Máximo Gómez el día 23 de enero ya alcanzaba todos los rincones de la insurrección y de la emigración.[827] El brigadier Rego había salido

---

[825] Los otros firmantes eran: el comandante Alfredo Lewis; ayudantes Rafael Alfonso, Leandro de la Torriente; teniente coroneles Manuel Saumell, Celedonio Hernández, Augusto Feria, José Téllez; comandantes Jesús Lugones, Antonio Bertrán, Gil Moya, Ignacio Bello, José Suárez, Herminio Fuentes, Rufino Ferrer, Serafín Rodríguez y P. Muñoz [la noticia confundía el nombre del regimiento "Calixto García", que precedía al de su jefe Manuel Saumell, atribuyéndoselo a un inexistente «Calixto García, Adjutant»] ("Cuban Officers Loyal", *The New York Times*, 21 de diciembre de 1897, 2:5; "Have no Use for Autonomy", *Chicago Tribune*, 21 de diciembre de 1897, 2:1; "Autonomy Rejected by the Army", *The Saint Paul Globe*, 21 de diciembre de 1897, 1:5-6).
[826] "Cubans Seize Cavalry Horses", *The New York Times*, 20 de enero de 1898, 2:2.
[827] Boza, *op. cit.*, t. II, p. 209; Castillo, *op. cit.*, p. 242. Curiosamente, el biógrafo de Bartolomé Masó, Rufino Perez Landa, señaló que el general Masó había recibido una carta del acaudalado autonomista manzanillero, Camilo Campos Rodríguez, que con fecha de 18 de enero —dos días antes del hecho— trataba, infructuosamente, de utili-

de operaciones hacia la costa acompañado de Enrique Loynaz y al recibir la nueva sobre Masó Parra regresaron para lidiar con aquella delicada situación. «Mas otra sorpresa nos salió al camino» apuntó Loynaz, «la destitución del general Rego y la del coronel Menocal». Antes de marchar a enfrentar el fin de su carrera, Rego había firmado aquella proclama que incluía las frases que reflejaban la actitud oficial asumida por la jefatura de la revolución denunciando al «traidor» que se había presentado «huyendo al castigo de un crimen descubierto».[828] Desde luego, esa opinión sobre Masó Parra no era aceptada por todos y muchos revolucionarios atribuyeron su conducta «a la intolerable persecución que le hiciera el General Máximo Gómez».[829] El agente enviado por el Cuartel General había también dejado saber, a espaldas suyas, que Loynaz, por defender a Masó Parra, «había exacerbado la mala voluntad» que ya existía contra él. Enrique Loynaz no firmó aquella proclama y decidió que este sería un momento oportuno para finalmente emprender camino hacia La Habana para incorporarse a su puesto junto al general *Mayía* Rodríguez.[830]

Las autoridades españolas utilizaron la presentación de Masó Parra con destreza en la prensa mientras el campo insurrecto trataba de restarle importancia. Aunque el hecho era de por sí contundente, en su telegrama al ministro de la Guerra el general Blanco atribuía a Masó Parra un inexistente «parentesco con el titulado Presidente de la República de Cuba» que generó afirmaciones en los periódicos de que era hermano o sobrino de don Bartolomé. Por su parte, el Delegado Tomás Estrada Palma refutaba lo del parentesco pero afirmaba que Masó Parra «hacía ya algún tiempo que había sido enjuiciado y degradado» y que quienes los acompañaron eran pacíficos desarmados.[831] Unos días después la prensa neoyorquina publicó un mensaje de Gómez a Palma en que destacaba

---

zar la presentación de Masó Parra para atraer a su amigo Bartolomé a la autonomía. El biógrafo no aclaró el aparente anacronismo (Pérez Landa, *Bartolomé...*, p. 212).

[828] Loynaz, *Memorias...*, p. 509; Ubieta, *op. cit.*, t. I, pp. 148-9. [Véase el texto completo de la proclama en el Apéndice G].

[829] Collazo, *La Guerra...*, p. 165.

[830] Loynaz, *Memorias...*, p. 509.

[831] "Brother of President Masso", *The New York Times*, 21 de enero de 1898, 1:5; "Noticias oficiales", *Diario de la Familia*, Santa Clara, 22 de enero de 1898, 3:2 [citado en Barcia, *op. cit.*, p. 56].

como un beneficio de la autonomía el haberlo librado en sus filas de «elementos indeseables» como «Masso Parra, Cuervo y otros Majases».[832] Tanto Gómez como Masó Parra llegaron a utilizar burdos infundios para desacreditarse el uno al otro: Masó Parra dijo haberse enterado, por una carta interceptada, que Gómez había pedido ayuda al dueño del ingenio *Cañamabo* para «huir al extranjero», mientras Gómez —según un periódico español— publicó en *El Yara* de Cayo Hueso, que Masó Parra se hallaba «encausado por violación de una niña».[833] Tales "revelaciones" hacen evidente que ambas partes se tomaban algunas libertades con la verdad.

Convertido en la estrella rutilante del gobierno autonómico, Juan Masó Parra viajaba ahora junto al general Aguirre y el gobernador Marcos García y cuando llegaron el día 25 de enero a Placetas fueron vitoreados por el pueblo y Aguirre anunció ante la multitud: «Aquí á nuestro lado está Massó, que viene a cobijarse bajo la bandera española.» La prensa reportó que Masó vestía traje de campo y polainas, llevaba espuelas y revólver de reglamento. Se informó que ese día otros doce hombres armados de la Brigada de Trinidad se habían acogido a la autonomía. Esa misma mañana el acorazado *Maine* anclaba en la bahía de La Habana.[834]

Desde Santa Clara, Masó Parra transmitió un telegrama por vía militar enviando «un respetuoso saludo» al jefe del gobierno español Sagasta, pidiéndole lo hiciera extensivo a la Reina, y reiterándoles su sincera adhesión al gobierno autonómico.[835] El Capitán General Ramón Blanco había iniciado el 24 de enero un viaje de inspección a varios puntos de la isla y el 8 de febrero, de regreso de su periplo por las provincias orientales, se trasladó por ferrocarril desde Sagua la Grande hasta Cienfuegos y de allí por mar a Batabanó para tomar el tren hacia La Habana. En esta última etapa

---

[832] "Dupuy Takes His Leave", *The Saint Paul Globe*, Saint Paul, 16 de febrero de 1898, 1:5.
[833] "Masó en España", *El Globo*, Madrid, 25 de febrero de 1899, 1:5; "Una carta de Máximo Gómez", *La Época*, Madrid, 21 de marzo de 1898, 1:5.
[834] "En Placetas — Impresiones favorables — Massó y su partida — Más presentaciones", *El Imparcial*, 26 de enero de 1898, 3:1; "En Placetas.—Massó y los suyos", *La Época*, 26 de enero de 1898, 1:4.
[835] "Felicitación de un presentado", *La Época*, Madrid, 28 de enero de 1898, 2:2.

de su viaje Blanco viajó acompañado por Juan Masó Parra y su ayudante Feliciano Quesada. En la tarde del día 9, Blanco y su comitiva fueron aclamados a su llegada a la estación capitalina por todas las autoridades civiles y militares y numeroso público.[836]

Durante sus dos años en la Isla de Cuba, el general Valeriano Weyler se había granjeado el odio de muchos, pero también se había ganado las simpatías de una buena parte de la oficialidad del ejército, de los voluntarios y de comerciantes y funcionarios españoles. El anuncio de la autonomía y las primeras medidas tomadas por el nuevo Capitán General Blanco provocaron reacciones amenazantes en los weyleristas; la primera manifestación que organizaron en la Nochebuena de 1897 demostró su determinación a no aceptar los cambios dictados por Madrid con los brazos cruzados. El blanco en esa ocasión lo había sido el *Diario de la Marina* que consecuente con su tradicional postura progubernamental ahora acataba la autonomía. El período navideño ofreció una corta tregua, pero al entrar en el nuevo año los ánimos volvieron a caldearse y ya a principios de enero una escalada de la violencia parecía inminente. La chispa vendría de una fuente inesperada.

El polifacético Ricardo Arnautó Hernández era un conocido periodista criollo que mostraba claras simpatías proespañolas y en cuyos reportajes abundaban los comentarios críticos a la insurrección y a sus dirigentes.[837] Incorporado desde joven al Batallón de Bomberos Municipales, Arnautó había alcanzado el grado de comandante supernumerario; unos meses antes del Grito de Baire —consecuente con su postura integrista—, Arnautó fue padrino de su compañero, el teniente Ignacio Giol y Marín, en un duelo «por cuestiones políti-

---

[836] Domingo Blanco, "De nuestro redactor-corresponsal", *El Imparcial*, 10 de febrero de 1898, 2:1-2; López Allué, "El viaje de Blanco", *Heraldo de Madrid*, 10 de febrero de 1898, 1:3.

[837] En diciembre de 1896 el periódico *La Lucha* publicó una entrevista de Arnautó al célebre Dr. Máximo Zertucha, recién presentado a raíz de la muerte del general Antonio Maceo (Gregorio Delgado Fernández, "Melena del Sur y sus hombres Máximo de Zertucha y Eugenio Molinet", *Cuadernos de historia de la Salud*, no. 82, Ministerio de Salud Pública, La Habana, 1997); Arnautó colaboraba también con los periódicos ponceños *La Democracia*, y *La Libertad* (p. ej.: "La guerra de Cuba. Saturnino Lastra y Varona Murias", *La Democracia*, Ponce, Puerto Rico, 30 de marzo de 1896, 2:4-5; Carmen R. Díaz de Olano, *Félix Matos Bernier: su vida y su obra*, Biblioteca de Autores Puertorriqueños, San Juan, 1955, p. 87).

cas» con el joven cubano y activo conspirador José Manuel Pérez de Alderete y Díaz.[838] Una vez comenzada la guerra, mientras los otros oficiales del cuerpo de bomberos fueron movilizados militarmente, Arnautó parecía entregado a las frivolidades de la sociedad capitalina; se destacó como reportero y hasta escribió una zarzuela durante la primera mitad de 1897. En agosto de ese año Ricardo Arnautó se convirtió en pionero del cine en Cuba al inaugurar el primer cinematógrafo con propietario cubano.[839]

Ricardo Arnautó Hernández, director de *El Reconcentrado*

El anuncio de la concesión de la autonomía pareció operar una sorprendente transformación en Ricardo Arnautó. Mientras sus socios en el negocio del cinematógrafo deslumbraban al público de Pinar del Río, Matanzas, Cárdenas y Cienfuegos con la maravillosa máquina inventada por los hermanos Lumière, Arnautó se preparaba para aprovechar los espacios recién abiertos por la nueva política española.[840] Arrestado a finales de noviembre por sus duras críticas en *La Lucha* por la selección

---

[838] Barcia, op. cit., p. 62; los padrinos de Pérez Alderete fueron Carlos Mendieta y Ramiro Mazorra ("Thirty-eight Killed", *The Los Angeles Times*, 5 de enero de 1897, 1:6; Joaquín Llaverías Martínez, "Juan Manuel Pérez de Alderete", *Boletín del Archivo Nacional*, t. LVII, enero-diciembre de 1958, Talleres del Archivo Nacional de Cuba, La Habana, 1959, pp. 94-105. Barcia reportó haber visto evidencia de que las autoridades españolas sospechaban de Arnautó desde 1895 (*op. cit.*, 62).

[839] Arnautó colaboró con el español Juan Bautista Ubago para escribir la zarzuela cubana "La Familia de Socarrás"; la partitura de la habanera "Ven, vida mía", una canción de la obra, con música de J. Marín Varona, fue publicada por Anselmo López con una dedicación «A las Señoritas Angela y Concepción Arnautó"; un ejemplar fue aceptado por la Biblioteca Nacional de España en julio de 1897; Arnautó, Ubago y un tal Sr. Luna abrieron un cine al lado del Teatro Tacón (Arturo Agramonte y Luciano Castillo, *Cronología del cine cubano, (1897-1936)*, 2 tomos, Ediciones ICAIC, La Habana, 2011, t. I, pp. 49, 402-3); Jean-Claude Seguin Vergara, "Ricardo Arnautó", *Le Grimh*, https://www.grimh.org/index.php?lang=fr.

[840] "El Cinematógrafo", *La Lucha*, 11 de octubre de 1897, p. 5 (citado en Seguin Vergara, *op. cit.*, consultado el 16 de octubre de 2018).

de nuevos jueces autonomistas, Arnautó fue liberado el 3 de diciembre y antes de finalizar ese mes ya había inaugurado su propio periódico con el nombre de *El Reconcentrado* que pronto se convirtió en el peor enemigo de los weyleristas.[841] Después se sabría que aquel «Ricardo Arnautó tenido por traidor y como tal insultado» por los revolucionarios, había estado conspirando desde el principio de la guerra, sustrayendo pertrechos para los mambises y haciendo propaganda para la causa del independentismo bajo el seudónimo de "Juan Criollo" cuyos artículos aparecían en *El Yara* que dirigía José Dolores Poyo en Cayo Hueso.[842]

La irreverencia de Arnautó no parecía tener límites y escandalizaba al elemento integrista no acostumbrado a que la prensa se tomara tales libertades. Arnautó se refería al inspector de policía José Trujillo Monagas como "Monohagas", pero *El Reconcentrado* dedicaba sus más mordaces críticas contra los represores y especialmente contra quienes habían estado implicados en el caso del dentista Ricardo Ruiz, un cubano con ciudadanía americana que había sido arrestado por sospechas de haber dinamitado un tren; incomunicado por doce días y sin que se le permitiera ver al cónsul americano, Ruiz murió en la cárcel de "congestión cerebral". Según «salían para la Península los jefes y oficiales españoles, señalados por su crueldad y separados por Blanco», Arnautó «daba la noticia bajo el título de "Fugas de granujas".»[843] Uno de esos sueltos del 11 de enero atribuía a un «capitán Sr. Sánchez» haber «hecho verter mucha sangre y muchas lágrimas á infinidad de madres cubanas.»[844] Una turba dirigida por oficiales del ejército español y nutrida con voluntarios y otros paisanos afines destruyó los talleres donde se imprimía *El Reconcentrado* y luego se presentaron ante las redacciones de *La Discusión* y el *Diario de la Marina* apedreando esos locales. Durante las dos noches siguientes la ciudad

---

[841] Barcia, *op. cit.*, p. 62; "Havana's Excitement", *Wilkes-Barre Record*, 26 de noviembre de 1897, 2:5.

[842] Manuel Linares, "Los sucesos del 12 de enero de 1898", *Un libro más. Fragmentos de 1881 a 1906*, Imprenta Mercantil, La Habana, 1906, pp. 124-5; "Otro traidor", *La Época*, Madrid, 17 de marzo de 1898, 2:1.

[843] Villoch, *op. cit.*, p. 162; Benigno Souza y Rodríguez, "La prensa revolucionaria y la guerra del 95", *Álbum del Centenario de la Asociación de Reporters de La Habana, 1902-1952*) Editorial LEX, La Habana, 1952, p. 95.

[844] "Fuga de granujas", *La Ciudad de Dios*, Madrid, 20 de enero de 1898, pp. 153-4.

continuó amenazada por esos grupos deambulantes de integristas armados. Un periódico conservador madrileño informó que en la noche de día 12 se escucharon dos disparos en la calle Obispo y que al mediodía siguiente un grupo regresó a apedrear el *Diario* y «un tiro que fue a herir a un transeúnte» se supo había sido disparado por «un dependiente de un comercio».[845] Actuando con tacto y prudencia, Blanco prohibió a los oficiales salir de sus casas y detuvo por pocas horas a los dos principales agitadores, pero la restricción a los militares duró poco y todos los implicados en el motín fueron indultados el día 23. Por Bando del Capitán General el 14 de enero se restauró la censura previa a la prensa en toda la Isla y el 16 se dictó orden de «busca y captura» contra el director de *El Reconcentrado*.[846] Arnautó pudo evadirse y abandonó la Isla pocos días después con rumbo a Nueva York.

Desde mucho antes de estos sucesos, el cónsul general americano, el general Fitzhugh Lee, había pedido a su gobierno el envío de un barco de guerra que pudiese servir para alojar y evacuar, si fuese necesario, a los ciudadanos americanos de la capital en caso de verse en peligro. Washington no había hecho caso a Lee hasta octubre de 1897 cuando comenzó a tomar medidas para poder responder a tal eventualidad. El acorazado *Maine* fue separado de la flota del Norte, pasó a dique seco para limpiarle el fondo y pintarlo y cargado sus depósitos con el mejor carbón pasó a mediados de diciembre a Cayo Hueso. El cónsul Lee acordó con el capitán del *Maine* una simple clave que consistía en dos frases que pudiesen pasar inadvertidas en la oficina del cable: una para poner el barco en estado de alerta y listo para partir en dos horas y la otra para que se dirigiera inmediatamente a La Habana.[847]

El cónsul Lee nunca llegó a usar la segunda frase de su código para llamar al *Maine*. El 1º de diciembre había recibido informes

---

[845] "Lo ocurrido en La Habana", *El Correo Militar*, 14 de enero de 1898, 2:2-3.

[846] Los agitadores encausados eran Zacarías Brezmes y Jesús María Trillo, el primero era escribano y teniente coronel supernumerario de bomberos municipales —el mismo cuerpo al que había pertenecido Arnautó—, y el segundo era un ex cochero devenido rico concejal (Linares, *op. cit.*, pp. 119-27; "Indulto a los complicados en el motín", *El Imparcial*, 25 de enero de 1898, 1:2).

[847] Peggy and Harold Samuels, *Remembering the* Maine, Smithsonian Institution Press, Washington, 1995, pp. 44-5.

de su cónsul en Matanzas sobre «una extensa y peligrosa conspiración» contra los americanos, pero Lee decía estar acostumbrado a escuchar tales rumores «con más o menos frecuencia» sin ignorarlos, pero sin alarmarse. Lee tampoco vio en los disturbios de la Nochebuena una amenaza hacia los americanos y aunque durante los motines del 12 de enero había telegrafiado la primera frase a Cayo Hueso para poner al *Maine* en alerta cuando le llegaron informes de que entre los amotinados alguien propuso marchar sobre su consulado, el veterano oficial del Ejército de los Estados Confederados se mantuvo ecuánime y tales amenazas no se materializaron. Ni el atentado contra Marcos García ni los desórdenes en la ciudad de Cienfuegos a mediados de mes motivaron a Fitzhugh Lee a movilizar al acorazado. La decisión de enviar el *Maine* a La Habana se tomó en Washington y se transmitió a Lee el 24 de enero de 1898. Lee respondió pidiendo se pospusiera la visita por unos «seis o siete días» para dar tiempo a que se calmaran los ánimos, pero su petición no surtió efecto; ya el *Maine* navegaba hacia la Isla de Cuba.[848]

El domingo 30 de enero, unos días antes de la llegada a La Habana del Capitán General Blanco y Masó Parra, el capitán del *Maine*, Charles D. Sigsbee, fue agasajado con un almuerzo en el Havana Yacht Club en Marianao y de allí tomó el tren hacia La Habana. Sigsbee, el cónsul Lee, un cadete y tres oficiales del *Maine* tenían un palco reservado para la corrida de toros en la plaza de Regla por gentileza del Segundo Cabo, general Julián González Parrado, para ver al célebre espada Luis Mazzantini matar bovinos. Al bajar del tren para dirigirse al muelle de Luz a tomar la lancha de Regla, un hombre se acercó al capitán Sigsbee y le entregó un papel impreso sin decir palabra. Era un volante dirigido a los españoles enumerando los supuestos insultos y humillaciones recibidos que unidos al vejamen que representaba el que los americanos mandaran «uno

---

[848] Correspondencia entre el cónsul general Lee y el secretario de Estado William Rufus Day de 3 de diciembre de 1897, 13, 24 y 25 de enero de 1898 (United States. Cong. House. *Condition of the Reconcentrados in Cuba, the State of the War and the Country, and the Prospects of Projected Autonomy in that Island, Message from the President, April 11, 1898*. 55th Cong. 2nd sess. Doc. 406. Washington, GPO, 1898, pp. 11, 19, 84); "Desórdenes en Cienfuegos", *El Imparcial*, 18 de enero de 1898, Madrid, 1:2; Samuels, *op. cit.*, pp. 45-6.

de los barcos de guerra de su podrida escuadra» eran motivo por el cual había llegado «el momento de la acción» contra los «mal nacidos autonomistas» y los «cochinos yankees». Terminaba el escrito con vivas a España y a Weyler y mueras a la autonomía y a los americanos.[849]

Esa misma noche la violencia separatista también se hizo sentir: cerca de la medianoche explotó una bomba en el barrio de Jesús del Monte que se escuchó en casi toda la ciudad. El artefacto había sido colocado en la casa del integrista Miguel Díaz quien había sido alcalde de la ciudad; el edificio sufrió «muchos desperfectos», aunque Díaz y su familia resultaron ilesos. El autor del delito fue identificado como el joven Luis Coro Lazo quien había sido enviado por Weyler a la prisión africana de Chafarinas y recientemente amnistiado por el decreto de Blanco. La prensa reportó que el atentado se creía motivado por alguna «venganza personal».[850]

El gobierno autonómico se esforzaba por alcanzar una legitimidad que nadie parecía otorgarle. Siguiendo las reglas de etiqueta naval, el capitán Sigsbee había visitado al comandante del apostadero, y en ausencia del Capitán General, al segundo cabo. Para su sorpresa, Sigsbee fue notificado de una queja recibida en Washington por no haber visitado a los miembros del gobierno autonómico insular. Cuando Blanco regresó a la capital, Sigsbee asistió a una recepción ofrecida en Palacio donde pudo conocer a los secretarios del despacho. Durante su visita oficial a Blanco el día siguiente, Sigsbee invitó a los secretarios a visitarlo a bordo de su barco; durante esta visita —y después de intercambiar los brindis de rigor— el gentil capitán invitó también a sus familiares y amistades. El próximo día «todas las familias de los secretarios del despacho,

---

[849] Charles D. Sigsbee, *The "Maine". An Account of her Destruction in Havana Harbor*, The Century Co. New York, 1899, pp. 31-7; "Los yankees en los toros", El Imparcial, Madrid, 1º de febrero de 1898, 1:2; "The Maine's Officers Feted", *The Times*, Philadelphia, 31 de enero de 1898, 1:2.

[850] "Una explosión en la Habana", *El Imparcial*, Madrid, 1º de febrero de 1898, 1:2; "Bomb Exploded in Havana", *The Brooklyn Daily Eagle*, 31 de enero de 1898, 1:4. No encontramos su nombre en las listas conocidas de deportados a África pero puede haberse integrado al trabajo bajo la República pues un Luis Coro presidía en 1913 una asociación llamada Fomento Pecuario, dedicada al crecimiento de la ganadería en la Isla (Bureau of the American Republics, *Bulletin of the Pan American Union*, v. XXXVII, No. 5, Washington, GPO, 1913, p. 762).

acompañadas de señoras distinguidas de la capital» fueron obsequiadas por el capitán y sus oficiales con un espléndido *lunch*. Nadie se lo imaginaba entonces, pero estas damas serían las últimas personas en visitar el *Maine*; era el 14 de febrero de 1898.[851]

Mientras en La Habana continuaban las tensiones, en Washington y Madrid nadie se hacía ilusiones sobre el rumbo que tomaban los acontecimientos. Los diarios neoyorquinos que personificaban la llamada "prensa amarilla" abogaban por la guerra y se disputaban el favor de la Junta cubana haciéndose eco de la propaganda independentista.[852] Sus artículos y noticias eran reproducidos por otras publicaciones a través del país lo cual magnificaba su poder para moldear la opinión pública nacional a favor del expansionismo beligerante. El hambre y las enfermedades producto de la política de reconcentración impuesta por Cánovas y Weyler habían predispuesto a muchos contra España y creado presiones sobre la Casa Blanca para cambiar el paisaje político en el Caribe. Los recientes movimientos de la flota y crecientes exigencias al gobierno español auguraban el conflicto.

Estas señales se interpretaban con claridad en España, pero su gobierno estaba escaso de recursos y no podía moverse con la celeridad que requerían las circunstancias. Por ejemplo, las comunicaciones entre La Habana y la Península pasaban por Cayo Hueso, algo inaceptable en caso de guerra, pero aunque la necesidad de un cable directo a Cuba se venía discutiendo desde principios de 1896, este nunca se materializó y España tuvo que depender de otros países para comunicarse con Cuba durante la guerra.[853] Des-

---

[851] Sigsbee, *op. cit.*, pp. 48-54; "A bordo del Maine. — Los secretarios. — Dos brindis. — Los Estados Unidos y España", *Heraldo de Madrid*, 13 de febrero de 1898, 1:4; "Fiesta en el Maine—Señoras a bordo", *Heraldo de* Madrid, 14 de febrero de 1898, 1:3.

[852] Los dos principales eran *The World*, de Joseph Pulitzer, y el *New York Journal*, de William Randolph Hearst.

[853] Dos líneas de Santiago de Cuba a Jamaica llegaban a España vía Puerto Rico-Saint Thomas-San Cristóbal-Antigua-Guadalupe-Dominica-Martinica-Santa Lucía-San Vicente-Granada-Barbados-Trinidad-Guyana inglesa-Vizeu-Sao Luis-Ceará-Recife, y de aquí continuaban vía Senegal-Canarias-Cádiz o Cabo Verde-Madeira-Lisboa. Desde el 1º de febrero de 1898 España pudo utilizar una vía enteramente inglesa gracias a la apertura de un nuevo cable submarino entre Jamaica y la Islas Turcas que ya estaban conectadas con Halifax y de allí a Londres. Desde luego, cada escala ofrecía una oportunidad a la inteligencia americana para interceptar los mensajes. (B. Donnet, "Los cables telegráficos ultramarinos de España en ultramar", *Revista de Obras Públicas*,

gastada anímica y económicamente por las guerras coloniales en Cuba y Filipinas, España simplemente no estaba en condiciones de enfrentar una guerra con los Estados Unidos. Los envíos de tropas a la Isla se reanudaron en alguna medida; se trató, con muy poco éxito, de negociar nuevos préstamos para preparar la flota; se exploraron posibles alianzas con otras monarquías vecinas; se accedía, una tras otra, a las interminables demandas de Washington, pero la situación continuaba empeorando. El 9 de febrero el *Journal* publicó una carta del ministro español en Washington, Enrique Dupuy de Lôme, al político y periodista liberal José Canalejas Méndez que contenía críticas irrespetuosas al presidente americano William McKinley. La carta había sido robada a Canalejas durante su estancia en Cuba y entregada a la Junta en New York. La prensa se cebó con el documento y por medio de un amigo mutuo Hearst hizo llegar el ofensivo original al propio McKinley. Naturalmente, Dupuy de Lôme renunció, pero Washington exigió que Madrid deplorara y desautorizara «el lenguaje y los sentimientos» de la carta de su ministro. España sostenía que tal demanda era improcedente porque la carta de Dupuy no tenía carácter oficial sino personal; pero el lenguaje de los mensajes americanos se tornaba tan «terminante y de mal augurio» que un periódico lo comparó al de «los buscadores de duelos, los barateros de profesión». Finalmente, España accedió una vez más y entregó al ministro americano la enojosa rectificación para evitar un desenlace violento. La nota tenía fecha del 15 de febrero.[854] Esa noche voló el *Maine*.

A las 9:40, con un estruendo que estremeció a la ciudad, el acorazado *Maine* explotó en la bahía de La Habana. El barco se hundió casi completamente y los muertos ascenderían a 266. Aunque todavía no se ha establecido satisfactoriamente la causa del desastre, a nadie sorprendió que los españoles lo atribuyeran a una explosión accidental interna y los americanos a un acto criminal. Las investigaciones y especulaciones ocuparon varias semanas, pero la

---

Año XLV, núm. 1184, 2 de junio de 1898, pp. 331-5); "Un nuevo cable", *El Imparcial*, Madrid, 2 de febrero de 1898, 3:2-3.
[854] Ramón Infiesta Bages, *La verdad sobre la carta de Dupuy de Lome*, Imprenta Cultural, S. A., La Habana, [¿1938?], pp. 25-51; "La Carta", *Heraldo de Madrid*, 15 de febrero de 1898, 1:1.

suerte estaba echada: la entrada de los Estados Unidos en el conflicto hispano-cubano no tardaría mucho.

El 23 de febrero, vistiendo «pantalón de casimir claro, chaquet de armour negro» y luciendo sombrero y bastón de sportman, Juan Masó Parra fue recibido atentamente en el Palacio capitalino por los edecanes del general Blanco y estuvo conferenciando con el Capitán General toda la mañana. La noticia la publicó el *Diario del Ejército* quien describió al cubano como un joven de elegante porte, modales finos y que se expresaba bien. Masó Parra salió confiado en que podría ofrecer «toda clase de garantías y seguridades, de todo género» a sus antiguos compañeros[855] y dos días después publicó en el diario *La Discusión* una proclama destinada «A los cubanos en armas» instándolos a convertirse de «soldados de la revolución» en «soldados de la paz en el campo autonómico» que ahora les garantizaba ser «dueños de nuestros propios y peculiares intereses». Para facilitar tal decisión Masó Parra razonaba que

> «La tenacidad no es racional cuando es estéril para lo que se persigue. No hay decoro sacrificado ni honra ofendida cuando la razón con su acento de verdad nos dice que la paz nace rodeada de libertad y glorificada por la concordia de todos los cubanos.»[856]

El texto fue reproducido por periódicos de provincias y llegó a las filas de los insurrectos.[857] Pero ante la destrucción del *Maine* y la clara expectativa de una guerra inminente, la autonomía era ahora un producto muy difícil de vender. Esto se pudo comprobar pocos días después con un sonado intento de presentación que no salió bien.

Los hermanos Vicente y Antonio Núñez Martínez y Cándido *"Cayito"* Álvarez se habían alzado en Las Villas entre agosto y septiembre de 1895.[858] Se unieron a la Columna Invasora de Antonio Maceo donde probaron su valentía primero y su indisciplina después. Vicente Núñez se destacó también por su excepcional co-

---

[855] Ubieta, *op. cit.*, t. I, p. 365; "Cuban General Masso Confers with Marshall Blanco", *The New York Times*, 24 de febrero de 1898, 2:5.

[856] "Un manifiesto de Massó", *El Imparcial*, Madrid, 26 de febrero de 1898, 1:2; Cuba, Academia de la Historia, *Papeles...*, t. II, pp. 345-6. [Texto completo en el Apéndice H].

[857] ANC, Donativos y remisiones. Caja 276, N. 3, Diario de Fermín Valdés Domínguez, desde el 5 al 19 de marzo de 1898, libreta 65, f. 53.

[858] Loynaz, *Memorias...*, p. 192.

nocimiento del terreno y sentido de orientación guiando la columna ora para evadir, ora para sorprender al enemigo; por otro lado, a él y a *Cayito* Álvarez se les atribuían graves desmanes y abusos de poder.[859] Los dos alcanzaron el grado de teniente coronel, pero también darían motivos en ocasiones para ser reprimidos por abandonar sus puestos sin permiso y por desobedecer órdenes.[860] Vicente Núñez y *Cayito* Álvarez operaban a principios de 1898 en la Brigada de Cienfuegos bajo el mando del brigadier Higinio Esquerra Rodríguez cuando entraron en negociaciones con las autoridades para acogerse a la autonomía con la fuerza a su mando. El 13 de marzo, en las afueras del pueblo de la Esperanza aguardaban quienes los recibirían para conducirlos ante el general Ernesto Aguirre: el gobernador civil Marcos García; el ayudante de Aguirre, coronel Álvarez Chacón; el alcalde de la Esperanza, Leoncio Núñez y los otrora oficiales mambises Juan Masó Parra y José Loreto Cepero. Álvarez y Núñez habían mantenido sus intenciones en secreto contando con poder persuadir a sus hombres con la promesa de un pago en efectivo si aceptaban presentarse o la amenaza de muerte si rehusaban. Como la tropa ya sospechaba que sus jefes ocultaban algo, estaban preparados para reaccionar ante aquel anuncio y abrieron fuego sobre ellos resultando muertos tanto *Cayito* y Vicente Núñez como el comandante Joaquín González; el comandante Antonio Espinosa resultó herido al tratar de huir, pero fue capturado, juzgado y ejecutado por su participación en el complot.[861]

El General en Jefe creyó que para contrarrestar el efecto de la presentación de Masó Parra sería conveniente llevar a cabo una operación militar de envergadura para demostrar que el Ejército

---

[859] Valdés Domínguez, *Diario...*, t. III, p. 316; Gómez, *La insurrección...*, pp. 143-4.

[860] Algunos autores aplican el grado de coronel a Antonio Núñez (Escalante Colás, *op. cit.*, t. I, p. 269) que pudo habérsele otorgado al principio de la campaña, antes que el Consejo de Gobierno tuviera que aprobar tales ascensos; en las Actas del Consejo no aparece su nombre; su hermano Vicente y *Cayito* Álvarez habían sido propuestos por *Mayía* Rodríguez para coroneles en marzo de 1897, pero Máximo Gómez había rechazado la propuesta (Valdés Domínguez, *Diario...*, t. III, p. 316).

[861] Se dijo que el pago sería de «6 centenes a los soldados, 15 y 20 a las clases, 20, 40 hasta 60 a los oficiales y 100 a los jefes» y que Cayito recibiría «2,500 pesos de oro». Quienes destruyeron los planes de Álvarez y Núñez fueron honrados en un acto público en el Cuartel General y luego ascendidos al grado próximo superior. (ANC, Donativos y remisiones. Caja 277, N. 1, Diario de Fermín Valdés Domínguez, libreta 66, desde el 17 de marzo al 14 de abril de 1898).

Libertador estaba aún pujante y activo. La misión estaría a cargo de José Miguel Gómez quien fue ascendido a general de división con jurisdicción sobre Sancti Spíritus y Trinidad. El general espirituano ordenó una concentración de las tropas a su mando y con ellas sembró el pánico el 18 de febrero en el Valle de los Ingenios incendiado el central *Cañamabo* y retirándose con un cuantioso botín.[862]

Más allá de haber sido un asunto que afectaba «el prestigio del Ejército», para el general Máximo Gómez la presentación de Juan Masó Parra pudo tener también características de afrenta personal. Las decisiones para dar a Rego el mando de la Brigada, para destituir a Masó Parra y para nombrar a Menocal para encausarlo las había tomado el propio Máximo Gómez y sus órdenes las había despachado Carrillo desde el propio Cuartel General del General en Jefe; esta era —como todo lo que tuviese que ver con Masó Parra— una operación dirigida por *El Viejo*. El informe inicial de Menocal confirmaría que el traspaso del mando de la Brigada se había consumado sin dificultades y que el auditor había encontrado evidencia para procesar a Masó Parra. Todo parecía marchar bien hasta la llegada del sorpresivo anuncio de la presentación de Juan Masó Parra con 110 de sus hombres. La reacción del general Gómez no se haría esperar: habría que castigar a aquellos que faltaron a su deber cuando pudieron haber actuado para «impedir la deserción y castigar al culpable de modo enérgico». A tal efecto, el General en Jefe cursó orden de arresto contra el brigadier Rego que cumplió el teniente coronel Enrique Villuendas el 16 de febrero —cuando Rego ya se dirigía espontáneamente en busca del General en Jefe; Rego llegó al Cuartel General de Gómez el 6 de marzo de 1898 y el día siguiente se nombró al coronel Melchor Loret de Mola juez instructor en la causa contra él y el coronel Juan Manuel Menocal; el auditor había regresado al cuartel general del 4º Cuerpo, pero Máximo Gómez informó al general Carrillo que ya tenía a Rego y que Menocal debía presentarse también «para aclarar los hechos»; Juan Manuel Menocal llegó al Cuartel General el día 18 y fue arrestado.[863] El proceso Rego-Menocal reveló muy poca in-

---

[862] Villuendas, *op. cit.*, p. 342.
[863] ANC, Donativos y remisiones. Caja 276, N. 3, Diario de Fermín Valdés Domínguez, desde el 5 al 19 de marzo de 1898, libreta 65, ff. 10, 10 vuelta, 53 y Caja 568 N. 21, 19 de febrero de 1898 a 6 de marzo de 1898, libreta 64 sin foliar; Villuendas, *op.*

formación adicional sobre la presentación de Masó Parra y para llegar a un resultado satisfactorio a los deseos del General en Jefe el tribunal tuvo que obviar algunos conflictos entre las acusaciones y los hechos. Como se verá, esto sólo pudo lograrse con la colaboración de uno de los encausados.

Una vez revisado el informe del juez instructor coronel Loret de Mola, el auditor teniente coronel Orestes Ferrara estuvo de acuerdo en que se debía nombrar un tribunal y fiscal para la celebración de un consejo de guerra contra los encausados Rego y Menocal y el 25 de marzo el General en Jefe anunció la composición del tribunal que sería presidido por el general de división José Miguel Gómez sirviendo como fiscal el brigadier Rogelio Castillo y como vocales los teniente coroneles Enrique Villuendas de la Torre, Rafael de Armas Montenegro, Irene Cervantes Salcedo y Luis Yero Miniet. Los reos fueron conducidos al campamento del general José Miguel Gómez en la finca *La Crisis* donde se celebró el juicio militar el día 27. Menocal nombró defensor al teniente coronel Francisco Díaz Silveira y Rego al teniente gobernador de Santa Clara, Marco Aurelio Cervantes; el desempeño de estos defensores no dejó huellas en el proceso.[864]

Al anunciar el proceso contra Rego y Menocal el general Máximo Gómez los había calificado de «responsables del delito de deserción cometido por el Cl. Juan Masó Parra»;[865] específicamente, Menocal fue acusado de incumplimiento de una orden —que se atribuyó al general Francisco Carrillo— de arrestar a Masó Parra y remitirlo al cuartel general del 4º Cuerpo y Rego de «debilidad y negligencia» por haberle permitido ir «libre, con sus armas y sin guardia que lo vigilara».[866] El cargo contra Rego se reducía, en el

---

cit., p. 341; carta de Gómez a Carrillo de 8 de marzo de 1898, Gómez Báez *Cartas*..., p. 206.

[864] ANC, Donativos y remisiones. Caja 277, N. 1, Diario de Fermín Valdés Domínguez, desde el 17 de marzo al 14 de abril de 1898, libreta 66, f. 25v; Villuendas, *op. cit.*, pp. 344-5; Academia de la Historia de Cuba, *Actas*..., t. II, p. 103.

[865] ANC, Donativos y remisiones. Caja 276, N. 3, Diario de Fermín Valdés Domínguez, desde el 5 al 19 de marzo de 1898, libreta 65, f. 10.

[866] Según la acusación del fiscal, Menocal y Rego habían violado los artículos 156 y 163, respectivamente, «de la *Ley Penal* que nos rige», estas referencias no concuerdan con la Ley Penal de Cuba aprobada el 28 de julio de 1896 y presentada años después como la última en vigor durante la República en Armas (República de Cuba, *Docu-*

peor de los casos, al haber cometido un error de juicio por no haber adivinado la intención de Masó Parra.[867] La falta imputada a Menocal era más grave, pero el auditor negó la existencia de la orden de remitir a Masó Parra arrestado ante el general Carrillo. Menocal sí había arrestado a Masó Parra inicialmente como medida previa a celebrarle un consejo de guerra, pero después había comprobado que los contactos del brigadier con las poblaciones ocupadas por el enemigo estaban autorizados por el propio General en Jefe. Naturalmente, una vez establecido que Masó Parra estaba «libre de toda responsabilidad criminal» ya no había motivo para mantenerlo preso y sólo restaba transmitirle la orden de acudir al cuartel general de Carrillo, no en calidad de detenido, sino «á recibir órdenes»; esto fue precisamente lo que hizo Menocal. El tribunal los halló culpables, pero tomando en consideración como circunstancias atenuantes la conducta, antecedentes e historia militar intachables de los acusados, condenó a Rego a cuatro meses de destierro fuera del 4º Cuerpo y a Menocal a tres meses y seis días de arresto. El fiscal Rogelio Castillo acompañó a los condenados hasta el Cuartel General de Máximo Gómez quien despachó al brigadier Alfredo Rego «para el Camagüey» y al coronel Juan Manuel Menocal para la Brigada de Remedios a cumplir sus respectivas penas.[868]

Pocas semanas después de ese triste proceso uno de los miembros del tribunal encontraría motivos para arrepentirse de aquellas sentencias. El joven abogado que había servido de secretario en el proceso, Enrique Villuendas, había sido compañero de Juan Manuel Menocal en la Universidad y cuando lo vio preso en el Cuartel

---

mentos históricos, Imprenta y Papelería de Rambla, Bouza y Ca., La Habana, 1912, pp. 100-22; Méndez Capote, *op. cit.*, t. I, pp. 61-89). Como las figuras delictivas representadas por los artículos citados existen también en la Ley Penal de 1896 (en sus artículos 74 y 77), esta anomalía no resulta relevante a los efectos de esta investigación y queda resolverla —si ya no lo ha sido— a especialistas en jurisprudencia cubana.

[867] En otra ocasión, durante un proceso similar —contra el coronel José Agramonte—, su abogado defensor, Valdés Domínguez, protestó porque el reo había sido «escoltado» (ANC, Donativos y remisiones. Caja 276, N. 4, Diario de Fermín Valdés Domínguez, desde el 31 de mayo al 27 de junio de 1898, libreta 69, f. 2v.

[868] Castillo y Zúñiga, *op. cit.*, pp. 248-50; ANC, Donativos y remisiones. Caja 277, N. 1, Diario de Fermín Valdés Domínguez, desde el 17 de marzo al 14 de abril de 1898, libreta 66, ff. 48 vuelta, 49 y 49 vuelta; carta de Menocal a Carrillo de 31 de diciembre de 1897 (Masó Parra, *Primera...*, pp. 59-60).

General del Ejército una semana antes del consejo de guerra Menocal le había puesto al tanto de su situación y lo comprometió para su defensa. Poco después, Máximo Gómez había informado a Villuendas que lo había nombrado vocal del consejo de guerra; el joven había decidido «quedar de Vocal para hacer algo por Juan Manuel» y se sentía satisfecho de haber votado por la menor pena «y si no la absolución era porque legalmente había faltado» pues Villuendas, como el resto del tribunal, había aceptado la existencia de una orden que Menocal no había cumplido: «que Masó Parra fuera arrestado y remitido al Cuartel General del Cuarto Cuerpo».

Después de todo, el consejo de guerra se había celebrado por decreto del propio general Máximo Gómez y la acusación contra Menocal se fundamentaba únicamente en su incumplimiento de aquella orden. Sobre el origen de la orden no puede quedar duda pues el jefe de despacho de Máximo Gómez comentó en su diario que a Menocal se le siguió esa causa «por no haber cumplido las órdenes del G[eneral en Jefe].»[869] Durante el juicio, Menocal había negado la existencia de tal orden, pero el tribunal no hubiera podido dar crédito al auditor sin impugnar directamente la credibidad del General en Jefe; todos, prudentemente, habían optado por responsabilizar a Menocal.

Pocas semanas después, en cumplimiento de una comisión, Enrique Villuendas hubo de dirigirse al territorio de la Brigada de Remedios en busca de su jefe el brigadier José González Planas con quien se reunió el 19 de abril de 1898 en su campamento en *Jobo Rosado*. Allí Villuendas encontró a Juan Manuel Menocal quien cumplía su sentencia al cuidado del

General José González Planas, jefe de la Brigada de Remedios

---

[869] En su diario, Valdés Domínguez utilizaba indistintamente las abreviaturas «G. en J.» o simplemente «G.» para exclusivamente referirse al General en Jefe Máximo Gómez (ANC, Donativos y remisiones. Caja 276, N. 3, Diario de Fermín Valdés Domínguez, desde el 5 al 19 de marzo de 1898, libreta 65, f. 53).

general González Planas. Villuendas encontró a su «querido amigo» «cada vez más afectado por su condena» y después de escucharlo comentó en su diario,

> «Hoy que conozco por él mismo todos los detalles y todos los antecedentes de la cuestión, lo absuelvo moralmente y lo admiro, porque se ha sacrificado por el Gral. en Jefe, por el Gral. Carrillo y por el Brigadier Rego; es decir, por dos ingratos (o desmemoriados) y por un... Me prometo, desde hoy, trabajar por él y lograr en Reunión su justa absolución.»[870]

En Washington, el dictamen de la comisión naval americana investigadora del desastre del *Maine* confirmó los temores de Madrid al afirmar que la causa había sido «una explosión externa, producto de una mina submarina».[871] El 10 de abril de 1898, Madrid anunció una «suspensión de hostilidades» unilateral que fue inmediatamente rechazada por los cubanos en armas y no varió en nada el mensaje que el presidente William McKinley entregó al Congreso el 11 de abril pidiendo autorización para hacer uso de las fuerzas militares y navales para poner fin a las hostilidades en Cuba. En respuesta, el Congreso aprobó el día 18 una resolución conjunta que exigía a España renunciar a su autoridad y gobierno en Cuba y el retiro de sus fuerzas de la Isla, concedía poderes al Presidente para lograr su pacificación, reconocía que «el pueblo de Cuba es y debe ser libre é independiente» y afirmaba el propósito de los Estados Unidos de «dejar el dominio y gobierno de la Isla al pueblo de esta, una vez realizada dicha pacificación»; McKinley la firmó el día 20 de abril y las relaciones diplomáticas cesaron el día siguiente. Los embajadores de España y de Estados Unidos, hicieron sus maletas, pidieron sus pasaportes y se retiraron al Canadá y a Francia, respectivamente.[872] Agotadas las otras opciones, ahora hablarían los cañones.

---

[870] Villuendas, *op. cit.*, pp. 346-7.
[871] United States. Cong. Senate, *The report of the naval Court of inquiry upon the destruction of the United States battle ship* Maine *in Havana Harbor, February 15, 1898, together with the testimony taken before the Court, Message from the President, April 11, 1898*. 55th Cong. 2nd sess. Doc. 207. Washington, GPO, 1898.
[872] España, *Documentos presentados á las Cortes en la legislatura de 1898 por el ministro de Estado*, Tipolitografía de Raoul Péant, Madrid, 1898, pp. 171, 195-6, 197, 199.

Coronel de Movilizados Juan Masó Parra, jefe de la Brigada Cuba Española

XX - *La Brigada Cuba Española*

Juan Masó Parra y el general Blanco se reunieron en Palacio el 23 de abril de 1898. La prensa reportó que Juan Masó Parra ya estaba «reuniendo tres mil cubanos que se disponen á pelear contra los yankees». En realidad, eso no reflejaba en toda su extensión los ambiciosos planes del cubano quien luego explicaría:

«…me presenté al general Blanco ofreciéndome á formar la vanguardia de un cuerpo de 15,000 hombres que invadiese el territorio de la Florida, llevando a sus poblaciones y campos todo el daño que hubiera sido preciso para traer consigo el hecho poco dudoso de que los utilitarios y positivistas norteamericanos hubieran impuesto a sus gobernantes la terminación de la guerra…»[873]

Capitán General Ramón Blanco y Erenas, marqués de Peña Plata

El Capitán General Ramón Blanco carecía de transportes para tal operación pero la idea de Masó Parra de crear una nueva entidad militar sí se formalizó dos días después con una Orden General emitida por Blanco para la creación de «una brigada de fuerzas movilizadas que se denominará "Cuba Española"».[874] Blanco dijo basar su decisión en el gran número de cubanos «leales» que pedían un «puesto de peligro para defender» a España en la guerra con los Estados Unidos y confirió el mando y organización de esa fuerza a Juan Masó Parra. La Brigada constaría de cuatro batallones de seis compañías de infantería y una

---

[873] "Masó en España", *El Globo*, Madrid, 25 de febrero de 1899, 1:5, 2:1.
[874] "En favor de España", *El Imparcial*, Madrid, 25 de abril de 1898, 2:1; "Madrid report about Masso", *The New York Times*, 25 de abril de 1898, 2:3.

guerrilla de caballería cada uno y tendría su centro «en el territorio de las Villas» subordinada directamente al Comandante en jefe del Cuerpo de Ejército de Las Villas, el general Ernesto Aguirre, quien debía facilitar las armas, municiones y otros equipos a petición del coronel Masó Parra quien también decidiría el vestuario y distintivos de las fuerzas.[875]

Masó Parra asumió su nueva responsabilidad con la misma energía que había desplegado cuando servía en el Ejército Libertador. El mismo 25 de abril Masó Parra publicó en el diario *La Lucha* una nueva proclama exhortando a sus compatriotas a «rechazar al enemigo procaz de nuestra raza, que con falsos pretextos de amistad y filantropía trata de poner su planta invasora en esta tierra», explicando que las «diferencias políticas deben morir ante el *Fenicio* americano» y extendiendo una invitación: «quien a mi lado quiera tomar plaza para combatir al invasor, venga en buena hora: hay lugar para todos los cubanos.»[876] El cuartel general de la Brigada se acomodó en el número 260 de la calle San Miguel y el banderín de enganche en el Asilo de Mendigos que estaba anexo a la Casa de Beneficencia.[877] En la noche del 27 de abril una «nutrida comisión» encabezada por el alcalde del barrio de San Lázaro visitó las oficinas de la Brigada para manifestar a Juan Masó Parra «la viva simpatía» con que los vecinos veían su actitud y el celo con que se disponía a enfrentar al invasor extranjero; la visita terminó dando vivas a España, a la Brigada y al general Blanco y con

---

[875] "Orden General del Ejército del día 25 de abril de 1898, en la Habana", Archivo General de la Administración (en adelante, AGA), Marina, Caja 2444, carpetilla 59. [Texto completo en el Apéndice I.] Un borrador manuscrito de esta Orden, fechado el día 24, asignaba originalmente a la Brigada el nombre de «Milicias Españolas en Cuba» que después se convirtió en «Cuba Española» (AGMM, Ultramar. Capitanía General de Cuba, Caja 4518, Brigada Cuba Española (1898), carpetilla 6).

[876] Quintana, "Los que traicionaron…", p. 171; "Patriotismo de un insurrecto", *La Correspondencia Militar*, Madrid, 8 de junio de 1898, 2:5. [Texto en Apéndice J.]

[877] El estado mayor lo formaron inicialmente el excomandante de la Brigada de Trinidad, Feliciano de Quesada, el capitán ayudante Juan G. Montenegro, Gabriel Guerra Santos, Serafín Falcón, Miguel Barosela y los hermanos Aurelio, Manuel y Teodoro Sánchez Bretón (Quintana, "Los que traicionaron…", pp. 97, 171). Quintana ofrece también noticias de un motín de los nuevos reclutas en La Habana que fue controlado por Gabriel Guerra Santos «batiéndose él solo a sablazos con los sublevados», pero no hemos encontrado noticias de este hecho en los documentos oficiales.

una charanga tocando a su manera los acordes de la marcha de Cádiz.[878]

Algunos autonomistas —incluyendo a quienes habían sido blanco de sus operaciones militares— desconfiaban de su sinceridad y manifestaron su rechazo a Juan Masó Parra, pero la disposición del antiguo insurrecto a defender al gobierno contra los americanos le ganó nuevas simpatías.[879] Así, por moción del presidente del consejo de administración, José María Gálvez, el gobierno autonómico acordó obsequiar a Juan Masó Parra la bandera de la Brigada Cuba Española.[880] A cuarenta y ocho horas de su nombramiento, Masó Parra entregó a Blanco una lista de jefes y oficiales para el primer batallón de la Brigada y el 4 de mayo tuvo un «recibimiento entusiasta» en Santa Clara donde permanecería un par de días organizando las fuerzas para luego pasar por Cienfuegos a visitar al general Aguirre antes de regresar a la capital.[881] La agresiva campaña de reclutamiento produjo inmediatos resultados: el 28 de mayo Masó Parra trajo en tren especial desde La Habana hasta Cruces al primer batallón que contaba «ocho cientos individuos de tropa y sesenta y seis Jefes y Oficiales» con su jefe, el teniente coronel Francisco Rodríguez Miranda; por orden del general Aguirre, Masó Parra condujo este batallón a Sagua la Grande donde «las clases sociales» le brindaron un cariñoso recibimiento. El segundo batallón, al mando del teniente coronel Rogelio Robaina, ya había llegado a Santa Clara y el jefe militar de esa plaza confirmó también el 7 de junio la llegada del tercer batallón con 700

---

[878] "Manifestación de entusiasmo", *La Lucha*, 28 de abril de 1898, ANC, Asuntos políticos, "Recortes de periódicos sobre diversos asuntos del 22 de abril al 6 de junio de 1898, Legajo 287, Signatura 4 (cortesía de José Antonio Waugh Castellanos).

[879] Según carta de Spotorno a Marcos García de 28 de febrero de 1898, el importante propietario trinitario Antonio Torrado González-Llorente se había negado a alojar a Masó Parra en su casa y ninguno de los prohombres del autonomismo pasó a saludarlo; Spotorno se quejaba de que Masó Parra, a su vez, los acusaba de "desafectos y de ser separatistas encubiertos (AGMM, Asuntos generales de Cuba, caja 23, *apud*, Rolando Rodríguez García, *Cuba. La forja de una nación*, tres tomos, Editorial de Ciencias Sociales, La Habana, 2005, t. III, pp. 417, 431).

[880] Noticia comentada por Valdés Domínguez de un ejemplar del periódico *El Fénix*, de Sancti Spíritus (ANC, Donativos y remisiones. Caja 276, N. 4, Diario de Fermín Valdés Domínguez, libreta 69, desde el 31 de mayo al 27 de junio de 1898, f. 31).

[881] Oficio de Masó Parra a Blanco de 27 de abril; telegrama de Masó Parra a Aguirre de 4 de mayo de 1898, AGA, Marina, Caja 2444, carpetilla 59.

hombres y 36 oficiales.⁸⁸² Aplaudido por los fieles a España y odiado por los independentistas, durante su estancia en Santa Clara las autoridades pidieron a don Francisco de la Torre y Caruana facilitarle un cuarto en su casa solariega; esta familia estaba ligada con la de Leoncio Vidal Caro, coronel mambí que dos años antes había muerto combatiendo en las calles de esa ciudad y la presencia de Juan Masó Parra y su estado mayor en esa casa fue considerada una afrenta que hubo de soportarse calladamente.⁸⁸³

Durante las próximas semanas Masó Parra se mantuvo ocupado con el reclutamiento de hombres, alojamiento y obtención de armas y pertrechos —sin descuidar el diseño de los uniformes y el distintivo para la nueva fuerza a su mando.⁸⁸⁴ El 27 de abril, Masó Parra nombró al teniente coronel de bomberos de Manzanillo, José del Carmen Guerra, jefe del 4º batallón y luego hubo de añadirse un 5º batallón al plan original para acomodar los deseos de Rosendo García.⁸⁸⁵ El coronel insurrecto Rosendo García había formado parte originalmente del tercer batallón de la brigada que estaba asentado en Santa Clara, pero habló con el general Aguirre y el

---

⁸⁸² Telegrama de Masó Parra a Aguirre de 28 de mayo, otro de Aguirre al comandante general de Santa Clara de 30 de mayo y de este a Aguirre de 7 de junio (AGMM, Ultramar. Capitanía General de Cuba, Caja 4518, Brigada Cuba Española (1898), carpetilla 3)

⁸⁸³ Juan Manuel García Espinosa, "Don Francisco de la Torre y su casa solariega, X En años de la guerra", *El Camajuanense* [*Camajuaní*], no. 79, Miami, 2015, pp. 23-4.

⁸⁸⁴ Masó Parra quería uniformes blancos con bocamangas azules y el galón, botones, estrellas y hombreras dorados para los jefes y oficiales de infantería y blancas para la caballería, polainas cortas para los de infantería y largas para los de caballería.; uniforme aplomado para los individuos de tropa y sombrero de Panamá. El distintivo de los oficiales sería las iniciales metálicas "C E" en la solapa y el de la tropa una cinta que diría "Cuba Española" en el sombrero. El capitán general Blanco lo aprobó todo modificando solamente que «el dril sea de rayadillo en vez de blanco» por sus probadas ventajas en campaña y más bajo costo de mantenimiento (Masó Parra a Aguirre de 4 de mayo y 11 de junio de 1898; Aguirre a Blanco de 8 de mayo y 11 de junio de 1898 y de Blanco a Aguirre de 28 de junio de 1898, AGMM, Ultramar. Capitanía General de Cuba, Caja 4518, Brigada Cuba Española (1898), carpetilla 2).

⁸⁸⁵ AGMM, Ultramar. Capitanía General de Cuba, Caja 4518, Brigada Cuba Española (1898), carpetilla 6; José del Carmen Guerra se había distinguido en Manzanillo peleando en el bando español desde la guerra de los Diez Años (Enrique Montesinos y Salas, *Los yankees en Manzanillo*, Imprenta Guttenberg, Manzanillo, [1898], p, 30) y formaba parte del Comité Local Autonomista de Manzanillo desde su creación el 26 de diciembre de 1897 ("Acta de fundación del Partido Autonomista de Manzanillo", manzanillodecuba.org/datos/a419.htm consultado el 1º de enero de 2019).

coronel Masó Parra de quienes obtuvo autorización para organizar y dirigir en Sancti Spíritus un nuevo batallón de la Brigada Cuba Española con el grado de teniente coronel. García sólo pudo reunir unos trescientos hombres e insatisfecho con ese estado de cosas y alegando falta de atención por parte de Masó Parra a las necesidades de su batallón, pidió permiso a Aguirre para operar como otra unidad de movilizados independiente de Masó Parra y su brigada. Aguirre denegó la solicitud y Rosendo García «retiró su escrito» el 26 de junio dejando sin efecto sus acusaciones contra Masó Parra.[886]

En menos de dos meses, la Brigada había llegado a tener algunos miles de individuos. La gestión de Juan Masó Parra —con el apoyo del general Blanco— había sido altamente satisfactoria y había resultado en un gran éxito propagandístico, pero el regocijo fue de corta duración. Ya al Cuartel General del general Gómez empezaban a llegar noticias de cientos de «hombres de los de Masó Parra» que se pasaban a sus filas.[887] Eran las primeras señales palpables del descalabro.

El 19 de julio de 1898, procedente de La Habana llegó a la estación de trenes de Santo Domingo la señora María Benítez de Masó con sus cuatro hijos; allí los esperaba su esposo para llevarlos hasta Cienfuegos donde quedaría instalada la familia.[888] La vida doméstica que los Masó esperaban poder reanudar tendría que esperar tiempos mejores pues dos días antes se había firmado la capitulación de las fuerzas españolas en Santiago de Cuba donde ya gobernaba un general americano nombrado Leonard Wood. Enterado del insulto propinado por el ejército americano a los cubanos en la persona del general Calixto García al no permitirle participar en las ceremonias de rendición de aquella ciudad, Masó Parra vio una

---

[886] "Relación domiciliada de los Sres. Jefes y Oficiales del tercer Batallón" de 16 de mayo de 1898, AGMM, Ultramar. Capitanía General de Cuba, Caja 4518, Brigada Cuba Española (1898), carpetilla 6; *Documentos relativos a Don Juan Masó Parra*, AGMS, Sección 1ª, Legajo M-2186, ff. 55-60.

[887] Anotación de Valdés Domínguez del 19 de junio; carta de Gómez a Fonts Sterling de 21 de junio de 1898 (ANC, Donativos y remisiones. Caja 276, N. 4, Diario de Fermín Valdés Domínguez, desde el 31 de mayo al 27 de junio de 1898, libreta 69, ff. 68 vuelta, 78 vuelta).

[888] Telegrama de Masó Parra a Aguirre de 19 de julio de 1898, AGA, Marina, Caja 2444, carpetilla 59.

posible oportunidad de atraerse al jefe del departamento oriental del Ejército Libertador y explotar el disgusto de los mambises publicando una carta abierta al general García. El resultado fue una extensa diatriba contra quienes formaban «causa común con los invasores de Cuba» y peleaban «al lado del extranjero, para fabricar las cadenas de su servidumbre»; los equivocados habrán visto caer la venda de sus ojos «al ver ondear sobre los muros de Santiago de Cuba, el emblema de esclavitud para el cubano». Desde luego, la carta no varió en nada el rumbo de los acontecimientos.[889]

A principios de agosto se había suscitado «un intento de rebelión» sin mayores consecuencias en el tercer batallón domiciliado en Santa Clara,[890] y a finales de agosto, en Sagua la Grande, Juan Masó Parra tuvo que enfrentarse a un conato de rebelión en el primer batallón de la Brigada. Ante la derrota de España, Masó Parra se había dado a la tarea de reducir las filas del primer batallón de la Brigada como ya había hecho con los otros, pero aquí también había decidido disolver por completo la 7ª compañía de caballería por carecer de caballos, de oficiales, de armas largas, «y por otros motivos».[891] La orden debía ejecutarla el comandante que servía de jefe accidental del batallón. La mayoría de los soldados aceptaban el ofrecimiento de licenciamiento con ajuste de haberes previa devolución de las armas, municiones y otros equipos, pero muchos hombres de este batallón, especialmente los de la guerrilla montada, rehusaban entregar sus armas y llegaron hasta a apuntarlas contra su jefe; pronto la desobediencia contagió a las otras compañías. Al enterarse de la peligrosa situación creada por los malcontentos el coronel Masó Parra mandó a un hombre en busca de ayuda al jefe de la Brigada del ejército regular y las fuerzas de la Guardia Civil del pueblo, mas sin esperar por ellos, ordenó al jefe accidental del batallón regresar a los cuarteles personándose con él, acompañado únicamente por su secretario, el comandante Juan G. Montenegro, a someter a los insubordinados «arrancándole a varios las

---

[889] *Apud* Collazo, *La guerra*..., pp. 165-9. [Texto en el Apéndice K].
[890] *Documentos relativos a Don Juan Masó Parra*, AGMS, Sección 1ª, Legajo M-2186, f. 30.
[891] La caballería usaba tercerolas, armas un tercio más cortas que los fusiles de la infantería que eran menos potentes, pero más manuables. Al carecer de caballos, esta 7ª compañía estaba a pie y sus tercerolas no eran adecuadas para la infantería.

armas de las manos». El informe inicial del coronel español que vino en su auxilio resaltaba su propio protagonismo como apagafuegos, dejando al cubano momentáneamente mal parado a los ojos del general Aguirre. Pero la versión de Juan Masó Parra no se hizo esperar y el coronel español tuvo que ampliar su informe para explicar que a su llegada «ya el coronel Masó había conseguido casi solo formar su fuerza en línea sin armas y las tenía apiladas en un montón á su inmediación.» El militar español ofreció entonces otros detalles del suceso:

> «…[Masó Parra] tuvo noticia de que ocurría algo grave en su cuartel por el Jefe de Policía y temiéndose que pudiere tener consecuencias fatales por llegar á sus oídos mezclado con otras versiones, lejos de rehuir la responsabilidad y el peligro se presentó en el cuartel con su ayudante, ordenando bajase el Batallón sin armas; así lo hicieron tres compañías, pero las otras cuatro lo hicieron con ellas y revistiéndose entonces de todas sus energías personales, consiguió imponerse sobre lo cual omito detalles por no creerlos necesarios, sólo si diré á V. E. que desarmó el Batallón casi materialmente el solo pues buena parte de la oficialidad se portó bastante dudosamente…»

El general Aguirre —quien al recibir el primer informe había requerido la inmediata presencia de Masó Parra en Cienfuegos—, pareció aliviado ante esta segunda versión y sólo sugirió a Masó Parra que le ofreciera a los licenciados el pasaje, por cuenta del estado, al lugar de residencia que escogieran.[892] Muy pronto las bajas en las filas de la brigada se hicieron espontáneas con muchos individuos presentándose ahora a la inversa, a las filas del Ejército Libertador. Uno de estos fue aquel Constantino Jaén Guevara quien había sido ayudante del brigadier Masó Parra de sus días en Trinidad.[893] Solamente en la prefectura mambisa de Yayabo, en el territorio de Sancti Spíritus, los desertores de la Brigada Cuba Española y los guerrilleros que se presentaban a mediados de agosto,

---

[892] Cartas del jefe de la 1ª Brigada de Santa Clara a Aguirre de 30 y 31 de agosto de 1898 y telegramas de Aguirre de las mismas fechas; carta de Masó Parra al coronel jefe de la 1ª Brigada de Santa Clara de 30 de agosto de 1898 (Archivo General Militar de Madrid [en adelante, AGMM], Ultramar. Capitanía General de Cuba, Caja 4518. Brigada Cuba Española (1898), carpetilla 1).

[893] Informe de Rosendo García de 28 de julio de 1898 (AGMM, Ultramar. Capitanía General de Cuba, Caja 4518, Brigada Cuba Española (1898), carpetilla 7).

después de acordado el cese de las hostilidades, ya sumaban, según el general Rogelio Castillo, «ciento y pico de cubanos...de poca vergüenza, que se habían presentado a los españoles» y muchos «guerrilleros cubanos que han venido arrepentidos o por su conveniencia» protegidos por una circular del gobierno para que fuesen bien recibidos.[894]

El 11 de septiembre el general Ernesto Aguirre autorizó la disolución de la Brigada Cuba Española solicitada por Juan Masó Parra. Aguirre ordenó la formación de una comisión liquidadora para ajustar las pagas y pidió a Masó Parra nombrar a un oficial de la brigada para servir en ella, y disponer que los jefes de los batallones presentasen cuenta exacta de los fondos recibidos por ellos; Masó Parra nombró al comandante Juan Gafas Vicens para la Comisión. Esta formalidad de rutina resultaría de difícil cumplimiento en esta ocasión por la casi completa desaparición de los cuadros de oficiales y el desmembramiento de las tropas de las unidades de voluntarios y movilizados. Esa situación daría motivo a quejas y procesos que también quedarían inconclusos por falta de atención y por la imposibilidad de obtener declaraciones de testigos que habían abandonado sus puestos o se encontraban ocupados en gestiones personales más perentorias —tales como abandonar el país o tratar de lograr su reincorporación en las filas insurrectas.[895]

La Brigada Cuba Española tuvo una vida efímera pues, aunque transcurrieron oficialmente casi 20 semanas desde el anuncio de su creación hasta la orden de su disolución, su duración como fuerza armada con potencial de combate resultó mucho más corta. Masó Parra había recibido unos quinientos fusiles para comenzar a armar al primer batallón a fines de mayo; el segundo y tercer batallones no fueron parcialmente armados hasta junio y ya en agosto se había iniciado el desarme de las tropas.[896] La rapidez con que Masó Parra pudo reunir entre dos mil quinientos y tres mil hombres indi-

---

[894] Castillo y Zúñiga, *op. cit.*, pp. 266-7.
[895] *Documentos relativos a Don Juan Masó Parra*, AGMS, Sección 1ª, Legajo M-2186, f. 22.
[896] Carta de Blanco a Aguirre de 21 de mayo; telegrama de Comandancia de Santa Clara a Aguirre de 14 de junio; carta del comandante de Santa Clara a Aguirre de 24 de junio de 1898 (AGMM, Ultramar. Capitanía General de Cuba, Caja 4518, Brigada Cuba Española (1898), carpetilla 5).

ca que se dio más importancia a la cantidad que a la calidad de los reclutas. Un soldado español recordaría que las fuerzas movilizadas se organizaron «admitiendo en ellas á todo bicho viviente» y sus comentarios sobre la brigada de Masó Parra demuestran el desprecio que esta provocara en el ejército regular español:

> «Gastándose inútilmente miles de duros, se organizó la célebre brigada "Cuba Española", bajo las órdenes del no menos célebre coronel Massó, brigada que á juzgar por los interesados elogios que algunos periódicos la dirigían, parecía que ella sola iba á dar fin a la campaña [...] Los servicios de esta brigada desde los comienzos de su organización, fueron los de promover motines, insubordinaciones en grande escala y deserciones aún en mayor, hasta el punto de pasarse al enemigo destacamentos enteros.»[897]

Pero no todo fueron motines y deserciones pues, aunque es cierto que «tuvo existencia más simbólica y efectivista que real y positiva», las fuerzas de la Brigada vieron acción en algunos frentes antes de finalizar la contienda.[898] En Manzanillo el cuarto batallón de la Brigada Cuba Española, sufrió algunas bajas durante una serie de bombardeos americanos entre junio y agosto de 1898. Embarcaciones procedentes de Jamaica violaban el bloqueo impuesto a la Isla poco después de la declaración de guerra a España desembarcando mercancías en este puerto oriental que había sido descuidado por la Armada americana. Las fuerzas del 4° batallón de la Brigada estaban protegiendo las baterías de Zaragoza y de Santa Isabel. El primer ataque naval comenzó el 30 de junio y dos soldados del 4° batallón recibieron heridas leves de balas; en otro ataque durante los días 18 y 19 de julio una granada que cayó en la batería de Santa Isabel produjo en el batallón un muerto y un herido. Sin noticias de la firma del cese de las hostilidades el 12 de agosto, las unidades navales que asediaban a Manzanillo reanudaron el bombardeo en la madrugada del 13 resultando contusos un oficial y un soldado del 4° batallón en la batería de Zaragoza. Aunque fuerzas cubanas del general Jesús Rabí, en una acción combinada con la

---

[897] Manuel Corral, *¡El desastre! Memorias de un voluntario en la campaña de Cuba*, Alejandro Martínez, Editor, Barcelona, 1899, pp. 169-70.
[898] Segundo A. Marín García, "Reflexiones sobre el coronel Rosendo García Medrano", *Medallones de Historia Espirituana*, Publicaciones ´Pérez Luna´, Cuaderno número cinco, Imprenta Iris, Zaza del Medio, 1956, p. 72.

Armada americana, atacaron la ciudad por tierra el día 12 la defensa estuvo a cargo del batallón español de Alava y no hay noticias de contacto entre los mambises y los de Cuba Española.[899] Pero esto no fue siempre así.

A mediados de julio, la prensa reportó que fuerzas al mando del teniente coronel de la Guardia Civil, Luis López Mijares, había tenido un encuentro en la zona de Cienfuegos con tropas insurrectas del regimiento de infantería Yaguaramas que mandaba el coronel mambí Joaquín Rodríguez Valero. La fuerza española había salido del ingenio *Constancia* y había sido atacada «en un punto denominado "Ceja de Maturí", frente a las Charcas». El reportaje elogiaba la conducta de «la 2ª, 5ª y 6ª compañías de "Cuba-Española"» durante el combate sin identificar el batallón a que pertenecían.[900]

El último encuentro en que participaron elementos de la Brigada Cuba Española se registró el 13 de agosto de 1898 —por lo cual puede haber sido también el último de la guerra. El comandante Antonio Serra Orts había salido de Cruces con una fuerza compuesta de compañías de su batallón de Baza Peninsular, n.º 6, de la guerrilla de Rodas y de la Brigada Cuba Española. Según las referencias de Serra Orts, la acción se desarrolló cerca del poblado de Cartagena en el lugar conocido como la "Loma Ayúa"; las fuerzas cubanas, en número de entre trescientos y quinientos, se dijo eran lideradas por «Mayía Rodríguez, Guzmán, Roque y otros», aunque no hemos encontrado rastros de este combate en las crónicas cubanas y el general *Mayía* estaba entonces en la provincia de La Habana. No obstante, el hecho quedó documentado en el expediente que se abrió para determinar si Serra Orts era merecedor de alguna recompensa. Así sabemos que el único muerto de la parte española, Leonardo Vate López, era un soldado de la Brigada Cuba Española y que el segundo teniente Manuel Securí Banalí, también de esa brigada, estuvo entre quienes se distinguieron en el combate.[901]

---

[899] Montesinos, *op. cit.*, pp. 37, 40-1, 58, 71-4, 90-1, 104.

[900] *Apud* Quintana, "Los que traicionaron...", pp. 171-2.

[901] Manuel de Paz, "Antonio Serra Orts (1856-1926): el último combatiente español en la Guerra Hispano-cubana-norteamericana", *Cuadernos de investigación histórica* 13, Fundación Universitaria Española, Madrid, 1990, pp. 112-4. Aunque en este expediente de la acción Serra Orts reportó solo un muerto, en una publicación anterior había

La veracidad de algunas otras presuntas acciones combativas de la Brigada resulta mucho más cuestionable. Años después de los hechos circuló una acusación basada en que Juan Masó Parra «estaba al mando del ejército español en Tunas de Zaza cuando el hermano del general Emilio Núñez resultó muerto.» La acción había ocurrido el 1º de julio de 1898 en la desembocadura del río Tayabacoa, a poca distancia del muelle y poblado de Tunas de Zaza en la costa sur de Sancti Spíritus. El general Emilio Núñez dirigía una gran expedición que se había despachado con ayuda americana y debía ser entregada al propio General en Jefe Máximo Gómez. Buscando un lugar apropiado para el desembarque, se enviaron dos botes a explorar la costa que fueron acribillados por la guarnición de un fortín causando varias bajas; el jefe de uno de los botes, el capitán Indalecio Núñez Rodríguez, hermano del general, murió en la acción.[902] Esa noticia sobre la participación de elementos de la Brigada Cuba Española y de su jefe en la muerte del capitán Núñez pudo haberse originado con propósitos circunstanciales pues se echó a rodar en 1903 cuando Masó Parra quería visitar La Habana y muchos se oponían; el general Emilio Núñez era a la sazón gobernador de la provincia y podría influir sobre esa decisión. El relato no ganó aceptación y ninguna de las subsecuentes crónicas de la acción lo mencionan.[903]

---

dicho haber enterrado «los muertos» en Santa Isabel de la Lajas (Serra Orts, *op. cit.*, p. 80); el 2º teniente Manuel Securí perteneció a la guerrilla del primer batallón de la Brigada Cuba Española (Relación de alzas del primer batallón, 20 de junio de 1898, AGMM, Ultramar. Capitanía General de Cuba, Caja 4518, Brigada Cuba Española (1898), carpetilla 6).

[902] El capitán Núñez fue el único muerto. El grueso de la expedición venía en el vapor *Florida*, el resto en el *Fanita* y eran custodiados por el pequeño cañonero americano *Peoria*; el desembarco se pudo realizar exitosamente tres días después en Palo Alto, unos cuarenta kilómetros al oeste de Tayabacoa (Rodríguez Altunaga, *El general...*, pp. 93-7; Waldo Acebo Meireles, *Máximo Gómez: el hombre*, Hialeah, 2017, pp. 73-80).

[903] El día 2 llegó el cañonero *Helena* que pudo bombardear las defensas españolas y neutralizar la batería que existía en el poblado de Tunas de Zaza. Aunque no conocemos evidencia alguna, es posible que entre las tropas llamadas a repeler ese ataque hayan llegado elementos del 5º batallón de la Brigada Cuba Española que en Sancti Spíritus dirigía el teniente coronel Rosendo García, pero en todo caso, esto hubiese sido después de la muerte del capitán Núñez (Gonzales, *op. cit.*, 71-88; Víctor Muñoz, "Palo Alto", en Carrillo, *op. cit.*, pp. 131-58).

El coronel Orestes Ferrara dijo haber participado el 19 de marzo en un combate dirigido por el general José Miguel Gómez contra «la Legión llamada Cuba-Española, en la Crisis, al sur de Sancti Spíritus» y ofrece detalles de un encuentro «en el que la mayoría de los combatientes eran cubanos de ambos lados.» El general José Miguel Gómez, en el parte que rindió al Cuartel General, confirma que ese día emboscó exitosamente un convoy que iba al Júcaro, pero no hace referencia alguna a la presencia de combatientes cubanos en el bando opuesto. El comentario de Ferrara sobre la Brigada Cuba Española puede ser desechado pues la Brigada no existía en esa fecha.[904] Otras noticias similares, como un "reportaje" fechado el 25 de julio en Cayo Hueso que situaba al «ex bandido sevillano» Rosendo García y el «renegado cobrador de impuestos» Masó Parra siendo derrotados en un combate dirigido por el propio Máximo Gómez, son pura ficción propagandística.[905]

Sobre esta etapa de su vida Juan Masó Parra afirmaría:

> «Yo no disparé, ni habría disparado jamás un solo tiro contra mis hermanos los cubanos; y cuando me separé de estos por no querer seguir contribuyendo a la destrucción y ruina de la Patria, sólo tiré de la espada contra los americanos, lo que hice con orgullo...»[906]

Aunque en lo que a Juan Masó Parra personalmente respecta, la afirmación puede ser literalmente exacta, ya hemos visto que la Brigada que él creó combatió no sólo contra los americanos sino también contra unidades del Ejército Libertador —algo enteramente previsible e inevitable. La baja incidencia de tales encuentros probablemente se debe más a la reducida intensidad del conflicto durante la corta vida de la Brigada que a cualquier supuesta restricción en su utilización como fuerza armada.

Muchos mambises de inobjetable patriotismo que conocieron la relación entre Masó Parra y Gómez, se mostraron comprensivos ante la presentación del coronel, pero lo rechazaban por la creación de la Brigada Cuba Española sin detenerse a averiguar si en reali-

---

[904] Ferrara, *Una mirada...*, p. 94; ANC, Donativos y remisiones. Caja 277, N. 1, Diario de Fermín Valdés Domínguez, desde el 17 de marzo al 14 de abril de 1898, libreta 66, f. 14.
[905] "General Gomez Defeats Guerrillas and Captures a Munition Train", *The San Francisco Examiner*, 26 de julio de 1898, 2:3-5.
[906] Masó Parra, *Primera...*, p. 67.

dad él mismo había disparado contra sus hermanos o no. Su antiguo jefe de despacho comentaría

> «...yo, que no hubiera tenido inconveniente en seguirlo tratando, aunque se hubiera presentado al enemigo, no lo trataría jamás porque después de su presentación, había empuñado las armas al servicio de España, contra sus paisanos.»[907]

Para todos resultaba evidente que el control que por casi cuatro siglos España había ejercido en la Isla se desintegraba rápidamente. El desgaste económico, material y emocional sufrido por el imperio en su larga lucha por aplastar las rebeliones en Cuba y las Filipinas lo habían dejado débil y agotado. Cuando España decidió aceptar el reto de Estados Unidos a su soberanía en Cuba el desenlace era previsible; en España se conoce como "El Desastre", mientras que su rápida conclusión y bajo costo inspiraron al secretario de Estado americano, John Hay, a caracterizar el conflicto como una "espléndida guerrita".

A medida que se acercaba el plazo para completar la evacuación de la Isla —fijado para el fin del año 1898— la situación se tornaba más inestable para los militares españoles y sus aliados. En La Habana, se reportaba que desde el día 6 de noviembre se habían colocado cuatro soldados con armas largas en cada esquina además de las patrullas de rutina; al principio se dijo que habían temores de que las fuerzas del Orden Público crearan desórdenes por la negativa del gobierno a sus reclamaciones de pagas, pero luego se dijo que las medidas eran motivadas por las amenazas de Juan Masó Parra y sus oficiales de venir a la capital y presentarse en Palacio para exigir el ajuste de los haberes de los oficiales. También se rumoraba que el general Blanco le había prohibido a Masó Parra viajar a la capital.[908] A mediados de noviembre el propio Juan Masó Parra resultó víctima de un «atentado de agresión en la vía pública» en Cienfuegos que no tuvo mayores consecuencias, pero su embarque, fijado para los primeros días de diciembre, fue suspendido a petición del juez instructor que atendía unas quejas formuladas contra él y el comandante Gafas Vicens por algunos oficiales

---

[907] "Carta del doctor Cosme de la Torriente", *La Lucha*, 9 de octubre de 1907, 1:5-6.
[908] "Situation at Havana" *The New York Times*, 11 de noviembre de 1898, 1:6.

«por no habérseles satisfecho las pagas y otras irregularidades».[909] Los denunciantes procedían de aquel grupo del primer batallón de la Brigada Cuba Española que en agosto habían desobedecido la orden de desarme; las firmas la encabezaban la del teniente coronel Francisco Rodríguez, quien había causado baja por haber incitado a sus hombres a la rebelión, y la del teniente Montesinos, dado de baja por cobardía. El curso de esta causa (la número 2080) fue interrumpido por la repatriación de las tropas a la Península y quedó traspapelada, pero se reabrió en Madrid con el número 1813 en marzo de 1902 cuando ya Masó Parra había abandonado España. Al no poder hallar al denunciado, el Juzgado lo declaró «en rebeldía», pero tampoco pudieron hallar a los denunciantes —por vivir en Cuba o haber perdido interés en el caso— y los pocos testimonios sobrevivientes de ambas partes no permitían comprobar los cargos. La causa contra Masó Parra fue sobreseída y la de Juan Gafas Vicens fue referida a la Capitanía General de Cataluña donde este residía.[910] No obstante, el Juzgado dispuso retener las 1820.65 pesetas que correspondían a Masó Parra hasta que el resto de las cuentas relacionadas con la brigada quedaran ajustadas «por si a ese Jefe le resultan responsabilidades subsidiarias». La causa fue archivada el 23 de abril de 1903.[911]

Años después, el gobierno español sería objeto de una reclamación sobre esos haberes retenidos; el 8 de noviembre de 1915, un Cristóbal Álvarez Álvarez pidió se le pagaran las 1820.15 pesetas que resultaron del ajuste de haberes de 1903 y que él había comprado a Juan Masó Parra.[912] Es de suponer que para esa fecha se hubiesen ajustado todas las cuentas del ejército español en Cuba, pero no sabemos si Álvarez tuvo éxito en su gestión.

---

[909] *Documentos relativos a Don Juan Masó Parra*, AGMS, Sección 1ª, Legajo M-2186, ff. 16, 42, 50.

[910] "Providencias judiciales", *Boletín oficial de la provincia de Madrid*, 20 de septiembre de 1902, 4:2-3

[911] Causa de 1902, N.º 1813, Archivo General de Administración, Madrid (en adelante, AGA), Marina, Legajo 2444.

[912] Coronel Rafael Santamaría al General Jefe de la Sección de Justicia y Asuntos Generales del ministerio de la Guerra, 14 de febrero de 1916. Este dinero provenía del sueldo de Masó Parra cuando mandaba la Brigada Cuba Española y no guardaba relación con la pensión que luego le fue concedida.

El 3 de diciembre de 1898, un oficial del estado mayor del nuevo Capitán General Adolfo Jiménez Castellanos emitió nuevos pasaportes a Juan Masó Parra, su esposa e hijos.[913] Masó Parra embarcó hacia la Península el 19 de diciembre de 1898 en el vapor *La Navarre*. Este pailebote francés de la Compagnie Générale Transatlantique cubría normalmente la ruta entre Saint-Nazaire y Veracruz con escalas en Santander, La Coruña y La Habana, pero ahora *La Navarre* era uno de los barcos fletados por la Compañía Trasatlántica Española que había obtenido el contrato para la repatriación del personal militar y cuya propia flota no bastaba para esa enorme tarea. Masó Parra viajó acompañado de otros 7 jefes y oficiales, «40 sargentos y 608 cabos y soldados» y llegó a Santander el 1º de enero de 1899.[914] Ese mismo día, en el Morro de La Habana, la bandera de los Estados Unidos remplazaba ceremoniosamente a la de España en una escena que comentó un periodista al escribir estos versos sobre su insignia patria:

> Hoy desmayada y triste
> con humildad se pliega,
> *amarilla de rabia*
> *y roja de vergüenza.*[915]

A su llegada a España Juan Masó Parra fue destinado como agregado al regimiento de infantería de reservas número 95, llamado El Bruch, que tenía su cuartel en Barcelona; el cubano llegó al Bruch el 17 de enero, pero pocos días después la prensa reportó

---

[913] *Documentos relativos a Don Juan Masó Parra*, AGMS, Sección 1ª, Legajo M-2186, f. 51. Según la historiadora Hortensia Pichardo (*Cartas...*, pp. 309-10) Masó Parra «giró desde La Habana la cantidad de dieciocho mil cuatrocientos pesos» lo cual, de ser cierto, podría representar parte de un pago recibido cuando se presentó o ser producto de algún importante defalco. No hemos podido tomarlo en cuenta debido a que a) no hemos hallado corroboración, b) la autora no ofreció el origen de ese novedoso dato y c) yerra en el mismo párrafo al afirmar que Masó Parra permaneció en el país hasta 1903.

[914] "Don Juan Masó. Un leal a España", *El Globo*, Madrid, 20 de marzo de 1899, 1:4, 2:1; Vicente Luis Sanahuja Albiñana, con la colaboración de Arturo Paniagua, "La Navarre: de Francia a Cuba pasando por Santander", https://vidamaritima.com/2016/10/la-navarre-de-francia-a-cuba-pasando-por-santander/; "La repatriación", *La Correspondencia de España*, Madrid, 1º de enero de 1899, 3:4.

[915] Miguel Ramos Carrión, "La bandera", *Blanco y Negro*, 1º de octubre de 1898, p. 9. Las bastardillas son originales.

que el «coronel de movilizados» se disponía a salir para Madrid.[916] Se había hecho evidente que la legislación existente no concedía a los movilizados y voluntarios de Cuba los beneficios que podrían devengar los soldados del ejército regular por lo cual, los amigos de Juan Masó Parra llevaron a cabo una campaña que motivó un cambio a favor de quienes, como él, habían tomado las armas para defender a España. Cuando se propuso concederles una pensión temporal *La Correspondencia Militar* denunció lo que llamaba «una mezquina y mal disimulada limosna» y consiguió el apoyo de los generales Martínez Campos, Blanco, Polavieja y Primo de Rivera para ofrecer una protección estable y definitiva a «esos leales defensores de la Patria».

La noche del 23 de febrero de 1899, al terminar la sesión del Congreso, Juan Masó Parra y su colaborador en la Brigada Cuba Española, el comandante Juan Gafas Vicens, fueron recibidos con «marcada simpatía» por el presidente del Consejo, Segismundo Sagasta, el ministro de la Guerra, Miguel Correa García y los otros ministros reunidos. Sagasta les aseguró que España se apresuraría a reconocer su «sagrada deuda» con los movilizados y que ya estaba muy adelantado el oportuno proyecto de ley.[917] A pesar de esas promesas, a finales de 1901 se anunció oficialmente la concesión de solamente el retiro temporal a los jefes y oficiales de voluntarios movilizados basado en los años de servicio; este retiro tenía también carácter de obligatorio y en el caso de Juan Masó Parra se le asignaron 187 pesetas y 50 céntimos mensuales por el período mínimo de cinco años comenzando el 1º de noviembre «cesando en el percibo del tercio del sueldo» que hasta entonces venía disfrutando.[918]

---

[916] "El excabecilla Massó", *El Globo*, Madrid, 18 de enero de 1899, 2:2; "Masó en España", *El Globo*, 25 de febrero de 1899, 1:5, 2:1.

[917] "Masó en España", *El Globo*, 25 de febrero de 1899, 1:5, 2:1; "La razón se impuso", "Visita", *La Correspondencia Militar*, Madrid, 25 de febrero de 1899, 2:1, 3:5.

[918] "Sección de cuerpos de servicios especiales. Retiros", *Diario Oficial del Ministerio de la Guerra*, 15 de octubre de 1901, pp. 163-4. El sueldo completo de un coronel era 7,500 pesetas al año y a Masó Parra se le había concedido una tercera parte mientras estuvo agregado al regimiento de reserva; el retiro temporal mínimo que le concedió esta Ley del 11 de abril de 1900 equivalía también a un tercio del sueldo completo con la única ventaja de que ahora tendría el pago garantizado por cinco años y recibía la baja definitiva del servicio militar. Las mensualidades estaban sujetas a un "descuento"

Masó Parra enviudó en abril de 1899. En la tarde del día 19 se llevó a cabo el entierro de su esposa María Benítez Palma al que asistieron distinguidas personalidades con cuya presencia —según un periodista—«pudo apreciar el Sr. Masó Parra la simpatía y alta estimación que ha sabido captarse en la sociedad madrileña». Sobre la elegante carroza que conducía el féretro se distinguían «las coronas dedicadas por su esposo, sus hijos, sus hermanos políticos» y otros amigos. Asistieron al acto el exministro de Ultramar Segismundo Moret, el coronel Enrique Vázquez, los ayudantes de los generales Blanco y Aguirre, gran número de jefes y oficiales movilizados y muchos amigos particulares. En la mañana del 27 de abril se celebró la misa solemne de réquiem por doña María en la Parroquia de los Santos Justo y Pastor.[919]

Masó Parra continuó activo en las campañas que se llevaban a cabo ante el estamento político en defensa de los movilizados y formó parte de la junta directiva de la Sociedad de jefes y oficiales movilizados de Ultramar que presidía el general español Enrique Segura Campoy.[920] Antes de cumplirse un año de la pérdida de su esposa, Juan Masó Parra sufriría otro fuerte golpe emocional con la muerte de Francisco, su hijo menor, quien fue sepultado el 24 de febrero de 1900 en el cementerio Sacramental de San Justo, cerca del río Manzanares.[921]

Unos meses después, el 15 de septiembre, la prensa reportó que «el célebre cabecilla Masó» había contraído matrimonio en la Parroquia de San Julián, en el Ferrol, Galicia.[922] María de la Trinidad Balcázar y Valdés, la nueva esposa de Juan Masó Parra, tenía treinta y cinco años, había nacido en Cuba de padre gaditano y madre criolla y era viuda de un capitán español fusilado durante la Guerra de Cuba con el protagonismo de dos jefes mambises que,

---

de un diez por ciento. [7,500 pesetas ÷ 12 meses = 625 pesetas mensuales; 625 ÷ 3 = 208.3333; 208.3333 − 10% = 187.50 pesetas líquidas].

[919] *La Correspondencia Militar*, Madrid, 19 de abril, 2:3, y "Funerales", 26 de abril de 1899, 3:3; "Necrología", *El Globo*, Madrid, 20 de abril de 1899, 3:3.
[920] "Academias y Sociedades", *El Globo*, Madrid, 28 de marzo de 1900, 3:2.
[921] "Necrología", *El Globo*, Madrid, 25 de febrero de 1900, 3:4.
[922] "Telegramas de provincias", *El Imparcial*, Madrid, 16 de septiembre de 1900.

casualmente, habían sido conflictivos subordinados del brigadier Juan Masó Parra en La Habana.[923]

A mediados de diciembre de 1897 se había dado a conocer la muerte del teniente coronel de Ingenieros Joaquín Ruiz Ruiz ejecutado por las fuerzas del coronel Néstor Aranguren, jefe del del regimiento de caballería "Habana" de la 1ª brigada del 5º Cuerpo. Ruiz era un popular oficial que conoció a Aranguren cuando ambos eran miembros del cuerpo de bomberos y de cuando Aranguren trabajara en las obras del canal de Albear que Ruiz dirigía. Ruiz había ido a proponer a Aranguren la aceptación de la autonomía y este lo sometió a un consejo de guerra que lo condenó a muerte. El suceso escandalizó a la opinión pública y profundizó el radicalismo de ambas partes. Para los españoles Ruiz había sido atraído vilmente para ser asesinado por quien había sido su amigo[924] y para los cubanos Aranguren había tenido que hacerlo por así exigírselo las leyes de la República en Armas. En efecto, la ley Penal contemplaba esa situación y requería el castigo mayor; pero, además, ante el esperado anuncio de la concesión de la autonomía, los jefes de ambos departamentos militares habían emitido circulares a sus tropas exigiendo la ejecución de tales emisarios: lo había hecho *Mayía* Rodríguez por el depar-

Coronel Néstor Aranguren Martínez

---

[923] Certificación de matrimonio de D. Juan Massó Parra con doña Trinidad Valcazar [sic] y Valdés, Concatedral de San Julián, libro 18, folio 20 vuelto.
[924] En una carta a su jefe, el brigadier Rafael de Cárdenas Benítez del 6 de diciembre de 1897, Aranguren le informaba del contacto con Ruiz y admitía: «En mi contesta y vistas las proposiciones que me hace, *debía haber rechazado la entrevista, pero viendo de dar un golpe político muy conveniente a nuestra causa,* espero el día de la cita.» (*apud* Varona, *op. cit.*, t. II, pp. 1479 [el énfasis es de Varona]).

tamento Occidental el 4 de noviembre y Calixto García por el Oriental dos días después.[925]

Sin haber transcurrido un mes todavía desde la ejecución de Joaquín Ruiz, el Capitán General Blanco consiguió que otro soldado aceptara una misión similar; esta vez el cometido era tratar de atraerse al coronel mambí Juan Delgado. José de Puga y Pintor era un capitán retirado del ejército regular de cincuenta y tres años que fungía de comandante militar del poblado de Rincón, cercano a Bejucal. Con el criollo José Cubinas sirviéndole de práctico, Puga llegó el 12 de enero de 1898 al campamento del coronel Delgado a proponerle su presentación con el ofrecimiento de dinero y «un destino en el gobierno». El riguroso Juan Delgado los entregó a sus «comandantes para la formación del consejo de guerra»; el comandante Rodolfo Bergés sirvió como fiscal y el tribunal dictó la pena de muerte que fue aplicada ese mismo día. La noticia del hecho no tuvo la gran repercusión en la opinión pública que había provocado el caso de Ruiz porque coincidió con los motines en La Habana, pero sí tuvo gran importancia para Juan Masó Parra pues el infortunado José de Puga era el marido de María de la Trinidad Balcázar, su futura esposa.[926]

Los recién casados dejaron atrás a la Península para emprender un periplo que los llevaría a París, Londres y New York para luego establecerse por un tiempo en la capital mexicana.[927] El veterano soldado decidió incursionar en el mundo de los negocios con una

---

[925] Varona, *op. cit.*, t. II, pp. 1474-6; Castellanos García, *Aranguren*..., p. 213-28; Castellanos dice que *Mayía* firmó la circular el día 8 de noviembre y otro autor afirma que fue el día 4 (Eladio J. González Ramos, *Juan Delgado. Héroe de San Pedro*, Ediciones del Centro de Instrucción y Recreo, Santiago de las Vegas, 1953, p. 46).

[926] "Un Capitán asesinado", *El Correo Militar*, 14 de enero de 1898, 2:5; carta de Juan Delgado de 15 de febrero de 1898, *Patria*, New York, 5 de marzo de 1898, 2:4, 3:1; presidió el consejo de guerra el comandante Ramón Castellanos y sirvieron de secretario, el teniente Casto Ángel Rasco; defensor, el comandante Tito Illera y vocales, los comandantes Donato Delgado y Miguel Hernández (ANC, Revolución de 1895, Número 147, Legajo 1, *apud* González Ramos, *El coronel*..., p. 66); "Proyectos pendientes", *La Dinastía*, 5 de abril de 1900, 1:4; España, Ministerio de la Guerra, *Anuario militar de España*, Imprenta y Litografía del Depósito de la Guerra, Madrid, 1892, p. 671.

[927] Masó Parra dijo haber estado en París en 1901(*Primera*..., p. 70) y en las otras ciudades antes de establecerse en México con su familia ("'Man Without Country,'" Juan Moya Ramos", *Augusta Chronicle*, Georgia, 19 de octubre de 1903, 5).

agencia de publicidad y en febrero de 1902 el Cabildo de Ciudad México concedió a J. Massó Parra y Compañía permiso para «establecer un servicio de anuncios para el público por medio de vistas» que se denominó "Anunciador Luminoso México".[928] La tranquilidad doméstica de la familia fue interrumpida poco después cuando —acompañado de su hijo mayor— Juan Masó Parra embarcó con rumbo a las Antillas.[929]

---

[928] México, Ayuntamiento Constitucional, *Memoria Documentada de los trabajos municipales de 1902*, Tipografía y Litografía La Europea, México, 1903, p. 553; Biblioteca Francisco Xavier Clavigero. Departamento de Historia. Universidad Iberoamericana Ciudad de México. Colección Actas de Cabildo. 1902 (http://www.bib.uia.mx/gsdl/cgi-bin/library consultado el 19 de febrero de 2019).

[929] Un periódico reportó que Masó Parra y su hijo iban acompañados del general Luis Vegas «un negro, pero oficial del ejército colombiano», pero no hemos podido corroborar esa información ("Cuba´s Benedict Arnold", *The Anaconda Standard*, Montana, 18 de octubre de 1903, 22:6-7).

XXI - Triscornia

SS Orizaba (primero de ese nombre) de la Ward Line

El vapor *Orizaba* era uno de los barcos de la Ward Line que por muchos años cumplieron la ruta Veracruz-Progreso-Habana-New York. Era septiembre de 1903 y a algunos de los pasajeros les pareció familiar un sujeto que viajaba con su hijo adolescente; el hombre era trigueño, de baja estatura, de buen aspecto y modales y decía llamarse Juan Moya Ramos, pero la omisión de sus primeros dos apellidos no sirvió para evitar que fuese reconocido como Juan Masó Parra. El día 23, al llegar el *Orizaba* a La Habana, la noticia corrió de los muelles a las oficinas del gobierno y a las redacciones de los periódicos. Los estibadores se mostraron tan agresivos contra el recién llegado que los funcionarios del puerto ordenaron al inspector de inmigración Eduardo P. Mahoney[930] negarle la entrada y trasladarlo al centro de detención en Triscornia, al otro lado

---

[930] Mahoney era un norteamericano de extracción irlandesa nacido en Butte, en el estado de Montana a quien se le había reconocido el grado de subteniente del Ejército Libertador (Academia de la Historia, *Actas...* t. VI, p. 153).

de la bahía, para «salvarle la vida».[931] Y mientras los burócratas buscaban una ley para prohibirle la entrada, algunos, escandalizados por la presencia del mambí que se había convertido en coronel español, lo denunciaron con los más fuertes epítetos. Por esos días, el director de *La Discusión* —aquel Manuel María Coronado de controvertida conducta en las filas mambisas— dio «un soberbio bombo» a Mahoney atribuyéndole una hostilidad hacia Masó Parra que distaba mucho de la realidad.[932] El brigadier Bernabé Boza dijo a la prensa que en Trinidad Masó Parra «robó, se hizo reo del delito de bigamia y se vendió a los españoles».[933]

El día 26 Juan Masó Parra trató de contrarrestar aquella ola de repudio enviando cartas para su publicación en español e inglés a *El Nuevo Mundo* y *The Havana Post*, respectivamente, con la ayuda del joven periodista Arturo R. de Carricarte de Armas.[934] Estos diarios —así como el *Diario de la Marina*— no se habían hecho eco de la campaña en su contra como sí lo había hecho *La Discusión* a juzgar por el odio que demostraría Masó Parra contra su director Manuel María Coronado.[935] Sólo el *Post* publicó la

---

[931] "'Man Without Country', Juan Moya Ramos", *Augusta Chronicle*, Georgia, 19 de octubre de 1903, p. 5; *Diario de la Marina*, 24 de septiembre de 1903, 2:6. El «campamento de inmigración de Triscornia» había sido construido durante el gobierno militar del general Leonard Wood para alojar a los visitantes que pudiesen «constituir, por cualquier causa, un peligro para la salud pública.» (Rafael Martínez Ortiz, *Cuba. Los primeros años de independencia. La intervención y el establecimiento del gobierno de Tomás Estrada Palma*, Dos tomos, Imprimerie Artistique LUX, París, 1921, t. I, p. 390).

[932] "Masó Parra", *La Lucha*, 7 de octubre de 1903, 2:8; un periódico de Montana, exagerando la importancia de su conterráneo y evidentemente influenciado por la versión espuria de Coronado, reportó que Mahoney había insultado a Masó Parra y este lo había retado a duelo ("Cuba's Benedict Arnold", *The Anaconda Standard*, Montana, 18 de octubre de 1903, 22: 5-6). *La Lucha* reportó haber visto a Mahoney y Masó Parra en «amigable conversación derramando la cerveza» (7 de octubre de 1907, 2:8) y Masó Parra dedicó en su libro párrafos elogiosos al «Coronel Eduardo P. Mahony» a pesar de «encontrarse bajo las órdenes de ciertos *fantochitos pretenciosos*» (Masó Parra, *Primera...*, p. 117).

[933] "Embustes de un traidor", *La Lucha*, 24 de septiembre de 1903, 2:3.

[934] También recién llegado de México, el luego notable escritor Arturo Carricarte tenía entonces 22 años y hacía sus pininos en el periodismo; a gestiones posteriores suyas debemos la preservación de la casa natal de José Martí (Parker, *op. cit.*, 165-7; Jorge Quintana, "Paula número 41 (Biografía de la casa donde nació Martí)", *Bohemia*, año 45, no. 5, 1º de febrero de 1953, pp. 12-3, 106-9, 119-21).

[935] Masó Parra, *Primera parte...*, p. 89.

carta en que Masó Parra explicaba que había llegado a considerar sinceramente a la autonomía como la mejor opción porque el independentismo no podría triunfar y llevaría a Cuba a convertirse en una tetrarquía de los americanos. Sostenía que los protagonistas de la guerra eran incompetentes para juzgarse unos a otros y que se debía esperar a que la historia y el tiempo «en vista de los acontecimientos futuros» dictaran «su veredicto inapelable». Anunciaba la inminente publicación de un libro y, hasta entonces, pedía al «público sensato la suspensión de su criterio». Por otro lado, hacía fervientes votos para que los americanos cumpliesen su palabra de permitir a los cubanos establecer un gobierno libre e independiente y terminaba con una plegaria: «Dios salve a Cuba.»[936]

Mientras este drama se desenvolvía en la capital, el presidente Tomás Estrada Palma se encontraba de gira por la provincia de Oriente y el secretario de Gobernación, Eduardo Yero Beduén, jugó un papel prominente en el desenlace de la trama. El día 27 un teniente de la policía cruzó la bahía para transmitir personalmente a Juan Masó Parra la decisión del gobierno:

> «Por falsedad en el manifiesto o lista de pasajeros que constituye la infracción señalada en la Sección XV del Reglamento de Inmigración, se ha dispuesto sea reembarcado el pasajero Juan Moya Ramos, llegado en el vapor *Orzabal*, que resultó nombrarse Juan Masó Parra.»[937]

Aunque la batalla parecía perdida, Masó Parra apeló «la decisión de las autoridades de Inmigración ante el secretario de Hacienda» para que no se les devolviera a México y se les permitiera esperar el próximo barco que le acercara a su destino en Curaçao. El secretario José María García Montes concedió la extensión y Juan Masó Parra y su hijo pudieron permanecer en Triscornia hasta el 6 de octubre en que embarcaron en el vapor ale-

---

[936] Masó Parra, *Primera parte...*, pp. 3-5.
[937] "Juan Masó Parra", *Diario de la Marina*, 28 de septiembre de 1903, 2:3; el «Reglamento para la inmigración en la Isla de Cuba» estaba contenido en la Orden Núm. 155, de 15 de mayo de 1902, una de las últimas dictadas por el gobernador militar Leonard Wood (Cuba, Secretaría de Agricultura, Comercio y Trabajo, *Legislación obrera de la República de Cuba*, Imprenta y Papelería de Rambla, Bouza y C.ª, La Habana, 1919, pp. 179-85).

mán *Andes* con destino a Puerto Cabello.[938] Mientras eso sucedía, Masó Parra tuvo otra oportunidad para defenderse ante la opinión pública cuando *The Havana Post* envió un reportero para entrevistar al «Benedict Arnold de Cuba» —en alusión al notorio traidor de la guerra de independencia de las Trece Colonias americanas. El texto que conocemos apareció unos días después en un periódico del estado de Georgia y contiene errores factuales que pueden ser atribuibles al traductor, al reportero, al tipógrafo, al copista o al propio Masó Parra; no obstante, contiene algunos datos interesantes. Según el entrevistado, desde el final de la guerra no había regresado a Cuba,[939] pero había transitado por los Estados Unidos, Inglaterra, Francia, España y ahora residía en México con su familia; su destino inmediato eran Curaçao y Venezuela y en cuanto consiguiera un barco partiría con ese rumbo; se lamentaba de no poder criar a sus hijos como cubanos, pero comprendía que las pasiones políticas estaban

José María García Montes, secretario de Hacienda

---

[938] Quintana, "Los que traicionaron…", p. 172; En 1903, Inmigración era una dependencia de la Secretaría de Hacienda, José M.ª García Montes fue secretario de Hacienda durante los primeros tres años del gobierno de Estrada Palma y durante casi todo ese tiempo sirvió simultáneamente como secretario de Estado y Justicia interino (República de Cuba, *Colección legislativa. Secretaría de Estado y Justicia. Departamento de Justicia. De 20 de mayo de 1902 a 30 de junio de 1905, Volumen tercero*, Rambla y Souza, La Habana, 1907, pp. 36, 366); "El puerto", *La Lucha*, 7 de octubre de 1907. 3:2.

[939] Esta afirmación contradice un informe recibido en 1907 por el entonces gobernador provisional Charles Magoon según el cual Masó Parra «había venido a Cuba durante la administración del mayor general [Leonard] Wood» (Charles E. Magoon, *Report of Provisional Administration from October 13th, 1906 to December 1st, 1907*, Rambla and Bouza, La Habana, 1908, p. 89). En 1908 Masó Parra refutó directamente esa afirmación de Magoon (Declaración de Masó Parra a Charles Magoon de 18 de enero de 1908, ANC, Fondo Secretaría de la Presidencia, Caja 115, Signatura 5, Doc. #4 (Guerra, *Transcriptions & Notes…*, Part 1)).

todavía muy agitadas y que tendría que esperar hasta que esas actitudes cambiaran. Según el periodista, Juan Masó Parra admitió que había «cometido un error y que el autor de un hecho tiene que cosechar sus consecuencias.» De ser cierta la frase, esta sería la única ocasión en que Masó Parra describiera su cambio de casaca como un error en lugar de tratar de justificarlo con motivaciones más o menos plausibles.[940]

Esta experiencia, que para Juan Masó Parra no hubiera sido más que un hecho desagradable, tuvo que resultarle humillante y dolorosa por haber ocurrido en presencia de su hijo Juan Francisco, quien también sufrió el rechazo que suscitaba la conducta pasada de su padre. Masó Parra no era hombre dado a enfrentar la adversidad con quejas o lamentos; era en cambio un guerrero acostumbrado a ripostar con vehemencia y ferocidad. Así, durante su visita a Curaçao, Masó Parra gestionó la publicación del libro que vería la luz allí poco después y que ahora incluiría algunas páginas dedicadas a quienes lo atormentaron en La Habana. La crudeza del lenguaje y la virulencia de las ofensas dirigidas reflejan cuan profundas fueron las heridas recibidas por Juan Masó Parra en septiembre de 1903.[941]

Desde su breve visita al centro de detención en Triscornia en 1903, Juan Masó Parra no había regresado a Cuba y sus quehaceres durante todo ese tiempo siguen siendo imprecisos. Según rumores de aquella época, Masó Parra habría pasado por varios países centroamericanos y en algunos informes de segunda mano se le atribuía haberse jactado de que ambas, Venezuela y Colombia le pagaran para que se abstuviera de fomentar revoluciones dentro de sus

---

[940] La minuciosidad del entrevistador es cuestionable debido a ciertos improbables errores que puso en boca de Masó Parra: decir que su hijo Juan tenía 13 en lugar de 15 años; atribuirse el mando de la entrada en Marianao que ocurrió cuando él estaba a 400 kilómetros de distancia en Trinidad, y decir que se había presentado a los españoles *después* de la entrada de los Estados Unidos en la guerra, invirtiendo la verdadera secuencia de los hechos. Además, el reportero se hizo eco de un espurio rumor de la época que colocaba a Masó Parra al mando de las tropas españolas en un encuentro en Tunas de Zaza en que murió el capitán Indalecio Núñez, hermano del general Emilio Núñez, gobernador de la provincia de La Habana (""Man Without Country", Juan Moya Ramos", *Augusta Chronicle*, Georgia, 19 de octubre de 1903, p. 5).

[941] Masó Parra, *Primera parte...*, pp. 3-5, 89, 97-8, 105,111.

fronteras, y también decir que había prestado servicio en el ejército colombiano.[942]

Según informes recopilados por la legación de Estados Unidos en Nicaragua,[943] Juan Masó Parra trabajó en ese país al servicio del presidente José Santos Zelaya López. El general Zelaya había estado aliado al caudillo guatemalteco Justo Rufino Barrios y en 1893 asumió la presidencia de Nicaragua al frente de la llamada Revolución Liberal. Zelaya adquirió credenciales antimperialistas rechazando exitosamente las ambiciones territoriales de Gran Bretaña sobre la costa de Mosquitos, aunque abrió las puertas de su país a la gran influencia económica y política que Estados Unidos ejercía para evitar que otro estado pudiera construir en Nicaragua un canal interoceánico que compitiera con el suyo de Panamá. En poco tiempo, la producción de los principales artículos de exportación quedó en manos de americanos.[944] Mientras reconocía que Zelaya había implantado una «autocracia militar» que mantenía la «paz por medio de la represión», el ministro americano consideraba su sistema preferible a la confusión que reinaría en su ausencia.[945] Zelaya había organizado y aumentado el cuerpo de policía y lo puso en manos de Juan Masó Parra; una herida recibida en el desempeño de esas obligaciones puso en peligro una de las piernas del cubano y Zelaya lo envió a atenderse en New York. La pierna se salvó, pero la lesión lo dejaría cojo.[946]

---

[942] Allan Reed Millett, *The Politics of Intervention. The Military Occupation of Cuba, 1906-1909*, Ohio State University, 1968, p. 179; notas acerca de Masó Parra, 23 de septiembre de 1907, CC/PGoC, RG199, Folio 158/29.

[943] Esta información la desempolvó originalmente el escritor Robert A. Solera (*Cuba. La República de Generales y Doctores. De Estrada Palma a Machado. Apuntes históricos (1902-1933)*, El Barco Ebrio, Madrid, 2013, pp. 120-2, 320).

[944] Neill Macaulay, *The Sandino Affair*, Duke University Press, Durham, 1985 [1ª ed. 1967], pp. 22-3.

[945] Mensaje confidencial de William Lawrence Merry a Elihu Root, 22 de noviembre de 1905 (Biblioteca Enrique Bolaños, http://www.enriquebolanos.org/data/docs/Carta%20Elihu%20Root%20a%20Sec%20Estado%201905-11-22.pdf)

[946] Informe citado en George T. Weitzel, *American Policy in Nicaragua. Memorandum on the Convention Between the United States and Nicaragua Relative to an Interoceanic Canal and a Naval Station in the Gulf of Fonseca, signed at Managua, Nicaragua, on February 8, 1913,* Senate Documents, Vol. 42, No. 334, Government Printing Office, Washington, 1916, p. 29.

El mismo informe de la legación dice que en New York Masó Parra fue arrestado por el delito de falsificación y condenado a la prisión estatal de *Sing Sing* de donde había logrado escapar para regresar a Centroamérica para verse implicado en una estafa por la rifa de una mula. Sobre la rifa de la mula no tenemos otras noticias, pero la especie sobre una supuesta condena por falsificación puede tener su origen en un incidente en que se vio involucrado un cercano colaborador suyo, aunque en los reportes policiacos que hemos podido examinar, Masó Parra no resultó implicado en el asunto.[947] Tampoco encontramos el nombre de Masó Parra en el registro de reclusos que ingresaron a *Sing Sing* entre 1904 y 1908.[948]

Pero aquella estadía de Juan Masó Parra en New York resultó memorable, vista desde varios ángulos. En una ocasión, un periódico de New York publicó unas «sorprendentes revelaciones» que habían llegado a oídos de su corresponsal en La Habana de boca de un señor a quien un abogado, en abril de 1906, le propuso invertir en un proyecto de Juan Masó Parra a quien dos amigos del abogado habían conocido en San Francisco; es decir, la información había pasado por cuatro o cinco personas —cuyos nombres no se revelan— antes de llegar al lector. El proyecto del cubano consistía en tomar militarmente el control de una república centroamericana no identificada, exigir la dimisión del presidente y ejecutarlo si rehusaba, colocar a un aliado local en su lugar, cancelar los contratos de la United Fruit Co. y vender la cosecha de banano al mejor postor, instituir una lotería y disponer del contenido del Tesoro nacional, todo para enriquecerse él y sus patrocinadores. Se señalaba que para ejecutar el plan se necesitarían $25,000 que se usarían en armar un grupo de 500 hombres y fletar un vapor para llevarlos a su destino; Juan Masó Parra, quien se decía era masón de grado 33, contaba con el apoyo del dictador mexicano, el también masón Porfirio Díaz; el presidente panameño Manuel Amador Guerrero

---

[947] Weitzel, *op. cit.*, p. 30; "Daily Reports of the U.S. Secret Service Agents, 1875-1936", William Flynn Vols. 16-18 (Dec. 1, 1905- Nov. 30, 1906). Micro-Copy T-915 Roll #112, National Archives and Records Administration (NARA), RG 87 Stack: 450 Row: 65 Compartment: 05 Shelf: 07.

[948] New York, Sing Sing Prison Admission Registers, 1865-1939, http://www.archives.nysed.gov/research/res_tips_002_singsing.shtml, consultado el 31 de julio de 2018.

facilitaría las armas, cañones y municiones que quedaban de su revolución; además, tenía cerca de doscientos agentes suyos ya en el lugar de la futura acción. El informante decía que Masó Parra residía entonces en la «West 112th street» donde lo visitó en varias ocasiones. El abogado aseguraba que ya contaban con $10,000 de las contribuciones de los californianos y de un caballero inglés de la isla de Trinidad. A pesar del aparente entusiasmo generado por el plan, el artículo concluye explicando escuetamente que «varias condiciones contribuyeron» a que el «sueño imperial del general Parra» se desvaneciera.[949]

Aunque no hemos podido corroborar la veracidad de este supuesto proyecto de Juan Masó Parra, no debemos descartarlo muy a la ligera pues, a pesar de contener elementos que pueden parecer novelescos hay que recordar que, medio siglo antes, una similarmente descabellada empresa llevó al filibustero americano William Walker a proclamarse presidente de Nicaragua. Por otro lado, los frecuentes brotes de «patriotismo rapaz» en algunos latinoamericanos atraían inversores en busca de ganancias exorbitantes. Un contemporáneo de Masó Parra aseguraba que por aquella época no había mejor «esquema para hacerse rico rápidamente» que una revolución exitosa y bien administrada aprovechando los «arrebatos del patriotismo depredador».[950]

Sin embargo, un componente importante en el plan militar atribuido a Masó Parra no parece haber sido factible. Don Manuel Amador Guerrero fue, en efecto, el primer presidente de la República de Panamá, una provincia colombiana que se había independizado en 1903 —con el estímulo y el apoyo de Estados Unidos. Como ya habían hecho en Cuba con la inclusión de la Enmienda Platt en la constitución de 1901, los americanos también establecieron en Panamá un marco legal para ejercer su dominio: por el Tratado Hay-Bunau-Varilla que creó la Zona del Canal, Estados Unidos garantizaba la independencia del nuevo estado y el Artículo 136 de la constitución panameña le otorgaba el derecho de intervención en el país en cumplimiento de sus obligaciones bajo el

---

[949] "Parra Had Other Plot. General's Brutal Plans. Revolutionist Tried to Overthrow a Republic", *The New York Tribune*, 18 de octubre de 1907, 3:3-4.
[950] Horace Smith, *The War Maker. Being the True Story of Captain George B. Boynton*, A. C. McClurg & Co., Chicago, 1911, p. 358.

Tratado. Como precaución adicional, el Ministro americano, John Barret, abogó ante Amador por la disolución del ejército; al presidente también le preocupaba aquella fuerza armada y en noviembre de 1904 se acordó desbandar el ejército y almacenar las armas y municiones en la Zona del Canal, bajo estricto control norteamericano.[951]

En junio de 1906 el presidente Amador, para asegurar el orden ante una creciente oposición Liberal que planeaba una gran demonstración pocos días antes de las elecciones, tuvo que pedir 250 rifles y 50,000 tiros al gobernador de la Zona del Canal, Charles Magoon.[952] Esto demuestra que Amador no podía disponer de los pertrechos militares panameños para armar la tropa filibustera del cubano. De ser verídica la trama reportada por el New-York Tribune, y de conocer Masó Parra la verdadera situación en Panamá, entonces habría estado engañando a sus posibles socios capitalistas, quizás para evitar que se filtrara información sobre la verdadera fuente del armamento; si en realidad contaba con las armas de Amador, el éxito de su proyecto peligraba.

Como hemos visto, esa posible campaña centroamericana de Juan Masó Parra se fraguaba en la ciudad de New York durante la primavera de 1906, y un hecho fortuito comprueba su presencia en esa ciudad poco tiempo después. Por aquellos días, agentes del Servicio Secreto seguían a un hombre llamado George Boynton creyendo que «tramaba una revolución en Venezuela»; la vigilancia incluía la correspondencia del sujeto y fue así que in-

George B. Boynton, soldado de fortuna vinculado a Juan Masó Parra

---

[951] Iván A. Ricord, "El remonismo en Panamá", consultado el 21 de febrero de 2013. www.monografias.com/trabajos65/remonismo-panama.
[952] Gustavo A. Mellander & Nelly Maldonado Mellander, *Charles Edward Magoon: The Panama Years*, Editorial Plaza Mayor, Río Piedras, 1999, p. 90.

terceptaron «2 cartas, fechadas en New York, julio 10 y 27, 1906» que Juan Masó Parra había enviado al sospechoso.[953] La profesión de Boynton era el filibusterismo; era lo que hoy llamarían un soldado de fortuna o mercenario, y decía haber recibido su bautismo de fuego en la guerra de secesión vistiendo el uniforme azul del Norte, aunque luego vendió pertrechos al bando sureño. Según sus propios relatos, no siempre verosímiles y a menudo anacrónicos, Boynton contrabandeó armas a Céspedes en Cuba, a Carlos de Borbón en España, y a Antonio Guzmán Blanco en Venezuela; combatió piratas en el lejano Oriente; ayudó a los peruanos contra Chile, y al mejor postor en la rebelión naval de 1893 en Brasil.[954] Con sus más de sesenta años el capitán George B. Boynton era ya un consumado condotiero.

La existencia de esa correspondencia de Juan Masó Parra con George Boynton en el verano de 1906 evidencia una familiaridad entre ellos que no nos debe sorprender ya que sus pasos se habían cruzado un par de veces. Sabemos que desde fines de 1893 Masó Parra estaba en el ejército venezolano del general Joaquín Crespo Torres donde dijo haber llegado a coronel. Luego de una larga ausencia, Boynton había regresado a Venezuela en la primavera de 1894 y el presidente Crespo le había asignado la creación y dirección de una red de agentes secretos que discretamente recabaran información sobre sus posibles enemigos; es probable que Boynton y Masó Parra se conocieran entonces. Masó Parra regresó a Cuba y participó allí en el alzamiento del 24 de febrero de 1895. Boynton se quedó en Venezuela en una situación privilegiada. Una antigua disputa territorial con Inglaterra venía agravándose: la frontera entre Venezuela y la Guyana británica motivó una crisis en 1895 en la cual Venezuela invocó la Doctrina Monroe para recabar el apoyo de los Estados Unidos en su querella contra el Reino Unido. En 1896, Joaquín Crespo revivió una concesión originada en 1883 pero que luego había sido anulada: se trataba de ocho millones de acres en el delta del Orinoco. Ahora Crespo otorgaba ese enorme territorio —que convenientemente

---

[953] PGoC RG199, folio 173-5, Major Frank McIntyre, Acting Chief, Bureau of Insular Affairs, War Department, a Magoon, 25 de septiembre de 1907.
[954] Smith, *The War...*; Steven C. Topik, *Trade and Gunboats. The United States and Brazil in the Age of Empire*, Stanford University Press, Stanford, 1996, pp. 137-8

colindaba con la Guyana inglesa— a The Orinoco Company, Ltd., un consorcio norteamericano y británico, para así sumar a su bando a estos intereses comerciales. Crespo exigió que la compañía ofreciera un jugoso contrato a George Boynton para administrar la propiedad y el notorio filibustero se dedicó a esa empresa por casi una década.[955]

General Joaquín Crespo Torres Presidente de Venezuela
(1884-1886 y 1892-1898)

Durante la ruidosa escala que hizo Juan Masó Parra en La Habana en 1903, la prensa reportó que su destino inmediato era la isla de Curaçao y que de ahí pensaba continuar hacia Venezuela.[956] En efecto, fue en Curaçao donde Masó Parra publicó su libro en 1904. En Venezuela Masó Parra habría coincidido entonces una vez más con George Boynton quien aún trataba inútilmente de defender su feudo en el delta del Orinoco ahora contra los deseos del gobierno de Cipriano Castro.[957]

Dos años después, en New York en 1906, George Boynton y Juan Masó Parra estaban nuevamente en busca de aventuras y fortuna.[958] Los planes de Boynton de esa época también parecían quiméricos: trataba de fomentar una revuelta en Venezuela para derrocar a Cipriano Castro. Cuando entró en contacto con unos conocidos falsificadores, Boynton atrajo la atención del Servicio Secreto, una división del Departamento del Tesoro que, en los Estados Unidos, además de proteger al presidente, se ocupa de perse-

---

[955] Horace Smith, *The War*..., pp. 373-411.
[956] "'Man Without Country,' Juan Moya Ramos", *Augusta Chronicle*, Georgia, 19 de octubre de 1903, 5.
[957] Horace Smith, *The War*..., pp. 385-411.
[958] Horace Smith, *The War*..., p. 412.

guir la falsificación de monedas. Gracias a las cartas confiscadas durante aquella vigilancia conocemos hoy del contacto directo entre Masó Parra y Boynton.

George B. Boynton fue arrestado por agentes del Servicio Secreto el 21 de agosto de 1906 en Wall Street en posesión de los cuños que había mandado a fabricar. En su defensa, Boynton declaró estar «comisionado por los jefes de la nueva revolución venezolana» que sería financiada con las monedas que ellos mismos fabricarían con esos cuños; cuando triunfaran, simplemente reconocerían esas monedas como legítimas y nadie sería perjudicado.[959] Boynton había alegado que las monedas se iban a acuñar en Venezuela y un juez neoyorquino declaró no tener jurisdicción sobre el caso y lo dejó en libertad a él y a sus dos cómplices; el capitán no tardó en abandonar el país y establecerse en la isla de Trinidad. No satisfecho con este resultado, el oficial que lo había arrestado, el capitán del Servicio Secreto William Flynn, llevó el caso con éxito ante otro tribunal y amenazó aplicar todo el peso de la ley contra sus cómplices si Boynton no regresaba. El fiel Boynton regresó, sus partidarios fueron simplemente multados y él fue sentenciado a seis meses de trabajo forzado.[960]

El informe de la legación nicaragüense ofrece algunos detalles adicionales acerca de la empresa filibustera de Masó Parra asegurando que George Boynton figuraba también en ella y que el blanco era Costa Rica. Según esa versión, Masó Parra había llegado a un acuerdo con Boynton «para armar y equipar un barco mercante en una bahía de los Estados Unidos para ir a tomar Puerto Limón» neutralizar su pequeña guarnición, desvalijar la aduana, tomar por sorpresa la capital San José y retirarse después de vaciar las bóvedas de los bancos. Según ambas versiones, el plan se frustró cuando se filtró a las autoridades americanas.[961]

---

[959] New York Agent-in-Charge William J. Flynn to John E. Wilkie, Chief U.S. Secret Service, August 23, 1906, "Daily Reports of the U.S. Secret Service Agents, 1875-1936", William Flynn, Vols. 16-18 (Dec. 1, 1905 - Nov. 30. 1906), Micro-Copy T-915, Roll #112, RG 87, Stack 450, Row 65, Compartment 05, Shelf 07, NACP, pp. 335-7.

[960] "Came Back to Go to Jail", *The Sun*, New York, 23 de octubre de 1906, 10:2. Flynn creyó durante años que Boynton estaba relacionado con la voladura del *Maine* ("Heard That Boynton Blew Up the Maine", *The New York Times*, 29 de mayo de 1911, 9:5).

[961] Weitzel, *op. cit.*, p. 30.

Incongruentemente, en medio de tantos trajines conspirativos, el 18 de julio de 1906 Juan Masó Parra se casó en Nueva York con una joven inmigrante polaca de veinticuatro años nombrada Rose Kroll. La ceremonia civil se celebró en el ayuntamiento de la ciudad en el barrio de Manhattan; el novio se identificó como un comerciante español de 40 años que había enviudado de su anterior matrimonio.[962] La muchacha no figura ni antes ni después en la hoja de vida de Masó Parra lo cual deja abiertas a especulación las motivaciones de ambas partes para formalizar esta rara relación conyugal.

El matrimonio no interrumpió por mucho tiempo las aventuras paramilitares de Juan Masó Parra. Pocas semanas después, enterado de que su antiguo compañero Enrique Loynaz del Castillo había dirigido exitosamente el combate de Wajay, en las afueras de la capital cubana, durante el alzamiento contra la política reeleccionista de Tomás Estrada Palma, Masó Parra le escribió primero y después le envió un cable felicitándolo; Loynaz diría que él no dio respuesta a esos contactos.[963]

A principios de 1907, y con motivo de un viaje de José Miguel Gómez a Venezuela, el servicio de inteligencia del ejército americano en Cuba recogió un informe de un tal agente "X" quien decía conocer personalmente a Masó Parra quien residía en Curaçao «y su familia estaba con él y el hijo de su primera esposa estaba en un colegio» allí. El resto del informe consiste en una versión novelesca de la trayectoria de Masó Parra plagada de errores que anulan cualquier utilidad como fuente confiable.[964]

El Gran New York era también por esa época un centro de actividad revolucionaria dominicana; el expresidente Juan Isidro Jimenes, desde su exilio en Ponce, Puerto Rico, dirigía una red de activistas para levantar a Quisqueya en armas y reasumir allí el

---

[962] "State of New York Certificate and Record of Marriage of Juan Maso Parra and Rose Kroll", No. 18018, New York City Department of Records and Information Services, Municipal Archives.

[963] Quintana, "Los que traicionaron…", p. 172.

[964] «"Del capitán Furlong al jefe de estado mayor", 25 de febrero de 1907, US/NA, RG 199, carpeta 72, caja 4» (*apud* Rolando Rodríguez García, *República de corcho*, dos tomos, Editorial de Ciencias Sociales, La Habana, 2012, t. I, pp. 474-5); Millett, *op. cit.*, pp. 178-9.

mando político. Quince años después de su primera colaboración, Jimenes y el cubano forjaron una nueva alianza político-revolucionaria que pronto captó la atención de las autoridades americanas e indirectamente condujo al regreso de Juan Masó Parra a Cuba.

XXII - Cuba reocupada

El 22 de junio de 1907 Juan Masó Parra se presentó en el consulado de Cuba en Port-au-Prince para pedir noticias de su país. Otro cubano, el Sr. Jorge A. Campuzano, fungía como *chargé d'affaires* de los Estados Unidos en Haití desde 1905 y, más recientemente, había sido nombrado cónsul de la República de Cuba.[965] Ese nombramiento no era una simple coincidencia; como desde septiembre de 1906 Cuba estaba otra vez bajo el control de los americanos, estos simplemente le pidieron a su representante en Haití que se ocupara también de los asuntos cubanos allí.

Jorge A. Campuzano, cónsul de Cuba en Haití

La colonia cubana en Port-au-Prince —que ahora consistía «en su totalidad de personas de color» trabajadoras y respetuosas del orden establecido— contaba ya varias décadas y era suficientemente importante para que el primer gobierno de Cuba republicana la dignara con la apertura de una Legación para atender a sus ciudadanos.[966] Un primer paso había sido la creación del Registro de Ciudadanos para identificar a quienes se interesaron en adquirir la nueva ciudadanía cubana, pero ya al cónsul Campuzano se le habían presentado cuestiones sobre el derecho de ciudadanía que había tenido que

---

[965] United States Department of State, "President's Message of April 3, 1905 to Congress", *Papers Relating to the Foreign Relations of the United States*, United States Government Printing Office, Washington, 1906, pp. 285-6.

[966] 30 de julio, 1907, Jorge A. Campuzano, cónsul de la República de Cuba en Port-au-Prince, Haití, a Justo García Vélez, jefe interino del Departamento de Estado, NARA, PGoC, RG199, folio 158/5; Fernández de Castro, *op. cit.*, p.145.

someter a La Habana: ¿era cubano un hijo natural de cubanos nacido en Haití?, o ¿uno de cubano y haitiana?[967] La visita de Masó Parra creó en el celoso funcionario nuevas interrogantes que se apresuró a consultar con la Secretaría de Estado y Justicia en La Habana. Campuzano reportó que había entregado a Masó Parra varios periódicos habaneros y pidió que urgentemente le informaran sobre qué hacer si el hombre le pedía protección como cubano. El cónsul tenía noticias de que el visitante contraía deudas en el Hotel de France y, por otro lado, a sus oídos habían llegado rumores sobre los servicios de Juan Masó Parra en el ejército español y su pensión militar que le hacían dudar sobre «cuál era su ciudadanía oficial».[968]

En La Habana demoraron en contestar y cuando lo hicieron, el 12 de julio, no ofrecieron opinión alguna sobre la cubanidad de Juan Masó Parra; Campuzano debía evitar contacto oficial con el viajero y de solicitar este algún servicio o protección, debía informarle que tendría que pasar la solicitud a La Habana. El día 27, cuando Campuzano recibió esta respuesta, las instrucciones resultaban inútiles pues dos semanas antes Juan Masó Parra había abordado el vapor francés *Saint-Domingue* en dirección a Cuba.[969]

Si de la primera estancia de Juan Masó Parra en la República Dominicana durante la última década del siglo XIX se sabe muy

---

[967] 6 de noviembre, 1906 de Campuzano al jefe del Despacho del Departamento de Estado en La Habana (en Casey, *op. cit.*, p. 48).

[968] 27 de Julio, 1907, Campuzano a García Vélez, NARA, PGoC RG199, f. 158/5. El dato sobre el ejército español era relevante pues el Artículo 7° de la Constitución cubana en vigor estipulaba que «la condición de cubano» se perdía por admitir empleo o «entrar en el servicio de las armas de otro Gobierno sin licencia del Senado» (Antonio Barreras, *Textos de las constituciones de Cuba (1812-1940)*, Editorial Minerva, La Habana, 1940, p. 141).

[969] García Vélez al gobernador provisional Charles Magoon, 31 de Julio, 1907, PGoC RG199, f. 158; Campuzano a García Vélez, 27 de julio, 1907, PGoC RG199, f. 158/5; capitán John W. Furlong, jefe de Military Information Division al brigadier Thomas H. Barry, jefe del Ejército de Pacificación, agosto 24, 1907, PGoC RG199, f. 158/8, este informe pone en boca de Masó Parra el nombre *Santo Domingo* pero el vapor francés que operaba entonces en aquellas aguas se llamaba *Saint Domingue* (United States Navy Department, Public Health and Marine-Hospital Service, *Public Health Reports*, v. XXIII, Part II, nos. 27 to 52, Government Printing Office, Washington, 1908, p. 1108.

poco, sus vínculos con ese país entre 1906 y 1907 son aún más misteriosos. Campuzano creía que Juan Masó Parra había desembarcado por Cape Haytiene, un puerto en la costa norte de Haití, procedente de la República Dominicana; que había logrado conseguir el ingreso al país gracias a la ayuda de su amigo el general Jean Gilles, quien ahora era gobernador de aquella provincia; y que de allí había pasado a la capital haitiana. Por esos días, cuando su colega el ministro dominicano regresó de su país, Campuzano aprovechó para indagar con él sobre Masó Parra, pero el ministro dijo no conocer al hombre ni el nombre.[970]

La República Dominicana había cambiado mucho desde que Juan Masó Parra la dejó en 1892 cuando su candidato, Juan Isidro Jimenes Pereyra, tuvo que abandonar la campaña presidencial y el territorio nacional por las presiones del presidente Ulises Heureaux. Jimenes había seguido conspirando desde el exilio y finalmente, en julio de 1899, un grupo dirigido por los generales Horacio Vásquez Lajara y su primo, Ramón Cáceres Vásquez, dio muerte al temible *Lilís*. Respaldado por los tiranicidas, Jimenes disfrutó de la presidencia de la República Dominicana hasta mayo de 1902 en que fue depuesto por una protesta armada y reemplazado por Horacio Vásquez.[971] Una larga serie de tensiones políticas y conflictos armados caracterizaron los años siguientes; diferencias regionalistas y de estilo dividieron al país entre los seguidores de Juan Isidro, los *jimenistas*, y los simpatizantes de Vásquez y Cáceres, denominados *horacistas*. Directa o indirectamente, los horacistas dominaron el gobierno durante casi toda la próxima década a pesar de una constante oposición que a menudo se tornaba violenta.

En 1906 la situación se agravó, especialmente en la llamada Línea Noroeste que incluía la zona fronteriza con Haití y las provincias de Montecristi y Puerto Plata, donde tradicionalmente el apoyo a Juan Isidro Jimenes era más fuerte. El presidente Ramón Cáceres tomó medidas extremas contra el movimiento guerrillero; con la anuencia del gobierno haitiano las tropas dominicanas pudieron limpiar ambos lados de la frontera y su maniobra de ex-

---

[970] Campuzano a García Vélez, julio 27 y 30, 1907, PGoC RG199, folios 158/5.
[971] Sumner Welles, *Naboth's Vineyard, The Dominican Republic, 1844-1924*, Payson & Clarke Ltd., New York, 1928, v. II, pp. 531-83.

terminio de gentes y animales pasó a la historia como "la matanza de Guayubín". Poco después, una expedición armada dirigida por un sobrino de Jimenes desembarcó por Blanco (hoy Luperón), para ser derrotada en pocos días.[972] Estudios recientes demuestran que, desde antes, y hasta mucho después de estos sonados sucesos, operaban por casi todo el territorio nacional grupos armados llamados "gavilleros", que representaban una combinación de protesta rural con matices políticos a menudo mezclada con bandolerismo. Durante la etapa que nos ocupa, los gavilleros estaban mayoritariamente identificados con el jimenismo y no era extraño ver extranjeros en sus filas, y entre ellos algunos cubanos.[973]

Desde su exilio en Ponce, Puerto Rico, Juan Isidro Jimenes veía frustrados todos sus esfuerzos para conseguir financiamiento para armar y pertrechar a los alzados; sus gestiones en el campo diplomático habían rendido muy pocos resultados. Mientras tanto, Washington negociaba con el gobierno un plan para aplacar a sus acreedores lo cual se percibía como un respaldo americano a Cáceres. Las perspectivas para el retorno de Jimenes a la silla presidencial no eran buenas y pronto se empezó a notar la frustración y el desánimo en el movimiento. Esta era la situación que existía en la República Dominicana a mediados de 1907 cuando Juan Masó Parra apareció en Haití. Según Masó Parra, él había salido de New York unos cuatro meses antes con intención de regresar a Cuba y durante su estancia en Haití «visitaba con frecuencia» a su amigo el general Pierre Nord Alexis, el entonces presidente haitiano.[974] Según la correspondencia interceptada en esa época por agentes de

---

[972] Frank Moya Pons, *Manual de historia dominicana*, 10ª edición, Caribbean Publishers, Santo Domingo, 1995, p. 449; Vetilio Alfau Durán, "Escritos y apuntes históricos", *Archivo General de la Nación*, v. LXXIII, Ediciones del Archivo General de la Nación, Santo Domingo, 2008, p. 239.

[973] María Filomena González Canalda, "Los gavilleros, 1904-1916", *Archivo General de la Nación*, v. LXIV, Ediciones del Archivo General de la Nación, Santo Domingo, 2008, pp. 34, 40-1, 57. Curiosamente, otro veterano cubano que militó en el ejército dominicano bajo Juan Isidro Jimenes a principios del siglo fue aquel José Manuel Villa a quien M. Gómez había aplicado un cepo de campaña (Faustino García Santana, notas al "Diario de guerra del Gral. Pujals", *Bohemia*, 24 de diciembre de 1950, p. 129).

[974] Declaración de Masó Parra a Charles Magoon de 18 de enero de 1908, ANC, Fondo Secretaría de la Presidencia, Caja 115, Signatura 5, Doc. #4 (Guerra, *Transcriptions & Notes...*, Part 1).

la secretaría del Tesoro americano, Juan Isidro Jimenes era «un gran amigo del Gral. Nord Alexis» desde la época de su exilio en Cabo Haitiano.[975]

Juan Masó Parra no ocultó su participación en el conflicto dominicano y —según se evidencia en la prensa cubana de aquellos días— comenzó a ostentar el grado de «Mayor general del ejército dominicano».[976] Sin embargo, algunos meses después de estos hechos, Masó Parra declaró que las noticias de su presencia en Quisqueya en 1907 carecían de fundamento:

> «Desde el año de 1886 [debe decir 1889] en que fui a esa República con el General Máximo Gómez, en negocios con la casa de Juan Ysidro Jimenez de Monte Cristy, no he vuelto a aquel país.»[977]

Por su parte, Juan Isidro Jimenes explicaría a sus correligionarios que Masó Parra había abandonado el movimiento porque creía poder «alcanzar supremacía en Cuba.»[978] Quienes de aquí en adelante vigilarían a Juan Masó Parra no descuidarían sus lazos con el expresidente dominicano.

Juan Masó Parra llegó a su ciudad natal a mediados de julio de 1907, pero su estancia en Santiago de Cuba fue fugaz; se alojó en el Hotel Venus, fue visto en compañía de varios veteranos mambises y el día siguiente tomó el tren para la capital a donde arribó el 16 de julio.[979] En 1902 The Cuba Railroad Co. había terminado la extensión de la vía férrea desde Santa Clara a San Luís lo que permitió viajar en tren entre Santiago de Cuba y La Habana. Los tre-

---

[975] Jimenes a J. M. Giordani para Jaime Mota de 3 de septiembre de 1907, PGoC RG199, folio 173/2.

[976] *Diario de la Marina*, 27 de julio de 1907, "Masó Parra Denies He is Conspiring", 11:3; *La Lucha*, 24 de julio de 1907, "Preocupaciones de un gobernador", 7:2.

[977] Declaración de Masó Parra a Charles Magoon de 18 de enero de 1908, ANC, Fondo Secretaría de la Presidencia, Caja 115, Signatura 5, Doc. #4 (Guerra, *Transcriptions & Notes...*, Part 1).

[978] Jimenes a J. M. Giordani, 20 de octubre de 1907, PGoC RG199, f. 173/8.

[979] Los veteranos eran el comandante Ángel Bonastra Cardona de la infantería oriental [Roloff #6127], el capitán de caballería del 5º Cuerpo, Esteban Ulloa Cabrera [Roloff #65814] y los soldados Joaquín Tamayo y Victoriano Betancourt (Capitán John W. Furlong al general Thomas H. Barry de 24 de agosto de 1907, PGoC RG199, f. 158/8). Ese informe dice que Masó Parra llegó a Santiago el día 16 mientras que el periódico que dirigía Antonio San Miguel dijo que ese día ya había llegado a La Habana ("Aquí todo es inmoralidad", *La Lucha*, 19 de julio de 1907, 2:2).

nes eran todavía mucho más lentos que en otros países y costaban mucho más, pero un viaje que antes tomaba una semana se podía hacer ahora en veinticuatro horas.[980] Basado en su experiencia anterior, Juan Masó Parra sabía que este viaje a la capital del país podría resultarle riesgoso.

Comparada con el escándalo creado por su visita a la capital de la Isla cuatro años antes, esta llegada de Juan Masó Parra pasó desapercibida por las autoridades durante algunos días —sin duda debido al haber llegado en tren desde Santiago de Cuba sin haberse tenido que someter al escrutinio de la aduana habanera. También la situación política cubana había experimentado una importante convulsión. En 1905, el presidente Tomás Estrada Palma había creado el Gabinete de Combate que, dirigido por los generales Fernando Freyre de Andrade y Rafael Montalvo, practicó la coacción, el fraude y hasta la violencia para asegurar su reelección y el triunfo del Partido Moderado; por otro lado, las aspiraciones frustradas del principal grupo de oposición, el Partido Liberal, le inclinaron también a la protesta armada.[981] En este primer conflicto de la joven república, no tardarían los principales contendientes en utilizar la Enmienda Platt como herramienta política con la intención de ganar ventajas con una intervención militar de los Estados Unidos. En declaraciones a la agencia de noticias Associated Press en New York, la principal figura del Partido Liberal, José Miguel Gómez, reclamó la intervención americana bajo la Enmienda Platt para garantizar la honestidad en las elecciones.[982] En agosto de 1906 los liberales se fueron a la manigua y pronto la insurrección alcanzó proporciones alarmantes para el gobierno. En Pinar del Río, el teniente coronel Faustino *Pino* Guerra Puentes dirigió el alzamiento; en La Habana el brigadier Enrique Loynaz del Castillo

---

[980] A. de Ximeno, *Los ferrocarriles de Cuba. Origen y construcción. Compañías. Servicio y tarifas. Legislación*, Imprenta y Papelería de Rambla y Bouza y C.ª La Habana, 1912, pp. 30, 70-5.

[981] En un notorio suceso emblemático de esa violencia política murieron en una balacera el 22 de septiembre de 1905 en Cienfuegos el liberal coronel Enrique Villuendas y el jefe de la policía Miguel Ángel Illance (Eduardo Varela Zequeira, *La política en 1905 o Episodios de una lucha electoral*, Imprenta y Papelería de Rambla y Bouza, La Habana, 1905).

[982] "General Gomez Says Uncle Sam Should Interfere Under the Platt Amendment", *Elmira Gazette*, 7 de octubre de 1905, 1:5-6.

compartió honores con el general Silverio Sánchez Figueras y el coronel Baldomero Acosta, entre otros. Por el gobierno, el general Alejandro Rodríguez mandaba la Guardia Rural y el general Bernabé Boza asumió la dirección de una milicia reclutada con premura, pero pronto se hizo evidente que estas fuerzas no serían capaces de controlar la situación.[983] La otra alternativa era la negociación, pero Estrada Palma prefirió solicitar ayuda al gobierno norteamericano. Con la esperanza de lograr una solución negociada, el presidente Theodore Roosevelt envió a La Habana a su secretario de la Guerra, William Taft, y al secretario de Estado interino, Robert Bacon. Pocos días después, en un despliegue colectivo de ceguera partidista y falta de patriotismo, se verificaron las renuncias de los secretarios del Despacho, del vicepresidente Méndez Capote y la del propio Estrada Palma «con el deliberado propósito de dejar acéfalo al Gobierno»; el Congreso determinó no tomar acción alguna para «solucionar el problema presidencial».[984] Taft tomó el

---

[983] La actividad combativa fue muy limitada, pero el general Quintín Bandera murió el 22 de agosto de 1906, macheteado por la Guardia Rural. Este período —que en esta obra no procede analizarse— se trata con más o menos detalles en Enrique Collazo, *La revolución de agosto de 1906,* G. Martínez y Ca., La Habana, 1907; Amado Randín, *Cuba reivindicada,* Imprenta de A. Peraza, La Habana, 1906; Arturo F. Sainz de la Peña, *La revolución de agosto. Historia de un corresponsal,* Imprenta La Prueba, La Habana, 1909; y con más amplitud en David A. Lockmiller, *Magoon in Cuba: A History of the Second Intervention, 1906-1909,* The University of North Carolina Press, Chapel Hill, 1938; Millett, *op. cit;* Teresita Yglesia Martínez, *Cuba: primera república, segunda ocupación,* Editorial de Ciencias Sociales, La Habana, 1976.

[984] He aquí sus nombres: los secretarios del Despacho dimisionarios eran Juan Francisco O´Farrill y Chappotín, de Estado y Justicia; Manuel Francisco Lamar y Portillo, de Instrucción Pública; Gabriel Casuso y Roque, de Agricultura, Industria y Comercio; Ernesto Fonts y Sterling, de Hacienda; Rafael Montalvo Morales y Morales, de Obras Públicas y Juan Rius Rivera, de Gobernación. Los veinte congresistas que se negaron a nombrar un presidente interino fueron Domingo Méndez Capote, Ricardo Dolz y Arango, Carlos Fonts Sterling, Oscar Fonts Sterling, Santiago Gutiérrez de Celis, José Rodríguez Acosta, Luis Fortún Govín, Rafael Armas Nodal, Pedro Martínez Rojas, Francisco Duque Estrada, Justo Carrillo, José H. Martínez Gallardo, César Cancio Madrigal, José Antonio Frías, José Antonio Blanco, Juan Maza y Artola, Fernando Freyre de Andrade, Carlos I. Párraga, Alberto Schweyer y Luis Adan Galarreta; quisieron evitar la intervención Antonio Bravo Correoso, Manuel Ajuria González, Emilio Chibás y Guerra, Manuel Rodríguez Fuentes, Mariano Corona Ferrer, Manuel Yero Sagol, Juan Maspons Franco, Ramón Boza y Boza, Antonio Rivero Beltrán, Enrique Horstmann y Varona, Miguel Coyula y Llaguno, Mario García Kohly, Alfredo Betancourt Manduley, Lorenzo D. Beci y Teodoro Cardenal (Martínez Ortiz, *op. cit.*, t. II, p. 727-31).

mando temporalmente el 28 de septiembre de 1906 para dar comienzo a la segunda intervención militar norteamericana en Cuba. Dos semanas después lo reemplazaría como gobernador provisional, Charles Edward Magoon, encargado de garantizar la pacificación del país y celebrar nuevas elecciones.

El gobernador provisional Magoon nombró a los empleados de más alto nivel de cada Secretaría como secretarios en funciones que serían "asesorados" por oficiales del ejército americano que en realidad fungirían como supervisores de todos los actos de los secretarios; el secretario de Estado en funciones era Justo García Vélez quien era supervisado por el coronel Enoch H. Crowder. [985] Magoon y Crowder eran ambos nativos del estado de Nebraska y se conocían desde que juntos sirvieran en el estado mayor del Ejército en Washington donde habían colaborado en la resolución de asuntos legales en Filipinas. Los dos eran solteros y, aunque Magoon era un civil y Crowder un militar, ambos se desempeñaban en el campo administrativo y Crowder

Justo García Vélez, secretario de Estado en funciones

---

[985] Justo García Vélez era un hijo del mayor general Calixto García nacido en la manigua durante la Guerra de los Diez Años y criado en España. Era empleado de Hacienda en Filipinas cuando su padre se incorporó a la guerra del 95, y quiso seguirlo, pero fue detenido y enviado al presidio de Chafarinas de donde logró escapar a New York y desembarcar en la costa norte de Oriente el 30 de octubre de 1897 en la novena expedición del remolcador *Dauntless* que fue recibida por las fuerzas que mandaba su hermano Carlos; terminó la guerra con el grado de comandante (José Abreu Cardet, *La espectacular fuga de Justo García Vélez, hijo del Mayor General Calixto García, desde una cárcel española en África y su travesía hasta Cuba en armas*, https://aldeacotidiana.blogspot.com/2014/10/blog-post.html, consultado el 15 de enero de 2019; Roloff, #23044). El coronel Crowder venía de las Filipinas donde había servido en los más altos puestos de jurisprudencia durante la ocupación de ese país (Millett, *op. cit.*, p. 152).

se convirtió en el más cercano colaborador del gobernador Magoon.[986]

El intercambio entre el cónsul Campuzano y el secretario de Estado en funciones, se había iniciado por valija diplomática que debía ser transportada por mar y tierra, pero el 30 de julio Justo García dirigió un mensaje cifrado a Campuzano por la vía rápida del cable submarino. El motivo de la urgencia era una carta abierta del senador Martín Morúa Delgado acusando a Juan Masó Parra de haber venido a Cuba a fomentar una revuelta contra el gobierno; García Vélez quería saber si algo en la conducta de Masó Parra en Haití podía confirmar esa acusación. Campuzano le aseguró que nada de eso podía haber sucedido sin su conocimiento.[987]

La noticia de que Juan Masó Parra quería regresar a Cuba no había tardado en filtrarse y diseminarse hasta crear cierta expectativa en algunos círculos; se comentaba que podría llegar «de un momento a otro» a Santiago de Cuba, pero, aun así, su llegada a La Habana sorprendió a muchos. En lugar del clamor por su expulsión que se escuchó el 1903, en esta ocasión la visita de Masó Parra no produjo más que un suelto defendiendo su derecho a vivir tranquilamente en la Isla al haber ya «pasado la época de los apasionamientos».[988] Cumpliéndose el primer año del gobierno provisional de Magoon, los líderes políticos de los partidos Liberal y Conservador se alistaban resignadamente para las elecciones prometidas por las autoridades en La Habana y en Washington; los hacendados y los comerciantes encabezaban el grupo que favorecía una presencia norteamericana permanente, los líderes del malogrado autonomismo abogaban ahora por la creación de un protectorado americano, pero en otros elementos de la población aumentaba el descontento y la impaciencia. El coronel Crowder presidía una

---

[986] Frank M. Steinhart, un personaje que había adquirido gran importancia durante la crisis del gobierno de Estrada Palma también asesoró a Magoon, pero sin alcanzar la compenetración que este logró con Crowder (David A. Lockmiller, *Enoch H. Crowder. Soldier, Lawyer and Statesman, 1859-1932*, The University of Missouri Studies, Columbia, 1955, pp. 107-8).

[987] Memorando confidencial de García Vélez/Crowder a Magoon del 31 de julio de 1907, PGoC RG199, f. 158.

[988] "Aquí todo es inmoralidad", *La Lucha*, 19 de julio de 1907, 2:2

Comisión Consultiva de notables ocupados en la legislación que permitiría el funcionamiento ordenado del poder judicial, del servicio civil, de los gobiernos provinciales y municipales y las leyes para celebrar elecciones municipales, congresionales y presidenciales.[989]

Magoon había anunciado la intención de celebrar elecciones municipales primero y presidenciales después, pero aún no existían las leyes ni se había llevado a cabo un censo de la población; el progreso era continuo pero lento. La demora era especialmente molesta para quienes se habían alzado en la Guerrita de Agosto con la esperanza de una victoria rápida; el gobierno de Estrada Palma había caído pero el momento de las recompensas —que iban desde la necesidad de un simple empleo hasta aspiraciones más ambiciosas— seguía posponiéndose y el obstáculo ahora era el gobierno provisional.

Coronel Enoch H. Crowder, supervisor de las Secretarías de Estado y Justicia

Esas frustraciones se sumaban al sentimiento antiamericano que se había enraizado en una parte de la población durante la primera intervención, especialmente entre la gente de color. Los enormes adelantos alcanzados por los cubanos en el campo de las relaciones raciales durante las luchas independentistas en que jefes negros llegaron a ser respetados y obedecidos por tropas blancas en trances de vida o muerte —algo sin precedente entonces en otros ejércitos en el mundo—, auguraban una evolución hacia una sociedad más cordial y justa. Tales esperanzas se habían esfumado durante la primera ocupación cuando las costumbres racistas de las autoridades militares americanas fue-

---

[989] Uno de los vocales de la Comisión Consultiva era el controvertido Manuel María Coronado, los otros eran Erasmo Regueiferos Boudet, Francisco Cabrera Jústiz, Mario García Kohly, Rafael Montoro Valdés, Felipe González Sarraín, Miguel F. Viondi, Alfredo Zayas Alfonso, Juan Gualberto Gómez y los americanos Brandon C. Winship y Otto Schoenrich (Martínez Ortiz, *op. cit.*, t. II, p. 776).

ron impuestas en Cuba con la anuencia o el silencio cómplice de muchos jefes mambises.

Un caso que evidencia el antiamericanismo impotente que existía en algunas capas de aquella sociedad era la improbable admiración que despertaba Alberto Yarini y Ponce de León, el más célebre de los proxenetas del barrio de San Isidro. Yarini mantenía a raya a los violentos y ambiciosos rufianes franceses que competían en su negocio hasta que estos se conformaron con ocupar un espacio minoritario en el bajo mundo habanero. Pero sus credenciales nacionalistas quedaron cimentadas cuando Yarini, en respuesta a unos comentarios racistas y ofensivos a los cubanos, agredió físicamente al jefe en funciones de la legación americana en un café en los bajos del Hotel Inglaterra. El diplomático falto de tacto tuvo que recibir atención médica y Yarini fue arrestado, pero con la ayuda de una efectiva campaña dirigida por el periodista conservador Armando André Alvarado, el agresor se convirtió en un «ídolo popular como exponente habanero de antiamericanismo».[990] Muerto en un tiroteo en 1910, se dijo que la multitud que acompañó el féretro de Yarini hasta el cementerio sólo era comparable al cortejo fúnebre del general Máximo Gómez cinco años antes.[991]

En ese contexto, la llegada de Juan Masó Parra, quien admitía su «disgusto hacia el gobierno interventor y a todo lo que fuese americano», fue inmediato motivo de preocupación para las autoridades y de especulación en las filas de los políticos inquietos.[992] Bajo esta segunda ocupación estadounidense, la relevancia del españolismo de Masó Parra en 1898 disminuía y su antiamericanismo pasaba al primer plano. Así la carta de Morúa Delgado omite toda mención sobre la presentación de Masó Parra y se limita a denunciar su intención de

---

[990] "Cuban Assaults J. C. Tarler", *The New York Times*, 24 de septiembre de 1908, 4:5; Mayra Beers, "Para Subsistir Dignamente: Alberto Yarini and the Search for Cubanidad, 1882-1910", unpublished dissertation, 2011, FIU Electronic Theses and Dissertations. 370. http:// digitalcommons.fiu.edu/etd/370; Dulcila Cañizares, *San Isidro, 1910. Alberto Yarini y su época*, Editorial Letras Cubanas, La Habana, 2000, pp. 90-3.
[991] "Demi monde of Havana in funeral cortege", *The Tampa Morning Tribune*, 25 de noviembre de 1910, 1:3.
[992] Campuzano a García Vélez, 30 de julio de 1907, PGoC RG199, f. 158/5.

«...soliviantar al pueblo cubano, induciéndole á realizar una protesta violenta contra el Gobierno Provisional de los Estados Unidos en nuestro país, a fin de que el Gobierno de Washington se dé cuenta de que los cubanos queremos que termine pronto la actual ocupación norteamericana y se retiren cuanto antes de Cuba sus representantes...»

Morúa decía estar «entre los más anhelosos» porque en Cuba se restableciera el gobierno propio, pero entendía que «al presente» los americanos no habían dado motivo para dudar de su intención de restaurar la República y quería «advertir á los incautos que pudieran creer en las peligrosas inspiraciones que se atribuyen al señor Masó Parra» pues una perturbación del orden público podría ofrecerles a los ocupadores una razón para permanecer en Cuba indefinidamente.[993] Cuando sus dos principales líderes decidieron aspirar independientemente a la presidencia del país, el partido Liberal se había dividido en dos bandos: los seguidores del caudillo villareño José Miguel Gómez y los partidarios del abogado habanero Alfredo Zayas. La mezcla de pacifismo y rebelión latente contenida en la carta del *miguelista* Morúa reflejaba la compleja política de ambas ramas del partido Liberal al tratar de apaciguar a sus impacientes seguidores sin mostrarse reacio a utilizar la violencia cuando fuese considerada necesaria. Un dirigente liberal resumió así esa posición durante una crítica a quienes protagonizaron un presunto alzamiento en Oriente: «aún no

Martín Morúa Delgado

---

[993] "Del senador Morúa Delgado al general Masó Parra", *La Lucha*, 26 de julio de 1907, 1:6. El director del periódico, Antonio San Miguel Segalá, revelaría que Morúa le dijo haberse enterado de los planes de Masó Parra cuando un amigo suyo le pidió su rifle para unirse al movimiento. San Miguel utilizaría "el rifle de Morúa" como objeto de burla en caricaturas y sueltos contra el senador (*La Lucha*, 31 de julio, 1:3-5; 12 de agosto, 1: 3-5).

hay motivos para tomar las armas contra el Gobierno interventor.»[994]

El gobernador Charles Magoon sabía perfectamente que en Cuba existía «un pequeño contingente de espíritus turbulentos» diciendo que los Estados Unidos no tenían intención de cumplir la promesa de retirarse, a fin de atraerse al gran número de cubanos que estaban ansiosos de volver a tener un gobierno propio. Magoon confiaba en que aún no tenían suficientes partidarios para crear algún aprieto, pero estaba consciente de que, si sus seguidores aumentaban considerablemente, «las dificultades de la situación aumentarían».[995] De ahí la importancia de evitar su propagación.

Las noticias sobre la presencia de Juan Masó Parra en la capital y la acusación de Morúa no podía menos que despertar el interés del Gobierno Provisional y pronto el gobernador Magoon comenzó a recibir informes sobre todos los movimientos del incómodo visitante. El servicio de inteligencia del Ejército de Pacificación sería el encargado de la investigación sobre Masó Parra; se llamaba entonces Military Information Division (MID) y hasta aquí se había dedicado mayormente a recolectar información sobre los ejércitos extranjeros y preparar mapas topográficos. En 1898, en preparación para el desembarco de tropas en Cuba, la MID había reclutado a los tenientes Henry H. Whitney y Andrew S. Rowan para obtener información de los jefes cubanos Máximo Gómez y Calixto García; Whitney trató infructuosamente de llegar a Gómez por su cuenta, de modo que siguió rumbo a Puerto Rico donde sí logró recoger información útil;[996] Rowan se puso en manos de los cuba-

---

[994] Unos diez hombres se alzaron cerca de San Luis al mando del andaluz Víctor Salguero — entre ellos Eduardo Rodríguez, Francisco y Jesús Arias— sin aparentes fines políticos ("De Oriente. Partida de malhechores", *La Lucha*, 30 de julio de 1907, 2:5-6).
[995] Carta personal de Magoon a Willis Fletcher Johnson, editor de The New York Tribune, 3 de septiembre de 1907, PGoC RG199, f. 180.
[996] Cosme de la Torriente y Peraza, *Calixto García cooperó con las fuerzas armadas de los EE. UU. en 1898, cumpliendo órdenes del gobierno cubano*, Academia de la Historia de Cuba, La Habana, 1952, p. 33. Entre quienes han creído que Whitney llegó a Gómez se encuentran: John J. Ingalls, *America's War for Humanity*, J. Q. Adams & Co. Boston, 1898, pp. 307-9; Henry F. Keenan, *The Conflict with Spain–A History of the War*, Manufacturers Book Co., Philadelphia, 1898, p. 472; y George J. A. O'Toole, *The Spanish War, an American Epic*, W. W. Norton & Company, New York-London, 1984, p. 354, pero ni el mismo Whitney en el relato de su misión menciona tal contacto

nos quienes lo llevaron en bote, a caballo y de la mano hasta el campamento del lugarteniente para que pudiera entregar su "mensaje a García". Una versión ficcional de la misión de Rowan elaborada por un escritor motivacional logró un enorme éxito editorial y fue idealizada para la posteridad.[997]

Este dibujo de *La Lucha* presenta a Masó Parra con machete y sable a la cintura recordando la dualidad de su historia militar

Durante esta segunda ocupación de Cuba la MID asumiría también funciones policiacas desde sus oficinas en Marianao donde recibía los informes de sus agentes en las veintiséis guarniciones a lo largo de la Isla. El oficial que dirigió la investigación de Masó Parra fue el capitán John W. Furlong, asesorado por el capitán Dwight E. Aultman quien conocía el idioma español. Los in-

---

con Gómez (Ángel Rivero, *Crónica de la guerra hispanoamericana en Puerto Rico*, Editorial Edil, Río Piedras, 1972 [1ª ed. 1921], pp. 504-6).

[997] Elbert Hubbard, *A Message to García*, The Roycrofters, East Aurora, 1906 [1ª ed. 1899]. Otros autores han tratado de desmitificar el viaje del teniente Rowan: Manuel Sánchez Silveira, *Ensenada de Mora. Correo en Oriente de la Revolución del 95*, Editorial El Arte, Manzanillo, 1951; Max Tosquella, *The Truth About the Message to García*, José A. López, La Habana, 1955.

formes de la MID al gobernador consistían en información cruda, a menudo copias textuales de lo recibido de sus agentes que, naturalmente, incluían chismes, opiniones, especulaciones y muchas noticias de dudosa veracidad; no obstante, los archivos de Magoon demuestran que el gobernador «dependía mucho de sus análisis de los acontecimientos políticos cubanos».[998]

La MID reaccionó a la denuncia de Morúa Delgado dando inicio a una estrecha vigilancia de Juan Masó Parra y tratando de reconstruir todos sus pasos desde su llegada a la Isla. Durante las próximas semanas la MID daría forma al siguiente relato: impacientes por la demora en los preparativos para nuevas elecciones presidenciales, varios seguidores de José Miguel Gómez, liderados por Enrique Loynaz del Castillo, planearon un levantamiento; el periodista Ricardo Arnautó escribió a Juan Masó Parra sobre el movimiento y la participación en el mismo de José Lara Miret; esto motivó a Masó Parra a venir a Cuba, pero antes de su llegada Loynaz había recibido aseveraciones del secretario Taft sobre las intenciones norteamericanas que fueron aceptadas como satisfactorias por los liberales miguelistas y el alzamiento había sido cancelado. Este sería el plan que Morúa había denunciado.[999] A pesar de las conocidas deficiencias en los informes de la MID, este escenario resulta plausible desde varios puntos de vista —sin olvidar el compartido antiamericanismo de los principales actores.

El foliculario Ricardo Arnautó había regresado a La Habana vestido de capitán mambí y en enero de 1899 había comenzado a tirar de nuevo *El Reconcentrado* publicando una serie de artículos sensacionalistas identificando a Zacarías Brezmes como el autor de la voladura del "Maine". La culpabilidad de Brezmes se basaba en rumores y apariencias circunstanciales que distaban mucho de representar evidencias probatorias y tales acusaciones podían ser peligrosas en momentos en que las emociones desenfrenadas resultaban a veces en lamentables incidentes de "justicia popular", linchamientos, golpizas y atentados contra los represores de ayer, o

---

[998] Millett, *op. cit.*, pp. 129-32.
[999] Furlong a Barry, 6 y 22 de agosto de 1907, PGoC, RG199, ff. 158/6, 158/9; Furlong/Barry a Magoon, 24 de agosto de 1907, PGoC, RG199, f. 158/8.

contra los sospechosos de serlo.[1000] El interés por esa temática dio un buen impulso al nuevo diario, pero cuando concentró duras críticas al alcalde y al jefe de policía y "groseras" crónicas sobre militares americanos y sus esposas el irreverente Arnautó incurrió la ira del general William Ludlow, gobernador militar del departamento de la ciudad La Habana.[1001]

El anexionista Ludlow era un hombre de «hosco ceño y de áspera condición»; el 31 de julio el general suprimió el periódico, encarceló empleados, y persiguió a sus directores hasta comprometerles —bajo amenaza de prisión y trabajo forzado— a no publicar material alguno que resultara «ofensivo a las autoridades». Arnautó llevó su protesta a Washington y, aunque no recibió atención oficial, el escándalo sirvió para que las medidas más abusivas del prepotente Ludlow fueran discretamente echadas a un lado, pero la suspensión de *El Reconcentrado* se hizo efectiva el 1º de agosto, aprobada tanto por el gobernador militar general John R. Brooke como por el secretario de la Guerra Elihu Root. Ricardo Arnautó denunció el acto como un atentado a la libertad de prensa que hacía a muchos pensar «que la bandera española aún flotaba sobre el Castillo del Morro.»[1002]

Arnautó regresó a La Habana a principios de enero y lo dejaron tranquilo, pero Ludlow continuó culpándolo de sembrar críticas contra él en otros periódicos —lo cual no es de dudar. El repudio popular produjo finalmente la remoción de Ludlow y pocas semanas después Arnautó intentó volver a publicar otro periódico con el nombre de *La Debacle*; esta vez fue el general Leonard Wood

---

[1000] Véanse, por ejemplo, los sueltos "Impasible", "Tentativa de linchamiento", "Siguen los `casos aislados'" y "Tentativa de linchamiento en Regla" en *Diario de la Marina* de 8, 9 y 29 de septiembre y 8 de diciembre de 1899.

[1001] El ejército de ocupación dividió el país en siete departamentos, seis coincidiendo con los límites de las provincias y el otro que sólo incluía la ciudad de La Habana (Martínez Ortiz, *op. cit.*, t. I, p. 25).

[1002] El subdirector del periódico, el coronel Agustín Cervantes, sufrió la misma suerte que Arnautó. El alcalde de La Habana era Perfecto Lacoste y el jefe de policía era el general Rafael de Cárdenas ("Ludlow Loses Patients [sic]" *The Times*, Washington, D. C., 2 de agosto de 1899, 4:4; "Cubans Make Complaint", *The Record-Union*, Sacramento, 10 de agosto de 1899, 1:7; "General Ludlow Sustained", *The Times*, Washington, D. C., 15 de septiembre de 1899, 4:3).

quien le negó el permiso el 5 de junio de 1900.[1003] Tan pronto cesó la ocupación y se inauguró la República el 20 de mayo de 1902, Ricardo Arnautó presentó el día 28 la solicitud para resucitar *El Reconcentrado*, pero ahora el gobernador provincial, general Emilio Núñez Rodríguez, le ordenó abstenerse de publicarlo basándose en que las disposiciones de Ludlow y Wood continuaban vigentes a pesar de haber ya entrado en efecto la Constitución cubana de 1901 que garantizaba la libertad de prensa. Curiosamente, Núñez tenía razón pues el gobierno de Wood había aprobado ciertas «disposiciones transitorias» que estipulaban que sus «leyes, decretos y reglamentos» permanecerían en vigor hasta tanto no fuesen legalmente derogadas, algo que sólo podría hacer el Congreso de la República. Un amigo de Arnautó, el ahora representante Enrique Loynaz del Castillo, presentó el 30 de mayo una moción para derogar la resolución del gobernador Núñez que derivó en una amplia derogación de todas las disposiciones anteriores opuestas a las libertades reconocidas en la Constitución. *El Reconcentrado* reapareció el 16 de agosto de 1902 y ya en noviembre los inquietos Arnautó y Cervantes estaban acusados de provocar motines durante la huelga de los aprendices;[1004] en las ediciones del 21 y 22 de noviembre *El Reconcentrado* había publicado sueltos justificando la violencia de los obreros contra los patronos norteamericanos en términos abiertamente anarquistas.[1005] Cuando Masó Parra llegó a La Habana en julio de 1907 el periódico de Ricardo Arnautó se

---

[1003] "Wood Visits Lepers", *The Indianapolis Journal*, 5 de enero de 1900, 1:2; "Ludlow Leaves Cuba", *The Fair Haven Era*, 19 de abril de 1900, 2:3; "May Arrest Rathbone", *New York Tribune*, 22 de junio de 1900, 6:2.

[1004] *Diario de sesiones del Congreso de la República de Cuba, Cámara de Representantes,* 30 y 31 de mayo de 1902, v. I, nos. 13, 14, pp. 118-20, 122; "El Reconcentrado Revived", *The New York Times*, 17 de agosto de 1902, 7:1; la protesta iba dirigida contra la Havana Commercial Co., sucursal de la Havana Tobacco Co. que ya controlaba el 90% de la producción tabacalera cubana de la mejor calidad y los obreros exigían, entre otras mejoras, que las fábricas aceptaran aprendices cubanos y no sólo extranjeros ("Havana Editor to Be Arrested in Connection With the Late Riots", *Arizona Republican*, 28 de noviembre de 1902, 1:3; *The Investors' Supplement to the Commercial and Financial Chronicle*, William B. Dana Co., New York, 1914, p. 168).

[1005] ANC, Fondo Audiencia de La Habana, legajo 468, expedientes 8 y 9 (*apud Transcriptions & Notes by Lillian Guerra on Materials from the Archivo Nacional [de Cuba]*, Part II (April-September 1997), http://ufdc.ufl.edu/AA00019995/00003, consultado el 18 de febrero de 2019).

llamaba *La Debacle* y las credenciales anti americanistas de su director estaban firmemente establecidas.

El teniente coronel del Ejército Libertador José Lara Miret contaba unos treinta y cinco años de edad cuando había abandonado su puesto de teniente en la Guardia Rural de Camagüey en 1906 para unirse al alzamiento de los liberales donde formó parte del estado mayor del general Enrique Loynaz del Castillo y al terminar ese proceso, Lara Miret ostentaba el grado de general. Debido a la profusión de ascensos durante ese corto conflicto —en que sólo hubo una batalla que se pueda calificar como tal— a los así agraciados se les llamaba "generales de agosto". Pero en el caso de Lara Miret, ese ascenso bien pudiera considerarse un acto de justicia pues durante la guerra contra España en que había recibido una docena de heridas él también había sido víctima de las desavenencias entre su jefe, Masó Parra, y el general Máximo Gómez. El grado de teniente coronel le había sido concedido a Lara Miret gracias a que el Consejo de Gobierno rechazó la objeción del Generalísimo que sólo se fundamentaba en que la recomendación para el ascenso provenía de Masó Parra.[1006] Los americanos consideraban a Lara Miret como un conspirador consuetudinario cuyo antiamericanismo se remontaba a 1899 cuando fue denunciado —por un presunto veterano cubano nombrado Arteaga— de participación en un plan para sublevar la Isla contra la ocupación militar que debía comenzar el 1º de enero de 1900.[1007] Junto con Enrique Loynaz del Castillo, José Lara Miret se había compenetrado en el liberalismo representado por el caudillo villareño José Miguel Gómez. Cuando aumentaron las preocupaciones por la permanencia de la segunda ocupación, las autoridades americanas reportaron que José Lara Miret —en compañía de Baldomero Acosta y Guillermo Acevedo Villamil—, estaba organizando la llamada Milicia Constitucional y que en marzo de 1907 ha-

---

[1006] Reunión del Consejo de Gobierno el 27 de enero de 1898 (Cuba, Academia..., *Actas*..., t. III, pp. 114-5).

[1007] Informes de Charles Stanley a Frank S. Cairns, 23 y 24 de noviembre de 1899, NARA, Military Government of Cuba, RG 140, Letter received, no. 3711 (*apud* Rolando Rodríguez García, *Las máscaras y las sombras. La primera ocupación*, Editorial de Ciencias Sociales, La Habana, 2007, t. I, p. 266).

bía intentado reclutar al general Alfredo Rego para unirse al movimiento.[1008]

Enrique Loynaz del Castillo había surgido como la principal figura militar en La Habana durante el alzamiento liberal contra Estrada Palma y gozaba de gran ascendencia en las filas del partido representando a los más impacientes por la retirada de las tropas americanas en Cuba. Los ocupantes desconfiaban de Loynaz desde el primer momento, pues mientras el secretario Taft trataba de negociar en 1906 la disolución de las fuerzas insurrectas, un agente confidencial infiltrado les informó que Loynaz había dado órdenes secretas para entregar solamente aquellas armas que no estuviesen en buen estado y para que sus hombres se mantuvieran listos para retomar las armas al primer aviso.[1009] Loynaz creía que Alfredo Zayas había dejado «derrumbar la república» y por eso militaba en el bando de José Miguel Gómez. Loynaz no ocultaba su frustración a la jerarquía norteamericana; cuando el secretario Taft visitó La Habana en mayo de 1907 Loynaz se mostró «alarmado por la duración que parecía tener el gobierno provisional», y la falta de especificidad en la respuesta de Taft no le resultó satisfactoria. Cuando se corrió que la ocupación duraría otros dieciocho meses Loynaz visitó al gobernador Magoon para decirle que tal demora representaría un incumplimiento de las promesas de Taft y que enviaría un cable al secretario al efecto. Esto había ocurrido el 27 de junio y la contestación de Taft se recibió por la misma vía el 1º de julio y se hizo pública. Estaba dirigida a Magoon, pero Taft dejaba claro que estaba respondiendo al telegrama de Loynaz y le pedía al gobernador que asegurara al general que la única variante en sus planes para restaurar en Cuba la república dependía del tiempo que se necesitara para tomar el censo previo a las elecciones.[1010] La dirigencia del bando miguelista había aceptado esa respuesta de Taft y mandado a apaciguar a sus correligionarios.

[1008] Ficha de la MID sobre Guillermo Acevedo, Furlong a Frederick S. Foltz, jefe de Despacho de Magoon, 2 de octubre de 1907, NARA, PgoC RG199, f. 186/3,

[1009] Reporte confidencial a Taft de 5 de octubre de 1906, Howard H. Taft Papers, Manuscript Division, Library of Congress, Washington, D.C.

[1010] Martínez Ortiz, *op. cit.*, v. II, pp. 781-2, 794; "Political and Government Matters", *The Cuba Review and Bulletin*, July 1907, pp. 13-4.

Durante varios meses antes de la llegada de Masó Parra a Cuba en julio de 1907, los ánimos estaban caldeados entre los elementos más radicales del liberalismo miguelista al extremo que ya las autoridades sospechaban que un movimiento insurreccional estaba tomando forma. Estas actividades pudieron estar en realidad encaminadas a llevar a cabo una protesta armada o a simplemente hacérselo creer al Gobierno con el propósito de fortalecer la posición negociadora del miguelismo. La presencia de un jefe de las cualidades de Juan Masó Parra serviría para dar credibilidad a la amenaza insurreccional de los liberales. Por admisión del propio Loynaz sabemos que Masó Parra le había escrito —una carta y un cable— a raíz de la victoria liberal de 1906 para felicitarlo;[1011] resulta difícil imaginar que tales comunicaciones no hubiesen también incluido —rutinariamente siquiera— un ofrecimiento de servicio a Loynaz de parte de Masó Parra. La "victoria liberal" en la Guerrita de Agosto que motivó el contacto con Loynaz coincidió con el fracaso del plan centroamericano de Masó Parra y el arresto de su amigo Boynton que cerró otra posibilidad de aventuras. El movimiento revolucionario dominicano encabezado por el expresidente Jimenes era uno más de sus muchos intentos, casi todos destinados a fracasar por falta de financiamiento y apoyo popular. Los contactos de Juan Masó Parra con Loynaz tenían intención de tantear las posibilidades que la segunda ocupación norteamericana pudiera ofrecerle; eran casi una solicitud de empleo. Loynaz sostuvo que él no había contestado, pero esa negativa no descarta que la respuesta tomara la forma de una carta de Ricardo Arnautó informando a Masó Parra de los preparativos ya en marcha y de la participación de su «fiel amigo y Ayudante» José Lara Miret quien le invitaba a unirse al movimiento.

El 1º de julio, poco antes de la llegada de Masó Parra a La Habana, se conoció la respuesta de Taft al telegrama de Loynaz en que el secretario de la Guerra estadounidense reafirmaba la intención de su país de abandonar la Isla tan pronto se llevara a cabo el censo y se celebraran elecciones. Aparentemente, Loynaz «esperaba una respuesta diferente», pero esta aseveración de Taft había sido bien recibida y la jefatura del partido determinó que no ofrecía

---

[1011] Quintana, "Los que traicionaron…", p. 172.

justificación para un alzamiento.[1012] La situación había cambiado y Masó Parra tendría que adaptarse al nuevo estado de cosas.

A su llegada, Juan Masó Parra se instaló en la habitación número cinco de la «Gran Casa de Huéspedes y Restaurant» "Astoria" en el 113 de la calle Águila, esquina de San Rafael, y se dirigió a las oficinas del periódico *La Debacle* para reunirse con su director, Ricardo Arnautó y con José Lara Miret. Masó Parra quiso ver a Arnautó para darle las gracias por haberlo defendido en su periódico «cuando otros pedían que no se le dejase desembarcar» en 1903. Con su antiguo ayudante Lara Miret, Masó Parra fue al cementerio; según informara la MID, «a visitar las tumbas de Gómez y Roloff». El general polaco y compañero de Masó Parra durante su exilio hondureño había muerto dos meses antes, el general Máximo Gómez había fallecido en 1905; la visita al sepulcro del Generalísimo seguramente no fue motivada por el luto habitual, pero la soledad del camposanto daría oportunidad a Lara Miret para poner a Masó Parra al día sobre el complejo y fluido entorno político cubano. El 25 de julio Martín Morúa Delgado se reunió con Masó Parra para explicarle la posición actual de José Miguel Gómez: que este no era el momento para un movimiento insurreccional, que ante la respuesta de Taft a Loynaz, tal actividad sería prematura e inconveniente. Masó Parra expresó sus dudas sobre la buena fe de Taft y su creencia en que la verdadera intención era convertir a Cuba en un protectorado al estilo de Egipto. Morúa propuso esperar hasta diciembre y si las elecciones municipales no se habían celebrado entonces ver qué se podía hacer. El día siguiente, Masó Parra recibió un mensaje urgente de Arnautó para personarse en su oficina pues había recibido la carta-denuncia de Morúa.[1013]

Juan Masó Parra visitó a Morúa para pedirle que no publicara la carta, pero Morúa le explicó que ya era muy tarde y argumentó la necesidad de publicarla para evitar que sus seguidores se alzaran

---

[1012] Furlong a Barry, 6 de agosto de 1907, PGoC, RG199, f. 158/6.
[1013] ANC, Fondo Audiencia de La Habana, Juzgado de Instrucción Especial, Causa No. 1288, Leg. 610:1, "Declaración de Ricardo Arnautó y Hernández, 11 de octubre de 1907" (*apud* Guerra, *Transcriptions*..., Part I); Furlong/Barry a Magoon, 24 de agosto de 1907, PGoC, RG199, f. 158/8; Furlong a Barry, 22 de agosto de 1907, PGoC, RG199, f. 158/9.

prematuramente.[1014] Con la colaboración de su nuevo amigo, Ricardo Arnautó, Masó Parra redactó una respuesta a la carta de Morúa que se publicó en los principales diarios de la ciudad atribuyendo la infundada acusación

> «á que mi historia revolucionaria en mi patria y en otras tierras hermanas ha podido mover algunas imaginaciones dadas á la novela y al sensacionalismo para inventar una conspiración en que no he soñado y á la que no iría sino cuando, convencido de que Cuba es engañada, vea también á sus elementos políticos y militares representativos por el mismo camino que se cree que ya yo he empezado a andar.»[1015]

La carta de Morúa seguramente cumplió el propósito de dejar establecido que los liberales de José Miguel Gómez habían rechazado públicamente la opción armada —aunque se reservaban el derecho a ella si los ocupadores incumplían sus promesas. Desde luego, el alzamiento armado como método para expulsar a los norteamericanos del país era una quimera. Aún cuando se lograse reconstituir una fuerza militar tan importante como lo había sido el Ejército Libertador, el rival ahora no sería una decadente metrópoli en quiebra a miles de kilómetros de distancia sino un poderoso y rico vecino muy próximo al litoral cubano y la lucha tendría que llevarse a cabo sin poder contar con el importante flujo de expediciones con material de guerra que sostuvo a los mambises en sus guerras contra España; las cercanas costas al otro lado del Estrecho de la Florida que antes fueron un santuario ahora serían territorio enemigo. El verdadero valor que tenían estas conspiraciones se medía en su potencial para crear disturbios en momentos oportunos con fines transaccionales y como factores de presión política.

Otro efecto de la publicidad recibida por Juan Masó Parra sería que, por un lado, enfocó sobre él la atención de las autoridades y sus agencias represivas mientras, por otro lado, lo convirtió en un imán para todos aquellos descontentos que no aceptaban que la so-

---

[1014] "Morua Insists There Was a Conspiracy", *Diario de la Marina*, English Pages, 28 de julio de 1907.

[1015] ANC, Fondo Audiencia de La Habana, Juzgado de Instrucción Especial, Causa No. 1288, Leg. 610:1, "Declaración de Ricardo Arnautó y Hernández, 11 de octubre de 1907" (*apud* Guerra, *Transcriptions…*, Part I); "Complacido", *Diario de la Marina*, 27 de julio de 1907, 3:1.

beranía de su país dependiera de las buenas intenciones de los ocupadores extranjeros. Masó Parra tendría que manejar esa situación con mucho cuidado para mantener viva la llama de un potencial alzamiento —y su vigencia como principal organizador— sin provocar una reacción de las autoridades.

Durante sus primeros días en La Habana Juan Masó Parra era visto a menudo en compañía del general José Miró Argenter y era visita frecuente de Enrique Ubieta, un excoronel del Ejército español durante la última guerra y ahora cronista del independentismo cubano. Pero a medida que se intensificaba la vigilancia sobre él, los encuentros de Masó Parra con personalidades de ese nivel fueron más escasos.[1016] La mayor parte de sus otros contactos fueron con curtidos veteranos negros y blancos de baja graduación, trabajadores y desempleados, miguelistas y zayistas, casi todos cubanos con uno que otro español, individuos de todos tipos y niveles sociales y económicos. Ambos bandos del Partido Liberal contaban con una importante participación de la población de color, los miguelistas contaban con Martín Morúa Delgado y los zayistas con Juan Gualberto Gómez —ambos inclinados ahora a posturas políticas más tradicionales. Pero muchos negros que habían visto sus esperanzas de acceder a empleos en el gobierno nuevamente frustradas por la ocupación americana comenzaban a mostrar su descontento con esa dirigencia y se sentían mejor representados por líderes más radicales; durante agosto y septiembre Masó Parra se reunió con algunos de ellos incluyendo el popular Evaristo Estenoz.[1017] En conjunto, los hombres en el entorno de Masó Parra conformaban un grupo humano ideal para forjar una fuerza revolucionaria de acción.

El comportamiento de Juan Masó Parra por esos días sugiere que hasta cierto punto disfrutaba de la atención que generaba su presencia en aquel viciado ambiente de una Cuba intervenida. El

---

[1016] La MID decía que Miró Argenter «es y siempre ha sido antiamericano»; Masó Parra había conocido a Ubieta como ayudante del general Blanco en 1898; Ubieta había comenzado a publicar sus "Efemérides de la revolución cubana" en 1905 en *La Discusión* que dirigía Manuel María Coronado; el 27 de agosto Masó Parra pasó unas tres horas con su viejo amigo el Dr. Eusebio Hernández (Furlong a Barry, 2, 3 y 28 de agosto de 1907, PGoC, RG199, ff. 158/2-3, 158/22).

[1017] MID a Magoon, 13, 16, 17 y 19 de septiembre de 1907, PGoC, RG199, ff. 158/19, 158/21, 158/23, 158/25.

20 de septiembre su amigo Antonio San Miguel le publicó una carta en que Masó Parra se burlaba de los rumores de un inminente alzamiento con un juego de palabras. En el relato, un amigo se le había acercado y lo llevó a un café donde Masó Parra tuvo que pagar la ginebra que tomaron; en tono conspirativo el amigo explicó por qué lo buscaba: «me aseguran que te levantas, sí que te levantas, y yo quiero levantarme también.» A esto responde Masó Parra: «Chico, le dije, no te han engañado, me levanto y me levantaré…tú tienes el derecho de levantarte como lo hago yo, mira, todas las mañanas, en cuanto me despierto, pues… me levanto, y puedes asegurar que, con toda regularidad, siempre me levanto armado.» Aquí Masó Parra y su amigo se ríen a carcajadas y se tiran «la segunda ginebra». Esto dio pie a San Miguel para publicar un editorial y una caricatura que mostraba a Masó Parra con una botella reclutando "conspiradores".[1018]

La Lucha hacía de menos los rumores sobre la conspiración de Juan Masó Parra

---

[1018] "Carta del Sr. Masó Parra", *La Lucha*, 20 de septiembre de 1907, 3:3; "La gente del trago", 21 de septiembre, 2:1-2.

Masó Parra mantenía a sus adeptos ocupados en idas y venidas, reuniones de pequeños grupos en cafés, parques, establecimientos y viviendas privadas en que se conversaba en voz baja. José Lara Miret, quien parecía haber reasumido su rol de ayudante de Masó Parra, visitaba con frecuencia las provincias orientales para visitar a sus parientes en Santiago de Cuba y Santa Cruz del Sur y reunirse con sus parciales en el miguelismo en esas y otras ciudades. Desde diferentes puntos de la mitad oriental de la Isla llegaban a menudo noticias de grupos de "alzados" que en su mayoría resultaban ser bandidos y cuatreros sin motivaciones políticas, pero que mantenían viva la opción insurreccional y aumentaban la preocupación de las autoridades. Aunque no podía ignorar que su correspondencia sería interceptada por las autoridades, Juan Masó Parra recibía y enviaba cartas; en una de ellas —firmada con el poco velado seudónimo de "Jumapa"—, pedía a un agente neoyorquino un envío de pertrechos que no le pertenecían; el agente servía a Juan Isidro Jimenes cuyo material de guerra se guardaba en un almacén de Brooklyn con destino a la revolución dominicana.[1019]

Estos factores dieron a las actividades de Masó Parra y sus seguidores un cariz conspirativo que servía para mantener comprometidos y ocupados a los espíritus más exaltados y dar crédito a la factibilidad de una revuelta armada que pudiera activarse en un corto plazo si un cambio en la situación política lo requiriera. Cuando los liberales decidieran hacer una demostración de fuerza,

---

[1019] Traducción al inglés de carta de "Jumapa" a J. M. Giordani, 9 de septiembre de 1907, adjunta a una del comandante Frank McIntyre, Jefe interino del Buró de Asuntos Insulares, a Magoon, 16 de septiembre de 1907, PGoC, RG199, f. 173/4. Naturalmente, al enterarse del pedido de "Jumapa", Jimenes advirtió a su agente Giordani: «No juegues con Masó» (traducción al inglés de una carta de Jimenes a Giordani, 20 de octubre de 1907, adjunta a una de McIntyre a Magoon, 31 de octubre de 1907, PGoC, RG199, f. 173/8). [Magoon pidió el original de la carta de "Jumapa" y McIntyre le dijo haber confirmado con John E. Wilkie, el jefe del Servicio Secreto, que eso sería imposible pues estaba absolutamente prohibido «abrir o extraer una carta del correo» por lo que «se tiene que hacer con el mayor cuidado». De esa manera, se continuó la interceptación ilegal de la correspondencia abriendo las cartas «con el mayor cuidado», copiando el texto y dejando pasar el original al destinatario. Magoon facilitaba el dinero que McIntyre entregaba a Wilkie para que compensara a los agentes asignados a ese operativo (telegrama de Foltz a McIntyre, 23 de septiembre, telegrama de McIntyre a Magoon, 24 de septiembre y carta de McIntyre a Magoon, 25 de septiembre de 1907 (PGoC, RG199, f. 173/5).]

Juan Masó Parra les podría ofrecer una conspiración hecha a la medida.[1020] La organización tomaba forma; lo que faltaba eran un verdadero plan insurreccional, los medios materiales y la voluntad política para llevarlo a cabo.

[1020] Las actividades conspirativas de Masó Parra no sólo resultaban de interés a los miguelistas: el 14 de septiembre el abogado Ernesto Fernández, secretario de la Junta Patriótica que presidía el marqués de Santa Lucía, se reunió con Masó Parra; también lo visitó Mariano Caracuel, secretario de Alfredo Zayas, y hasta los moderados representados por Manuel Despaigne (MID a Magoon, PGoC, 5 de agosto, 3 y 16 de septiembre, RG199, ff. 158/4, 158/12, 158/23).

XXIII - ¿Complot o paripé?

A finales de agosto de 1907, estando Juan Masó Parra en compañía de José Lara Miret en la esquina de la Manzana de Gómez que ocupaba el café llamado Salón H, se encontró con Isidoro Noriega, un antiguo compañero colombiano a quien no veía desde sus días de exilio en Panamá. Isidoro Noriega Asprilla había sido expedicionario de la goleta *Honor* que trajo a los generales Antonio Maceo, Flor Crombet y otros veinte patriotas a la costa de Baracoa el 1º de abril de 1895. Noriega fue hecho prisionero pocos días después y estuvo preso en el Castillo del Morro de Santiago de Cuba hasta noviembre de 1897 cuando fue indultado con la implantación del gobierno autonómico y pudo incorporarse al Ejército Libertador donde terminó la guerra con el grado de teniente.[1021]

Durante la Guerrita de 1906 Noriega sirvió como teniente en el Ejército Constitucional bajo el mando de Lara Miret. Había sido policía en San Luis y, más recientemente, en el puerto de La Habana, pero había perdido ambos puestos «por atentado y disparo» y había sido condenado a cuatro meses de prisión; con sus 41 años Noriega se hallaba ahora desempleado y sin dinero. Masó Parra le explicó a Noriega que había iniciado una conspiración porque «los yanquis se creían dueños de Cuba» y lo invitó para una reunión tres días después en la casa de Lara Miret; durante los próximos días, Noriega acordó participar aportando hasta veinticinco hombres y escuchó planes para quemar las propiedades de los extranjeros —excepto las de los españoles—, volar puentes con dinamita del departamento de Obras Públicas y llevar a cabo levantamientos armados en varios lugares de la Isla: Gabriel Guerra Santos se alzaría en Quivicán, Vicente Gómez lo haría en Güines y Noriega debía llevar a su gente a Durán; el propio Juan Masó Parra «se iría

---

[1021] ANC, Fondo Audiencia de La Habana, Juzgado de Instrucción Especial, Causa No. 1288, Leg. 610:1, "Testimonio de Isidoro Noriega, 28 de septiembre de 1907" (*apud* Guerra, *Transcriptions...*, Part I); Granda, *op. cit.*, p. 88. Noriega dijo haber llegado a teniente coronel, esto quizás durante la Guerrita de Agosto, pues Hugo Crombet reporta que en la Guerra de Independencia Noriega sólo llegó a capitán mientras Roloff lo tiene por teniente (Crombet, *op. cit.*, 1999, p. 157; Roloff, *op. cit.*, #43195, p. 615).

en guagua hasta la Ciénaga, de allí en tren hasta Durán» para unirse a Noriega y sus hombres.[1022] La noche del 25 de septiembre Noriega asistió a una reunión con Masó Parra y presentó a dos jóvenes quienes dijo eran de su grupo en Santiago de las Vegas y venían «a ver qué se determinaba y si se saltaba, pues ya era tiempo». A los impacientes jóvenes se les aseguró que el alzamiento era inminente, que sería antes de finalizar el mes, que contaban con muchas armas y miles de municiones, que el general Juan Eligio Ducasse iba a Matanzas a reclutar otros jefes para que apoyaran el plan y que el siguiente día 26, en la Alameda de Paula, se llevaría a cabo la junta final antes del levantamiento. A las 7 de la mañana del 26 de septiembre de 1907, Juan Masó Parra fue arrestado en su habitación del hotel Astoria.[1023]

General Juan Eligio Ducasse Revee

El arresto de Masó Parra lo dirigió el segundo jefe de la policía secreta, Rafael Muñoz y Ayala, acompañado por dos detectives y otro funcionario quien, en presencia del detenido y los otros agentes, procedió a registrar la habitación

«…cuyo registro no dió resultado alguno, pues solo había en ella, además del mobiliario y varias prendas de vestir, algunos recibos acreditarios del pago del alquiler de la esperada habitación, y una ma-

---

[1022] ANC, Fondo Audiencia de La Habana, Juzgado de Instrucción Especial, Causa No. 1288, Leg. 610:1, "Testimonio de Isidoro Noriega, 28 de septiembre de 1907" (*apud* Guerra, *Transcriptions…*, Part I). La Ciénaga era el primer paradero del ferrocarril a Guanajay que aún sobrevive al este del Jardín Zoológico de La Habana; Durán (o Duran, o Durand) era el nombre de un paradero del ferrocarril de La Habana, entre los de Guara y San Felipe, que ha desaparecido de la cartografía actual, pero coincide con el poblado de La Julia, a unos seis kilómetros al sur de San Antonio de las Vegas (de la Pezuela, *op. cit.*, t. I, p. 386, t. II, p. 247; Bustamante, *op. cit.*, t. II, p. 55).
[1023] ANC, Fondo Audiencia de La Habana, Juzgado de Instrucción Especial, Causa No. 1288, Leg. 610:1, Declaraciones de Vicente Núñez y Rodríguez, Claudio Pernas y Duarte e Isidoro Noriega del 28 de septiembre de 1907 e informe de Rafael Muñoz y Ayala fechado el 26 de septiembre de 1907 (*apud* Guerra, *Transcriptions…*, Part I).

leta que contenía diversos documentos relativos a la guerra de independencia de Cuba, y unos cuantos libros impresos...»[1024]

Esa misma mañana el general Juan Eligio Ducasse Revee fue arrestado también sin dificultad en su casa, pero José Lara Miret no se encontraba en su residencia de Prado 28 cuando el agente Luis Menéndez fue allí a detenerlo con los detectives Horacio Enríquez y Herminio Rodríguez. Según Menéndez, los agentes tuvieron que practicar «distintas pesquizas» que, horas después, le permitieron localizar a Lara Miret en el «garage de automóviles» sito en Prado 7, a sólo una cuadra de su apartamento. Lara Miret entregó su «revolver sistema Smith calibre treinta y ocho, con cinco cápsulas» a los agentes; esta resultaría ser la única "pieza de convicción" presentada contra los acusados.[1025]

Al mediodía del 26, el gobernador provisional Magoon hizo una declaración con referencia a los arrestos explicando que los directores de la conspiración estaban presos, que no estimaba necesario por el momento detener a sus seguidores y reafirmando su intención de proceder con el censo y las elecciones para que «Cuba sea entregada al nuevo presidente que elija». Los políticos de todos los partidos no perdieron tiempo en dirigirse a Palacio para registrar públicamente su rechazo a la conspiración y su apoyo al gobierno; el general Enrique Loynaz del Castillo restó importancia a la conspiración y la describió como «un movimiento ideado por Masó Parra á fin de sincerarse ante el país cubano».[1026] Similares manifestaciones se escucharon también en boca de todos durante una reunión de los liberales miguelistas esa noche en que el orador principal Martín Morúa dedicó fuertes ataques a Masó Parra; por los conservadores, el Dr. José Antonio González Lanuza anunció que apoyarían a su correligionario, el general Ducasse, mientras no

---

[1024] ANC, Fondo Audiencia de La Habana, Juzgado de Instrucción Especial, Causa No. 1288, Leg. 610:1, informe de Rafael Muñoz y Ayala fechado el 26 de septiembre de 1907 (apud Guerra, *Transcriptions*..., Part I). Los detectives eran Ernesto Guilles y Abelardo Coro.

[1025] ANC, Fondo Audiencia de La Habana, Juzgado de Instrucción Especial, Causa No. 1288, Leg. 610:1, "Arrest Reports issued by members of the Secret Police" fechados el 26 de septiembre de 1907 (apud Guerra, *Transcriptions*..., Part I). El «capitán de policía de la Primera Estación, señor Duque Estrada» auxilió en la detención del general Ducasse ("Detenciones", *Diario de la Marina*, 26 de septiembre de 1907, 4:1.

[1026] "La revolución frustrada", *La Lucha*, 27 de septiembre de 1907, 1:2-3.

se le comprobara culpabilidad, pues en ese caso sería expulsado del partido. Loynaz llegó a publicar un artículo laudatorio a Magoon y su gobierno en que también criticaba severamente a Masó Parra:

> «Se les avisó en vano. Ciertos espíritus inquietos engañados por el nefasto traidor marcado por la traición cometida contra su tierra natal parecían ocupados en una conspiración que de haber alcanzado sus fines hubiera obstaculizado el censo, demorado las elecciones y pospuesto, cuando menos, la restauración.»[1027]

Hasta el líder negro Evaristo Estenoz creyó prudente hacer acto de presencia en Palacio y el día 27 se reunió con el capitán Ryan, edecán de Magoon, para hacer constar su condena a la conspiración. Quizás debido a este tráfico palaciego el gobernador provisional tuvo que cancelar su acostumbrado paseo vespertino en automóvil en esos días.[1028]

En realidad, la delación de Isidoro Noriega y de los dos agentes secretos que introdujo en la conspiración parece haber sido sólo uno de varios factores que determinaron las detenciones. La noticia de la proximidad del levantamiento había llegado al Gobierno cuando se sabía que ya había comenzado la esperada huelga de los trabajadores de los ferrocarriles cuyas demandas chocaban con la intransigencia de los patronos. Los trabajadores ferroviarios aspiraban al pago en dólares americanos, la jornada de ocho horas y aumento de sueldos; la huelga había comenzado en uno de los talleres que tenía la Compañía de los Ferrocarriles Unidos de La Habana en el pueblo de Cárdenas, mas el paro amenazaba extenderse hasta la capital y sus alrededo-

Isidoro Noriega Asprilla, denunció la conspiración

[1027] "New Developments Failed to Appear", "Manifestaciones del Gobernador Provisional", *Diario de la Marina*, 27 de septiembre de 1907, 7:5-6, 8:1 y 10:1.
[1028] "Gobierno Provisional", *La Lucha*, 28 de septiembre de 1907, 1:1; "La revolución frustrada", *La Lucha*, 27 de septiembre de 1907, 1:1.

res. Tal eventualidad podría afectar el tráfico militar y dificultar los movimientos de tropas para lidiar con cualquier alteración del orden público que Masó Parra y sus seguidores pudieran ocasionar.[1029] Pero, según el jefe del Ejército de Pacificación, el general Thomas H. Barry, la decisión de arrestar a los conspiradores fue provocada por la divulgación el día 25 de un telegrama dirigido al diario *The World* de New York —que en seguida lo reprodujo el resto de la prensa norteña— en que se anunciaba la existencia de «bien organizados movimientos á punto de estallar para un levantamiento contra el Gobierno Provisional» en Cuba.

Según el cable, entre los implicados estaban desde veteranos de la Guerrita de 1906, hasta anarquistas y «negros agitadores del Sur de los Estados Unidos» instigados «por intereses americanos» opuestos al gobierno de Roosevelt. El alarmante telegrama lo firmaba una inexistente «Asociación de Comerciantes» y el propósito de su autor, o autores, parecía ser escandalizar la opinión pública americana y exponer la indecisión del gobierno.[1030] Ese mismo día 25, Magoon celebró una conferencia en el Palacio con el coronel Crowder y el general Barry en la que, al parecer, acordaron no seguir dejando correr las cosas y proceder cuanto antes al arresto de los principales conspiradores. En la edición del día 26 del diario vespertino *La Lucha* ya se reportaban los arrestos de Juan Masó Parra, José Lara Miret y Juan Eligio Ducasse quienes fueron llevados a Tacón número 3 donde estaba la jefatura de la policía secreta en el antiguo Palacio del Segundo Cabo junto a la Plaza de Armas.[1031]

El día 27 el consultor legal de Magoon y supervisor de la secretaría de Justicia, el coronel Enoch Crowder, comunicó a la Sala de Gobierno de la Audiencia la comisión del delito de conspiración para la rebelión. La Audiencia procedió a nombrar «en comisión especial al magistrado de la Sala Segunda de lo Criminal» Sr. Tomás

---

[1029] "La huelga de los ferrocarriles", *La Lucha*, 27 de septiembre de 1907, 2:3-4; José Rivero Muñiz, *El movimiento laboral cubano durante el período 1906-1911. Apuntes para la historia del proletariado en Cuba*, Universidad Central de Las Villas, La Habana, 1962, pp. 80-93.

[1030] "Conspiracy in Cuba", *New-York Tribune*, 26 de septiembre de 1907, 1:5; "Telegrama enviado al 'World'", *La* Lucha, 27 de septiembre de 1907, 1:3.

[1031] Memorando de Barry a Taft de 3 de octubre de 1907, William H. Taft Papers, Manuscript Division, Library of Congress, Washington, D.C.; "La revolución frustrada", *La Lucha*, 26 de septiembre de 1907, 2:3

Bordenave como juez instructor, como escribano al Sr. José Llanuza y para presenciar las actuaciones en representación del ministerio fiscal, al abogado Pedro Pablo Rabell. Este juzgado especial quedó constituido esa noche en los bajos del edificio del Tribunal Supremo (antiguo Palacio O'Farrill) con entrada por la calle Chacón donde se celebraría el juicio. Allí conferenciaron por varias horas Bordenave y Rabell con el coronel Crowder sobre las acusaciones que el Gobierno hacía y oficialmente se radicó la Causa 1288 de 1907 contra Masó Parra, Lara Miret y Ducasse. Los tres reos pasaron su segunda noche confinados en departamentos individuales en la jefatura de la policía secreta custodiados por un detective cada uno y sin que se les permitiera tener contacto entre ellos ni visitas.[1032]

En la madrugada del 28, el secretario de Magoon, el abogado Otto Schoenrich se presentó en el juzgado de guardia acompañado de Isidoro Noriega y sus "reclutas", los jóvenes Núñez y Pernas, quienes venían a prestar testimonio sobre la conspiración. Esa noche el juzgado de guardia estaba presidido por el juez de Primera Instancia Federico Justiniani y García Reyes quien procedió a tomar las declaraciones de los testigos. La sesión fue muy reveladora. Los reclutas de Noriega resultaron ser el sargento Vicente Núñez Rodríguez y el guardia Claudio Pernas y Duarte, ambos de la Guardia Rural destacados en el Castillo de la Fuerza. Isidoro Noriega explicó al Juez que desde que fue invitado por Juan Masó Parra había decidido «tomar parte en la conspiración para poner en antecedente al Gobierno».[1033] Los guardias rurales que le acompañaron a la reunión del 25 de septiembre habían sido facilitados por el capitán James A. Ryan, ayudante de Magoon, para penetrar la conspiración —quizás reconociendo que por sus antecedentes delictivos Noriega no sería un testigo ideal.[1034] Como era de esperar,

---

[1032] "La revolución frustrada", *La Lucha*, 28 de septiembre de 1907, 2:3; "La conspiración fracasada", *El Fígaro*, 6 de octubre de 1907, Año XXIII, No. 40, p. 496; el día 26 Magoon había accedido a que González Lanuza pudiera visitar al general Ducasse.

[1033] "La revolución frustrada", *La Lucha*, 28 de septiembre de 1907, 2:3; ANC, Fondo Audiencia de La Habana, Juzgado de Instrucción Especial, Causa No. 1288, Leg. 610:1, declaraciones de testigos tomadas el 28 de septiembre de 1907 (*apud* Guerra, *Transcriptions...*, Part I).

[1034] El capitán Ryan había torturado prisioneros en las Filipinas, pero un consejo de guerra lo absolvió; ahora servía a Magoon como ayudante militar y administrador de las operaciones de Palacio; Ryan llegaría a brigadier general del ejército (J. A. Ryan,

los relatos de los tres infiltrados coincidían con respecto a lo que había transcurrido cuando conocieron a Masó Parra en el café en la esquina de San Lázaro y Trocadero la noche antes de los arrestos. Las declaraciones de los denunciantes fueron remitidas esa misma mañana al juzgado especial.[1035]

Los traductores de Palacio pasaron largas horas trabajando en el pliego de acusaciones del gobierno que se había escrito originalmente en inglés, pero el secretario Shoenrich pudo finalmente entregarlo al juzgado especial a las dos de la tarde del día 28 y entonces el juez Bordenave mandó a buscar a los detenidos. La policía secreta utilizó tres coches de alquiler para transportar a cada reo con sus dos custodios desde la secreta hasta el juzgado. Lara Miret fue el primero en ser llamado a responder a los cargos de haberse reunido en diferentes lugares con distintas personas para preparar un levantamiento armado contra el gobierno. El camagüeyano negó las acusaciones explicando que estaba por la paz y que sus viajes a distintos puntos de la Isla habían sido para fundar comités liberales, no para conspirar; que conoció a Noriega como su subordinado en la revolución del año anterior y recordaba que lo tuvo que «reprender duramente» por querer quedarse con dos caballos cuando sólo le correspondía uno por lo que no le merece buen concepto; que Masó Parra es su amigo desde la guerra de independencia y que lo ha visto en varias ocasiones; que Masó Parra le dijo que quería vivir en Cuba «aunque para ello tuviera necesidad de algún lance personal»; que le dijo estar dispuesto a ir al campo si los americanos tuvieran el deseo de quedarse con la Isla, «pero sin que le hablara en sentido de conspiración ni pensara en esto».[1036]

"The Defense of Captain J. A. Ryan, Fifteenth United States Cavalry", *Journal of the United States Cavalry Association*, v. XIII, octubre 1902, pp. 185-93; Lockmiller, *Magoon...*, pp. 94, 215-21). Magoon tenía también un ayudante militar cubano, el comandante del cuerpo de Artillería José Martí Zayas Bazán, cuyas funciones eran mayormente ceremoniales (Charles E. Magoon, *Annual Report of Charles E. Magoon Provisional Governor of Cuba to the Secretary of War 1907*, Government Printing Office, Washington, 1908, p. 96).

[1035] ANC, Fondo Audiencia de La Habana, Juzgado de Instrucción Especial, Causa No. 1288, Leg. 610:1, declaraciones de testigos tomadas el 28 de septiembre de 1907 (*apud* Guerra, *Transcriptions...*, Part I); "La revolución frustrada", *La Lucha*, 28 de septiembre de 1907, 2:3.

[1036] "Comparecencia del acusado: Lara Miret", ANC, Fondo Audiencia de La Habana, Juzgado de Instrucción Especial, Causa No. 1288, Leg. 610:1, (*apud* Guerra, *Trans-*

El general Ducasse rechazó los cargos explicando que sólo asiste a reuniones políticas del partido Conservador y que hace un año no saludaba a Lara Miret pues en la última guerra estuvieron en bandos opuestos; que en su casa tiene trabajando a doce tabaqueros que notarían cualquier movimiento raro allí; que no tiene más armas que las que usó en la guerra del 95 y que sus viajes a Matanzas eran por el partido Conservador y no para conspirar. Dijo conocer a Masó Parra de cuando juntos hicieron la Invasión, pero desde que este fue herido no lo volvió a ver hasta hacía unos diez o doce días cuando Masó Parra lo reconoció en un café y se dieron un abrazo, hablaron algo de la época de la guerra y luego se separaron sin haber sostenido conversación política alguna allí ni en otro lugar.[1037]

De izquierda a derecha, el juez Tomás Bordenave, el fiscal Pedro Pablo Rabell y el escribano José Llanusa

Al tomar Juan Masó Parra su turno ante el juzgado, el escribano Llanuza lo describió a como «bajo de estatura, blanco, complexión fuerte, color trigueño, ojos negros, nariz regular, bigote y pelo negros, vestido de negro con camisa blanca»; el declarante dijo ser viudo con cuatro hijos, de profesión militar con experiencia de comerciante. Masó Parra explicó que había vivido fuera del país ente ocho y diez años y ha regresado para vivir en su Patria «de sus rentas», pero sin mezclarse en política y «condenando siempre

---

criptions..., Part I); "La revolución frustrada", *La Lucha*, 29 de septiembre de 1907, 2:3.

[1037] "Comparecencia del Acusado Juan Elijio Ducasse Revée", ANC, Fondo Audiencia de La Habana, Juzgado de Instrucción Especial, Causa No. 1288, Leg. 610:1, (*apud* Guerra, *Transcriptions*..., Part I); "La revolución frustrada", *La Lucha*, 29 de septiembre de 1907, 2:4.

cualquier movimiento revolucionario que pueda existir»; que piensa pedir protección del ministro de España pues figura como coronel de las clases pasivas de ese país con sueldo que no ha percibido desde hace cuatro años, pero reclamará en breve. Masó Parra dijo que a Noriega se lo presentaron un día en el parque y que luego este fue a su hotel a pedirle dinero; que también lo vio lamentándose frente a la casa de Lara Miret y lo evadió porque le pareció que le iba a pedir dinero de nuevo; más recientemente lo vio en un café sentado con otros dos a quienes no conocía y cuando Noriega empezó a «hablar de la situación y en sentido belicoso» no le hizo caso y se retiró después de pagarles lo que tomaron. El coronel de la Brigada Cuba Española rechazó también una acusación de haberle escrito a su subordinado de entonces, Rosendo García, invitándolo a conspirar. Esa noche comparecieron también para ser interrogados por la fiscalía el dueño y dos empleados de un café de los mencionados por los denunciantes, pero ninguno pudo confirmar siquiera la presencia de los acusados en el establecimiento. No persuadido por las negativas de los reos, el juez Bordenave les notificó el auto de detención por el término legal de setenta y dos horas y ordenó su traslado para cumplirlo en el Vivac que estaba entonces en el antiguo edificio del Cuartel de las Milicias, en la esquina de las calles Empedrado y Monserrate.[1038]

A pesar de ser domingo el día 29, el juzgado especial se mantuvo ocupado. Se llamó a testificar a Gabriel Guerra Santos quien fuera implicado por las declaraciones de los infiltrados y había sido arrestado la noche anterior; Guerra negó todos los cargos y fue remitido al Vivac a engrosar el grupo de acusados. Durante esta sesión, otros seis testigos tampoco aportaron datos en apoyo del gobierno: el exjefe de la policía del barrio de Marianao, Manuel Pa-

---

[1038]"Comparecencia del acusado: Masó Parra" y "Escrito de reforma contra el auto del procesado José Lara Miret", ANC, Fondo Audiencia de La Habana, Juzgado de Instrucción Especial, Causa No. 1288, Leg. 610:1, (*apud* Guerra, *Transcriptions...*, Part I); el antiguo "presentado" y oficial de la brigada *Cuba Española*, Rosendo García, era ahora capitán de la Policía en Cienfuegos y el 8 de octubre declaró que era cierto que Masó Parra le había escrito, pero no para invitarlo a conspirar (Documento #7, *Ibíden*); "La revolución frustrada", *La Lucha*, 29 de septiembre de 1907, 2:3-4. El abogado José Lorenzo Castellanos y Perdomo representaba a Lara Miret; Cosme de la Torriente a Ducasse y Mario García Kohly a Masó Parra ("Special Judge Appointed", *La Lucha*, 28 de septiembre de 1907, 7:4).

checo, admitió que Lara Miret y Noriega habían almorzado una vez en su casa, pero sin que se hablara de insurrección alguna; luego Francisco Pacheco corroboró la declaración de su hermano Manuel. Dos parroquianos del café donde Noriega y los dos guardias se reunieron con Masó Parra declararon no recordar haberlos visto; por último, la dueña de la casa de huéspedes en que residía Gabriel Guerra y uno de sus inquilinos tampoco pudieron vincular a los detenidos con la conspiración. También compareció de nuevo el testigo de estado Isidoro Noriega para, según dijo a los reporteros, «ratificar sus acusaciones». En la tarde comparecieron la esposa de Ducasse, su tía, Mme. Noemi Ducasse, y otra vecina de la misma casa; todas negaron haber presenciado actividades conspirativas. El último testigo del día fue Juan de Dios Romero, un español que llegó a comandante del Ejército Libertador; Romero confirmó que el general Ducasse había llegado al café "Cuba Moderna" cuando Masó Parra estaba sentado en el sillón de limpiabotas del establecimiento y que se fueron juntos cuando terminaron de lustrarle los zapatos; Romero no los oyó hablar de política ni de alzamientos.[1039]

El 30 de septiembre se trajo a declarar a José Vila González, otro de los conspiradores buscados que había sido arrestado el día anterior. Vila vivía en Prado 28 bajo el mismo techo que Lara Miret con quien compartía su militancia Liberal; natural de Lugo, Vila había adoptado la ciudadanía cubana y decía no haber tenido problemas con la Ley desde que, acusado de rapto, se casó con quien lo acusaba; Masó Parra le fue presentado por Lara Miret, pero no entendía el motivo de su arresto y negaba todo vínculo con un levantamiento. Dos testigos corroboraron el activismo miguelista de Lara Miret en sus viajes a Camagüey y Oriente; uno de ellos era el periodista Nicolás Guillén Urra. También pasaron ante el Juez especial un inquilino de Prado 28 que ignoraba si allí se había conspirado, el director del diario *Unión Española* que había publicado rumores sobre la conspiración, y los dos guardias rurales infiltrados para ampliar sus denuncias anteriores.[1040] El gobierno tu-

---

[1039] "El juzgado especial", Diario de la Marina, 30 de septiembre de 1907; "La revolución frustrada", *La Lucha*, 30 de septiembre de 1907, 2:1.
[1040] "Comparecencia de José Vila" y "Random Docs", ANC, Fondo Audiencia de La Habana, Juzgado de Instrucción Especial, Causa No. 1288, Leg. 610:1, (*apud* Guerra,

vo mejor suerte con las declaraciones de dos pinareños que dijeron haber sido invitados a unirse al alzamiento y que hicieron creer que estaban de acuerdo para pasar la información al gobierno. Juan Salgas Fonte y Joaquín Hernández identificaron a Gabriel Guerra, Juan Masó Parra, José Lara Miret y a José Vila como conspiradores y en términos generales repitieron como verídicos los rumores más populares sobre la conspiración; Salgas dijo que Gabriel Guerra le explicó que Masó Parra estaba «comisionado para un levantamiento en armas» contra el gobierno interventor y que para ello contaba con «dinero que le facilitaban», lo cual le fue confirmado después por el mismo Masó Parra quien agregó que «de los Estados Unidos le vendría una expedición».[1041]

La provincia de Pinar del Río continuaba siendo de las más políticamente activas desde el conflicto del año anterior cuando el representante a la Cámara Faustino "Pino" Guerra, un teniente coronel de la guerra del 95, se alzó contra el gobierno de Estrada Palma en 1906 para iniciar la Guerrita de Agosto. Con altos niveles de desempleo, especialmente entre su población de color, y muchos activistas que habían adquirido relevancia nacional durante aquel conflicto, Pinar del Río era un hervidero de pasiones y frustraciones caracterizado por volubles lealtades políticas. Varios líderes locales pinareños ocupaban a sus seguidores en la preparación de planes insurreccionales de poca monta y algunos establecieron contacto con los conspiradores habaneros de Masó Parra. Luego de cambiarse del miguelismo a la facción Liberal zayista, sus contactos con el gobierno interventor aumentaron y *Pino* Guerra adquirió la convicción de que si los liberales se rebelaban y él

---

Transcriptions..., Part I); "Further Arrests in Conspiracy Case", *Diario de la Marina*, 1º de octubre de 1907. [Este diario cita a Vila diciendo que había conocido a Masó Parra en la Academia de la Guardia Civil de Getafe mientras en su testimonio —según las notas de la profesora Guerra— Vila dijo que no lo conocía hasta que Lara Miret se lo presentó un día. Por medio del investigador Eladio Fernández Ramos, el coronel jefe del Servicio de Estudios Históricos de la Guardia Civil nos aseguró en junio de 2005 que en sus archivos no consta la presencia de Masó Parra en Getafe.]; "La revolución frustrada", *La Lucha*, 30 de septiembre de 1907, 2:1.

[1041] Comparecencia de Juan Salgas y Fonte, ANC, Fondo Audiencia de La Habana, Juzgado de Instrucción Especial, Causa No. 1288, Leg. 610:1, (*apud* Guerra, *Transcriptions...*, Part I; "Further Arrests in Conspiracy Case", *Diario de la Marina*, 1º de octubre de 1907,

lograba evitar alzamientos en su provincia, «el gobierno no tendría más remedio que ponerlo de Jefe de las Fuerzas Armadas».[1042] Dos días antes de la comparecencia de Salgas y Hernández, Faustino Guerra había estado conferenciado con el juez especial Bordenave y poco después, el gobernador civil de Pinar del Río comentaba irónicamente a Mr. Magoon:

> «Es original lo que dice Pino Guerra, según anuncia el periódico la Discusión, "Que había comisionado á Juan Salgas y Joaquín Hernández, para que descubriesen la conspiración, éste Gobierno ignora la autorización que tuviera el Sr. Pino Guerra para tales servicios, pero puedo asegurar que el citado Juan Salgas viene conspirando desde los últimos días de Agosto y fue de los primeros individuos que se dedicó á incitar á la revolución.»[1043]

El 1º de octubre otras dos personas cuyo paradero era desconocido fueron incluidas en la causa y se ordenó la publicación de una requisitoria emplazando a Vicente Gómez, conocido por "El Comandante" y a Juan de Dios Martínez, alias "El Habanero" a presentarse a las autoridades. Martínez —cuyo verdadero nombre de pila resultó ser Juan Bautista— sería arrestado tres días después mientras Vicente Gómez permaneció prófugo hasta su arresto en Arroyo Apolo el día 25.[1044] Mientras tanto, el juez Bordenave había llegado a la conclusión que existían «indicios racionales de la criminalidad» de Masó Parra y los otros reos y se trasladó con los otros dos miembros del juzgado al vivac para cumplir la formalidad de leerles el auto de procesamiento que los remitía a prisión

---

[1042] Reporte del capitán Samuel G. Jones al coronel James Parker, 22 de septiembre de 1907, NARA, RG199, f. 096/16.

[1043] "El juzgado especial", *Diario de la Marina*, 30 de septiembre de 1907, 4:2; Carta de Indalecio Sobrado a Magoon de 5 de octubre de 1907, NARA, RG199, f. 096/22. Otro pinareño de la esfera de Faustino Guerra, el líder negro de San Antonio de los Baños, Juan Hierrezuelo, también declararía el día 3 de octubre que Masó Parra lo había invitado «á tomar parte en un movimiento armado contra el Gobierno americano» ("Del juzgado especial", *Diario de la Marina*, 3 de octubre de 1907). El 4 de abril de 1908 Magoon creó el Ejército Permanente, ascendió a Faustino Guerra Puentes a mayor general y le entregó la jefatura de este (República de Cuba, *Apuntes biográficos de los jefes del Ejército*, s/n, [La Habana], 1948, pp. 69-70).

[1044] República de Cuba, *Gaceta Oficial*..., 3, 4 y 7 de octubre de 1907, pp. 3055-6, 3074, 3119; *La Lucha*, 5 y 26 de octubre de 1907, 2:3 y 4:3, respectivamente. Curiosamente, un Juan Bautista Martínez había apadrinado a una hermana mayor de Juan Masó Parra en Santiago de Cuba en 1854.

provisional en la cárcel mientras durase el proceso o hasta que prestasen fianza. La fianza se fijó en «diez mil pesos oro americano» para cada acusado y se les exigió también depositar «cinco mil pesetas» a cada uno «en metálico» para cubrir las penalidades pecuniarias que pudiesen resultar del proceso y, en caso de no hacerlo, se ordenó embargarles bienes por igual valor.[1045] Los reos fueron trasladados a la Cárcel "Nueva", construida en 1836 al extremo norte del Paseo del Prado.

Los miembros del juzgado especial llegando al Vivac

El juzgado especial recesó por veinticuatro horas y el día 3 de octubre tomó testimonio al administrador de un café, al dueño del hotel "Astoria" donde vivía Masó Parra, a un sirviente y dos inquilinos de Prado 101 donde residía Gabriel Guerra y a la esposa de José Lara Miret; todos desconocían «los proyectos de revolución». El día siguiente el juzgado se trasladó a la cárcel, a donde habían sido trasladados los reos, para abrir su correspondencia en su presencia la cual tampoco produjo evidencia de utilidad alguna para el gobierno. El 6 de octubre Juan Masó Parra decidió nombrar letrado director de su defensa al doctor Conrado Eugenio Planas y Valladares, pero al igual que la del Dr. Kohly anteriormente, la gestión de Planas no resultó muy enérgica. El abogado de Lara Miret presentó un pedido de reforma y el de Ducasse sometió un recurso de habeas corpus; ambos fueron declarados sin lugar y ambos apelaron inmediatamente.[1046] Cosme de la Torriente

---

[1045] El Apéndice N contiene el texto del auto de procesamiento de 1º de octubre de 1907.
[1046] "La revolución frustrada", *La Lucha*, 4, 5 y 6 de octubre de 1907, 2:3, 2:2 y 2:1, respectivamente.

presentó testigos que corroboraron el carácter partidista de la visita de Ducasse a Matanzas y el 10 de octubre la Compañía Nacional de Fianzas satisfizo la fianza de «diez mil pesos oro americano» para que el general Ducasse pudiera gozar de libertad mientras durara la causa. El abogado de Lara Miret presentó un alegato contra la «tan excesiva» fianza en que también señalaba debilidades en la causa contra los acusados:

> «¿Con qué secreto auxilio sobrenatural contaban los procesados para ejecutar lo que se proponían? Porque el Juzgado no ha ocupado ni ha encontrado hasta hoy, ni aun la consabida carabina de Ambrosio, ni el histórico machete viejo con que se mata ideológicamente a aquellos a quienes uno más quiere, ni hombres, ni dinero, ni elementos de guerra adecuados para cualquiera de las empresas ideadas.»[1047]

José Lorenzo Castellanos Perdomo, abogado defensor de José Lara

El día 11 el periodista Ricardo Arnautó explicó al juzgado especial cómo Lara Miret le había presentado a Juan Masó Parra a su llegada a La Habana porque este quería darle las gracias por su apoyo cuando en 1903 había tratado de entrar en Cuba; que habían trabado amistad y que cuando Masó Parra le hablaba de conspirar siempre había sido en el futuro «para el caso que los americanos no se retirasen», pero que nunca pudo comprobar si en realidad existían los medios materiales de que su amigo hablaba. Arnautó dijo haber podido comprobar que las armas que Masó Parra decía haberle comprado el ex presidente dominicano Jimenes en realidad no existían y «que no tenía municiones ni elementos de ninguna

---

[1047] "Audiencia. Sala Primera de lo Criminal", *La Lucha*, 8, 9 y 10 de octubre de 1907, 5:4, 7:4, 1:5 y 2:3, respectivamente; "Escrito de reforma contra el auto del procesado José Lara Miret", de José Lorenzo Castellanos al Juzgado Especial, 4 de octubre de 1907, ANC, Fondo Audiencia de La Habana, Juzgado de Instrucción Especial, Causa No. 1288, Leg. 610:1, (*apud* Guerra, *Transcriptions...*, Part I).

clase» por lo cual creía que «más que una conspiración para la rebelión [...] ha sido una confabulación para producir un estado de alarma en el País». Siempre dispuesto a lanzar acusaciones, Arnautó dijo haber escuchado ciertos rumores al efecto de que los directores de esta jugada de Bolsa eran «el Director de *La Lucha* D. Antonio San Miguel, el librero y Contratista del Estado, José López, alias *Pote*, y un inglés o americano llamado William Reeding».[1048] El día siguiente testificó Martín Morúa Delgado para repetir ante el juzgado especial las declaraciones que ya habían aparecido en la prensa habanera unos meses atrás.[1049] Finalmente, el 21 de octubre de 1907 el juez Tomás Bordenave anunció haber completado su investigación de los casos de conspiración y su regreso al puesto de magistrado de la Audiencia ante la cual irían dichos casos ahora.[1050]

Una serie de huelgas que recientemente venía experimentando la capital generaron desórdenes que a menudo resultaban en cargos contra los obreros y en las dos Salas que atendían esos casos se comenzaron a notar demoras. Esto motivó al presidente de la Audiencia a decretar la creación de una Sala Provisional de lo Criminal para ayudar a evacuar la «aglomeración de causas» comenzando el 6 de noviembre. Antes de finalizar noviembre el fiscal de la Audiencia, Juan Gutiérrez Quirós, anunció el retiro de los cargos contra el general Juan Eligio Ducasse y la pronta «apertura del juicio oral para los otros procesados» que sería presidido por el ma-

---

[1048] "Declaración de Ricardo Arnautó y Hernández", ANC, Fondo Audiencia de La Habana, Juzgado de Instrucción Especial, Causa No. 1288, Leg. 610:1, (*apud* Guerra, *Transcriptions...*, Part I). San Miguel era un rival de Arnautó, José *Pote* López era el dueño de la librería La Moderna Poesía y proveedor de papel y artículos de oficina al gobierno, William Redding [no Reeding] era un empresario americano que había llegado a Cuba como cochero y acumuló fortuna importando caballos de tiro para carruajes y en el negocio de bienes raíces ("Memorandum of a Conference between Hon. Wm. H. Taft, Secretary of War, Hon. Robert Bacon, Acting Secretary of State, Captain F. R. McCoy, U.S.A. and Mr. F. S. Cairns, held on the U.S.S. "Des Moines" Tuesday,, September 18, 1906", William H. Taft Papers, Manuscript Division, Library of Congress, Washington, D.C.) Nada sugiere que el juzgado especial tomara en cuenta los señalamientos de Arnautó contra esos personajes.

[1049] "Declaración de Manuel [sic] Morúa Delgado", ANC, Fondo Audiencia de La Habana, Juzgado de Instrucción Especial, Causa No. 1288, Leg. 610:1, (*apud* Guerra, *Transcriptions...*, Part I).

[1050] "Investigation Ended", *La Lucha*, 22 de octubre de 1907, 7:5.

gistrado Aurelio Hevia Alcalde, excoronel del Ejército Libertador. Los abogados defensores presentaron sus «conclusiones provisionales» y listas de testigos. Aun así, los reos de la causa 1288 tendrían que esperar dos meses más para la celebración de su juicio.[1051]

La primera sesión del juicio oral se inició el 22 de enero de 1908 ofreciéndose a los acusados una oportunidad para dirigirse al tribunal; Juan Masó Parra y José Lara Miret la aprovecharon para proclamar su inocencia mientras el resto se abstuvo. El desfile de los treinta y nueve testigos que debían declarar comenzó con el delator Isidoro Noriega, seguido por los oficiales americanos y guardias rurales que aparecían como testigos de cargo. El Fiscal Gutiérrez dio por terminada la «prueba testifical» el día 28 y formalizó su petición de tres años, seis meses y veintiún días de condena para cada uno de los procesados.[1052]

Los defensores de Masó Parra y de Lara Miret trataron de aprovechar el dédalo legal creado por el aberrante control que Estados Unidos ejercía sobre el gobierno del país. Juan Masó Parra tenía ahora otro abogado defensor, el letrado Gonzalo Jorrín y Moliner quien presentó una interesante defensa.[1053] Jorrín postuló que si Masó Parra había conspirado contra algún gobierno entonces lo habría hecho contra los americanos pues en la Isla no existía un gobierno cubano sino uno provisional americano y que, por tanto, tenía que aplicársele las leyes de los Estados Unidos cuya constitución establecía que el delito de traición que se le imputaba a Masó

[1051] "Decreto importante", *La Lucha*, 2 de noviembre de 1907, 4:2; "La causa de la conspiración", *La Lucha*, 2, 21, 24 y 28 de noviembre de 1907, 4:3, 4:3, 4:2, 4:3 y 7:6, respectivamente. Entre los testigos que deseaba interrogar el nuevo abogado de Masó Parra, Conrado Planas, estaban, entre otros, Steinhart, *Pino* Guerra, los oficiales americanos Ryan, Jones y Dougherty, el librero *Pote* y Antonio San Miguel.

[1052] "Noticias judiciales. Lo de la rebelión", Diario de la Marina, 23, 24 y 29 de enero de 1908, 3:4, 3:3 y 3:6, respectivamente.

[1053] Jorrín había militado por largos años en el partido Unión Constitucional, pero ahora se le consideraba miembro del Liberal Radical (Inés Roldán de Montaud, *La Restauración en Cuba: el fracaso de un proceso reformista*, Consejo Superior de Investigaciones Científicas, Madrid, 2000, pp. 134n, 363 y 556). Un sobrino de Gonzalo Jorrín, Leonardo Sorzano Jorrín, sería el autor de los libros de enseñanza del idioma inglés utilizados por varias generaciones de cubanos. José Lorenzo Castellanos seguía representando a José Lara Miret, Gabriel Cabrera a José Vila, B. Morán a Juan Bautista Martínez y Mario Díaz a Gabriel Guerra y Vicente Gómez.

Parra tenía que incluir un acto concreto y no meras conversaciones entre dos o más personas. En el caso de Masó Parra —alegaba Jorrín— no existía tal acción abierta y por tanto no se había cometido traición alguna. Las decisiones recién anunciadas por Roosevelt fijando la inauguración del nuevo presidente cubano para el 1º de febrero de 1909 violaban —según Jorrín— los plazos previstos en la constitución cubana y «contradecía la ficción mantenida por el gobernador Magoon y por Washington de que Mr. Magoon era sólo un ejecutivo cubano, y de ninguna manera un oficial americano.»[1054] Por su parte, el letrado Castellanos calificó de absurdo que el gobierno tuviese miedo de «seis hombres sin dinero» y alegó además que el código penal español, por referirse a delitos contra un régimen monárquico, era letra muerta en Cuba desde que se proclamó la República donde aún no existían penalidades por perturbación del orden público ni delitos políticos y que, por tanto, los acusados no podían ser condenados. El Juzgado rechazó ambos argumentos; el de Jorrín apoyándose en la legitimidad que la Enmienda Platt concedía a la intervención y el de Castellanos al proclamar que los delitos contra el orden público a que se refería la ley española eran aplicables a todas formas de gobierno.[1055]

Desde luego, Jorrín y Castellanos tenían razón al describir la existencia de un gobierno cubano como una ficción, pero nadie tenía interés en admitir que la soberanía cubana era inexistente bajo la ocupación americana. Los ocupadores disponían del tema con gran elasticidad según su necesidad del momento. Esto se hizo evidente en mayo del mismo año cuando Magoon quiso crear un «tribunal provisional» para enjuiciar a dos soldados americanos acusados de asesinar a dos pescadores cubanos para robarles un bote en un frustrado intento de desertar y abandonar la Isla. En respuesta a una consulta de Magoon sobre su potestad para crear tal tribunal, el general George B. Davis, auditor general de la Secretaría de la Guerra en Washington, confirmó la autoridad del go-

---

[1054] "Pleads for Masso Parra", *The New York Times*, 30 de enero de 1908, 4:4.

[1055] "Cuban Treason Trial Ends", *The New York Times*, 31 de enero de 1908, 3:4. Las referencias son al Artículo 3 del Apéndice a la Constitución de 1901 y a los Artículos 237 y 244 del Código Penal español en vigor (Barreras, *op. cit.*, p. 168; España, *Código Penal vigente en las islas de Cuba y Puerto Rico*, Establecimiento Tipográfico de Pedro Núñez, Madrid, 1886, pp. 95-7).

bernador provisional describiendo la presencia americana en Cuba como

> «… una ocupación militar y el gobierno ahí está apoyado y mantenido por las tropas que componen el ejército de pacificación cubano que está ahora llevando a cabo la ocupación de Cuba.»[1056]

Después de más de un año de ocupación la preocupación por mantener las apariencias de un gobierno civil parecía haber disminuido y durante las ausencias del gobernador provisional Magoon del país un plumazo del presidente Theodore Roosevelt puso a un militar americano a gobernar en Cuba. A los pocos días de comenzar el juicio contra Juan Masó Parra, Charles Magoon tuvo que viajar a Washington para conferenciar con sus superiores y el general Thomas H. Barry fue nombrado para sustituirle. Este viaje de Magoon duraría seis semanas y otro en el verano duró otras tres semanas; durante ambos intervalos el general Barry ocupó oficialmente su puesto como gobernador provisional para convertirse en quizás, el menos conocido de los gobernantes que ha tenido Cuba.[1057]

El general Thomas Henry Barry gobernó en Cuba desde el 27 de enero hasta el 8 de marzo y desde el 18 de agosto hasta el 7 de septiembre de 1908

[1056] "Cuba Simply a Province", *The Greensboro Patriot*, 3 de junio de 1908, 13:2. El tribunal exoneró a los soldados en la muerte de los pescadores y aunque Magoon no estuvo de acuerdo con esa decisión, no tuvo más remedio que entregarlos al ejército para que fuesen procesados por deserción.

[1057] "Proclamation", *Diario de la Marina*, 29 de enero de 1908, 8:4. Barry gobernó desde el 27 de enero hasta el 8 de marzo de 1908 ("They Cried ´Viva Magoon´", *The New York Times*, 9 de marzo de 1908, 1:4) y de nuevo durante un segundo viaje de Magoon entre el 18 de agosto y el 7 de septiembre de 1908 ("Gov. Magoon Coming From Cuba to Discuss Insular Elections", *The Washington Times*, 18 de agosto de

El 5 de febrero de 1908 la Sala primera de lo Criminal dictó sentencia: «como autores de un delito probado de conspiración para la rebelión» Juan Masó Parra, Gabriel Guerra Santos y José Vila González fueron condenados a la pena de tres años, seis meses y veintiún días de prisión; los acusados José Lara Miret, Juan Bautista Martínez Tortosa y Vicente Gómez González fueron absueltos.[1058] Los abogados defensores presentarían las apelaciones de rigor, pero tanto ellos como los condenados cifraban sus esperanzas de liberación en el cese de la ocupación y la restauración de un gobierno cubano.

Esta segunda ocupación militar de Cuba por los Estados Unidos se caracterizó por la desconfianza que generó en todos los niveles de la vida en ambos países. La reintervención en la Isla era utilizada contra la administración del presidente Theodore Roosevelt por el partido Demócrata mientras este era a su vez acusado de entorpecer las gestiones para lograr una solución política ordenada. Fue en este contexto en que surgieron los rumores sobre el presunto respaldo económico a Juan Masó Parra por parte de agentes exógenos con el propósito de crear desórdenes para malograr el censo, las elecciones y perpetuar la presencia de los americanos en Cuba bajo algún tipo de protectorado.[1059] En la prensa —y hasta en algunas comunicaciones oficiales— el supuesto apoyo a Masó Parra se atribuyó en distintas ocasiones a bolsistas de Wall Street, al *trust* del cemento, al del tabaco, al del azúcar, a enemigos políticos de Roosevelt, a comerciantes españoles, al expresidente Jimenes y sus conspiradores dominicanos y hasta a japoneses interesados en

---

1908, 4:2; "Gov. Magoon in Cuba", *The Miami Republican* (Kansas), 11 de septiembre de 1908, 2:3; "Shortage of Over $50,000", *The Topeka Daily Capital*, 2 de septiembre de 1908, 1:2).

[1058] "Absueltos y condenados", *Diario de la Marina*, 6 de febrero de 1908, 5:3; "Convicted of Treason", *The New York Times*, 6 de febrero de 1908, 4:3.

[1059] El más notable defensor del protectorado era el periodista José de Armas y Cárdenas, el conocido "*Justo de Lara*", quien no se limitaba a abogar desde las páginas del *Diario de la Marina* sino que lo hizo también directamente en privado con líderes americanos. De Armas dijo al secretario de la Guerra: «no puedo concebir que un hombre tan grande, razonable y justo como el presidente Roosevelt vaya a devolver la isla otra vez» a los cubanos (Carta de José de Armas a William H. Taft de 27 de diciembre de 1906, *William H. Taft Papers,* Manuscript Division, Library of Congress, Washington, D.C.).

causar problemas a los americanos para que salieran de las Filipinas.

En sólo una ocasión se pudo discernir la identidad de un hipotético agente instigador; un suelto de prensa reportó que el Gobierno creía tener evidencia de que un neoyorquino «identificado con el movimiento revolucionario de agosto pasado» y que «visitó recientemente La Habana en una misión secreta está implicado en la conspiración.»[1060] Aunque no mencionaba su nombre, la descripción parecía señalar hacia Woolsey H. Field, un ingeniero de veinticinco años que vivía en Cuba desde 1903.[1061] Field se defendió atacando; en declaraciones juradas que su abogado hizo llegar al presidente Roosevelt alegaba fidelidad y acusaba a sus acusadores de ser parte de una "camarilla de la corrupción" que controlaba todos los negocios del Gobierno Provisional y que temían ser denunciados por él.[1062] Las actividades de Mr. Fields se habían hecho sospechosas al jefe de la policía secreta, José Jerez Varona, quien había alertado a Magoon, pero a todas luces, Fields estaba afiliado a la facción liberal de Alfredo Zayas y nunca se le vinculó al movimiento de Juan Masó Parra.[1063]

[1060] "Three Conspirators Arrested in Cuba", *The New York Times*, 27 de septiembre de 1907, 1:3. El gobierno también sospechó del banquero George Hill y del hacendado William L. Bass sin poderlos vincular a Masó Parra (Steinhart to Magoon, 23 de septiembre de 1907, NARA, RG199, 017/23; Barry to Magoon, 9 de septiembre de 1907, NARA, RG199, 017/22.

[1061] Nieto de Cyrus W. Field, quien tendiera el primer cable submarino transatlántico, el joven Woolsey Hopkins Field había supervisado la construcción de carreteras durante el gobierno de Estrada Palma y mantenía relaciones con importantes personajes tanto de los partidos Moderado y Liberal como del sector privado. Años después, Field trabajó en la construcción de la Carretera Central; abandonó el país a la caída del gobierno de Gerardo Machado y falleció en Pennsylvania en 1939.

[1062] Entre la docena de individuos que Field llamaba «the "graft clique"» estaban los americanos Frank Steinhart, James E. Runcie, Edwin St. John Grebble y el cuñado de Horatio Rubens, Lucius Q. C. Lamar; entre los cubanos estaban Carlos de Zaldo, Carlos Hernández, Diego Lombillo Clark, y los periodistas Antonio San Miguel y Manuel María Coronado. Field tomó la precaución de también compartir esa información con el candidato presidencial Demócrata William Jennings Bryan; Roosevelt trasmitió las denuncias de Field a Magoon, cuya reacción desconocemos ("Affidavits of Woolsey H. Field In re Showing Power of Graft Clique" 28 y 30 de septiembre de 1907, NARA, RG199, 173/9).

[1063] Frederick S. Foltz a Magoon, 26 de agosto de 1907, NARA, PGoC, RG199, ff. 173; la prensa estaba al tanto de las sospechas de las autoridades y como Fields estaba

Quizás a quienes más convendría la versión sobre la existencia de poderosos agentes externos manipuladores de la conspiración de Juan Masó Parra era precisamente a los encargados de mantener la paz en Cuba. Presumiblemente, tales agentes o entidades estarían fuera de la jurisdicción de la Isla lo cual resultaría un atenuante a cualquier imputación de negligencia. Quizás esto influyó en las primeras manifestaciones de las autoridades, aunque un detallado informe de inteligencia enviado al general Barry el mismo día de los arrestos comentaba:

> «de las impresiones adquiridas, se cree que el movimiento cuenta hasta el presente sólo con recursos locales, o aquellos suministrados por partidos políticos de toda la Isla, ya que no se han observado grandes cantidades.»[1064]

No obstante, ya en posesión de esa información, el jefe del Ejército de Pacificación escribió al secretario Taft dando por sentado la existencia de otras personas desconocidas «detrás de Massó Parra» y cuando Magoon telegrafió a Taft para reportar que los conspiradores habían sido arrestados, el consumado burócrata se hizo eco de los rumores echados a rodar sobre una supuesta «ayuda financiera de cómplices en New York».[1065]

Esta segunda ocupación había despertado el patriotismo en muchos cubanos que, como el general Enrique Collazo, estaban dispuestos a hacer cualquier cosa para que los cubanos «no se afeitaran el bigote», es decir, que no se americanizaran.[1066] Pero también existían personas, grupos y entidades comerciales que creían que sus intereses serían beneficiados por cambios políticos que variaban desde un simple remplazo del actual gobernador provisional hasta la desaparición de la república cubana y la absorción de la Isla por los Estados Unidos —ya fuese como un protectorado permanente o por una anexión formal. Tales intereses proveían una

---

vinculado al trust del cemento *La Lucha* publicó un suelto burlón titulado "Concretando, caballeros" (7 de octubre de 1907, 2:1-2).

[1064] "Memorandum de Furlong a Barry" de 26 de septiembre de 1907, NARA, RG199, 017/27).

[1065] Memorando de Barry a Taft de 3 de octubre de 1907, William H. Taft Papers, Manuscript Division, Library of Congress, Washington, D.C.; Magoon a Taft, 26 de septiembre de 1907, NARA, PGoC, RG199, f. 17/26.

[1066] Furlong a Barry, 16 de septiembre de 1907, NARA, PGoC, RG199, f. 158/23.

inagotable fuente de sospechosos habituales para —con justificación o sin ella— explicar todo tipo de fullería política.

Algunos de aquellos rumores adquirieron categoría de verdad histórica en las obras de dos historiadores que, independientemente uno del otro, reportaron haber encontrado pruebas de que Juan Masó Parra respondía a intereses anexionistas que habían financiado sus actividades. Curiosamente, las fuentes documentales utilizadas por los investigadores eran distintas, pero lo más sorprendente es que ninguno de los documentos citados apoya sus conclusiones. En el primer caso, el autor comentó que Magoon creía que Masó Parra «era el agente de intereses financieros que fomentaban una revuelta para lograr la anexión» para continuar diciendo que

> «El propio Masso Parra admitió esto a un agente del servicio secreto.»[1067]

Para esta sorprendente afirmación el autor nos refiere a su fuente documental: «MID to C/S, ACP, September 23, 1907, File 158-28, CC/PGoC, RG 199». Este es un reporte del jefe de la MID, el capitán Furlong, al general Barry, jefe del Ejército de Pacificación de Cuba que contiene el informe de uno de los agentes encargados de la vigilancia sobre el cubano, pero en ninguna parte de este documento aparece tal admisión por parte de Masó Parra.[1068]

En el segundo caso, el historiador afirma que según un documento que cita,

> «cuando se interrogó a Masó Parra por las autoridades, éste admitió que había recibido dinero de anexionistas para comenzar el levantamiento.»[1069]

Este historiador dijo apoyarse en un informe del «Gobernador Charles E. Magoon al Presidente [sic] William H. Taft, septiembre 26, 1907, National Archives Building, PGoC, RG199, File 017/26.» Con pocos hechos concretos que enumerar a unas pocas horas de los arrestos, Magoon incluye rumores y manifiesta opi-

---

[1067] El texto original en inglés reza: «Magoon´s own conviction was that Masso Parra was the agent of financial interests fomenting revolt to bring on annexation. Masso Parra himself admitted this much to a secret service agent.» Millett, *op. cit.*, p. 180,
[1068] El documento en cuestión aparece, en facsímil y traducido, en el Apéndice L.
[1069] Rafael Fermoselle, *Política y color en Cuba. La Guerrita de 1912*, Ediciones Géminis, Montevideo, 1974, p. 113.

niones en ese documento, pero no reporta admisión alguna por parte de Masó Parra.[1070]

Los libros que contienen esas lamentables equivocaciones representan valiosas investigaciones que resultan imprescindibles para el estudio de los primeros años de la República y ello ha contribuido a que se haya generalizado la creencia de que en 1907 Juan Masó Parra fue, consciente o inconscientemente, un instrumento de elementos pro-anexionistas.[1071] En realidad, tales nociones son infundadas y distorsionan los hechos.

Ni durante los interrogatorios ni durante el juicio se produjo evidencia de que haya existido una mano oculta de tales agentes nacionales o extranjeros. Nada sugiere que los conspiradores hayan hecho gastos más allá de lo que consumieron en los varios cafés de la capital donde se reunían, y el único armamento ocupado consistía en el revolver de Lara Miret. El propio Charles Magoon, en el informe anual al secretario de Guerra que se presentó al Congreso americano el 14 de enero de 1908, ya creía que el conato de conspiración había sido «llevado a cabo únicamente por la mediación de Masso Parra, quien ha dedicado su vida a las revoluciones» y hasta en algún periódico que se había hecho eco de aquellos rumores sobre influencias extranjeras se reconoció su falsedad.[1072]

Juan Masó Parra había venido a Cuba en 1907 para participar en un alzamiento contra el gobierno provisional americano organizado por sus viejos compañeros de armas. Cuando los liberales radicales abandonaron aquel plan, Masó Parra optó por mantener viva la brasa de la insurrección calculando quizás que los Estados Unidos extenderían su presencia en la Isla y entonces los descontentos gravitarían hacia él. Sin dinero, sin armas y con sólo un pequeño grupo de seguidores Juan Masó Parra creó y sostuvo aquel movimiento en espera de condiciones propicias que no se materializaron.

[1070] El documento es un telegrama cifrado de Magoon a Taft cuyo facsímil y traducción aparecen en el Apéndice M.

[1071] El autor de este libro fue víctima de esa desinformación y la repitió en un artículo sobre Juan Masó Parra (Pepe Fernández, "La conspiración anexionista de 1907", Revista *Palenque*, Miami, año 4, no. 10, otoño de 1993, pp. 7-11).

[1072] Magoon, *Annual Report...*, p. 77; quoting *The World*, "A Busted Sensation", *La Lucha*, 3 de octubre de 1907, 7:5.

Lillian Duquesnay y Juan Masó Parra
el día de su boda

XXIV - *Precursor de Sandino*

Desde su celda, Juan Masó Parra observaría como —para alivio de los cubanos independentistas y decepción de los anexionistas de ambos países—, el presidente Theodore Roosevelt cumplía lo prometido y la segunda ocupación norteamericana de Cuba llegaba a su fin el 28 de enero de 1909. El Partido Conservador había aventajado a las dos facciones de los liberales en los comicios municipalistas pero la fusión de los zayistas y miguelistas en una misma boleta les dio el triunfo en las elecciones presidenciales. El general José Miguel Gómez y su vice, el Dr. Alfredo Zayas, tomaron posesión en el quincuagésimo sexto aniversario del natalicio de José Martí, y pocas horas después se suscitaba la primera crisis.

José Miguel Gómez se había comprometido a recompensar al controversial publicista Ricardo Arnautó por su labor durante las elecciones y el 29 de enero lo designó jefe de la policía secreta. Alfredo Zayas, quien había sido blanco de ataques en artículos de Arnautó, objetó enérgicamente al nombramiento; se esperaba su renuncia y la de varios miembros del gabinete a menos que el presidente retirara el nombramiento de Arnautó. Gómez accedió a nombrar a José Ugarte, quien había sido comandante del Ejército Libertador, para la jefatura de la secreta y el vicepresidente Zayas y los suyos quedaron satisfechos. Sin embargo, era un secreto a voces que Gómez había obtenido una apropiación de $25,000 para la creación de un cuerpo especial de servicio secreto que quedó al mando de Arnautó quien ya se había convertido en un lastre político para Gómez. Otro escándalo vino a resolver la situación con el arresto de Arnautó acusado ahora de hurto. En diciembre de 1908 un hombre había disparado contra el gobernador Emilio Núñez a quien acusaba de haber deshonrado a su prometida. Según versiones, Núñez había comisionado a Arnautó para recobrar ciertas cartas suyas que su agresor guardaba en una maleta; ahora Núñez acusaba a Arnautó de haberse quedado con las comprometedoras misivas con nefandas intenciones. El "caso de la maleta" parecía dilatarse indefinidamente porque Arnautó exigía el remplazo de un juez tras otro, demostrando que a todos los había ofendido desde sus libelos y que, por tanto, estaban prejuiciados en su contra. Mientras tanto, Gómez aprovechó para desvincularse del engorroso aliado.[1073]

Mejor aceptación tuvo otra de las primeras medidas impulsadas por el presidente Gómez; el 6 de marzo fue aprobada una amplia Ley de Amnistía que benefició a más de ochocientos prisioneros, entre ellos Juan Masó Parra y su compañero de causa Gabriel Guerra Santos.[1074] Masó Parra había cumplido sólo dieciocho meses de su condena a tres años y medio, pero la libertad le duró solamente un par de meses gracias a una curiosa serie de eventos que lo devolvió a prisión.

A mediados de mayo de 1909, Juan Masó Parra, Gabriel Guerra Santos y un tal José Otero fueron arrestados cuando un individuo los acusó de haberle cobrado cincuenta pesos para conseguirle un empleo en el gobierno que nunca se materializó; el 22 de mayo de 1909, el juez correccional del segundo distrito los condenó a cumplir noventa días de reclusión en la cárcel por lo que se reportó como «un caso técnico de estafa».[1075] Casi antes de que se secara la tinta en el papeleo de esa causa el nuevo jefe de la policía secreta, José Ugarte, informó al secretario de Gobernación que «funcionarios a sus órdenes habían podido comprobar que Juan Masó Parra» y Gabriel Guerra desde su salida de la cárcel habían estado conspirando contra el gobierno en compañía de José Otero; los tres

---

[1073] "Trouble the First Thing Over in Cuba", *The Salt Lake Herald*, 30 de enero de 1909, 1:2; "Cuban Clash Averted", *New-York Tribune*, 31 de enero de 1909, 4:4; "House Approves an Appropriation of $25,000 for the purpose", *Evening Star*, 14 de marzo de 1909, 12:5; "Nab Head of Secret Police", *The Sun*, 16 de abril de 1909, 3:2; "Arnauto Kicks at Judge", *The Sun*, 2 de mayo de 1909, 2:3.

[1074] Charles E. Chapman, "Futility of the Law in Cuba", *California Law Review 13*, University of California, Berkeley, 1925, pp. 193.-206; "La amnistía", *Diario de la Marina*, 8 de marzo de 1909, 5:2-3; también resultó beneficiado el coronel Isidro Acea quien había acumulado sentencias por un total de noventa y ocho años por homicidio, robo y varios intentos de fuga ("Cuban Jails Emptied of Choice Assortment", *Buffalo Evening News*, 10 de marzo de 1909, 9:3); José Vila González se hallaba en libertad desde febrero de 1908 gracias a la fianza prestada por su paisano, el hacendado Antonio Martínez Pita ("Records of bail paid: For José Vila González", ANC, Fondo Audiencia de La Habana, Juzgado de Instrucción Especial, Causa No. 1288, Leg. 610:1, (*apud* Guerra, *Transcriptions*..., Part I).

[1075] "Cubans Sentenced on Fraud Charges", *The Standard Union* (Brooklyn), 23 de mayo de 1909, 1:3.

venían haciendo «gestiones para levantar fondos entre diferentes personas con el único propósito de organizar una revolución y derrocar al gobierno» cubano. La prensa reportó que el presunto delito había sido descubierto por los agentes «Fonte y Hernández» cuyos nombres coinciden con los de los pinareños, subordinados del general *Pino* Guerra, que habían acusado a Masó Parra y a Guerra Santos de haber tratado de reclutarlos en 1907. El día 25 de mayo la Audiencia nombró a Evaristo Avellanal como juez especial en la causa contra Masó Parra, Guerra y Otero. Basado en el informe de Ugarte, el juez Avellanal anunció que, en vista de que los acusados ya estaban en prisión, el juzgado se tomaría «el tiempo necesario para que se hagan las averiguaciones del caso.»[1076] Además de la acusación de conspirar contra el gobierno se dijo que los tres reos también estaban organizando una expedición de venezolanos y cubanos desde Cuba contra el actual presidente de Venezuela, el general golpista Juan Vicente Gómez, y que existían probables vínculos con el notorio mercenario George Boynton quien debía llevar otra expedición a Venezuela desde Estados Unidos con unos trescientos americanos. De las declaraciones del juez Avellanal se deduce que la investigación estaba inconclusa y que a las autoridades les hubiera sido difícil demostrar la existencia de "indicios racionales de criminalidad" para poder instruir de cargos a los reos dentro de las setenta y dos horas requeridas por la ley, pero como los acusados ya cumplían prisión por otro delito, las indagaciones ahora podrían extenderse por tres meses en lugar de tres días. La prensa reportó que, mientras Juan Masó Parra negaba categóricamente haber conspirado contra el gobierno cubano, no negaba estar organizando una expedición contra Venezuela algo que, en aquel momento, resultaba de especial interés para el gobierno en Washington.[1077]

[1076] "Denuncia contra Masó Parra", *La Lucha*, 26 de mayo de 1909, 2:5-6; la versión en inglés de la noticia ese mismo día identificaba a los agentes secretos como «Fonte y Hernández» y a los testigos de cargo como «Francisco González, Indalecio Iglesias, Ángel Sec Fuster, José Valdés y Amado Delgado» ("Conspiracy Reported", *The Lucha*, 26 de mayo de 1909, 7:3; "Cuban Conspiracy Nipped", *Baltimore Sun*, 27 de mayo de 1909, 1:7.
[1077] "Mounted Rurales are After Bandits", *The Marion Star,* 29 de mayo de 1909, 1:5.

Durante su mandato en Venezuela, el dictador José Cipriano Castro Ruiz había provocado una crisis al negarse a pagar a sus acreedores europeos; en representación de ellos, en 1902 una flota multinacional amenazó tomar el pago a la fuerza y el presidente Theodore Roosevelt tuvo que intervenir para evitar su desembarco. Los europeos aceptaron una solución negociada en que acordaron reducir el monto de la deuda, Castro se comprometía a pagarla y los Estados Unidos garantizaban su pago. La irresponsabilidad fiscal de Castro había continuado siendo motivo de irritación para el gobierno americano donde se recibió con optimismo la toma del poder por el vicepresidente Juan Vicente Gómez cuando Castro viajó a Europa por motivos de salud. El departamento de Estado observó con satisfacción la manera eficiente y astuta con que Gómez resolvió una demanda similar por parte de una flota neerlandesa en diciembre de 1908 hasta lograr que pocas semanas después Holanda reanudase relaciones diplomáticas con Venezuela; y todo esto sin requerir la intervención de los autoproclamados custodios de la integridad territorial del hemisferio.[1078] El respaldo de Washington al nuevo mandatario venezolano se hizo evidente cuando el depuesto Castro anunció su intención de regresar a reasumir la presidencia de Venezuela. Según se reportó entonces,

> «…el departamento de Estado puso la maquinaria diplomática en movimiento. Hubo un intercambio de "opiniones" entre los diversos gobiernos interesados, y mientras el departamento de Estado no lo admite, se entiende que los varios gobiernos informalmente se pusieron de acuerdo en un plan de acción.»

Siguiendo el plan acordado, el gobierno francés obligó a Castro a desembarcar en Port de France en la isla de Martinica donde también ancló el crucero americano *Montana*; poco después, las autoridades francesas lo forzaron a reembarcar rumbo a Francia. Durante muchas semanas unidades navales de los Estados Unidos patrullaron el Caribe, ostensiblemente haciendo «prácticas de tiro y maniobras», pero situadas estratégicamente para evitar cualquier

---

[1078] Thomas Rourke, *Gómez. Tyrant of the Andes*, Greenwood Press, New York, 1969 [1ª ed. 1936], pp. 86, 123; telegrama del ministro en Caracas, William W. Russell, al secretario de Estado, Philander C. Knox, 18 de abril de 1909, Papers Relating to the Foreign Relations of the United States, Government Printing Office, Washington, 1914, File No. 14457/69.

intento filibustero contra Gómez. Además de la colaboración de Francia la red de protección al nuevo presidente venezolano elaborada por el departamento de Estado americano contaba con la anuencia de los territorios controlados por la Gran Bretaña y Holanda, así como la de los gobiernos de Panamá y Colombia.[1079] Mientras Juan Masó Parra y sus compañeros eran procesados en La Habana, el gobierno de Washington movilizaba a su servicio secreto para evitar un presunto traslado de armas y municiones desde su costa atlántica para ser utilizadas contra el presidente Vicente Gómez y ordenaba a sus patrullas navales aduaneras ("revenue cutters") de los puertos del Golfo de México mantener la vigilancia contra operaciones filibusteras «especialmente aquellas dirigidas contra Venezuela».[1080] En este contexto, no parece muy arriesgado suponer que, al enterarse de que en Cuba se preparaba una expedición contra Venezuela, Washington le hubiese pedido a La Habana la detención de los organizadores; más sorprendente fuera que no lo hubiese hecho. En ese caso, la condena por el timo de cincuenta pesos —real o fabricado a la medida— pudo haber formado parte de la maniobra para privar de libertad a los tres filibusteros por razones de alta política.[1081] Quizás en apoyo de tal teoría, este proceso judicial resultó también peculiar en su desenlace. Aunque la fiscalía pedía seis años de cárcel y el reo principal había admitido estar actuando contra Venezuela, cuando Castro dejó de ser considerado como una amenaza creíble, las autoridades cubanas parecen haber perdido interés en el caso, pues antes que finalizara ese año,

---

[1079] Castro Cooped Up at Fort de France", *The New York Times*, 8 de abril de 1909, 4:2; "Castro Lands at Port de France in Furious Mood", *The Lancaster Examiner*, 10 de abril de 1909, 3:1-2.

[1080] "Officers Seek Store of Arms", *Los Angeles Herald*, 10 de junio de 1909, 3:1; "Government Wants no Aid Given Cipriano Castro", *The Times-Democrat*, (New Orleans), 14 de julio de 1909, 1:1.

[1081] La acusación de estafa y el arresto del trio de conspiradores coincidió con una escala que hizo en La Habana el secretario de la Guerra de los Estados Unidos, Jacob M. Dickinson, durante su regreso a Washington luego de una visita a Panamá. También estaba en camino hacia La Habana el director general de correos, Frank H. Hitchcock, quien, según se reportó, no estaba enfermo, pero su médico le recomendó «un corto viaje por motivos de salud» ("Dickinson at Havana. Hitchcock Going There Too", *The Sun* (New York), 19 de mayo de 1909, 3:3).

Juan Masó Parra estaba en Madrid visitando a su hermana mayor Dolores.[1082]

Masó Parra tenía motivos para viajar a España más allá del rencuentro familiar. La pensión temporal que el excoronel de la Brigada Cuba Española había comenzado a devengar durante su estadía en Madrid había cesado al cumplirse el término de los cinco años en noviembre del 1906, pero una ley aprobada el 9 de enero de 1907 le había concedido el retiro vitalicio con el cuarenta y cinco por ciento del sueldo que en su caso ascendía a la respetable suma de doscientas ochenta y una pesetas y veinticinco céntimos mensuales, y el monto por casi tres años de atrasos acumulados superaba las 9,000 pesetas.[1083] Muy involucrado debía estar Masó Parra en su proyecto filibustero para, en lugar de apresurarse a Madrid para reclamar tan importante cantidad, contratar los servicios de un agente madrileño que lo representase en esas gestiones mientras él permanecía en La Habana armando la expedición. Lo cierto es que el 8 de mayo Juan Masó Parra se personó en el consulado de España para certificar un poder especial expedido a favor de Jesús Santeiro y García como su representante en el proceso de reclamación ante el ministerio de la Guerra. Pocos días después vino la acusación de estafa que dio al traste con su aventura venezolana.[1084]

La gestión del apoderado Jesús Santeiro resultó exitosa y el 22 de julio de 1909 el presidente del Consejo Supremo de Guerra y Marina, general Camilo García de Polavieja, firmó la orden que aprobó la concesión del retiro vitalicio a Juan Masó Parra.[1085]

[1082] *Gaceta Oficial de la República de Cuba*, 8 de diciembre de 1909, La Habana, Año VIII, Núm. 137, pp. 5583-5. Dolores Masó Parra residía en Monteleón 5, Madrid ("List or Manifest of Alien Passengers for the United States", *S.S. Montserrat*, partió de Genova el 23 de noviembre de 1909).

[1083] La ley entró en vigor el 29 de enero de 1907 (*Diario Oficial del Ministerio de la Guerra*, 10 de enero de 1907, Año XX, Núm. 8, Tomo I, p. 85). En 1905, un buen sueldo mensual para un sastre era de 120 pesetas y el de un campesino en la provincia de Madrid en 1908 no llegaba a 49 pesetas (Albert Carreras y Xavier Tafunell, coordinadores, *Estadísticas históricas de España: siglos xix y xx*, 3 tomos, Fundación Banco Bilbao-Viscaya-Argentaria, Bilbao, 2005 [1ª ed. 1989], t. I, pp. 1173-7)

[1084] "Documentos relativos al retiro de Don Juan Masó Parra", Archivo General de la Administración en Alcalá de Henares, Caja 2444, cuadernillo número 59.

[1085] *Diario Oficial del Ministerio de la Guerra*, 25 de julio de 1909, Año XXII, Núm. 165, Tomo III, p. 209.

Mientras tanto, en La Habana, al cumplirse los tres meses de la sentencia por estafa, el juez especial Evaristo G. Avellanal había ordenado la retención en prisión de Juan Masó Parra y sus compañeros de causa «por el delito de conspiración para la rebelión». A nombre de Masó Parra, el abogado Pedro Herrera Sotolongo solicitó un mandamiento de Habeas Corpus que le fue denegado el 24 de agosto, Herrera apeló esa decisión ante el Tribunal Supremo por considerarla inconstitucional y el Tribunal falló en contra de Masó Parra el 2 de diciembre. Pero entre esas dos fechas, de alguna manera Juan Masó Parra se las agenció para salir de la prisión, tomar pasaje para la Península, visitar a su familia y embarcar de regreso a las Américas. Cuando el *Montserrat*, de la Compañía Trasatlántica, zarpó de Cádiz en la noche del 30 de noviembre de 1909 la prensa española reportó a Don Juan Masó Parra entre sus pasajeros; procedente de Gerona, el Montserrat también haría escalas en New York y La Habana antes de llegar a Veracruz. Durante la escala neoyorquina, Masó Parra declaró tener 46 años (ya había cumplido 50), ser de nacionalidad española y militar de profesión; su destino final era México.[1086] Desde entonces, Masó Parra residió en Veracruz donde por algún tiempo publicó columnas en *El Dictamen* criticando duramente al gobierno de José Miguel Gómez hasta que —según una versión— la colonia cubana se quejó a la dirección del periódico.[1087] Juan Masó Parra continuó siendo "el coco" de la política en Cuba por algún tiempo más. Así, cuando en el verano de 1910 en Santiago de Cuba surgieron protestas de los veteranos contra el gobierno, se echó a correr un rumor sobre el desembarco de una expedición que desde México había traído Juan Masó Parra. Un año después se publicó otra especie sobre la constitución de una junta revolucionaria por Masó Parra y «el nombramiento de brigadier del Ejército Restaurador» al llamado "Bandido de la Trocha", Inocente o Inocencio Solís.[1088] No obstante esos

---

[1086] "List or Manifest of Alien Passengers for the United States", *S.S. Montserrat*, partió de Genova el 23 de noviembre de 1909; "Viajes transatlánticos. Los que se van", *La Correspondencia de España*, 1° de diciembre de 1909, 4:2.
[1087] Quintana, "Los que traicionaron…", p. 172.
[1088] "New Cuban Revolt is Causing Alarm", *The New York Times*, 27 de julio de 1910, 3:4; *La Discusión*, 31 de mayo de 1911 (citado por Rodríguez, *República*…, p. 176; Manuel de Paz Sánchez, José Fernández Fernández y Nelson López Novegil, *El ban-*

rumores, Masó Parra no volvió a alterar el orden público en su país, aunque su quehacer revolucionario aún no había terminado.

A mediados de 1911, Juan Masó Parra regresó a la isla de Jamaica. Esta colonia británica le había acogido en varias ocasiones durante su etapa de conspirador y luchador independentista cubano, pero había transcurrido casi veinte años desde su última estancia allí y mucho había cambiado. De la otrora extensa comunidad cubana del barrio de Temple Hall ya quedaba poco y el Gran Terremoto de 1907 había alterado la faz del Kingston que Masó Parra conociera. Tales cambios, sin embargo, no le sentarían mal pues Juan Masó Parra venía decidido a romper con el pasado y comenzar una nueva vida en la capital jamaiquina.

Desde mediados del siglo XVII la Jamaica española había sido ocupada por los ingleses quienes la continuaron explotando como una factoría azucarera con mano de obra esclava y la convirtieron en centro de contrabando y piratería. Por su situación geográfica la isla representaba, junto a Canadá, uno de los más importantes enclaves de Inglaterra en América después de la independencia de las Trece Colonias que dieron origen a los Estados Unidos. A la llegada de Juan Masó Parra en 1911 la inmensa mayoría de la población de Jamaica era negra o mestiza —libre de la esclavitud formal desde 1838— pero una pequeña minoría blanca acaparaba celosamente las posiciones de control político y económico. Para Juan Masó Parra Jamaica ofrecía ciertas ventajas sobre muchos otros países: allí nadie conocía su compleja historia y, por el mero hecho de ser blanco, tendría las puertas abiertas en el orden social y económico. Al poco tiempo de su llegada a Kingston, el general Juan Masó Parra conoció a la señorita Lily Duquesnay

La familia de Lillian Charlotte le Mercier Duquesnay remonta su origen a la alta aristocracia francesa. El bisabuelo de Lily, Philippe Armande le Mercier Duquesnay, buscó refugio en Jamaica con su madre y hermanas cuando tuvo que abandonar sus haciendas de café, algodón, añil y cacao en Gonaives durante la revuelta independentista haitiana en los primeros años del siglo XIX. Su padre, del mismo nombre y natural de Nantes, había llegado a St.

---

dolerismo en Cuba. Presencia canaria y protesta rural, dos tomos, Centro de la Cultura Popular Canaria, Santa Cruz de Tenerife, 1994, pp. 222-30.

Domingue como capitán del ejército francés y había fallecido allí en 1795. El segundo matrimonio de Philippe Armande produjo al abuelo de Lily, Antoine le Mercier Duquesnay. El padre de Lily, Emile, nació en 1844 del matrimonio de Antoine con Charlotte DelFosse.[1089]

A la pequeña colonia de refugiados católicos franco-haitianos le tomaría muchos años integrarse a la sociedad angloparlante y predominantemente protestante de Jamaica. Los franceses se casaban entre sí y trataban de conservar vivas sus tradiciones; los más pudientes mandaban a sus hijos a estudiar a Francia.[1090] Siguiendo los pasos de sus antepasados, Emile le Mercier Duquesnay también se casó con una criolla francesa, pero enviudó y entonces se casó con la dama de ascendencia irlandesa Arabelle Keane, con quien tuvo seis hijos, tres hembras y tres varones.

El 15 de septiembre de 1892 —mientras en la capital de Haití Juan Masó Parra organizaba a los emigrados cubanos para recibir a José Martí—, en Kingston, *Belle* Keane daba a luz una hermosa bebé a quien nombraron Lillian Charlotte. Emile Duquesnay había adquirido cierto renombre como inventor y ejercía como Superintendente de Obras Públicas en la capital jamaiquina. En la tarde del lunes 14 de enero de 1907, estando Emile en el desempeño de sus labores, le sorprendió un terrible terremoto que sepultó en el mar buena parte de la ciudad; su cadáver nunca fue hallado.

Cuando Juan Masó Parra la conoció, Lillian Duquesnay era una esbelta doncella de dieciocho años y el veterano guerrero quedó cautivado por su belleza y sencillez. Por su parte, Lily se enamoró del misterioso extraño de porte militar y mirada penetrante, además, aquel hombre de mundo, de finos modales estaba interesado en ella. Para la joven Lily esto último era de enorme importancia pues el número de católicos blancos solteros en Kingston era muy reducido. Años después Lily explicaba a quienes cuestionaron su

---

[1089] *Árbol Genealógico de los Duquesnay* recopilado por los nietos de Juan Masó Parra, Jacqueline McKinnon y Juan Masó de Moya.

[1090] Eso hizo Philippe Duquesnay con uno de sus hijos, Guillaume, enviado a estudiar a Francia donde se ordenó de cura en 1833 antes de regresar a Jamaica. Guillaume Le Mercier Duquesnay fue el primer sacerdote católico nacido en aquella isla. (Francis J. Osborne, S.J., *History of the Catholic Church in Jamaica*, Loyola University Press, Chicago, 1988).

decisión que Juan Masó Parra había sido «el único que le había propuesto matrimonio.»[1091]

Juan Masó Parra venció dos grandes obstáculos para casarse con Lily Duquesnay: su edad y sus matrimonios previos con María Balcázar y Rose Kroll. Masó Parra era ya un cincuentón, pero se mantenía en magnífica condición física y su rostro no delataba su verdadera edad; así pudo decir que contaba 39 años de edad lo que sólo duplicaba, en vez de casi triplicar, la edad de su prometida; quizás para completar la ilusión, y como que el bigote hace al hombre parecer más viejo, el Brigadier se rasuró el espeso mostacho que siempre había cuidado con esmero. Masó Parra obsequió a Lily un retrato suyo que lo muestra joven y en uniforme de gala; en la dedicatoria se describe como «Su admirador, J. Masó» y discretamente alude a una imperecedera «amistad entre dos almas que simpatisan». La foto había sido tomada por un fotógrafo salvadoreño quien la fechó el 16 de marzo de 1885, pero el año parece haber sido alterado para lucir como "1895", más acorde con la edad asumida por el pretendiente.[1092] El segundo problema lo resolvió fácilmente declarándose viudo.

La boda entre Juan Masó Parra y Lillian Duquesnay se celebró el 2 de agosto de 1911 en la Iglesia de la Santa Trinidad (Holy Trinity Church). En una fotografía que conserva su nieto, la novia resplandece en su traje blanco de larga cola mientras sostiene el tradicional ramillete de flores. Juan Masó Parra, aunque ataviado de novio —con chaquetón largo, zapatos de charol, puños y cuello almidonados, lacito blanco y clavel en la solapa— presenta una pose algo incongruente que semeja la posición militar de descanso, con las manos entrelazadas al frente, el cuerpo erguido y la cabeza algo inclinada hacia atrás. Pero a pesar de la rigidez que domina la escena se puede adivinar en la foto una tenue sonrisa en los nuevos esposos.

[1091] Entrevista a Jacqueline McKinnon, el 9 de octubre de 2004.
[1092] Copia de la foto, y las circunstancias de su procedencia, gentilmente suministradas por Mrs. Jacqueline McKinnon, nieta de Juan Masó Parra.

Cuando pocos días después, siguiendo las leyes de la colonia, los novios fueron ante un juez de paz para oficializar su matrimonio, Juan Masó Parra declaró ser militar de oficio.[1093] No obstante, la tradición oral familiar sugiere que, al menos durante parte de su estancia en Jamaica, Masó Parra se dedicó al cultivo del tabaco y a los nueve meses de su boda, el 4 de mayo de 1912, Lily Duquesnay dio a luz a Lillian Mónica; naturalmente llamada *Lilicita* y después abreviada a *Cita*.

Lillian Duquesnay con su primogénita *Cita*

Aquella normalidad doméstica no duró mucho. Quizás Juan Masó Parra buscaba mejorar su capacidad para suplir las necesidades materiales de su nueva familia; quizás su ordinaria existencia en Kingston carecía de las fuertes emociones a que lo había acostumbrado su vida de guerrero y conspirador. Lo cierto es que poco tiempo después Masó Parra cambió la azada por el rifle y embarcó hacia Centroamérica.

José Santos Zelaya, el líder liberal a quien Masó Parra había servido por un tiempo, había tenido que abandonar el poder en Nicaragua en 1909. Medidas de corte nacionalista que afectaron a algunas empresas americanas, el préstamo que tomó de un sindicato británico y sus negociaciones con alemanes y japoneses para reactivar los viejos planes del canal transoceánico para competir con el que se construía en Panamá convencieron a Washington que el régimen de Zelaya debía llegar a su fin. Los enemigos políticos

---

[1093] Registro matrimonial No. 111 de 1911 acuñado el 5 de agosto en Kingston por el funcionario John Harpes sirviendo de testigos los señores Winston Barnett y Federico López Pomareda. (Copia en el archivo del autor por gentileza de los nietos de Masó Parra.)

de Zelaya se alzaron confiados en el apoyo de Estados Unidos y este pronto se materializó cuando Zelaya capturó y fusiló a dos dinamiteros americanos que operaban con los rebeldes; Washington protestó y retiró su reconocimiento del gobierno nicaragüense; Zelaya dimitió y pasó al exilio. Tropas americanas habían desembarcado en diciembre de 1909 y de nuevo en mayo de 1910 para apoyar el establecimiento de un gobierno conservador más complaciente a las demandas americanas.[1094] Ya en julio de 1912 las presiones externas y las contradicciones políticas internas provocaron que una coalición libero-conservadora proclamara al país en guerra contra la dominación extranjera en lo que se llamó "la Guerra de Mena" por el ministro de la Guerra que la inició, el conservador Luis Mena Vado.[1095]

Estados Unidos no tardó en desembarcar unos dos mil quinientos soldados y setecientos cincuenta *marines* para defender al gobierno conservador de Adolfo Díaz Recinos. Ante la escisión del partido conservador los liberales —en su mayoría zelayistas— ocuparían un papel primordial en el movimiento, especialmente después de la rendición de Mena. El general Benjamín Zeledón Rodríguez asumió la jefatura de los insurrectos, pero ya a mediados de septiembre Zeledón estaba sitiado por los *marines* en Masaya. Exiliados nicaragüenses y simpatizantes de otros países se organizaron en Costa Rica para defender la soberanía nica y, entre ellos estaba Juan Masó Parra. El cubano ostentaba el grado de general y compartía con varios otros el mando de una columna de unos mil combatientes que marchaba a reforzar los reductos rebeldes en León y Chinandega con «siete carretas transportando material bélico y medicamentos». El 16 de septiembre la columna llegó al pueblo de La Paz Centro donde se entabló un combate con las fuerzas del gobierno; cuando el enemigo se disponía a retirarse y la victoria parecía inminente los liberales descubrieron que las cajas

---

[1094] Sergio Alejandro Zeledón, *Fighting Intervention in Nicaragua in the Age of British-American Conflict 1820-1920: Dr. and General Benjamin F. Zeledón Supreme Chief of Government of Nicaragua in Rebellion 1909-1912* (Doctoral dissertation), 2010. University of California, Berkeley, pp. 47-56. Consultada el 7 de agosto de 2018 en Zeledon_berkeley_0028E_10319.pdf.

[1095] Reynaldo Hernández Linares, "Historia antigua de La Paz Centro", *Revista de Temas Nicaragüenses*, no. 110, Harvey, junio 2017, p. 137

de municiones que traían contenían piedras en lugar de balas. Habían sido víctimas de una traición y la consecuente decepción y la cólera produjo la desbandada de la fuerza revolucionaria.[1096]

Herido en una pierna, Juan Masó Parra fue hecho prisionero y montado en un tren con dirección a Managua. Una vez que la máquina alcanzó buena velocidad Masó Parra se lanzó del tren cayendo en unos potreros para escapar dejando boquiabiertos a sus captores.[1097] Gracias a esa audacia Masó Parra salvó la vida, pero el movimiento fracasó pocas semanas después. Desde entonces un destacamento fijo de no menos de cien infantes de la marina norteamericana permaneció en Nicaragua.

Seis meses después de aquella fallida revuelta —y a sólo dos días de inaugurado Woodrow Wilson como presidente de los Estados Unidos—, estalló en Nicaragua la llamada "Insurrección de Massó Parra" el 6 de marzo de 1913.[1098] El perenne candidato presidencial, William Jennings Bryan, era un enemigo declarado de la política intervencionista de su país y por su ayuda en la elección de Wilson este lo había nombrado secretario de Estado; la noticia fue esperanzadora para los liberales nicaragüenses opuestos al presidente Adolfo Díaz quien gobernaba con el apoyo de los americanos. El ministro plenipotenciario de la Legación americana en Managua, George T. Weitzel, creía que Juan Masó Parra había sido «traído a Nicaragua por partes interesadas» para crear disturbios «saqueando aldeas indefensas» para así determinar si la nueva administración en Washington había cambiado «la política de [el presidente William H.] Taft con respecto a la desaprobación de revoluciones»; de ser así, la respuesta se conoció cuando los *marines* participaron abiertamente

---

[1096] Hernández Linares, *op. cit.*, pp. 137-40. En un informe del ministro americano al secretario de Estado se ubica a Masó Parra en esta campaña con el general liberal Juan Francisco Baca Ycaza quien en 1896 se había sublevado contra Zelaya y pasado al exilio en El Salvador (Weitzel, *op. cit.*, p. 29).

[1097] Emiliano Chamorro Vargas, "Autobiografía completa del general Emiliano Chamorro", *Edición Extraordinaria de Revista Conservadora del Pensamiento Centroamericano*, no. 67, Managua, 1966, p. 66 (http://sajurin.enriquebolanos.org/docs/717.pdf).

[1098] Citando de «Memoria. Ministerio de Guerra, Rep. de Nic., 1914, p. 25» otro autor dice que la Insurrección de Masó Parra ocurrió en mayo de 1913 (Jaime Wheelock Román, *Imperialismo y Dictadura: crisis de una formación social*, Siglo XXI Editores, s.a., México, 1982 [1ª ed. 1975], p. 87).

en la represión del nuevo brote revolucionario.[1099] Juan Masó Parra fue nuevamente hecho prisionero, pero —según un cercano aliado del presidente Díaz— esta vez el gobierno americano exigía que el cubano, identificado como «muy enemigo de los Estados Unidos», fuese fusilado. Sin enfrentarse directamente a sus poderosos protectores el presidente Adolfo Díaz trataba siempre de evadir ese tipo de crueldades y en esta ocasión ideó hacerlo facilitando la fuga de Masó Parra. Para sorpresa del presidente, el cubano rechazó su oferta manifestando «que él no se fugaba porque prefería morir a ir a pasar miseria, y exigió para fugarse una cantidad de dos mil dólares, más los gastos de la fuga.» Díaz aceptó aquella sorprendente lógica y el osado Masó Parra consintió entonces en abandonar la cárcel.[1100] De esa manera Juan Masó Parra —precursor de Augusto César Sandino quien años después simbolizaría la resistencia hispanoamericana al poderío estadounidense—, logró escapar para, según temía el frustrado ministro Weitzel, continuar haciendo propaganda «contra los Estados Unidos.»[1101]

Una nueva oportunidad de empleo se le presentó a Juan Masó Parra en la República del Ecuador. Pero de ahora en adelante la familia permanecería unida y poco tiempo después, Juan y Lily abandonaron Jamaica con la pequeña *Cita* para iniciar el largo periplo hasta Guayaquil.

En Ecuador se había repetido desde muy temprano el mismo patrón que tristemente siguieron tantos de los nuevos países latinoamericanos: grandes y frecuentes cambios de gobiernos sólo interrumpidos por ocasionales períodos de dictaduras unipersonales. Por los conservadores, la personalidad descollante de la segunda mitad del siglo XIX había sido el Dr. Gabriel García Moreno, tan

---

[1099] Weitzel, *op. cit.*, p. 29-30.; a pesar de que el propio ministro americano Weitzel lo afirmara, un eminente historiador escribió que los *marines* no intervinieron en la supresión de la «rebelión de Massó Parra» en marzo de 1913 (Roscoe R. Hill, "Los marinos en Nicaragua 1912-1925", *Revista Conservadora de el Pensamiento Centroamericano*, v. XXVII, no. 135, Managua, 1971, p. 10); un general conservador también opinaba que Masó Parra operaba en esta ocasión como «bandolero» (Chamorro, *op. cit.*, p. 66).

[1100] "Nicaragua Revolutionist Captured", The Baltimore Sun, 18 de abril de 1913, 12:2; Carlos Cuadra Pasos, *Obras completas de Carlos Cuadra Pasos*, Colección Cultural, Managua, 1976, v. II, p. 287 (http://sajurin.enriquebolanos.org/docs/CCBA%20-%20SERIE%20CIENCIAS%20HUMANAS%20-%2006%20-%2004.pdf).

[1101] Weitzel, *op. cit.*, p. 30.

dogmático que llegó a formalizar en una de las muchas constituciones del país la dedicación del Ecuador al Sagrado Corazón de Jesús y otorgar poderes políticos al clero.

En 1895, una revolución dirigida por el gran caudillo liberal, Eloy Alfaro Delgado, había iniciado un período de treinta años de gobiernos liberales sin que esto signifique que cesaran las pugnas políticas. Pronto se dividieron los liberales por ambiciones personales e intereses regionalistas. Un antiguo soldado de Alfaro, el general Leónidas Plaza Gutiérrez se convirtió en su rival. La principal base de apoyo alfarista estaba en Guayaquil y la placista en Quito. Derrotado por los ejércitos de Plaza en 1911, Alfaro había tenido que abandonar el país y asilarse en Panamá, pero unos meses después regresó y se unió a la sublevación de la guarnición de Guayaquil liderada por el general Pedro J. Montero. A principios de 1912 Montero, Alfaro y sus colaboradores más cercanos fueron derrotados y cercados en Guayaquil por Plaza, a la sazón jefe del Ejército. Montero y Plaza Gutiérrez firmaron un tratado de paz que concedía «amplias garantías» a los revolucionarios. A pesar de esto, pronto los principales jefes de la rebelión fueron arrestados; Pedro Montero no salió vivo de Guayaquil mientras Eloy Alfaro y cinco más fueron transportados en tren a Quito, donde fueron asesinados y sus cadáveres ultrajados y quemados en el Parque El Ejido por una turba instigada por el gobierno.[1102]

La indignación ante aquel crimen dificultó la gestión de Leónidas Plaza Gutiérrez, inaugurado como Presidente Constitucional por un segundo término en septiembre de 1912, pues los liberales radicales de Alfaro lo responsabilizaban con los asesinatos.[1103] Un año después, un militar alfarista, el coronel Carlos Concha Torres, se sublevó contra el gobierno en la costera provincia de Esmeraldas y comenzó lo que en la historia ecuatoriana se conoce como la Guerra de Concha. Poco después el coronel Carlos Andrade se su-

---

[1102] Loor, *op. cit.*, t. III, pp. 961-1008; Carlos de la Torre Reyes, *La espada sin mancha, Vida del general Julio Andrade*, Ediciones del Banco Central del Ecuador, Quito, 1995 [1ª ed. 1962], pp. 490-556.

[1103] Existen testimonios y documentos que sugieren que Leónidas Plaza trató de evitar las muertes de Alfaro y sus seguidores y que la responsabilidad debe recaer en el presidente Carlos Freile Zaldumbide y sus ministros (Alfredo Pareja Diezcanseco, *Hoguera bárbara*, Libresa, Quito, 1997 [1ª ed. México, 1944], pp. 504-26.)

blevó en el norte del país y, aunque esta última intentona fue aplastada en corto tiempo, otros brotes en las provincias del Guayas, Los Ríos, El Oro y Manabí dieron la impresión de que la revuelta se generalizaba.[1104] El ejército insurgente de Esmeraldas consistía en su mayor parte de negros de la costa que sembraron el pánico entre las fuerzas placistas cuyo:

> «...entrenamiento era para la lucha a campo abierto y que en la jungla no sabían ni siquiera moverse. Los guerrilleros luchaban en silencio, principalmente con machetes. El número de bajas entre los soldados regulares fue muy alto, mientras la gente de Concha casi nunca perdía efectivos.»[1105]

Como siempre sucede, el desorden creado por la insurrección fue aprovechado por delincuentes —civiles y militares— para atacar y saquear haciendas y tiendas rurales. Estos ataques se atribuían indistintamente a "bandidos" o a "montoneros" pero ya fuesen ladrones o insurrectos, para las víctimas el resultado era el mismo: pérdida de sus pertenencias, del sosiego y, en ocasiones, de la vida. En Esmeraldas el saqueo comenzó con la finca del propio Carlos Concha, pero poco después nadie en el campo se sentía seguro.[1106] El terror pronto se extendió también en la provincia del Guayas hasta las cercanías de la misma ciudad de Guayaquil.[1107]

Fue por esta época que Juan Masó Parra fue contratado para "perseguir bandidos" en Ecuador.[1108] Con su experiencia militar en la guerra de Cuba, siempre dirigiendo tropas irregulares luchando contra el gobierno establecido, Juan Masó Parra se dispuso ahora a ofrecer su espada para ayudar en la campaña contrainsurgente del gobierno ecuatoriano protegiendo vidas y propiedades. Hacía ya treinta años que Juan Masó Parra y Leónidas Plaza Gutiérrez habían coincidido en el exilio en Panamá; ahora el ecuatoriano era el

---

[1104] Fernando Gutiérrez Concha, *Descorriendo los velos*, Consejo Provincial de Esmeraldas, Esmeraldas, 2002, pp. 79-88.
[1105] *Ibidem*, p. 78.
[1106] Gutiérrez Concha, *op. cit.*, pp. 89-90.
[1107] "Bandolerismo en acción", *El Guante*, 28 de septiembre de 1914, p. 2; "El bandolerismo en los campos", *El Telégrafo*, 5 de enero de 1915, p. 4; "Los montoneros en Santa Lucía", *El Telégrafo*, 14 de febrero de 1915, p.3.
[1108] Entrevista a Juan Masó de Moya, 18 de abril de 2004.

presidente de su país y el cubano venía como guardián asalariado.[1109]

Lily y la pequeña Cita acompañaron a Juan Masó Parra desde la caribeña Kingston hasta Guayaquil en la costa del Pacífico y cambiaron la relativa comodidad de la vida urbana cerca de sus familiares por la rústica vida en el campo de un país extraño en estado de guerra. Allí, al igual que en Cuba durante la insurrección, quienes tenían viviendas de guadúa o de tablas se veían «precisados a abrir fosos en sus casas para guarecerse dentro de la tierra» cuando se escuchaban disparos.[1110] Años después, Lily relataría —ante el horror de sus parientes jamaiquinos— los detalles de un ataque por esta época que la obligó a colocar los colchones en las puertas y las ventanas mientras Masó Parra se batía a tiros con los atacantes.[1111]

Juan Masó Parra

A fines de 1914, el estado de embarazo de Lily hizo necesario su traslado a la ciudad de Guayaquil. La familia Masó Parra residía entonces en la Plaza Rocafuerte y allí, en la madrugada del 13 de enero de 1915, Lily dio a luz al primer varón del matrimonio a quien nombraron Juan Esteban de Jesús. El día siguiente, Juan Masó Parra compareció ante el jefe del registro civil del Cantón Guayaquil de la Provincia de Guayas, Jacinto Clodoveo Alcívar, quien levantó acta del nacimiento ante dos testigos ecuatorianos que acompañaron al padre. Masó Parra declaró ser de nacionalidad cubana y de «profesión militar». Parece que el tema de su edad comenzó a confundir al propio Masó Parra pues, aunque ha-

---

[1109] En las listas de miembros del ejército ecuatoriano examinadas por el autor en el Centro de Estudios Históricos del Ejército en Quito, no figura Juan Masó Parra lo que sugiere que su empleo era de carácter privado o extraoficial.
[1110] Gutiérrez Concha, *op. cit.*, p. 94.
[1111] Informe de Jacqueline MacKinnon, 29 de julio de 2005.

bían transcurrido menos de tres años y medio de su boda en Kingston, cuando había afirmado tener 39 años de edad, ahora decía haber envejecido 7 años pues dijo haber cumplido 46 años. En realidad, ya había cumplido 55 años.[1112]

Hasta esta época Juan Masó Parra había mantenido contacto con su segunda esposa, María de la Trinidad Balcázar, pero el 1º de noviembre de 1915 doña María se personó en el consulado general de España en New York para interesarse por el paradero de su esposo de quien no tenía noticias desde hacía seis meses y pedía, en caso de haber este fallecido, se le concediese la pensión que le correspondiera. La indagación de doña María avanzó lentamente de ministerio en ministerio y de oficina en oficina hasta que se decidió contestarle que se desconocía el paradero de su esposo y dirigirla hacia otra dependencia del gobierno.[1113]

La Guerra de Concha duró hasta septiembre de 1916 cuando, cumplido el mandato de Leónidas Plaza Gutiérrez, el Dr. Alfredo Baquerizo Moreno asumió la presidencia y los rebeldes pactaron la paz con el nuevo gobierno. Terminada la insurrección sus servicios de protectoría ya no eran necesarios, pero Juan Masó Parra continuó por algún tiempo más en la provincia del Guayas. Quizás en reconocimiento a los servicios prestados al mantenimiento del orden, a finales de aquel año el gobierno concedió a Juan Masó Parra la ciudadanía ecuatoriana y el 8 de enero de 1917 le fue emitida su Carta de Naturalización. Ese documento revela que, aunque hasta ese momento Juan Masó Parra reclamaba en ocasiones la ciudadanía cubana, en realidad la ciudadanía a que renunciaba era la española pues nunca la República de Cuba le había reconocido la nacionalidad.[1114]

[1112] Original en República del Ecuador, Jefatura Provincial de Registro Civil, Identificación y Cedulación del Guayas, Año 1915, T. 1, p. 136, acta 136. (Juan Esteban Masó Duquesnay, quien adoptó luego el nombre de Ramos de Moya, es el padre del Sr. Juan Masó de Moya y falleció en 1954 en el estado de Nueva York, EUA).

[1113] De María Balcázar al ministro de la Guerra, 1º de noviembre de 1915 y Ministerio de la Guerra al ministro de Estado, 3 de marzo de 1916, Archivo General Militar de Segovia, Sección 1ª, Legajo M-2186, folios 26, 3. Se le sugirió escribir a la Pagaduría de la Dirección General de la Deuda y Clases Pasivas. [Toda la documentación sobre esta inquisitoria lleva erróneamente el apellido de doña María como Valcárcel en lugar de Balcázar.]

[1114] *Registro de Cartas de Naturalización*, Tomo 1.6.0, 7 de marzo de 1889 al 15 de julio de 1948, p. 25, Archivo Histórico, Ministerio de Relaciones Exteriores, Quito, Ecuador.

La residencia familiar estaba ahora en la Calle Ayacucho y allí, el 20 de febrero de 1917, nació la segunda hija del matrimonio Masó-Duquesnay, Zoila Ida María. En esta ocasión, cuando Masó Parra inscribió a Zoila en el Registro Civil el 4 de marzo estrenó su nueva nacionalidad al reportarse ecuatoriano y de profesión «agricultor».[1115]

Según afirmó un respetado investigador, a Cuba llegaron noticias por aquellos días sobre Juan Masó Parra. Citando un informe de la representación diplomática cubana en Guayaquil, se reportó que Masó Parra fue acusado de estafar al Banco de Descuento de Guayaquil al negociar «dos letras falsificadas, por valor de ciento cincuenta dólares» mientras desempeñaba el cargo de cobrador de la «Compañía del Alumbrado» de la ciudad.[1116] No conocemos otros detalles de este posible incidente.

Superado aquel suceso, Masó Parra continuó residiendo y trabajando en Guayaquil, pero en 1918 tuvo que alejar de allí a su familia. Las condiciones sanitarias en Guayaquil eran tan deplorables que hacían a la ciudad víctima frecuente de epidemias de malaria, peste bubónica, tifus, disentería y fiebre amarilla. Esta última, a pesar de haberse casi totalmente erradicado en el resto del mundo, seguía siendo endémica en la región, en gran parte debido al deficiente suministro de agua que obligaba a los habitantes a almacenar el líquido en recipientes de todo tipo en los que el mosquito trasmisor depositaba sus huevos y se reproducía sin obstáculos. Ese año se desató una terrible epidemia de fiebre amarilla en Guayaquil, la peor desde las de 1909 y 1912 y la primera desde la llegada de Masó Parra.[1117]

Cuando Lily cayó nuevamente embarazada, Masó Parra la trasladó a la capital para que diera a luz allí al cuidado de amistades suyas. En el barrio San Blas, cerca del Parque Alameda en Quito,

---

[1115] Original en República del Ecuador, Jefatura Provincial de Registro Civil, Identificación y Cedulación del Guayas, Año 1917, T. 1, p. 255, acta 764. (Zoila Masó Duquesnay murió en febrero del 2005 en California, EUA como Zoila Reid, el apellido de su difunto tercer esposo.)

[1116] Jorge Quintana, "Los que traicionaron…, p. 172. El nombre correcto de la compañía era "Empresa de Luz y Fuerza Eléctrica de Guayaquil" (*El Guante*, 2 de abril de 1914, p. 2).

[1117] Louis F. Parks y Gustave A. Nuermberger, "The Sanitation of Guayaquil", *The Hispanic American Historical Review*, V. 23, N° 2 (Mayo, 1943), pp. 197, 207, 217.

el 1º de marzo de 1919 Lily Duquesnay dio a luz a otro varón a quien nombraron Francisco Rosendo. En la mañana del día 7, Juan Masó Parra tomó el tren No. 1 en Guayaquil rumbo a la capital para reunirse con Lily y conocer al recién nacido.[1118] Cuando tres días después Masó Parra compareció ante el jefe del registro civil, Sr. Rafael Grijalva Polanco, para inscribir a Francisco, dijo ser «agricultor». Aquí Masó Parra sufrió un nuevo cambio de edad pues mientras en enero de 1915 había dicho tener cuarenta y seis años, ahora, más de cuatro años después, se reportó como de «cuarenta y ocho».[1119]

El 31 de marzo comparecieron Juan Masó Parra, Lily Duquesnay y los padrinos, Ismael Pérez Pazmiño y su esposa Herlinda, ante el Padre Luis Felipe Herrera, de la iglesia parroquial de San Blas, quien bautizó a Francisco Rosendo.[1120] Ismael Pérez había sido propietario de la tienda "El Porvenir" en Guayaquil donde él y Juan Masó Parra habían trabado amistad.[1121]

Desde muchos años atrás, el gobierno norteamericano venía presionando al del Ecuador sobre la falta de sanidad en Guayaquil, pero además de padecer serias dificultades económicas, aún perduraba en Ecuador la desconfianza creada por el papel que jugó Washington en la separación de Panamá de Colombia. Guayaquil era escala natural del tráfico marítimo suramericano hacia Panamá y las epidemias guayaquileñas amenazaban las operaciones comerciales de la vital Zona del Canal. Acordada finalmente la colaboración entre los dos países, había que apaciguar los sentimientos antiamericanos de la población antes de comenzar los trabajos sanitarios y para ello se envió a Guayaquil en 1918 una comisión científica que estudiaría el origen de la enfermedad. Esta consistía en cinco miembros nombrados por la Rockefeller Foundation, entre ellos el afamado epidemiólogo cubano, Mario G. Lebredo y

---

[1118] "El tráfico ferroviario", *El Guante*, Guayaquil, marzo 8 de 1919, p. 4.

[1119] Original en República del Ecuador, Dirección General de Registro Civil, Identificación y Cedulación de Quito, Año 1919, T. 1, p. 330, acta 987. (Francisco Rosendo Masó Duquesnay murió en junio de 1934 en Kingston, Jamaica.)

[1120] Certificado de Bautismo expedido el 21 de junio del 2005 por el Padre Arturo R. Pozo S. El registro original se encuentra en la página 422 del Tomo VI supletoria de partidas bautismales del archivo parroquial de San Blas.

[1121] Según anuncios publicados en *El Guante*, e. g.: octubre 19 de 1913, p. 2; abril 3 de 1914, p. 2.

Arango.[1122] El Dr. Lebredo había trabajado en La Habana con el Dr. Carlos J. Finlay Barrés quien desde 1881 había identificado al mosquito transmisor de la fiebre amarilla. Cuando finalmente fueron aceptadas las conclusiones de Finlay en 1901, y se tomaron las medidas pertinentes para eliminar al mosquito, en ese mismo año se erradicó la enfermedad en Cuba.

La campaña contra los focos endémicos en Guayaquil «siguió estrictamente las normas de la campaña primitiva contra el mosquito en la Habana» con idénticos resultados.[1123] El Bureau Internacional de Sanidad (en inglés International Health Division, IHD) envió en noviembre de 1918 al Dr. Michael E. Connor a dirigir la campaña en Guayaquil. Mientras en diciembre se reportaron 88 nuevos casos de la enfermedad, ya en mayo de 1919 sólo hubo dos, y en junio ninguno. Controlado el brote, Juan Masó Parra y su familia abandonaron el agradable clima del altiplano quiteño para regresar al agobiante verano de la costa. El 12 de julio a las 5 p.m. llegaron a Guayaquil en el tren No. 2 de la Guayaquil & Quito Railway Co.[1124]

Las condiciones de vida en Guayaquil habían sufrido un gran cambio por esa época. Por un lado, la crisis financiera que dejó como secuela la Primera Guerra Mundial alcanzó niveles globales y se sintió exageradamente en el endeudado Ecuador. El simultáneo desplome del precio del cacao —de 26.75 centavos de dólar en marzo de 1920 a 12 centavos en diciembre y a sólo 5.75 centavos en junio de 1921— agravó la situación del país, y la economía de exportación de la ciudad de Guayaquil se vio especialmente afectada por la reducción del tráfico comercial. La moneda nacional perdió valor «a medida que disminuían las exportaciones de cacao», el sucre que en un momento estuvo a 2.11 por dólar en 1920

[1122] Los otros miembros de la llamada Yellow Fever Commission eran los doctores Arthur I. Kendall, Charles A. Elliot, Herman E. Redenbaugh y Hideyo Noguchi, científico japonés quien creyó erróneamente que una bacteria (en lugar de un virus) era el causante de la fiebre; en 1928 contrajo la enfermedad en África y murió. (Parks, Nuermberger, *op. cit.*, p. 216; Parker, *op. cit.*, pp. 631-3).

[1123] Carlos E. Finlay, *Carlos Finlay y la fiebre amarilla*, Editorial Minerva, La Habana, 1942, p. 144.

[1124] "El tráfico ferroviario", *El Guante*, julio 13 de 1919, p. 4.

se llegó a cotizar a 3.90 en 1921 y bajó hasta 4.80 sucres por dólar en 1922.[1125]

Una de las últimas fotos de Juan Masó Parra

En el orden personal también el matrimonio Masó Parra-Duquesnay experimentó una desgracia: en 1920 su tercera hija, Bárbara Ernestina, murió poco después de nacida. Meses después, la familia se trasladó a la vecina República del Perú en busca de nuevos horizontes.

En el verano de 1922, la familia Masó Parra-Duquesnay estaba en la capital peruana de Lima. Su residencia, con el número 260 en la avenida Girón de la Unión, una de las más importantes de Lima, distaba sólo unos quinientos metros del palacio presidencial. Allí, en la mañana del 6 de julio, Lily dio a luz a otra niña a quien nombraron Irma Ernestina Rosa Masó. Juan Masó Parra fue a inscribirla en el registro civil el día 11 acompañado del abogado Pedro Puntriano y del comerciante Pedro Manuel Zajante quienes le sirvieron de testigos en aquel trámite. Masó Parra reportó cincuenta y tres años de edad y dijo ser militar de profesión. Ya por esta época las históricas tensiones territoriales entre el Ecuador y Perú habían resultado en sangrientos choques armados a través de los años y estos conflictos fronterizos crearon

---

[1125] Linda Alexander Rodríguez, *Las finanzas públicas en el Ecuador (1830-1940)*, Banco Central del Ecuador, Quito, 1992, pp. 121, 129.

una cierta predisposición entre peruanos y ecuatorianos en algunos niveles sociales y aun oficiales. Quizás por esta razón —aunque había adquirido la nacionalidad ecuatoriana en 1917—, en Lima, Masó Parra se declaró español.[1126]

El 5 de julio de 1924 atracó en Kingston el vapor S.S. Metapan procedente del puerto panameño de Cristóbal. Entre los pasajeros de primera clase se encontraba Juan Masó Parra acompañado de su esposa y cinco hijos.[1127] A sólo cuatro semanas de cumplir sesenta y cinco años de edad, Masó Parra, que venía sufriendo de hipertensión arterial, ya debía estar consciente de que su vida de soldado había quedado atrás. Pero su peregrinaje todavía no había concluido; poco después de su regreso a Jamaica, el viejo guerrero se embarcó hacia su terruño para cerrar su ciclo vital.

Al mediodía del 25 de julio de 1924, el señor José Jorge Valdés se presentó ante el juez municipal de Santiago de Cuba para reportar que, a las cuatro de esa madrugada, en el número 135 de la «calle baja de Lacret» había fallecido Juan Masó Parra. Valdés presentó un certificado facultativo que estipulaba que una hemorragia cerebral había causado la muerte; el compareciente sabía que el difunto se había casado, pero desconocía el nombre de su esposa y la existencia de sucesión o testamento.

Por disposición del Juez los restos de Juan Masó Parra fueron sepultados en el cementerio general de Santa Efigenia donde ya descansaban los de muchos de sus antiguos compañeros de armas.[1128]

[1126] Original en República del Perú, Municipalidad Metropolitana de Lima, Dirección de Registros Civiles, Folio 640, Partida No. 79.

[1127] List of Passengers, *The Daily Gleaner*, 7 de Julio de 1924, p. 18 (Esta lista no incluye a Irma Ernestina Rosa y en su lugar reporta a «Infant Janet Masó». Aunque un error en el nombre no tendría nada de raro, si resulta curioso que se utilice el término "infant" —normalmente reservado para describir a un bebé durante su primer año—, pues ya Irma tenía dos años de edad en esa fecha).

[1128] Inscripción de la defunción de «Juan Masó Parra: 124», Sección de Defunción del Registro del estado Civil de Santiago de Cuba, tomo 82, folio 141. La tumba era de propiedad familiar y ubicada en el tramo Faja, hilera 4, fosa 9. (Certificación de defunción literal expedida el 26 de septiembre de 2007).

La viuda de Juan Masó Parra con sus hijos,
Zoila, Juan, Cita, Irma y Francisco

Apéndices

Apéndice A

(Fuente: La Guerra de Independencia de Cuba *de Miguel Varona Guerrero, Volumen II, páginas 1461-2)*

«Don Ramón Blanco Erenas, Capitán General español de la Isla, telegrafió al ministro de la Guerra lo siguiente:

"Al amanecer del día 20 se ha presentado, acogiéndose al nuevo régimen, al General Aguirre, Comandante General de las Villas, el titulado Brigadier insurrecto Juan Masó Parra, con las fuerzas de su mando, compuestas de dos Tenientes Coroneles, dos Comandantes, un Capitán, cinco Tenientes y ciento diez de tropa, con armas, municiones y caballos, que entregaron al frente de las tropas, después de cuyo acto y arengados por aquella autoridad, aclamaron con frenético entusiasmo, al Rey de España y a Cuba Española. La graduación, la historia e importancia política de Juan Masó Parra; su parentesco con el titulado Presidente de la República de Cuba y el carácter honroso y militar que ha revestido esta presentación, envuelve gran alcance y me hace esperar sea base de una próxima pacificación."»

Apéndice B

Notas que hizo el general Gómez en una de las Libretas Adicionales del Diario de Campaña del Mayor General Máximo Gómez que debían haber sido "intercaladas" por la Comisión y no lo fueron:

[Encabezamiento que aparece en la página 525.]

«*APENDICE No. 13*
(Corresponde este apéndice a partes de la DECIMATERCERA LIBRETA (Adicional) del Diario de Máximo Gómez, que ha sido imposible intercalar por no tener fecha determinada).»

[Notas que aparecen en la página 529]

«Cuenta de Sixto
Julio 26

Para la criada Libra	1
Pasaje él y su mujer	5
De la criada	1.4
Emiliano	8
Pasaje él, su mujer, su suegra y Claudio	7.4
En Plata Monte Cristi .... Pesos	20
En efectivo	7.62
Telesforo para Erminio	1.9
Pasaje a Turks Island	4
Dinero Monte Cristi .... Pesos Plata	20
Efectos	9.50
Juan Masó prestados	**8**
Con su criada pasaje	**1**
(2) En Monte Cristi en plata	**9.50**
Antonio—adelante	4
Pasaje	2
Comida en Turks Islan	

[Continuación en la página 530]

Herminio—pasaje ....Libras	2
Comida en Kingston	10
Comida en Kingston	
En dinero	2
Augusto para su mamá	2

Pasaje a Turks Island..	1.4
Comida en Turks Island	
En dril..	1.80
Una hamaca...	2
En dinero	2
3 varas de muselina blanca.....................................	
3 varas de encajes...	
1 vara de cinta	
Los botones de Eloísa	
Hachas..	
Machetes	
Lo del horno..	
Café.—Papel y sobres	
Ungüento guardia..	
Medias color, Clemencia...	
Tela forro más fino y más gordo	2 varas
Tela para calzoncillos y camisón.—	
Agujas finas	1
real Hilo	50.00
Arroz. Carne o bacalao..	
Juan Masó.	
Prestado en Kingston ....Libras	**8**
Por su criada a bordo..	**1**
Recibido de Magín oro americano .... libras	6
tres chelines para el pasaje de Turks Island	
al Cabo Dado a Magín en plata en Monte Cristi.......	20
Me ha prestado Sixto en Turks Island	
22 libras oro	
2 chelines	
Más — 2 idem...	
En Kingston 10 idem...	»

[El texto relevante se destaca en negrillas. N. del A.]

Apéndice C

Crónica escrita por Juan Masó Parra de la visita de José Martí a la colonia exiliada en Port-au-Prince del 24 de septiembre al 4 de octubre de 1892. Publicada originalmente en el número de Patria correspondiente al 12 de octubre de 1892, el siguiente texto ha sido copiado del libro Martí en Santo Domingo *de Emilio Rodríguez Demorizi (pp. 80-3):*

«Ya sabíamos por carta afectuosísima del Delegado que su visita tendría efecto el día 24 de septiembre. Ocho días antes de esta fecha se hicieron los preparativos que el respeto y el patriotismo aconsejaban en tan solemnes momentos. Todos creíamos que el Delegado llegaría a esta ciudad embarcado, en estas creencias se había nombrado una comisión para que al tenerse la certeza de que estaba a bordo de cualquiera de los buques que con frecuencia llegan a esta bahía, diesen el aviso general, con el fin de llevar a cabo el programa de recepción, que con tanto cariño se había concertado. Durante aquel día 24, se veía retratada la más viva satisfacción en todos los semblantes de nuestros emigrados. Con mucha frecuencia se oía repetir por la calle, o en las moradas de nuestros compatriotas, éstas o parecidas frases: "¿Ha llegado el Delegado? ¿Habrá tenido algún inconveniente cuando ya no está aquí? ¿Le habrá sucedido algo?" y no faltaba corazón leal, entre tantos leales como abundan hoy, que se entristeciese sólo al pensar que al Delegado le hubiese ocurrido algún incidente desagradable. Pero cuál sería nuestra sorpresa cuando a las siete de la noche, recibí una tarjeta del Cónsul de la República Dominicana de esta ciudad, en que me anunciaba que "el Señor José Martí había llegado, y que estaba a nuestras órdenes en el Hotel de Francia". Nuestro Delegado había hecho el viaje por tierra, desafiando con esa voluntad de hierro que hace de él un verdadero carácter, los fragosidades de un camino de malezas y de desiertos estériles y casi sin agua, como el de Barahona. Catorce días hacía que no se apeaba de la cabalgadura flaca y molesta, y sin embargo al día siguiente de su llegada, sin respiro para el cuerpo, dispuesto estaba el audaz viajero a emprender la interrumpida marcha. Porque él es incansable como abogado de la Patria.

A la caída de esa misma tarde sentados estábamos a las puertas de nuestras casas, compartiendo en asuntos patrióticos Luis Rodríguez, cubano envejecido primero en la guerra y después en la emigración, entrado en años, pero con el alma nueva y tocada por el amor a Cuba; y decíamos de Martí "si su prisa le habrá llevado a otra parte, y tal vez no lo veremos por ahora". En los mismos instantes en que decíamos esto, venían por el camino de arriba dos personas jinetes en sus mulas que parecían traer un largo viaje y una gran prisa encima. Pasaron por nuestras puertas. El uno, era el Delegado a quien no conocíamos personalmente, y el otro un peón dominicano. Al pasar repetimos nosotros: "Quizá ése sea Martí." El después me ha contado que en esos momentos se decía: ¡Cuánto deseo encontrar a esas gentes para que hablemos de nuestras cosas! No nos saludamos, sin embargo nos buscábamos, y nuestros corazones estaban tan juntos! Así fue la entrada del Delegado por el camino del Norte, con ansias por la llegada, sin ruido ninguno, por entre corazones que esa noche no durmieron.

Hasta las once de la noche estuvimos con el Delegado, Rosendo Rivera, el puertorriqueño talentoso que ha levantado un altar a la patria en Guarionex y Hatuey, y el que suscribe estas líneas.

Al día siguiente, 25 de septiembre, a las nueve de la mañana, reunido oficialmente el Cuerpo Directivo de Guarionex y Hatuey, fué presentado por el Sr. Massó al Sr. Delegado, el que con frases cariñosas manifestó el placer que sentía en encontrarlo tan bien organizado, y todos juntos. El Sr. Rivera, presidente del Club, dió la bienvenida al Sr. Delegado en nombre del Club que preside.

Al día siguiente 26 de septiembre, el Club Guarionex y Hatuey invitó por medio de una circular a la emigración cubana y puertorriqueña, anunciándole al mismo tiempo la llegada del Delegado del Partido Revolucionario Cubano. A las 7 de la noche la Junta Directiva en unión del Señor Massó fué a la morada del Sr. Delegado (Hotel Bellevue) y le condujeron al local de la cita donde le esperaban más de cien personas reunidas. Algunas de nuestras damas adornaban por primera vez la sala de nuestras sesiones. El Presidente Sr. Rivera, con palabras elocuentes y patrióticas, presentó al Sr. Delegado a la emigración, el cual fué recibido con entusiastas aplausos. El Sr. Martí hizo uso de la palabra. Todos con profundo silencio y recogimiento religioso se apresuraron a escucharle; todos de pie y con pruebas patentes demostraron el respeto y la alta estimación que le inspira el tan querido huésped. En medio de todos, la vista en todos los semblantes, con el alma en los labios, con la elocuencia irresistible de la virtud que todo lo sacrifica, porque "ha echado su persona a los cuatro vientos para que se la lleve la tempestad", comenzó en forma de conversación, lo que cualquiera, sin pasión alguna, habría calificado de elocuentísimo discurso, y lo que para nosotros fué una magnífica relación razonada de los acontecimientos políticos del año 68; el desgraciado suceso del Zanjón; sus causas; el estado de la revolución cubana en aquel período; los motivos del movimiento del 26 de agosto del año 79; el estado político-social hoy de Cuba y las probabilidades del triunfo de la idea separatista. El Delegado fué interrumpido repetidas veces por nutridos y fervorosos aplausos; las lágrimas se vieron asomar en algunos ojos que tal vez ni los dolores de la casa han hecho llorar nunca, y se sentía que todos los corazones sollozaban interiormente. En esos momentos de ánimos conmovidos y de lágrimas a medio enjugar, se levantó la Sra. Emiliana Bravo de Calderín, llevando una ofrenda de flores blancas artísticamente tejidas y que puso en manos del Delegado a nombre de las damas allí presentes. Pocas fueron las frases de la Sra. Calderín porque la emoción le ahogaba la voz y le formaba un nudo en la garganta. El Delegado dió las gracias a las damas; dió en olvido por un momento su misión revolucionaria, y habló el poeta de alma dulce y conmovedora.

La sesión terminó a las diez de la noche, y se hacían notar el entusiasmo y la alegría que reinaba en todos.

El Delegado ha permanecido entre nosotros diez días, por las interrupciones de las líneas de vapores, ocasionadas por la molestosa epidemia; pero debemos tener la satisfacción de que no ha sido tiempo perdido, sino muy aprovechado. ¡Cuánta visita recibida y cuánta hecha! ¡Qué estudio minucioso e imparcial de las condiciones peculiares del país! Qué fina amistad de los más valiosos de esta capital! ¡Cuánto caudal de simpatía su presencia nos ha traído en esta tierra generosa!

En los diez días de su grata permanencia, la emigración ha estado contenta y animada. Se le ha obsequiado cariñosamente con banquetes familiares; y entre ellos se distinguieron por su cordialidad afectuosa el fino obsequio del Sr. José Calderín y Sra., el agradable y rico convite del Sr. Luis Rodríguez y familia, y el banquete lujoso y elegante del entusiasta Juan Rodríguez.

La víspera de la partida, la emigración toda, unida y compacta, quiso dar una última prueba de cariño al Delegado, y un refresco, elegantemente servido y cordialmente aceptado, tuvo lugar en la morada del Sr. Rosendo Rivera. Allí se deshacían los corazones. Allí se removieron hasta las entrañas, con la verdad de la familia, todas las grandes cuestiones patrias. Allí, como en todos estos días, hubiera entendido el más reacio lo que puede ser mañana nuestra patria en la verdad y la justicia.

El martes 4 de octubre, a las ocho de la mañana, la emigración se había dado cita en el muelle de Mr. B. Riviére para despedir, con un apretón de manos y con estrecho abrazo, al Delegado que tan gratos recuerdos deja en nuestros corazones!»

Apéndice D

Carta de Juan Masó Parra al General en Jefe Máximo Gómez

"La Yaya," Julio 9 de 1896. Al General Máximo Gómez.
General:
Con fecha 23 de junio tuve el honor de dirijirme á Ud. manifestándole que había solicitado y obtenido del Mayor General, Jefe de la Provincia de la Habana, J. M. Aguirre, la baja de la 2ª Brigada y el pase respectivo para el Cuartel General. Por motivos puramente personales dispuse de cinco días antes de presentarme á Ud., tratando de efectuarlo en la fecha que le decía en mi comunicación que le dirijí á ese Cuartel General. Los motivos que me hicieron solicitar la baja, cumple á mi deber manifestarlo á Ud. ; y lo trataré de hacer omitiendo algunos detalles para no distraer mayor cantidad de tiempo que el exclusivamente necesario. El incidente ocurrido con el Comandante en comisión Aurelio Collazo, del cual di parte á Ud., al General Maceo y á Aguirre oportunamente: Otro de igual índole ocurrido con el soldado Juan Delgado, tuvieron en vez del castigo merecido injusto premio por parte del General Aguirre. El primero fue hecho Teniente Coronel, y el segundo improvisado Comandante para que operase en la reducida Zona de Bejucal, cuya jefatura Ud. me había dado. Con esos hechos mi autoridad moral desaparecía; mi posición quedaba desairada, y en esta situación ridícula en extremo, comprendí que toda gestión por parte mía era nula é insuficiente. Provoqué una entrevista con el General Aguirre, le dí mis quejas, me prometió enmendar lo hecho, ordenándome que ocupara como Zonas de operaciones las de Madruga, Nueva Paz y Batabanó. Obedecí como era natural, organicé aquellas comarcas, operé activamente, levanté cuanto pude el espíritu de la Revolución en aquellos lugares y libré con suerte varia repetidos combates. De esta manera y á satisfacción del mismo Aguirre, como tuve ocasión de oírlo de sus propios labios, estuve hasta principios del mes de Mayo en que dicho General nombró al Teniente Coronel Octavio Hernández, jefe para que operase con 150 hombres en la misma Zona de Madruga que me había dado, á pretexto de ser este Teniente Coronel, natural de aquella localidad. Este nuevo suceso volvía a colocarme en idéntica situación que en Bejucal. Además, había la ocurrencia que teniendo órdenes del General Maceo, y trasmitidas por Aguirre mismo, para que se destruyeran todos los ingenios, lo que llevé a cabo en la parte Occidental de la Habana, no pude efectuarlo

en la parte Oriental, porque al tratar de hacerlo cuando me hice cargo de dicha comarca me encontré con que el General Aguirre había hecho compromisos por cantidades de dinero, de respetar algunas fincas y en este caso se encontraban "Cayajabos", "El Jobo", "Merceditas" y otras. Disgustado con todos estos acontecimientos, me entrevisté nuevamente con el General Aguirre, le dí mis quejas y solicité mi baja que obtuve. El General Aguirre como se trataba de venir al Cuartel General del General en Jefe, me autorizó para traer una escolta y además me hizo cargo de conducir á Oriente una cantidad de heridos de esa procedencia. Me acompañan también algunos oficiales de E.M. que al entregar la Brigada al Coronel Cuervo, quedaban sin destino ni situación definida. Cuanto se haya comentado, y cuanto se haya dicho por mi venida carece de fundamento, y si por algún hecho desfigurado por la maledicencia, ó enemistad personal, me vea sometido á un Consejo de Guerra, acepto con la mayor tranquilidad de conciencia y hasta con placer, si cabe, porque estoy seguro que la justicia prevalecerá y la luz abrirá paso á las tinieblas................

Soy del General en jefe, atto. SS.— Juan Masó Parra.»

Apéndice E

Acta de Presentación de Juan Masó Parra

«En nombre del Excmo. Sr. Ramón Blanco y Erenas, Capitán General de Ejército y General en Jefe de la Isla de Cuba; y comisionado al efecto por el Excmo. Sr. General Don Ernesto Aguirre y Bengoa, Comandante General de la División de Santa Clara, el coronel Jefe de Estado Mayor Don Julio Álvarez Chacón por una parte, y Don Juan Masó Parra, brigadier con el título en las filas insurrectas, en su nombre y en el de los jefes de fuerzas cubanas de la brigada de Trinidad á sus órdenes, convienen la siguiente capitulación:

Artículo 1.º Don Juan Masó Parra y los jefes, oficiales y fuerzas á sus órdenes, aceptan reconocer y acatar la Soberanía de España en la Isla de Cuba, bajo el régimen del Gobierno autonómico otorgado por el Supremo de la Nación y ya establecido, vigente y en ejercicio en esta Isla desde el día primero de Enero del corriente año.

Artículo 2.º La fuerza cubana al mando de Don Juan Masó Parra hará acto de sumisión ante el Excmo. Sr. General de División Don Ernesto Aguirre y Bengoa en el día de hoy en el poblado de Fomento, á donde será conducida desde su campamento por el coronel Álvarez Chacón entregando las armas, municiones y efectos de guerra pertenecientes á la expresada fuerza, cuando y donde el señor Comandante General de la División disponga, sin otra excepción que la de las armas que los Bandos vigentes autorizan á portar á los ciudadanos particulares para su uso y defensa.

Artículo 3.º Don Juan Masó Parra y los demás Jefes presentados á sus órdenes se comprometen á recoger el mayor número posible de individuos de la fuerza insurrecta de la Brigada de Trinidad, que por falta de salud, ausencia ó falta de comunicación no hayan podido efectuar su presentación en el día de hoy.

Artículo 4.º Con arreglo al bando de indulto del Excelentísimo Sr. General en Jefe de siete de Noviembre de mil ochocientos noventa y siete, ninguno de los jefes, oficiales, ni individuos de la tropa insurrecta comprendidos en esta capitulación según las listas que Don Juan Masó Parra entregue, podrá ser detenido ni preso, quedando todos en plena libertad de fijar su residencia donde crean conveniente, proveyéndoseles al efecto de pases y demás documentos personales de seguridad.

Artículo 5.º Don Juan Masó Parra y sus jefes y oficiales se comprometen además á usar de su influencia y de cuantos medios crean conducentes para que otras fuerzas insurrectas se adhieran a ésta capitulación, á cuyo fin quedará abierta y prolongada por el plazo y término que el Excmo. Sr. General en Jefe del Ejército de esta Isla disponga.

Y para que conste y obligándonos á cumplir estrictamente las presentes condiciones convenidas de común acuerdo, firmamos la presente por duplicado en Fomento a diez y nueve de Enero de mil ochocientos noventa y ocho.

Hay un sello que dice: Comandancia General de las Villas E. M.

Hay un sello que dice: Ejército de operaciones de la Isla de Cuba. División de Santa Clara. E. M.»

Juan Masó Parra
Ernesto Aguirre.
Julio Álvarez»[1]

---

[1] Ubieta, t. I, pp. 129-30.

Apéndice F

«El combate de Peralejo [1]

El 9 de julio de 1895 recibí en el campamento "La Caridad del Almagre," esta comunicación del general Maceo "Cuartel en Campaña." —Señor coronel Juan Masó Parra. —Sírvase marchar inmediatamente con las fuerzas á su mando, hacia "Enagua" y esperar allí mi llegada; donde también se unirá el grueso de las fuerzas del general Masó; esto es si por cualquier circunstancia no le es posible salirme al encuentro con la fuerza que tenga. Con el propósito de organizar esa tropa he comunicado al General Masó la orden que le doy; y á fin de no perder tiempo me alegraría que usted acelere la marcha, sin tardar en incorporarseme.—Soy de usted con toda consideración en P. y L. Julio 7 de 1905 [sic].—A. Maceo."

El general, con una columna de 1700 hombres de infantería y caballería, se encontraba acampado en la finca "Valenzuela" y allí me dirijí tan pronto tuve en mis manos la orden que acabo de copiar.

Era la mañana del 12 cuando dábamos vista á los contornos del campamento de "Valenzuela." Maceo con su E. M. montado en brioso corcel, salió á recibirnos á un kilómetro de las primeras avanzadas. Me acompañaban el General Bartolomé Masó y los Coroneles Celedonio Rodríguez, Esteban Tamayo y Joaquín Estrada, que á la par que yo, habían recibido la noticia de la llegada del General. Grata sorpresa nos causó a todos cuando al penetrar en el cuartel de Maceo, encontramos las fuerzas que allí acampaban, formadas en correctas líneas de batalla, llamando nuestra atención su verdadera disciplina militar, á la que aun no estábamos acostumbrados.

Los jefes, á la cabeza de las distintas unidades, hicieron al General Masó, los honores de su rango con precisión tal, que no parecía que se trataba de un ejército recientemente organizado con fuerzas colectivas. ¡Cuántas veces después en reflexivas comparaciones he tenido ocasión de observar en mi vida de militar cubano, el notable contraste que hacían estas bien ordenadas fracciones dirigidas por aquel caudillo y los grupos abigarrados y sin cohesión que con tan poco acierto y peor disciplina comandaba aquel que con Maceo compartía la dirección del ejército!

A nuestra llegada en los momentos de mayor entusiasmo, oí de los labios de Maceo un ¡Viva el General Masó, futuro Presidente de la República cubana!

Aquella noche tuvo seguridad el General Maceo por confidencia del cubano Rafael Siveira, comerciante de "Bueicito," que el General Martínez Campos había llegado esa misma tarde a Veguitas, pueblo situado á cinco leguas de "Valenzuela," lugar donde nos encontrábamos. Pudo informarse además el comunicante Silveira, que Campos salía en la mañana del 13 con dirección a Bayamo. Con tales noticias, Maceo hizo la intención de atacar á Campos, saliéndole al camino, y con este fin, ordenó que las fuerzas se movieran hacia "Solís," á una legua de "Barrancas" y del paso del río "Buey," en su margen derecha. A las doce de la noche nos movimos tomando posiciones al amanecer, entre "Solís" y "La Caoba."

Las fuerzas de Maceo llegaban á un total de 2,100 hombres de infantería y caballería después de incorporadas las de mi mando, las de Salvador Ríos, Joaquín Estrada y Esteban Tamayo.

Campos al salir en la mañana del 13 ignorando todavía la presencia de Maceo en la comarca bayamesa, dispuso que Santocildes con 600 hombres marchase por la derecha de su columna, en dirección a "Bueicito," por donde me suponía á mí, y que después de este recorrido se le incorporase en el camino. Reunidas las fuerzas que llevaba Santocildes y las que le quedaban á Campos sumaban 1,300 hombres de infantería y 50 caballos.

Se dijo ese día, que desde Manzanillo á Veguitas acompañaba al General Campos en calidad de amigo, don Juan Ramírez, manzanillero de talento y presencia en esa localidad, coronel que había sido en la guerra de los diez años y que en la época en que se desarrollaron estos sucesos era inspector de la Aduana de aquel puerto. Ramírez esa mañana en Veguitas, adquirió noticias de unos campesinos que Maceo y varios jefes locales con numerosas partidas, esperaban al General Campos en el camino que debía recorrer á Bayamo. Ramírez dio este aviso á Campos enviándoselo á la vez á Santocildes, que había emprendido desde temprano la marcha, pero que no se hallaban á lejana distancia, motivando aquel aviso la determinación que tomara de regresar á Veguitas, por creer con sobrada razón [ilegible] comprometida la reducida columna de Campos.

A las nueve de la mañana, Maceo impaciente por la tardanza del enemigo, dá órdenes al Coronel Esteban Tamayo que explore la columna española que se acercaba en aquellos momentos al río "Buey," en dirección al destruido pueblo de Barrancas, con objeto de vadearlo.

La infantería cubana, arma al brazo y el ojo avizor, se encontraba emboscada dentro del monte á orillas del tortuoso camino, "Solís" y "La Caoba," y la escolta montada de Maceo, oculta detrás, en un pequeño campo abierto.

A las diez y media, los exploradores de la vanguardia enemiga tropezaron con la retaguardia de nuestras emboscadas, apareciendo por distinto lugar de donde eran esperados. El práctico de aquella tropa, Manuel Calderón, criollo de nacimiento, á quien en meses anteriores había perdonado yo la vida en unión de sus hermanos Pedro y José, indicó al General Santocildes una fácil y menos peligrosa salida para la columna española, aprovechando para ello un sendero antiguo y abandonado por muchos años, cubierto de malezas,, que nadie por desconocido, se cuidó de vigilar, incidente imprevisto y desdichado por el cual el combate cambió completamente de faz para nosotros quedando deshecho el plan de Maceo y con el que Campos y su columna hubieran sido sin duda alguna derrotados; concretándonos desde aquel momento, á hostilizar de cerca al enemigo en su marcha á Bayamo.

La acción tuvo diversas y reñidísimas fases durante todo el día, y la columna para rechazar nuestros constantes ataques a su retaguardia, y poder continuar su marcha, lo hacía formando cuadros escalonados por compañías. Como a las dos de la tarde, cuando vió Maceo que el terreno era á propósito, en Peralejo, ordenó varias cargas de caballería sobre el flanco derecho enemigo, pero por desgracia el general no pensó nunca que la lucha se prolongara hasta allí, creyendo fundadamente poder destruirlo con el esfuerzo solo de la infantería en los campos de "Solís" á "La Caoba".

El terreno de "Peralejo" es ligeramente quebrado, compuesto de una continuación de pequeñas sabanas, pero su perímetro es tan reducido que únicamente dos ó trescientos ginetes podrían maniobrar con alguna Holgura. Además, Maceo, como digo anteriormente, no creyó que llegara la ocasión de hacer uso siquiera de esta arma en aquel encuentro, y por esta causa, no mandó destruir con la anticipación debida las cercas de alambres que rodeaban por todas partes aquella posición y que sirvieron de barreras inexpugnables á la columna enemiga. Expuestos así, queda claramente probado cual fue el motivo principal del poco éxito conseguido por nuestra caballería en aquel nuevo aspecto del combate, siendo sin embargo en la finca "Peralejo" donde la pelea se desarrolló con mayor encarnizamiento. Allí mordieron el polvo atravesados por las balas cubanas el General Santocildes, su ayudante Sotomayor, el capitán Tomás y muchos otros.

Hasta las siete de la noche, que Campos entró en Bayamo, se vió constantemente perseguido, haciéndosele el último fuego á la extrema retaguardia de su columna, en el río Mabay.

La columna española batida durante todo aquel día, tuvo en los campos de "Solís" hacia "Peralejo" 200 bajas de tropa y 17 de jefes y oficiales, teniendo las fuerzas cubanas 84 heridos y 24 muertos. En el sitio donde cayó Santocildes dejó Campos al capitán Tomás muerto y 15 soldados heridos.

El General Maceo en la incertidumbre de que Campos viniera en la columna hasta allí, ó que quedara en Veguitas, como se dijo á última hora, interrogó de este modo á uno de los heridos: —¿Es que el General Campos va en la columna?— No puedo decir usted mi general, contestó el soldado. Entonces Maceo consultó su reloj, y quedándose unos minutos en silencio, dijo estas palabras: "Después de todo, ya ha sido castigada duramente esa columna." Maceo ordenó que hicieran la primera cura á aquellos heridos, enviando después al jefe enemigo la comunicación siguiente: "Primer Cuerpo del Ejército Libertador. —E. M. G.— Departamento de Oriente. —Señor General Martínez Campos. —Muy señor mío: —Deseoso que los heridos que las tropas de su ejército abandonaron en el campo de batalla, no perezcan por falta de auxilio, he dispuesto sean colocados y atendidos en casa de una familia cubana del lugar donde fue el combate, hasta que usted mande por ellos; seguro de que la fuerza que venga á llevárselos no será hostilizada por las de mi mando. —Soy de usted con toda consideración. Antonio Maceo. —Julio 14 de 1895."

El General Martínez Campos no solamente no contestó la atenta comunicación de Maceo, sino que no envió tampoco á buscar á los heridos, teniendo yo dos días después, que dirigirme á la señora María Maza de Quirch, en Veguitas, para que mandara por ellos, cuando ya algunos habían muerto.

En la mañana del 14 en una entrevista del General Maceo con Masó, le pidió un jefe de confianza para hacerle cargo del hospital de sangre, y el general me designó á mí escogiendo para establecerlo un sitio estratégico conocido de antemano y que contara con elementos adecuados al objeto y al número de heridos que debía contener. En las "Cabezadas del río Yao" construí en pocas horas un rancho de palmeras con capacidad para las 84 camas, que se hicieron de cujes y hojas secas de plátanos, á guisa de colchones. El jefe de sanidad de aquel hospital fué el doctor, José Nicolás Ferrer, que se me había incorporado desde la Habana, dos días antes del combate de "Peralejo," y como practicante el coronel Celedonio Rodríguez.

En el combate de "Peralejo" tuvimos muchos heridos graves. El Coronel Cárlos Suárez falleció de sus heridas; los comandantes Narciso Moncada y Emiliano Romero, el capitán Martínez y otros murieron también. Martínez quedó muerto en los momentos en que el doctor Ferrer le amputaba una pierna gangrenada. Narciso Moncada era hermano del General Guillermo Moncada (Guillermon,) que había fallecido en el mes de Abril de aquel mismo año en los campos de la revolución. Narciso tenía un gran parecido con su hermano Guillermo; de formas atléticas como aquel, hábil ginete, muy valeroso en la guerra y disciplinado y dulce en su trato.

Ese día se había batido como un león, dando cargas de caballería con su escuadrón de jinetes orientales. En una de ellas, cayó atravesado por un balazo en el pecho, muriendo tres días después en el hospital. En la mañana del 16, pocos momentos antes de su muerte, estando junto á su cama, le anuncié que tenía orden superior de ascenderlo á Teniente Coronel por sus méritos en aquella acción. "Ya no me servirá de nada, mi Coronel, me dijo, porque estoy muriéndome," y luego de mirarme fijamente por algunos instantes agregó: —"Ya ve usted cómo ni Guillermo ni yo vemos la independencia de Cuba." Me quedé un rato á su lado, y con voz apagada, casi en los estertores de la agonía, balbuceo estas palabras, que fueron las últimas:

—"Déme un tabaco encendido y póngamelo en la boca"; y haciendo un esfuerzo agregó: "Será el último." Obedecí aquello que era para mí una orden, pronunciada por los labios de un compañero moribundo, y me separé de allí con el alma entristecida. No había terminado de visitar á los otros heridos, cuando se me acercó el ordenanza de Narciso para anunciarme que había muerto. Lo enterré esa misma tarde, marchando con 300 hombres detrás de su cadáver hasta la sepultura donde al depositarlo, pronuncié breve oración fúnebre.

"Peralejo" encierra en sí, no el resultado material de un combate por la mayor ó menor cantidad de bajas que se hicieran á un enemigo que podía reponerlas con sus contínuas expediciones de soldados, que aunque bisoños, de España traían, sino por la suma de fuerza moral que aportó a la revolución en tan críticos momentos, poniendo en gran apuro, ya que no derrotando completamente, al General en Jefe del Ejército español. Si el General Campos se detiene á medir la inmensa cantidad de prestigio que daba á la revolución cubana aquel hecho de armas dirigido personalmente por él hubiera sin duda desistido de ir en esa ocasión con tan pocos elementos á la zona de Bayamo, pues no siendo destruidos Maceo y sus huestes en el primer encuentro con el caudillo español, indicaba que la insurrección si no era poderosa, contaba por lo menos con algunos medios de resistencia.

En "Peralejo" nació en el cerebro privilegiado de Maceo la idea de la gran invasión occidental. Antes que él, nadie en aquella etapa revolucionaria hubiera osado salir al encuentro de una columna, á cuyo frente marchaba un hombre del prestigio de Campos en Cuba, Maceo con aquel hecho, gallardamente salvó su noble causa en "Peralejo." En una situación dudosa, de perspectivas poco lisonjeras para la finalidad apetecida, y con más negro que azul en el cielo revolucionario, lanzóse por la senda de grandes invasiones y peligrosas pero heróicas aventuras.

Juan MASÓ PARRA

(1) Fragmento del libro en preparación del general Juan Masó Parra.»

[Artículo publicado en el Diario de la Marina, el 1º de junio de 1909, pp. 7-8.]

Apéndice G

«Con motivo de haberse acogido á la Autonomía el brigadier del E. L. Juan Masó Parra, se publicó la siguiente Proclama:

"Al ejército Libertador de Cuba. — Brigada de Trinidad.
"Compañeros de armas:
"Uno de nuestros coroneles, cuyo nombre yace desde ahora y para siempre, en un abismo de odio y desvergüenza; Juan Masó Parra, huyendo al castigo de un crimen descubierto, y falto de valor para antes suicidarse, se ha entregado al enemigo.
"Aún es más horrendo su crimen al "presentarse" el traidor junto con unos pocos arrastrados por "sugestiones" mercenarias.
"Sus nombres desaparezcan de los libros de la libertad! ¡Caiga sobre los miserables la maldición de Cuba! ¡Despedacen esos corazones tan viles, no ya el plomo de nuestros héroes, sino puñales vengadores!
"Y ¡guerra a España! ¡Guerra sin cuartel á los traidores despreciables que la ayudan! . . . .
"¡Compañeros de armas! ¡Trinidad os promete responder á la traición con la honra en los hombres, con el plomo en los caminos, con la muerte en cada insinuación de pactos con un enemigo que no nos puede vencer ni con la fuerza ni con la indignidad!
"Y, por mandato de la Brigada, así lo firmamos, empeñando nuestro honor.
"Campamento en Limones, 24 de enero de 1898.— El brigadier jefe de la Brigada, A. Rego.— El teniente coronel, Domingo del Castillo.— El teniente coronel jefe del regimiento "Calixto García", Manuel Saumell.— El jefe de Sanidad, comandante Dr. Rojas.— El jefe del Despacho, comandante Juan Cabrera.— El jefe del primer batallón del primer regimiento, comandante Jesús Lugones.— El jefe del segundo batallón del primer regimiento, comandante Joaquín Hernández.— El capitán de E. M., Eduardo M. Enríquez.»[2]

---

[2] Ubieta, *op. cit.*, t. I, pp. 148-9.

Apéndice H

Proclama de Juan Masó Parra de febrero de 1898

«A los Cubanos en Armas

Una completa reparación al país cubano por el Gobierno de la Metrópoli, está patente en la concesión de la Autonomía colonial, con cuyo acto se entiende la condenación solemne del antiguo régimen que tanta sangre de hermanos ha hecho derramar, envolviéndonos en sombras que llevan el espanto al ánimo de cuantos, serenos en medio de la tempestad, miran hoy sobre todo el porvenir de Cuba dentro de la cultura y la libertad.

Las desigualdades abrieron la puerta á la guerra, la justicia la cierra hoy dando paso á la paz. Que es y debe ser ya el anhelo y la convicción de todos los cubanos.

Dejemos de ser, por lo mismo, soldados de la revolución, que con dureza y abnegados defendimos constantemente, y con la conciencia tranquila y la frente muy alta venimos hoy á ser soldados de la paz en el campo autonómico, firmemente convencidos de que esta solución garantiza la plenitud de nuestros derechos de ciudadanos libres —dentro de la legalidad nacional— y dueños de nuestros propios y peculiares intereses, mantenidos por el gobierno del país por el país; pero no convertidos en esclavos eternos de ambiciones *extrañas y absorbentes* á que habían de precipitarnos los acontecimientos con su fuerza avasalladora y brutal.

Ayer la hermosa utopía: la Independencia; hoy la salvadora Autonomía con la paz.

Hicimos la guerra á quien nos trató con injusticia y no quiso oír nuestra voz; más hoy ¿á quien se hace la guerra? A Cuba, á los cubanos, a nosotros mismos.

Nuestra población cubana está casi aniquilada por la tremenda contienda que hace tres años se libra sin diques por todos sus más cruentos y devastadores medios de destrucción material y moral.

Hoy gobernamos nuestra tierra bajo el amparo de la antigua Nación que nos dió el ser; mañana la gobernaremos también, porque la Autonomía decretada por España es sincera, la ha pregonado ante el mundo entero como lazo de amor con la colonia que ha costado mucha sangre de las dos heroicas fuerzas luchadoras.

La tenacidad no es racional cuando es estéril para lo que se persigue. No hay decoro sacrificado ni honra ofendida cuando la razón con su acento de verdad nos dice que la paz nace rodeada de libertad y glorificada por la concordia de todos los cubanos.

¡Compañeros de ayer, á la paz! En la santa confraternidad de los hermanos unidos para el bien, el progreso y la libertad de Cuba, saludemos la Autonomía bajo la soberanía de la Nación que nos llama y nos reintegra en la augusta personalidad de la colonia.

Juan Masó Parra[3]

---

[3] Publicada el 25 de febrero de 1898 en el diario *La Discusión*. El texto fue reproducido medio siglo después durante la República (Academia de la Historia de Cuba, *Papeles de Maceo*, 2 tomos, Academia de la Historia de Cuba, La Habana, 1948, t. II, pp. 345-6).

Apéndice I

«EJERCITO DE OPERACIONES
EN CUBA
E M G

ORDEN GENERAL del Ejército del día 25 de abril de 1898, en la Habana. Siendo considerable el número de cubanos leales á la gloriosa nacionalidad española, que se me acercan pidiendo un puesto de peligro para defender la integridad de la Patria en el presente conflicto con los Estados Unidos, y deseoso de satisfacer sus nobles aspiraciones, vengo en disponer:

1º Se creo en esta Isla una brigada de fuerzas movilizadas que se denominará "Cuba Española", cuyo mando y organización confiero á D. Juan Massó Parra, de lealtad y merecimientos notorios y en quien concurren las circunstancias necesarias al efecto.

2º Estas fuerzas disfrutaran los mismos haberes señalados a los actuales Cuerpos de Guerrillas y Movilizados, teniendo su centro en el territorio de las Villas y como representación para la reclamación de los mismos, con cargo al crédito extraordinario de la campaña, el 5º Tercio de Guerrillas.

3º La Brigada constará de cuatro batallones de 6 compañías á pié y una guerrilla montada cada uno, á cuyo efecto el Jefe mencionado remitirá por conducto y con informe del Comandante en Jefe del Cuerpo de Ejército de las Villas, relación nominal del personal que á su libre elección designe para los cuadros de Jefes y oficiales de sus unidades á pié y montadas, para mi aprobación, remitiéndome quincenalmente otra numérica de las clases y soldados.

4º Los caballos y las monturas de las unidades montadas correrán á cargo de los individuos.

5º A medida que vayan organizándose los batallones, se irán facilitando por el Comandante en Jefe de dicho Cuerpo de Ejército, las armas y municiones correspondientes, así como los equipos más indispensables á petición unas y otros del Jefe de la Brigada.

6º Hasta tanto sea dable establecer uniformidad en el vestuario de estas fuerzas, el Jefe de la Brigada señalará á sus unidades el distintivo que tenga por conveniente adoptar, en harmonía con la patriótica misión que se propone llevar á cabo.— BLANCO.

De orden de S. E. se publica en la general de este día, para conocimiento y cumplimiento.

EL TENIENTE GENERAL, JEFE DE E. M. G.
Luis M. de Pando.»

Apéndice J

Proclama publicada en La Habana el 25 de abril de 1898 en La Lucha. *Este texto es tomado de* La Correspondencia Militar *de Madrid del 8 de junio del mismo año.*

«A MIS COMPATRIOTAS»

Cubanos: Ha llegado el momento en que las energías de este pueblo, distraídas hasta hoy en lucha estéril contra hermanos nuestros, se inviertan en rechazar al enemigo procaz de nuestra raza, que con falsos pretextos de amistad y filantropía trata de poner su planta invasora en esta tierra, donde nunca ha ondeado más bandera que la gloriosa é invicta de nuestros progenitores.

El pueblo americano, cuyos egoístas sentimientos procuran torpemente disfrazar interviniendo en una contienda de familia, para cuya solución el Gobierno español ha tenido generosas y nobles condescendencias, quiere á toda costa deslumbrar con falsos espejismos á los que, tras su falsa generosidad, no ven el peligro inminente que corren nuestras libertades y la existencia de nuestra raza, que desaparecería velozmente bajo el duro peso de la planta americana...

Cubanos: ¡A las armas!

La esclavitud, disfrazada con la capa de libertad, está á corta distancia de nuestras playas.

Y así como el león hispano está dispuesto á defender sus derechos y nuestra libertad contra el falaz: enemigo, librando ruda contienda, que será solución de nuestra existencia social y política en el porvenir, nosotros debemos correr como un solo hombre, formando apretada legión al lado de nuestros hermanos peninsulares, á fin de que el mundo vea que los lazos de la sangre y de la familia se hacen más estrechos entre los miembros de la raza cuando más inminente y cercano es el peligro que los rodea.

Nuestras diferencias políticas deben morir ante el *Fenicio* americano y en defensa de nuestra augusta bandera.

Y quien a mii lado quiera tomar plaza para combatir al invasor, venga en buen hora: hay lugar para todos los cubanos.

Al frente de los destinos de esta tierra hay un Caudillo á quien España admira y en quien España confía.

Digámosle, pues, con hechos que Cuba está al lado de España.

El general Blanco, al volver la mirada en torno suyo en estas horas de peligro, puede estimar que á su lado están muchos que, si bien lucharon

por un ideal político en contra del Gobierno de la Metrópoli, quieren plaza en el combate contra los invasores de la América del Norte.
Cubanos: formemos fila al lado de España.
¡¡ ES NUESTRA MADRE!!

-Juan Massó Parra.»

Apéndice K

Carta abierta publicada poco después de la ceremonia de rendición de la plaza de Santiago de Cuba el 17 de julio de 1898. Tomada del libro de Enrique Collazo Tejada, La guerra en Cuba, *Librería Cervantes, La Habana, 1926, pp. 165-9.*

«CUBA ESPAÑOLA

A Don Calixto García Íñiguez y demás cubanos que forman causa común con los invasores de Cuba.

En medio del fragoroso rumor de los combates que hoy puebla de ecos sombríos el ambiente de esta tierra, donde nuestra cuna se ha mecido y nuestra infancia soñadora se ha deslizado pacífica y feliz, llegan hasta mí palabras de baldón e ignominia, de execración y de infamia para aquellos que un tiempo fueron a mi lado campeones de una idea libre, que si bien equivocada, nunca fue vilipendiosa.

Los partidarios de "Cuba Libre", los hijos de las hijas de España que combatían por su emancipación de la potestad paterna, han llamado al extranjero para entregarle la patria; y estas palabras conducidas por los ecos entre el humo de la pólvora y el estallar de los cañones, ha producido en mi ánimo el efecto de todas las grandes catástrofes: la atonía primero y la vergüenza después.

Yo creía que vosotros, obcecados por una creencia que yo también adopté por considerarla justa y elevada, sosteníais en medio de nuestros bosques el estandarte de la rebelión que tantos días de luto ha ocasionado.

Yo esperaba que algún día, convencidos como yo de que nuestra patria vivía ya la vida de los pueblos libres, terminaríais la era de destrucción y de pelea para iniciar la época de reedificación y de paz, trocando el arma homicida de los combates por el instrumento pacífico que surca los campos y hace feliz y próspero al ciudadano.

Cuba es libre ya, libre el cubano, y las leyes autonómicas dadas por España, por la madre noble a quien tanto debemos, son suficientes para garantizar nuestros derechos de hombres libres, tan libres o acaso más que los ciudadanos de cualquier República o de cualquier Monarquía.

Si libre somos, pues, al lado de nuestra madre Patria y cobijados por su manto glorioso, podamos marchar noblemente a la conquista de un porvenir dichoso. ¿Por qué más combatir? ¿Por qué más ensangrentar la tierra nuestra, donde el jugo de las flores debe ya ser de sangre, pues tanto es la derramada que ni un sólo palmo existe de sus entrañas que no cobije un cadáver?

¿Por qué ya más luchar, desgarrando cada vez más el seno de la bella Cuba, hoy convertida en necrópolis inmensa de dos pueblos hermanos por la sangre, por la religión y las leyes?

No bastaba al genio sombrío de las destrucciones que el cubano revolucionario pasease la tea de la discordia de un extremo a otro de la tierra que decía amar.

El cuadro horrible de esa obra tétrica, presentado a la faz del mundo con la siniestra cohorte de pueblos hambrientos, ciudades destruidas, campos arrasados, pestes y desolaciones no era suficiente para que en este siglo de grandes progresos y diplomacia refinada, viniese el rubor a herir su frente haciéndola avergonzar de labor tan nefanda y reprobada.

Aún era poco ese triste espectáculo de la patria desgarrada por tan profundas y dolorosas heridas, causadas por aquellas manos que decían querer salvarla.

Era preciso que el cubano rebelde pusiese el sello de su labor horrenda y nuevo Julián de la Historia Goda, llamase a los sarracenos de América para entregarles esta tierra, nacida para todas las felicidades y víctima de todas las desgracias.

El mundo moderno que con ojo avizor contempla todos los esfuerzos de libertad y de progreso que hacen los pueblos para erigirse soberanos en medio del concierto general de las naciones, ha vuelto la vista con horror ante la figura del rebelde cubano que prefiere el duro dogal de la esclavitud del extranjero a la cariñosa potestad de la Nación generosa que le dio su sangre, su religión y su vida.

Ya no es campeón de una idea libre el que hoy milita en las selvas cubanas contra el león ibérico; ya no es el hijo indómito que pretende quebrantar la férula paterna para erigirse en libre ciudadano: es el mercador [sic] egoísta que vende la patria al vil americano, para constituirse en esclavo, abjurando cobardemente de todo lo más santo y noble que constituye la dignidad humana y renunciando para siempre de su raza y de su sangre, de su idioma y de su religión, truécase en sicario abyecto de sus señores....

El cadáver de Cuba arrullado por las ondas del mar Cribe flota a los ojos del mundo civilizado como una pesadilla incompresible.

Muerta por sus hijos, y por ellos entregada al extranjero, es una aberración que no registra la historia de las naciones.

Se lucha por ser libre, pero no se combate por ser esclavo; pero felizmente España aún no abjuró su legítima soberanía.

Los desaciertos del hijo no son sancionados cobardemente por el padre; y en frente de ese pabellón, padrón de ignominia que enarbola el cartaginés americano en nuestras playas, ondea soberano y orgulloso, el emblema de Trafalgar y Lepanto, teñido en rojo por la sangre de los combates, sostenido por manos de hierro y cobijando frentes que el rayo no humilla y que sólo se doblan ante el peso de una fatalidad inexorable.

Nada importa que el cubano rebelde haya conducido la planta del extranjero hasta nuestras playas, que guardan en sus arenas inmaculadas las huellas heroicas de Colón y sus hermanos.

En frente del rebelde hállase el cubano leal, dispuesto a la pelea, preparada el arma, hirviente la noble sangre que heredó de sus mayores y dispuesto a demostrar al mundo que la infamia de unos pocos no puede alcanzar a los más y que si nació libre bajo la enseña española, no consiente en ser esclavo bajo el pabellón americano...

Peleará el rebelde al lado del extranjero, para fabricar las cadenas de su servidumbre; pero al lado de España combatirán los leales para ser libres y borrar con su sangre la mancha que sobre el nombre cubano arrojen los traidores.

Truene pues el cañón y suene el clarín de la peles.

El buitre americano que tan sólo con cadáveres se alimenta, no clavará su corvo pico en las entrañas desgarradas de Cuba yacente. Sus hijos leales rodean al león ibérico cuya garra poderosa y fiera hará retroceder al buitre audaz hasta las crestas de las montañas donde anida; y entre los escombros y los muertos seguirán sosteniendo los sobrevivientes esta enseña que sombreó nuestra Cuna y fue clavada por Colón en nuestras playas.

No creo, pues, hijos de esta tierra, que con torpe mano habéis conducido al extranjero a estas riberas y habéis visto ondear sobre nuestros pueblos la enseña odiosa del ambicioso yanky, que queráis continuar siendo cómplices de la labor más nefanda.

Si equivocados creísteis, General García, que con los cañones americanos traíais para Cuba la independencia, la venda habrá caído de vuestros ojos, al ver ondear sobre los muros de Santiago de Cuba, el emblema de esclavitud para el cubano afianzado con los cadáveres de los fusilados por vuestros aliados.

Os ofrecieron independencia y os esclavizan; preconizaban humanidad y os fusilan, y el pabellón de Yara, ese pabellón de una sola estrella por quien tanto habéis combatido, es derrocado de su asta para ser reemplazado por la bandera estrellada de la república americana...

¿Qué esperáis ahora? España es la libertad, los Estados Unidos la esclavitud; la primera es toda generosidad, nobleza; los segundos todo egoísmo, falsía.

¿Dudáis en la elección?

General Calixto García: si verdaderamente sois cubano, y los que os acompañan luchan de buena fe por las libertades de Cuba, no debéis de perder tiempo para defender la tierra que os habéis propuesto libertar.

España siempre noble, os dará seguramente un puesto a su lado en el combate para repeler al extranjero.

Es la mejor manera de lavar vuestra falta y vuestros hermanos verán que no habéis degenerado de la raza a que pertenecéis.

Sois cubano y os debéis a Cuba, no a los Estados Unidos.

JUAN MASSO PARRA.»

Apéndice L

Facsímil de la copia enviada al gobernador provisional Charles E. Magoon del informe del capitán John W. Furlong, jefe de la MID (División de Información Militar), al general Thomas H. Barry, jefe del ACP (Ejército de Pacificación de Cuba), fechado el 23 de septiembre de 1907 (NARA, CC/PGoC, RG199, f. 158/28).

M.I.D. 83/220.

HEADQUARTERS ARMY OF CUBAN PACIFICATION.
OFFICE OF THE CHIEF OF STAFF
MARIANAO, HAVANA, CUBA.

September 23, 1907.

MEMORANDUM FOR THE CHIEF OF STAFF:

1. September 22. Parra left his hotel at 8 a. m. and doubled around to Prado 28, coming out of the house with a man who is unknown to agent No. 1.

The agent had seated himself in a cafe to which Parra came. He eyed the agent for some time after the unknown had left and finally got up and came over to him, and asked if he had not known him in Cienfuegos a number of years ago. They got into conversation in the course of which Parra said "that he was at present much advertised in the newspapers as being a conspirator, when in reality he had come to Cuba to sell some property and if he succeeded intended to go to Spain, for Cuba was lost, and that his countrymen (Cubans) were those who were giving their country to the Americans and that the latter could not go away on account of the division of the political parties; could not turn over the country to the Cubans, who wanted nothing but the "plums", and that it was a fact that if the Americans went, six months would not pass without another war to overthrow the Cuban Government in existance."

He further said that of the politicians in Cuba, Enrique Collazo, Loynaz Castillo and Lara Miret were the best, and that he loved the latter like a brother as he was one of his officers in the field.

He said "Jose Miguel Gomez, Pino Guerra and the other convulsives who to-day enjoy the confidence of the Americans as dogs, wanted nothing but the "plums" even though Cuba went to the devil."

I am of the opinion that he was suspicious and that the talk was for effect.

- 2 -

2. September 21st. At 11:30 p. m. there was a talk in the Maceo Park (in front of Beneficencia). There were present Parra, Pena, the man who lives at 101 Prado, Gómez, the ex-inspector; and Regal.

3. Rumors from different sources in Havana, place the date of the rumored uprising at September 28th.

4. The Intelligence Officer at Trinidad reports a rumor that General Juan Bravo has quite a few arms and ammunition hidden on his property, which is just outside the city near the Tayaba river.

It is certain, as reported by this office last year, that Bravo kept a lot of new winchester's which he had at the time of the last trouble.

5. Report from Intelligence Officer, Cienfuegos, reports Lara Miret as having been there for a short time on Saturday the 21st. Reported as having gone to Camaguey. Previously reported that he was in Manzanillo on the 18th.

JOHN W. FURLONG,
Captain, General Staff,
Chief of the Military Information Divsion.

Traducción de la copia enviada al gobernador provisional Charles E. Magoon del informe del capitán John W. Furlong, jefe de la MID (División de Información Militar), al general Thomas H. Barry, jefe del ACP (Ejército de Pacificación de Cuba), fechado el 23 de septiembre de 1907 (NARA, CC/PGoC, RG199, f. 158/28). Traducido por el autor.

«Septiembre 23 de 1907

MEMORÁNDUM PARA EL JEFE DE ESTADO MAYOR

1. Septiembre 22. Parra salió de su hotel a las 8 a.m. y dobló hacia Prado 28, saliendo de la casa con un hombre desconocido para el agente No. 1.

El agente se había sentado en un café al que Parra llegó. Él miró al agente por algún tiempo después que el desconocido se fuera y finalmente se levantó y vino hacia él, y le preguntó si no lo conocía de Cienfuegos algunos años atrás. Entraron en conversación en el curso de la cual Parra dijo "que él estaba ahora muy anunciado en los periódicos como conspirador, cuando en realidad él había venido a Cuba a vender una propiedad y que si tenía éxito tenía la intención de irse a España pues Cuba estaba perdida y que sus compatriotas eran los que estaban entregando su país a los americanos y que estos no se podían ir debido a la división de los partidos políticos; no podían entregar el país a los cubanos, quienes no querían más que las "ciruelas", y que era un hecho que si los americanos se iban, no pasarían seis meses sin otra guerra para derrocar al gobierno cubano de turno."

Añadió que, de los políticos en Cuba, Enrique Collazo, Enrique Loynaz Castillo y Lara Miret eran los mejores, y que él quería al último como un hermano pues había sido uno de sus oficiales en la manigua.

Dijo que José Miguel Gómez, Pino Guerra y los otros convulsos que hoy disfrutan de la confianza de los americanos son unos perros que no quieren más que el "jamón" aunque Cuba se vaya al diablo.

Yo soy de la opinión de que estaba sospechoso y que la charla fue para impresionar.

- 2 -

2. September 21. A las 11:30 p.m. hubo un conversatorio en el Parque Maceo (frente a la Beneficencia). Estuvieron presentes Parra, Peña, el hombre que vive en Prado 101, Gómez, el exinspector; y Regal.

3. Rumores de diferentes fuentes en La Habana fijan la fecha del rumorado levantamiento para el 28 de septiembre

4. El oficial de inteligencia de Trinidad reporta un rumor de que el general Juan Bravo tiene bastantes armas y municiones escondidas en su propiedad, que está justo fuera de la ciudad cerca del río Tayaba.

Es seguro, según se reportó desde esa misma oficina el año pasado, que Bravo se quedó con muchos winchesteres nuevos que tenía cuando el último conflicto.

5. Un reporte del oficial de inteligencia de Cienfuegos, informa que Lara Miret estuvo allí por un corto tiempo el sábado 21. Se reporta que se fue para Camagüey. Previamente se reportó que estaba en Manzanillo el 18.

JOHN W. FURLONG
Capitán, Estado Mayor
Jefe de la División de Inteligencia Militar.

Apéndice M

Facsímil de la copia del telegrama cifrado enviado por el gobernador provisional Charles E. Magoon al secretario de Guerra William H. Taft, fechado el 26 de septiembre de 1907 (NARA, CC/PGoC, RG199, f. 017/26).

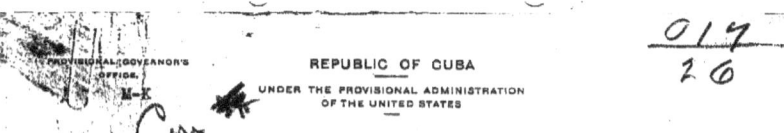

Traducción de la copia del telegrama cifrado enviado por el gobernador provisional Charles E. Magoon al secretario de Guerra William H. Taft, fechado el 26 de septiembre de 1907 (NARA, CC/PGoC, RG199, f. 017/26). Traducido por el autor.

La Habana, Cuba, 26 de septiembre de 1907

TELEGRAMA ENVIADO:

SecGuerra, Washington.

   Confidencial. Información más específica y certera que la hasta ahora recibida fue obtenida tarde anoche que Masó Parra enojado por fracaso en lograr levantamiento amenazó con dinamitar algún edificio en La Habana y escapar. La policía local lo arrestó a él y dos de su pandilla nombrados Lara Miret y Ducasse y están ahora en la cárcel. En general se cree aquí que Masó Parra recibía ayuda financiera de partidarios en New York y que mientras él aseguraba que deseaba terminar la intervención americana quienes lo respaldaban tenían la intención o bien de prolongar la intervención o de desacreditar la administración de Washington. La pura perversidad del mal hombre explica su conducta pero no toma en cuenta el dinero que gastó.
   MAGOON.

COPIA OFICIAL PARA EL ARCHIVO

 (f) Frederick S. Foltz
 Jefe de Despacho.

Apéndice N

Auto de procesamiento en la Causa 1288 de 1907

[Según publicado en La Lucha *y* Diario de la Marina *el 2 de octubre de 1907.]*

«*Resultando*: que formada la presente causa para la averiguación de un delito de conspiración para la rebelión, aparece de las diligencias practicadas hasta ahora, que Juan Massó Parra, José Lara Miret y Juan Eligio Ducasse, que tomaron parte activa en la guerra de independencia, en unión de José Vila González, Gabriel Guerra, Vicente Gómez (a) "El Comandante", Juan de Dios Martínez (a) "El Habanero" y otros, se pusieron de acuerdo para alzarse en armas en el campo al objeto de derrocar al Gobierno Provisional que los Estados Unidos de América han establecido en la República, proponiéndose para lograr más rápidamente sus fines, destruir puentes, quemar propiedades de extranjeros excepto de españoles, matar americanos y evitar á todo trance el comienzo y marcha normal de la próxima zafra, fijando como fecha del levantamiento los días veintisiete y veintiocho del mes de Septiembre último, todo lo cual concertaron celebrando al efecto reuniones en distintos lugares de esta capital en las que convinieron los sitios en que debían tener efecto los alzamientos, el reclutamiento de adeptos y provisión de armas, la designación por parte de Massó y Lara Miret de los jefes de las distintas comarcas y sus grados, dejando los últimos detalles del levantamiento para acordarlo en una junta definitiva que debía tener lugar en la Alameda de Paula, la cual no se llevó a cabo, porque á virtud de orden del Honorable Gobernador Provisional, fueron detenidos Massó Parra, Lara Miret y Ducasse por haberse tenido conocimiento de los hechos.

Considerando: que los hechos expresados revisten los caracteres del delito de conspiración para la rebelión previsto y penado en el artículo doscientos cuarenta y cuatro del Código Penal tal como ha sido notificado por el Real Decreto de veinte de Agosto de mil ochocientos ochenta, en relación con el doscientos treinta y siete del propio Cuerpo Legal; existiendo de lo actuado hasta ahora indicios racionales de criminalidad contra los expresados Juan Massó Parra, José Lara Miret, Juan Eligio Ducasse Revee , José Vila González, Gabriel Guerra Santos, Vicente Gómez (a) "El Comandante" y Juan de Dios Martínez (a) "El Habanero", por lo que corresponde dirigir contra ellos este procedimiento.

Considerando: que en atención á la naturaleza del delito, circunstancias que en él concurren y á la evidente alarma que ha producido el que provee estima necesaria la prisión provisional de los inculpados hasta que presten la fianza que se dirá.

Vistos los artículos citados y además le trescientos ochenta y cuatro, quinientos dos, quinientos tres, quinientos veinte y nueve y quinientos ochenta y nueve de la Ley de Enjuiciamiento Criminal y el Decreto ciento nueve del Cuartel General de Cuba del año 1899.

Se declaran procesados por esta causa y sujetos á sus resultas á D. Juan Massó Parra, D. José Lara Miret, D. Juan Eligio Ducasse y Revee, D. Gabriel Guerra y Santos, D. José Vila González, D. Vicente Gómez (a) *El Comandante* y D. Juan de Dios Martínez (a) *El Habanero* decretándose la prisión provisional de los mismos hasta que cada uno de ellos para gozar de libertad preste fianza por la suma de *diez mil pesos oro americano* (10,000), librándose respecto de los cinco primeros mandamiento al Alcalde de la Cárcel y para que tenga efecto la de Vicente Gómez y Juan de Dios Martínez circulares y requisitorias.

Notifíqueseles este auto, instruyéndolos de los derechos que les concede la Ley de Enjuiciamiento Criminal y Decreto ciento nueve antes citado; y fórmese el oportuno incidente para tratar de la prisión de los procesados.

Tráiganse á la causa los antecedentes penales, carcelarios y de conducta de los mismos.

Requiéraseles para que dentro de una audiencia presten fianza en metálico por la cantidad de cinco mil pesetas cada uno á fin de cubrir las responsabilidades pecuniarias que en definitiva puedan imponérseles, y si no lo verifican embárgueseles bienes por dicha suma, formándose para tratar de este particular el incidente oportuno comunicándose este auto a la Sala de lo Criminal y Ministerio Fiscal.

Lo mandó y firma el señor Tomás Bordenave y Bordenave, Magistrado de la Audiencia y Juez Especial nombrado para la instrucción de esta causa; doy fé. *Tomás Bordenave.—* Ante mi: *José Llanuza.*»

Bibliografía

Archivos

Academia de la Historia de Venezuela (Caracas)
Archidiócesis de Santiago de Cuba
Archivo General de Indias (AGI)
Archivo General de la Administración. (Madrid)
Archivo General Militar de Madrid (AGMM) [antiguo Servicio Histórico Militar]
Archivo General Militar de Segovia (AGMS)
Archivo Histórico de Guayas (Guayaquil)
Archivo Militar de la Nación (Caracas)
Archivo Nacional de Cuba (ANC)
Biblioteca Municipal (Guayaquil)
Biblioteca Nacional (Quito)
Centro de Estudios Históricos del Ejército (Quito)
Dirección General de la Guardia Civil, Servicio de Estudios Históricos (Madrid)
Dirección General de Registro Civil, Identificación y Cedulación (Quito)
Hemeroteca *Aurelio Espinosa Polit* (Quito)
Instituto Hondureño de Antropología e Historia (Tegucigalpa)
Jefatura Provincial de Registro Civil, Identificación y Cedulación del Guayas (Guayaquil)
Library of Congress, Manuscripts Division (Washington)
Memoria Histórica del Ministerio de Relaciones Exteriores (Quito)
Municipalidad Metropolitana de Lima, Dirección de Registros Civiles
U. S. National Archives and Records Administration (Washington)

Publicaciones Periódicas

Arizona Republican (Phoenix)
Augusta Chronicle (Georgia)
Bocetos, apuntes y episodios recopilados bajo la dirección de Luis Lagomasino A., (Cienfuegos)
Bohemia (Cuba)
Boletín del Archivo Nacional (Cuba)

Boletín oficial de la provincia de Madrid
Buffalo Evening News
Commercial and Financial Chronicle, (New York)
Chicago Tribune
Cuba y América (Nueva York, La Habana)
Diario de la Marina (La Habana)
El Fígaro (La Habana)
El Guante (Guayaquil)
El Imparcial (Madrid)
El Mundo (La Habana)
El Telégrafo (Guayaquil)
Elmira Gazette (Nueva York
Gaceta oficial de la República de Cuba (La Habana)
Grito de Baire (La Habana)
Heraldo de Madrid
La Ciudad de Dios (Madrid)
La Correspondencia de España (Madrid)
La Discusión (La Habana)
La Época (Madrid)
La Lucha (La Habana)
La Opinión (Santa Cruz de Tenerife)
La República Cubana (París)
Los Angeles Herald
New-York Tribune
Patria (New York)
The Anaconda Standard (Montana)
The Baltimore Sun
The Brooklyn Daily Eagle
The Daily Gleaner (Kingston)
The Fair Haven Era
The Greensboro Patriot
The Hispanic American Historical Review
The Lancaster Examiner
The Los Angeles Times
*The Miami Republican (*Kansas*)*
The New York Times

The Philadelphia Inquirer
The Record-Union (Sacramento)
The Saint Paul Globe
The Salt Lake Herald
The San Francisco Examiner
The Standard Union (Brooklyn)
The Sun (Nueva York)
The Tampa Morning Tribune
The Times (Philadelphia)
The Times (Washington, D. C.)
The Times-Democrat (Nueva Orleans)
The Topeka Daily Capital
The Washington Times
The World (Nueva York)
Wilkes-Barre Record

Libros y Artículos

Abreu Cardet, José, *La espectacular fuga de Justo García Vélez, hijo del Mayor General Calixto García, desde una cárcel española en África y su travesía hasta Cuba en armas*, https://aldeacotidiana.blogspot.com/ 2014/10/blog-post.html

Acebo Meireles, Waldo, *Máximo Gómez: el hombre*, Hialeah, 2017

Afonso Fernández, Adalberto, *Mis investigaciones...y algo más, Obras completas*, 3 tomos, Palibrio, Bloomington, 2011

Agramonte, Arturo y Luciano Castillo, *Cronología del cine cubano, (1897-1936)*, 2 tomos, Ediciones ICAIC, La Habana, 2011

Aguirre, Sergio, *Quince objeciones a Narciso López*, Dirección Nacional de Escuelas de Instrucción Revolucionaria, La Habana, 1961

Alarcón Caracuel, Rosario, "Documentos en un archivo sevillano del general Alejandro Rodríguez, héroe de la independencia cubana (1895-1897, *Andalucía y América en el siglo XIX*, Escuela de Estudios Hispanoamericanos, C.S.I.C., Sevilla, 1986

Alexander Rodríguez, Linda, *Las finanzas públicas en el Ecuador (1830-1940)*, Banco Central del Ecuador, Quito, 1992

Alfau Durán, Vetilio, "Escritos y apuntes históricos", *Archivo General de la Nación, v. LXXIII*, Ediciones del Archivo General de la Nación, Santo Domingo, 2008

Alva, Oscar de, *Pro Patria*, Tipografía América, La Habana, 1899

Alvarado García, Ernesto, *La odisea de Leoncio Prado en Honduras*, Ediciones de la Librería "España y América", Tegucigalpa, 1943

Álvarez Estévez, Rolando, *Mayor general Carlos Roloff Mialofsky. Ensayo biográfico*, Editorial de Ciencias Sociales, La Habana, 1981

Arango y Parreño. Francisco de, *Obras de Don Francisco de Arango y Parreño*, 2 tomos, Ministerio de Educación, La Habana, 1952

Ascuy Alón, Fanny, *José Joaquín Palma. Toda una vida*, Academia de la Historia de Cuba, La Habana, 1948

Bacardí Moreau, Emilio, *Crónicas de Santiago de Cuba*, 10 tomos, Gráficas Breogán, Madrid, 1973

Báez, Vicente, editor, *La Enciclopedia de Cuba*, 9 tomos, Playor, S. A., Madrid, 1974

Bandera Betancourt, Quintín, "Memorias de Quintín Bandera" en Abelardo Padrón Valdés, *General de tres guerras*, Editorial Letras Cubanas, La Habana, 1991

Baquero, Gastón, "Versiones y precisiones en la muerte de José Martí", *Indios, blancos y negros en el caldero de América*, Ediciones de Cultura Hispánica, Madrid, 1991

Barcia Zequeira, María del Carmen, *Una sociedad en crisis: La Habana a finales del siglo XIX,* Editorial de Ciencias Sociales, La Habana, 2000

Barreras, Antonio, *Textos de las constituciones de Cuba (1812-1940)*, Editorial Minerva, La Habana, 1940

Barrios y Carrión, Leopoldo, *Sobre la historia de la guerra en Cuba*, Revista Científico Militar y Biblioteca Militar, Barcelona, 1888, 1889, 1890

——————, P., *El general Calleja. Biografía*, Imprenta del Correo Militar, Madrid, 1896

Béquer Altuna, Guillermo, "Biografía del general Lino Pérez y Muñoz", en *Magazine de "La Lucha"*, 1926

Béquer Medina, Manuel de J., *Trinidad de Cuba. Historia, leyenda y folklore*, Édition Melonic, Québec, 2008

Bergés y Tabares, Rodolfo, *Cuba y Santo Domingo. Apuntes de la guerra de Cuba de mi diario en campaña 1895-96-97-98*, El Score, La Habana, 1905

Beers, Mayra, "Para Subsistir Dignamente: Alberto Yarini and the Seach for Cubanidad, 1882-1910", unpublished dissertation, 2011

Bizcarrondo, Marta y Elorza, Antonio, *Cuba/España. El dilema autonomista, 1878-1898*, Editorial Colibrí, Madrid, 2001

Boza Sánchez, Bernabé, *Mi diario de la guerra*, 2 tomos, Librería Cervantes, La Habana, 1924 [1ª ed. 1905]

Bureau of the American Republics, *Bulletin of the Pan American Union*, v. XXXVII, No. 5, Washington, GPO, 1913

Burgess, Paul, *Justo Rufino Barrios: una biografía*, Editorial del Ejército, Guatemala, 1971

Bustamante, Luis J., *Enciclopedia Popular Cubana*, 3 tomos, Editorial LEX, La Habana, c. 1948

Buznego Rodríguez, Enrique et. al., *Mayor General Máximo Gómez Báez, sus campañas militares,* 2 tomos, Editora Política, La Habana, 1986

Cabrera, Raimundo, *Cuba y sus jueces*, Editorial Cubana, Miami, 1994 (1ª ed. 1887)

———, *Episodios de la guerra. Mi vida en la manigua*, La Compañía Lévytype, Filadelfia, 1898

Calleja Leal, Guillermo, "La muerte de Martí en el combate de Dos Ríos", *Monografías del CESEDEN, 14*, Ministerio de Defensa, Madrid, 1995

Camejo Payents, José, *Rasgos y rasguños por Joscampay*, Academia de Tipógrafas "América Arias", La Habana, 1920

Cañizares, Dulcila, *San Isidro, 1910. Alberto Yarini y su época*, Editorial Letras Cubanas, La Habana, 2000

Carbonell y Rivero, José Manuel, *Manuel Sanguily: adalid, tribuno y pensador*, Academia Nacional de Artes y Letras, El Siglo XX, La Habana, 1925

Carbonell y Rivero, Miguel Ángel, *Eusebio Hernández*, 2 tomos, Editorial Guáimaro, La Habana, 1939

Carbonell y Rivero, Néstor, *El general Ramón Leocadio Bonachea*, Academia de la Historia de Cuba, La Habana, 1947

Carreras, Albert y Xavier Tafunell, coordinadores, *Estadísticas históricas de España: siglos xix y xx*, 3 tomos, Fundación Banco Bilbao-Viscaya-Argentaria, Bilbao, 2005 [1ª ed. 1989]

Carrillo Morales, Justo, *Expediciones cubanas,* 2 tomos, Rambla, Bouza y Cía., La Habana, 1930, 1936

Casasús, Juan J. E., *Calixto García (el Estratega)*, La Moderna Poesía, Miami, 1981, [1ª ed. 1942.]

—————, *Ramón Leocadio Bonachea: el Jefe de la Vanguardia*, Imprenta Librería Martí, La Habana, 1955

Casey, Matthew, *From Haiti to Cuba and Back: Haitian's Experiences of Migration, Labor, and Return, 1900-1940*, unpublished dissertation, University of Pittsburgh, 2012

Castellanos García, Gerardo, *Adolfo del Castillo. En la paz y en la guerra*, Editorial Hermes, La Habana, 1922

—————, *Juan Bruno Zayas. Médico y soldado*, Editorial Hermes, La Habana, 1924

—————, *Huellas del pasado. Viajes por Cuba*, Editorial Hermes, La Habana, 1925

—————, *Un Paladín (Serafín Sánchez)*, Editorial Hermes, La Habana, 1926

—————, *Tierras y glorias de Oriente (Calixto García Iñiguez)*, Editorial Hermes, La Habana, 1927

—————, *Panorama Histórico. Ensayo de cronología cubana. Desde 1492 hasta 1933*, 2 tomos., Úcar, García y Cía., La Habana, 1935

—————, *Motivos de Cayo Hueso*, Úcar, García y Cía., La Habana, 1935

—————, *Resplandores épicos: La Invasión - Máximo Gómez - Cruces - Mal Tiempo*, La Habana, 1942

—————, *Trinidad. La secular y revolucionaria*, Úcar, García y Cía. La Habana, 1942

—————, *Viajando por los mares de Trinidad*, Talleres "Alfa", La Habana, 1943

—————, *Misión a Cuba. Cayo Hueso y Martí*, Imp. y Pap. Alfa, La Habana, 1944

—————, *Historia en Santiago. Reflejos de un Congreso*, Talleres Tipográficos Alfa, La Habana, 1946

Castellanos, Jorge e Isabel, *Cultura afrocubana*, 4 tomos, Ediciones Universal, Miami, 1988-1994

Castillo, Luciano y Arturo Agramonte, *Cronología del cine cubano, (1897-1936)*, 2 tomos, Ediciones ICAIC, La Habana, 2011

Castillo y Zúñiga, José Rogelio, *Autobiografía del general José Rogelio Castillo*, Editorial de Ciencias Sociales, La Habana, 1973

Cepeda, Rafael, *Eusebio Hernández, Ciencia y Patria*, Editorial de Ciencias Sociales, La Habana, 1991

Claret, Antonio María, *Autobiografía*, Editorial Claret, Barcelona, 3ª ed, 1985

Collazo Tejada, Enrique, *La revolución de agosto de 1906*, G. Martínez y Ca., La Habana, 1907

————, *Cuba heroica*, Imp. "La Mercantil", La Habana, 1912

————, *La Guerra en Cuba*, Casa Editora Librería Cervantes, La Habana, 1926

Consuegra, Walfredo Ibrahim, *Diario de campaña. Guerra de Independencia, 1895-1898*, Fernández Solana y Cía., La Habana, 1926

Cordero Michel, Emilio, "La prisión de Máximo Gómez en Santo Domingo, 1886", *Revista de la Biblioteca Nacional José Martí*, Año 96, No. 1-2, enero junio, 2005

Corral, Manuel, *¡El desastre! Memorias de un voluntario en la campaña de Cuba*, Alejandro Martínez, Editor, Barcelona, 1899

Costa, Octavio, *Antonio Maceo. El Héroe*, La Moderna Poesía, Miami, 1984 [1ª ed. 1950]

Crombet Bravo, Hugo, *La Expedición del Honor*, Editorial de Ciencias Sociales, La Habana, 1999

————, *La Expedición del Honor*, Editorial Oriente, 2003

Cuadra Pasos, Carlos, *Obras completas de Carlos Cuadra Pasos*, Colección Cultural, Managua, 1976, v. II

Cuba, Academia de la Historia de, *Papeles de Maceo*, 2 tomos, Academia de la Historia de Cuba, La Habana, 1948

————, *Actas de las Asambleas de Representantes y del Consejo de Gobierno durante la Guerra de Independencia,* 6 tomos, Imprenta El Siglo XX, La Habana, 1928-1933

Cuba, Archivo Nacional de, *Documentos para servir a la historia de la Guerra Chiquita (Archivo Leandro Rodríguez)*, 3 tomos, Publicaciones del Archivo Nacional de Cuba XXI, XXVII y XXIX, La Habana, 1949-1950

————, *Antonio Maceo. Documentos para su vida*, Publicaciones del Archivo Nacional de Cuba VII, La Habana, 1945

————, *Correspondencia Diplomática de la Delegación Cubana en Nueva Cork durante la Guerra de Independencia de 1895-1898*, 5 tomos, Publicaciones del Archivo Nacional de Cuba Archivo Nacional de Cuba II, IV, VI, IX, XI, La Habana, 1943-1946

Cuba, República de, *Diario de sesiones del Congreso de la República de Cuba, Cámara de Representantes,* Primera legislatura - 1902

—————, *Colección legislativa. Secretaría de Estado y Justicia. Departamento de Justicia. De 20 de mayo de 1902 a 30 de junio de 1905, Volumen tercero*, Rambla y Souza, La Habana, 1907

—————, *Gaceta Oficial de la República de Cuba bajo la administración provisional de los Estados Unidos*, 3 a 17 de octubre de 1907, La Habana, Año VI, Tomo II, Nos. 82-93

—————, *Gaceta Oficial de la República de Cuba*, 8 de diciembre de 1909, La Habana, Año VIII, Tomo II, Núm. 137

—————, *Documentos históricos*, Imprenta y Papelería de Rambla, Bouza y Ca., La Habana, 1912

—————, *Monumento al mayor general Máximo Gómez*, Imp. P. Fernández y Ca., La Habana, 1917

—————, *Apuntes biográficos de los jefes del Ejército*, s/n, [La Habana], 1948

Cuba, Secretaría de Agricultura, Comercio y Trabajo, *Legislación obrera de la República de Cuba*, Imprenta y Papelería de Rambla, Bouza y C.ª, La Habana, 1919

Cuéllar Vizcaíno, Manuel, *12 muertes famosas*, Editorial Sánchez, S.A., La Habana, 1957

Cuervo Rubio, Gustavo, et al, *Libro Homenaje al Coronel Cosme de la Torriente en reconocimiento de sus grandes servicios a Cuba*, Úcar, García, S.A., La Habana, 1951

Curnow, Ena. *Manana, "detrás del Generalísimo"*, Ediciones Universal, Miami, 1995

Chapman, Charles E., "Futility of the Law in Cuba", *California Law Review 13*, University of California, Berkeley, 1925

Chamorro Vargas, Emiliano, "Autobiografía completa del general Emiliano Chamorro", *Edición Extraordinaria de Revista Conservadora del Pensamiento Centroamericano*, no. 67, Managua, 1966

de Miguel Fernández, Enrique, *Azcárraga-Weyler y la conducción de la guerra de Cuba*, Tesis doctoral dirigida por José Antonio Piqueras Arenas, Universitat Jaume I, Castellón de la Plana, 2008

de Paz Sánchez, Manuel, "Antonio Serra Orts (1856-1926): el último combatiente español en la Guerra Hispano-cubana-norteamericana", *Cuadernos de investigación histórica* 13, Fundación Universitaria Española, Madrid, 1990 de la Cova González-Abreu, Antonio Rafael, *Cuban Confederate Colonel. The Life of Ambrosio José Gonzales*, University of South Carolina Press, Columbia, 2003

————, "Fernandina Filibuster Fiasco: Birth of the 1895 Cuban War of Independence", *Florida Historical Quarterly.* Summer 2003

de la Cruz, Manuel, *Obras de Manuel de la Cruz, Tomo VII, Estudios históricos,* La Habana-Madrid, 1926

de la Guardia, Elpidio, *Apuntes históricos: Guanabacoa, 1511-1927*, Editorial Juan F. Mora, Guanabacoa, 1927

————, *Historia de Guanabacoa*, s.n., 1946

de la Guardia Rosales, Ángel, *Memorias de una familia de maestros y de patriotas*, Editorial Garantía, La Habana, 1957

de la Pezuela, Jacobo, *Diccionario geográfico, estadístico, histórico, de la Isla de Cuba*, 4 Vols., Imprenta del Establecimiento de Mellado, Madrid, 1863 (I, II y III), Imprenta del Banco Industrial y Mercantil, Madrid, 1866 (IV)

de la Torre Reyes, Carlos, *La espada sin mancha, Vida del general Julio Andrade*, Ediciones del Banco Central del Ecuador, Quito, 1995 [1ª ed. 1962]

de la Torriente y Peraza, Cosme, *Cuarenta años de mi vida, 1898-1938*, Imprenta "El Siglo XX", La Habana, 1939

————, *La Constituyente de La Yaya*, Academia de la Historia de Cuba, La Habana, 1952

————, *Calixto García cooperó con las fuerzas armadas de los EE. UU. en 1898, cumpliendo órdenes del gobierno cubano*, Academia de la Historia de Cuba, La Habana, 1952

del Moral, Luis F., *Serafín Sánchez. Un carácter al servicio de Cuba*, Ediciones Mirador, México-Habana, 1955

————, José Fernández Fernández y Nelson López Novegil, *El bandolerismo en Cuba. Presencia canaria y protesta rural*, 2 tomos, Centro de la Cultura Popular Canaria, Santa Cruz de Tenerife, 1994

Delgado Fernández, Gregorio, "Diario de Campaña del Dr. Máximo de Zertucha", *Cuadernos de Historia de la Salud Pública No. 82*, Ministerio de Salud Pública, La Habana, 1997

————, "Melena del Sur y sus hombres Máximo de Zertucha y Eugenio Molinet", *Cuadernos de historia de la Salud*, no. 82, Ministerio de Salud Pública, La Habana, 1997

Díaz de Olano, Carmen R., *Félix Matos Bernier: su vida y su obra*, Biblioteca de Autores Puertorriqueños, San Juan, 1955

Diez Castillo, Luis A., *Los cimarrones y los negros antillanos en Panamá*, Imp. Julio Mercado Rudas, Panamá, 1981

Diez Muro, Raúl, *Historia del Base Ball Profesional de Cuba*, s/n, La Habana, 1949

Donnet, B., "Los cables telegráficos ultramarinos de España en ultramar", *Revista de Obras Públicas*, Año XLV, núm. 1184

Echeverría, J. F., "José Antonio Maceo, reminiscencias", impreso en Lima en 1897 y reproducido en *Antonio Maceo. Documentos para su vida*, Archivo Nacional de Cuba, La Habana, 1945

Ecos de Cuba 1895/96/97/98. Revista Decenal del "Avisador Comercial", Edición facsimilar, Xunta de Galicia, Vigo, 1997

Elorza, Antonio y Bizcarrondo, Marta, *Cuba/España. El dilema autonomista, 1878-1898*, Editorial Colibrí, Madrid, 2001

Escalante Beatón, Aníbal, *Calixto García. Su campaña en el 95*, Editorial Caribe, La Habana, 1946

Escalante Colás, Amels, et al., *Diccionario enciclopédico de historia militar de Cuba. Primera parte (1510-1898),* 3 tomos, Ediciones Verde Olivo, La Habana, 2001, 2003, 2005

Escalona Jiménez, Manuel, *Cuba: el gran cuartel (1810-1840)*, Ministerio de Defensa, Madrid, 2002

España, *Código Penal vigente en las islas de Cuba y Puerto Rico*, Establecimiento Tipográfico de Pedro Núñez, Madrid, 1886

——————, *Documentos presentados á las Cortes en la legislatura de 1898 por el ministro de Estado*, Tipolitografía de Raoul Péant, Madrid, 1898

——————, Ministerio de la Guerra, *Anuario militar de España*, Imprenta y Litografía del Depósito de la Guerra, Madrid, 1892

Estévez y Romero, Luis, *Desde el Zanjón a Baire*, La Propaganda Literaria, La Habana, 1899

Estorch, Miguel, *Segunda parte de los apuntes para la historia sobre los sucesos que tuvieron lugar en Santiago de Cuba desde mediados de Setiembre de 1852, hasta el 31 de Diciembre del mismo año*, Imprenta de la viuda é hijos de Espinal, [Santiago de] Cuba, 1853

Fermoselle, Rafael, *Política y color en Cuba. La Guerrita de 1912*, Ediciones Géminis, Montevideo, 1974

Fernández, Frank, *La sangre de Santa Águeda. Angiolillo, Betances y Cánovas*, Ediciones Universal, Miami, 1994

Fernández Álvarez, José Ramón, "La conspiración anexionista de 1907", Revista *Palenque*, Miami, año 4, no. 10, otoño 1993

———, *Inicios del independentismo en Cuba. Las conspiraciones de 1809 y 1810*, Ediciones Universal, Miami, 2018

Fernández de Castro, José Antonio, *Estudios cubanos de historia y crítica*, Jesús Montero, Editor, La Habana, 1943

Fernández Fernández, José, Manuel de Paz Sánchez y Nelson López Novegil, *El bandolerismo en Cuba. Presencia canaria y protesta rural*, 2 tomos, Centro de la Cultura Popular Canaria, Santa Cruz de Tenerife, 1994

Fernández Soneira, Teresa, *Mujeres de la Patria. Contribución de la mujer a la independencia de Cuba,* 2 tomos, Ediciones Universal, Miami, 2014, 2018

Ferran Oliva, Joan M., *La saga de los catalanes en Cuba/La saga dels catalans a Cuba*, Casa Amèrica Catalunya, Barcelona, 2009

Ferrara Marino, Orestes, *Una mirada sobre tres siglos. Memorias,* Playor, S. A., Madrid, 1975

———, *Mis relaciones con Máximo Gómez*, Ediciones Universal, Miami, 1987

Ferrer, Ada, "Raza, región y género en la Cuba rebelde: Quintín Bandera y la cuestión del liderazgo político" en *Espacios, silencios y los sentidos de la libertad. Cuba entre 1878 y 1912*, Ediciones UNIÓN, La Habana, 2001

Figueredo Díaz, Félix. "La Guerra de Cuba en 1878 (La Protesta de Baraguá)", *Cuadernos de Historia de la Salud Pública No. 56*, Ministerio de Salud Pública, La Habana, 1973

Figueredo Vázquez, Candelaria. *La abanderada de 1868: Candelaria Figueredo (Hija de Perucho). Autobiografía*, Cultural, S.A., La Habana, 1929

Finlay, Carlos E., *Carlos Finlay y la fiebre amarilla*, Editorial Minerva, La Habana, 1942

Fleites, Miguel A., *A lomo de mulo a través de la Sierra de Guamuhaya*, Empresa Editora El País, La Habana, 1942

Flint, Grover, *Marching with Gomez*, Lamson, Wolfe and Company, Boston, 1898

Foner, Philip S., *Antonio Maceo. The "Bronze Titan" of Cuba's Struggle for Independence*, Monthly Review Press, New York, 1977

Franco Ferrán, José Luciano, *Antonio Maceo. Apuntes para una historia de su vida*, 3 tomos, Editorial de Ciencias Sociales, La Habana, 1975 [1ª ed. 1951]

—————, "La verdad histórica sobre la descendencia de Maceo", *Cuadernos de Historia Habanera*, Nº 47, Oficina del Historiador de la Ciudad, La Habana, 1951

Freire Díaz, Joaquín, *Presencia de Puerto Rico en la Historia de Cuba*, Instituto de Cultura Puertorriqueña, San Juan, 1975

Funston, Frederick, *Memories of Two Wars: Cuban and Philippine Experiences*, Charles Scribner's Sons, New York, 1911

Gálvez Aguilera, Milagros, *Expediciones navales en la guerra de los Diez Años 1868-1878*, Ediciones Verde Olivo, La Habana, 2000

García, Margarita, *Antes de "Cuba Libre". El surgimiento del primer presidente, Tomás Estrada* Palma, Editorial Betania, Madrid, 2015

García Carranza, Araceli, *Bibliografía de la Guerra de Independencia (1895-1898)*, Editorial Orbe, La Habana, 1976

García Castro, Marcos, *Carta folleto a José M.ª Gálvez*, Imprenta y Papelería La Universal de Ruiz y Hermano, La Habana, 1899

García Cisneros, Florencio, *La muerte de José Martí. Versiones y discrepancias de Máximo Gómez,* Ediciones de Noticias de Arte, Nueva York, 1994

García del Pino, César, *Leoncio Prado y la revolución cubana*, Editorial Orbe, La Habana, 1980

García Espinosa, Juan Manuel, "Don Francisco de la Torre y su casa solariega, X En años de la guerra", *El Camajuanense* [*Camajuaní*], no. 79, Miami, 2015

García Garófalo Mesa, Manuel, *Federico Jova González Abreu*, Academia de la Historia de Cuba, México, 1937

García Íñiguez, Calixto, *Calixto García Iñiguez. Pensamiento y acción militares*, Editorial de Ciencias Sociales, La Habana, 1996

García Pascual, Luis, *Destinatario José Martí*, Casa Editora Abril, La Habana, 1999

—————, *Entorno Martiano*, Casa Editorial Abril, La Habana, 2003

García Polavieja, Camilo, *Relación documentada de mi política en Cuba*, Imprenta de Emilio Minuesa, Madrid, 1898

Garcias, Roberto, *Cómo se salva a Cuba*, Imp. Charles Blasco y Comp., La Habana, 1912

Gómez, Fernando, *La insurrección por dentro*, M. Ruiz y Cª, La Habana, 1897

Gómez Báez, Máximo, *Convenio del Zanjón. Relato de los últimos sucesos de Cuba,* Imprenta de Pedro A. Poumier, Kingston, 1878

——————, *Diario de Campaña del Mayor General Máximo Gómez*, Talleres del Centro Superior Tecnológico, Ceiba del Agua, 1941

——————, *Máximo Gómez. Cartas a Francisco Carrillo*, Hortensia Pichardo Viñals, compiladora, Instituto Cubano del Libro, La Habana, 1971

Gómez de Mello, Jorge, *Iconografía. Máximo Gómez*, Editorial de Ciencias Sociales, La Habana, 1986

Gómez Ferrer, Juan Gualberto, *Por Cuba Libre*, Editorial de Ciencias Sociales, La Habana, 1974 [1ª ed. 1954]

Gómez Montano, Roberto A., *José Pons Naranjo. Un mambí clandestino*, Editora Historia, La Habana, 2018

Gómez Núñez, Severo, *La acción de Peralejo*, La Propaganda Literaria, La Habana, 1895

Gómez Rodríguez, Rafael María, *Patria, verdad, justicia*, A. Dorrbecker Impresor, La Habana, 1926

Gonzales, Narciso Gener, *In Darkest Cuba*, The State Company, Columbia, 1922

González Canalda, María Filomena, "Los gavilleros, 1904-1916", Archivo General de la Nación, v. LXIV, Ediciones del Archivo General de la Nación, Santo Domingo, 2008

González Ramos, Eladio J., *Juan Delgado. Héroe de San Pedro*, Ediciones del Centro de Instrucción y Recreo, Santiago de las Vegas, 1953

——————, *El coronel Juan Delgado y el Regimiento Santiago de las Vegas*, La Habana, 1977

González Valdés, José, *Episodios de la Guerra de Independencia*, La Habana, Imprenta El Siglo XX, 1919

Granda, Manuel J. de, *Memoria revolucionaria*, Tipografía Arroyo Hermanos, Santiago de Cuba, 1926

Griñán Peralta, Leonardo, *El carácter de Máximo Gómez*, Jesús Montero, La Habana, 1946

——————. *La muerte de Antonio Maceo,* A. Ríos, La Habana, 1941

Guerra, Lillian, *Transcriptions & Notes by Lillian Guerra on Materials from the National Archives [Archivo Nacional de Cuba]*, Parts I & II (November 1996-March 1997)

Guerra Alemán, José, *¡Juro, pero no prometo! Biografía del general José Braulio Alemán y otros relatos de la guerra y la paz*, Costa-Amic Editores, México, 1989

Guerra y Sánchez, Ramiro, *Guerra de los Diez Años, 1868-1878*, 2 tomos, Cultural, S.A., La Habana, 1950, 1952

——————, *Por las veredas del pasado*, Editorial LEX, La Habana, 1957

Guerrero Carmona, Rafael, *Crónica de la Guerra de Cuba escrita por Rafael Guerrero con los datos suministrados por los corresponsales de Habana y New York y documentos adquiridos al efecto*, 5 tomos, Editorial de M. Maucci, Barcelona, 1895-1897

Guiral y Moreno, Mario, "Autonomismo. Los grandes movimientos políticos cubanos en la colonia", *Cuadernos de Historia Habanera* Nº 23, Oficina del Historiador de la Ciudad, La Habana, 1943

Guiteras y Font, Pedro, *Historia de la conquista de La Habana por los ingleses*, Colección de Libros Cubanos, Vol. XXXI, Cultural, S.A., La Habana, 1932, (1ª ed., Filadelfia, 1856)

Gutiérrez Concha, Fernando, *Descorriendo los velos*, Consejo Provincial de Esmeraldas, Esmeraldas, 2002

Gutiérrrez del Castillo, Concepción, *Oriente de Cuba. Guía de arquitectura / An Architectural Guide*, Junta de Andalusía, Andalusía, 2002

Gutiérrez Fernández, Rafael, *Los héroes del 24 de febrero*, 2 tomos, Carasa y Cía., La Habana, 1932-1935

Henríquez y Carvajal, Federico, *Martí. Próceres, héroes i mártires de la independencia de Cuba*, Editorial Quisqueya, Ciudad Trujillo, 1945

Heredia, Nicolás, *Crónicas de la guerra de Cuba*, Reproducción de la edición de *El Fígaro* de 1895 y 1896, en dos cuadernos, Academia de la Historia de Cuba, La Habana, 1957

——————, *El dualismo autonomista*, Imprenta América, New York, 1897

Hernández, Eusebio, *Maceo: dos conferencias históricas*, Editorial de Ciencias Sociales, La Habana, 1990

Hernández, Pablo de la Concepción, *Prisioneros y deportados cubanos en la Guerra de Independencia, 1895-1898*, P. Fernández y Ca., La Habana, 1932

Hernández Corujo, Enrique, *Organización civil y política de las revoluciones cubanas de 1868 y 1895*, Imprenta y Papelería de Rambla, Bouza y Ca., La Habana, 1929

Hernández Linares, Reynaldo, "Historia antigua de La Paz Centro", *Revista de Temas Nicaragüenses*, no. 110, Harvey, junio 2017

Hernández Vicente, Severiano y Mayra Mena Múgica, *Fuentes documentales de la administración española en el Archivo Nacional de Cuba. La administración autonómica española de Cuba en 1898*, Ediciones Universidad de Salamanca, Salamanca, 1994

Herrera, José Isabel, *Impresiones de la Guerra de* Independencia, Editorial Nuevos Rumbos, La Habana, 1948

Hill, Roscoe R., "Los marinos en Nicaragua 1912-1925", *Revista Conservadora del Pensamiento Centroamericano*, v. XXVII, no. 135, Managua, 1971

Horrego Estuch, Leopoldo. *Maceo. Héroe y carácter*, Editorial Luz-Hilo, La Habana, 1946 [1ª ed. 1943]

————, *Martín Morúa Delgado. Vida y mensaje*, Editorial Sánchez, S.A., La Habana, 1957

Hubbard, Elbert, *A Message to Garcia*, The Roycrofters, East Aurora, 1906 [1ª ed. 1899].

Ibern, Francisco, "Relato de un patriota", *Boletín del Archivo Nacional, vol. LIX, enero-diciembre de 1960*, La Habana, 1962

Iglesias Amorín, Alfonso, *Imagen y repercusiones de la Guerra de Cuba en Galicia (1895-1898)*, Universidad de Santiago de Compostela, 2008

Infante Thomas, Ramón, *Breve biografía de un héroe de la independencia de Cuba, el coronel Enrique Thomas y Thomas*, Cía. Editora de Libros y Folletos, La Habana, 1943

Infiesta Bages, Ramón, *La verdad sobre la carta de Dupuy de Lome*, Imprenta Cultural, S. A., La Habana, [¿1938?]

Ingalls, John J., *America's War for Humanity*, J. Q. Adams & Co. Boston, 1898

Izquierdo Canosa, Raúl, *Días de la guerra: cronología sobre los principales acontecimientos de la Guerra de Independencia de Cuba 1895-1898*, Editora Política, La Habana, 1994

Jiménez Pastrana, Juan, *La rebelión de los vegueros*, Editorial Gente Nueva, La Habana, 1979

Jústiz y del Valle, Tomás, "Emilio Bacardí y Moreau", *La vida de la Academia de la Historia (1925-1926)*, El Siglo XX, La Habana, 1926

Keenan, Henry F., *The Conflict with Spain–A History of the War*, Manufacturers Book Co., Philadelphia, 1898

La Lucha, *Magazine de "La Lucha". Santa Clara*, 1926

Lagomasino Álvarez, Luis, *Diccionario histórico-biográfico de la revolución cubana*, 4 cuadernos, Tipografía Merced, La Habana, 1905

Leiseca, Juan M., *Historia de Cuba*, Montalvo, Cárdenas y Co., La Habana, 1925

Leyva Aguilera, Herminio, *El movimiento insurreccional de 1879 en la provincia de Santiago de Cuba*, La Universal, La Habana, 1893

Linares, Manuel, "Los sucesos del 12 de enero de 1898", *Un libro más. Fragmentos de 1881 a 1906*, Imprenta Mercantil, La Habana, 1906

Lockmiller, David A., *Magoon in Cuba: A History of the Second Intervention, 1906-1909*, The University of North Carolina Press, Chapel Hill, 1938

——————, *Enoch H. Crowder. Soldier, Lawyer and Statesman, 1859-1932*, The University of Missouri Studies, Columbia, 1955

Loor, Wilfredo. *Eloy Alfaro*, 3 Vols., Editorial Moderna, Quito, 1947

López Acosta, Sonnia T., Eddy Morera Cruz y Danieyi Morera Méndez, "Cronología de la lucha independentista en Sancti Spíritus. Años 1897 / 1898", trabajo presentado en la III Conferencia Científica Internacional de la UNISS [Universidad de Sancti Spíritus], Yayabo Ciencia 2015

López Novegil, Nelson, Manuel de Paz Sánchez y José Fernández Fernández, *El bandolerismo en Cuba. Presencia canaria y protesta rural*, 2 tomos, Centro de la Cultura Popular Canaria, Santa Cruz de Tenerife, 1994

López Serrano, Alfredo, *El general Polavieja y su actividad política y militar*, 2 tomos, Ministerio de Defensa, Madrid, 2001

Loynaz del Castillo, Enrique, *Memorias de la guerra*, Editorial de Ciencias Sociales, La Habana, 1989

——————, "La última etapa de la vida de Martí", *Memoria del Congreso de Escritores Martianos (febrero 20 a 27 de 1953)*, Impresores Úcar García, S. A., 1953

Lubián y Arias, Rafael, *Martí en los campos de Cuba Libre*, Editora Montalvo, Santo Domingo, 1982 [1ª ed., 1953]

Llanio Cruz, Pedro, "La última firma del general Antonio Maceo", *Boletín del Ejército*, v. XXVIII, no. 3, noviembre de 1929

Llaverías Martínez, Joaquín, "Discurso en contestación" en *Discursos leídos en la recepción pública del Sr. Carlos M. Trelles y Govín"*, Academia de la Historia de Cuba, El Siglo XX, La Habana, 1926

——————, "Juan Manuel Pérez de Alderete", *Boletín del Archivo Nacional*, t. LVII, enero-diciembre de 1958, Talleres del Archivo Nacional de Cuba, La Habana, 1959

Macaulay, Neill, *The Sandino Affair*, Duke University Press, Durham, 1985

Maceo, Antonio, *Antonio Maceo. Ideología política, cartas y otros documentos*, 2 tomos, Sociedad Cubana de Estudios Históricos e Internacionales, La Habana, 1950

Magoon, Charles E., *Report of Provisional Administration from October 13th, 1906 to December 1st, 1907*, Rambla and Bouza, La Habana, 1908

——————, *Annual Report of Charles E. Magoon Provisional Governor of Cuba to the Secretary of War 1907*, Government Printing Office, Washington, 1908

Marañón Posadillo, Gregorio, *El conde-duque de Olivares (La pasión por mandar)*, Espasa-Calpe, S.A., Madrid, 1936

Marín García, Segundo A., "Reflexiones sobre el coronel Rosendo García Medrano", *Medallones de Historia Espirituana*, Publicaciones `Pérez Luna´, Cuaderno número cinco, Imprenta Iris, Zaza del Medio, 1956

Marín Villafuerte, Francisco, *Historia de Trinidad*, Jesús Montero, La Habana, 1945

Márquez Sterling, Carlos, *Biografía de José Martí*, Talleres Gráficos de Manuel Pareja, Barcelona, 1987

Marquina, Rafael, *Maceo, héroe epónimo*, Editorial LEX, La Habana, 1943

Marrero, Leví, *Cuba: economía y sociedad*, 15 tomos, Editorial Playor, Madrid, 1972-1992

Marrero, Víctor Manuel, *Vicente García. Leyenda y realidad*, Editorial de Ciencias Sociales, La Habana, 1992

Martí, Carlos, *Almanaque de la guerra. 1898*, Imprenta "El Fígaro", La Habana, 1898

———, *Los catalanes en América (Cuba)*, Editorial Minerva, S.A., Barcelona, 1918

Martí Pérez, José, *José Martí. Obras Completas*, 27 tomos, Editorial de Ciencias Sociales, La Habana, 1975

———, *José Martí. Obras Completas,* 3 tomos, publicadas por Jorge Quintana, Caracas, 1964

———, *La Gran Enciclopedia Martiana*, 13 tomos, Editorial Martiana Inc., Miami, 1978

Martínez, Mayra Beatriz y Escobar, Froilán, *José Martí. Diarios de campaña*, Casa Editorial Abril, La Habana, 1996

Martínez Arango, Felipe, *Próceres de Santiago de Cuba*, Imprenta de la Universidad de La Habana, La Habana, 1946

Martínez Martínez, Ramón, "Don Juan de Moya Morejón", *Biografías de personajes de Cuba injustamente olvidados*, Tipografía Arroyo, Santiago de Cuba, 1937

Martínez Ortiz, Rafael, *Cuba. Los primeros años de independencia. La intervención y el establecimiento del gobierno de Tomás Estrada Palma*, 2 tomos, Imprimerie Artistique LUX, París, 1921

Masó Vásquez, Calixto C., *Historia de Cuba*, Ediciones Universal, Miami, 1976

Masó Parra, Juan, "Para la Historia. Episodio del Coronel Pancho Guevara", *Bocetos, apuntes y episodios*, cuaderno no. 4, vol. I, Imprenta Nueva de J. Andreu y Cp., Cienfuegos, 1893

———, "Páginas de la Guerra. El coronel Guevara", *La República Cubana*, año I, números 16 y 17, 7 y 14 de mayo, París, 1896

———, *Primera parte de un libro para la Historia. Cuba*, Imprenta de A. Bethencourt é Hijos, Curaçao, 1904

———, "El combate de Peralejo", *Diario de la Marina*, 1º de junio de 1909

McCullough, David, *The Path Between the Seas*, Simon & Schuster, New York, 1977

Mellander, Gustavo A. & Nelly Maldonado Mellander, *Charles Edward Magoon: The Panama Years*, Editorial Plaza Mayor, Río Piedras, 1999

Mena Múgica, Mayra y Severiano Hernández Vicente, *Fuentes documentales de la administración española en el Archivo Nacional de*

Cuba. La administración autonómica española de Cuba en 1898, Ediciones Universidad de Salamanca, Salamanca, 1994

Méndez, Manuel Isidro, "Acerca de 'La Mejorana'y 'Dos Ríos'", *Cuadernos de Historia Habanera*, N° 56, Oficina del Historiador de la Ciudad, La Habana, 1954

Méndez Capote, Domingo, *Trabajos*, 3 tomos., Molina y Compañía, La Habana, 1929-30

Méndez Miranda, Fernando, *Historia de los servicios prestados en la Guerra de Independencia*, Editorial Alberto Soto, La Habana [1928]

Menocal Cueto, Raimundo, *Rafael Montoro: una interpretación histórica*, Editorial Aquiles, La Habana, 1952

Mesa Vidal, José de, *Hombres de la revolución cubana. Guillermo Moncada ("Guillermón")*, [¿Santiago de Cuba?], Imp. Carlos Duboy, ca. 1914

México, Ayuntamiento Constitucional, *Memoria Documentada de los trabajos municipales de 1902*, Tipografía y Litografía La Europea, México, 1903

Miguélez Domínguez, Lorenzo, et al. *Código de derecho canónigo y legislación complementaria*, Madrid 1944

Millett, Allan Reed, *The Politics of Intervention. The Military Occupation of Cuba, 1906-1909*, Ohio State University, 1968

Miranda, Luis Rodolfo, "Diario de campaña del comandante Luis Rodolfo Miranda", *Cuadernos de Historia Habanera* No. 57, Oficina del Historiador de la Ciudad, La Habana, 1954

Miró Argenter, José, *Cuba. Crónicas de la guerra (La campaña de occidente)*, 3 tomos, La Moderna Poesía, La Habana, 1909

─────, "Diario de operaciones de José Miró Argenter", *Antonio Maceo. Diarios de campaña*, Editorial de Ciencias Sociales, La Habana, 2001

Montesinos y Salas, Enrique, *Los yankees en Manzanillo*, Imprenta Guttenberg, Manzanillo, [1898]

Mora, Flora, *Biografía de Perucho Figueredo*, [s. n.], Miami, 1974

Morales, Larry, *Máximo Gómez al oeste de la Trocha*, Ediciones Unión, La Habana, 2003

Moreno Fraginals, Manuel, *Cuba/España, España/Cuba: historia común,* Crítica, Barcelona, 1995

Moreno Plá, Enrique H., "Reflexiones sobre la muerte de Martí", *Anuario Martiano No. 3*, Consejo Nacional de Cultura, La Habana, 1971

Morera Cruz, Eddy, Sonnia T. López Acosta y Danieyi Morera Méndez, "Cronología de la lucha independentista en Sancti Spíritus. Años 1897 / 1898", trabajo presentado en la III Conferencia Científica Internacional de la UNISS [Universidad de Sancti Spíritus], Yayabo Ciencia 2015

Morera Méndez, Danieyi, Eddy Morera Cruz, Sonnia T. López Acosta y, "Cronología de la lucha independentista en Sancti Spíritus. Años 1897 / 1898", trabajo presentado en la III Conferencia Científica Internacional de la UNISS [Universidad de Sancti Spíritus], Yayabo Ciencia 2015

Mota, Francisco, *Piratas en el Caribe*, Casa de las Américas, La Habana, 1984

Moya Pons, Frank, *Manual de historia dominicana*, 10ª edición, Caribbean Publishers, Santo Domingo, 1995

Muñiz de Quevedo, José, *Apuntes de un furrier (Ajiaco)*, Imp. de los Hijos de R. Álvarez, Madrid, 1900

Muñoz, Víctor, "Palo Alto", en Justo Carrillo Morales, *Expediciones cubanas,* tomo I, Rambla, Bouza y Cía., La Habana, 1930

Neira Vilas, Xosé, *Galegos que loitaron pola independencia de Cuba*, Edicios do Castro, Sada, 1998

Nuermberger, Gustave A. y Louis F. Parks, "The Sanitation of Guayaquil", *The Hispanic American Historical Review*, V. 23, Nº 2 (Mayo, 1943),

O'Donnell y Abreu, Carlos Manuel, duque de Tetuán, *Documentos presentados á las Cortes en la legislatura de 1898 por el ministro de Estado*, Tipolitografía de Raoul Péant, Madrid, 1898

Ojeda, Dolores Bessy, *Francisco Leyte Vidal*, Editorial Oriente, Santiago de Cuba, 1988

Ojeda Reyes, Félix, *Peregrinos de la Libertad*, Editorial de la Universidad de Puerto Rico, Río Piedras, 1992

Olaya Morales, Francisco, *Historia del Movimiento Obrero español (siglo XIX)*, Nossa y J. Editores, S. L., Madrid, 1994

Ortega Rubio, Juan, *Historia de la regencia de María Cristina Habsbourg-Lorena*, 5 tomos, Imprenta, Litografía y Casa Editorial de Felipe González Rojas, Madrid, 1905

Osborne, S.J., Francis J., *History of the Catholic Church in Jamaica*, Loyola University Press, Chicago, 1988

O'Toole, George J. A., *The Spanish War, an American Epic*, W. W. Norton & Company, New York-London, 1984

Padrón Valdés, Abelardo H., *El general José. Apuntes biográficos*, Editorial de Ciencias Sociales, La Habana, 1975

————, *El general Flor. Apuntes históricos de una vida*, Editorial Arte y Literatura, La Habana, 1976

————, *Guillermón Moncada. Vida y hazañas de un general*, Editorial Letras Cubanas, La Habana, 1980

————, *General de tres guerras*, Editorial Letras Cubanas, La Habana, 1991

————, *Quintín Bandera. General de tres guerras*, Editorial de Ciencias Sociales, La Habana, 2006

Pareja Diezcanseco, Alfredo, *Hoguera bárbara*, Libresa, Quito, 1997 [1ª ed. México, 1944]

Parker, William Belmont, *Cubans of To-day*, G. P. Putnam's Sons, New York, 1919

Parks, Louis F. y Gustave A. Nuermberger, "The Sanitation of Guayaquil", *The Hispanic American Historical Review*, vol. 23, no. 2 (Mayo, 1943)

Partido Liberal, *La Junta Magna del Partido Liberal de Cuba celebrada el día 1º de abril de 1882*, Imprenta de El Triunfo, La Habana, 1882

Perera Díaz, Aisnara, *Antonio Maceo. Diarios de campaña*, Editorial de Ciencias Sociales, La Habana, 2001

Pérez, Jr., Louis A., *Cuba Between Empires, 1878-1902*, University of Pittsburgh Press, Pittsburgh, 1983

Pérez Abreu, Gustavo, *En la guerra con Máximo Gómez*, Editorial Carbonell, La Habana, 1952

Pérez Cabrera, José Manuel, *José María Aguirre*, Academia de la Historia de Cuba, La Habana, 1943

Pérez Cancio, Carlos Manuel, *Datos históricos de la Guerra de Independencia en Trinidad*, Impresos Actualidad, Trinidad, 1954

Pérez de la Riva, Juan, *¿Cuántos africanos fueron traídos a Cuba?*, Editorial de Ciencias Sociales, La Habana, 1977

Pérez Guzmán, Francisco, *La guerra en La Habana. Desde enero de 1896 hasta el combate de San Pedro*, Editorial de Ciencias Sociales, La Habana, 1976

―――――, con Sarracino, Rodolfo. *La Guerra Chiquita: una experiencia necesaria*, Editorial Letras Cubanas, La Habana, 1982

―――――, *La guerra de liberación: Máximo Gómez*, Editorial de Ciencias Sociales, La Habana, 1986

―――――, *Herida profunda*, Ediciones Unión, La Habana, 1998

―――――, *Radiografía del Ejército Libertador, 1895-1898*, Editorial de Ciencias Sociales, La Habana, 2005

Pérez Landa, Rufino, *Bartolomé Masó y Márquez. Estudio biográfico documentado*, Academia de la Historia de Cuba, La Habana, 1947

―――――, *La alborada del 24 de febrero de 1895*, Academia de la Historia de Cuba, La Habana, 1948

―――――, *Vida pública de Martín Morúa Delgado*, s/n, La Habana, 1957

Pérez Nápoles, Rubén, *Martí. El poeta armado*, Algaba Ediciones, Madrid, 2004

Pichardo Viñals, Hortensia, compiladora, *Máximo Gómez. Cartas a Francisco Carrillo*, Instituto Cubano del Libro, La Habana, 1971

―――――, *Temas históricos del Oriente cubano*, Editorial de Ciencias Sociales, La Habana, 2006

Piedra-Bueno, Andrés de, *Mayía*, Instituto Cívico Militar, La Habana, 1957

Piedra Martell, Manuel, *Mis primeros treinta años*, Editorial Lex, La Habana, 1943

Pierra, Fidel, *La Delegación cubana en los Estados Unidos. Sus gestiones económicas y diplomáticas y sus relaciones con los emigrados*, [s. n.], New York, 1898

Pirala Criado, Antonio, *Historia contemporánea. Segunda parte de la guerra civil. Anales desde 1843 hasta el fallecimiento de don Alfonso XII*, 6 tomos, Felipe González Rojas, Madrid, 1895

―――――, *Anales de la Guerra de Cuba*, 3 tomos, Felipe González Rojas, Madrid, 1895-98

Portell-Vilá, Herminio, *Narciso López y su época*, 3 tomos, La Habana, Cultural, S.A.,1930 (vol. I), Compañía Editora de Libros y Folletos, 1952 (vol. II) y 1958 (vol. III)

Portuondo, Fernando, "Martí, Gómez y el alzamiento del 95 en Camagüey", *Universidad de La Habana*, Nos. 196-197, febrero y marzo de 1972

——————, "Silverio del Prado", Tema presentado en el 12° Congreso Nacional de Historia de 1956, *Estudios de Historia de Cuba*, Editorial de Ciencias Sociales, La Habana, 1973

Poyo, Gerald E., *Exile and Revolution. José D. Poyo, Key West, and Cuban Independence*, University Press of Florida, Gainesville, 2014

Pujals Puentes, Vicente, "Diario de guerra del Gral. Pujals", publicado por Rafael Soto Paz en la sección "El ayer que vive aún" del semanario *Bohemia* entre el 30 de abril de 1950 y el 8 de abril de 1951

Quesada Miranda, Gonzalo de, *Alrededor de la acción de Dos Ríos*, Imp. Seoane, Fernández y Cía., La Habana, 1942

——————, Comp. *Archivo de Gonzalo de Quesada, Epistolario*, 2 tomos, Academia de la Historia de Cuba, La Habana, 1948-1951

Quintana, Jorge, "Los que traicionaron al Ejército Libertador", Revista *Bohemia*, año 42, no. 9, 26 de febrero de 1950

——————, "Paula número 41 (Biografía de la casa donde nació Martí)", *Bohemia*, año 45, no. 5, 1° de febrero de 1953

Ramírez Cañedo, Elier y Carlos Joane Rosario Grasso, *El autonomismo en las horas cruciales de la nación cubana*, Editorial de Ciencias Sociales, La Habana, 2008

Randín, Amado, *Cuba reivindicada*, Imprenta de A. Peraza, La Habana, 1906;

Revertér Delmas, Emilio, *Cuba Española. Reseña histórica de la insurrección cubana en 1895*, 6 tomos, Centro Editorial de Alberto Martín, Barcelona, 1896-1899

Ribalta Suárez, Séntola, "Esbozo biográfico del coronel Cecilio González Blanco", Revista *Islas*, vol. XI, no. 4, Santa Clara, 1968

Ricord, Iván A., "El remonismo en Panamá", consultado el 21 de febrero de 2013, www.monografias.com/trabajos65/remonismo-panama.

Riera Hernández, Mario, *Ejército Libertador de Cuba, 1895-1898*, [s. n.], Miami, 1985

Ripoll, Carlos, *La vida íntima y secreta de José Martí*, Editorial Dos Ríos, New York, 1995

Rivero, Ángel, *Crónica de la guerra hispanoamericana en Puerto Rico*, Editorial Edil, Río Piedras, 1972 [1ª ed. 1921]

Rivero Muñiz, José, *Las tres sediciones de los vegueros en el siglo XVIII*, Academia de la Historia de Cuba, El Siglo XX, La Habana, 1951

———, *El movimiento laboral cubano durante el período 1906-1911. Apuntes para la historia del proletariado en Cuba*, Universidad Central de Las Villas, La Habana, 1962

Roa, Raúl, *Aventuras, venturas y desventuras de un mambí*, Editorial de Ciencias Sociales, La Habana, 1970

Robledo Reyes, Antonio, *Cuba: Bandera, himno y escudo*, Agualarga Editores, S.L., Madrid, 1997

Robreño, Gustavo, *La acera del Louvre*, Rambla, Bouza y Cía., La Habana, 1925.

Rodríguez Altunaga, Rafael, "De la Guerra de 1895 en Trinidad", Francisco Marín Villafuerte, *Historia de Trinidad*, Biblioteca de Historia, Filosofía y Sociología, v. XXVIII, Jesús Montero, La Habana, 1945

———, *Las Villas (Biografía de una provincia)*, Academia de la Historia de Cuba, Imprenta "El Siglo XX", La Habana, 1955

———, *El general Emilio Núñez*, Comisión Nacional del Centenario del General Emilio Núñez, La Habana, 1958

Rodríguez Demorizi, Emilio, *Maceo en Santo Domingo*, Gráficas M. Pareja, Barcelona, 1978 [1ª ed. 1945]

———, *Martí en Santo Domingo*, Gráficas M. Pareja, Barcelona, 1978 [1ª ed. 1953]

———, *Papeles dominicanos de Máximo Gómez*, Editora Corripio, Santo Domingo, 1985 [1ª ed. 1954]

Rodríguez García, Rolando, *Cuba. La forja de una nación*, 3 tomos, Editorial de Ciencias Sociales, La Habana, 2005

———, *Las máscaras y las sombras. La primera ocupación*, 2 tomos, Editorial de Ciencias Sociales, La Habana, 2007

———, *República de corcho*, 2 tomos, Editorial de Ciencias Sociales, La Habana, 2012

Rodríguez Herrera, Esteban, *Léxico Mayor de Cuba*, 2 tomos, Editorial LEX, La Habana, 1959

Rodríguez La O, Raúl, *Limbano Sánchez y la independencia de Cuba*, Imágenes Editorial, La Habana, 2008

Rodríguez y Rodríguez, José Agustín, *El Levantamiento en la finca "La Sirena" Jagüey Grande, el día 24 de febrero de 1895*, Administración Municipal de Jagüey Grande, 1955

Roig de Leuchsenring, Emilio, *1895 y 1898 dos guerras cubanas. Ensayo de revaloración*, Cultural, S.A., La Habana, 1945

Roldán Oliarte, Esteban, *Cuba en la mano. Enciclopedia popular ilustrada*, Ucar, García y Cía., La Habana, 1940

Roloff Mialofsky, Carlos, *Yndice alfabético y defunciones del Ejército Libertador*, Imprenta de Rambla y Bouza, La Habana, 1901

Román, Daniel, *Los seis grandes errores de Martí*, Ediciones Universal, Miami, 1993

Romero Cortés, Juan de Dios, "Cómo fué rescatado el cadáver de Maceo", *Carteles*, núm. 49, diciembre 9 de 1951, La Habana

Rosario Grasso, Carlos Joane y Elier Ramírez Cañedo, *El autonomismo en las horas cruciales de la nación cubana*, Editorial de Ciencias Sociales, La Habana, 2008

Rosell y Malpica, Eduardo. *Diario del Teniente Coronel Eduardo Rosell y Malpica*, 2 tomos, Academia de la Historia de Cuba, La Habana, 1949-50

Rosende y de Zayas, Ángel E., *Historia del Regimiento de Caballería "Expedicionario" (Vanguardia del Generalísimo Máximo Gómez)*, Montalvo y Cárdenas, La Habana, 1935

Rourke, Thomas, *Gómez. Tyrant of the Andes*, Greenwood Press, New York, 1969 [1ª ed. 1936]

Rubio García-Mina, Javier, *El final de la era de Cánovas. Los preliminares del "desastre" de 1898*, 2 tomos, Ministerio de Asuntos Exteriores, Madrid, 2004

Ryan, J. A., "The Defense of Captain J. A. Ryan, Fifteenth United States Cavalry", *Journal of the United States Cavalry Association*, v. XIII, octubre 1902

Sainz de la Peña, Arturo F., *La revolución de agosto. Historia de un corresponsal*, Imprenta La Prueba, La Habana, 1909

Saladrigas Domínguez, Carlos, "Discurso del Señor Carlos Saladrigas", *La Junta Magna del Partido Liberal de Cuba celebrada el día 1º de abril de 1882*, Imprenta de El Triunfo, La Habana, 1882,

Samuels, Peggy and Harold, *Remembering the* Maine, Smithsonian Institution Press, Washington, 1995

Sanahuja Albiñana, Vicente Luis, con la colaboración de Arturo Paniagua, "La Navarre: de Francia a Cuba pasando por Santander", https://vidamaritima.com/2016/10/la-navarre-de-francia-a-cuba-pasando-por-santander/

Sánchez Andrés, Agustín, "Entre la espada y la pared. El régimen autonómico cubano, 1897-1898", *Revista Mexicana del Caribe*, vol. VIII, núm. 16, Universidad de Quintana Roo, Chetumal, 2003

Sánchez Figueras, Silverio, "Apuntes para la Historia de Cuba. Datos Biográficos del Mayor General Pedro A. Pérez", *La Lucha*, 17 de abril al 18 de junio de 1914

Sánchez Silveira, Manuel, *Ensenada de Mora. Correo en Oriente de la Revolución del 95*, Editorial El Arte, Manzanillo, 1951

Sanguily, Manuel, *Hojas Literarias*, 5 tomos, Imprenta de "La Discusión", La Habana, 1919 (2ª ed.)

―――――, *Obras de Manuel Sanguily, Tomo VI, Páginas de la Historia, Libros primero y segundo*, A Dorrbecker, Impresor, La Habana, 1929

―――――, *Nobles memorias*, International Press of Miami, Inc., Miami, 1982

Sanjenís García, Avelino, *Mis cartas. Memorias de la revolución de 1895 por la independencia de Cuba*, Imprenta El Comercio, Sagua la Grande, 1900

―――――, *Memorias de la revolución de 1895 por la independencia de Cuba*, Imprenta y Papelería de Rambla, Bouza y C.ª, La Habana, 1912

Santovenia Echaide, Emeterio S., *Un día como hoy*, Editorial Trópico, La Habana, 1946

Sarracino, Rodolfo y Pérez Guzmán, Francisco, *La Guerra Chiquita: una experiencia necesaria*, Editorial Letras Cubanas, La Habana, 1982

Scovel, Sylvester, "The Journey to Gomez's Camp", *The World*, 2 de enero de 1898, New York

Seguin Vergara, Jean-Claude, "Ricardo Arnautó", *Le Grimh*, https://www. grimh.org /index.php?lang=fr

Serra Orts, Antonio, *Recuerdos de las guerras de Cuba 1868 á 1898*, A. J. Benítez, 1906

Sigsbee, Charles D., *The "Maine". An Account of her Destruction in Havana Harbor*, The Century Co. New York, 1899

Smith, Horace, *The War Maker. Being the True Story of Captain George B. Boynton*, A. C. McClurg & Co., Chicago, 1911

―――――, *A Captain Unafraid. The Strange Adventures of Dynamite Johnny O'Brien*, Harper & Brothers Publishers, New York, 1912

Soldevilla, Fernando, *El año político 1895*, Imprenta de Fernández de Rojas, Madrid, 1896

——————, *El año político 1897*, Tipografía del Hospicio Provincial, Gerona, 1898

——————, *El año político 1898*, Imprenta de Enrique Fernández de Rojas, Madrid, 1899

Solera Robert A., *Cuba. La República de Generales y Doctores. De Estrada Palma a Machado. Apuntes históricos (1902-1933)*, El Barco Ebrio, Madrid, 2013

Sonesson, Birgit, *Catalanes en las Antillas. Un estudio de casos*, Archivo de Indianos, Gijón, 1995

Soto Pulgarón, Andrés, *De la guerra y de la paz. Episodios de la Guerra de Independencia,* Editorial "La Verdad", La Habana, 1949

——————, *Corazones cubanos*, [s. n.], La Habana, 1950

Souza y Rodríguez, Benigno, *Máximo Gómez: el Generalísimo*, Editorial de Ciencias Sociales, La Habana, 1996 [1ª ed. 1936]

——————, *Ensayo histórico sobre La Invasión*, Imprenta del Ejército, La Habana, 1948

——————, *El 24 de febrero, flagrante desobediencia a Martí*, Academia de la Historia de Cuba, La Habana, 1949

——————, "La prensa revolucionaria y la guerra del 95", *Álbum del Centenario de la Asociación de Reporters de La Habana, 1902-1952)* Editorial LEX, La Habana, 1952

Stebbins, Consuelo E., *City of Intrigue, Nest of Revolution*, University Press of Florida, Gainesville, 2007

Suárez Silva, Jaime, director, "Término Municipal de Niquero", *Cuba contemporánea. Las seis Provincias en tres tomos. Oriente*, Centro Editorial Panamericano, Santiago de Cuba, 1943

Suárez Vera, Luis, *General Emilio Núñez. Su historia revolucionaria y su actuación en la vida pública*, Julio González, La Habana, 1915

Tabacalera Cubana, S. A., *Álbum de postales "Historia de Cuba, Propaganda de los cigarros La Corona y Susini*, Imprenta y Papelería A. Muñiz y Hmno., La Habana, 1935

Tafunell, Xavier y Albert Carreras, coordinadores, *Estadísticas históricas de España: siglos xix y xx*, 3 tomos, Fundación Banco Bilbao-Viscaya-Argentaria, Bilbao, 2005 [1ª ed. 1989]

Tamayo Rodríguez, Carlos, *Miedo a Vicente García*, Sección de Patrimonio, Las Tunas, 1986

Thomason, Henry D., *Napoleon, the First Emperor of France. From St. Helena to Santiago de Cuba. Being a Summary of Facts Concerning the Latter Days of Dr. Francois Antomarchi, the Last Physician to His Imperial Majesty*, Franklin Hudson Publishing Co., Kansas City, 1910

Tirado, Modesto A., *Apuntes de un corresponsal. Guerra de Independencia*, Molina y Compañía, La Habana, 1942

Tone, John Lawrence, *War and Genocide in Cuba, 1895-1898*, The University of North Carolina Press, Chapel Hill, 2006

Topik, Steven C., *Trade and Gunboats. The United States and Brazil in the Age of Empire*, Stanford University Press, Stanford, 1996

Torralbas, José Ignacio, "Recuerdos patrióticos: el Club de la Bibijagua", *Cuba y América*, v. III, no. 56, 5 de abril de 1899

Tosquella, Max, *The Truth About the Message to García*, José A. López, La Habana, 1955

Toste Ballart, Gilberto, *Reeve: el Inglesito*, Editorial de Ciencias Sociales, La Habana, 1978

Trelles, Carlos M., *Matanzas en la independencia de Cuba*, Academia de la Historia de Cuba, La Habana, 1928

Trujillo Cárdenas, Enrique, *Apuntes para una historia. Escritos por el deportado cubano Enrique Trujillo y Cárdenas*, [s.n.], New York, 1881

Trujillo y Monagas, José, *Los criminales de Cuba y D. José Trujillo. Relación de los servicios prestados en el cuerpo de Policía de La Habana*, Establecimiento Tipográfico de Fidel Giró, Barcelona, 1882

Ubieta, Enrique, *Efemérides de la revolución cubana*, 4 tomos, La Moderna Poesía, La Habana, 1911-1920

Ulivarri, Saturnino, *Piratas y corsarios en Cuba*, Maza, Caso y Ca., La Habana, 1931

United States. Cong. Senate. *Arrest, Imprisonment, etc., of Julio Sanguily, Message from the President*, February 1, 1897, 54th Cong. 2nd sess. Doc. 104, Washington, GPO, 1897

——————, *The report of the naval Court of inquiry upon the destruction of the United States battle ship* Maine *in Havana Harbor, February 15, 1898, together with the testimony taken before the Court, Message from the President, April 11, 1898*. 55th Cong. 2nd sess. Doc. 207. Washington, GPO, 1898

United States. Cong. House. *Condition of the Reconcentrados in Cuba, the State of the War and the Country, and the Prospects of Projected Autonomy in that Island, Message from the President, April 11, 1898.* 55th Cong. 2nd sess. Doc. 406. Washington, GPO, 1898

United States. Department of State, *Papers Relating to the Foreign Relations of the United States*, United States Government Printing Office, Washington, 1906, 1914

United States. Navy Department, Public Health and Marine-Hospital Service, *Public Health Reports*, v. XXIII, Part II, nos. 27 to 52, Government Printing Office, Washington, 1908

Valdés Domínguez, Fermín, *Diario de soldado*, 4 Vols. Universidad de La Habana, La Habana, 1972-1974

Valdés, Leopoldo, *Magazine de "La Lucha". Santa Clara*, [s. n.], 1926

Varela Morales, Félix, *El Habanero. Papel político, científico y literario*, Editorial de la Universidad de La Habana, 1945

Varela Zequeira, Eduardo, *La política en 1905 o Episodios de una lucha electoral*, Imprenta y Papelería de Rambla y Bouza, La Habana, 1905

Varona Guerrero, Miguel, *La Guerra de Independencia de Cuba*, 3 tomos, Editorial Lex, La Habana, 1946

Velasco del Real, Octavio, *Historia de la insurrección de Cuba*, Establecimiento Tipolitográfico Editorial de Ramón Molinas, Barcelona, 1898

Venegas Delgado, Hernán M., *Trinidad de Cuba: corsarios, azúcar y revolución en el Caribe*, Centro de Investigación y Desarrollo de la Cultura Cubana Juan Marinello, La Habana, 2005

Villar, Mario, "Las Villas", *La enciclopedia de Cuba*, Playor, S. A., Madrid, 1974, t. 8

Villaverde, Cirilo. *Diario del rancheador,* Editorial Letras Cubanas, La Habana, 1982

Villoch, Francisco, *Viejas postales descoloridas. La Guerra de Independencia*, Imp. P. Fernández y Cía., La Habana, 1946

Villuendas y de la Torre, Enrique, "Diario de Campaña de Enrique Villuendas", en Adalberto Afonso Fernández, *Mis investigaciones ... y algo más. Obras completas*, tomo II, Palibrio, Bloomington, 2011

Vivanco, Julián, *Recuerdos del tiempo viejo*, Editorial El Sol, La Habana, 1953

Vives, Francisco Dionisio, *Cuadro estadístico de la Siempre Fiel Isla de Cuba, correspondiente al año de 1827*, Oficina de las viudas de Arazoza y Soler, La Habana, 1829

Wallace, Caroline L., *Santiago de Cuba Before the War*, F, Tennyson Nelly, Nueva York, 1898

Weitzel, George T., *American Policy in Nicaragua. Memorandum on the Convention Between the United States and Nicaragua Relative to an Interoceanic Canal and a Naval Station in the Gulf of Fonseca, signed at Managua, Nicaragua, on February 8, 1913*, Senate Documents, Vol. 42, No. 334, Government Printing Office, Washington, 1916

Welles, Sumner, *Naboth's Vineyard, The Dominican Republic, 1844-1924*, 2 Vols., Payson & Clarke Ltd., New York, 1928

Weyler Nicolau, Valeriano, *Mi mando en Cuba*, 5 tomos, Felipe González Rojas, Madrid, 1910-1911

Wheelock Román, Jaime, *Imperialismo y Dictadura: crisis de una formación social*, Siglo XXI Editores, s.a., México, 1982

Wisan, Joseph E., *The Cuban Crisis as Reflected in the New York Press (1895-1898)*, Columbia University Press, New York, 1934

Wolf, Donna Marie, "Double Diplomacy : Ulises Heureaux and the Cuban Independence Movement", *Caribbean Studies*, v. 14. no. 1, abril de 1974, Universidad de Puerto Rico

Ximeno, A. de, *Los ferrocarriles de Cuba. Origen y construcción. Compañías. Servicio y tarifas. Legislación*, Imprenta y Papelería de Rambla y Bouza y Cª, La Habana, 1912

Yglesia Martínez, Teresita, *Cuba: primera república, segunda ocupación*, Editorial de Ciencias Sociales, La Habana, 1976

Zaragoza, Justo, *Las insurrecciones en Cuba. Apuntes para la historia política de esta isla en el presente siglo*, 2 tomos, Imprenta de Manuel G. Hernández, Madrid, 1872-73

Zeledón, Sergio Alejandro, *Fighting Intervention in Nicaragua in the Age of British-American Conflict 1820-1920: Dr. and General Benjamin F. Zeledón Supreme Chief of Government of Nicaragua in Rebellion 1909-1912* (Doctoral dissertation), University of California, Berkeley, 2010

Lista y fuentes de las ilustraciones

Introducción
Presentación de Juan Masó Parra y su tropa en Fomento. *(Dibujo publicado en "La Caricatura", La Habana, 23 de enero de 1898).* [Revista *Bohemia*, año 42, núm. 9, 26 de febrero de 1950, p. 95]

Orígenes
General Juan de Moya y Morejón (Henry D. Thomason, *Napoleon, the First Emperor of France. From St. Helena to Santiago de Cuba. Being a Summary of Facts Concerning the Latter Days of Dr. Francois Antomarchi, the Last Physician to His Imperial Majesty*, Franklin Hudson Publishing Co., Kansas City, 1910).

Iglesia de Santa Lucía (Concepción Gutiérrez del Castillo, *Oriente de Cuba. Guía de arquitectura / An Architectural Guide*, Junta de Andalucía, Andalucía, 2002).

Ruinas del ingenio "La Demajagua" donde se inició la Guerra de los Diez Años (*La ilustración española y americana*, Vol. XXXIX, No. 20, Madrid, 30 de mayo de 1895, p. 335).

La Guerra Chiquita
José María Gálvez y Alfonso, presidente del Partido Liberal Autonomista (*La ilustración española y americana*, Vol. XXXIX, No. 24, Madrid, 30 de junio de 1895, p. 405).

Pedro Martínez Freire era el coordinador general del alzamiento (José Trujillo y Monagas, *Los criminales de Cuba y D. José Trujillo. Relación de los servicios prestados en el cuerpo de Policía de La Habana*, Establecimiento Tipográfico Fidel Giró, Barcelona, 1882).

General Guillermo Moncada (Felipe Martínez Arango, *Próceres de Santiago de Cuba*, Imprenta de la Universidad de La Habana, La Habana, 1946).

Coronel Patricio Corona Leroux (*Cuba y América*, Vol. IV, No. 88, La Habana, 5 de agosto de 1900, p. 8).

General Camilo García Polavieja y del Castillo (*La ilustración española y americana*, Vol XL, No. 8, 29 de febrero de 1896, Madrid, p. 124).

Con Maceo en Costa Rica
El capitán Juan Masó Parra en El Salvador c. 1885 (Del original. Cortesía de Jacqueline McKinnon).

El Plan Gómez-Maceo
Marco Aurelio Soto y Martínez. Presidente de Honduras (Dominio público, https://alchetron.com/Marco-Aurelio-Soto).

Leoncio Prado Gutiérrez, hijo del presidente del Perú y combatiente por Cuba (https://en.wikipedia.org/wiki/Leoncio_Prado_ Gutierrez).

General Flor Crombet Tejera (*La ilustración española y americana*, Vol. XXXIX, No. 15, Madrid, 22 de abril de 1895, p. 247).

General Máximo Gómez y Báez (*La ilustración española y americana*, Vol. XXXIX, No. 9, Madrid, 8 de marzo de 1895, p. 144).

Quisqueya y Haití
Juan Masó Parra (*El Fígaro*, Año XXIII, Núm. 40, 6 de octubre de 1907, La Habana, p. 496).

Ulises *Lilís* Heureaux, presidente de República Dominicana (*La ilustración española y americana*, Vol. XXXIX, No. 30, 15 de agosto de 1895, Madrid, p. 92).

Juan Isidro Jimenes fue en varias ocasiones presidente de República Dominicana (Mayra Beatriz Martínez y Froilán Escobar, *José Martí. Diarios de Campaña*, Casa Editorial Abril, La Habana, 1996).

Otra vez Yara
Juan Gualberto Gómez Ferrer (*La ilustración española y americana*, Vol. XXXIX, No. 9, Madrid, 8 de marzo de 1895, p. 144).

General Julio Sanguily Garrite (Heredia, *Crónicas…*, *op. cit.*, t. I, p. 17).

La caballería cubana luego de cargar contra el cuadro en el *Guanábano* (Octavio Velasco del Real, *Historia de la insurrección de Cuba*, Establecimiento Tipolitográfico Editorial de Ramón Molinas, Barcelona, 1898).

Dos Ríos
José Martí y Pérez ("José Martí. Obra y vida", *Poesía* N.º 42, Ministerio de Cultura y Ediciones Siruela, Madrid, 1995, p. 110).

Dominador de la Guardia y Diéguez (Ángel de la Guardia Rosales, *Memorias de una familia de maestros y de patriotas*, Editorial Garantía, La Habana, 1957).

El coronel José Ximénez de Sandoval dirigió las fuerzas españolas en la acción de Dos Ríos (Heredia, *Crónicas...*, *op. cit.*).

Una versión española de la muerte de Martí en Dos Ríos (Velasco del Real, *op. cit.*).

Ángel de la Guardia y Bello, testigo de la muerte de Martí (Ángel de la Guardia Rosales, *Memorias de una familia de maestros y de patriotas,* Editorial Garantía, La Habana, 1957).

Peralejo
Desembarco de Martínez Campos en Caimanera el 16 de abril de 1895 (*La ilustración española y americana*, XXXIX, No. 18, Madrid, 15 de mayo de 1895, p. 297).

General de división José Lachambre Domínguez, gobernador militar - Santiago de Cuba (*La ilustración española y americana*, Madrid, Vol. XXXIX, No. 9, 8 de marzo de 1895, portada).

La casa del matrimonio Quirch en Veguitas donde se alojó el general Martínez Campos la noche antes de la batalla de Peralejo (Heredia, *Crónicas...*, *op. cit.*, t. I, p. 111).

La crisis Masó-Maceo
General Antonio Maceo y Grajales (*La ilustración española y americana*, Vol. XXXIX, no. 9, Madrid, 8 de marzo de 1895, p. 144).

General Bartolomé Masó y Márquez, (Pérez Landa, *Bartolomé...*, foto de cara a la portadilla).

La Invasión a Occidente
Capitán General Arsenio Martínez Campos (*La ilustración española y americana*, Vol. XXXIX, No. 14, Madrid, 15 de abril de 1895, p. 236).

Bernabé Boza Sánchez, jefe de la escolta del general Máximo Gómez (detalle de foto ecuestre en República de Cuba, *Monumento al mayor general Máximo Gómez*, Imp. P. Fernández y Ca., La Habana, 1917).

Brigadier en comisión
José María Aguirre y Valdés, (Carrillo, *op. cit.*, t. II, p. 65)

Valeriano Weyler y Nicolau (*La ilustración española y americana*, Vol. XL, No. 4, Madrid, 30 de enero de 1896, portada).

Oriental en La Habana
Grabado (de una fotografía) publicado en *La ilustración española y americana* de Madrid el 15 de marzo de 1896 con el título: "Descanso de las tropas, después de una acción, en el ingenio «Mi Rosa»"
Capitán Benigno "*El Gallego*" Rodríguez Pérez (*Cuba y América*, Vol. III, Núm. 52, La Habana, 6 de febrero de 1899, p. 9).
Rodolfo Bergés y Tabares (detalle de foto de grupo en República de Cuba, *Monumento al mayor general Máximo Gómez*, Imp. P. Fernández y Ca., La Habana, 1917)
Capitán Isidro Acea Gil (*El Fígaro*, Año XV, Núms. 5, 6, 7 y 8, febrero de 1899, p. 62).

Encausado en Oriente
Calixto García Enamorado (http://www.latinamericanstudies.org/calixto-garcia-enamorado.htm, con autorización).
General Calixto García Íñiguez (*Cuba y América*, Vol. III, Núm. 53, La Habana, 20 de febrero de 1899, portada).
General José Maceo y Grajales (*La ilustración española y americana*, Vol. XXXIX, No. 9, Madrid, 8 de marzo de 1895, p. 144).
Enrique Loynaz del Castillo (http://bohemia.cu/historia/2016/06/enrique-loynaz-del-castillo/).

La Habana como condena
Dr. Eusebio Hernández Pérez (*Cuba y América*, Vol. III, No. 58, La Habana, 5 de mayo de 1899, portada).
Serafín Sánchez Valdivia (*La ilustración española y americana*, Vol. XXXIX, No. 9, Madrid, 8 de marzo de 1895, p. 144).
Teniente coronel José Lara Miret, Ayudante de Juan Masó Parra (Revista *El Fígaro*, Año XXIII, Núm. 40, 6 de octubre de 1907, La Habana, p. 496).
General José María "*Mayía*" Rodríguez y Rodríguez (Tabacalera Cubana, S. A., *Álbum de postales "Historia de Cuba, Propaganda de los cigarros La Corona y Susini*, Imprenta y Papelería A. Muñiz y Hmno., La Habana, 1935, postal número 335).
General Alejandro Rodríguez Velazco (*Cuba y América*, Vol. IV, No. 86, La Habana, 5 de julio de 1900, portada).

Comandante José Manuel Villa (*Bohemia*, 12 de noviembre de 1950, p. 148).

Coronel Fermín Valdés Domínguez (*El Fígaro,* Año XXIV, Núm. 8, 19 de febrero de 1908, p. 1).

Coronel Juan Bravo y Pérez (*El Fígaro*, Año XV, Núms. 5, 6, 7 y 8 de febrero de 1899, p. 42).

Trinidad como purgatorio
Comandante Cosme de la Torriente Peraza (Gustavo Cuervo Rubio, et al, *Libro Homenaje al Coronel Cosme de la Torriente en reconocimiento de sus grandes servicios a Cuba*, Úcar, García, S.A., La Habana, 1951).

General Quintín Bandera Betancourt (Abelardo Padrón, *General de tres guerras*, Editorial Letras Cubanas, La Habana, 1991).

Un paraíso en El Infierno
Comandante José Téllez Caballero (Carlos Luis Sotolongo Puig, "La Virgen del Teniente Coronel" https://oncubanews.com/cuba/sociedad-cuba/tradiciones/la-virgen-del-teniente-coronel, consultado el 16 de diciembre de 2019).

Francisco del Castillo pasó unos días con Juan Masó Parra en Trinidad (*El Fígaro*, Año XV, Núms. 5, 6, 7 y 8, febrero de 1899, p. 37).

Desembarco del *Sommers N. Smith* por la costa sur de Pinar del Río el 5 de septiembre de 1897 (Carrillo Morales, *op. cit.*, t. II, p. 214).

General José Miguel Gómez y Gómez (Revista *El Fígaro*, Año XV, Núms. 5, 6, 7 y 8, febrero de 1899, p. 41).

Detalle de la Carta Geotopográfica de Esteban Pichardo de 1875 que muestra el extremo oriental del sistema montañoso del Escambray. La flecha señala la Loma del Infierno, donde acampaba con frecuencia Juan Masó Parra (Cortesía del Dr. Antonio R. de la Cova).

Esplendor y ocaso
Máximo Gómez Báez, General en Jefe del Ejército Libertador (Jorge Gómez de Mello, *Iconografía. Máximo Gómez*, Editorial de Ciencias Sociales, La Habana, 1986, p. 83).

Coronel Juan Manuel Menocal y Fernández de Castro, auditor mayor del 4º Cuerpo (*El Fígaro*, v. XXVIII, no. 1, enero 7 de 1912, La Habana, p. 106). [Cortesía de Miguel Ángel Fernández Averhoff].

Brigadier Alfredo Rego Alfonso (*El Fígaro*, Año XV, Nos. 5, 6, 7 y 8, febrero de 1899, p. 44).

General Francisco Carrillo Morales (*La ilustración española y americana*, Vol. XL, No.69, Madrid, 15 de febrero de 1896, p. 94).

¿Qué, quién y por qué?
Teniente coronel Porfirio Batista Varona (*El Fígaro*, Año XV, Nos. 5, 6, 7 y 8, febrero de 1899, p. 37).

El comandante Antonio Bertrán Echerri cuando era alcalde de Guanabacoa (1912-1920) (Elpidio de la Guardia, *Apuntes históricos: Guanabacoa, 1511-1927*, Editorial Juan F. Mora, Guanabacoa, 1927, p. 145, e *Historia de Guanabacoa*, s.n., 1946).

Manuel María Coronado Álvaro, (Ubieta, *op. cit.*, t. I, p. 53).

El "Maine"
Marcos García Castro (*La ilustración española y americana*, Vol. XXXIX, No. 21, Madrid, 8 de junio de 1895, p. 356).

Ricardo Arnautó Hernández, director de *El Reconcentrado* (Robreño, *op. cit.*, p. 306).

General José González Planas, jefe de la Brigada de Remedios (*El Fígaro*, Año XV, Nos. 5, 6, 7 y 8, febrero de 1899, p. 43).

La Brigada Cuba Española
Coronel de Movilizados Juan Masó Parra, jefe de la Brigada Cuba Española (*New York Daily Tribune*, 18 de octubre de 1907, 3:3).

Capitán General Ramón Blanco y Erenas, marqués de Peña Plata (*La ilustración española y americana*, Vol. XXXIX, No. 39, 15 de mayo de 1895, Madrid, portada).

Coronel Néstor Aranguren Martínez (*Cuba y América*, Vol. IV, No. 76, La Habana, 5 de febrero de 1900, portada).

Triscornia
SS Orizaba (primero de ese nombre) de la Ward Line (Hyatt Verrill, *A History of the Ward Line*, http://stillwoods.blogspot.com/2014/02/a-history-of-ward-line.html, consultado el 10 de julio de 2018).

José María García Montes, secretario de Hacienda (*Cuba y América*, Vol. III, No. 67, La Habana, 20 de septiembre de 1899, portada).

George B. Boynton, soldado de fortuna vinculado a Juan Masó Parra (Horace Smith, *The War Maker. Being the True Story of Captain George B. Boynton*, A. C. McClurg & Co., Chicago, 1911).

General Joaquín Crespo Torres Presidente de Venezuela (1884-1886 y 1892-1898) (*La ilustración española y americana*, Vol. XL, No. 11, 15 de enero de 1896, Madrid, p. 28).

Cuba reocupada
Jorge A. Campuzano, cónsul de Cuba en Haití (*El Fígaro*, año XXIV, Núm. 18, 3 de mayo de 1908, La Habana, p. 240).

Justo García Vélez, secretario de Estado en funciones (*Cuba y América*, La Habana, febrero de 1909, p. 9).

Coronel Enoch H. Crowder, supervisor de las Secretarías de Estado y Justicia (*El Fígaro*, año XXIV, Núm. 31, 2 de agosto de 1908, La Habana, portada).

Martín Morúa Delgado (Rufino Pérez Landa, *Vida pública de Martín Morúa Delgado*, s/n, La Habana, 1957).

Este dibujo de *La Lucha* presenta a Masó Parra con machete y sable a la cintura recordando la dualidad de su historia militar (*La Lucha*, 29 de julio de 1907, 1:3-5).

La Lucha hacía de menos los rumores sobre la conspiración de Juan Masó Parra (*La Lucha*, 23 de septiembre de 1907, 1:3-5).

¿Complot o paripé?
General Juan Eligio Ducasse Revee (*El Fígaro*, Año XXIII, Núm. 40, 6 de octubre de 1907, La Habana, p. 496).

Isidoro Noriega Asprilla, denunció la conspiración (Carrillo, *op. cit.*, t. II, p. 45).

De izquierda a derecha, el juez Tomás Bordenave, el fiscal Pedro Pablo Rabell y el escribano José Llanusa (*El Fígaro*, Año XXIII, Núm. 40, 6 de octubre de 1907, La Habana, p. 496).

Los miembros del juzgado especial llegando al Vivac (*El Fígaro*, Año XXIII, Núm. 40, 6 de octubre de 1907, La Habana, p. 496).

José Lorenzo Castellanos Perdomo, abogado defensor de José Lara Miret (*El Fígaro*, Año XXIII, Núm. 40, 6 de octubre de 1907, La Habana, p. 496).

El general Thomas Henry Barry gobernó en Cuba desde el 27 de enero hasta el 8 de marzo y desde el 18 de agosto hasta el 7 de septiembre de 1908 (*El Fígaro*, Año XXIV, No. 5, 2 de febrero de 1908, La Habana, p. 55).

Precursor de Sandino
Lillian Duquesnay y Juan Masó Parra el día de su boda (Cortesía de sus nietos Juan Masó de Moya y Jacqueline McKinnon).

Lillian Duquesnay con su primogénita *Cita* (Cortesía de sus nietos Jacqueline McKinnon y Juan Masó de Moya).

Juan Masó Parra (Cortesía de sus nietos Juan Masó de Moya y Jacqueline McKinnon).

Una de las últimas fotos de Juan Masó Parra (Cortesía de sus nietos Juan Masó de Moya y Jacqueline McKinnon).

La viuda de Juan Masó Parra con sus hijos Zoila, Juan, Cita, Irma y Francisco (Cortesía de sus nietos Jacqueline McKinnon y Juan Masó de Moya).

Índice Onomástico

A

Abarzuza y Ferrer, Buenaventura, 113
Acea Gil, Isidro, 221, 222, 229, 230, 233, 464
Acevedo Villamil, Guillermo, 430
Acosta Acosta, Baldomero, 419, 430
Acosta, Mariano, 60
Adan Galarreta, Luis, 419
Agramonte y Loynaz, Ignacio, 31, 70
Agramonte, José, 375
Agüero Fundora, Carlos, 74, 75
Aguilera, José Antonio, 42, 46
Aguilera, Manuel Anastasio, 70
Aguilera, Miguel Luis, 71, 74
Aguirre Noy, Oswaldo, 209, 210, 232
Aguirre Sánchez, Charles, 228
Aguirre Valdés, Francisco, 92, 209
Aguirre Valdés, José María, 53, 57, 92, 103, 107, 203, 204, 205, 206, 207, 208, 209, 210, 211, 212, 215, 216, 219, 220, 222, 223, 225, 226, 230, 231, 232, 236, 247, 252, 256, 268, 340
Aguirre y Bengoa, Ernesto, 12, 358, 359, 362, 372, 380, 381, 382, 383, 385, 386
Ajuria González, Manuel, 419
Alcina, Jacinto, 108
Alcívar, Jacinto Clodoveo, 479
Alemán Urquía, José Braulio, 199, 200, 356
Alexis, Pierre Nord, 416
Alfaro Delgado, Eloy, 79, 477
Alfonso, Rafael, 360
Álvarez Álvarez, Cristóbal, 392
Álvarez Chacón, Julio, 12, 359, 372
Álvarez, Cándido (*Cayito*), 188, 371, 372
Amador Guerrero, Manuel, 405, 406
Amat, Mercedes, 194
Andrade, Carlos, 477
André Alvarado, Armando, 423
Andreu Martínez, Rafael, 344
Andreu, Antonio, 44
Andueza Palacio, Raimundo, 101
Angiolillo Lombardi, Michelle, 306, 350, 351
Antonio Blanco, José, 419
Antonio Govín y Torres,, 47, 352
Aranguren Martínez, Néstor, 271, 396
Araoz Herrera, José, 123
Arencibia Pérez, Dionisio, 234
Arias, Francisco, 425
Arias, Jesús, 425
Arias, Juan, 140, 192
Armas Nodal, Rafael, 419
Arnautó Hernández, Ricardo, 363, 364, 365, 366, 427, 428, 429, 432, 433, 434, 452, 453, 463
Arnautó, Angela, 364
Arnautó, Concepción, 364
Aultman, Dwight E., 426
Avellanal y Bango, Evaristo G., 465, 469
Azcárraga Palmero, Marcelo de, 351

B

Bacon, Robert, 419
Baizán, Celestino, 220
Balcázar y Valdés, María de la Trinidad, 395, 397, 472, 480
Baluja, Vicente, 242

Bandera Betancourt, Quintín, 41, 44, 48, 49, 54, 91, 105, 149, 185, 259, 267, 280, 282, 283, 284, 288, 289, 290, 292, 314, 324, 337, 355, 419
Baquerizo Moreno, Alfredo, 480
Barbosa, Teófilo, 75
Barnett, Winston, 473
Barosela, Miguel, 380
Barret, John, 407
Barrios Auyón, Justo Rufino, 67, 68, 73, 74, 76, 404
Barry, Thomas H., 414, 417, 443, 456, 459, 460
Bass, William L., 458
Basulto, Miguel, 54
Batista Varona, Porfirio, 281, 339, 340, 341, 342
Beci, Lorenzo D., 419
Beira, Pedro, 255
Bellini, Francisco Gregorio, 76
Bello, Ignacio, 360
Benítez Palma, María, 72, 86, 336, 383, 395
Benítez Pérez, Gregorio (Goyo), 52, 53
Benítez, Longino J., 255
Beola Almarall, Pablo, 42
Bergés y Tabares, Rodolfo, 221, 223, 227, 228, 233, 397
Bermúdez López, Roberto, 188, 236, 237
Bertrán Echerri, Antonio, 288, 290, 342, 343, 360
Betances Alacán, Ramón Emeterio, 72, 306
Betancourt Dávalos, Pedro, 104, 107, 273
Betancourt Guerra, Miguel, 266, 279, 295
Betancourt Manduley, Alfredo, 419
Betancourt, Victoriano, 417
Blanco y Erenas, Ramón, 13, 43, 47, 48, 51, 54, 199, 347, 352, 353, 359, 361, 362, 363, 366, 367, 379, 380, 381, 383, 391, 394, 397

Blanco, Juan Francisco (*Bellito*), 114, 144
Bográn Barahona, Luis, 30, 69, 73
Bonachea Hernández, Ramón Leocadio, 31, 53, 57, 74, 75
Bonastra Cardona, Ángel, 417
Bordenave Bordenave, Tomás, 444, 445, 447, 450, 453
Borges, José, 222
Borges, Ricardo, 221, 222
Borrero Lavadí, Francisco, 76, 124, 138, 143, 153, 168
Boynton, George B., 406, 407, 408, 409, 410, 432, 465
Boza Sánchez, Bernabé, 191, 196, 197, 276, 279, 317, 328, 400, 419
Boza y Boza, Ramón, 419
Bravo Correoso, Antonio, 419
Bravo Pérez, Juan, 267, 281, 283, 284, 292, 305, 312, 315, 337, 341
Breard, Casimiro, 61
Brezmes, Zacarías, 366, 427
Brooke, John R., 428
Bruzón, José, 352
Bryan, William Jennings, 458, 475
Bustamante Maceo, Gregorio, 55, 56, 59
Bustamante, Pastora, 56, 58

C

Cabrales Fernández, María, 58
Cabrera Jústiz, Frrancisco, 422
Cabrera López-Silvero, Rafael, 262, 288, 317
Cabrera, Gabriel, 454
Cabrera, Santiago, 13
Cáceres Vázquez, Ramón, 415, 416
Calderón, José, 152
Calderón, Manuel, 152
Calderón, Pedro, 152
Calleja e Isasi, Emilio, 104, 106, 107, 109, 110, 114, 124
Camacho Viera, José, 243, 309
Campos Rodríguez, Camilo, 360

Camps y Feliú, Francisco de, 192
Camps, Gabriel, 192, 224, 352
Campuzano, Jorge A., 413, 414, 415, 421
Canalejas Méndez, José, 370
Cancio Madrigal, César, 319
Cánovas del Castillo, Antonio, 158, 185, 297, 298, 306, 350, 351, 369
Capote Sosa, José Manuel, 116, 168
Capriles, Ernesto, 352
Caracuel, Mariano, 438
Carballo, Federico, 192
Cardenal, Teodoro, 419
Cárdenas Benítez, Rafael de, 212, 226, 271, 428
Cárdenas, Nicolás (*Colín*) de, 148
Cardet, G. Guillermo, 47
Carlos de Borbón, duque de Madrid, 408
Carlos IV, Rey, 20
Carricarte de Armas, Arturo R., 400
Carrillo Morales, Francisco, 41, 46, 54, 76, 77, 79, 80, 86, 87, 104, 107, 205, 236, 248, 251, 260, 262, 268, 274, 279, 281, 283, 309, 313, 315, 316, 321, 322, 323, 324, 326, 327, 329, 334, 338, 340, 341, 357, 373, 374, 377, 419
Castellanos Armiñán, Ramón, 397
Castellanos y Perdomo, José Lorenzo, 447, 452, 454, 455
Castillo Duany, Joaquín, 236
Castillo Quesada, Ángel, 246
Castillo Sánchez, Adolfo del, 212, 213, 215, 217, 227, 228, 271
Castillo Zúñiga, José Rogelio, 80, 92, 236, 247, 257, 273, 275, 280, 296, 322, 374, 386
Castillo, Pedro, 51
Castro Ruiz, José Cipriano, 409, 466, 467
Casuso y Roque, Gabriel, 419
Cebreco Sánchez, Agustín, 49, 54, 79, 80, 81

Cepero, José Loreto, 186, 187, 354, 356, 372
Cervantes Salcedo, Irene, 374
Cervantes y Trujillo, Agustín, 148, 428, 429
Cervantes, Marco Aurelio, 374
Céspedes Romagosa, Enrique, 105
Céspedes y Céspedes, Carlos Manuel de, 178
Céspedes y Céspedes, Ricardo de, 178
Céspedes y del Castillo, Carlos Manuel de, 26, 27, 30, 31, 56, 64, 70, 104, 408
Céspedes y Quesada, Carlos Manuel de, 82
Chamberlan, Santiago, 61
Chávez, (ministro de Agricultura é Industria de Costa Rica), 60
Chibás Ribas, Eduardo, 55
Chibás y Guerra, Emilio, 419
Cirinaque (¿apodo?), 60
Cisneros Betancourt, Salvador, 162, 173, 180, 181, 244, 258, 265, 282
Claret, Antonio María, 22
Collazo García, Alberto, 220
Collazo García, Aurelio, 211, 220, 223, 226, 227, 230, 233
Collazo García, Emilio, 220, 227, 233
Collazo García, Rosendo, 220
Collazo Tejada, Enrique, 47, 92, 103, 209, 321, 335, 419, 459
Concha Torres, Carlos, 477, 478
Connor, Juan, 72
Connor, Michael E., 483
Conradi y Toledo, José, 52
Consuegra, Walfredo Ibrahim, 233
Conte, Rafael, 255
Coro Lazo, Luis, 368
Coro, Abelardo, 441
Coroalles, Manuel, 78
Corona Ferrer, Mariano, 419
Corona Leroux, Patricio, 44, 48, 49, 50, 51, 52, 54
Corona, Benigno, 40

Coronado Álvaro, Francisco de Paula, 345
Coronado Álvaro, Manuel María, 343, 344, 345, 346, 347, 348, 349, 400, 422, 458
Correa García, Miguel, 394
Correa, Nicolás, 22
Correoso y Mozo, Antonio, 23, 24
Cortina Sotolongo, Juan Antonio, 37
Coyula y Llaguno, Miguel, 419
Crespo Torres, Joaquín, 101, 408, 409
Crombet Philipon, Emiliano, 44, 48, 49, 50, 52
Crombet Tejera, Francisco Adolfo (*Flor*), 41, 42, 46, 52, 72, 78, 79, 80, 81, 123, 125, 163, 439
Crosby, Charles E., 346
Crowder, Enoch H., 420, 421, 443, 444
Cubinas, José, 397
Cuervo Calzadilla, Adolfo, 354
Cuervo Calzadilla, José María, 215, 221, 222, 234, 354
Curbelo, Antonio, 314
Cusoró, Felipe, 249
Cutiño Zamora, Fernando, 142
Cuza, Augusto, 83

D

Dantín Félix, Clemente, 293
Day, William Rufus, 367
de Armas Montenegro, Rafael, 374
de Armas y Cárdenas, José, 457
de Armas y Céspedes, Francisco, 352
de Blanck, Hubert, 344
de Feria Garayalde, Luis, 46, 51, 186
de la Guardia Bello, Ángel, 136, 141, 144, 145, 146, 239, 242, 251
de la Guardia Diéguez, Dominador, 136, 144, 145, 146
de la Luz Sánchez de Silveira, Román, 16
de la Maza, Cayetano, 110, 112, 157
de la Maza, María, 156, 157
de la Torre Rodríguez, Antonio, 270
de la Torre y Caruana, Francisco, 382
de la Torre, Carlos, 82
de Lara, Justo. *Ver* de Armas y Cárdenas, José
de las Cuevas de Norma, María Manuela, 23, 24
de Lesseps, Ferdinand, 79
de Moya y Morejón, Juan, 24
de Moya, María de los Dolores, 23
de Moya, Ramos, 480
de Paula Flores, Francisco, 69
de Serra, Francisco, 64
del Castillo, Francisco A., 310, 311, 312
del Prado Pacheco, Silverio, 41
DelFosse, Charlotte, 471
Delgado González, Donato, 397
Delgado González, Juan, 211, 219, 223, 228, 233, 397
Delgado, Amado, 465
Dellundé y Prado, Ulpiano, 96, 124
Despaigne, Manuel, 438
Díaz Álvarez, Modesto, 29, 30
Díaz Molina, Pedro, 191, 195, 212, 213, 215, 221, 236, 267
Díaz Mori, Porfirio, 405
Díaz Recinos, Adolfo, 474, 475, 476
Díaz Silveira, Francisco, 374
Díaz, Mario, 454
Díaz, Miguel, 368
Dickinson, Jacob M., 467
Diéguez, Francisco, 143
Dolz y Arango, Ricardo, 419
Dolz, Eduardo, 353
Ducasse Revee, Juan Eligio, 190, 191, 440, 441, 443, 444, 446, 448, 451, 453
Ducasse Revee, Vidal, 190, 191
Ducasse, Noemi, 448
Dupuy de Lôme, Enrique, 370
Duque Estrada,, 441
Duque Estrada, Francisco, 419
Duquesnay, Antoine Le Mercier, 471
Duquesnay, Emile le Mercier, 471
Duquesnay, Guillaume le Mercier, 471

Duquesnay, Lillian Charlotte (*Lily*) le Mercier, 470, 471, 472, 473, 476, 479, 481, 482, 484
Duquesnay, Philippe Armande le Mercier, 470, 471

E

Elliot, Charles A., 483
Enamorado, Calixto (García-Íñiguez), 193, 239, 251
Enamorado, Leonela, 240
Enríquez, Horacio, 441
Entralgo y Díaz, Juan Manuel, 347
Escalante Beatón, Aníbal, 106
Escobar, Antonio, 344
Espinosa, Antonio, 372
Esquerra Rodríguez, Higinio, 310, 372
Estenoz, 94, 435, 442
Estrada Palma, Tomás, 69, 71, 72, 73, 99, 132, 143, 258, 259, 348, 361, 401, 411, 418, 419, 421, 422, 431, 449, 458
Estrada y Estrada, Francisco, 104, 174, 176, 177, 183
Estrada y Estrada, Joaquín, 104, 110, 116, 117, 120, 125, 138, 140, 150, 151, 156, 164

F

Fabié Escudero, Antonio María, 35, 351
Fajardo e Izquierdo, Ramón, 80
Falcón, Serafín, 380
Felipe Herrera, Luis, 482
Feria Sivorí, Augusto, 12, 255, 271, 272, 273, 296, 325, 360
Fernández de Castro y Castro, Rafael, 38
Fernández Ruz, Juan, 274
Fernández, Ernesto, 438
Ferrara Marino, Orestes, 12, 327, 348, 374, 390
Ferrer, José Nicolás, 151, 159
Ferrer, Rufino, 360

Fiallos, Ernesto, 86
Field, Cyrus W., 458
Field, Woolsey H., 458
Figueredo Cisneros, Pedro (*Perucho*), 178
Figueredo Díaz, Félix, 178
Figueredo Vázquez, Blanca, 178
Figueredo Vázquez, Candelaria, 178
Figueredo Vázquez, Elisa, 178
Figueredo Vázquez, Eulalia, 178
Figueroa García, Miguel, 37, 148
Figueroa y Garahondo, Cayetano, 42
Finlay Barrés, Carlos J., 483
Flynn, William J., 405, 410
Fonts Sterling, Carlos, 419
Fonts Sterling, Ernesto, 419
Fonts Sterling, Oscar, 419
Fortún Govín, Luis, 419
Francisco Baca Ycaza, Juan, 475
Franco Ferrán, José Luciano, 55, 56, 57, 58, 59, 60, 61, 62, 63, 64, 65, 82
Freile Zaldumbide, Carlos, 477
Freire, Fabio, 352
Freyre de Andrade Velázquez, Fernando, 323, 346, 418, 419
Frías, Antonio, 120, 121
Frías, José Antonio, 419
Fuentes, Herminio, 360
Funston, Frederick, 263
Furlong, John W., 108, 339, 411, 414, 417, 426, 435, 460

G

Gafas Vicens, Juan, 386, 391, 392, 394
Gálvez Alfonso, José María, 37, 179, 352, 381
García Cañizares, Santiago, 180
García Castro, Marcos, 12, 37, 179, 330, 335, 352, 357, 358, 360, 362, 367, 372
García Freyre, Manuel, 69
García González, Vicente, 148, 178
García Granados, María, 67

García Granados, Miguel, 67
García Íñiguez, Calixto, 41, 43, 44, 45, 46, 51, 52, 53, 178, 193, 239, 244, 245, 246, 248, 249, 251, 258, 280, 285, 290, 351, 355, 360, 383, 384, 397, 420, 425
García Kohly, Mario, 419, 422, 447
García Medrano, Rosendo, 273, 280, 354, 382, 383, 390, 447
García Menocal Deop, Mario, 180
García Montes, José María, 401, 402
García Moreno, Gabriel, 476
García Navarro, José, 191
García Polavieja y del Castillo, Camilo, 35, 43, 50, 51, 54, 91, 178, 348, 394, 468
García Toledo, José, 178
García Vélez, Carlos, 420
García Vélez, Justo, 413, 414, 415, 420, 421
García y Ponce de León, Manuel, 69, 107, 206
García, José, 192
Garrich y Alio, Jorge, 106, 114, 118, 119, 120
Garriga Cuevas, Ramón, 127, 136, 142, 143
Giberga Galí, Eliseo, 38
Gilles, Jean, 415
Giol y Marín, Ignacio, 363
Gómez Chacón, Juan Vicente, 465, 466, 467
Gómez Gómez, José Miguel, 185, 199, 280, 314, 316, 357, 373, 374, 390, 411, 418, 424, 427, 430, 431, 433, 434, 463, 469
Gómez Núñez, Severo, 149, 155, 156
Gómez Toro, Bernardo, 82
Gómez Toro, Francisco, 63, 83, 233, 267, 273, 282, 286
Gómez Toro, Margarita, 82
Gómez Toro, Máximo, 82, 83
Gómez Toro, Urbano, 82
Gómez y Báez, Máximo, 11, 40, 75, 79, 80, 81, 89, 103, 113, 124, 125, 131, 138, 139, 142, 147, 151, 152, 153, 154, 169, 189, 190, 191, 193, 194, 196, 197, 198, 212, 214, 215, 219, 220, 223, 226, 227, 229, 239, 243, 244, 245, 246, 247, 248, 249, 268, 271, 292, 296, 299, 310, 312, 321, 322, 323, 327, 328, 330, 331, 333, 335, 336, 337, 338, 339, 341, 342, 348, 354, 355, 356, 360, 361, 362, 373, 374, 376, 383, 389, 390, 417, 423, 425, 430, 433
asigna jefe para Trinidad, 285–91
blanco de un complot, 257–68
campaña de Las Villas, 268–79
colabora con Martí, 92–101
consumo de alcohol, 198–201
crisis en La Habana, 230–37
desorden en Trinidad, 279–84
el ascenso de Aguirre, 203–11
elogia a Masó Parra, 313
en Dos Ríos, 129–46
exilio en Honduras, 67–74
Maceo lo sigue a Honduras, 57–66
Mal Tiempo, 185–87
Plan Gómez-Maceo, 74–79
procesa a Masó Parra, 249–56
relación con Coronado, 343–48
viaje a Quisqueya, 81–87
y la crisis Masó-Maceo, 161–82
Gómez, Enrique, 327
Gómez, Juan Gualberto, 37, 42, 103, 104, 106, 124, 204, 205, 422, 435
Gómez, Vicente, 439, 450, 454, 457
Gómez, Victoriano, 13
Gondré, Antonio, 83
Gondré, Herminio, 83
Gondré, Telesforo, 83
Gonzaga, Vicente, 23
Gonzales, Narciso Gener, 198
González Blanco, Cecilio, 42, 53, 54
González Lanuza, José Antonio, 344, 441, 444
González Muñoz, Andrés, 43, 44, 160
González Parrado, Julián, 367
González Planas, José, 282, 376
González Sarraín, Felipe, 422
González Valdés, José, 187

González, Alejandro, 78
González, Ercilla, 24
González, Francisco, 465
González, Joaquín, 372
Goulet Goulet, Alfonso, 154, 162
Govín y Torres, Antonio, 47
Govín, Félix, 74, 75
Grave de Peralta, Belisario, 43, 48, 51
Grave de Peralta, Manuel, 47
Grave de Peralta, Pedro, 40
Grijalva Polanco, Rafael, 482
Guardia, Miguel, 50
Guardiola Bustillo, José Santos, 67
Guerra Alemán, José (*Pepín*), 55, 65
Guerra Porro, Ángel, 46, 124, 168, 191
Guerra Puente, Faustino (*Pino*), 449
Guerra Puentes, Faustino (*Pino*), 418, 449, 450
Guerra Santos, Gabriel, 380, 439, 447, 448, 449, 451, 454, 457, 464, 465
Guerra y Escobar, Benjamín, 143
Guerra, Amador, 105, 125, 138, 140, 150, 152, 164
Guerra, Basilio, 191
Guerra, José del Carmen, 382
Guerrero de Alvarado, Rosa, 86
Guevara, Francisco, 29
Guillén Urra, Nicolás, 448
Guilles, Ernesto, 441
Gutiérrez de Celis, Santiago, 419
Gutiérrez Quirós, Juan, 453
Guzmán Blanco, Antonio, 408
Guzmán, Antonio M., 356

257, 258, 259, 260, 261, 262, 263, 275, 354, 435
Hernández Romero, Celedonio, 301, 303, 304, 360
Hernández, Carlos, 458
Hernández, Concepción, 342
Hernández, Joaquín, 449, 450, 465
Hernández, José Carmen, 12
Hernández, Miguel, 397
Hernandez, Octavio, 223
Hernández, Pablo, 109
Herrera Nodal, Emilio, 270
Herrera Sotolongo, Pedro, 469
Herrera, Lázaro, 271, 296, 315
Heureaux, Ulises (*Lilís*), 77, 96, 97, 98, 99, 124, 227, 415
Hevia Alcalde, Aurelio, 454
Hierrezuelo, Juan, 450
Hill, George, 458
Hitchcock, Frank H., 467
Honduras, República de, 68
Horstmann y Varona, Enrique, 419
Hourrutiner Barrios José E., 270
Huntington, Charles, 263

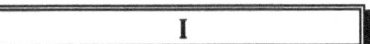

I

Iglesia (ejecutado), 122
Iglesias, Indalecio, 465
Illera Smith, Tito, 397

J

Jaén Guevara, Constantino, 288, 385
Jerez Varona, José, 458
Jimenes Pereyra, Juan Isidro, 77, 83, 86, 87, 97, 98, 411, 412, 415, 416, 417, 432, 437, 452, 457
Jiménez Castellanos, Adolfo, 244, 393
Jiménez Cortés, Francisco, 42, 46
Jiménez Moreno, José, 159
Jorrín y Moliner, Gonzalo, 454, 455
Junco Cruz-Muñoz, Enrique, 191, 293
Justiniani y García Reyes, Federico, 444

H

Harpes, John, 473
Hay, John, 391
Hearst, William Randolph, 369, 370
Heredia, Nicolás, 157
Hernández Huguet, Alfredo, 344
Hernández Pérez, Eusebio, 42, 45, 46, 53, 57, 64, 65, 70, 71, 72, 79, 200,

K

Keane, Arabelle, 471
Kendall, Arthur I., 483
Key de Connor, María, 72
Knox, Philander C., 466
Kroll, Rose, 411, 472

L

Lachambre y Domínguez, José de, 106, 114, 147, 148, 160
Lacoste y Grave de Peralta, Perfecto, 194, 428
Lacret Morlot, José, 40, 215, 275, 276
Lamadrid, 255
Lamar y Portillo, Manuel Francisco, 419
Lamar, Lucius Q. C., 458
Lara Miret, José, 193, 239, 251, 263, 264, 337, 427, 430, 432, 433, 437, 439, 441, 443, 444, 445, 447, 448, 449, 451, 452, 454, 457, 461
Lara Trocones, José, 305
Lastra, Saturnino, 363
Latapier, Juan Tranquilino, 103
Laureada, Miguel, 121
Lebredo y Arango, Mario G., 482, 483
Lee, Fitzhugh, 366, 367
Legón Jiménez, José Rafael, 335
León Antunez, Manuel de, 159
León, Juan de, 25
León, Saturnino, 13
Lewis Casean, Alfredo, 313, 360
Leyte Vidal, Arcadio, 40, 47, 54
Leyte Vidal, Francisco, 47
Leyva Aguilera, Herminio C., 47, 48, 114, 115, 178
Llanio Cruz, Pedro, 231
Llanuza, José, 444, 446
Lombillo Clark, Diego, 458
López Coloma, Antonio, 103, 106, 204
López de Queralta, Fernando, 70, 124
López Marín, Luis, 354
López Mijares, Luis, 388
López Pomareda, Federico, 473
López Uriola, Narciso, 18
López, Anselmo, 364
López, José, 242
López, José Caridad, 242, 289, 292, 293, 453
López, Ramón, 241
Lora Torres, Saturnino, 105
Lorenzo-Luáces Iraola, Emilio, 37
Loret de Mola Boza, Melchor, 373, 374
Loynaz del Castillo, Enrique, 124, 250, 252, 253, 257, 259, 261, 262, 277, 282, 283, 292, 293, 310, 312, 317, 318, 324, 325, 326, 334, 337, 361, 411, 418, 427, 429, 430, 431, 432, 441
Ludlow, William, 428, 429
Lugones León, Jesús, 309, 310, 312, 325, 360
Luna, Sr, 364
Luperón, Gregorio, 97

M

Maceo Grajales, Antonio, 30, 35, 40, 43, 45, 52, 80, 82, 90, 91, 95, 121, 123, 124, 125, 130, 131, 134, 143, 147, 160, 183, 187, 188, 190, 210, 213, 214, 215, 216, 221, 223, 226, 227, 230, 231, 232, 233, 234, 235, 236, 237, 240, 250, 252, 254, 256, 257, 259, 260, 261, 266, 267, 269, 271, 275, 300, 342, 371, 439
crisis con Masó, 161–82
de paso por Costa Rica, 55–66
Mal Tiempo, 185–87
Peralejo, 148–59
Plan Gómez-Maceo, 74–79
Maceo Grajales, José, 41, 42, 43, 44, 45, 48, 49, 50, 53, 54, 77, 80, 91, 123, 124, 156, 169, 172, 174, 181, 244, 248, 249, 265
Maceo Grajales, Marcos, 58, 59, 66
Maceo Grajales, Rafael, 54
Maceo Marryat, Antonio, 58
Machado y Morales, Gerardo, 11, 458

Madrigal, Rafael, 346, 359
Maestre Corrales, Ángel, 42, 46
Magoon, Charles E., 87, 402, 407, 408, 420, 421, 422, 425, 427, 431, 441, 442, 443, 444, 445, 450, 455, 456, 458, 459, 460, 461
Mahoney, Eduardo P., 399, 400
Maine, acorazado, 13, 362, 366, 367, 369, 370, 371, 377, 427
Manduley del Río, Rafael, 133
Mantilla Miyares, Manuel, 99
Marín Shaw, Francisco Gonzalo, 317
Marín Varona, J., 364
Marín y González, Sabas, 81
Marryat, Amelia, 58
Martí Pérez, José, 36, 41, 42, 46, 54, 71, 72, 75, 80, 85, 92, 93, 94, 95, 96, 97, 99, 100, 103, 124, 125, 127, 147, 161, 162, 163, 240, 250, 252, 317, 340, 463, 471
  en Dos Ríos, 129–46
Martí Zayas Bazán, José, 445
Martínez Campos, Arsenio, 29, 30, 51, 110, 147, 148, 149, 159, 162, 179, 180, 185, 187, 189, 322, 348, 394
  Peralejo, 148–59
Martínez Freire, Pedro, 42, 45
Martínez Gallardo, José H., 419
Martínez García, Pablo Raimundo, 136
Martínez Pita, Antonio, 464
Martínez Rojas, Pedro, 419
Martínez, Juan Bautista, 24, 450, 454, 457
Martínez, Juan de Dios. Ver Martínez, Juan Bautistta
Martínez-Moles Echemendía, Judas, 255
Masó Benítez, Ester, 86
Masó Benítez, Francisco, 86
Masó Benítez, Juan Francisco, 86, 403
Masó Benítez, María Ana de Jesús, 86
Masó Benítez, María del Carmen, 86
Masó de Moya, Juan, 26, 471, 480
Masó Dellundé, Jaime, 120, 121

Masó Duquesnay, Bárbara Ernestina, 484
Masó Duquesnay, Francisco Rosendo, 482
Masó Duquesnay, Irma Ernestina Rosa, 484
Masó Duquesnay, Juan Esteban de Jesús. *See* Ramos de Moya
Masó Duquesnay, Lillian Mónica (*Cita*), 473, 476, 479
Masó Duquesnay, Zoila Ida María, 481
Masó Márquez, Bartolomé, 95, 125, 127, 128, 149, 150, 155, 158, 160, 235, 244, 259, 361
  alzamiento, 103–8
  crisis con Maceo, 161–82
  en Dos Ríos, 129–46
  primeras acciones, 108–23
Masó Parra, Calimerio León, 25
Masó Parra, Herminio Secundino, 23
Masó Parra, Juan, 15, 27, 28, 33, 38, 54, 55, 79, 80, 81, 89, 100, 101, 147, 159, 160, 183, 203, 206, 207, 210, 211, 239, 240, 322, 323, 336, 348, 447, 469, 471, 479
  acusaciones, 333–56
  amnistía y nueva prisión, 463–68
  antecedentes familiares, 19–26
  arresto y prisión, 439–61
  asume el mando en Trinidad, 285–96
  bajo la segunda ocupación, 413–35
  Calimete, 187–88
  con Gómez a Quisqueya, 81–87
  con Martí el 18 de mayo, 124–28
  con Martí en Haití, 92–100
  conflictos habaneros, 219
  Cuba Española, 379–98
  debate Masó-Trujillo, 89–92
  Ecuador y Perú, 476–85
  el "Maine", 357–77
  el acoso final, 321–31
  el ataque a Trinidad, 297–318
  en Costa Rica, 57–66
  en Dos Ríos, 129–46
  en El Salvador, 76
  en la crisis Masó-Maceo, 161–82

en la Guerra Chiquita, 39–54
en la Guerra de los Diez Años, 29–32
en La Invasión, 190–201
exilio en Honduras, 67–74
Jamaica, 468–73
La Habana, 211–17
levantamiento, 103–8
Mal Tiempo, 185–87
Melena del Sur, 188–89
Nicaragua, 473–76
Peralejo, 148–59
Plan Gómez-Maceo, 74–79
primera causa, 239–56
primeras acciones, 108–23
regreso a Cuba, 485
regreso a La Habana, 257–84
su presentación, 13
Triscornia, 399–412
Masó Parra, María de la Caridad, 25
Masó Parra, María de los Dolores, 468
Masó Parra, María de los Dolores Eusebia, 24, 468
Masó Parra, Vicente, 25
Masó, Concepción, 25
Masó, Francisco, 21, 22, 23, 25
Masó, Juan, 23
Maspons Franco, Juan, 139, 146, 419
Massabeau, Secundino, 288
Matute de Rosa, Gertrudis, 86
Maura Montaner, Antonio, 113
Mayor, Pablo, 78
Maza y Artola, Juan, 419
Mazorra, Ramiro, 364
Mazzantini, Luis, 367
McKinley, William, 298, 370, 377
McKinnon, Jacqueline, 26, 86, 471
Mederos, Ramón, 225
Mediavilla, Pedro, 316
Medina, José, 54
Mena Vado, Luis, 50, 352, 474
Méndez Capote Domingo, 210, 419
Méndez Miranda, Fernando, 199, 309, 310, 322
Mendieta Leiva, Blas, 114
Mendieta Montefur, Carlos, 114, 364

Menéndez, Luis, 441
Menocal y Fernández de Castro, Juan Manuel, 318, 321, 323, 324, 326, 327, 329, 338, 339, 349, 355, 361, 373, 375, 376
Mercado y de la Paz, Manuel, 133, 134, 145
Mesa, María de los Ángeles, 257
Miguel Ángel Illance, 418
Mirabal Morales, Nicasio, 340
Miró Argenter, José, 104, 154, 155, 156, 157, 162, 259, 260, 267, 272, 435
Miyares Peoli, Carmen, 99
Mojena, 120
Molinet Amorós, Eugenio, 363
Moncada, Guillermo, 41, 43, 44, 45, 48, 49, 52, 53, 54, 91, 99, 103, 105, 113, 120, 159, 161
Moncada, Narciso, 159
Monfeugá, Juan Luis (presbítero), 20
Montalvo Morales, Rafael, 418, 419
Monteagudo Consuegra, José Jesús, 259
Montenegro, Juan G., 380, 384
Montero, Pedro J., 477
Montesinos, 392
Montoro Valdés, Rafael, 38, 269, 352, 422
Morán, B., 454
Moreno de la Torre, Andrés, 267
Moreno de Zayas, R. S., 255
Moreno Masó, Carlos, 121
Moret y Prendergast, Segismundo, 351, 395
Morey Duany, Manuel, 30, 69, 70, 71, 72, 73
Morúa Delgado, Martín, 37, 421, 423, 424, 425, 427, 433, 434, 435, 441, 453
Moya Moya, Gil, 325, 360
Moya Ramos, Juan. Ver *Masó Parra, Juan*
Muñiz de Quevedo, José, 278
Muñoz y Ayala, Rafael, 440

Muñoz, P, 360
Muruaga y Vildósola, Emilio de, 100

N

Noguchi, Hideyo, 483
Noriega Asprilla, Isidoro, 224, 439, 440, 442, 444, 445, 447, 448, 454
Núñez Martínez, Antonio, 188, 190, 371
Núñez Martínez, Vicente, 220, 371, 372
Núñez Rodríguez, Emilio, 42, 46, 54, 309, 389, 403, 429, 463
Núñez Rodríguez, Indalecio, 389
Núñez y Rodríguez, Vicente, 440, 444
Núñez, Leoncio, 372

O

O´Farrill y Chappotín, Juan Francisco, 419
Ortiz, Buenaventura, 40
Ortiz, Rafael, 40
Otero, José, 464, 465
Otondo de Marcial, Leonor, 86

P

Pacheco Céspedes, Juan Luis, 30
Pacheco, Francisco, 448
Pacheco, Manuel, 448
Palma Lasso, José Joaquín, 62, 68, 69, 72, 75
Parra , Luis Agustín de,, 23
Parra, José Agustín de, 20
Parra, Luis *Beltrán*. *See* Parra, Luis Agustín de
Parra, Manuela, 20
Parra, Rita, 25
Parra, Rita Catalina, 25
Parra, Rosenda, 20, 21, 22, 23, 24, 25
Parra, Salvador, 20
Párraga, Carlos I., 419

Pedro Puntriano, Pedro, 484
Perea, Gaspar, 104, 108
Pérez Abreu, Gustavo, 188, 189, 194, 198, 200, 275, 276
Pérez Castañeda, (*Felo*), 215
Pérez de Alderete y Díaz, José Manuel, 364
Pérez Muñoz, Lino, 281
Pérez Pazmiño, Ismael, 482
Pérez Pazmiño, Israel, 482
Pérez Pérez, Pedro Agustín, 105, 139
Pérez, José Francisco, 57
Pérez, Luis Francisco, 25
Pérez, Santos, 43, 45
Pernas y Duarte, Claudio, 440, 444
Picón y Fernández, Enrique, 358
Piedra Martel, Manuel, 136, 144, 179, 199
Piedra Martell, Manuel, 118
Pino Moreira, Mariano, 242
Planas y Valladares, Conrado Eugenio, 451
Plaza Gutiérrez, Leónidas, 79, 477, 478, 480
Pons y Naranjo, José de Jesús Candelario, 199, 344
Portuondo Tamayo, Rafael, 258
Potter, Arthur, 263
Poyo, José Dolores, 29, 94, 365
Prado Gutierrez, Leoncio, 30, 69, 73
Primo de Rivera y Sobremonte, Fernando, 394
Prío Socarrás, Carlos, 55
Puga y Pintor, José de, 397
Pujals Puentes, Vicente, 209, 210, 249, 251, 338
Pulitzer, Joseph, 369

Q

Quesada y Aróstegui, Gonzalo de, 258, 312
Quesada y Loynaz, Manuel de, 60, 61
Quesada, Feliciano, 12, 325, 363, 380
Quirch, José, 157

R

Rabell, Pedro Pablo, 444
Ramírez Romagosa, Juan Evangelista, 114, 148, 149, 177, 178, 179, 182
Ramos, Alejandra, 23
Ramos, Alejandrina, 23
Rasco, Casto Ángel, 397
Redding, William, 453
Redenbaugh, Herman E., 483
Rego Alfonso, Alfredo, 268, 309, 310, 318, 321, 322, 324, 325, 326, 327, 328, 329, 333, 341, 345, 349, 356, 360, 361, 373, 374, 377, 431
Regueiferos Boudet, Erasmo, 422
Regueira, Francisco, 255
Reid, Zoila. *See* Masó Duquesnay, Zoila Ida María
Reitor, Manuel, 122
Rengifo Sánchez, Néstor, 51
Reparaz Rodríguez, Gonzalo, 269
República Dominicana, 87, 414
Reyes Piedra, Quirino, 185, 200, 249, 251
Reyes, Pedro, 316
Rius Rivera, Juan, 40, 419
Rivera, Rosendo, 94
Rivero Beltrán, Antonio, 419
Rivero, Alfonso, 174, 176
Rizo, Magín, 70, 83, 84
Roa y Garí, Ramón, 92
Robaina, Rogelio, 381
Robau López, José Luis, 336
Rodríguez Acosta, Alberto, 211, 220, 233
Rodríguez Acosta, José, 419
Rodríguez Agüero, Rafael (*El Tuerto*), 70, 76, 80, 92, 301, 302, 304
Rodríguez Altunaga, Rafael, 158, 301, 302, 303, 304, 305
Rodríguez Fuentes, Manuel, 419
Rodríguez Guerra, Florentino, 70
Rodríguez Lendián, Evelio, 82
Rodríguez Miranda, Francisco, 381, 392
Rodríguez Valero, Joaquín, 191, 388
Rodríguez Velazco, Alejandro, 266, 268, 269, 270, 271, 272, 273, 274, 323, 419
Rodríguez y Rodríguez, José María (*Mayía*), 38, 41, 42, 103, 232, 244, 248, 259, 260, 262, 265, 266, 267, 268, 269, 270, 272, 273, 280, 283, 285, 289, 290, 291, 292, 293, 294, 315, 322, 337, 340, 341, 361, 388, 396
Rodríguez Yambusí, Manuel, 120
Rodríguez, Celedonio, 104, 115, 118, 138, 150, 151, 159, 177
Rodríguez, Eduardo, 425
Rodríguez, Herminio, 441
Rodríguez, Jesús, 47
Rodríguez, Juan, 94
Rodríguez, Laureano, 353
Rodríguez, Manuel, 92
Rodríguez, Serafín, 360
Roig de Leuchsenring, Emilio, 56
Roig, Gonzalo, 255
Roloff Mialofsky, Carlos, 53, 57, 64, 70, 71, 73, 92, 203, 244, 245, 250, 265, 322, 433
Romero, Juan de Dios, 448
Roosevelt, Theodore, 419, 443, 455, 456, 457, 458, 463, 466
Root, Elihu, 404, 428
Roque Hernández, José, 191, 195, 212, 213, 388
Rosado Lorié, Pío, 46, 54
Rosario Mendoza, Marcos del, 124, 136
Rosas, Manuel, 69
Rowan, Andrew S., 425
Rubens, Horatio S., 458
Ruenes Aguirre, Félix, 124
Ruiz Ruiz, Joaquín, 396, 397
Ruiz, Ricardo, 365
Runcie, James E., 458
Russell, William W., 466
Ryan, J. A., 442, 444, 454

S

Sablón Moreno, Jesús (*Rabí*), 105, 106, 118, 120, 149, 155, 162, 174, 176, 177, 180, 387
Sagasta y Escolar, Práxedes Mateo, 110, 297, 351, 362, 394
Salas Zamora, César, 124
Salas, Indalecio, 255
Salcedo de las Cuevas, Pedro Celestino, 40
Salcedo Torres, Florencio, 105
Salcedo y Mantilla de los Ríos, Juan, 159
Salgas Fonte, Juan, 449, 450, 465
Salguero, Víctor, 425
San Miguel Segalá, Antonio, 417, 424, 436, 453, 454, 458
Sanabria, Aurelio, 354
Sánchez Agramonte, Armando, 279
Sánchez Bretón, Aurelio, 380
Sánchez Bretón, Manuel, 380
Sánchez Bretón, Teodoro, 380
Sánchez Figueras, Silverio, 52, 195, 234, 269, 419
Sánchez Hechavarría, Francisco, 170
Sánchez Hechavarría, Urbano, 42, 43, 45, 249, 251
Sánchez Rodríguez, Limbano, 46, 53, 54, 74, 75
Sánchez Valdivia, Serafín, 38, 41, 46, 89, 92, 99, 100, 250, 251, 252, 253, 254, 257, 259, 260, 262, 263, 264, 265, 267, 279, 318, 322
Sánchez, Aquilino, 192
Sánchez, Gregorio, 192
Sandino, Augusto César, 476
Sanguily Garrite, Julio, 103, 106, 107, 148, 204
Sanguily Garrite, Manuel, 209, 259
Sanjenís García, Avelino, 291
Santa Cruz Pacheco, Miguel, 40
Santana Santana, Julián, 177
Santeiro y García, Jesús, 468
Santocildes, Fidel Alonso de, 116, 117, 118, 119, 149, 153, 155, 179
Sartorio Leal, Ricardo, 104, 273
Sartorio, Manuel, 104
Sartorio, Miguel, 104
Saumell Fontaine, Manuel, 309, 310, 312, 317, 325, 360
Schoenrich, Otto, 422, 444
Schweyer, Alberto, 419
Scovel, Sylvester, 346, 359
Sec Fuster, Ángel, 465
Securí Banalí, Manuel, 388
Segura Campoy, Enrique, 395
Semprún, Eduardo, 149, 157
Serra Orts, Antonio, 138, 160, 388
Serrano, Calimerio Ignacio, 25
Sheridan, Philip, 144
Sherman, John, 298
Sigsbee, Charles D., 367, 368
Silveira, Rafael, 151
Simón, Víctor, 354
Socorro Beltrán, Benito, 354
Solárzano, 61
Soler y Galván, María Gloria, 342
Solís, Inocente o Inocencio, 469
Sorí Luna, Rafael, 316
Sorzano Jorrín, Leonardo, 454
Soto Martínez, Marco Aurelio, 30, 67, 68, 69, 72, 73, 75
Soto Pulgarón, Andrés, 242
Soto, Elena Connor de, 72
Sotomayor, José, 153
Souza Rodríguez, Benigno, 82, 166, 192
Spotorno Georovich, Juan Bautista, 37, 114, 115, 179
St. John Grebble, Edwin, 458
Steinhart, Frank M., 421, 454, 458
Suárez Delgado, Manuel, 244
Suárez, José, 360
Suir, Manuel, 71

T

Taft, William H., 419, 427, 431, 432, 433, 459, 460
Tamayo Aguilera, Joaquín, 40

Tamayo Tamayo, Esteban, 104, 110, 111, 116, 117, 120, 125, 138, 140, 150, 151, 156, 164, 174, 176, 231
Tamayo, Joaquín, 417
Tejeda, Amalia, 25
Téllez Caballero, José Leonardo, 300, 301, 302, 303, 304, 305, 360
Thomas y Thomas, Enrique, 40
Tomás, Eusebio, 153
Toro Pelegrín, Bernarda, 282
Toro, Sixto, 83, 84
Torrado González-Llorente, Antonio, 381
Torres Anglada, Sebastián, 147
Torriente y Peraza, Cosme de la, 261, 267, 279, 285, 286, 287, 288, 290, 299, 313, 314, 316, 328, 355, 447, 451
Torriente y Peraza, José de la, 313
Torriente y Peraza, Leandro de la, 313, 360
Trillo, Jesús María, 366
Trujillo Monagas, José, 347, 365
Trujillo y Cárdenas, Enrique, 39, 47, 89, 90, 91, 94, 258

U

Ubago, Juan Bautista, 364
Ubieta, Enrique, 106, 118, 435
Ugarte y Graelly, José, 463, 464, 465
Ulloa Cabrera, Esteban, 417

V

Valdés Domínguez, Fermín, 99, 146, 181, 199, 253, 254, 260, 261, 272, 274, 277, 286, 287, 288, 296, 299, 313, 328, 334, 337, 341, 343, 346, 347
Valdés, Anselmo, 58, 59, 60, 70
Valdés, José, 465
Valdés, José Jorge, 485
Valdivia, Francisco, 303
Varela Morales, Félix, 18

Vargas Sotomayor, Pedro, 236
Varona, Esteban, 46
Vasallo, Rafael, 352
Vásquez Lajara, Horacio, 415
Vate López, Leonardo, 388
Vázquez, Enrique, 395
Vega Basulto, Javier de la, 236, 254
Vegas, Luis, 398
Velásquez, Diego, 18
Vidal Caro, Leoncio, 382
Vila González, José, 448, 449, 454, 457, 464
Villa, José Manuel, 274, 275, 276, 277, 335, 416
Villalón y Morales, Arturo, 255, 271, 272
Villaverde de la Paz, Cirilo, 203
Villuendas de la Torre, Enrique, 373, 374, 375, 376, 377, 418
Viondi, Miguel F., 422
Vivanco Hernández, José Clemente, 182, 210, 254
Vivanco, Antonio, 255

W

Walinski, Horace, 263
Walker, William, 406
Weitzel, George T., 475, 476
Welsford, W. R., 263
Weyler Nicolau, Valeriano, 108, 158, 190, 212, 213, 214, 215, 222, 234, 269, 278, 279, 294, 295, 297, 298, 299, 304, 305, 348, 350, 351, 352, 363, 368, 369
Whitney, Henry H., 425
Wilkie, John E., 410, 437
Williams, Ramón O., 205
Winship, Brandon C., 422
Wood, Leonard, 348, 383, 401, 402, 428, 429
Woss Gil, Alejandro, 77

X

Ximénez de Sandoval, José, 137, 138, 143

Y

Yanes, José, 325
Yarini y Ponce de León, Alberto, 423
Yero Beduén, Eduardo, 401
Yero Miniet, Luis, 374
Yero Sagol, Manuel, 419

Z

Zajante, Pedro Manuel, 484
Zaldo y Beurmann, Carlos de, 458
Zambrana Vázquez, Antonio, 61, 64
Zamora López, Dimas, 105, 115, 174, 176, 267
Zayas Alfonso, Alfredo, 344, 422, 424, 431, 438, 458, 463
Zayas Alfonso, Juan Bruno, 231, 233, 236, 237, 353
Zayas, Francisco, 352
Zelaya López, José Santos, 404, 473, 474, 475
Zeledón Rodríguez, Benjamín, 474
Zertucha Ojeda, Máximo, 212, 363

www.ingramcontent.com/pod-product-compliance
Lightning Source LLC
Chambersburg PA
CBHW030507080526
44586CB00011B/102